2021 上海工会年鉴

《上海工会年鉴》编纂委员会

上海社会科学院出版社

12月7日，市总工会在东视剧场举办“致敬劳模”主题节目

会治理
市建设新局面
一起
功新征程

▲12月2日，中共上海市委书记李强为劳模代表颁发荣誉证书（陶丽娟供稿）

▲8月5日，中共上海市委副书记、市长龚正在上海石化调研（张春海摄）

▲**8月15日**，上海市人大常委会主任蒋卓庆赴北横通道天目路高架工地视察并慰问工程建设者（展翔摄）

▲**8月14日**，上海市政协主席董云虎在淮海大楼优秀历史建筑修缮工程工地慰问一线员工（金松摄）

▲9月24日，全国人大常委会副委员长、全国总工会主席王东明等在沪调研期间视察上海工匠馆，市人大常委会副主任、市总工会主席莫负春陪同视察（金喆摄）

▲9月29日，全国总工会副主席、书记处书记蔡振华调研中建八局民主管理工作（张帅摄）

▲9月23日，全国总工会副主席、书记处书记阎京华一行在崇明区调研（陈思佳供稿）

▲**12月3日**，市政府与市总工会联席会议召开（吴良荣摄）

▲**7月23日**，市总工会党组书记、副主席黄红等赴东方国际集团调研，了解国有企业工会工作情况（方整源摄）

▲**11月18日**，市总经审会主任、市总机关党委书记丁巍出席市总机关系统党务干部培训会并讲话（马育群摄）

▲**5月28日**，青浦区灵活就业群体行业工会联合会（联合工会）揭牌仪式在青浦万达茂广场举行（施琮摄）

▲**1月19日**，“樊登读书”成立工会（贲放供稿）

▲**7月29日**，上海城投（集团）有限公司工会第一次会员代表大会暨第一次职工代表大会在上海中心大厦举行（范磊摄）

▶**4月29日**，市总工会举办《“致敬！逆行者”上海职工抗击疫情主题图片展》（金喆摄）

▶**4月29日**，市总工会党组副书记、副主席姜海涛为上海职工抗击疫情先进代表授书（金喆摄）

◀**4月20日起**，市总工会组织上海援鄂医务人员分赴市总工会各疗休养院所疗休养（刘希婷摄）

◀**4月21日—5月22日**，市总工会组织茉莉花艺术团及劳模艺术家开展“致敬！最可爱的人”援鄂医务人员专场慰问演出**20**场（任磊供稿）

◀6月20日，“爱在浦江　幸福今生”百名抗疫新人盛世婚典在东方明珠塔广场举办（王伟国摄）

◀上海电气、机电工会捐赠武汉抗疫医疗仪器（顾潇供稿）

▶上海建工五建集团奋战20天完成上海市公共卫生临床中心应急救治临时医疗用房项目(余轶群供稿)

▶3月21日，上海隧道武汉地铁项目团队出征武汉助力复工复产（陈磊摄）

▶5月28日，市总工会启动上海百年红色工运资源发掘宣传工程（吴良荣摄）

▶4月20日，市总领导调研静安区工运遗址（陈迪嘉摄）

◀12月9日，上海机器工会成立100周年纪念活动在上海电气集团举行，这是中国共产党早期组织领导下成立的第一个产业工会（秦晓贞摄）

◀10月15日，市总工会举办"知史爱党知史爱国"市总机关系统"四史"学习知识竞赛决赛暨"学习强国"工作推进会（马育群摄）

◀5月8日，市总机关系统举办青年理论学习小组分享会（贡俊祺 摄））

◀上海邮政工会参加上海国际艺术节虹口专场“四史教育”文艺演出（陆彬摄）

▶绿地集团工会举办“奋进新十年、再谋新突破”党建主题活动（瞿晓播供稿）

▶中船上海船舶工会组织职工参加市职工红色工运文化寻访活动（刘亦明摄）

▶**4月15日**，市总工会联合市发改委等共同举办迎**46**届世技赛上海职工职业技能大赛启动仪式（王点摄）

▶**6月12日**，市总工会和市人社局首次联合举办上海职工职业技能系列竞赛（刘峙钒供稿）

◀**8月21日**，普陀区职工汽车维修技能比武竞赛在桃浦镇新杨工业园区举行（钱子欣摄）

◀**5月13日，2020**浦东新区三大倍增主题立功竞赛启动（吴周筠摄）

◀**9**月，上海职工镶贴工技能竞赛决赛在中建八局新江湾城项目举办（袁丰宝摄）

▶**10月22日**，沪浙两地餐饮服务行业折花摆台邀请赛在奉贤区举办（夏伟摄）

◀7月30日，市总工会在黄浦区召开加快推进旧区改造和城市更新立功竞赛动员大会（陆中斌摄）

◀9月28日、市总工会、市水务局召开“碧水保卫战”劳动和技能竞赛表彰暨工作推进会（王佐仕供稿）

◀9月22日，松江区代表团获长三角G60科创走廊城市职工网络安全攻防技能大赛团体三等奖（琚天祥摄）

▶11月19日，市总工会举办脱贫攻坚一线建设者报告会（吴良荣摄）

▶11月20日，第二届沪浙滇区域工会联席会议在云南省普洱市召开（雷霆摄）

▶市教育工会、上海高校助力喀什脱贫攻坚签约仪式举行（叶芸摄）

◀11月17日，奉贤区总工会举办“向脱贫攻坚一线建设者致敬”报告会（薛思涵摄）

◀中建八局工会助力甘肃省卓尼县脱贫（陈湘摄）

◀上港集团工会持续开展为贵州、云南四所小学学生送冬衣、送营养早餐帮扶项目（袁旭芳供稿）

▲12月2日，2020年上海市劳动模范（先进工作者 ）和上海市模范集体表彰大会召开（吴良荣摄）

▲112名全国劳动模范、先进工作者合影（陶丽娟供稿）

▲11月24日，上海市2020年全国劳动模范和先进工作者赴京参加表彰大会回沪（陶丽娟供稿）

▶**12月2日**，市总工会主办的《“致敬！新时代领跑者”主题图片展》开展（金喆摄）

◀**12月7日**，在东视剧场举办“致敬劳模”主题节目（宋昶供稿）

◀**5月18日**，全国劳模李斌塑像在青浦福寿园人文纪念公园揭幕（吴良荣摄）

▲2021年1月6日，2020上海工匠选树命名大会召开（刘岢钒供稿）

►4月15日，2020年上海工匠选树命名活动启动暨职工技能提升计划实施、上海工匠讲堂开播仪式（刘岢钒供稿）

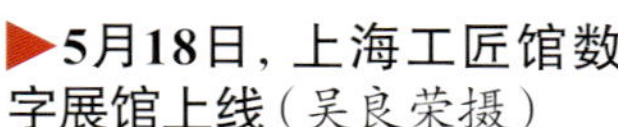

►5月18日，上海工匠馆数字展馆上线（吴良荣摄）

▶10月16日，市总工会副主席周奇出席中国长三角地区燃气行业职工劳动技能提升工作研讨会（王点摄）

▶中国宝武12.23公司员工创新日——职工创新活动中心揭牌（施琮摄）

▶8月24日，2020年上海职工创新大会暨第十届上海职工科技节开幕式举行（刘峙钒供稿）

▶高桥石化举办“安康杯”职工安全生产知识大赛（陈鸣启摄）

◀3月12日，市总工会副主席戴光铭在兰卫检验调研企业复工复产情况（周静摄）

◀申通地铁集团职工备战世界技能大赛（傅耀君摄）

◀航道局深圳项目部以竞赛推动项目建设（张广雷供稿）

◀中船上海工业公司2020年职业技能竞赛（贾晶摄）

▲9月24日，市总工会、市高级人民法院联手召开上海法院—工会劳动争议诉调对接工作会议（杨駿摄）

▲10月16日，市总工会组织开展“上海工会参加第二届全国城市集体协商竞赛选拔赛暨模拟集体协商观摩会”活动（金邓凯摄）

▲中国移动上海公司签订新一期集体合同（徐睿璐摄）

◀1月14日，在市总工会机关食堂，市人大常委会副主任、市总工会主席莫负春欢迎春节留守上海的农民工代表回“娘家”过大年（吴良荣摄）

▶10月28日，市总工会副主席张得志出席上海市2021届高校毕业生秋季校园招聘会暨“会聘上海”校园行活动（余嘉毅摄）

▶12月12日，“四季恋歌”上海青年职工交友活动在中国船舶馆举行（许燕军供稿）

▶**1月7日**，市总工会副主席刘言浩慰问困难劳模（杨驹摄）

◀**7月22日**，市总工会副主席郭箐高温慰问江桥批发市场一线职工（杨驹摄）

◀**7月22日**，市总工会副主席朱雪芹慰问静安区集中隔离点工作人员（裘梅芳摄）

◀市总工会稳步推进“户外职工爱心接力站”建设（余嘉毅供稿）

◀上海化学工业园区外资企业科思创建五星级爱心妈咪小屋（邹毅摄）

▶杨浦医养照护行业赴沙家浜休养院疗休养（余嘉毅摄）

▶**10月25日，2020年**“老年节”大型为老服务活动在复兴公园举行（胡磊摄）

▶**10月30日**，首场“中国梦·劳动美——人民城市奋斗有我”上海职工直播课堂“跨越时空的历史变迁”在杨浦滨江开播(张东寅摄)

▶**10月24日**，**2020**年上海市职工文化网络大赛启动仪式举行，市总工会副主席桂晓燕出席仪式并讲话（陈鸿摄）

▶**4月15日**，上海工匠大讲堂开播，上海工匠、市总工会副主席王曙群开播首讲（赵志灏摄）

◀市工人文化宫举办上海职工文化系列讲座——“五一讲堂”（陈鸿摄）

◀4月22日，2020年上海振兴中华读书活动启动暨第二十二届上海读书节开幕（陈鸿摄）

◀“中国梦•劳动美——人民城市 奋斗有我”上海职工直播课堂第二场浦东站“而立浦东启新程”举行（吴周筠摄）

▶9月28日，市总工会开展“中国梦·劳动美”迎国庆职工专场文艺演出（任磊摄）

▶市总工会举办“中国梦·劳动美”2020新年音乐会（任磊摄）

▶市总工会举办“环球音乐旅行”茉莉花交响管乐团专场音乐会（任磊摄）

▶上海电信组织天翼城市定向赛（殷茵摄）

◀黄浦区总工会编排话剧《复兴号》（陈中斌摄）

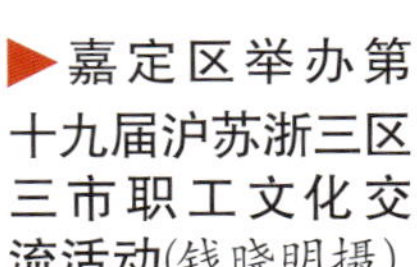

▶嘉定区举办第十九届沪苏浙三区三市职工文化交流活动(钱晓明摄)

编辑说明

1.《上海工会年鉴》是系统记述上年度本市工会工作成果的资料性工具书。本年鉴编纂工作由上海市总工会主办，各区局(产业)工会及市总工会机关部室、直管单位供稿，年鉴编辑部负责编纂，至今连续出版了26卷。

2.本年鉴框架体例采用分类编排方法，设置栏目—分目—条目三级架构。共设21个栏目，96个分目，1186个条目，选辑照片203幅，图表37份，年鉴总字数为90万字。

3.本年鉴卷首设宣传彩页，用以概要记录上海工会重要信息。正文起首部分设“特载”“专文”“专记”等栏目，“特载”用以特辑党和国家领导以及全国总工会、上海市委领导的重要文章（讲话）；“专文”选辑上海市总工会领导对上海工会工作所作的总结性、综合性、指导性的署名文章(讲话)；“专记”则着重记录上年度上海工会各项特色性、开创性工作。

4.各记事栏目之首设“综述”，区局(产业)工会及市总工会直管单位栏目设“概况”，用以综合记述本地区(系统)、本部门(单位)的总体情况，便于考察比较各年度工作连续性及对比资料的完整性、系统性。除此之外，各记事分目之首设“概要”，记录专项工作取得的新进展并介绍各级工会的经验做法。

5.本年鉴所辑录的市总工会机关部室、区局(产业)工会、直管单位提供的文章、照片、图表等资料，其记录时间均为2021年1月1日至12月31日；其编排按机关部室、区局(产业)工会、直管单位的顺序排列，年鉴卷尾设“索引”以便查询。

6.“统计”栏目中所辑录的相关统计数据均由市总工会统计部门提供，在其他栏目中出现的数据，则由相关撰稿单位的作者提供。

7.本年鉴的目录索引采用主题词分析索引法，按条目主题词首字汉语拼音字母顺序排列。

8.本年鉴的正文内容制作成CD-R电子光盘，附于年鉴的封三随书赠送，便于读者使用检索。

1843
1949
初生萌芽
汇聚
INITIAL
EMERGING
SKILLED
CRAFTSMEN
GATHERING
TOGETHER

目录

特　　载

专　　文

专　　记

要闻大事

工会概貌

基层组织建设

经济建设

劳模先进与工匠培育选树

劳动关系

经济权益

宣传教育

女职工工作

退休职工工作

党建与自身建设

理论研究

综合工作

区局(产业)工会概况

直管单位概况

表　彰

统　计

索　引

特载

在全国劳动模范和先进工作者表彰大会上的讲话

（2020年11月24日）

习近平

同志们：

今天，我们隆重召开大会，表彰全国劳动模范和先进工作者，激励全党全国各族人民弘扬劳模精神，在决胜全面建成小康社会、决战脱贫攻坚取得决定性成就的基础上，乘风破浪，开拓进取，为全面建设社会主义现代化国家、实现第二个百年奋斗目标而继续奋斗。

首先，我代表党中央、国务院，向受到表彰的全国劳动模范和先进工作者，表示热烈的祝贺！向为改革开放和社会主义现代化建设作出突出贡献的我国工人阶级和广大劳动群众，致以诚挚的问候！

劳动模范是民族的精英、人民的楷模，是共和国的功臣。我国是人民当家作主的社会主义国家，党和国家始终坚持全心全意依靠工人阶级方针，始终高度重视工人阶级和广大劳动群众在党和国家事业发展中的重要地位，始终高度重视发挥劳动模范和先进工作者的重要作用。

1950年党和国家首次表彰劳动模范70年来，在党的领导下，我国工人阶级和广大劳动群众与祖国同成长、与时代齐奋进，奏响了“咱们工人有力量”的主旋律，各条战线英雄辈出、群星灿烂。特别是进入新时代以来，我国工人阶级和广大劳动群众在实现中国梦伟大进程中拼搏奋斗、争创一流、勇攀高峰，为决胜全面建成小康社会、决战脱贫攻坚发挥了主力军作用，用智慧和汗水营造了劳动光荣、知识崇高、人才宝贵、创造伟大的社会风尚，谱写了“中国梦·劳动美”的新篇章。

今年以来，面对突如其来的新冠肺炎疫情，我国工人阶级和广大劳动群众响应党中央号召，风雨同舟、众志成城，积极投身疫情防控的人民战争、总体战、阻击战，为全国抗疫斗争取得重大战略成果、统筹疫情防控和经济社会发展工作取得积极成效作出了突出贡献，充分展现了中国人民和中华民族的伟大力量。在这场抗击疫情的雄壮斗争中，产生出一大批劳动模范和先进工作者，他们同全国各族人民一道，铸就了生命至上、举国同心、舍生忘死、尊重科学、命运与共的伟大抗疫精神，不愧为新时代最美奋斗者！

同志们！

当今世界正经历百年未有之大变局，我国正处于实现中华民族伟大复兴的关键时期。经过长期奋斗，我国经济实力、科技实力、综合国力跃上新的大台阶，人民生活水平显著提高，决胜全面建成小康社会、决战脱贫攻坚胜利在望，中华民族伟大复兴向前迈出了新的一大步。

从2021年开始，我国将进入“十四五”时期，这是乘势而上开启全面建设社会主义现代化国家新征程、向第二个百年奋斗目标进军的第一个五年。立足新发展阶段，贯彻新发展理念，构建新发展格局，推动高质量发展，在危机中育先机、于变局中开新局，必须紧紧依靠工人阶级和广大劳动群众，开启新征程，扬帆再出发。

第一，大力弘扬劳模精神、劳动精神、工匠精神。“不惰者，众善之师也。”在长期实践中，我们培育形成了爱岗敬业、争创一流、艰苦奋斗、勇于创新、淡泊名利、甘于奉献的劳模精神，崇尚劳动、热爱劳动、辛勤劳动、诚实劳动的劳动精神，执着专注、精益求精、一丝不苟、追求卓越的工匠精神。劳模精神、劳动精神、工匠精神是以爱国主义为核心的民族精神和以改革创新为核心的时代精神的生动体现，是鼓舞全党全国各族人民风雨无阻、勇敢前进的强大精神动力。

社会主义是干出来的，新时代是奋斗出来的。这次受到表彰的全国劳动模范和先进工作者，是千千万万奋斗在各行各业劳动群众中的杰出代表。他们在平凡的岗位上创造了不平凡的业绩，以实际行动诠释了中国人民具有的伟大创造精神、伟大奋斗精神、伟大团结精神、伟大梦想精神。希望大家珍惜荣誉、保持本色，谦虚谨慎、戒骄戒躁，继续发挥示范带头作用。

劳动是一切幸福的源泉。新形势下，我国工人阶级和广大劳动群众要继续学先进赶先进，自觉践行社会主义核心价值观，用劳动模范和先进工作者的崇高精神和高尚品格鞭策自己，焕发劳动热情，厚植工匠文化，恪守职业道德，将辛勤劳动、诚实劳动、创造性劳动作为自觉行为。各级党委和政府要尊重劳模、关爱劳模，贯彻好尊重劳动、尊重知识、尊重人才、尊重创造方针，完善劳模政策，提升劳模地位，落实劳模待遇，推动更多劳动模范和先进工作者竞相涌现。全社会要崇尚劳动、见贤思齐，加大对劳动模范和先进工作者的宣传力度，讲好劳模故事、讲好劳动故事、讲好工匠故事，弘扬劳动最光荣、劳动最崇高、劳动最伟大、劳动最美丽的社会风尚。要开展以劳动创造幸福为主题的宣传教育，把劳动教育纳入人才培养全过程，贯通大中小学各学段和家庭、学校、社会各方面，教育引导青少年树立以辛勤劳动为荣、以好逸恶劳为耻的劳动观，培养一代又一代热爱劳动、勤于劳动、善于劳动的高素质劳动者。

第二，充分发挥工人阶级和广大劳动群众主力军作用。人民是历史的创造者。工人阶级是我国的领导阶级，是先进生产力和生产关系的代表，是坚持和发展中国特色社会主义的主力军。全面建设社会主义现代化国家，符合全国各族人民根本利益和共同愿望，我国工人阶级和广大劳动群众要坚定不移听党话、矢志不渝跟党走，当好主人翁，建功新时代。

我国工人阶级和广大劳动群众是国家的主人，要加强政治理论学习，加强党史、新中国史、改革开放史、社会主义发展史学习，自觉做中国特色社会主义的坚定信仰者、忠实实践者。要发扬优良传统，承担历史使命，把党和国家确定的奋斗目标作为自己的人生目标，以民族复兴为己任，自觉把人生理想、家庭幸福融入国家富强、民族复兴的伟业之中，做新时代的追梦人。要立足党和国家各项事业发展全局，立足党中央对改革发展稳定各项工作的决策部署，围绕国家重大战略、重大工程、重大项目、重点产业，广泛深入持久开展劳动和技能竞赛，积极参加群众性创新活动，汇聚起众志成城的磅礴力量。要增强历史使命感和责任感，深刻认识国家好、民族好大家才会好，正确处理个人和集体、当前和长远、局部和整体的利益关系，自觉维护大局、服务大局，最大限度增加和谐因素、最大限度减少不和谐因素。要深刻认识团结就是力量、团结才能前进的道理，发扬团结协作、互助友爱的精神，加强工人阶级的团结，加强工人阶级同其他劳动群众的团结，坚定战胜各种困难的信心和决心，始终做党执政的坚实依靠力量。

第三，努力建设高素质劳动大军。劳动者素质对一个国家、一个民族发展至关重要。当今世界，综合国力的竞争归根到底是人才的竞争、劳动者素质的竞争。我国工人阶级和广大劳动群众要树立终身学习的理念，养成善于学习、勤于思考的习惯，实现学以养德、学以增智、学以致用。要适应新一轮科技革命和产业变革的需要，密切关注行业、产业前沿知识和技术进展，勤学苦练、深入钻研，不断提高技术技能水平。要完善现代职业教育制度，创新各层次各类型职业教育模式，为劳动者成长创造良好条件。技术工人是支撑中国制造、中国创造的重要基础。要完善和落实技术工人培养、使用、评价、考核机制，提高技能人才待遇水平，畅通技能人才职业发展通道，完善技能人才激励政策，激励更多劳动者特别是青年人走技能成才、技能报国之路，培养更多高技能人才和大国工匠。要增强创新意识、培养创新思维，展示锐意创新的勇气、敢为人先的锐气、蓬勃向上的朝气。要推进产业工人队伍建设改革，落实产业工人思想引领、建功立业、素质提升、地位提高、队伍壮大等改革措施，造就一支有理想守信念、懂技术会创新、敢担当讲奉献的宏大产业工人队伍。

第四，切实实现好、维护好、发展好劳动者合法权益。让人民群众过上更加幸福的好日子是我们党始终不渝的奋斗目标，实现共同富裕是中国共产党领导和我国社会主义制度的本质要求。要坚持以人民为中心的发展思想，维护好工人阶级和广大劳动群众合法权益，解决好就业、教育、社保、医疗、住房、养老、食品安全、生产安全、生态环境、社会治安等问题，不断提升工人阶级和广大劳动群众的获得感、幸福感、安全感。要把稳就业工作摆在更加突出的位置，不断提高劳动者收入水平，构建多层次社会保障体系，改善劳动安全卫生条件，使广大劳动者共建共享改革发展成果，以更有效的举措不断推进共同富裕。要适应新技术新业态新模式的迅猛发展，采取多种手段，维护好快递员、网约工、货车司机等就业群体的合法权益。要建立健全困难群众帮扶工作机制，把党和政府的关怀送到困难群众心坎上，让他们感受到社会主义大家庭的温暖。要坚持从群众多样化需求出发开展工作，打通服务群众的新途径，使服务更直接、更深入、更贴近工人阶级和广大劳动群众，以服务群众实效打动人心、温暖人心、影响人心、赢得人心。要健全党政主导的维权服务机制，完善政府、工会、企业共同参与的协商协调机制，健全劳动法律法规体系，为维护工人阶级和广大劳动群众合法权益提供法律和制度保障。要健全以职工代表大会为基本形式的企事业单位民主管理制度，推进厂务公开，充分发挥广大职工群众的积极性、主动性、创造性。

同志们！

今年适逢中华全国总工会成立95周年。我国工运事业是在党的领导下发展起来的，我国工会是中国共产党领导的工人阶级群众组织，是党联系职工群众的桥梁和纽带，是社会主义国家政权的重要社会支柱。党的十八大以来，全国总工会及各级工会认真贯彻党中央关于工人阶级和工会工作的重要论述，坚持走中国特色社会主义工会发展道路，组织动员广大职工建功立业，做好维权服务工作，推进工会系统自身改革，深化产业工人队伍建设改革，全面加强工会系统党的建设，取得了新的显著成效。

在此，我向为党的工运事业和工会工作作出突出贡献的老一辈工会工作者，向全国各级工会组织和广大工会干部，向广大职工和工会积极分子，表示诚挚的慰问！

工会要总结95年来的成绩和经验，坚持和完善自觉接受党的领导制度、发挥工人阶级主力军作用制度、强化职工思想政治引领制度、劳动关系协调机制等，健全联系广泛、服务职工的工会工作体系，努力提高工会工作能力和水平，坚决维护中国共产党领导和我国社会主义制度，坚决维护职工队伍和工会组织的团结统一，坚决维护社会大局稳定。

各级党委要从巩固党执政的阶级基础和群众基础的高度，认真贯彻全心全意依靠工人阶级的方针，加强和改进对工会工作的领导，为工会履行职责、发挥作用不断创造有利条件。

同志们！

光荣属于劳动者，幸福属于劳动者。我国工人阶级和广大劳动群众要更加紧密地团结在党中央周围，勤于创造、勇于奋斗，努力在全面建设社会主义现代化国家新征程上创造新的时代辉煌、铸就新的历史伟业！

在全总十七届三次执委会议上的讲话

（2020年4月10日）

王东明

同志们：

这次执委会议的主要任务是，以习近平新时代中国特色社会主义思想为指导，全面贯彻党的十九大和十九届二中、三中、四中全会精神，学习贯彻习近平总书记关于工人阶级和工会工作的重要论述，贯彻落实党中央关于统筹推进新冠肺炎疫情防控和经济社会发展工作的重要部署，传达学习中央书记处听取群团组织工作汇报时的重要指示精神，总结2019年以来的工会工作，部署2020年工作任务。

2020年1月6日，中共中央政治局常委、中央书记处书记王沪宁同志主持召开中央书记处办公会议，听取5家群团组织汇报，充分肯定2019年群团组织的工作，对做好2020年工作作出重要指示，提出明确要求，我们一定要认真学习领会，切实抓好贯彻落实。2019年以来，在以习近平同志为核心的党中央坚强领导下，各级工会坚持以习近平新时代中国特色社会主义思想为指导，守正创新、积极作为，思想政治引领不断深入，庆祝新中国成立70周年宣传教育有声有色，团结动员亿万职工积极建功新时代、统筹推进疫情防控和经济社会发展的主力军作用不断彰显，维权服务和维稳工作扎实有效，“不忘初心、牢记使命”主题教育深入开展，党的领导和党的建设持续加强，深化工会改革迈出新步伐。

关于2019年以来工作总结和2020年工作安排，李玉赋同志将作工作报告，之前也印发了工作要点。下面，我就学习贯彻习近平总书记重要讲话和中央书记处重要指示精神，做好2020年重点工作讲几点意见。

一、深入学习贯彻习近平总书记重要讲话、重要指示精神和党中央决策部署，为打赢疫情防控人民战争、总体战、阻击战贡献力量

新冠肺炎疫情发生以来，习近平总书记高度重视，把疫情防控作为头等大事和最重要的工作，把人民群众生命安全和身体健康放在第一位，亲自领导、亲自指挥、亲自部署，多次召开会议、听取汇报，多次发表重要讲话、作出重要指示，亲临疫情防控第一线调研指导，制定战略策略，审时度势、果断决策，运筹帷幄、统揽全局，坚持全国一盘棋，牢牢把握疫情防控重点和主动权，为打赢疫情防控阻击战指明正确方向、提供根本遵循，充分展示了习近平总书记马克思主义政治家的气魄胸怀、迎难而上的责任担当、唯物辩证的领导艺术和真挚深厚的人民情怀。在以习近平同志为核心的党中央坚强领导下，包括亿万职工在内的全国各族人民万众一心、众志成城，顽强拼搏、团结奋战，目前疫情防控已取得阶段性重要成效，生产生活秩序加快恢复，统筹推进疫情防控和经济社会发展工作取得积极成果，充分彰显了习近平总书记的坚强领导核心和中流砥柱作用，充分体现了中国共产党的领导和中国特色社会主义制度的显著优势，充分展示了中国人民团结一心、攻坚克难，敢于斗争、敢于胜利的中国精神、中国力量。

各级工会和广大工会干部坚决贯彻落实习近平总书记重要讲话、重要指示精神和党中央决策部署，把疫情防控作为最重要最紧迫的工作来抓，按照坚定信心、同舟共济、科学防治、精准施策的总要求，组织广大职工主动担当、勇于作为，充分发挥工人阶级主力军作用。广大医务工作者义无反顾、日夜奋战，展现了救死扶伤、医者仁心、大爱无疆的崇高精神；广大职工不畏艰险、拼搏奉献，高质量、高效率完成重点防疫项目施工任务，第一时间复工生产和运输疫情防控物资与生活用品，全力保证物资供应。各级工会特别是湖北省、武汉市等重点地区工会和广大职工识大体顾大局，坚守防控第一线，展现了坚忍不拔、百折不挠的顽强斗志。广大工会干部守望相助，以实际行动支援疫区，开启温暖爱心通道，多方筹集抗疫物资，开展疫情防控保障，走访慰问一线医务人员及其家属，提供志愿服务，积极协助企业安全有序复工复产，引导职工与企业同舟共济、共渡难关，保持劳动关系和谐稳定，为夺取疫情防控和实现经济社会发展目标双胜利作出了重要贡献，充分显示了广大职工和工会组织的责任担当。

当前，全国疫情防控已走出最困难的阶段，取得来之不易的阶段性重要成效，生产生活秩序加快恢复的态势不断巩固和拓展。我们要把思想和行动统一到习近平总书记重要讲话精神和党中央决策部署上来，准确把握国内外疫情防控和经济形势的阶段性变化，因时因势调整工作着力点和应对举措，不断增强“四个意识”、坚定“四个自信”、坚决做到“两个维护”，在思想上政治上行动上同以习近平同志为核心的党中央保持高度一致，团结动员广大职工为打赢疫情防控人民战争、推动经济高质量发展建功立业，为统筹推进疫情防控和经济社会发展充分发挥作用。

二、紧扣决胜全面小康、决战脱贫攻坚，狠抓工会重点工作落实

2020年是决胜全面建成小康社会、决战脱贫攻坚之年，也是“十三五”规划收官之年。脱贫攻坚工作艰苦卓绝，收官之年又遭遇疫情影响。这场疫情不可避免会对我国经济社会造成较大冲击，随着境外疫情加剧蔓延，世界经济贸易增长受到严重冲击，国内外因素叠加，我国经济发展特别是产业链恢复面临新的挑战，做好今年经济社会发展工作难度增大。工人阶级是推动经济社会发展的主力军，越是在这样的特殊时刻，越是需要工人阶级发扬优良传统，坚定信心、迎难而上、主动作为。各级工会要坚持稳中求进工作总基调，贯彻新发展理念，组织动员广大职工不断巩固和拓展疫情防控成效，在疫情防控常态化条件下加快推进全面复工复产，加快恢复生产生活秩序，尽最大可能把疫情造成的损失降到最低，为决胜全面建成小康社会、决战脱贫攻坚贡献智慧和力量。

一是加强对职工思想政治引领，不断夯实党执政的阶级基础和群众基础。随着经济社会的发展和改革的深化，职工队伍发生了深刻变化，特别是疫情的发生，职工的思想状况和精神文化需求出现了新情况。要提升思想政治引领的系统性，继续把学习贯彻习近平新时代中国特色社会主义思想作为加强思想政治引领的第一位任务，引导广大职工增强对党的创新理论的政治认同、思想认同、情感认同，坚定不移听党话、矢志不渝跟党走。要坚持以社会主义核心价值观引领职工，深化“中国梦·劳动美”主题宣传教育，激发职工群众干事创业的积极性、主动性、创造性。要突出思想政治引领的针对性，围绕疫情带来的影响，加强正面宣传引导，要理直气壮大力宣传以习近平同志为核心的党中央的英明决策、坚强领导，宣传习近平总书记对广大职工群众的关心关怀，宣传中国共产党领导和中国特色社会主义制度的显著优势，宣传中华民族众志成城、风雨同舟的民族精神和磅礴力量，宣传抗击疫情和复工复产中涌现出的先进集体、先进人物，宣传中国为推动构建人类命运共同体作贡献的坚定决心和责任担当。要增强思想政治引领的有效性，聚焦非公经济组织等领域，青年职工、农民工等群体，把握他们的思想特点、心理需求、实际困难，把加强职工思想政治工作的过程转化为解决问题、推动工作的过程，引导广大职工全面、辩证、长远地看待我国发展，增强信心、坚定信心；强化网上思想引领，发挥工会文化阵地及“两微一端”等新媒体作用，加强网络评论员队伍建设，推动形成健康文明、昂扬向上、全员参与的职工文化。

二是组织职工开展“凝心聚力决胜小康”行动，充分发挥工人阶级主力军作用。决胜全面建成小康社会，是收官战、也是攻坚战。要以“当好主人翁、建功新时代”为主题开展劳动和技能竞赛，围绕国家重大战略、重大工程、重大项目、重点产业，组织职工广泛深入持久开展多层级、多行业、多工种的竞赛活动，推动企业与职工共担责任、共克时艰、共渡难关。要以劳模精神劳动精神工匠精神为动力激励职工学先进赶先进，充分发挥工会牵头单位作用，集中精力做好党中央、国务院表彰全国劳动模范和先进工作者的相关筹备工作，坚持面向基层、面向一线、面向普通劳动者，坚持好中选好、优中选优，严把评选条件，严格工作程序，确保人选质量，要向为抗击疫情作出重大贡献的一线医务人员和其他战线的职工群众倾斜。加大对劳模大会精神宣传贯彻力度，大力弘扬劳模精神、劳动精神、工匠精神，总结推广劳模和高技能人才创新工作室创建经验，持续打造大国工匠品牌。要以产业工人队伍建设改革为契机提高职工队伍整体素质，开展“产业工人队伍建设改革深化年”行动，按照全国推进产业工人队伍建设改革工作电视电话会议部署，加大职业技能培训力度，发挥国有企业带动作用，向非公企业、服务业、“两新”组织拓展，推动产业工人队伍建设改革向纵深发展、向基层延伸。要以“五小”等群众性经济技术创新活动为抓手促进职工创新创造，完善“五小”活动体系，创新方式，扩大覆盖面，激励广大职工投身大众创业、万众创新的时代洪流。

三是加强维权服务工作，积极为职工办实事做好事解难事。针对疫情对经济社会发展和职工群众带来的影响，在做好日常维权服务工作基础上，深入分析研判，及时了解和掌握职工权益面临的新情况、新问题，把维权服务工作做得更扎实、更深入、更具体。要坚决贯彻落实党中央关于分区分级精准防控的决策部署，统筹协调、持续发力，把疫情防控工作抓实抓细抓落地，构筑群防群治抵御疫情的严密防线，保障职工生命安全和身体健康。要推动做好稳就业工作。面对疫情带来部分企业缺工严重、稳岗压力大和重点群体就业难等突出问题，积极推动实施就业优先政策，全面落实稳就业举措，加大援企稳岗力度，高度关注下岗失业职工、农民工、高校毕业生、困难退役军人等群体的就业，深化工会就业创业服务，努力做到职工多转岗、少下岗，多就业、少失业。要完善维权服务的工作体系，从一点一滴做起，不惧琐碎、日积月累、春风化雨、润物无声，把党和政府的关心关怀送到职工群众心坎上。完善工会农民工维权服务体系，加强对欠薪农民工的法律援助和生活救助，推动解决因疫情给农民工外出打工造成的困难和障碍，促进农民工平等享受城镇基本公共服务，加强新产业新业态新模式中快递员、网约工、货车司机等新就业形态群体权益保障。要认真分析疫情给城镇困难职工家庭带来的新问题，有针对性地采取帮扶措施，提高帮扶精准性。加大对医务人员的关爱和对困难职工群体的帮扶，关心患病职工、因公殉职人员家属及去世职工家属等。要贯彻落实习近平总书记在决战决胜脱贫攻坚座谈会上的重要讲话精神，加大工作力度，帮助在档困难职工尽快解困脱困，推动构建帮扶救助长效机制，确保现有建档困难职工与广大职工群众一道迈入小康社会。

三、妥善应对劳动领域政治安全风险，把“五个坚决”落到实处

党的十八大以来，以习近平同志为核心的党中央高度重视劳动领域政治安全问题。习近平总书记多次作出重要指示批示，提出明确要求，为工会组织维护劳动领域政治安全指明了方向，提供了遵循。

当前，我国职工队伍总体稳定的基本面没有改变，劳动领域政治安全形势持续稳定向好。同时也要看到，我们面临的外部内部环境都在发生深刻变化。从外部看，世界大变局加速演进的特征更趋明显，全球动荡源和风险点显著增多，特别是这次疫情在全球范围蔓延，带来的影响已远远超出公共卫生层面，国际经济政治格局面临新变化，对此我们要有很强的忧患意识。从内部看，我国正处在转变发展方式、优化经济结构、转换增长动力的攻关期，“三期叠加”影响持续深化，劳动关系领域出现了一些新情况新特点。面临的矛盾和风险主要有：

一是经济下行和疫情冲击双重影响，带来劳动关系协调新问题。疫情对就业的影响正在显现，企业用工难和职工就业难的结构性矛盾更加突出，部分企业缺工严重、稳岗压力大，农民工、高校毕业生、大龄低技能人员等重点群体就业困难增多。

二是疫情催生新的用工形式加快发展，增加劳动关系协调新难度。疫情促进了共享用工、平台用工等灵活用工方式加快发展，同时也出现了更多非合同制或自雇劳动者及临时性劳动关系，传统的劳动关系规制难以适应。

三是新媒体新技术发展变化，出现劳动关系协调新挑战。一些劳动争议案件容易演化成为对社会治理秩序构成挑战的舆情事件，对社会稳定和国家政治安全产生影响。

四是境内外敌对势力蓄意煽动、渗透、破坏，产生劳动关系协调新风险。在国际局势风云变幻、不稳定不确定因素持续上升的情况下，各种境外敌对势力借机加紧对我职工队伍进行干扰破坏、颠覆渗透，与我争夺阵地、争夺人心、争夺职工群众，破坏职工队伍团结统一和社会大局和谐稳定。

为深入贯彻落实习近平总书记关于总体国家安全观的重要论述，特别是关于劳动领域维护政治安全的重要指示批示精神，我对全总和各级工会提出了“五个坚决”要求，即：坚决防止敌对势力借所谓“维权”插手煽动、渗透破坏，这是维护劳动领域政治安全的前提；坚决防止所谓“独立工会”“民间工会”的出现，这是维护劳动领域政治安全的关键；坚决维护职工队伍和工会组织的团结统一，这是维护劳动领域政治安全的基础；坚决维护企业和社会大局和谐稳定，这是维护劳动领域政治安全的重点；坚决捍卫中国共产党领导和我国社会主义制度，这是维护劳动领域政治安全的根本。

各级工会要坚持维权与维稳相统一。把维权服务工作摆在突出位置，贯通工会维权维稳各项工作，实现维护权益、维护稳定的有机统一。要密切关注、及时研判当前特殊时期劳动关系的新动向、新特征和新问题，加强与相关部门、企业组织的协商协调协作，深化和谐劳动关系创建活动，推动企业履行社会责任，培育和谐劳动关系企业。要绷紧防抵渗透这根弦。着力强化劳动领域维护政治安全体制机制建设，建立健全定期向上级工会和同级党委汇报工作制度，主动融入同级党委领导下的有关工作机制，建立省级应对网络舆情平台，及时解决苗头性、倾向性问题，决不能小事拖大、大事拖炸。要发挥中国工会的组织优势。要坚持哪里有职工群众、哪里需要做群众工作，工会组织和工会工作就跟进到哪里，进一步扩大工会组织的有效覆盖，坚持中国特色社会主义工会发展道路，不断巩固劳动领域维护政治安全的阵地基础，决不允许所谓“独立工会”“民间工会”的出现。要继续深入排查化解劳动关系风险。2018年我提出要全面排查劳动关系方面存在的风险隐患，全总和各级工会落实得比较好，每年都在进行排查。下一步还要加大力度，定期开展排查，做到见微知著、举一反三，建立健全劳动关系风险监测预警和分析研判机制，针对不同类别和等级的风险制定相应的应急预案，推动排查化解风险工作制度化、常态化、长效化，探索形成劳动领域的“枫桥经验”。要把握劳动领域维护政治安全工作的政治方向。各级工会必须进一步增强“四个意识”、坚定“四个自信”、坚决做到“两个维护”，坚决捍卫中国共产党领导和中国特色社会主义制度，以保证政权安全和制度安全为首要任务，切实增强防范抵御“颜色革命”意识，及时察觉劳动领域出现的一些苗头性、倾向性问题，抓细抓实抓好劳动领域维护政治安全工作。

四、贯彻落实党的十九届四中全会精神，深化工会改革创新

党的十九届四中全会审议通过的《中共中央关于坚持和完善中国特色社会主义制度、推进国家治理体系和治理能力现代化若干重大问题的决定》，系统阐述了坚持和完善中国特色社会主义制度、推进国家治理体系和治理能力现代化的重大意义、总体要求、总体目标。习近平总书记在全会上发表的重要讲话，深刻回答了在我国国家制度和国家治理体系上应该坚持和巩固什么、完善和发展什么等一系列方向性、根本性、全局性重大问题，为坚持和完善中国特色社会主义、推进国家治理体系和治理能力现代化提供了科学指南和基本遵循。各级工会要认真学习贯彻四中全会精神，准确把握全会对工会参与国家治理提出的新任务新要求，围绕增强工会组织的政治性、先进性、群众性，在建机制、强功能、增实效上下功夫，着力构建联系广泛、服务职工的工作体系，切实增强团结教育、维护权益、服务职工功能，把工会改革创新不断引向深入。

一是在健全工会工作机制上下功夫。今年是全国总工会成立95周年。要系统总结全总成立95年来的成绩和经验，探索新时代工会工作的发展特点和规律，及时上升为制度。一要坚持和完善自觉接受党的领导制度，把广大职工群众紧紧团结在党的周围，不断巩固党执政的阶级基础和群众基础；二要坚持和完善发挥工人阶级主力军作用制度，坚持以职工为中心的工作导向，推动健全保障职工主人翁地位的各项制度安排，健全广泛深入持久开展劳动和技能竞赛的制度、弘扬劳模精神劳动精神工匠精神的制度、深化群众性经济技术创新活动的制度等；三要坚持和完善强化职工思想政治引领制度，根据形势变化，加强和改进职工思想政治工作制度、职工文化建设制度；四要坚持和完善推进产业工人队伍建设改革制度，创新体制机制，造就一支宏大的高素质的产业工人大军；五要坚持和完善维权服务制度，完善维护职工合法权益的制度，构建服务职工工作体系，完善职工普惠性服务制度，健全困难职工帮扶解困制度，推动根治拖欠农民工工资等涉及职工劳动经济权益的制度等；六要坚持和完善劳动关系协调机制，推动完善政府、工会、企业共同参与的协商协调机制，推动完善社会治理体系；七要坚持和完善深化工会改革创新制度，完善加强基层组织建设的制度，密切联系职工群众的制度等；八要坚持和完善加强工会系统党的建设制度，努力提高工会系统党的建设的质量。不断加强对制度执行的组织领导和监督检查，推动工会各项工作制度化、法治化，以有力举措把工会改革向纵深推进、向基层延伸。

二是在强化工会组织功能上下功夫。要把不忘初心、牢记使命作为加强党的建设的永恒课题，认真落实新时代党的建设总要求，把党的政治建设摆在首位，建立健全保障“两个维护”的制度机制，把习近平总书记和党中央关于工会工作的决策部署落到实处。要坚持落实到基层、落实靠基层理念，深化货车司机、网约工、房产中介员等八大群体入会和百人以上企业建会专项行动，加大农民工入会服务工作力度，加强互联网重点企业工会建设，把灵活就业群体和新技术新业态新模式下出现的新就业形态群体吸引过来。要加快打造智慧工会，坚持高标准、集大成，开发全国统一的工会服务职工 APP，实现全国“一张网”，发挥网上工会、智慧工会的最大效能。要加强对劳动领域社会组织的政治引领、示范带动和联系服务，引导社会组织为职工提供专业化服务，进一步延伸工会手臂、扩大工会朋友圈，建设共建共治共享的社会治理共同体。

三是在增强工会工作实效上下功夫。要把工作重心真正放在狠抓落实、务求实效上，坚持围绕中心抓落实、突出重点抓落实、勇于创新抓落实、强化基层抓落实、转变作风抓落实、以上率下抓落实，以“三严三实”精神确保各项工作部署落到实处，驰而不息落实中央八项规定及其实施细则精神，坚决纠治“四风”特别是形式主义、官僚主义。要加强调查研究，建立工会理论研究和调查研究制度化常态化机制，探索走出新时代工会理论研究新路子。要努力打造忠诚干净担当的高素质专业化工会干部队伍，提升群众工作本领和执行制度、参与国家治理的能力，把工会组织建设得更加充满活力、更加坚强有力。

同志们，适应新形势、完成新任务，亿万职工使命光荣，工会组织责任重大。我们要更加紧密地团结在以习近平同志为核心的党中央周围，以习近平新时代中国特色社会主义思想为指导，开拓进取、顽强奋斗，团结动员广大职工为决胜全面建成小康社会、决战脱贫攻坚，夺取疫情防控和实现经济社会发展目标双胜利作出新的更大贡献。

关于进一步做好困难群众基本生活保障工作的通知

民发〔2020〕69号

各省、自治区、直辖市民政厅(局)、财政厅(局),各计划单列市民政局、财政局,新疆生产建设兵团民政局、财政局:

为贯彻落实国务院常务会议精神,确保符合条件的城乡困难家庭应保尽保,及时将受疫情影响陷入困境的人员纳入救助范围,切实保障困难群众基本生活,经国务院同意,现就有关要求通知如下:

一、适度扩大最低生活保障覆盖范围,做到"应保尽保"

在坚持现有标准、确保低保制度持续平稳运行的基础上,适度扩大低保覆盖范围。对低收入家庭中的重残人员、重病患者等特殊困难人员,经本人申请,参照"单人户"纳入低保。低收入家庭一般是指家庭人均收入高于当地城乡低保标准,但低于低保标准1.5倍,且财产状况符合当地相关规定的低保边缘家庭;重残人员是指持有中华人民共和国残疾人证的一级、二级重度残疾人,有条件的地方可扩大到三级智力、精神残疾人;重病患者是指患有当地有关部门认定的重特大疾病的人员。低收入家庭及重残人员、重病患者的具体认定办法以及相关对象纳入低保后的待遇水平,由各地结合实际研究制定,并做好与现有低保对象待遇的衔接。

对无法外出务工、经营、就业,导致收入下降、基本生活出现困难的城乡居民,凡符合低保条件的,要全部纳入低保范围。受疫情影响严重的地区,可适当放宽低保认定条件。积极促进有劳动能力和劳动条件的低保对象务工就业。严格落实社会救助和保障标准与物价上涨挂钩联动机制,依规发放价格临时补贴。全面详细摸清城乡低保家庭和低收入家庭情况,掌握工作底数。

二、适度扩大临时救助范围,实现"应救尽救"

加强对生活困难未参保失业人员的救助帮扶,适度扩大临时救助范围。对受疫情影响无法返岗复工、连续三个月无收入来源,生活困难且失业保险政策无法覆盖的农民工等未参保失业人员,未纳入低保范围的,经本人申请,由务工地或经常居住地发放一次性临时救助金,帮助其渡过生活难关。具体标准由各地根据救助保障需要和疫情影响情况确定。

坚持凡困必帮、有难必救,对其他基本生活受到疫情影响陷入困境,相关社会救助和保障制度暂时无法覆盖的家庭或个人,及时纳入临时救助范围。对遭遇重大生活困难的,可采取一事一议方式提高救助额度。全面建立乡镇(街道)临时救助备用金制度,积极开展"先行救助",有条件的地区可委托社区(村)直接实施临时救助,做到发现困难立即救助。

三、落实特困人员救助供养政策,提升照料服务

完善特困人员认定条件,将特困人员救助供养覆盖的未成年人年龄从16周岁延长至18周岁。加强特困人员供养服务机构建设和设施改造,尽最大努力收住有集中供养意愿的特困人员。严格落实供养服务机构服务保障、安全管理等规定,不断提高集中供养服务质量。加强分散供养特困人员照料服务,督促照料服务人员认真履行委托照料服务协议,全面落实各项照料服务,照顾好特困人员日常生活。加强对分散供养特困人员的探访,及时了解疫情对特困人员生活的影响,重点跟踪关注高龄、重度残疾等生活不能自理特困人员,帮助解决实际困难。

四、加强贫困人口摸底排查,强化兜底保障

扎实推进社会救助兜底脱贫工作,健全完善监测预警机制,密切关注未脱贫人口和收入不稳定、持续增收能力较弱、返贫风险较高的已脱贫人口,以及建档立卡边缘人口。加强数据比对,逐户逐人摸底排查,及时将符合条件的贫困人口纳入农村低保、特困人员救助供养或临时救助覆盖范围,确保兜底保障"不漏一户、不落一人"。坚持"脱贫不脱政策",对已脱贫且家庭人均收入超过当地低保标准的低保对象,给予一定时间的渐退期,巩固脱贫成果。

五、优化社会救助工作流程,提高服务水平

简化优化低保、特困人员救助供养和临时救助审核审批流程,充分运用APP、全流程网上办理等方式快速办理救助申请。制定低保、临时救助审核审批办法或操作指南,方便困难群众申请救助。鼓励有条件的地方将低保、特困人员救助供养的审批权限下放到乡镇(街道)。科学调整入户调查、民主评议和张榜公示等形式,对没有争议的救助申请,可不再进行民主评议。加强社会救助家庭经济状况核对机制建设,积极开展社会救助信息共享与数据比对。强化主动发现机制,畅通社会救助服务热线,采取多种方式加强热线宣传,提高群众知晓度,确保困难群众"求助有门、受助及时"。

六、加强组织领导,确保落实落地

各地要加强组织领导,落实属地责任,强化资金保障,统筹使用中央财政困难群众救助补助资金和地方各级财政安排的资金,扎实做好低保、临时救助和特困人员救助供养工作,坚决守住民生底线,防止发生冲击社会道德底线事件。加强部门衔接配合,及时比对核实失业保险、失业登记等相关信息,精准认定救助对象。强化工作监督和资金监管,加大信息公开力度,按规定向社会公布社会救助相关事项,不断提高工作透明度。持续深化农村低保专项治理,聚焦"漏保"、形式主义、官僚主义、资金监管不力等问题重点发力,坚决防止"兜不住底"的情况发生。落实"三个区分开来"要求,建立容错纠错机制,激励基层干部担当作为,对非主观原因导致不符合条件人员纳入救助帮扶范围的,可免予追究相关责任。

民政部
财政部
2020年6月3日

专文

在市总工会十四届七次全委(扩大)会议结束时的讲话

（2020年7月16日）

莫负春

各位委员，同志们：

在大家的共同努力下，本次全委会即将完成各项议程、圆满结束。会议期间，大家围绕学习贯彻十一届市委九次全会精神、审议全委会报告，进行了认真的讨论，提出了很多很好的意见建议。对大家提出的问题和意见建议，有关部门要认真研究采纳，促进工作更好改进。全会认真履行民主程序，选举产生了两位副主席，补选了部分市总委员和经审委员。对同志们的当选，让我们致以热烈的祝贺！同时，我也提议以热烈的掌声，衷心感谢姜海涛、刘言浩等离开工会岗位的同志，感谢他们为上海工会事业作出的重要贡献，也祝愿他们在新的岗位上有新的作为、新的发展！

今年是个特殊的年份。上半年，面对严峻形势和重大考验，各级工会主动作为、迅速行动、精准服务，很多区局（产业）工会领导和工会干部冲锋在前，在参与疫情防控、助推复工复产复市、加强劳动关系协调等方面都做了大量工作，取得显著成效，值得充分肯定。下半年，经济发展依然面临着很大的不确定性，工会工作面临不少困难和挑战。我们要认真落实好本次全委会明确的目标任务，扎实做好下半年工作。下面，我再强调两点意见。

一、牢固树立人民至上理念，始终坚持以职工为中心的工作导向

总书记在今年两会期间强调，“中国共产党根基在人民、血脉在人民”，“必须坚持人民至上、不断造福人民、牢牢植根人民，并落实到各项决策部署和实际工作之中”。学习总书记的讲话，我感到字里行间反映出总书记对广大人民群众的深厚感情。一是不断造福人民。总书记指出，要“始终把人民群众安居乐业、安危冷暖放在心上。我们推动经济社会发展，归根到底是为了不断满足人民群众对美好生活的需要”，“要把为民造福作为最重要的政绩”。二是紧紧依靠人民。总书记讲，“我反复强调，人民是我们党执政的最大底气”。总书记高度赞扬了人民群众在这次疫情防控中的作用和贡献：“在这次疫情防控斗争中，广大人民群众识大体、顾大局，自觉配合疫情防控斗争大局，形成了疫情防控的基础性力量”。三是坚定捍卫人民利益。总书记讲，“在重大疫情面前，我们一开始就鲜明地提出了把人民生命安全和身体健康放在第一位”，“人民至上、生命至上，保护人民生命安全和身体健康，可以不惜一切代价”。这充分体现了总书记对于以人民为中心的鲜明态度和坚定信念，令我们感动，值得我们学习。

我们要以总书记为榜样，始终与人民群众同呼吸、共命运、心连心，牢固树立和坚定践行以人民为中心的思想。首先，要始终坚持以职工为中心的工作导向，站稳职工立场，切实维护职工的合法权益。其次，要坚定依靠群众。对于当前来说，要坚定依靠广大群众夺取疫情防控和经济社会发展双胜利。第三，要坚持群众满意标准。要把职工群众的需求和满意，作为工会工作的出发点和落脚点、作为检验工作成效的根本标准，特别注意要契合职工群众诉求多样化多层次多变性的特点，增强群众工作的针对性、及时性和有效性，切实提高工会工作质量。

二、紧紧围绕大局，做好下半年工作

一要把围绕中心大局与发挥群团组织的优势结合起来。工运事业是党的事业的重要组成部分，必须在大局下思考、在大局下定位、在大局下作为。做好工会工作，必须自觉站在党和国家大局上想问题、做事情，在服务国家战略、服务全市大局中展现使命担当、发挥作用优势。在这个过程中，要特别注意发挥工会联系广泛、服务职工的优势，把服务中心大局具体体现到服务职工的身上，体现到服务职工的成效上。通过工会组织的渠道，通过工会干部细致入微的工作，把党和政府对于职工群众的关心关怀送到每一位职工的手中，送到每一位职工的心坎上。

二要把思想引领、精神激励与托底帮扶结合起来。面对严峻形势，要坚持两手抓。一方面，要鼓劲加油。越是形势严峻、任务繁重，越是需要我们精神振奋、昂扬向上，不畏艰难、矢志奋斗。要切实加大对职工的教育引导和精神激励，始终保持奋进状态，充分运用“四史”教育的丰富教材，坚定中华民族伟大复兴的信心，坚定中国改革开放的信心，坚定奋力创造新时代上海发展新奇迹的信心，坚定夺取疫情防控和经济社会发展双胜利的信心。要发挥劳模和工匠的榜样作用，激发职工群众战胜困难、奋勇前行、创新创造的强大精神动力。另一方面，要做好困难职工的托底帮扶。特别是要发挥基层工会的作用，赋予基层工会更大的资源和能力，及时发现和有效帮助各类困难职工，做好就业援助工作，绝不让小康路上有一个职工掉队。

三要把维护职工权益与帮助企业纾困解困、促进企业发展结合起来。坚持促进企业发展、维护职工权益的基本原则，在积极维护职工群众合法权益的同时，充分考虑企业的现实困难，动员职工与企业共克时艰、共渡难关，推动企业发展。要广泛深入组织开展劳动竞赛，激发职工的主体意识和主人翁精神；要帮助各类企业全面复工复产，做好常态化疫情防控工作；要通过职代会等的民主协商程序，依法合理确定职工收入和福利待遇；要加强职工专业学习和技能培训，帮助职工适应产业变化和岗位调整的需要，推动企业把握发展新机遇，实现转型升级和创新发展。

四要把聚焦当前工作与深化工会改革创新结合起来。既要做好当前急事难事重点事，也要着眼长远，从体制上机制上思考和研究如何进一步深化工会改革。可以预见，这次疫情爆发会对世界、中国以及上海的产业发展和职工就业产生重大影响。总书记在全国两会时特别讲到新就业形态，也就是我们一般所说的灵活就业。随着产业调整和互联网经济的发展，灵活就业的人员规模越来越大、所涉领域越来越广、具体形态越来越多。近日(7月15日)，国家发改委等13个部门印发了《关于支持新业态新模式健康发展激活消费市场带动扩大就业的意见》，其中特别提出要积极培育新个体，支持微商电商、网络直播等多样化的自主就业、分时就业；鼓励发展基于知识传播、经验分享的创新平台；实施新业态成长计划，打造兼职就业、副业创业等多种形式蓬勃发展格局；通过网络平台开展经营活动的经营者，可使用网络经营场所登记个体工商户。一方面，要努力扩大工会对于灵活就业群体的覆盖面和服务面。研究新就业群体在不同领域、不同行业、不同区域的发展情况，把他们精准地"找出来"，并且特别要打破传统上工会按区域、按行业组织的惯性思维，探索建会管会新机制，力争在扩大工会组织覆盖面、提高服务精准度上取得新突破、获得新成效。另一方面，要努力研究完善灵活就业群体的权益保障制度机制。随着灵活就业形态的不断发展，就业模式日益从传统的"公司+雇员"向"平台+个人"转变，这在为劳动者提供低门槛、多元化的发展机会的同时，也对原有的保障制度提出了新挑战。要按照中央文件要求，积极研究探索适应跨平台、多雇主间灵活就业的权益保障、社会保障等政策，完善灵活就业人员劳动权益保护、保费缴纳、薪酬等政策制度，明确平台企业在劳动者权益保障方面的相应责任，保障劳动者的基本报酬权、休息权和职业安全；推动建立灵活就业、"共享用工"服务平台，提供线上职业培训、灵活就业供需对接等服务。

五要把优化服务与改进干部作风、提升干部能力结合起来。我们既要在优化服务中改进作风、提升能力，更要在作风改进、能力提升中优化服务，更好服务广大职工群众。首先要深入实际调查研究。这既是能力，更是作风。上海经济受中美贸易摩擦、自身产业转型和疫情冲击的叠加影响，经济下行压力加大，而且带动经济结构调整的力度加大。我们务必加强调查研究，及时了解经济发展变化对于职工就业的影响，科学提出意见建议、精准做好服务维权工作。工会干部只有深入职工群众，才能了解真实情况、培养群众感情、找到有效方法。工会干部能否深入基层，不是时间问题、方法问题，而是态度问题、作风问题。其次，要高度重视工会互联网能力的建设。要顺应上海大力推进"一网通办、一网统管"和互联网经济高速发展的大趋势，积极探索工会线上服务新模式，精准服务广大职工群众。比如，适应大力发展融合化在线教育的要求，探索运用更多的在线教育新模式，完善工会对职工的技能提升平台，提高工会干部教育培训便捷性和可及性。比如，适应提升数字化治理水平的要求，大力推进工会基础数据库和"一网通办"建设，更好链接党政、社会和工会的资源，服务好职工群众。比如，要适应线上服务习惯的养成和形成，推动建成更多的"在线工匠馆""在线劳模馆""在线公益乐学""在线职工书屋"，让更多职工享受到工会服务。第三，要大力弘扬务实作风。各级工会干部要认真践行总书记"干在实处，走在前列"的要求，成为扎扎实实的行动派、名副其实的实干家。工作要聚焦。对象要聚焦，领域要聚焦，资源要聚焦，解决关键问题、化解主要矛盾。工作要精准。坚持问题导向、需求导向，对症下药，精准施策，务求实效。工作要有效。把事情做成做好、做到高质量、做到高满意度。

最后，我再强调一下，在加快复工复产过程中，各级工会要特别注意加强职工安全教育，督促企业履行安全责任，督促企业和职工做好常态化疫情防控工作。当前正值高温酷暑季节，各级工会要更加主动关心职工特别是抗疫一线职工的工作和生活，督促企业做好安全生产和防暑降温工作，切实保障好、维护好职工群众的生命安全和健康权益。

各位委员，同志们：本次全会已圆满完成各项议程、顺利结束。让我们以习近平新时代中国特色社会主义思想为指导，深入贯彻落实习近平总书记考察上海重要讲话精神，在市委和全总的领导下，锐意进取、真抓实干、善作善成，为夺取疫情防控和经济社会发展双胜利，奋力创造新时代上海发展新奇迹作出新的更大贡献！谢谢大家！

在2020年“迎世赛　稳就业　促发展”上海职工职业技能系列竞赛启动发布会上的讲话

（2020年6月12日）

黄　红

同志们：

今天，市人社局与市总工会在这里联合举行上海职工职业技能系列竞赛启动发布会。会议的主要任务是“迎世赛、稳就业、促发展”，组织动员全市各级工会和广大职工广泛开展广覆盖、多工种的职业技能竞赛，实施百万职工职业大培训、百万职工岗位大练兵，着力培养适应新时代上海产业发展的高素质技能人才，助推上海经济社会高质量发展。

刚才，张岚副局长作了热情洋溢的致辞，对开展好职工职业技能竞赛提出了明确要求。会上还下发了10项技能竞赛方案，6家竞赛主办单位介绍了各自的竞赛方案，10对师徒代表10项竞赛工种进行了签约，对2020年首批10家“上海职工学堂”予以了授牌。下面，我讲三点意见。

一、充分发挥职业技能竞赛“正向激励”的重要作用，更好地服务大局发展

今年是一个非常特殊的年份，新冠疫情爆发，其国际国内、经济社会的影响远远超过了人们的预想。前不久，习近平总书记在全国两会期间分别参加部分团组审议、走访看望相关团组体，发表了一系列重要讲话，对我们做好各项工作提供了有力指导。我们要认真学习领会和贯彻落实习近平总书记重要讲话和全国“两会”精神，充分认识当前面临的形势，准确把握技能竞赛在提振信心、维护稳定、促进发展方面“正向激励”的重要作用，为夺取疫情防控和经济社会发展目标双胜利作出积极贡献。

第一，开展技能竞赛是贯彻以人民为中心的发展思想，维护和发展职工权益的重要举措。习近平总书记在参加内蒙古代表团审议时再次全面阐述了以人民为中心的发展思想和人民至上的理念，同时强调“坚持以人民为中心的发展思想，不是一句空洞的口号，必须落实到各项决策部署和实际行动中去”。加强培训、提升素质是实现职工发展权的重要举措。就业是民生之本，就业权、发展权上是职工的重要权益。提技能就是稳岗位，稳岗位就是惠民生。开展全市职工职业技能竞赛直接服务于做好“六稳”工作、落实“六保”任务，有助于推动复工复产复市。同时，在产业、专业、技术迭代更新加速的新时代，及时掌握新的知识、新的技术、新的理念、新的技能，显得特别迫切，这也是推动职工实现自身发展的重要方面。希望通过竞赛这个平台，引导全市职工树立“知识改变命运、技能成就未来”的思想观念，认真学习掌握适应未来产业变革、职业发展的本领，努力成为这个时代的先行者和引领者。

第二，开展技能竞赛是加强人才和技术储备，推动企业和经济转型升级的重要途径。职工特别是掌握先进技术、高超技能的职工是企业的重要财富，是企业实现技术升级、产业转型的根本依靠。疫情不仅对经济社会发展带来了挑战，也对一线职工的技能水平带来挑战，更对企业如何适应后疫情时代发展提出了挑战。比如，部分劳动密集型企业，由于疫情防控需要，一段时间在复工复产方面遇到了一些问题，倒逼企业更多采用人工智能的生产方式。疫情期间，上海在线新经济获得快速发展。这就要求我们对职工加强运用人工智能的培训，在帮助职工适应新要求的同时，同步推动企业实现技术更新、产业转型。我们要从推动建设知识型、技术型、创新型劳动者大军的全局出发，把技能竞赛作为重要切入点，通过搭建竞赛平台，开启职工技能提升“快车道”，激励广大职工走“技能成才、技能报国”之路，在这个过程中，帮助企业积累更深厚的人才储备、更雄厚的技术支撑力量，从而推动企业、推动整体经济实现更高质量的发展。

第三，开展技能竞赛是迎接第46届世界技能大赛，展示中国和上海经济社会发展成果以及工人阶级形象的重要平台。2017年10月，习主席通过视频向世界技能组织全体成员大会致辞，承诺上海一定能为世界奉献一届富有新意、影响深远的世界技能大赛。这是中国对全世界的庄严承诺，作为东道主，我们使命光荣，责任重大。为此，我们要将“世赛标准、世赛理念、工匠精神”贯穿于本次技能竞赛的全过程，既要通过竞赛选树一批高技能人才，为“上海工匠”厚植人才基础，又要通过竞赛向全世界展示中国和上海工人阶级的精湛技能和职业素养，展示在技能人才推动下中国和上海经济社会发展的丰硕成果，为讲好中国故事、中国工人阶级的故事作出贡献。

二、聚焦技能提升，营造同城效应，赛出质量、赛出成果、赛出效果

举办技能竞赛的根本目的，就是要通过竞赛让广大职工，特别是一线职工提升技能水平从而增加职业竞争力和获得感。工会和人社部门要紧密配合，发挥政府的政策优势、资源优势，发挥工会的组织优势、阵地优势，彰显“大学校、大舞台、大家庭、大平台”作用，深化“培训、练兵、比武、晋级、激励”五位一体职业技能发展模式，把企业和职工广泛发动起来，营造同城效应，推动职工素质技能有效提升，推动企业练好内功、转型升级。

第一，用好资源和政策，增强参与职工的广泛性。要重点聚焦灵活就业人员、农民工、青年职工等“刚需”群体，要用好各类资源服务他们、吸引他们。比如：此次竞赛全部纳入了市级二类竞赛，通过竞赛可以直接取得相关工种的职业等级或专项职业能力证书，符合条件的，还能享受市总工会实事项目奖励。比如：可以利用全市300多家职工学堂、全总技能强国平台等阵地，邀请“业内大咖”开展专业性的线上线下技能培训。比如：取得竞赛第一名，可以优先推荐申报“上海市五一劳动奖章”，部分项目可以越级晋升技师并推荐申报“上海市技术能手”等。这些都是实实在在的“利好消息”，我们要创造条件，通过多种形式和途径把竞赛组织发动好。

第二，多方联动协同，增强参与单位的多样性。一方面，我们既要充分发挥国企在竞赛中的示范引领作用，又要积极吸纳广大非公企业、行业协会、新经济组织等参与到竞赛中来，这也是体现非公企业工会改革成果，打通服务职工“最后一公里”的生动实践。另一方面，我们要打破行政体制壁垒、跨越工会组织隶属关系，积极调动在沪中央企业的参赛积极性，实现条块结合、区域融合，同台竞技，共同发展。

第三，全媒体宣传，增强宣传发动的持续性。本次技能竞赛是年度系列赛事，时间跨度长、参赛行业多。今天的发布会标志着技能竞赛将正式启动，在今后的赛程中，我们要借助各大主流媒体，在报纸、电视、互联网、抖音、微信等平台进行全方位、全过程、多维度、多视角的连续报导。竞赛主办、承办单位和各级工会要在赛事时段的重要时间节点，主动对接各大媒体，及时总结经验，挖掘典型人物，加大宣传力度。

总之，我们要要加强合作，发挥各自优势，运用各种资源手段，加强组织、加强宣传、加强发动，广泛开展技能竞赛活动，“赛学习、赛技能、赛水平、赛质量、赛创新、赛贡献”，形成全社会团结一致，共克时艰的积极向上的社会氛围，助力职工技能提升、助推企业转型升级、服务经济高质量发展。

三、弘扬工匠精神，确保各项技能竞赛工作善作善成、落地见效

工匠人才引领技能竞赛，技能竞赛涌现工匠人才。我们要大力弘扬精益求精的工匠精神，狠抓落实，善作善成。本次十大技能竞赛是市级层面工会和人社部门首次联手举办的。各级工会要把握机遇、珍惜机会，主动跨前一步，将组织参赛与自己办赛相结合、将技能竞赛与劳动竞赛相结合，扎实做好沟通、协调、组织、服务等工作，真正使竞赛出成效、职工得实惠。

第一，要强化组织领导，做好后勤保障。各区局、产业工会要以本次发布会为契机，及时向党政领导作专题汇报，明确竞赛项目分管领导和具体联系人，纳入年度工作计划，作为重要工作来抓，为竞赛提供人力、财力和组织保障。层层发动、层层办赛，形成市级赛、区级赛、集团赛、街道赛、公司赛、企业赛、班组赛的体系化竞赛新格局。要将技能竞赛和职工学堂建设、职业培训等工作相融合，以赛促训、以训促赛，用竞赛检验培训效果，用培训提升竞赛能级。

第二，要注重过程管理，做好分类指导。要秉持“节俭办赛、众筹办赛、廉洁办赛”的理念，争取地方教育附加专项资金等各类资金支持；要重点把握好竞赛的整体规划、宣传发动、组织实施、总结表彰等各个环节，并根据各分赛区实际情况，进行针对性指导和帮助。要加强和市职业能力鉴定中心的联手，畅通技能竞赛报名与市级二类技能竞赛通道、技能竞赛成绩与职业能力鉴定等级取证的衔接。各区局产业工会要加强对基层工会的赛事指导，从项目设置、规则制定、组织发动、赛前培训、赛事组织等开展面对面指导。

第三，要坚持开门办赛，做好总结提升。我们要借鉴世赛开放办赛模式，比赛全程对社会公众开放，鼓励吸引社会各界人士观摩竞赛，引导全社会特别是广大青年职工关注、热爱、投身技能。这次十大技能竞赛的决赛环节，我们组织了技能大师、上海工匠等来现场展示或评点。要鼓励各工种参赛单位相互参观学习，希望各行业的专家评委对竞赛进行观摩指导，提出宝贵建议，以便提升竞赛水平。

同志们，需要特别强调一下：当前疫情仍然没有最终散去，一定要做好所有参赛选手、竞赛场地的疫情防控工作，确保万无一失，确保赛事举办和疫情防控双胜利。在此，预祝2020年上海职工职业技能系列竞赛取得圆满成功、预祝各参赛选手取得好成绩！

奋进新时代　创造新奇迹
团结动员广大职工群众建功立业

周　奇

劳动和技能竞赛是党领导工人阶级抓生产、促发展的重要载体，在社会主义革命和建设实践中发挥了十分重要的作用。2020年，为深入学习贯彻习近平总书记考察上海和在浦东开发开放30周年庆祝大会上的重要讲话精神，按照中央和市委关于统筹推进疫情防控和经济社会发展的要求，市总工会通过开展“奋进新时代　创造新奇迹”推进高质量发展上海职工劳动和技能竞赛，为上海经济社会发展发挥重助推器作用。

一、围绕中心聚焦“四个关键点”开展竞赛

市总工会联合本市七个委办局重点围绕中心，聚焦“四个关键点”，开展一系列上海职工劳动和技能竞赛。

一是围绕国家重大战略和上海重点任务推动高质量发展。围绕长三角生态绿色一体化发展示范区、自贸区临港新片区、虹桥商务区现代服务业、第三届进口博览会、旧区改造城市更新、崇明世界级生态岛建设、优化营商环境等组织开展职工劳动和技能竞赛，以竞赛为平台积极打造一流的科技创新高地、人才高地，形成一批创新企业集群和现代产业集群，同时也为上海打造国际一流营商环境提供强大助力。

二是瞄准“卡脖子”领域推动科创中心建设取得新突破。聚焦人工智能、生物医药、集成电路三大产业，重点围绕国家重点科技创新平台、国家级科学设施和装置建设，深化“聚力新科技・奋进新时代”加快科创中心建设主题立功竞赛，共评选出69个优秀项目。会同市科创办、市经信委相关职能部门梳理“三大产业”重点企业和“五个一批”重点项目，组织开展科技项目研发、科创新成果产业化等活动，探索建立高端制造业跨区域、跨企业的劳模、工匠创新工作室联盟。

三是抓实职工素质提升为第46届世技赛营造良好氛围。以上海举办46届世界技能大赛为契机，全市各个区、局（产业）围绕区域特点、产业特色开展劳动和技能竞赛，共有近90家区、局（产业）工会制定了竞赛方案并积极实施。同时，依托高技能人才培养基地、上海职工学堂等载体，线上线下相结合组织百万职工岗位大练兵。在此基础上，举办综合布线、工业机器人操作与示教、网络安全防护、铣工（数控铣工）、焊工、镶贴工、汽车维修工、家政服务、中式烹调师、艺术插花等10场以世技赛竞技项目为主要内容的市级职工职业技能大赛。

四是联合苏浙皖深入推进长三角产业工人队伍建设改革。聚焦长三角生态绿色一体化发展示范区，推动青浦与江苏吴江、浙江嘉善市总工会成立示范区工会联合会，在此基础上开展示范区劳动和技能竞赛。联合苏浙皖举办长三角地区一市三省深化产业工人队伍建设改革研讨会，长三角G60科创走廊城市职工网络安全攻防技能大赛、长三角地区城市轨道交通行业职工职业技能竞赛以及长三角“智慧能源　绿色发展”职工创新成果展示交流活动等。

二、竞赛工作的实践特点

一是始终坚持围绕中心服务大局，不断推动职工技能提升。科创中心主题立功竞赛、临港新片区职工劳动和技能竞赛、虹桥商务区劳动竞赛、长三角示范区劳动竞赛等等，这些都是上海当前发展的重大战略、重大工程、重点项目、重点产业。同时，将职工技能素质提升与竞赛紧密结合，在竞赛中持续深化产业工人队伍建设改革。如在开展上海职工十大技能竞赛中，市总工会依托110家高技能人才培养基地、500家上海职工学堂、网络培训平台等载体，以企业为主体，采用线上线下相结合的形式，组织企业和园区百万职工岗位大练兵，提高技能人才培养质量和水平。

二是竞赛工作注重顶层设计，整合各方资源。构建了由市总工会联合本市其他委办局，顶层计划部署，整合各方资源，各级工会协调有关部门积极参与落实劳动竞赛组织机制。此外，有的区局产业工会还根据区域、产业定位和经济社会发展目标，运用地方教育附加专项资金对相关劳动竞赛中的职业培训重点项目予以扶持。

三是持续弘扬劳模精神、劳动精神和工匠精神。通过开展劳动竞赛，发扬工人阶级先进性、主力军和排头兵的作用，激发职工首创精神和岗位创新创造活力。一大批劳模工匠脱颖而出，如近年来科创中心主题立功竞赛中涌现的唐均君、王渊峰等一批科创中心建设者被评为全国劳模，张卫等188名科创中心建设者被评为上海市劳模。

四是竞赛不断向非公领域延伸，通过竞赛推动非公企业工会组建工作。劳动竞赛注重从国有企业向非公企业拓展，从大中型企业向小微企业、工业园区推进，把不同地区、不同所有制、不同行业的企业职工组织动员起来，包括非公企业职工、灵活就业群体、农民工，让竞赛活动渗透到经济社会发展的各个领域和层面。同时在竞赛中推动非公企业建会入会，如市水务局开展的水务竞赛带动了市水利工程协会下属多家民营企业的建会入会。

进入新时期，迈向新征程，上海工会将一如既往紧密围绕国家和上海中心大局，用好劳动竞赛“传家宝”，团结动员广大职工群众立足岗位建功立业！

整合各方资源聚焦重点难点 推进企事业单位民主管理工作创新发展

张得志

在全国厂务公开协调小组和中共上海市委的领导下，上海市总工会按照中央推进国家治理体系和治理能力现代化的决策部署，以及习近平总书记在上海考察时提出的“全过程民主”的工作要求，持续加强企事业单位民主管理的组织保障和机制保障。自2000年上海市厂务公开领导小组成立以来，一直坚持由市委分管书记担任组长的领导体制，推动市、区和产业系统、街镇、企事业单位四级层面完善工作格局。在市委的坚强领导下，整合各方力量资源，积极推动党委组织部门、宣传部门以及国资、人社、司法、法院、企联、工商联等部门加强沟通协作，聚焦重点难点问题，多管齐下，积极突破创新企事业单位民主管理工作。

一、聚焦国有企业管控模式变化，突破创新集团多级职代会制度

上海在实施国资国企改革中，着重实施了集团母公司管控的制度模式，即集团公司重大经营决策、管理制度、薪酬制度、企业合并分立等决定都对所属基层单位产生重大影响，由此给企业多级民主管理制度带来严峻挑战。为此，市总工会联合市委组织部、国资委、经信委等党委共同印发《关于进一步加强本市国有及国有控股集团公司职工代表大会制度建设的若干意见》，规定集团职代会应当围绕涉及企业改革发展全局性、根本性、导向性的重大事项和涉及职工切身利益普遍性、倾向性的重大问题进行有效管控，并协调国资党委将推进这一制度纳入企业党建责任考核内容。95%的集团公司建立健全了多级职代会制度，比如中国宝武、中建八局、上海电建、东方国际等企业创新发展了三级职代会制度，切实解决了本轮国资国企改革中民主管理制度怎样上下联动、有序推进的问题。

二、聚焦法人治理体系建设，突破创新职工董事职工监事制度

为解决民主管理与法人治理“两张皮”“职工董事不懂事、职工监事不管事”等问题，市总工会持续加大理论研究和实践探索力度，联合市委组织部、国资委等单位共同制定制度文件并付诸实施。一是明确职工代表进入董事会、监事会参与决策和监督，是代表劳动者行使权利的法定行为，其职数不应受到企业性质和股权结构影响，包括非公有制企业在内的所有公司制企业都应建立职工董事职工监事制度，国有企业中符合条件的职工董事，还应当进入董事会专委会深度参与决策。二是指导企业董事会每年增设专项议题，审议年度劳动关系重大事项和职工切身利益重要问题，推动将其纳入社会责任报告并对外披露。三是进一步明确了职工董事、职工监事履职的具体要求，指导推进职工董事、职工监事每年必须向职代会作述职报告，接受职工代表的民主评议。此外，在推进国企工会改革过程中，我们还协调市国资委修改完善了国有独资公司和国有控股公司两个章程指引，将民主管理制度和劳动关系协调机制纳入公司章程，融入企业治理结构和管理体系。

三、聚焦企业和谐劳动关系，推动非公有制企业建立民主管理制度

针对部分企业长期不建立工会、职代会和集体协商机制，或者民主管理制度运行不规范，导致劳动关系矛盾突出的问题，市总工会通过实施“工会定向劳动法律监督”，并与公共信用信息服务平台挂钩，倒逼企业建立工会和民主管理制度，取得了良好的社会效果。近年来，全市各级工会共对1000余家非公有制企业实施了定向劳动法律监督，对其中的150家企业发出了《工会劳动法律监督提示函》，对45家企业开具《工会劳动法律监督整改意见书》，对6家企业开具《工会劳动法律监督处理建议书》，还将3家拒不建制的企业的违法信息纳入了上海市公共信用信息服务平台。同时，考虑到非公有制企业推进民主管理是一个渐进的、逐步深入的过程，明确提出“先建制、后规范”“要素化管理、差异化推进”的工作思路，将非公有制企业民主管理分为起步、基本达标、达标和示范四个标准梯次推进；将实现职代会和集体协商两项制度联动，以劳资沟通、民主议事等形式作补充，形成具有上海特色的推进非公有制企业民主管理的“2+X”模式。

四、聚焦社区治理和平安建设，探索创新区域（行业）职代会制度

针对小微企业民主管理难的问题，探索创新了区域（行业）职代会制度，将其与“两新组织”党建相结合，作为推动基层社会治理体系和平安建设的重要内容，实施统筹推进。目前已形成了园区、村（社区）、楼宇、商业圈等区域职代会，餐饮、物业、建筑、纺织等行业职代会。在工作推进中，我们强化分类指导，推动区域职代会重点聚焦国家劳动法律法规执行、企业内部建立劳动关系双方沟通渠道、依法规范劳动用工等三大共性问题；指导行业职代会重点聚焦行业劳动关系状况发布、行业主体工种劳动定额和工时工价等标准审议、行业和谐劳动关系创建标准等问题，推动行业企业平稳发展。宝山区顾村镇、杨浦区长白街道、金山区纺织行业等单位大胆创新、勇于实践，通过区域（行业）职代会较好地实现了对落户企业的扶持和监管，促进了区域社会的稳定和经济健康发展。

五、聚焦“六稳”“六保”要求，充分发挥民主管理在非公有制企业改革调整中的重要作用

当前，上海正在经历城市深度转型、经济下行压力加大等现实，大量非公有制企业面临着关停并转迁或重大调整，由此引发的群体性劳动纠纷不断。今年疫情爆发以来，上半年全市劳动争议总量呈上涨趋势，下半年争议下降明显，但没有出现影响大局和社会稳定的重大事件。究其原因，与我们整合各方力量，着力发挥民主管理机制作用密不可分。一是推动市人大修改完善《上海市职工代表大会条例》，增加了对非公有制企业重大改革调整时履行职代会法定民主程序的规定。二是协调市人社、司法、企联和工商联共同制定实施了《关于促进本市企业重大改革调整中劳动关系稳定的操作指引》，将法律规定细化为可供操作的工作路径，指导非公有制企业通过集体协商和职代会制度，确保改革调整的平稳有序进行，有效维护了职工合法权益。三是联合市律师协会共同培训指导了500多名工会签约律师，要求他们在指导服务企业时，将《操作指引》的要求细化于企业实施的方案之中，从而较好地延长了工会工作的手臂。四是对各级工会每年定期排摸到的即将实施改革调整的非公有制企业，市总工会协调市劳动监察总队，推动各街镇工会与同级劳动监察部门共同上门指导企业开展工作。五是市总工会通过群体性劳动纠纷预警处置平台，指导各级工会会同“四方合作”“三方协商”成员单位共同建立“会研、会商、会审”机制，指导非公有制企业在改革调整中切实履行协商民主程序，较好地规范了东芝电梯、日用友捷、锦湖日丽等一批非公有制企业在改革调整中的民主程序，确保了劳动关系和谐稳定。

发掘保护红色工运资源
赓续传承红色工运基因

桂晓燕

上海是中国共产党的诞生地和初心始发地，也是中国工人运动的发祥地。自五四运动中上海工人阶级正式登上历史舞台以来，上海工人运动在中国工运史上一直具有极为重要的地位和作用。百年来，在党领导下的上海工运光辉历程中，留下了丰富的史料和遗址，这些红色资源铭刻着工人阶级和工运前辈为民族独立、人民解放英勇奋斗的光辉历程，蕴含着坚韧不拔、敢于胜利的革命精神，是中国革命的重要历史见证，是宝贵的革命历史文化遗产，已成为这座城市红色资源、红色地标的重要组成部分，也是当前开展党史、新中国史、改革开放史、社会主义发展史学习教育的生动教材。

为了深入发掘宣传上海工人阶级和工人运动的光荣历史、奋斗历程、辉煌成就，更好地传承发扬红色基因和信仰之光，根据中央、市委的有关要求，市总工会正式启动“上海百年红色工运资源发掘宣传工程”，从2020年起至2021年7月1日前，在全市范围内对百年红色工运的重要人物、重要遗址（旧址）、重大事件、重点纪念场馆等进行进一步梳理发掘、修建修缮、展示展陈，充分发挥红色工运资源的功能作用，拓展工会系统“四史”学习教育内容和阵地，也为迎接建党100周年做好充分准备。

为此，市总工会专门成立了“上海百年红色工运资源发掘宣传工程”领导小组，由市人大常委会副主任、市总工会主席莫负春担任组长，对全市红色工运项目的保护、利用、开发、宣传工作进行统筹部署和协调推进。同时，抽调市总工会相关部门、直管单位人员及外聘专家组成工作专班，具体承担项目的落实推进工作。

一、深入推进红色工运资源的发掘保护

一是形成重要工运遗址保护利用的工作合力。据摸底统计，本市现有12个区93处工运文化遗址，其中60处尚存遗址，33处已被拆除。留存的工运遗址大多分布散、规模小、史料缺。近年来，特别是2016年7月全市党的诞生地发掘宣传工程启动以来，上海广泛开展革命历史文化资源的保护、开发和利用工作，但仍有一些工运重要遗址尚未得到整体性修缮，缺乏应有的保护措施，遗址的历史价值和现实意义也尚待进一步挖掘提炼。市总工会将协调黄浦、静安、普陀区委和工会以及机电工会等共同做好重要遗址的保护修缮、展陈更新、开发利用等工作。黄浦区和机电工会负责党领导下的第一个阶级工会——上海机器工会纪念铭牌、纪念雕塑、史料展示的筹建工作；黄浦区总工会还将提升完善三山会馆内“上海工人三次武装起义”的展陈内容；普陀区规划复建中国共产党早期组织创办的第一所工人学校——沪西工人半日学校，扩充丰富顾正红纪念馆的展陈内容和布局，更好地体现五卅运动的历史意义和深远影响；静安区修缮“上海总工会”旧址（原湖州会馆）并重新布展。

二是开展工运历史资料征集整理工作。工运史料是工会事业的宝贵财富，对党史研究也有着重要意义。2020年“五一”节前市总工会开展了上海各类工运历史资料信息征集活动，面向全市工会系统、社会各界和职工群众，广泛征集反映、记录各个不同历史时期工人运动发展历程、有重要影响和代表性的工运场馆、旧址、遗址资源和纪念碑（雕塑）等，以及与工运重大事件、重点人物、重要会议、重大活动相关的照片、文字、影音、实物、档案等文献资料。征集过程中，得到杨浦、静安、黄浦、机电等区局（产业）工会高度重视和积极响应。在市委宣传部、市委党史研究室、社科院、党史协会等的指导帮助下，梳理形成较为完整的上海工运史馆、工运史料、工会历史资料的条目目录，为补充本市“党的诞生地”发掘宣传工程内涵尽一份力，并为后续宣传利用以及丰富工会系统“四史”教育内容做好准备。

二、深化拓展红色工运资源的利用传承

红色工运史是党史的重要组成部分。实施“上海百年红色工运资源发掘宣传工程”，是坚定广大工会干部理想信念的强基工程，是凝聚职工群众奋斗力量的重要举措。我们将充分发挥工运资源的历史价值和现实作用，开展形式多样的宣传教育活动，真正把工会红色资源利用好、红色基因传承好、红色传统发扬好。

一是策划“致敬！红色工运先烈”主题纪念展。这是市总工会“致敬系列”主题展的重点项目，通过对工运史料和工运先驱生平事迹的系统梳理，以讲活先烈英雄的感人故事为切入点，讲好中国工人运动先驱们为了民族独立和人民解放、国家富强和人民幸福不畏艰险、不懈奋斗的人生经历和崇高品质，见人见事见精神，从中展现上海工人阶级的历史作为、上海工人运动的历史贡献，阐释上海工运在共产党的领导和推动下，面貌一新、百折不挠、走向胜利的历史必然。

二是打造工会干部红色教育基地。各级工会要把红色工运遗址、场馆等，作为工会干部教育培训的现场教学点，作为开展主题党日活动的定点课堂，作为工会理论实践的交流基地，身临其境、入脑入心，切实发挥红色工运资源的“教科书”作用，打造工会干部新时代砥砺初心、担当使命的精神家园，让红色基因在各级工会干部中延续传承，让红色传统在各项工会工作中发扬光大，为在特大型城市践行和发展中国特色社会主义工会发展道路作出积极努力和应有贡献。

三是创新职工宣传思想工作抓手。要把全市红色资源丰富的优势转化为做好新时期群众工作的优势，着力用活红色资源，创新宣传教育方式，在职工群众中深入开展理想信念教育和新时代工运主题教育，激励凝聚上海工人阶级发扬听党话、跟党走的光荣传统，当好中国工人阶级的领头羊、改革开放的排头兵。要积极探索接地气、聚人气的宣传工作载体和方法，加强线上线下联动，打造上海红色工运地图、拓展职工红色寻访线路、开展红色工运文化大赛、组建工运故事宣讲志愿者团队、举行工运先烈缅怀仪式、举办红色经典情景诵读活动等，做到有声有色、常学常新，增强工会宣传思想工作的感染力和吸引力。

以史为镜，鉴往知来。站在实现“两个一百年”奋斗目标的历史交汇点上，全市各级工会齐心协力，共同推进和实施好上海百年红色工运资源发掘宣传工程，必将引导、激励广大职工和工会干部继承光荣传统、汲取奋进力量，不断开创新时代上海工运事业新局面，为奋力创造上海发展新奇迹作出更大贡献。

深入推进“四位一体”强化审计监督效能

丁　巍

2021年全市各级工会将继续围绕“坚持和完善党和国家监督体系，强化对权力运行的制约和监督”的总体要

求，全面履行审查审计监督职责，深入推进“四位一体”立体经审监督体系建设，不断提高审查审计监督效能，继续强化审查审计结果运用，为工会经费资产的安全完整效益和经济活动健康可持续发展提供坚强保障。

（一）继续全力以赴主动对接国家审计

1. 做好审计整改跟踪管理。一是针对市审计局提出的审计问题，对还在整改中的问题加强跟踪管理，确保审计整改落地见效。二是对已经审计整改完成的问题，督促相关职能部门和直管单位做到举一反三，及时修订完善相关制度，防止“屡查屡改、屡改屡犯”。

2. 加强与国家审计的沟通协作。一是各级工会要继续主动接受并全力配合国家审计监督。特别是市、区两级工会要以高度的政治责任主动接受审计，以求真务实的工作态度全力配合审计，以敢于担当的负责精神积极主动整改。二是经审组织要继续主动加强与国家审计机关的对接与联系。通过建立工作会商制度、委员兼任制度、审计结果共享制度、纳入政府与工会联席会议议题等方式，进一步促进双方充分沟通协商，加强工作协同，提升审计质量。

（二）继续全力以赴完善工会经审制度建设

1. 建立审计整改制度。针对工作中存在“重审计轻整改”的问题，拟在调研基础上出台《上海市总工会关于进一步做好审计发现问题整改的指导意见》，完善“审计—督促—整改—提高”全链条式的工作模式和工作机制，切实提高经审监督的效能，更好地维护审计监督的严肃性和权威性。

2. 建立跟踪审计制度。制定《上海市总工会重大建设工程项目跟踪审计办法》，对资金量大或社会影响力大的工程项目进行全面有效的监督，实现项目动态管理、资金严格控制、审计关口前移。

3. 探索社会中介审计质量评价。按照《上海市总工会经费审查委员会关于对参与工会审计业务的社会中介机构审计质量评价办法（试行）》的要求，对社会中介机构2020年度开展的审计项目进行抽查，开展质量评价，促进审计质量提升。

（三）继续全力以赴加强工会内部审计监督

1. 加强对市总本级的审计监督。一要继续加大源头参与。在重要政策、重大项目、重点资金安排落实上，主动发挥工会经审的服务和监督作用，着重推进“审、帮、促”有机结合，推动完善风险防控机制，保证工会资产安全。二要继续加大审计力度。在开展常规审计的基础上，围绕市总开展的重点工作、重点项目，加大对政策执行情况的审计力度，确保工会系统全面落实从严治党要求。三要继续开展内控审计。从工会日常运行、预算管理、监督执行等方面测试运行情况，确保内控制度有效执行。

2. 加强对市总直管单位的审计监督。一要做好财务收支审计。继续以财务收支审计为依托，促进市总直管单位完善制度、规范程序，确保资金使用充分发挥效能，并持续加强对历史遗留问题的整改，推动相关问题的解决。二要开展内控执行情况审计。从预算管理、收支管理、采购管理、资产管理、建设项目管理等日常经济业务活动着手，督促市总直管单位不断完善内控建设。三要开展经济责任审计。根据市总组织部的委托，做好市总直管单位主要领导干部任中和离任经济责任审计，促进领导干部履职尽责、担当作为，推进党风廉政建设。

3. 加强对区局（产业）工会的审计监督。一是加强常规审计的力度。按照届期内审计全覆盖的要求，安排对25家区局（产业）工会的审计，突出审计重点，提高审计实效。二是加强对重点项目专项审计的力度。针对疫情期间防控资金投入量大及法律援助办案量激增的情况，开展新冠疫情防控资金和法律援助办案补贴资金使用情况的专项审计，确保资金精准规范使用。

（四）继续全力以赴夯实经审基础工作

1. 加强对基层工会经审工作指导。以经审工作规范化建设为抓手，加强对基层工会开展业务指导服务。同时，进一步加大职工会员监督的力度，促进基层工会经费使用情况的公开。加强对非公企业工会调研指导，提升基层工会职工会员监督水平。

2. 强化工会经审干部队伍能力建设。开展各级工会经审干部业务培训，同时通过上下联审、同级互审等方式以审代训，提高经审干部政治站位，努力建设一支信念坚定、业务精通、作风务实、清正廉洁的经审干部队伍。

3. 深入开展调查研究。重点围绕各级经审会在同级审计过程中遇到的瓶颈、难点问题，开展有针对性的调查研究，努力将调研成果转化为工作制度和工作措施。

2021
上海工会年鉴
专记
国产电扇第一人
Wahson
華生
杨济川
1914年试制成功中国第一台电扇
1916年创办华生电器制造厂

参与疫情防控，关心关爱职工

【综述】 新冠肺炎疫情发生以来，市总工会充分发挥组织优势，积极做好疫情防控期间职工关心关爱工作，用实际行动当好职工"娘家人"。深入开展排摸调研，形成《关于疫情防控期间上海企业复工复产和职工就业状况的分析报告》《关于本市外贸行业职工就业状况的分析报告》《受疫情影响本市深度困难职工工作生活情况的调研分析》等，并据此向相关部门提出政策建议。加大对职工的帮扶慰问，将新冠肺炎纳入《上海工会帮扶救助可申请大病补助项目的大病种类》，同时纳入工会互助保障重大疾病范畴，为44名患新冠肺炎职工发放保障金103万。走访慰问受疫情影响的困难职工，下拨送温暖资金143余万元。向在档困难职工发放帮扶金近705万元、疫情专项补贴近860万元。各级工会累计投入5.7亿多元疫情防控专项资金，用于慰问防疫一线职工等。组织3262名援鄂医疗队员及其家属、10860名一线抗疫职工疗休养。发挥"小二级"工会区域防控优势。指导"小二级"工会参与企业复工和职工到岗排查，政策宣贯和劳动关系稳定，当好工会联系企业和职工的联络员、服务员、指导员，协助做好园区、楼宇、商圈企业复工后职工防护及队伍稳定工作。指导职工用好网络政策学习培训，团结动员职工参与疫情防控，动员发动生产相关应急药品等企业的职工全力抓好生产，保障产品供应。拉好灵活就业群体复工复产"保护网"，关心关爱灵活就业从业人员，指导各区、街镇行业工会协助企业做好疫情防控，对返沪人员进行排摸，对在岗职工做好疫情防控政策措施宣传，做好人员体温检测等防疫措施。运用大数据等技术辅助做好灵活就业群体的防护工作，完善综合防控体系，逐步开放户外职工爱心接力站等工会服务阵地，合力将物流快递、网约送餐感染的风险降到最低。做好职工的心理防护，建立心理疏导工作"每日一报"制度，报送信息（文章）163条（篇）。推出14期抗疫情心理调整问与答，回答60个热点问题，近11万人次浏览。举办公益微课14课，75000余名职工参加。编撰《职工心理健康服务案例集》，向2000家"职工书屋"集中配送。访谈80余家企事业单位，形成心理微型访谈30篇。调研六大行业18个企业（集团），下发问卷1800余份，召开座谈会18个，访谈职工90余人。推出抖音直播小课堂，组织职工线上互动、工位健身；开展职工书屋讲堂，围绕职场心理问题进行讲解；开展职工健康趣味运动会，设计12个线上项目。组织5批20场疗休养慰问演出，邀请知名劳模艺术家参与演出。 （陈　蓓）

【浦东新区多举措织密疫情防护网】 浦东新区总工会结合本区外来人员多，企业、职工基数大，疫情防控形势严峻的实际情况，全力配合相关部门做好全区疫情防控工作，保障浦东职工生命健康安全。一是高度重视，推动上下一盘棋。第一时间成立疫情防控工作领导小组，建立班子成员分片联系包干制度，深入联系包干区域的街镇、园区和企业，了解基层、企业落实防控措施和恢复生产情况，向全区工会下发"1+3"材料，包括1个部署动员通知，3个工作提示，即职工服务站点工作提示、职工维权保障工作提示、服务关爱女职工工作提示。二是聚焦重点，密织工会疫情防护网。聚焦工会主业主责。抽调签约律师组建"新型冠状肺炎"法律服务志愿团，设立专项维权热线。形成信息共享机制，对于企业、职工反映较为集中的问题，及时汇总，第一时间通报相关部门，对于可能影响地区稳定的苗子信息同步上报同级党委和上级工会。落实劳动保护工作，要求各级工会因地施策，督促返沪职工按照居住地的联防联控部署和要求。聚焦一线和重点领域。在关心关爱上，推动资金和资源向医务、公安、公交、环卫等重点行业和重点人群倾斜，在典型选树上，结合劳模评选，设立疫情防控专项奖，以表彰在疫情防治工作中表现突出的个人和集体。在窗口服务上，强调及时调整职工服务站点、爱心妈咪小屋等窗口服务时间，及时落实窗口个人防护和卫生消毒工作，及时变线下活动为线上服务。聚焦企业复工等重要节点，建立即时排摸机制、信息反馈机制，畅通信息沟通渠道。三是强化支撑，保障措施落实落细。推动工作力量下沉。在总工会层面，组建志愿者服务队参与隔离点、社区一线联防联控工作，并与全区赴外省市医疗队队员家属建立一对一结对服务，为家属提供心理、法律、运动健身、子女课业辅导等各项咨询服务。在街镇、开发区工会层面，推动200余名社会化工作者下沉一线，增援基层防控突击队和志愿服务队，帮助园区、楼宇、企业、村居开展企业复工、员工返岗和社区排摸等工作。发挥新媒体平台作用。依托"浦东工会通"微信，第一时间传达权威政策信息，回应企业和职工关切的热点，反映各级工会的工作举措、各类企业的特色做法和各行各业涌现的先进典型。其中，由区总汇编形成的疫情防控期间劳动用工热点问题受到各界广泛关注，被今日头条、新民网和浦东发布等各大平台转载，收获10万+阅读量。 （陈　维）

【浦东新区总工会推出疫情下职工心理健康专项服务】 6月11日，"从心启航·浦东职工心理健康关爱专项服务"首场活动在金桥开发区自贸区员工关爱互联网中心举行。市总工会副主席桂晓燕、浦东新区总工会副主席薛英平出席活动。会议由浦东新区总工会党组成员、经审委主任刘京蕾主持。区总工会"从心启航·浦东职工心理健康关爱专项服务"项目共包括四方面内容：其中，在线心理关爱服务，开通24小时心理热线电话4001620525，由专业心理咨询师为职工提供心理咨询和关爱服务；心理健康网络课堂，针对不同人群，开通网络直播专题课程；心理关爱小程序，利用便捷化的微信小程序模式，结合"浦东工会通"微信公众号，推出"心理检验"和"摆脱焦虑"小程序，为职工提供线上心理关爱服务；"幸福职工之家"主题活动，坚持需求导向，精准聚焦，以主题沙龙、案例分享会、小型报告会等形式，开展送课进园区、进企业、进班组服务。 （陈　维）

【徐汇区总工会加强宣传引导全力投入疫情防控阻击战】 年初在疫情开始爆发和职工返岗复工两个关键节点，徐汇区总工会分别向全区广大职

9 月 27 日，徐汇区总工会组织抗疫一线先进职工去西山疗休养

（赵丽蓉）

工发出倡议书和一封信，及时稳定人心、凝聚力量。及时支援保一线，先后投入400万元专项资金用于支援防疫物资和慰问一线工作者，并通过爱心接力站、加油站等载体为快递小哥及环卫工人等户外职工提供防疫用品。工会先后有26名机关和事业单位党员干部奔赴机场、南站、康健和长桥街道参与一线防疫工作。服务保障助复苏，用好“四方联动”机制，形成疫情期间快速化解劳动关系矛盾机制，接待法律援助咨询2326人次，参与调处群体性劳资纠纷13起。通过微信公众号、“96116”群团服务热线以及线上法律沙龙等形式，加强防疫和复工普法宣传。走进企业开展调研，帮助企业和职工解决复工复产难题。落实“六稳六保”任务，与区人社局和街镇等相关部门联手推出5期专场招聘会，提供就业岗位3500余个，努力解决疫情带来的就业难题。联合区文旅局全力推出106条“爱上海游上海”春秋游特色线路，助力旅游产业复苏。关心关爱一线防疫职工，组织一线防疫工作者共18个团组758人疗休养，让志愿者感受到组织的温暖与关怀。

（徐艳杰）

【虹口区总工会关心关爱抗疫一线职工】 疫情期间，虹口区总工会助力企业复工复产，关爱抗疫一线职工身体健康两手一起抓，彰显“娘家人”的担当和情怀。上海梦想成真公益基金会携手爱心企业上海市新黄河制药有限公司、辰诺（上海）国际贸易有限公司向虹口区一线抗疫职工捐赠维生素C片、“界界乐”益生菌粉，捐赠物资超过100万元，惠及医务人员、公安干警、社区工作者、机场一线志愿者等下沉一线职工13000人。邀请上海新黄河制药有限公司健康专家，围绕疫情期间增强自身抵抗力等主题，为花园坊内的企业职工进行现场公益乐学讲座。疫情期间，虹口工会“公益乐学”停课不停教，通过“虹宫微信”发布线上课程，举办10期传统曲艺、手语舞等课程。

（马伟杰）

【宝山工会开展抗疫一线先进职工代表专项疗休养活动】 按照市总工会《关于开展2020年职工疗休养活动的通知》的总体部署和要求，同时为落实区委、区政府对参与一线防控工作人员的关心和关爱，宝山区总工会组织凯旋归来的援鄂医疗队员、奋战在抗疫一线的先进职工代表共16批600余人，赴市总工会西山、黄山休养院，进行4天3晚的疗休养活动。休养期间，安排参观传统文化、革命教育、健康宣传和自然风景等场所，并结合“四史”学习开展主题党日专题活动。专项抗疫疗休养工作从6月份开始到9月底结束。

（朱 艳）

【宝山区开展对抗击疫情一线职工慰问工作】 2月7日，宝山区举行抗击疫情一线职工慰问仪式。宝山区委书记汪泓，区委副书记、区长陈杰出席仪式。按照全总团结动员广大职工坚决打赢疫情防控阻击战的精神，根据市总视频会议的要求，区总工会制订《关于新型冠状病毒感染肺炎疫情防治一线职工关心关爱的工作方案》，筹措260万元防控专项资金，用于对区内参与疫情防控工作的医护人员、公安干警、环卫工人、物业职工、街镇一线工作人员、重要物资保障人员等开展关心关爱工作。

（朱 艳）

【闵行区总工会多措并举强化疫情防控措施】 疫情期间，闵行区总工会

1 月 31 日，闵行区总工会慰问防控疫情期间坚守岗位的一线职工

（汪自强）

号召全区各级工会组织积极行动,广泛开展各类疫情防控措施,坚决打赢疫情防控战。一是迅速反应、科学部署。第一时间成立新型冠状病毒感染肺炎防控工作领导小组,发出《关于进一步做好疫情防控期间相关工作的通知》,要求全区各级工会组织积极迅速行动起来,在加大对职工疫情防控的宣传力度同时,通过采取协调物资、慰问、安全保障等措施,切实做好疫情防控一线及相关工作人员的关心关爱工作。二是积极协调、做好保障。设立新型冠状病毒感染肺炎防控工作专项资金100万元,用于对参与疫情防控工作的医护人员、志愿者、公安干警、环卫工人、疫情防控重点工程项目建设者、物资保障人员等一线工作人员及其封闭工作和防疫期间无法照顾的直系亲属的慰问。第一时间下拨区医务工会专项资金30万元,下拨区级机关工会资金20万元,下拨区证照中心工会资金5万元。三是有序复工、权益维护。会同区经委积极做好应急物资企业复工审批工作,收集通报各街镇对企业复工劳动安全防护措施落实督促检查情况。针对暂停闭行区劳动人事争议职工法律援助中心及分中心工会窗口接待业务等特殊情形,加大线上服务职工力度,重点关注"关于延迟复工期间政策、相关问题""疫情期间企业复工需知和职工需知"等诉求,通过线上提问解答、线下协调落实相结合的方式及时解决职工反映的问题,引导受疫情影响的职工通过电话调解、在线调解等非接触即时沟通方式及时化解纠纷,妥善处理疫情防控期间劳动关系问题。 (王 凯)

【嘉定区总工会"八项举措"打好抗疫攻坚战】 嘉定区总工会推出"八项举措"抓好疫情防控期间企业复工复产推进工作,帮助企业协调解决复工复产遇到的困难,关心关爱职工生产生活。一是向全区广大职工和企业发出《倡议书》,倡议广大职工和企业要坚定信念,共渡难关。二是加强职工防护知识宣传与先进典型宣传,及时向全区职工宣传疫情防控相关防护知识,增强职工自我防护意识。重点关注疫情对企业复工和生产运营带来的影响,掌握和收集相关问题焦点,就职工群众关心的收入分配、疫情防控等方面的合理诉求,及时反映并推动解决。三是成立劳动关系预警调处应急工作组,按区域划分了由工会、法律服务律师志愿团及劳动关系工作指导员等组成的3个应急工作小组,负责对"新冠肺炎"期间因裁员减员、降低薪酬等引发的劳资矛盾的预警调处。四是制订《嘉定区总工会关于在疫情防控特殊时期开展集体协商工作指引》,根据不同企业的生产经营状况,通过灵活有效的协商方式,找准企业生存发展和职工权益保障的平衡点,发挥集体协商机制在疫情防控特殊时期稳定劳动关系的重要作用。五是开展网上"工"开课。依托"毓秀嘉定·法治'工'开课"的品牌效应,在嘉定工会微信公众号上针对受疫情影响企业的劳动用工、职工工资支付、女职工权益保护及疫情期间职工工伤认定等劳动关系问题,开展"防疫·微剧场、防疫·微课堂、防疫·微服务"的系列普法宣传课。六是开通法律援助"网上办"。通过"12351"职工服务热线及工会"微客服"在线咨询功能,积极做好疫情防控期内职工法律咨询接待。组建嘉定工会律师志愿者疫情防控工作群,开通"职工法律援助'网上办'、倡导'不见面'"服务,落实职工"零门槛""应援尽援"法律援助工作要求,及时关注疫情期间职工欠薪类案件。七是启动"云端"招聘。开展专项就业帮扶,依托工会微信公众号,组织开展春风行动暨就业服务月网上招聘活动,有效拓展就业服务平台。八是提供心理健康服务。区总工会联合区卫健委,依托区精神卫生中心专业支持,充分发挥工会职工心理专家志愿团队作用,开展"抗击疫情,工会与你在一起——职工心理关爱行动",综合应用各类心理危机干预技术,加强疫情期间各类人群的健康宣教、心理支持等心理健康服务。

(徐 浩)

【金山区总工会为抗击疫情一线职工送上关怀】 为助力打赢疫情防控阻击战,保障抗击疫情一线职工生产和生活,金山区总工会从5个方面做好服务:一是做好关爱慰问。关心关爱坚守在防控物资企业的一线生产职工,道口、交通、环卫及城市运营一线职工等重点慰问对象,及时拟定工作方案。二是落实联防联控。随着企业复工、职工返沪,广泛组织基层工会通过工会网格化、网络化管理等手段,做好疫情监测、排查、预警、防控等工作。三是强化正面引导。大力宣传日夜奋战在疫情防控一线的医务人员等职工中的先进典型,努力在全社会形成关心支持疫情防控一线职工的舆论氛围。四是防范劳动纠纷。对于疫情防控及延长假期可能引发劳动关系领域的纠纷,主动参与,共同做好预防和化解工作。五是用好专项资金。规范使用市级、区级专项资金,用于为抗击疫情医护人员、道口、交通、环卫等城市运营一线职工、防控物资生产企业职工和公益类服务窗口职工购买防控物资、开展送温暖活动等。 (雷 霆)

【松江工会众志成城抗疫情】 自新型冠状病毒感染的肺炎疫情发生以来,松江区各级工会组织和工会干部切实把疫情防控作为当前压倒一切的工作,深入战"疫"一线,做好后方保障,加强宣传引导,以实际行动彰显"娘家人"的情怀和担当。区总工会成立防控工作领导小组,下发《松江区总工会关于进一步做好疫情防控期间相关工作的通知》,从防控专项资金保障、疫情防控宣传教育、返沪职工排查、防疫一线职工关心关爱、企业复工防疫等方面狠抓疫情防控工作落实。通过发布《松江区总工会致全区广大职工和工会干部的倡议书》,发放《新型冠状病毒感染的肺炎公众防护指南》,并积极利用"松江工会"微信公众号平台,累计发布包含疫情信息、防控知识等微信42篇。方松街道总工会投入9万元防控专项资金,用于对坚守在防疫一线的道口执勤人员、其他防控一线职工。发放防控宣传材料4583份。车墩镇总工会向辖区内广大职工群众发布招募志愿者信息,辖区内非公企业工会主席鼓励未返乡员工加入志愿者队伍支援口罩企业生产。口罩企业将800万只即将售往海外的医用口罩优先供应到上海市的各大药房,缓解口罩供不应求的困境。佘山镇总工会调动多方资源,为有着一线市政道路抢修任务单位的员工赠送口罩,对节日期间坚守岗位加班加点生产的卫生用品公司员工和防控志愿者们进行慰问,并积极为辖区

松江区总工会走访慰问援鄂医疗队员　（高浩振）

内的非公企业协调和购买口罩、额温枪等防控物资，了解企业所需、解企业燃眉之急。经开区总工会为助力园区企业尽快复工扩产，协调购买口罩、额温枪、消毒液等防控物资，辖区内的职工志愿者前往园区口罩生产企业志愿支援口罩生产。中山街道大胜卫生用品制造有限公司工会组织清洁工、驾驶员、门卫、文员等人员，紧急启动十几条生产线。新桥镇总工会联系辖区内各非公企业，做好企业复工精神解读、疫情宣传和引导工作。（杨佳玲）

【青浦区快递物流行业工会助力打赢疫情防控战】 青浦区快递物流行业工会始终把快递企业职工群众生命安全和身体健康放在第一位，及时了解和掌握区域快递企业疫情防控和复工复产情况，号召快递企业工会积极投身抗疫战役中去，做好企业疫情防控和复工复产工作。一是发现堵点。春节过后，对区域内的快递企业开展全面调查，了解企业的到岗人数、开工情况、防疫抗疫形势以及碰到的困难和存在的突出问题等，形成专项报告，报送上级工会组织。二是解决难点。购买消毒液、洗手液、酒精、手套等防护用品送到企业，督促企业求救与自救相结合，一方面对接各街镇，积极协调各方资源，为企业员工返岗隔离提供方便，另一方面，动员企业腾出地方为员工提供隔离场所。三是寻找亮点。动员和引导各快递企业注重收集优秀人物和典型事例，其中，顺丰速运春节期间坚持正常运转，有29名快递员自发报名前往武汉支援；中通快递利用网络优势为湖北运送医疗及救援物资超过700吨，并向青浦区捐赠30吨消毒液支援疫情防控工作。（朱建强）

【奉贤区总工会积极投入疫情防控工作】 新冠疫情爆发后，出台全市首个《关于做好新型冠状病毒感染肺炎疫情防控期间企业与职工民主协商稳定劳动关系的指导意见》，全区各级工会累计投入329万余元用于慰问帮扶防疫一线职工、购买防疫物资、帮助企业返工复工等，引导企业和职工共渡难关。组织本区抗疫一线医务人员、机场志愿者累计202人开展疗休养。针对企业用工难等情况，全年通过开展线上线下招聘帮助1500余名职工成功就业。各级工会干部踊跃报名支援社区、园区、企业、道口、机场等的防疫工作。（薛思涵）

【宝钢工程女职委参与疫情防控工作】 宝钢工程女职工委员会积极响应上级关于新冠疫情防控决策部署，发挥防疫防控半边天作用，上下联动建立起安全防线。一是做疫情防控的宣传员。通过微信群、协同办公平台等渠道，动员女职工带头遵守国家和公司关于疫情防控的各项规定，严格落实联防联控各项措施，做好自我防护，带头做到不信谣、不传谣、不恐慌，坚定打赢疫情防控阻击战的信心和决心。同时及时答复和解决女职工提出的各类问题，给予心理安慰和帮助。二是做疫情防控的监督员。教育引导女职工们守护好小家为大家，随时关注家人健康状况，主动劝导、督促家庭成员不聚会、少出门、戴口罩、勤洗手、不随地吐痰、拒绝野味；落实好疫情防控有关规定，发现疫情主动报告、主动隔离、主动就诊，筑牢防控防范疫情的家庭防线。三是做疫情防控的战斗员。动员女职工积极参与单位和居住地的志愿者工作，为疫情防控尽一己之力。此外，在三八妇女节期间，组织开展“巧手玫瑰，美丽抗疫情”活动，女职委和先进女职工制作防疫香皂和书面慰问卡片，赠与家属是医护人员的员工和家人以及公司防疫志愿者，并为生产一线现场赠送抗疫情大礼包；开展“我抗疫，我精彩，大家秀起来”女职工抗疫情才艺作品征集和展示活动。（范萍萍）

【上海宝冶工会积极防疫关爱员工】 上海宝冶两级工会积极投入疫情防控工作，确保员工安康，确保企业平安。集团公司工会第一时间向全体员工发出疫情防控的号召，及时下拨防疫专项资金34万元，做好慰问帮扶和购买防疫物资，3名患新冠肺炎的职工患病第一时间收到公司的慰问金并收到工会会员卡大病绿色通道快速理赔。受公司党委的委托，工会干部逆行千里驰援武汉，为兄弟单位送去口罩等防疫物资。整个疫情期间，协助行政采购、管理、发放口罩4万余个。工会系统快速响应公司复工复产号召，积极协助项目部做好农民工返工返岗工作，当好疫情防控、保障服务工作志愿者，为确保公司一方平安做出积极贡献。（张　冉）

【上汽集团工会关心职工生产生活助力复工复产】 上汽集团工会采取多项措施关心保障职工生产生活，助力复工复产。一是加强信息报送、群体性矛盾排摸调处和应急处置，推动企业和职工有事好商量、有困难共承担，及时稳妥预防化解各类劳动关系矛盾。每季召开一次职工座谈会，汇总微信后台留言以及法律援助板块、心理咨询板块的问题，及时掌握了解职工思想动态，尽力予以帮助解决。二是关心关爱职工生活，鼓励职工参与共享拼车，并为拼车职工提供口罩、车载紫外线杀菌盒等防疫用品，保障疫情时期职工上下班的安全、便利。为571名外派海外的职工提供疫苗保障，对在疫情严峻时期412位参与抗疫防疫一线工作的上汽职工及家属进行慰问，对2020年受疫情影响的临时性困难职工进行全面排摸，主动做好家访慰问和情况动态跟踪，给予定点帮扶。三是汇总整理“逆行者”先进事迹和图片资料，参加市总工会《致敬！逆行者》上海职工抗击疫情主题图片展。四是总结表彰上汽红岩张师瑜、上汽大通杨俊岭、上汽通用武汉颜江等一批在疫情突发期间勇赴一线、保障生产、坚守道口、保卫社区的“抗击疫情”先进个人和集体。（范　融）

【中波轮船股份公司工会关心关爱一线船员和家属】 中波轮船股份公司工会积极配合企业做好新冠疫情防控工作，采购防疫物品，发动各级工会多措并举、全力以赴做好后勤服务工作。针对全球各港口国和国内地方政府对船舶船员疫情防控的严厉措施，公司工会想方设法给予关心慰问，慰抚他们的情绪，为船舶加发伙食补贴，向超期在船工作的船员、换班隔离船员、特别是湖北籍船员家庭以及因疫情造成生活困难船员家庭送去温暖，送上慰问品、慰问金和慰问信，同时关心各地船员家属联络站工作人员，为她们配送防疫物品。（黄海燕）

【中远海运集团服务船员身心健康】

中远海运船员管理有限公司从船员心理健康和身体健康两方面，采用排查+疏导+辅助的模式，系统性开展船员身心健康服务工作。公司定期排查在船船员心理健康状况，对因新冠肺炎疫情影响超期在船工作的船员进行重点跟踪疏导。编写《船员心理健康自助与心理危机应对手册》，为船舶管理人员提供心理健康管理知识和方法技巧。在公司机关建立“船员心理健康”服务项目，聘请专业心理培训师为船舶政委培训心理健康知识，开通船员心理咨询热线电话、电子邮箱，向船员和家属提供心理健康咨询服务。“王新全船员管理劳模创新工作室”牵头研发“远洋船舶伙食保鲜技术项目”，为船员吃出健康提供岸基支持。该项目荣获上海市航运科技创新奖。（张晓鸣）

【上港集团各级工会助力抗疫】

2020年，面对突如其来的新冠肺炎疫情，上港集团各级工会组织把疫情防控作为重要政治任务来抓，及时传达市总工会和集团有关疫情防控会议精神，下发《关于在新型冠状病毒肺炎疫情防控中充分发挥工会组织作用的通知》，对疫情防控期间各级工会组织的工作重点、工作要求、经费保障等方面内容进行部署。切实发挥各级工会组织和工会干部作用，持续做好疫情防控期间的职工保障。一是抓好职工食堂防控措施强化工作，对责任体系、入口管控、消毒卫生、就餐秩序等方面做出具体规定。加强动态监督检查，对检查中发现的问题，及时进行通报纠正。二是抓好防疫物资供应，下拨防疫专项资金130余万元，采购各类防护用品约340万元。切实抓好组织引领，带领职工为全面实现年度目标任务努力奋斗。启动2020年“奋起新时代、强港勇担当”立功竞赛；发起“非常五一节，奋起正当时”主题实践教育活动，为实现疫情防控和全年工作目标“双胜利”打下坚实基础。各基层工会一手抓疫情防控，一手抓宣传发动，多渠道、多角度开展形势任务教育，鼓干劲，提信心。认真做好对家属赴一线战疫的职工及其家庭的关心关怀工作；及时报道各级工会防疫措施落实情况，展示劳模先进人物事迹、职工家属一线战疫事迹、好人好事等。（张　容）

上港集团开展“非常五一节，奋起正当时”主题活动　（胡智慧）

【上港集团严抓食堂防疫，确保员工用餐安全】 在落实疫情防控工作的关键时期，上港集团始终坚持从严加强食堂从业人员管理、抓好消毒卫生工作、做好就餐秩序保障工作，从实做好食堂就餐区域设置，从严做好返城人员管控，确保广大员工特别是港区一线人员的用餐安全与质量，坚决杜绝疫情传播。春节期间，在集团疫情防控应急领导小组的领导下，集团保障供应组实地检查了港区一线职工食堂防疫情况，就抓严抓实食堂保障提出工作要求。恢复上班首日，集团保障供应组再次对部分港区食堂用餐要求执行情况进行抽查，并下发情况通报。同时，集团多次召开食堂防疫工作专题会，部署推进食堂管控工作的具体措施，合力保障食堂餐食的质量与服务。（张　新）

【上海长江轮船有限公司工会积极助推复工复产】 上海长江轮船有限公司认真贯彻落实招商局集团、长航集团关于复工复产工作的部署和要求，在落实疫情防控措施、做好科学防控前提下，按属地党委政府要求，强化组织统筹，做好应急预案，指导所属单位分类分批、一地一策、一企一策、安全有序复工复产。公司工会积极为受疫情影响的产业工人纾困解难，及时帮扶患病员工、工作在一线岗位的职工和家庭，对参与医疗救治、集中隔离工作的公司员工或其共同生活的家人进行慰问；对长航医院、船长酒店（实业公司）、长航物业（资产事业部）等奋战在疫情防控一线员工和本部春节期间坚守岗位的员工，发放慰问品。公司各级工会累计投入慰问资金30.6万元，投入防疫所需物资的购买资金71.02万元。（龚 兰）

【上海邮政工会主动服务疫情防控大局】 1月，上海邮政工会按照集团公司和市分公司党委统一安排，认真落实好各项疫情防控举措。下发《关于进一步做好新型冠状肺炎疫情防控工作的通知》，要求各基层工会配合抓好落实做好疫情防控工作，做到防控、经营两不误。通过上海邮政、邮工社等新媒体平台向全体员工发出《上海邮政打好疫情防控攻坚战倡议书》和《新型冠状病毒防护指导手册》，加强宣传引导工作。通过工会微信工作群，及时通报疫情信息，对于官方发布的各类科学防护知识及时进行普及，提醒员工做好科学防护。同时，及时传达反馈各单位疫情防控情况，共同积极构建疫情防控网络。（王 瑛）

【上海邮政工会做好疫情期间员工关爱工作】 上海邮政工会指导各基层工会关心关爱员工，关注员工思想动态，有针对性做好思想政治工作，确保邮政员工思想稳定。走访慰问邮区中心局肩负着武汉邮路运输任务的20名邮运驾驶员，将公司党委和工会组织的温暖送到员工的心坎上。发挥工会组织优势，为员工提供防疫物资保障，使用本级工会经费569.67万元作为"防控专项资金"，其中拨付各基层工会总计561.5万元，并对"防控专项资金"的使用管理提供指导意见，要求各基层工会要及时落实好疫情防控保障和慰问等专项工作。依托邮电医院开设的"新型冠状病毒"在线免费健康咨询服务，帮助员工解疑答惑，消除员工的恐慌和顾虑；为员工发放《张文宏教授支招防控新型冠状病毒》一书，在各单位"职工之家（小家）"安装有声图书馆，使员工能随时听取熟知疫情防控相关信息，为员工的身心健康保驾护航。（王 瑛）

【中国移动上海公司工会全力配合打赢新冠肺炎疫情防控阻击战】 中国移动上海公司工会坚持"巩固桥梁作用，丰富纽带关系，凝聚员工力量"的工作主线，统一思想、共克时艰，全力配合打赢新冠肺炎疫情防控阻击战。持续加强疫情期间员工关爱工作。以人为本，专项慰问温暖人心。春节前，上海公司工会特下发基层班组慰问专项经费，用于特殊时期为职工购买口罩、维C等慰问用品。2月上旬，根据集团工会下发的防疫专项资金，上海公司工会迅速拟定慰问方案并下发基层工会。关爱一线，助力公司复工复产。春节期间公司工会协调落实应急口罩供货资源，先后为营业厅窗口、网络维护一线班组、公司防疫保障一线单位等，共发放近万个口罩。大力宣传先进典型事迹振奋人心。自春节以来，公司工会专题宣传各级工会关爱举措和先进典型事迹共16刊，涉及28个基层工会关爱举措，3名劳模事迹，8个巾帼文明岗及个人风采，累计阅读量达约11139人次。向市总、集团工会、市经信委投稿10余篇，扩大移动人爱岗敬业的影响力和号召力，弘扬立足岗位、敬业奉献的精神，形成积极向上暖人心的氛围。密切关注员工思想动态营造正能量。2月中旬，为应对新冠肺炎的疫情，公司工会利用"和工社"微信公众号平台，增设"防疫专区"栏目，发布关于抗击新冠肺炎疫情倡议书，整合发布各类权威机构信息，提高员工疫情防范能力；开通邮电医院新冠肺炎在线咨询服务，为员工提供心理咨询公益热线，增强心理疏导，关注员工身心健康。4500余人次访问"防疫专区"栏目，切实提升员工防疫抗疫意识，引领员工以科学理性态度解读疫情。积极配合做好公司疫情防控工作。作为公司疫情防控综合协调工作组成员，公司工会积极配合公司，充分运用工会新媒体优势做好宣传工作，期间配合公司其他部门共计发布5篇防疫知识推文，阅读人数累计1500余人，切实做好疫情期间公司后勤保障工作指引，提醒员工做好个人防护，持续加强员工关爱。作为公司疫情防控资源保障工作组成员，根据集团工会要求，做好和上海公司疫情防控资源保障组、集团工会相关人员的对接沟通，及时上报将上海公司疫情防控资源保障组需要集团协调解决的需求。（徐睿璐）

【上海电信工会加强疫情期间员工关心关爱工作】 一是要求各单位主要负责人要亲自抓好员工安全保障和关心关爱工作，要及时全面掌握员工思想工作生活状况，畅通员工反映困难的诉求表达渠道，各单位的负责人、党支部书记、班组长、工会小组长、职工代表等要发挥桥梁纽带作用，及时收集并向公司反映员工的突出困难和意见建议，第一时间回应员工关切问题，积极解决合理诉求，帮助员工共同应

上海电信工会组织发放防疫物资（殷 茵）

对疫情,增强广大员工的安全感。二是坚持多措并举分层分类做实做细关心关爱工作。集团公司向员工发布《防控工作手册》,明确预防要求,普及防护知识。各单位、各部门要教育员工加强自我防护的同时,加强分类指导关怀,从员工实际需求和困难出发,关注不同群体、不同工作场景员工的需求侧重,落实相应的关爱举措。对于一线外勤和客户服务触点的员工和外包人员,及时配备口罩、手套、消毒液等防护用品,重点保障防疫物资的配备;对于现场办公的员工,加强办公场地清洁消毒的现场管理,妥善解决员工通勤、用餐等问题;对于远程办公的员工,提供多种线上办公应用,方便在家办公;尽量使用网上的形式召开会议,避免人员聚集;对于医学观察期员工,保持每日联系,了解身体状况,同时做好应急预案,确保员工能够及时就医;对于孕产哺乳期、扶贫交流、家属援鄂等员工,主动了解员工和家庭成员近况,根据需要给予照顾。同时,关注员工的身心健康状态,开通员工心理热线,对重点人群开展有针对性的心理疏导,帮助员工纾难解困。 (殷　茵)

【海洋石油工会多举措筑牢"防疫墙"】 新型冠状病毒肺炎疫情发生以来,海洋石油局工会认真贯彻局党委决策部署,积极推进各项工作不松懈,多举措筑牢"防疫墙"。一是筹措资金购买防疫抗疫物资并到生产一线、员工宿舍走访慰问,宣传有关防控措施,全年累计购买防疫物资50余万元,发放人数1450余人次。二是印制《新型冠状病毒员工防护知识50问》,向全体员工发放,增强员工防疫抗疫能力。为缓解职工的紧张情绪,加强EAP心理疏导干预,购买《心理调适与重建》发放到工会小组,做好复产复工员工心理调适工作,确保员工以良好的精神状态投入到工作中。三是组织职工参观"致敬!逆行者"上海职工抗击疫情主题图片展及上海工匠馆,增强员工队伍双战双胜的决心和信心。 (耿卫军)

【市绿化市容局工会多方筹措防疫物资,保障职工安全防疫】 2月2日,市绿化市容局工会、行业工会印发《关于进一步做好疫情防控期间相关工作的通知》,部署行业各级工会疫情防控工作。2月12—16日,行业工会会同市环境质量监测中心联合组织开展了本市环卫行业疫情防控情况微调研,关注行业企业和职工思想动态,及时向市总工会、局党政领导和相关部门反映企业职工的所思所求;在局工会、行业工会范围内设立疫情防控专项补助资金,资助16.5万元经费,帮助基层工会采购防护物资,保障职工身心健康;深入基层一线,大力宣传疫情防控政策措施和科学知识,利用多种媒体形式宣传本市绿化环卫职工在疫情防控工作中的先进典型,组织开展"致敬!逆行者"上海绿化市容行业职工抗击疫情主题摄影大赛;协调争取社会捐赠,先后协调市三八红旗手联谊会、华夏保险、卫康公益组织、建设银行、必胜客、肯德基等为本市环卫工人送防疫口罩、防护服、洗手液等各类防疫物资,总价值达23.4万元。华夏保险为全市5.8万名环卫职工赠送疫情专项意外保险。 (耿　静)

华夏保险上海分公司为环卫职工赠送新冠病毒防疫保险 (耿　静)

【鲁中矿业工会慰问疫情防控一线职工】 2月8日,鲁中矿业工会主席李洲带队,到疫情防控一线慰问坚守在岗位的工作人员。在疫情防控最前线,李洲同公司医院领导深入交流,详细询问医院目前人员在岗值班情况和思想动态,以及疫情防控措施落实和防控物资储备情况。在了解到医护人员争先报名参加前往疫区服务时,李洲对大家的强烈意愿表示赞扬和肯定,同时希望大家继续保持工作热情,严守疫情防控关口,齐心协力打好这场阻击战。 (李宗峰)

【中建八局工会积极参与抗疫防疫】 中建八局工会认真落实集团党组、局党委关于疫情防控的工作部署。发挥工会组织优势,第一时间会同行政部门加强疫情防控工作,一是为一线抗疫员工送去关爱和安全保障:拨付专项慰问金,动员全局各级工会累计支出经费300余万元,慰问一线建设者逾万名,特别是全力做好海外项目防疫活动,号召各级工会有针对性开展海外员工防疫关爱工作,确保海外职工生命健康安全;二是加大疫情防控知识和抗疫先进典型的宣传,制作防疫知识微信和图册,征集抗疫援建、复工复产等摄影作品700多幅,在上海市工人文化宫举行的"致敬!逆行者"上海职工抗击疫情主题图片展中,专版展出中建八局选送的作品,是全市唯一一家入选图片展的建筑单位。此外,各级工会在人民网、新华网、《工人日报》等主流媒体推送抗疫防疫、复工复产等稿件400余篇,装饰公司原创抗疫歌曲《铁军驰援》、四公司拍摄的《为爱发声·声援武汉》公益朗诵MV,登上"学习强国"平台,装饰公司武汉雷神山医院援建突击队获评上海市模范集体,进一步提升铁军八局品牌形象。 (陈　湘)

【市税务局工会积极落实疫情防控工作】　根据总局《关于进一步做好疫情防控期间党建引领有关工作的通知》及市局统一部署要求，各级工会第一时间组织购买防疫物资用品，迅速调查了解系统职工直系家属参与赴湖北一线抗击疫情的具体情况，对情况符合的干部职工及时代表组织上门走访慰问。积极做好对下沉顶岗干部职工的关心关爱工作，加大对单位统一组织的下沉社区、一线（车站、道口等）顶岗党员干部职工的关心爱护力度，及时落实口罩、护目镜、消毒液等防护用品配备，做好就餐、交通出行、值班等后勤保障。市税务局第二稽查局抗疫志愿活动开展情况被“人民网”“学习强国”等媒体报道；市税务局第三稽查局一名干部家庭因参与抗疫，荣获由市委宣传部、市文明办、市妇联联合评选的2020年度“海上最美家庭”称号。　（娄晓辉）

【市教育系统工会围绕防疫抗疫开展线上文化活动】　市教育系统工会组织动员广大教职工在做好自身防护的同时，积极投身线上教育教学活动。一是开展抗疫作品征集活动，汇聚教育系统职工攻坚克难、共渡难关。69家单位上报短文、诗歌、书画、朗诵、歌曲、摄影以及短视频等原创宣传作品近2.5万件。二是组织“战疫情、迎春归”知识答题活动，宣传普及健康防疫知识，逾10万人次参加；组织81家基层单位、3万余人次参加脱贫攻坚知识竞赛，活动辐射20余万人次。三是开设系列线上课程，促进教职工文化修养、身心调节、制作技能、艺术鉴赏等方面能力的提升。共上线12期课程，近6千教工参加，其中1300余人深度体验，交流展示，活动吸引近8万人次参加。　（高　芳）

【市教育系统女教职工捐款支持防控一线女性医务工作者】　上海市教育系统妇工委（女工委）响应上海市妇联、市总工会女工委募捐倡议，发动2万多教职工，共捐款260多万元用于为女性医务工作者购置考拉裤，此举得到市妇联和市教卫工作党委肯定。同时，市教卫工作党委领导带队，上门走访慰问教卫系统援鄂女性医务人员家庭19户，电话慰问并快递慰问品59户，送上慰问信、慰问品，以及每人2000元的慰问金。　（高　芳）

光明食品集团举办抗击疫情“三送”慰问活动先进事迹宣讲会（周碧青）

【市新闻出版工会认真落实疫情防控工作】　在新冠肺炎疫情爆发之初，新闻出版工会根据本系统实际，一是加强防疫宣传，通过“工会是一家”微信群，第一时间转发全国总工会、市总工会有关认真做好防控新冠肺炎疫情的紧急通知，让各基层单位工会干部明确防控工作要求。并通过网络及时转发有关《新型冠状病毒职工防护知识50问》《抗击疫情心理调整系列知识问与答》等宣传资料，使广大职工了解疫情防控知识。二是拨出28万元专款，为系统2800多名职工购买口罩、消毒液、湿巾等防护用品，切实为基层单位职工复工复产做好新冠肺炎疫情防护工作提供保障。　（方伟国）

【市体育局系统工会积极开展疫情防控】　疫情发生后，市体育局系统工会第一时间大力宣传疫情防控的政策措施和科学知识，引导职工遵守相关规定、提高健康素养。第一时间设立疫情防控专项资金50万元，用于防疫一线职工购买配备防疫物资，帮助他们排除后顾之忧。先后组建4批140人次党员干部突击队支援防疫一线，协同崇明区、杨浦区防输入、防扩散，为当地守好平安大门。各单位针对自身情况精准施策，把好疫情防控各个关口，确保整个系统平安有序进行防疫抗疫和复工复产。　（崔　燕）

【光明食品集团举办抗击疫情“三送”慰问活动先进事迹宣讲会】　9月25日，“因为光明、所以温暖”光明食品集团抗击疫情“三送”慰问活动先进事迹宣讲会在农工商超市集团七楼报告厅举行。集团旗下光明乳业、光明国际、蔬菜集团分别讲述了他们克服疫情带来的困难，为援鄂医疗队员家属提供物资过程中发生的动人故事。集团党政班子成员、专职监事，各子公司党政班子成员、监事会主席、专职董监事、总部部门代表，集团各级党员代表、职工代表等300余人参加会议。　（周碧青）

【光明集团各级工会全力做好疫情防控】　光明集团各级工会根据市总工会和集团党委的要求，切实把疫情防控作为当前最重要的任务来抓，全力落实防疫物资，践行“员工第一、爱与尊重、因为光明、所以温暖”的光明文化。从1月22日起到复工期前的整个春节假期及延长假期中，集团工会多方沟通协调联系，落实口罩、消毒液等防疫物资。各基层工会持续投入疫情防控阻击战，将工会的温暖送到一线。在防疫物资极其匮乏的情形下，集团各级工会想方设法采购口罩、额温枪、耳温计、洗手液、消毒液等防疫物资，为一线职工做好后勤保障，共投入专项防疫资金和慰问金200多万元；探索弹性工时、错峰上班等有效方式，积极做好先进典型的选树工作；开展疫情防控宣传教育，发送相关推文或宣传报道;对因疫情影响无法按时上班的员工进行电话慰问;开展防疫学习和安全生产培训、防疫专项安全检查等,与职工共克时艰,抗击疫情。（周碧青）

【市民政局工会设立防控专项资金,筑牢职工群众防疫安全线】 市民政局工会动员各级工会主动靠前,按照全总、市总和局党组有关加强新冠肺炎疫情防控工作的总体要求,及时以工会名义发出倡议书,组织局属各级工会积极配合党政参与疫情防控工作,筑牢职工群众的防疫安全线。及时调整年度经费预算,编列防控专项资金,于上、下半年分两次为全局6000余名职工每人发放100多只医用口罩;为市局系统参与机场一线防控的88名志愿者发放慰问品,让他们感受到局党组的关心和爱护。同时,运用《劳动报》等媒体,大力宣传局基层广大职工抗击疫情的先进事迹,共发表13篇报道,扩大了民政职工战疫影响力。（张晓明）

【市监狱管理局工会关爱疫情防控一线的民警】 新冠肺炎疫情发生以后,监狱局工会从本单位封闭式执勤模式的实际情况出发,一是设立新冠肺炎疫情防控工作专项资金,用于慰问帮扶防疫一线的民警职工、购买抗疫防疫物资等,全局共计使用专项资金1060余万元。二是为封闭的会员家属提供蔬菜到家配送,为封闭的女会员配发女性护理用品等。三是注重疫情防控期间会员身心健康。指导各基层工会丰富备勤民警文化生活,开展“线上健康活力训练营”活动以及队列训练、棋牌比赛、健身体锻等各类文体活动。四是做好疫情防控期间宣传报道工作。局工会编辑出版一期《知心》抗疫专刊;策划制作原创歌曲《心里的梦》和《光》,向坚守在抗疫一线的全体民警职工致以崇高的敬意;向《工人日报》《新民晚报》《劳动报》《法律与生活》等媒体推荐抗疫事迹,进行报道宣传。（江海群）

【锦江国际集团工会为疫情防控做好后勤服务工作】 锦江国际(集团)有限公司在抗疫形势最严峻的时期,积极参加防疫抗疫,第一时间协调国内酒店资源,提供给政府用于境内防疫定点隔离、境外防输入隔离及一线防疫工作人员免费住宿等,组织酒店员工坚守一线,在严格执行防疫措施的基础上,提供服务保障。疫情期间,集团全国范围累计被征用酒店818家,其中:湖北地区176家(武汉109家),上海地区29家,其他地区613家。落实关心关爱一线医护人员要求,精心做好1649名上海援鄂医疗队员后勤服务保障。2月15日,落实武汉锦江国际大酒店作为上海援鄂医疗队前方指挥部基地,迅速就住宿、餐饮、会议等保障工作部署到位。2月23日,专门成立锦江湖北前线工作组,在武汉酒店客房紧张的情况下,连夜腾出员工房50间,确保上海心理医疗队“一人一间”。同时,安排武汉2家锦江酒店97间客房备用。2月27日至4月6日,组织集团所属五星级酒店国宴总厨研制5批30000多份特色菜肴及其他慰问物资,先后5次安排专人和冷链专车,每次行驶12小时1000公里送到武汉,市内再行驶200公里,分别送达医疗队驻地19家酒店,为医护人员提供营养支持。期间,关注医护人员日常所需,特别为“80后”“90后”送去休闲食品和“守护熊”玩具,为女性医护人员送上护肤用品,为1649名援鄂医疗队员特制“迟到的年夜饭,回家的团圆饭”,按指定时间和地点配送到家。3月18日至4月24日,牵头上海9家酒店1710间客房,精心研发14天各式营养餐,分5批次圆满完成上海援鄂医护人员返沪休整酒店保障服务。此外,集团工会还安排集团“上海工匠”翁建和、马浩成参与并圆满完成5次杭州屏风山休养院(杭州千禧大酒店)援鄂抗疫一线近千名医务人员的疗休养志愿服务工作,为晚餐会上增加一道有锦江特色有家乡味道的餐食,供展示和品尝。同时,积极配合集团做好各项疫情防控及职工关心关爱工作,制订指导防控专项资金的使用管理规定,完成35家工会防疫资金专项拨款198.4万元,受益职工17239人。开展常态化送温暖活动,慰问金额5.16万元,86位困难职工受益。（顾明方）

【百联集团工会开展为奋战疫情防控服务第一线职工献爱心活动】 在全员参与疫情防控阻击战的关键时刻,百联集团工会开展“为奋战疫情防控服务第一线职工献爱心活动”,为职工及时提供防护保障和关心关爱。专门成立疫情防控工作小组及微信群,及时下发《关于开展为奋战疫情防控服务第一线职工献爱心活动的通知》,要求各级工会因地制宜组织开展献爱心活动,及时上报坚守岗位的一线职工数,并采取打破常规、特事特办的方式,以最快速度调拨、下划资金,用于购买口罩、消毒液、测温仪、慰问品等一线职工急需物品。还同步下发《致百联集团奋战疫情防控服务第一线全体职工的慰问信》,转达集团党政领导对职工及家属的由衷感谢和亲切慰问。各级工会也积极行动起来,把物品和爱心及时送到职工手中。联华股份工会为一线职工购买了口罩、滴露消毒液、肥皂、洗手液等;百联股份工会想尽办法采购到口罩、测温计和消毒液,工会主席带头组队送到一线门店的职工手中;第一医药工会为一线职工筹措了5000只防护口罩、1000盒消毒棉片,公司高管分头探望疫情以来一直坚守岗位的职工,并送上慰问品。（姜　杰）

【申通地铁集团工会多举措保障职工零感染】 2020年,申通地铁集团工会在疫情防控、关心服务职工等方面勇于担当、主动作为,确保轨交安全运营和职工零感染。设立新冠肺炎防控工作专项资金,采购发放等防护慰问品;号召各基层工会组织落实“六关爱、两送到”防疫专项行动,即运营一线“抗疫情、保运营、送温暖”集中慰问活动,上岗员工“送一份关怀、多一份守护”行动,增设职工大病医疗互助金对新冠肺炎的疾病保障,实施员工新冠肺炎专项保障计划,推出员工免费新冠肺炎医疗意外商业保险,设立员工困难求助和心理疏导热线;哪里有疫情发布,慰问援助就送到哪里,哪里有援鄂亲属,关心敬意就送到哪里。（徐志华）

【中国商飞工会助力打赢疫情防控阻击战】 新冠肺炎疫情发生后,中国商飞机有限责任公司工会认真贯彻落实中央、全总、市总和公司党委的部署要求,全力以赴参与疫情防控,推动安全有序复工复产，为公司解困、为职工解难。研究建立公司工会疫情防控专项资金，印发《关于配合做好新冠肺炎疫情防控工作的通知》《关于加强新冠肺炎防控工作专项资金使用管理的通知》。积极履行央企社会责任，举办“大飞机爱心日”活动，引导职工奉献爱心，协调从“大飞机爱心基金”中划拨200万元支援湖北抗疫前线。安排专项资金购买湖北地区农产品74.53万元，助力湖北疫后重振。公司工会发放慰问品、慰问金共计175万元，购买发放慰问品4142份，保证隔离职工基本正常生活。公司各级工会干部深入一线、加强调研，及时反映职工意见和诉求，帮助行政协调解决口罩、消毒用品等防疫物资，共计22万元。公司工会下拨给二级单位工会共计80万元支持疫情防控。按照公司党委复工复产工作部署和要求，全力以赴抓好职工返岗复工各项保障。在第一季度组织主题为“抗击疫情、全线复产复工”劳动竞赛。邀请上海中医药大学附属曙光医院“走进大飞机”进行爱心义诊，协助行政加强对孕期、哺乳期女职工健康生育保护，安排孕期、哺乳期女职工居家远程办公、灵活安排休假及工作时间。密切关注疫情期间及疫情过后返岗复工职工心理状态，开设职工心理“云课堂”，邀请心理学专家通过直播形式为职工在线授课，缓解职工焦虑和紧张。丰富职工文化生活，为职工购买一批办公室体育锻炼器材，组织开展健康跑、羽毛球赛、篮球赛等“小规模、多样化”的职工系列体育活动。（阎 超）

【隧道股份工会组织志愿者赴沪界道口把好防疫关】 2—3月，隧道股份工会分两批组织城市运营志愿者350人赴上海九大入城防疫检查站，配合交警、防疫人员高效完成上海入境道口车辆检查和人员体温测量等工作，确保入城人员车辆的健康安全。据统计，志愿者共计站岗执勤3500多个小时，检查车辆5万余辆，检查人员超10万人。（唐婷婷）

【上飞客服公司工会协力疫情防御开展特殊时刻职工关爱】 2020年，中国商飞公司上海飞机客户服务有限公司开展“组合拳”式疫情防控，线上实时推送各类疫情防护措施和知识，编制《客服公司新型冠状病毒疫情防控手册》。在全体职工范围内开展新冠肺炎防疫专题线上讲座和线上知识竞赛。组织37人的志愿者队伍投入防控一线。针对因疫情滞留湖北的16名职工，通过微信、电话给予关怀。先后向滞留湖北职工发放慰问金、寄送精心采购的生活慰问品并附赠暖心的慰问信。召开湖北滞留职工电话视频慰问会，通过电话视频慰问滞留湖北职工，邀请上海市第九批援鄂心理医生做线上专题讲座。同时，慰问春节期间加班值班的防控工作人员和防疫志愿者，对因工作需要派驻其他地区的外场一线职工进行实物慰问。采购口罩、消毒液、洗手液等防疫物资。实时排摸掌握退休职工情况，安全配送紧缺口罩到家。在评选荣誉中，优先考虑在新冠肺炎防控工作中做出贡献的人员。（吴 琼）

【上实集团工会履职尽责助力疫情防控】 疫情发生之初防护用品极度短缺，上海上实集团工会及时帮助上实物业等企业协调解决口罩、耳温枪、消毒用品等防疫物资配备问题，向一线职工发放口罩2万个，为身处武汉的企业职工提供抗疫药品；重视一线员工防护情况，现场检查职工工作环境，抓好防控措施的落实落地；视频连线关心慰问在俄罗斯波罗的海明珠项目外派员工，详细了解员工现状和需求，为员工家属送上节日慰问品和慰问信，并组织慰问活动；编制《疫情防控工作手册》，包含疫情期间工会服务、政策解读、职工保障等方面，为基层工会规范工作提供指引。第一时间从工会经费中安排新型冠状病毒感染肺炎防控工作专项资金，用于疫情防控保障和慰问等专项工作，并纳入2020年度收支预算管理。仔细研判防控支出总体情况，对下级工会返还专项补贴经费47.88万元，并要求专款专用，用于购买各类防疫物资。（王玉君）

【绿地集团工会落实疫情防控关心关爱职工】 按照绿地集团防疫工作会议精神，集团工会紧急制订并下发《绿地集团工会坚决打赢新冠疫情防控阻击战倡议书》，号召各级工会和全体员工扛起防控责任，主动参与各项防控工作，落实疫情联防联控机制；统计各单位员工直系亲属抗击疫情情况，发动各级工会聚焦重点对象，关心关爱防控一线员工，积极帮助解决疫情一线员工家庭实际困难；从集团工会留存经费中设立疫情防控专项资金支持疫情防控工作，积极配合复工复产等相关工作，为集团直属30个工会会员发放必备防疫物资酒精、免洗洗手液及精油沐浴露32500套，为总部职工采购防疫用口罩3批次，共计16040只，坚持一手抓疫情防控，一手抓经营发展。（翟晓播）

【世纪出版集团工会积极采购防疫物资】 2020年初新冠疫情爆发后，世纪出版集团工会在2月10日复工前，为集团各直属单位联系采购口罩1万余只，确保职工复工上班的防疫需求。同时，迅速排摸各单位对消毒水、洗手液、测温仪等物资的实际需求量，积极寻找资源，帮助各单位采购一批防疫物资。世纪出版集团各级工会用于购买各种防疫用品的专项资金达35万元，切实为复工企业提供防疫物资保障，努力守护企业职工的健康安全。（江 文）

【世纪出版集团向市总等社会机构捐赠防疫图书】 2020年初全民防疫抗疫关键时刻，世纪出版集团直属上海科技教育出版社、上海科学技术出版社、上海音乐出版社、上海中华印刷有限公司等单位一线职工，放弃休息，加紧编辑出版和印制《新型冠状病毒感染的肺炎公众防护指南》《张文宏教授支招防控新型冠状病毒》等图书及音像制品，在防疫抗疫关键时期，《新型冠状病毒感染的肺炎公众防护指南》首批1万册图书赠送上海市总工会，其余2万册全部捐赠给抗疫一线、服务社区居民的街道、居（村）委会工作人员和公安人员，及福利养老机构。（江 文）

【上海工会管理职业学院参与疫情防控】 上海工会管理职业学院认真学习贯彻中央、市委和市总有关疫情防控精神，统筹疫情防控与学院正常工作开展，做到两落实、两不误。疫情发生后，学院第一时间成立疫情防控工作领导小组，通过网上办公、错峰上班等方式，做到工作不断、不乱。严格落实“日报告”“零报告”制度，准确掌握教职工动态及身体状况。引导教职员工理性认识疫情，不信谣、不传谣，营造良好舆论生态。及时传达落实市总《关于组织市总机关系统职工下沉到基层参加疫情防控工作的通知》要求，组织动员党员干部5批13人参与社区、浦东机场抗疫，组织动员全体党员为疫情防控捐款6500元；编发学院疫情防控宣传《简报》21期；开展众志成城、抗击疫情主题征文活动；组织“战‘疫’归来话感受”活动，弘扬抗疫精神。根据疫情防控常态化要求，在推进学院干部培训、课题研究等工作中，严格落实疫情防控措施。

（钟文娜）

【上海工会学院开发“‘疫’起学习·工会微课”】 3月16日，学院组织开发的“‘疫’起学习·工会微课”在“劳动观察”APP和“申工社”微信平台正式上线。为学习贯彻国家和上海关于抗击新冠疫情及复工复产的相关文件精神，学院组织10位教师，历时20天，围绕“工会作为”“劳动关系”“权益保障”“工会经费”“心理疏导”5个专题，形成19讲特殊时期工会干部专项业务培训微课。课程内容注重指导性、实用性和操作性，对当前企业和职工最为关注的相关支持政策、权益保障问题，和工会干部在日常工作中经常碰到的政策法规、工会疫情防控专项资金使用等实际问题，都作了详细解读，助力基层工会应对疫情“大考”。此系列微课被全国总工会组织部纳入全国工会干部培训网络课程，被杨浦等工会选为工会干部的专题学习内容。

（钟文娜）

【市职保中心积极参与疫情防控】 为积极应对新冠疫情带来的影响，一是第一时间将“新型冠状病毒肺炎”列入重大疾病保障范围。凡参加“特种重病团体互助医疗保障计划”“综合保障计划”以及“上海职工互助保障项目2020”的职工，重大疾病保障内容由原来22类特种重病增加至23类，提高职工抵御疾病风险的能力。二是开通“先给付、后审核”绿色通道，由相关区、产业工会出具证明，市职保会将保障金直接划入参保职工上海工会会员服务卡（或上海银行卡），确保互助保障金及时发放，截至年底，共向45名新冠肺炎患病职工给付保障金106万元。三是第一时间采取延长续保宽限期、给付有效期各半年的措施，缓解基层工会和患病职工因疫情防控无法及时办理互助保障业务的后顾之忧，确保职工的应得利益不受影响。四是第一时间以视频会议形式举办10场线上培训，2000余名基层工会干部参加，做到疫情防控与业务培训两不误，确保续保工作有条不紊进行。五是第一时间组织9名志愿者主动参与街道社区、医院和机场等一线防控工作。进一步发挥“双报到”制度作用，第一时间动员党员主动到居住地、工作地社区党组织报到，在打赢疫情防控阻击战中走在前、作表率。

（史佳敏）

【西山休养院职工上下同心打好防疫阻击战】 1月21日，西山休养院支委召开紧急扩大会议，进行防疫部署，婉拒发热人员入住，回访近期来院宾客了解健康状况，及时采购防疫物资。1月31日，接待完最后一波宾客后，院部响应国家号召，开启值班模式，各部门每日留值班人员打扫、通风、消毒，其余职工均安排在家休息。2月2日，党员自发投身至所在村委组织的志愿服务工作。2月13日，休养院与院所在秉常村村委携手，组织开展“村企联动，共筑防疫线”志愿服务工作。2月28日，全院干部职工线上自愿捐款6190元。截至3月2日，休养院共53名干部职工参与所在村、村企联动志愿服务工作，共计248人次。

（蔡玉蓉）

协调劳动关系
推动复工复产

【综述】 2020年，受新冠肺炎疫情影响，本市劳动关系领域的不确定性和不稳定因素增加，劳动关系矛盾存在大规模爆发的风险隐患。上海工会高度重视疫情防控期间协调劳动关系工作，不断加强顶层制度供给，切实做好工会源头参与，积极推进协商民主制度建设，努力维护职工队伍稳定，促进劳动关系和谐，为夺取疫情防控和经济发展双胜利打下坚实基础。一、夯实工作机制，源头上维护职工合法权益。一是主动融入全市疫情防控各项机制。全程参与市疫情防控社会稳定工作协商机制、推进企业复工复产协调机制、化解劳动关系矛盾会商机制，及时反映并解决疫情期间的劳动关系矛盾。会同人社部门，督导16个地区疫情防控期间的复工复产、职工就业、劳动关系稳定等工作。二是完善重点领域全面排查化解机制。年初启动专项排查工作，全面掌握相关企业、行业在疫情防控下的劳动关系状况，涉及3.3万余名职工。联合市、区两级监察部门，对400余家涉及改革调整的企业实施了工作指导。还针对性地对本市民办培训和托育机构从业人员、劳务派遣工、项目外包工、货运司机等行业、群体的就业情况和劳动关系状况进行调研，形成专报，为决策部门建言献策。三是推进政府与工会联席会议机制。积极协调政府有关方面，顺利召开政府与工会联席会议。审议2019年议题落实情况和各地区、街镇建制和运行情况，并审议通过了2020年三项议题，即“聚焦职工技能提升，推进技能等级认定单位试点”“推动完善本市职工疗休养政策”“推进职工文化体育发展，打造职工健康生活”，从源头上为职工发声，解决职工普遍关切的各项问题。四是深化劳动关系矛盾“四方合作”机制。会同市人社等单位共同制订下发《关于应对新冠肺炎疫情妥善化解本市劳动关系矛盾的意见》，对疫情期间的援企稳岗进行指导。与市高院联合制定《关于进一步加强合作，试点开展劳动争议诉调对接工作的通知》并召开专题会议，全面深化法院—工会劳动争议多元化解工作。与市司法局形成深化“四方合作”机制会商纪要，合力推进职工法律援助、劳动纠纷调处、普法宣传和培训等工作。二、强化顶层设计，指导劳资双方协商求同、共克时艰。一是切实发挥集体协商机制性作用。主动牵头企联、工商联，共同制订实施《关于在疫情防控期间做好企业集体协商工作的相关提示》，围绕疫情期间的职工劳动关系处理、工作时间和薪酬福利等调整变化，指导企业和职工开展应急应事、一事一议的灵活协商，促进劳资双方有事好商量、遇事多商量、有难题共同解决、有困难共同承担，受到企业和职工的普遍响应，涌现出一大批优秀协商案例。二是以厂务公开民主管理促进企业健康发展。市总工会、上海工会学院共同开展《国家治理现代化视域下的企事业单位民主管理研究》，从理论和实践两个维度全面总结和思考厂务公开民主管理在国家治理体系现代化和治理能力现代化中的功能定位和作用发挥问题。同时，开展全国及本市厂务公开民主管理工作先进单位评选工作。推荐产生4家全国厂务公开民主管理示范单位，4家全国推动先进单位，15家全国先进单位。三是引导企业依法制定劳动规章制度。针对当下企业制定修改劳动规章制度中存在的程序不合法不合规现状，在与市企联、市工商联相关部门负责人达成共识基础上，共同制订《关于本市企业制定修改劳动规章制度的操作指引》，从而在源头上为企业规范劳动用工行为，切实维护职工权益提供基础性指导。四是创新打造网络职代会平台。会同市职工援助服务中心研发了“上海企事业单位网络职工代表大会系统平台”，为企事业单位有效实现互联网+民主管理，与时俱进地提升民主管理效能提供信息技术支撑，为当前疫情防控常态化下企事业单位履行民主程序打下重要工作基础。三、坚持“应援尽援”，特殊时期展现上海工会担当。一是做好工会法律援助实事项目。全年各级工会共为职工提供了43429件法律援助服务，受益人数4.3万余人，其中，协商调解案件成功率达87%，仲裁诉讼胜诉案件率达76%，为职工挽回经济损失约11亿元，收到了良好的社会效果。二是加强法律援助阵地建设。在全市所有仲裁院和80%的法院普遍设置工会窗口，350多个街镇、工业园区、楼宇设置工会劳动关系矛盾调处和法律援助服务站点，市总工会申工社、APP也都开通职工法律服务热线，为职工群众寻求工会组织帮助提供便利。三是选树法律援助优秀案例。邀请市高院、人社、司法、律协等部门及工会法律顾问团成员共同组成评审小组，评出上海工会维护职工权益“十佳”案例和优秀案例并汇编成案例集。根据全国要求，联合市司法局、市律协共同推荐张蕾、姚海嵩、李华平3人参加评选活动，其中张蕾成功当选第七届全国维护职工权益十佳杰出律师。（金邓凯）

【浦东新区运用“云服务”抗疫工作法促复工复产】 浦东新区总工会在疫情期间以“尊法守法、携手抗疫、共克时艰”为主题，在工作推进中，形成以线上服务为主、实地监督为辅的“四个一工作法”。一是全时值守“一热线”。建立区总工会疫情防控律师团，推出工会疫情防控维权热线，全时接听并回复全市企业和职工关于延迟复工期间的劳动用工问题、政府利好政策等劳动法律热点咨询。二是即时互动“一微群”。建立“劳动关系和谐构建微信群”，依托工会律师团、劳动关系指导员、社工队伍等力量指导基层、实时宣传新政、及时化解矛盾，协调解决企业工会和职工的困惑、困难。三是高效应用“一云端”，主动联合新区外商投资协会，开通“服务企业直通车—网络专场活动”直播间，聚焦企业工会反馈企业复工最为关注的政策、资金、职工健康三维度，组织多期网络直播，利用腾讯会议划片区开展热点法律沙龙，累计观看人数8000余人。四是充分用好“一公号”，依托微信公众号，第一时间传达权威政策信息，回应企业和职工关切的热点，反映各级工会助力抗疫的工作举措、各类企业的特色做法和各行各业涌现的抗疫先进典型，连续推出150余篇疫情防控专帖，累计阅读量100余万次。（陈 维）

【浦东新区总工会开启“百人千企抗疫护航行动”】 2月起，浦东新区总工会开启“共克时艰、携手战疫——百人千企抗疫护航行动”，活动面向浦东新区困难职工和区内已建会的小微企业。针对困难职工，通过“无接触式五关爱”增加困难职工抗击疫情的信心与底气，把疫情对困难职工的影响降到最低。即一次线上排摸，通过电话、微信等方式对困难职工保持动态联系；一次政策宣传，将帮扶民生政策宣传贯彻到困难职工家庭；一份防疫礼包，将防疫礼包第一时间发放到困难职工家庭，并指导困难职工安全使用及保存；一次知识培训，指导困难职工做好个人防护措施，科学安全使用防疫用品；一份暖心服务，为困难职工家庭提供心理疏导、法律援助、应急救助等服务。针对小微企业，区总工会联合建设银行为百家小微企业提供包括口罩、消毒液等物品在内的防疫物资套餐一份；推出“护航服务五条”即劳动保护、法律援助、线上志愿、会员保障、金融助力等服务。从“云课堂”“云沙龙”和“服务企业直通车”等平台，帮助企业及时准确知晓政府各部门的复工扶持政策解企业之难。（陈 维）

【松江区总工会积极抗击疫情建起复工复产和谐专网】 2020年，受新冠肺炎疫情影响，劳动关系领域面临很多新情况、新问题。自企业陆续复工复产后，劳资矛盾逐步凸显。松江区总工会全力支持企业复工复产，迅速调整和调动起先前搭建的“4+50+20”维权体系，运用好电话、微信等科技通讯手段，及时搭建起“线上线下、联动联防”的“劳动和谐专网”，采取“云法援包镇（街道）包干制”预防化解劳资矛盾，助力疫情防控、稳定劳动关系。一是及时建立企业复工复产劳动关系维稳机制，明确各方工作职责。通过成立疫情防控工作领导小组，下设“劳资和谐工作专班”，召开视频专题部署会，下发《松江区总工会关于做好疫情防控和复工复产中稳定劳动关系有关工作的通知》等多种方式要求各方在企业复工复产时期，明确工作职责，做好劳动关系矛盾预警排摸，及时预防化解劳资关系矛盾，共同促进疫情防控期间本区劳动关系和谐稳定。二是50名志愿者律师“空降”各街镇，提供“云”法律援助。针对疫情防控、复工复产中产生的一系列劳动关系问题，区总工会迅速联合50名律师志愿者成立防控新冠肺炎律师志愿者团队，实行“云法援包镇（街道）包干”制，公开律师法律援助热线电话，为企业与职工提供法律咨询服务。三是20名劳动关系指导员“下沉”企业，提供线上集体协商指导。岳阳街道、方松街道、经开区总工会为4家企业提供集体协商指导，通过集体协商在兼顾企业和职工双方合法权益的基础上，合法理性维护职工权益，帮助企业尽可能减少受疫情影响带来的损失。四是创新“网上”调解模式，建立三方微信群“云”援职工群众。区职工法律援助中心通过开通电话咨询、微信视频远程调解的法援模式,实行“线上法律援助服务”。建立三方微信群,调解员、职工与企业方通过视频“隔空对话”,化解劳资纠纷。

(丁　璇)

【金泽镇总工会四项举措服务职工服务企业】 青浦区金泽镇总工会以防疫与复工为双抓手,助力经济社会发展。一是重思想,强引导。以一体化区域工会联盟为抓手,依托云服务开展线上职工宣传教育活动,开通“员工健康与健康企业培训”“职业卫生培训课程”等线上职工教育频道,特别是将新冠肺炎的防控常识等健康教育内容嵌入线上课程,提升劳动者健康素养。二是重维权,促和谐。邀请法律专家开展调解劳资纠纷、推进和谐劳动关系为主要内容的线上法律咨询活动,加强劳动关系风险监测和研判,引导企业与职工共担责任共渡难关。三是重宣传,引合力。以“致环淀山湖毗邻镇各基层工会倡议书”“联动共防疫,携手建和谐”线上主题交流研讨活动为渠道,向环淀山湖区域八镇企业和职工发出倡议,号召企业在复工复产的同时要加强职工的宣传教育及自身的安全保障。四是重实效,抓落实。联合镇相关部门,推进“春风行动”线上招聘服务活动,运用“大数据+网格化”等手段,多渠道、分批次收集企业就业岗位。依托长三角一体化区域工会联盟工作平台,解决区内企业招工难问题。

(朱建强)

【环淀山湖毗邻镇各镇工会研讨交流助力企业复工复产】 4月24日,环淀山湖毗邻镇各镇总工会互联互通暨“同防疫,共复兴”主题交流活动在青浦区练塘镇举行。青浦区总工会,金泽镇、练塘镇、朱家角镇、黎里镇、周庄镇、锦溪镇、姚庄镇、西塘镇等工会负责人出席交流活动。各镇工会负责人围绕“同防疫,共复兴”主题就疫情期间如何做好防疫工作、助推企业复工复产及现阶段的工作进行交流发言,并根据当前疫情形势,如何加快产业复苏、把准方向、共谋发展提出意见建议。会议认为,针对目前形势,工会的重点工作是助力企业复工复产复市,服务好职工和企业,面对受疫情影响引发的新型劳动关系等问题,要提前预判提前发现提前解决。工会要发挥自身资源优势,服务帮助企业发展,实现互助共享,同时通过技能竞赛和教育培训,增强职工信心和素质。

(朱建强)

【上海宝冶工会全力助推复工复产】

上海宝冶工会系统在疫情期间大力推动立功竞赛的开展,全力服务项目复工复产。一是快速行动,3月初特斯拉项目启动,动员全体职工在奋力夺取疫情防控和实现企业生产经营目标“双胜利”中奋勇争先,掀起立功竞赛热潮。二是创新内容,在立功竞赛中坚持党建引领,充分发挥党政工团齐抓共管优势,开展党员先锋岗、职工创新创优、安全行为之星、青年突击队“四大专项活动”,激励一线党员职工在立功竞赛活动中勇于担当、争先创优。三是覆盖面广,全年共在85个工程项目召开立功竞赛动员大会,争分夺秒抢工期、保目标推进项目建设,竞赛中涌现出一批先进集体和个人,全年表彰记大功个人34名,记功个人483名,先进集体95个。

(张　冉)

【中远海运集团工会助力疫情防控和推进复工复产】 一是迅速行动,安排防疫专项资金落实到位。年初,新冠肺炎疫情发生后,集团工会坚决贯彻集团党组和市总工会决策部署,在春节小长假期间以最快速度发起动员,第一时间向疫情最严重的集团武汉地区各单位工会拨付专项资金50万元。中央召开统筹推进新冠肺炎疫情防控和经济社会发展工作部署会议后,集团工会及时印发《关于在统筹推进新冠肺炎疫情防控和企业改革发展中充分发挥工会组织作用的通知》,向直属各单位下拨300万元防疫资金,下半年又向船员公司、集运、重工、物流等一线防疫任务重的单位追加100万元专项资金,上下动员全力以赴参与疫情防控、推动企业安全有序复工复产、加强劳动关系协调,积极主动作为、充分发挥优势作用,为夺取疫情防控胜利、推动企业完成全年生产目标发展作出积极贡献。二是精准、及时做好关心关爱疫情防控一线职工工作。加大慰问一线员工力度,用好工会的资源,送去组织的关心关怀。该集团工会组织在沪各单位对受疫情影响低收入家庭职工进行排查,并对6家直属单位的102名受疫情影响造成家庭困难的职工进行慰问,投入经费10.2万元;及时帮助集团总部和所属各单位协调解决口罩、额温枪、消毒用品等防疫物资,特别是在春节期间,想方设法通过各种渠道,为境内外各单位复工复产提供口罩采购货源76万余只;集团工会领导深入一线、加强调研,及时反映企业和职工的意见诉求,为疫情防控和企业稳定做出贡献。三是在集团范围内征集抗疫文学作品,广泛组织书法、文学、集邮、摄影四协会开展疫情期间文艺作品创作,凝聚抗疫力量,共收集到85幅书画作品、103篇文学作品、247幅摄影作品。积极宣传推广摄影协会、文学协会、书画协会防疫抗疫作品展示;协助集邮协会开展“武汉加油、中国加油”义卖活动。在敦煌召开的全国集邮联会议上,中国海员集邮协会获“抗击疫情　集邮人在行动”特别奖。四是根据疫情防控实际情况统筹推进工作。认真谋划、调整全年工作目标、任务,有序有节奏开展好各项工作。坚持有所为,有所不为,减少人员聚集性的大型文体活动,充分运用视频、网络、微信群等媒体介质,开展网上、线上活动,更加注重做好抓基层打基础的工作、更加注重发挥基层工会主观能动性,确保了全年工作任务的完成。

(张　洁)

【上海长江轮船有限公司工会组织开展“爱上海,游上海”与快乐船长同行活动】 为积极响应市文旅局和市总工会发布的《关于鼓励开展职工“爱上海、游上海”活动促进文旅产业发展的通知》精神,上海长江轮船有限公司工会组织开展“爱上海,游上海”与快乐船长同行活动。7月7日晚,来自公司本部及所属二级单位的90名员工,来到上海快乐船长游船有限公司“船长2”轮,共赏浦江两岸绚丽夜景,感受上海新发展、新变化,为浦江城市游船业全面复苏加油鼓劲。“船长2”号是仿制15世纪至16世纪欧洲工业革命时期的蒸汽机船。该船由烟囱、管道、明轮工业等外表装饰元素组成,结合上海地区工业城市的特点,将机械美学与上海工业文化几个

游上海——与快乐船长同行 （朱　盛）

概念进行有机结合，形成“船长2”号“蒸汽时代”的机械船舶特征。该船总长40米、宽10米，额定载客人数为250人，甲板共有3层，船上设有阳光甲板、贵宾房、宴会厅和厨房等。该船曾接待过全国历届乒乓球世界冠军团、联合国副秘书长等贵宾。

（龚　兰）

【上海邮政工会开展复工复产员工心理状况调研】 根据市总工会的通知要求，上海邮政工会认真贯彻落实，于2月下发通知，组织各基层工会针对员工最关心的问题、员工心理问题进行排摸和梳理。各基层工会积极响应，结合本单位实际情况制订调研方案，开展问卷调查、调研、召开员工恳谈会、谈心谈话等多种形式的调研活动。上海邮政工会对各基层工会的员工心理状况调研情况进行分析、梳理、归纳，形成1篇调研报告。（王　瑛）

【百联集团工会响应复工复产号召开展职工线上消费活动】 百联集团响应市委市政府关于开展复工复产工作的号召，工会与行政方联合组织职工线上消费活动，鼓励职工在i百联平台上消费，进一步促进复工复产、关爱百联职工。集团工会与全渠道会员运营部协同合作，在短时间内构建作业流程、设计运营模块、优化使用体验。在审核阶段，运用大数据平台比对职工名单，发现问题及时沟通；在使用阶段，加强客服服务，引导职工正确使用、愉快购物；在结算阶段，细分消费券实际使用情况，做到细致规范。集团工会还专门下发活动通知，各级工会积极响应，努力发挥组织优势，会同企业人力资源部门对职工的单位姓名、账户手机等信息进行统计汇总。在接到职工账户绑券不成功的信息后，第一时间联系职工修改手机号码、注册会员账号，并及时在职工群众中宣传推广“五五购物节”系列活动，最大限度地确保职工参与活动、乐享实惠。据统计，在5月1—19日期间，百联通会员的注册量及营销活动信息转发量明显增长，共有2.46万名职工在线消费709万元的百联优质商品，人均达到288元，有效助推了百联贯通线上线下的全业态、全渠道、全场景经营新模式。（姜　杰）

【上海隧道工会推进重大工程复工复产】 3月17日，隧道股份上海隧道工会召开“振奋精神只争朝夕，坚定目标不懈奋斗”的上海隧道2019年立功竞赛表彰暨2020年全面复工复产动员网络视频大会，要求全体员工团结起来，在坚持常态化疫情防控的前提下，集中力量打赢全面复工复产攻坚战。与此同时，上海隧道积极响应习近平总书记对武汉市逐步推进复工复产的指示，迅速组建武汉地铁项目复工复产精干团队，前往武汉地铁12号线项目恢复施工作业。这是全国首支外地驰援武汉复工复产的重大工程建设队伍，体现了上海隧道人的担当和作为。（黄迎燕）

【世纪出版集团工会领导慰问防疫一线职工】 2月12日和3月6日，世纪出版集团党委副书记、工会主席何向莲带队慰问集团下属的世图物流公司、中华印刷公司以及上海图书公司、外文书店和世纪朵云公司的在岗员工，并为他们送去口罩、方便面、力度伸等防疫保健用品，把集团党委的关怀、工会组织的温暖送到坚守在复工一线的职工心坎上。同时，世纪出版集团工会领导还调研各企业防疫工作，叮嘱各企业既要抓好疫情防控，又要抓好复工生产，两手抓两手都要硬；要求基层工会时刻关心、动态跟踪在家隔离人员的身体情况，增强防疫意识，加强职工自我保护，确保每一位职工健康平安。（江　文）

【西山休养院承接并完成6批上海援鄂医护人员疗休养】 2月27日，西山休养院接到上级下发的援鄂接待通知，全院上下高度重视。在市总工会、海鸥集团的指导帮助下，院部认真开展准备工作：翻新客房100间，升级改造健身房、瑜伽房，自助早餐由中式升级为中西式，积极组织开展各类相关培训，全方位提升干部职工专项服务技能，不断调整、优化接待流程和休养线路，以最高的礼遇、最深的敬意、最佳的形象迎接援鄂抗疫英雄们回家。接待期间，院部领导亲自带队陪同，开展管家式服务，党员干部轮流在门卫、餐厅开展义务测温活动。此外，开展6场由市总工会、市卫生健康委员会联合举办的“致敬！最可爱的人”援鄂医护专场慰问演出，向医护人员致敬。自4月20日至8月1日，院部完成6批上海援鄂医护接待，计678人。5月22日，李强书记在《关于组织开展本市抗疫一线医务人员疗休养活动的情况专报》上给予高度肯定。此外，院部陆续接待一线医护74批，计3474人。（蔡玉蓉）

【黄山休养院接待上海援鄂医疗队医务工作者】 4—5月期间，黄山休养院开展5批援鄂返沪医务人员的疗休养接待工作。按照市总领导“打硬仗、上台阶、获全胜”动员令，休养院对工作目标、工作内容统筹安排，制订详细的安全应急预案和景区服务方案。全体员工积极参与其中提供精细化服务，以积极热情的精神面貌向抗疫英雄致以诚挚的慰问和热烈的欢迎。为做好此次医务人员的接待工作，景区提前部署，从礼仪迎接、旅游交通到景点参观、解说服务，都给予最高礼遇。医务工作者们先后参观黄山地区的核心景点——黄山、江村、宏村、翡翠谷、徽州古城、新安江画廊。除此之外，院所还在市总的安排下，为每一批援鄂医务休养人员安排文艺表演、名厨佳肴。（刘希婷）

开展“四史”学习

【综述】 市总工会党组自5月1日至12月31日在机关系统扎实开展“四史”学习教育。党组把“四史”学习教育与学习贯彻习近平新时代中国特色社会主义思想结合起来，与建立“不忘初心、牢记使命”长效机制结合起来，与坚定贯彻落实中央和市委决策部署结合起来，与践行党的群众路线结合起来，与落实管党治党主体责任结合起来，突出“实”字要求，把解决问题、推动事业发展作为衡量学习成效的重要标尺，取得良好的成效。一是认真开展各项活动。坚持把开展好“四史”学习教育作为建立“不忘初心、牢记使命”长效机制的重要措施，积极开展“致敬工运先烈、践行初心使命”红色寻访、集体瞻仰、重温入党誓词、过政治生日等主题党日活动，组织党员干部听取“四史”专题辅导报告，举办青年理论学习小组学习分享会，组织“四史”学习知识竞赛，设计开发17堂“四史”学习教育“微党课”，参加市级机关举办的“阅读马拉松”挑战赛，确保“四史”学习教育在市总机关系统全面铺开、扎实推进，取得良好成效。二是扎实开展“四史”学习。市总党组紧紧围绕“四史”学习教育相关要求开展学习，注重交流研讨，促进学思践悟，党组中心组（扩大）学习13次，确保每月至少1次，先后邀请市委党校常务副校长徐建刚、市委党校教务处长王公龙、工会学院党委书记王厚富等作“四史”专题辅导报告，与市人社局党组开展联组学习。市总机关系统各级党组织围绕学习《习近平关于“不忘初心、牢记使命”重要论述选编》《习近平关于“不忘初心、牢记使命”论述摘编》和习近平总书记重要讲话中关于“四史”的重要论述，学习《中国共产党历史》第一卷和第二卷、《中国共产党的九十年》《中华人民共和国简史》《新中国70年》等著作，同时结合庆祝中国共产党成立、新中国成立、改革开放、上海解放、浦东开发开放30周年等重要节点，开展有针对性的学习教育。三是学习成效深入明显。通过不定期总结交流学习教育开展情况，展示优秀微党课，形成学习教育优秀案例，切实把“四史”学习教育与做好新时代工会工作紧密结合起来，“四史”学习教育中的创新做法和成功经验，已转化为机关系统党员干部深化理论学习的长效机制，巩固并拓展了学习教育实效。其中，市总直属机关团委组织3支队伍参加“2020年上海机关青年阅读马拉松超级赛”，其中，市总工会信仰之光队获得了“6月小组冠军”“10月全组月度冠军”，在222个参赛小组中荣获最终小组第4名，11人被评为“学习标兵”，小队被市级机关评为“学习标兵集体”，切实将学习成果转化为实际行动，转化为工作动力和工作成果。（马育群）

【徐汇区总工会扎实开展“四史”学习教育】 2020年，徐汇区总工会制订党组“四史”学习教育实施方案，结合“七一”、国庆、浦东开发开放30周年庆等重要节点，组织开展5个方面10项主题党日活动，先后组织参观陈望道展、上海工匠馆、抗疫图片展、“初心之地、红色之城”上海党的诞生地巡展、商飞公司、浦东开发办旧址、陈云纪念馆等，通过联组学习、专题辅导、外出参观等方式，做到每月有活动、月月有主题、人人有发言，把“四史”学习教育外化于形、内化于心，切实增强党员干部的责任感和使命感。党组开展中心组（扩大）学习24次，班子成员和下属支部书记为机关干部和基层支部、居民区结对支部讲党课6次。广泛组织工会党员深入学习党的十九届五中全会精神和习近平总书记抗疫、抗战、抗美援朝、进博会、劳模表彰会等系列讲话精神，先后组织各类专题学习交流活动8次，发言交流60余人次，进一步推动党员干部知史学史促进理论与实践的融会贯通。（徐艳杰）

【杨浦区工建联盟携手深化“四史”学习教育】 6月17日，杨浦区总工会党组中心组学习暨区工建联盟“四史”学习教育交流会在杨树浦发电厂举行。区人大常委会副主任、总工会党组书记、主席麦碧莲主持会议讲话，区工建联盟部分成员单位工会负责人出席会议。座谈会上，杨浦区总工会与复旦大学工会、上海理工大学工会、上海电力股份有限公司杨树浦发电厂工会、上海柴油机股份有限公司工会分别作交流发言，就如何在“四史”学习教育中进一步用好红色工运资源、加强职工群众思想引领，如何发挥工建联盟合力、更好推进工会工作，如何建设发展好杨浦滨江“生活秀带”等议题开展深入讨论，分享学习体会。（张东寅）

【杨浦区举行新工会会员入职入会仪式暨杨浦职工红色文化寻访活动】 9月5日，杨浦区教育、卫生、公安、绿化市容、市场监管等各行业200余名新入职职工代表齐聚市东实验学校，参加由杨浦区总工会、杨浦区教育工作党委联合主办，杨浦区教育工会承办的“学四史 · 明初心 · 担使命”杨浦区新工会会员入职入会仪式暨杨浦职工红色文化寻访活动。区人大常委会副主任、区总工会党组书记、主席麦碧莲出席活动。举办新会员入职入会仪式，推进“入职”与“入会”同步，是区总工会推出的创新举措，旨在通过仪式进一步强化身份认同和组织归属，用劳模精神引领风尚，用劳动精神激发干劲，用娘家人关怀凝聚力量。（张东寅）

【宝山区总工会召开“四史”学习教育工作推进会】 6月3日，宝山区总工会召开“四史”学习教育工作推进会，会议要求充分认识“四史”学习教育重要意义，准确把握总体要求，将“四史”学习教育成果转化为攻坚克难、善作善成的实际效果，统筹谋划，确保“四史”学习教育有序开展、取得实效。区总工会领导班子成员，区总工会、区职工服务中心、区工人文化活动中心全体职工以及区总工会机关系统

社工党员参加会议。 （朱 艳）

【闵行区工会系统举办“四史”学习教育报告会】 8月14日，闵行区举办工会系统“四史”学习教育报告会。区人大常委会副主任、总工会主席倪学斌主持会议并讲话。报告会上，上海工会管理职业学院党委书记、劳动报社总编辑王厚富以“传承革命传统，永葆政治本色”为题，系统地讲述中共一大到六大期间，在中国共产党领导下，中国工人运动的历史演变和经验，从红船精神到延安精神、从陈独秀到毛泽东、从石库门到天安门、从国统区到解放区，彰显了工会在党的领导下团结联合工人阶级开展工人运动的壮丽史诗。倪学斌指出，坚持党的领导、忠诚党的事业，是工会组织始终如一的红色基因。各级工会必须牢牢把握“四史”学习教育契机，充分利用工会红色资源优势，认真学习工运史，传承发展工会红色基因。要求全体工会干部要坚定理想信念、牢记使命担当，把围绕中心大局与发挥群团组织的优势结合起来，团结动员职工群众为为推动经济社会平稳健康发展、奋力创造新时代发展新奇迹贡献力量。全区各级工会主席、工会干部200余人参加学习。

（王 凯）

【嘉定区总工会开展“四史”学习教育活动】 5月28日，嘉定区总工会“四史”学习教育动员会暨党组中心组学习（扩大）会举行。会议深入贯彻落实习近平总书记重要讲话精神和区委要求，明确开展学习的指导思想、目标任务、主要措施和组织保障，要求区总全体党员干部通过学习领悟“四史”，进一步坚定理想信念、传承红色基因、汲取奋斗力量，切实承担起时代赋予工会组织的使命责任。区总党组书记、常务副主席金伟荣主持会议并作动员部署，区总机关、直属单位全体党员、入党积极分子以及区总机关退休支部委员等参加会议。会上，区委党校原常务副校长金林泉应邀作了题为《坚定理想信念，不忘初心使命》的学“四史”专题报告。

（黄点点）

【金山区总工会党组与上海石化工会开展“四史”联学】 7月21日，金山区总工会党组在与上海石化工会联合启动“四史”学习活动，充分利用本土资源，提高学习实效。金山区总工会领导班子成员，上海石化工会领导班子成员，双方中层以上干部共计18人出席。联学活动在情景党课中展开，金山城市沙滩“四史”学习教育主题沙雕展、上海石化厂史馆和上海石油化工科技馆追述着社会主义发展历程中上海石化从起步到腾飞的缩影，将产业工人艰苦奋斗的劳动精神充分转化为“四史”学习教育的生动教材。研讨交流中，金山区总工会党组书记、主席朱喜林，上海石油化工股份有限公司党委副书记、工会主席马延辉等分别结合自身实际交流联学带来的所思、所想、所悟。 （沈勇军）

【松江区总工会开展“七一”系列纪念活动】 6月30日，松江区总工会开展“学四史牢记初心使命，再奋进开启创新征程”庆祝中国共产党成立99周年系列纪念活动。本次“七一”系列纪念活动共有9项，除了在集中学习“四史”专题党课《革命烈士侯绍裘光辉的一生——松江第一个共产党员的故事》、参观“四史”红色之旅《红色堰泾：从1926到2020》的基础上，还通过党员募捐的形式，筹措1290元走访慰问幸福老人村46名老人。并开展“信仰如山、信念如铁、信心如磐”让初心薪火相传、把使命勇担在肩主题党日活动，组织各支部党员开展红色诵读和集体入党宣誓。七一前夕，区总工会开展一次战疫风采展示，用文字书写党员干部在战疫一线真情实录，充分彰显党员先进风采；开展松江区各类工运历史资料信息征集活动，进一步挖掘、保护松江工人运动红色基因；打造线上精品微党课和开展年度课题调研等，积极发挥党员领导干部领学促学作用，以“四史”学习教育推动学思践悟。区总工会机关党支部、区工人文化宫党支部、区工惠中心党支部共40余人参加本次活动。

（杨佳玲）

【奉贤区总工会深入开展“四史”学习教育活动】 奉贤区总工会开展“四史”专题教育各项活动，通过音乐党课、参观学习、“四史”知识竞赛、朗诵比赛、联组学习、座谈交流等形式，带领广大党员干部深刻领会党的十九届四中、五中全会精神及区委全会精神，习近平总书记一系列重要讲话精神，全国、上海市、奉贤区劳模表彰大会精神等，年内开展理论中心组学习12次，处级领导干部及基层党支部书记上党课7次，各党支部开展各类主题党日活动28次。加强理论研讨，学以致用，形成调研报告3篇，为创造性地开展新时期工会工作提供决策依据，从思想上行动上与区委的决策部署保持高度一致。 （祝笑成）

【崇明区总工会党组着力抓好“四史”学习教育活动】 年内，崇明区总工会党组制订“四史”学习教育方案、年度学习计划，组建领导小组。组织开展专题学习，持续深入学习习总书记系列重要讲话精神。组织党员开展《习近平谈治国理政》第三卷等主题学习交流研讨9次、主题党日6次。党组书记、党总支书记分别为党员上“四史”专题党课，组织全体党员参观中共二大会址纪念馆及宋庆龄故居，并重温入党誓词。邀请上海工会学院党委书记、《劳动报》总编辑王厚富就党的发展史与中国工运发展史专题授课，邀请崇明空军某部上一堂国防教育课。开展“四史”知识线上问答活动，参与职工781名。制订并落实崇明区总工会2019—2023年党员教育培训工作方案。 （秦春华）

【中建八局广泛开展“四史”学习教育】 8月22日，中建八局工会干部培训班在上海公司两港大道项目召开。局党委副书记、工会主席于金伟希望各级工会要坚定政治性、先进性、群众性的本质属性，聚焦促进企业发展第一要务，履行竭诚服务职工第一职责，以争当行业工会的引领者、区域工会的示范者、企业发展的贡献者、服务职工的践行者为目标，做到“五个一流”。上海工会学院党委书记、劳动报社总编辑王厚富做题为《传承革命传统，永葆政治本色》“四史”专题授课，他从“四史”学习教育的意义、党的代表大会、党的领导核心、党的中央机关以及党的工运事业5个方面带领工会干部重温党的光辉历程。局属各单位结合实际情况，开展了“四史”

中建八局广泛开展“四史”学习教育　（郝国元）

学习教育进工地、线上学“四史”、网上主题知识竞赛等活动，推进“四史”学习教育进头脑、入人心，引导广大职工听党话、跟党走，凝聚发展共识。

（郝国元）

【市教育工会举办成立70周年系列纪念活动】 12月29日，庆祝上海市教育工会成立70周年座谈会暨丛书首发式于上海科学会堂召开。上海市教育工会七十年发展历程丛书《中国教育工会上海市委员会大事记（1950—2020）》和《话说七十年——上海市教育工会发展访谈录》出版发行。全国教科文卫体工会主席、党组书记章国贤在会上高度肯定上海市教育工会70年来在助力脱贫攻坚走在前、壮大会员队伍促融合、引领建功立业出实招等方面的成绩，并勉励上海市教育工会站在新起点，推动新发展，在奋进中实现新辉煌。围绕纪念上海市教育工会成立70周年，上海教委官方微信公众号“教师博雅”推出专栏，持续推送70多位嘉宾的访谈录；教育工会学习“四史”，推动发展的经验与举措被“学习强国”收录；《中国教工》“特别关注”栏目刊发上海市教育工会成立70周年庆祝活动稿件，大大加强了教育工会的宣传力度。　（高　芳）

【市监狱局工会开展学“四史”线上健步行活动】 市监狱管理局工会举办“健步运动、健康生活”——2020年监狱局学“四史”健步行活动，活动分为线上和线下两部分。10月12日在共青森林公园举行健步行线下启动仪式，局党委班子全体成员参加，局党委书记、局长吴琦在启动仪式上讲话，局工会主席肖美芳为比赛鸣枪。健步活动约6公里，并按男女分别设置相关名次。共有19家基层单位550余名健步走爱好者参加活动。同时启动监狱局2020年学“四史”线上健步行活动。线上健步行是以“四史”教育为主题，采用微信小程序，结合每日步数，进行闯关答题，题目内容涉及“四史”内容，活动设8关，每关为7天需要行走3万步才能过关，过关后进行答题，每关设置幸运奖，最后评出一、二、三等奖。这是监狱局连续第三届的健步行活动，共有3400多名会员参赛。　（江海群）

【上海工会学院承办市总机关系统青年理论学习小组“四史”微党课分享会】 8月28日，由上海工会管理职业学院承办的市总工会机关系统青年理论学习小组“四史”微党课分享会在中共四大纪念馆海派文化中心举行，学院组织26位教师开发了17门微党课，并从中遴选《〈共产党宣言〉的诞生与在中国的传播》《党领导工人运动的总机关——中国劳动组合书记部的成立及意义》《荣泰烟号的“刘老板”》《改革开放中的陆家嘴》等7门微党课进行展示。分享会以“坚定初心‘史’命传承”为主题，7门微党课融合音乐、朗诵、情景剧等多种形式，情景交融极具启发意义。市总工会党组书记、副主席黄红出席活动并讲话。市级机关工作党委副书记王冶勇、市总工会副主席周奇为上海工会系统“四史”微党课“云课堂”按下启动键，市总直属机关党委书记、市总经审会主任丁巍向“四史”微党课讲师团颁发聘书，学院党委书记王厚富为分享会致辞，学院院长李友钟与中共四大纪念馆馆长童科签订共建“上海工会干部教育培训基地”协议。

（钟文娜）

【西山休养院开展“四史”学习教育系列活动】 2020年，西山休养院党支部以“不忘初心”为主题，围绕“四史”

庆祝上海市教育工会成立70周年座谈会暨丛书首发式举行　（王心愿）

学习开展一系列学习教育活动。深入学习《习近平谈治国理政》第三卷、学习贯彻十一届市委九次会议精神、学习习近平总书记给复旦大学《共产党宣言》展示馆党员志愿服务队重要回信精神、学习习近平总书记主持中央政治局第二十次集体学习时的讲话(共学《民法典》)、贯彻落实习近平总书记关于坚决制止餐饮浪费、切实培养节约习惯的重要指示精神、组织观看民法典公开课、重温《党章》等,一年来全体党员共学达307人次。此外,全体党员积极参加市总机关党委组织开展的“知史爱党、知史爱国”“四史”学习知识竞赛。通过学习和参赛,进一步提高党员干部“四史”学习的积极性,提升党员干部的政治理论水平。 (蔡玉蓉)

7月30日,宝山区举办“奋进新时代、创造新奇迹——推进高质量发展职工劳动和技能竞赛”启动大会暨第三届“宝山工匠”颁奖仪式 (庄轶凡)

开展“奋进新时代、创造新奇迹”劳动竞赛

【综述】 为深入贯彻落实习近平新时代中国特色社会主义思想特别是习近平总书记考察上海重要讲话精神,充分调动全市职工群众的劳动热情、创新活力和创造潜能,市总工会会同市发改委、市经信委、市商务委、市教委、市人社局、市市场监管局、市国资委在2020年至2021年期间开展“奋进新时代、创造新奇迹——推进高质量发展上海职工劳动和技能竞赛”。一是围绕中心、服务发展,组织开展系列主题竞赛。围绕上海全力实施三项新的重大战略任务,全面做好“六稳”工作,加快推进“五个中心”建设,奋力创造新时代发展新奇迹的中心工作,2020年“奋进新时代、创造新奇迹”劳动竞赛活动主要包含加快科创中心建设主题立功竞赛、虹桥商务区现代服务业职工劳动和技能竞赛、崇明世界级生态岛建设引领性劳动和技能竞赛、优化营商环境专项劳动竞赛等5个赛区、自贸区临港新片区职工劳动和技能竞赛等多个方面。下半年,根据市委工作重点以及市总工会等相关委办局围绕中心、服务大局的工作要求,进一步将“人民城市人民建、人民城市为人民——加快推进旧区改造和城市更新”立功竞赛活动和第三届“凝心聚力进博会、建功立业创一流”立功竞赛设立为新的赛区。二是把握时机、有序推动,动员全市职工掀起竞赛热潮。4月15日,市总工会、市发改委等八委办共同举行“奋进新时代、创造新奇迹——推进高质量发展上海职工劳动和技能竞赛”启动仪式,旨在进一步团结动员广大职工群众立足岗位、建功立业,为打赢疫情防控阻击战和经济社会发展攻坚战贡献力量。5月28日,市总工会、市市场监管局举办“优化营商环境、建功新时代”加快建设现代化市场体系主题立功竞赛推进会。活动对标上海新一轮优化营商环境的要求,进一步推动贸易投资便利化、行政高效化、政府服务规范化。9月14日,市总工会、市商务委、闵行区等共同举办第三届中国国际进口博览会立功竞赛暨加快推进虹桥商务区高质量发展职工劳动和技能竞赛推进会,在确保做好疫情防控工作的同时,创新办好第三届进博会,并对标国际最高标准、最好水平打造虹桥国际开放枢纽,推动高端会展、商务、交通功能深度融合发展。三是精心准备、严格把关,确保赛出成果、赛出典型。竞赛活动开展以来组委会办公室收到来自78个区局(产业)工会申报的竞赛工作方案,以一线职工为主的竞赛成果589个,覆盖机关企事业单位457家。竞赛办公室邀请相关领域专家对项目、案例进行现场评审,并会同各委办召开竞赛组委会会议,审议拟推荐优秀科创项目、先进集体(个人)一、二、三等奖候选名单。最终,竞赛共评选出328个优秀项目、案例,平均淘汰率超过43%,确保了竞赛成果的公正性、先进性和典型性。 (王 点)

【宝山区开展职工劳动和技能竞赛和工匠选树活动】 7月30日,宝山区“奋进新时代、创造新奇迹——推进高质量发展职工劳动和技能竞赛”启动大会暨第三届“宝山工匠”颁奖仪式在区工人文化活动中心四楼多功能厅举行。会上总结2019年劳动竞赛工作,对劳动竞赛4个赛区、32个专项行动中涌现出的328个先进集体、班组和个人及第三届20名“宝山工匠”及提名奖进行表彰。区委书记汪泓,区委常委、宣传部部长赵懿,区人大常委会副主任,区总工会党组书记、主席王丽燕,副区长倪前龙出席活动。各街镇园区、区竞赛组委会成员单位、2019年劳动竞赛赛区和专项行动牵头单位领导,区总工会直属工会主席,2019年劳动竞赛先进代表,第三届“宝山工匠”及提名奖获得者共计200余人参加活动。 (朱 艳)

产业工人队伍建设改革

【综述】 2020年市总工会继续发挥牵头协调作用,强化工作统筹和协调服务职能,不断深化产业工人队伍建设改革。加强思想政治引领,发掘宣传百年红色工运资源,会同相关区局

上海飞机设计研究院工会举办“大飞机达人”挑战赛 （冯 飞）

（产业）做好重要场馆、重要遗址遗迹的修缮展陈，广泛开展各类群众性红色文化活动；通过职工直播课堂、工会微宣讲等宣传形式，把新思想、新理论教育送到街镇、园区（开发区）和企业一线，引导产业工人正确理解我国发展所处历史方位、面临的机遇与挑战，增强必胜的信心决心，打牢共同奋斗的思想基础。拓展职业教育渠道，发挥工匠学院作用，助力产业工人学历提升，推动基层工会建立职工学堂，在全市各级劳模和高技能人才、一线产业工人以及各类在岗人员、创客群体中开展教育培训。发挥劳动竞赛正向激励作用，会同相关委办局开展“奋进新时代、创造新奇迹——推进高质量发展上海职工劳动和技能竞赛”，深化科创中心建设劳动竞赛，全面启动自贸区临港新片区、长三角生态绿色一体化发展等示范引领性劳动竞赛，推动产业工人技能水平持续提升。持续做强维权服务，在健全以职工代表大会为基本形式的民主管理制度基础上，主动应对产业结构调整、共享经济等带来的新型劳动关系矛盾，探索市、区、街镇（园区）工会、法院、人社、司法“四方合作”机制，发挥各部门专业优势，协同做好新时代产业工人维权服务。 （张 敏 戴 菁）

【启动“十四五”时期产业工人队伍建设改革方案编制工作】 9月，市总工会召开深化产业工人队伍建设改革重点行动方案编制工作部署会，研究思想引领、技能培训、职业教育、建功立业、公共服务、地位提升和权益维护行动等“七大行动”，谋划“十四五”时期产业工人队伍建设改革工作。市人大常委会副主任、市总工会主席莫负春出席并讲话。会议由市总工会党组书记、副主席黄红主持，市总工会副主席桂晓燕通报制订重点行动方案的工作方案，市各有关部门、有关单位分管领导以及相关职能处室负责人出席会议。 （张 敏 戴 菁）

【总结推广25个产业工人队伍建设改革优秀案例】 3—4月，市总工会在全市范围内开展深化产业工人队伍建设改革优秀案例征集工作。市有关部门、区局（产业）共上报30个案例，从中选出25个具有代表性、典型性优秀案例，共涉及5个市级部门、6个区和5个企业，内容涵盖职工创新创造、技能素质提升、技能人才评价、公共服务覆盖等各个方面。8月1日，25个优秀案例在江苏南京举办的长三角地区工会“深入学习习近平总书记重要论述，深化产业工人队伍建设改革”研讨会上予以发布。（张 敏 戴 菁）

【开展上海职工技能等级认定试点单位劳动竞赛，培养高素质技能人才队伍】 市总工会联合市人社局在企业职业技能等级认定试点单位组织开展专项立功竞赛，组织动员各相关单位广泛开展多工种全覆盖的专项劳动和技能竞赛，通过百万职工职业大培训、百万职工岗位大练兵，推进上海职工等级评价改革工作，着力培育适应新时代上海产业发展的高素质技能人才队伍。全市54家相关企业集团、行业协会参加竞赛交流活动，14家试点单位制订了专项竞赛方案。 （王 点）

【中国商飞公司工会组织劳动竞赛助推产业工人队伍建设改革】 中国商用飞机有限责任公司工会全面贯彻落实《新时期产业工人队伍建设改革方案》要求，多措并举推进产业工人队伍建设改革，组织开展“当好主力军，决战‘三个一’”主题劳动竞赛。评选“大飞机奋斗者”、劳动竞赛优胜团队、优胜项目、优胜个人、优秀组织者。加大经费支持力度，划拨128万元，对外场试验队进行专项慰问、支持外场试验队开展文体活动。对ARJ21项目团队公务机审定试飞、高高原试验试飞、C919吐鲁番高温试验等进行专项慰问。 （阎 超）

要闻大事

【王东明调研视察上海工匠馆】 9月24日，全国人大常委会副委员长、全国总工会主席王东明，全国总工会副主席、书记处书记阎京华参观上海工匠馆，同8名上海劳模、工匠及国家科技进步奖获得者等技能人才的杰出代表们一起，在观展中感受百余年来海派工匠的智慧与精湛技艺。王东明强调，习近平总书记多次强调要大力弘扬劳模精神、劳动精神、工匠精神，这也是他对工会的一贯要求。当前形势下，各级工会更是要坚定贯彻习近平总书记的要求，大力弘扬劳模、劳动、工匠精神，为实现国家的“两个一百年”目标要求而奋斗。要按照总书记的要求，建设一支知识型、技能型、创新型的劳动者大军，为国家发展作出新的贡献。 （徐鑫悦 陈志渊）

【蔡振华一行调研民主管理工作】 9月29日，全国总工会副主席、书记处书记蔡振华率全总基层工作部部长金善文等一行5人来沪调研上海厂务公开民主管理工作，听取关于近年来上海突破创新企事业单位民主管理推进方式，推动集团多级职代会制度、职工董监事制度和非公企业民主管理建制规范运行等7个方面的工作情况汇报，肯定上海工会坚决贯彻落实党中央决策部署以及全总的工作要求，并强调要理清思路努力稳住工作基本面，要围绕中心努力找准工作发力点，要抢抓机遇努力发掘工作突破口，要迎难而上努力扩大工作影响力。

（徐鑫悦）

【蔡振华肯定中建八局民主管理工作】 9月29日，全国总工会厂务公开民主管理工作调研座谈会在中建八局召开。全国总工会副主席、书记处书记蔡振华，上海市人大常委会副主任、市总工会主席莫负春等领导参加会议。局总经理、党委副书记李永明，局党委副书记、工会主席于金伟，局工会副主席王晓波等领导接待调研组一行。会上，全体参会人员观看八局企业宣传片，了解八局的历史沿革、文化传承和综合实力。于金伟介绍了厂务公开民主管理的做法和成效。蔡振华肯定八局在将规范职代会纳入公司章程、融入企业治理结构的先进做法。提出民主管理工作要坚持“整体规划与分类推进、民主管理与专业管理、规范运作与作用”三者相统一，增强基层工会工作向心力，维护职工权益。

（张 帅）

【阎京华一行调研上海基层工会工作】 9月23日，全国总工会副主席、书记处书记阎京华参观上海工匠馆，调研申通地铁集团和崇明区总工会。他强调，当前要着力推进4项工作：一是把政治建设放在首位，自觉接受和坚持党的领导，加强职工思想引领；二是在全面建成小康社会过程中进一步发挥工人阶级主力军作用，广泛、深入、持久地开展好劳动技能竞赛，发扬劳模精神、劳动精神、工匠精神，提高职工素质；三是维护好职工合法权益，建设和谐劳动关系；四是加强工会改革创新。 （徐鑫悦 陈思佳）

【李晓钟开展全国工会改革任务落实情况督查】 11月12日，全国总工会经费审查委员会主任李晓钟听取上海市总工会对工会改革任务落实情况的汇报，并调研宝武集团。他指出，要深入学习贯彻习近平总书记关于工人阶级和工会工作的重要论述，进一步加强职工思想政治引领，教育引导广大职工坚定理想信念，增强主人翁意识，坚定不移听党话、跟党走；要大力弘扬劳模精神、劳动精神和工匠精神，以先进模范引导带动广大职工建功立业，绘就美好蓝图；要与时俱进，进一步加强工会自身改革，不断探索新的工作方式、方法，让职工更好地分享企业发展的成果；要不断推进产业工人队伍建设改革，培育一批具有市场竞争力、适应转型需求的产业工人。

（徐鑫悦）

【李晓钟调研上海红色工运和工会工作】 12月9日，全国总工会经费审查委员会主任李晓钟出席纪念上海机器工会成立100周年大会，并调研上海红色工运和上海通用公司。他代表中华全国总工会向上海机电系统全体工会工作者和广大职工表示诚挚的祝贺，并指出，走过100年光辉历程，上海及上海机电系统的广大工会干部和职工群众，要继续发扬机器工会的革命传统和优秀品质，深入贯彻习近平新时代中国特色社会主义思想，发扬斗争精神、增强斗争本领，在全面建设社会主义现代化国家的新征程中再次续写新篇章、创造新辉煌。（徐鑫悦）

【莫负春调研指导青浦工会疫情防控工作】 2月6日，市人大常委会副主任，市总工会党组书记、主席莫负春一行来青浦调研指导基层工会疫情防控工作。在书香门地（上海）美学家居有限公司，莫负春详细了解企业落实防控措施、应对疫情及复工遇到的问题困难等情况，听取基层一线对做好疫情防控、企业复工的意见建议，要求坚决做好防控，抓好企业尽快复工生产，工会组织要积极作为，发挥自身优势，及时排摸了解企业复工情况，督促帮助企业落实防疫要求，加强劳动关系调处，加大对抗疫一线职工的关心关怀，确保职工队伍和社会和谐稳定。青浦区委副书记杨小菁，区人大常委会副主任、区总工会主席赵宏林一同赴企业参加调研。赵宏林代表区总工会汇报近期疫情防控工作开展情况及下一步工作措施。区总领导班子成员结合前期排查调研向市总领导反馈基层企业、职工当前最紧迫的需求与诉求。 （朱建强）

【莫负春调研松江企业复工复产情况】 2月26日，市人大常委会副主任，市总工会党组书记、主席莫负春一行前往松江调研企业复工复产情况，向企业赠送口罩、消毒水等防疫物资。区委书记程向民，市总工会副主席张得志、郭箐，区委副书记肖文高，区人大常委会副主任、区总工会主席吴建良，区总工会党组书记、副主席陈军康等领导参加。莫负春一行先后走访上海扬盛印务有限公司、上海中联重科桩工机械有限公司，走访了解疫情防控和企业复工复产情况。听取区总工会疫情防控和助推企业复工复产工作作专题汇报。区总工会、各街镇（经开区）总工会、企业工会启动“三级联动”，全面落实疫情防控专项资金、物资、人员、服务四大保障，设立190万疫情防控专项资金，为防疫一线职工送上慰问品，为企业提供防疫物资。截至2月25日，全区各街镇（园区）累计已复工10235家，复工率为86.39%；以上企业累计复岗员工250782人，工人复岗率65.80%。莫负春对松江的做法给予充分肯定。并要求各级工会组织围绕落实区委、区政府的要求，发挥工会系统优势，帮助企业做好疫情防控和复工复产工作，同时努力完成全年目标任务，有节奏、有秩序地推动各项工作。（韩春丽）

【莫负春赴宝山调研企业复工复产情况】 2月27日，市人大常委会副主任，市总工会党组书记、主席莫负春来到宝山调研企业复工复产情况，走访高境镇部分企业，听取复工复产扶持政策落地及企业复工复产中存在的问题等情况，嘱咐工会要聚焦时艰，在就业援助等方面做出积极探索，切实当好职工的“娘家人”。宝山区人大常委会副主任，区总工会党组书记、主席王丽燕，区经委主任石明虹，高境镇党委书记张惠彬等陪同调研。（朱　艳）

2月27日，市人大常委会副主任，市总工会党组书记、主席莫负春赴宝山调研企业复工复产情况　（庄轶凡）

【莫负春调研静安区工运遗址】 4月20日，市人大常委会副主任，市总工会党组书记、主席莫负春一行调研静安区工运遗址，实地查看了解静安区红色工运资源发掘保护利用情况。市总工会党组副书记，副主席姜海涛，静安区委副书记黄红等陪同调研。莫负春先后来到宝山路上海总工会遗址、宝通路中华全国总工会上海办事处遗址和湖州会馆实地察看，随后进行座谈。莫负春强调，工运遗址是红色革命基因的重要组成部分，工运先辈创造的光辉历史承载着我们的光荣和梦想。2021年即将迎来中国共产党成立100周年，要进一步挖掘、保护、利用好工运遗址资源，让历史传承和发扬光大。他指出，各级工会要切实增强责任感、使命感，做好工运史相关史料收集整理工作。针对重要遗迹，要加强资源整合利用，精心规划设计，将其建成具备实用价值的“活的博物馆”。市、区工会要共同努力，建立完善工运遗址建设和运行机制，形成支持政策，让初心薪火相传。（陈迪嘉）

【莫负春高温慰问建工集团重大工程建设者】 8月5日，市人大常委会副主任、市总工会主席莫负春来到建工集团中共一大纪念馆项目，慰问一线建设者。集团党委副书记张立新陪同。莫负春指出，中共一大会址纪念馆项目是伟大的、有意义的工程。要在建设好这项工程的同时，讲好我们的建党故事。要充分发挥工会作用，多组织一些劳动竞赛，激发建设者的积极性、主动性、创造性，在攻克技术难题的同时，培养高技能人才。要在做好疫情防范的同时确保工期进度。科学施工、合理组织，加强教育、管理、监督、指导，提高建设者的安全防护意识，把工会组织的关心、关爱进一步落到实处。张立新介绍了集团疫情防控、防暑降温和劳动保护等工作。莫负春一行还视察了“上海工匠”谷志旺创新工作室。（余轶群）

【莫负春调研工运纪念场馆】 10月10日，市人大常委会副主任、市总工会主席莫负春，市总工会副主席桂晓燕等调研普陀工运纪念场馆建设推进工作。区委常委、宣传部部长郝炳权，区人大常委会副主任、区总工会主席李松海参加调研。调研座谈会上，莫负春听取区委宣传部、区文旅局关于顾正红纪念馆、沪西工人半日学校建设和展陈设计方案汇报。他指出，要充分认识顾正红以及沪西工人半日学校在党的发展历史和工人运动史上的重要地位和历史意义。要多方听取意见、借鉴有益经验，优化完善设计方案，彰显历史的厚重感。要加快推进两个场馆建设和布展工作，向建党100周年献礼。市总工会在史料收集发掘、展陈优化设计、协调推进建设等方面予以支持。区委党史研究室、区委宣传部、区文旅局、区总工会、区城投公司、顾正红纪念馆主要负责人等参加调研。（陆　蕾）

2020年大事记

1月

6日　市总工会机关离退休人员新春团拜会，在市总工会机关六楼大礼堂举行。市人大常委会副主任，市总工会党组书记、主席莫负春出席并讲话。市总工会领导班子成员、机关各部室负责人出席团拜会。

7日　2020年上海工会宣教工作会议在建工大厦召开。各区局（产业）工会分管主席，区文化宫、体育场负责人参加会议。市总工会副主席桂晓燕出席会议并讲话。

14日　"欢迎回娘家，欢喜过大年"春节留守上海农民工代表包饺子活动，在市总工会机关六楼食堂举行。市总工会领导、机关各部室负责人、部分青年干部与各行各业农民工代表参加活动。

17日　2020年上海工会财务资产工作会议，在市总工会机关六楼大礼堂召开。各区局（产业）工会财务资产工作负责人参加会议。市总工会副主席戴光铭出席会议并讲话。

22日　市总工会机关系统2019年度表彰暨2020年春节联欢会，在市总工会机关六楼礼堂举行。市总工会领导班子成员出席联欢会。

2月

3日　市总工会成立以莫负春、姜海涛为组长，张得志、桂晓燕、丁巍为副组长，组员为市总机关各部室、各直管单位党委主要负责人的市总机关系统疫情防控工作领导小组。

3日　转发《中华全国总工会办公厅关于加强新型冠状病毒感染肺炎防控工作专项资金使用管理的通知》，明确防疫资金的使用范围、采购流程、会计核算等相关内容。

4日　市总工会召开各区总工会和部分局（产业）工会主席疫情防控专题会议，会议以手机视频形式召开，市总工会机关设主会场，各区总工会和部分局（产业）工会设分会场。市人大常委会副主任，市总工会党组书记、主席莫负春出席并讲话。

7日　市总工会派出31名机关系统职工到11个区局（产业）工会的基层工会和5家定点医院工会参与疫情防控工作。出发前，市总工会党组副书记、副主席姜海涛作动员，经审会主任、机关系统党委书记丁巍参加相关活动。

8日　下发《关于防控工作专项资金使用管理的补充说明》，进一步明确慰问一线抗疫人员的范围、决策程序、管理规范，明确使用防疫资金购买物资的种类、物资发放覆盖的范围。

11—21日　市总针对职工反映的热点问题，就疫情期间副食品供应、职工就餐问题，向市有关部门反映情况和提出建议，并收集、整理、汇编疫情期间工资、租金等多方面法规、政策文件，形成22期《疫情防控政策信息摘要》。

17日　市总工会派出35名机关系统职工，下沉到闵行区梅陇镇、莘庄镇所辖社区顶岗疫情防控工作。出发前，市总工会党组副书记、副主席姜海涛作简短动员，经审会主任、机关系统党委书记丁巍参加相关活动。

3月

2月7日—3月20日　市总工会组织4批次、共122人先后到10个区总工会、定点医院工会、闵行区梅陇镇和莘庄镇、浦东国际机场等处顶岗支援基层疫情防控，闵行区委、黄浦区总工会等先后写来感谢信。

11—13日　市人大常委会副主任，市总工会党组书记、主席莫负春等市总领导到闵行、杨浦、宝山等企业走访调研疫情防控和复工复产工作。

15—25日　市总工会共排摸企业2546家，形成《关于疫情防控期间上海企业复工复产和职工就业状况的分析报告》报市委市政府，主要领导专门作了批示。深入外贸企业较为集聚的浦东、虹口、松江、中远等地区、产业，专题了解本市外贸出口型、货运代理和航运等不同所有制企业复工复产、稳就业促就业政策落实情况和职工就业、收入状况，形成《关于本市外贸行业职工就业状况的分析报告》。

20日　市总工会召开市总机关系统全面从严治党暨党风廉政建设大会，市总工会机关正副部长、各直管单位班子成员、工会学院处级干部参加。市人大常委会副主任，市总工会党组书记、主席莫负春出席并讲话，市总工会领导班子成员等出席会议。

4月

8日　浙江宁波市总工会代表团来沪学习考察疫情防控和复工复产工作，市总工会副主席张得志出席座谈会。

15日　市总工会会同市发改委、市经信委、市商务委、市教委、市人社局、市市场监管局、市国资委，召开"推进高质量发展上海职工劳动和技能竞赛"暨迎46届世界技能大赛上海职工职业技能大赛启动仪式。市人大常委会副主任，市总工会党组书记、主席莫负春出席并讲话，副市长彭沉雷出席会议并向15家参赛单位代表授旗，市总工会副主席姜海涛主持会议，副主席周奇布置竞赛工作。市总工会等八委办联合下发《关于举办"奋进新时代　创造新奇迹——推进高质量发展上海职工劳动和技能竞赛"的通知》，上海将在2020年至2021年期间围绕加快科创中心建设、自贸区临港新片区、长三角生态绿色一体化发展示范区、虹桥商务区、崇明世界级生态岛建设、优化营商环境等开展竞赛活动。

18日　"四季恋歌"青年职工交友活动举行。市总工会副主席、女职工委员会主任桂晓燕，经审会主任、女职工委员会副主任丁巍出席相关活动。

20日　市总工会举行抗疫一线医务人员疗休养发车活动，270余名抗疫一线医务人员参加疗休养活动。市人大常委会副主任，市总工会党组书记、主席莫负春，党组副书记、副主席姜海涛，副主席周奇、张得志、戴光铭、郭箐出席发车活动。2020年市总共组织五批本市2925名（含家属1106人）抗疫一线医务人员赴市总工会沙家浜、西山、黄山、屏风山疗（休）养院，开展为期五天四夜的疗休养活动。各区总工会共组织抗疫一线职工疗休养1.3万人。

21—23日　市总工会举行抗疫一线医务人员疗休养慰问活动。市人大常委会副主任，市总工会党组书记、主席莫负春，副主席周奇、张得志、郭箐及市总工会有关部室、直管单位主要负责人，分别赴市总工会沙家浜、屏风山、西山、黄山疗养院所进行慰问。

29日 “致敬！劳动者”上海职工抗击疫情主题图片展，在市工人文化宫举行。市人大常委会副主任，市总工会党组书记、主席莫负春出席并讲话，市总工会副主席姜海涛、桂晓燕，市有关委办局负责人、部分局（产业）工会主席、本市抗疫一线医务人员等观看图片展。

5月

7日 市总工会召开市总机关系统疫情防控顶岗支援工作座谈会，市总机关各部室、各直管单位党组织负责人，机关系统顶岗干部代表参加。市人大常委会副主任，市总工会党组书记、主席莫负春出席会议并讲话，市总工会党组副书记、副主席姜海涛，经审会主任、直属机关党委书记丁巍出席座谈会。

8日 “战疫·夯基·凝心”市总工会机关系统青年理论学习小组首场学习分享会暨劳动报社思享汇在建投书局举行，市总机关团委及市总机关青年干部、各直管单位党组织负责人、青年理论学习小组负责人和青年职工代表参加。市总工会党组副书记、副主席姜海涛，副主席桂晓燕，市总工会经审会主任、直属机关党委书记丁巍出席活动。

15日 崇明生态岛建设立功竞赛重点工程专场动员会，在花博会施工现场举行。崇明花博会竞赛单位职工代表参加，市总工会副主席周奇出席并讲话。

19日 长三角生态绿色一体化发展示范区合作主题交流活动，在上海东方绿洲举行。市总工会副主席周奇出席。

28日 市总工会联合市市场监督管理局召开“优化营商环境·建功新时代——加快建设现代化市场体系主题立功竞赛”推进会。市人大常委会副主任、市总工会主席莫负春，副市长许昆林为窗口服务等立功竞赛参赛单位授旗。市政府副秘书长尚玉英、市总工会副主席周奇共同为市市场监管局“优化营商环境·建功新时代”立功竞赛组委会办公室揭牌。此次竞赛在政务服务、安全监管、消费维权、执法办案及技术服务5个领域展开，助推中国营商环境进一步完善。

28日 上海百年红色工运资源发掘宣传暨纪念“五卅”运动95周年、上海总工会成立95周年座谈会举行。市总工会领导，部分区局（产业）工会负责人、相关单位领导和专家，市总老领导、老工会工作者出席。市人大常委会副主任、市总工会主席莫负春主持会议并讲话，市总工会副主席桂晓燕主持会议。

6月

9日 上海著名外企工会联合会一届一次全会，在市总机关六楼大礼堂举行。市总工会副主席周奇出席并讲话。

12日 上海职工十大技能竞赛启动仪式举行。市总工会党组书记黄红出席会议并讲话。市总工会副主席周奇为职工学堂授牌。市人社局副局长张岚致辞。市总工会副主席王曙群主持会议。大赛包含数控、工业机器人等十大赛事，全部纳入市级二类竞赛，职工参与竞赛所得成绩与职业技能等级鉴定与晋升挂钩。

15日 市总工会举行“小屋传真情，温暖筑大爱”爱心妈咪小屋主题线上活动。市总工会女工委员，各区局（产业）工会女工委主任、干部，部分爱心妈咪小屋负责人等500余人参加线上活动。市总工会副主席、女职工委员会主任桂晓燕，经审会主任、女职工委员会副主任丁巍出席相关活动。

20日 市总工会联合团市委、市妇联，举办“爱在浦江·幸福今生”百名抗疫新人盛世婚典。市总工会党组书记黄红出席并讲话，副主席、女职工委员会主任桂晓燕，副主席王曙群出席活动。

7月

1日 市总工会举行市总机关系统“七一”党员政治生日座谈会，系统内入党20周年和30周年的党员代表参加。市人大常委会副主任、市总工会主席莫负春出席并讲话；市总工会党组书记黄红，市总工会经审会主任、直属机关党委书记丁巍出席座谈会。

2日 长三角一体化示范区工会工作会议，在青浦区总工会召开。上海青浦区、江苏吴江区和浙江嘉善县示范区总工会负责人参加会议，市总工会副主席周奇出席并讲话。

16日 市总工会十四届七次全委（扩大）会议在上海科学会堂召开。市总工会第十四届委员、经审委员等出席会议。会议选举市总工会党组书记黄红为市总工会副主席，市总工会党组成员郭箐为市总工会副主席（挂职）。

25日 组织开展“会聘上海，就业护航”——劳模先进送岗位现场招聘会。市总工会开发“会聘上海”就业服务信息化平台，开展“‘工’‘疫’云招聘”、网络招聘会等就业服务活动，聚焦转改制企业职工、困难职工家庭成员等重点群体，落实搭建一个线上智能工会就业服务平台等“八个一”工作举措。2020年上半年全市各级工会共举办各类招聘会419场，提供就业服务18.65万人次。

30日 “人民城市人民建，人民城市为人民”加快推进旧区改造和城市更新立功竞赛动员大会召开。市人大常委会副主任、市总工会主席莫负春，副市长汤志平共同为“加快推进旧区改造和城市更新立功竞赛办公室”揭牌。市政府副秘书长黄融，市总工会党组书记、副主席黄红等相关领导出席大会。此次竞赛由市总工会、市建交委、市住建委、市房管局、黄浦区、虹口区、杨浦区、地产集团等单位联合开展，具体将在房屋征收、房屋修缮、规划策划、重点工程4个方面开展立功竞赛。通过竞赛的开展，年内将完成改造75万平方米、居民3.5万户，全面超额完成原目标。

8月

28日 市总工会机关系统青年理论学习小组“四史”学习教育微党课分享会，在中共四大纪念馆海派文化中心举行，各直管单位党组织负责人、市总工会机关系统青年理论学习小组代表参加。市总工会党组书记、副主席黄红出席活动并讲话；市级机关工作党委副书记王治勇，市总工会副主席周奇，市总工会经审会主任、直属机关党委书记丁巍出席活动。

9 月

14 日　第三届中国国际进口博览会立功竞赛暨加快推进虹桥商务区高质量发展职工劳动和技能竞赛推进会在国家会展中心召开。市人大常委会副主任、市总工会主席莫负春出席会议并讲话。市总工会党组书记、副主席黄红，市级机关工委副书记李云龙共同为“加快推进虹桥商务区高质量发展职工劳动和技能竞赛办公室”揭牌。来自海关、市场监管、消防、机场、东航、电力、医务等40支队伍被授予“进博会城市服务保障职工服务队”旗帜。市总工会副主席周奇主持会议。推进会由市总工会、市级机关工委、市商务委、市市场监管局等单位联合召开。通过竞赛，动员职工群众投身服务保障第三届进博会和加快推动虹桥商务区高质量发展的实践中。

15 日　上海工会统计工作会议举行，各区局（产业）工会分管领导、统计部门负责人、统计员出席会议，市总工会副主席桂晓燕出席并讲话。

16 日　第四期上海工匠研修班开班式，在上海开放大学举行。2019年度上海工匠参加，市总工会副主席周奇出席并讲话。

16 日　共青团市总工会直属机关第六次团员大会举行，市总工会机关系统团员、各直管单位党组织书记参加大会。市总工会党组书记、副主席黄红出席并讲话，经审会主任、直属机关系统党委书记丁巍出席。

24 日　市总工会召开本市法院—工会劳动争议诉调对接工作会议。各区总工会分管主席、劳动关系职能部门负责人参加会议。市总工会党组书记、副主席黄红出席并讲话，副主席张得志、郭箐出席。

27 日　市总工会机关趣味运动会在市总工会机关二楼大厅举行，市总工会领导和机关全体干部参加。

28 日　迎国庆上海职工专场文艺演出，在上海音乐厅举行。市总工会领导、机关各部室负责人，劳模工匠及职工代表等750人观看了文艺演出。

10 月

15 日　市总工会机关系统“四史”学习知识竞赛决赛暨“学习强国”工作推进会，在市工人疗养院花月亭举行。市总工会机关各部室、各直管单位党组织书记，各参赛选手参加。市总工会党组书记、副主席黄红出席并讲话，市级机关工作党委副书记李云龙，市总工会经审会主任、直属机关党委书记丁巍出席并为获奖队伍颁奖。

18 日　“四季恋歌——秋日恋曲之心电感应”青年职工交友活动，在黄浦滨江举行。全市各行业单身青年职工400余人参加活动。市总工会副主席张得志，副主席、女职工委员会主任桂晓燕，经审会主任、女职工委员会副主任丁巍出席相关活动。

28 日　2021届高校毕业生秋季校园招聘会暨“会聘上海”校园行活动启动仪式，在上海建桥学院举行。市教委、临港管委会等单位领导和高校学生代表800余人参加启动仪式，市总工会副主席张得志出席相关活动。

11 月

2 日　长三角三省一市职工创新成果展示交流活动在合肥开幕。全国总工会副主席、书记处书记阎京华作视频讲话，上海市人大常委会副主任、市总工会主席莫负春等三省一市主要领导启动本次交流活动。上海市总工会党组书记、副主席黄红，副主席周奇等出席开幕式。活动中，上海代表队获得多项荣誉：来自国网上海市电力公司电力科学研究院《上海西虹桥城市能源互联网电能绿色指数管理平台》等25项创新成果获长三角三省一市职工优秀创新成果奖；国网上海市电力公司、上海电力股份有限公司等3个班组分获班组管理情景展示一、二、三等奖；国网上海市电力公司等多名个人和团体获装表接电竞赛个人一、二、三等奖及团体奖。

15—20 日　市总工会会同市政府合作交流办公室、东方航空联合举办上海市东西部扶贫协作和对口支援地区“脱贫攻坚一线建设者”研修班（第一批），安排西藏日喀则、青海果洛、云南、贵州遵义代表来沪参加为期一周的专题研修班。市、区两级工会联动举办“向脱贫攻坚一线建设者致敬”报告会。

19 日　“向脱贫攻坚一线建设者致敬”报告会暨结业式，在市工人疗养院举行。市总工会领导、有关委办局领导，市总工会机关各部室负责人，日喀则等四地脱贫攻坚一线建设者代表300余人出席。收看市级报告会视频直播的网民超过10万人，《解放日报》等主流媒体进行了宣传报道。

24 日　全国劳动模范和先进工作者表彰大会在北京人民大会堂隆重举行。现场，上海市112名2020年全国劳动模范和先进工作者，接受党中央、国务院授予的崇高荣誉——“全国劳动模范”和“全国先进工作者”称号。市人大常委会副主任、市总工会主席莫负春，市总工会党组书记、副主席黄红，副主席周奇带领上海团参会。

12 月

2 日　市总工会机关系统青年干部培训班开班式在工会学院举行，市总工会党组书记、副主席黄红出席并讲话。

2 日　2020年上海市劳动模范（先进工作者）和上海市劳模集体表彰会召开。表彰会以视频形式召开，市委办公厅1号会议室设主会场，市政府、各区设分会场。市四套班子领导，评模委成员单位领导，市总工会领导班子成员，各区局（产业）工会主席、劳模先进等1600余人出席表彰会。市委书记李强讲话，市委副书记于绍良宣读表彰决定，市领导为劳模代表颁发荣誉证书。会议由市委副书记、市长龚正主持。

2 日　“致敬！新时代领跑者”主题图片展，在市工人文化宫举办。市总工会领导班子成员、劳模先进和职工代表观看图片展。

3 日　2020年市政府与市总工会联席会议，在市政府第一会议室召开。会上，审议并通过了“聚焦职工队伍技能提升，推进企业职业技能等级认定工作”“重点推进园区、商圈楼宇等区域职工文化体育发展，打造职工健康生活”两项议题。市人大常委会副主任、市总工会主席、联席会议协调小组组长莫负春，市政府副市长、联席会议协调小组组长彭沉雷出席会议并讲话。市政府副秘书长、联席会议协调小组副组长赵祝平，市总工会党组书记、副主席，联席会议协调小组副组长黄红，联席会议成员单位分管领导和市总工会领导，各区政府分管领导、区总工会主席，部分产业（系统）工会主席、劳模代表等出席会议。

7日　“人民城市，奋斗有我·致敬劳模”主题节目，在东方卫视演播厅举行。有关市领导、市总工会领导班子成员、部分区局（产业）工会负责人、市总工会各部室各直管单位主要负责人、全市各行各业劳模先进和职工代表250余人观看节目。

10日　全国厂务公开民主管理工作经验交流暨先进单位表彰电视电话会议召开。市人大常委会副主任、市总工会主席莫负春，市总工会党组书记、副主席黄红，副主席张得志、郭箐以及市厂务公开领导小组成员单位领导、获奖代表出席上海分会场会议。会上，上海市总工会等受到表彰的单位，就推进民主管理工作的积极探索和实践成果进行发言。本市共有23家单位获得表彰。

12日　“四季恋歌嘉年华”上海工会青年职工交友活动，在中国船舶馆举行。400余名青年职工参加交友活动，市总工会副主席张得志，副主席、女职工委员会主任桂晓燕出席相关活动。

15日　市总工会召开市职工技协七届三次会员代表大会暨理事会（扩大）会议。市职工技协理事等200余人出席会议，市总工会副主席周奇出席并讲话，副主席王曙群出席。

30日　上海市工运研究会2019—2020年会员大会暨《上海工会志》宣传会议，在上海工会管理职业学院召开。工运研究会全体理事，市总工会各部室、各直管单位主要负责人等100余人出席。市总工会党组书记、副主席黄红出席并讲话，副主席桂晓燕作总结。

30日　“中国梦·劳动美”2021年新年音乐会，在东方艺术中心举行。市总工会领导班子成员，市总工会各部室、各直管单位负责人，劳模先进、职工代表等800余人出席。

（赵瑞章）

关于进一步加强劳动人事争议调解仲裁法律援助工作的意见

人社部发〔2020〕52号

各省、自治区、直辖市及新疆生产建设兵团人力资源社会保障厅(局)、司法厅(局)、财政厅(局):

加强劳动人事争议调解仲裁法律援助工作(以下简称调解仲裁法律援助工作),保障符合条件的劳动者特别是贫困农民工及时获得法律援助服务,对于维护劳动者合法权益、确保法律正确实施、促进社会公平正义具有重要意义。近年来,一些地方主动采取措施加强调解仲裁法律援助工作,取得了良好效果。但与人民群众日益增长的法律援助需求相比,调解仲裁法律援助工作还存在协作机制有待健全、保障机制不够完善等问题。为认真落实中央关于全面推进依法治国的重大战略部署,统筹推进疫情防控与经济社会发展,加快处理各类涉疫情劳动人事争议,进一步满足人民群众特别是贫困劳动者对调解仲裁法律援助工作的需要,根据中央关于完善法律援助制度的有关精神和《法律援助条例》相关规定,现就进一步加强调解仲裁法律援助工作提出如下意见。

一、建立健全调解仲裁法律援助协作机制。人力资源社会保障行政部门、劳动人事争议仲裁院(以下简称仲裁院)和司法行政机关、法律援助机构要建立完善调解仲裁法律援助协作工作机制,切实加强调解仲裁法律援助工作。人力资源社会保障行政部门和仲裁院要充分发挥处理劳动人事争议的专业优势,司法行政机关和法律援助机构要加强法律援助业务指导,提升规范化服务水平。仲裁院可以引导当事人通过拨打“12348”公共法律服务热线或登录法律服务网等方式进行法律咨询,帮助符合法律援助条件的农民工和困难职工申请法律援助;法律援助机构要在仲裁院公示法律援助机构办公地址、法律援助申请材料和工作流程等信息。有条件的地方,司法行政机关可以根据工作需要在当地仲裁院设立法律援助工作站,或在当地公共法律服务中心设立调解仲裁法律援助窗口。人力资源社会保障部门要为设立在当地仲裁院的法律援助工作站提供工作场所,配备办公设备、服务设施等。财政部门要完善调解仲裁法律援助经费保障机制,省级财政要提供经费支持,市、县级财政要将法律援助经费纳入同级财政预算,根据地方财力和办案量合理安排经费,适当提高法律援助补贴标准并及时支付。

二、扩大调解仲裁法律援助范围。在法律援助对象上,司法行政机关要综合考虑当地法律援助资源供给状况、困难群众法律援助需求等因素,推动法律援助逐步覆盖低收入劳动者,重点做好农民工、工伤职工和孕期、产期、哺乳期(以下简称“三期”)女职工的调解仲裁法律援助工作。在法律援助事项上,司法行政机关要在《法律援助条例》规定的请求支付劳动报酬、给予社会保险待遇等事项基础上,推动有条件的地方将经济补偿、赔偿金等涉及劳动保障事项纳入法律援助补充事项范围。在仲裁院设立法律援助工作站的,工作站可以配合仲裁院开展法律知识宣讲、以案释法等活动,引导劳动者依法维权。

三、规范调解仲裁法律援助程序。加强调解仲裁法律援助工作标准化规范化建设,建立健全调解仲裁法律援助工作机制。在仲裁院设立法律援助工作站的,对来访咨询,工作站接待人员应当登记受援人基本信息和联系方式,全面了解案件事实和受援人法律诉求,对咨询事项符合法律援助条件的,应当告知其申请法律援助的条件和程序,指导其申请法律援助;对咨询事项不属于法律援助的,应当为受援人提出法律建议;对咨询事项不属于法律问题或者与法律援助无关的,告知受援人应咨询的部门或渠道。

四、健全便民服务机制。简化审查程序,对建档立卡贫困劳动者和申请支付劳动报酬、工伤赔偿的农民工,免予经济困难审查。开辟法律援助“绿色通道”,对农民工、工伤职工、“三期”女职工等重点服务对象申请法律援助的,加快办理进度,有条件的当日受理、当日转交。对情况紧急的集体劳动争议案件,可以先行提供法律援助,事后补交申请材料、补办相关手续。

五、加强组织领导。各地要将开展调解仲裁法律援助工作作为完善劳动人事争议多元处理机制的重要工作来抓,将其纳入当地为民办实事清单。人力资源社会保障部门与司法行政部门要加强沟通协调和工作对接,形成工作合力。要建立健全联席会议、工作信息通报机制,定期交流工作情况,总结推广经验做法,共同研究解决工作中遇到的问题。要加强监督管理,对调解仲裁法律援助工作站履行职责、服务质量、工作绩效、规范化建设等加强指导监管。鼓励和支持社会力量通过多种方式依法有序参与调解仲裁法律援助工作。

人力资源社会保障部
司法部
财政部
2020年6月22日

工会概貌

工会组织

【组织概况】 上海市总工会机关设9个内设机构,分别为办公室、研究室、组织部、基层工作部、劳动关系工作部、权益保障部、宣传教育部、财务资产管理部、经费审查委员会办公室。按有关规定设置直属机关党委、纪委和工会。市总工会机关核定人员编制82名,所辖区局(产业)工会119个。市总工会下属上海工会管理职业学院、海鸥控股(集团)有限公司等17个企事业单位。 (庄 勤)

工会事业发展情况

【综述】 2020年,市总工会辖区局(产业)工会、企业(集团)工会和直属机关工会119个,工会基层组织4.77万家,基层工会涵盖单位17.13万家,会员总数690.33万人。全年新成立基层工会组织1777个,新吸收10.1万名工会会员。全市有超过1000家"小二级"工会,覆盖职工约130万名。

上海各级工会组织认真贯彻中央、市委和全总的精神要求和决策部署,聚焦做好"六稳"工作、落实"六保"任务,认真践行"人民城市人民建,人民城市为人民"重要理念,在直接参与疫情防控、关心服务职工、推动复工复产、维护职工队伍和劳动关系和谐稳定等方面奋发努力、担当作为,为打赢疫情防控阻击战、推动经济社会平稳健康发展做出积极贡献。

发挥工会组织优势,积极投身疫情防控人民战争。向湖北省总工会援助300万元,设立疫情防控专项资金,全市各级工会累计投入5.7亿多元。将新冠肺炎纳入工会互助保障重大疾病范畴,共为44名患新冠肺炎的职工发放保障金103万元。宣传疫情防控的政策措施和科学知识,开展实地检查、一线指导和职工慰问。各级工会干部报名支援社区、园区、企业、道口、机场等的防疫工作,其中市总机关系统和区局(产业)工会2100多人次参与志愿服务;组织3262名援鄂医疗队员及其家属赴市总工会疗休养基地休养,各区总工会组织1.3万名抗疫一线职工参加疗休养活动。广泛组织开展致敬抗疫一线职工主题活动,"致敬!逆行者"上海职工抗疫主题图片展观展8.5万人次,举办上海百名抗疫新人盛世婚典。加强特殊时期集体协商工作。会同有关方面及时制订发布工作意见、操作指引和相关提示,在全国率先提出特殊形势下坚持合法合理、利益兼顾、灵活实效的集体协商原则。会同市文旅局开展职工"爱上海、游上海"文旅消费促进活动,鼓励各级工会按规定列支、使用春秋游费用,优先在本市开展职工春秋游活动,助力旅游行业加快恢复。

强化思想政治引领,深入开展职工理想信念教育。深入开展"四史"学习教育,召开纪念五卅运动95周年、上海总工会成立95周年座谈会,启动上海百年红色工运资源发掘宣传工程,举办党领导下成立的第一个阶级工会——上海机器工会成立100周年纪念活动,《劳动报》组织红色印迹寻访系列报道。组织开展新一届劳模评选和工匠选树。丰富完善上海劳模风采馆、上海工匠馆展陈形式和内容,上线上海工匠馆数字展馆。开展"致敬!最美劳动者"职工摄影作品征集活动,打造"中国梦·劳动美——人民城市、奋斗有我"上海职工直播课堂。

围绕高质量发展重大任务,团结动员职工群众建功立业。会同有关各方共同开展"奋进新时代、创造新奇迹——推进高质量发展上海职工劳动和技能竞赛"。举办第十届上海职工科技节、第33届上海市优秀发明选拔赛。开展"工会消费扶贫行动",全年全市各级工会组织共采购消费扶贫产品价值超过4亿元。

健全维权服务制度机制,切实增强职工获得感、幸福感、安全感。指导督促企业在实施改革调整过程中依法履行协商民主程序,坚持职代会职权与管理授权相匹配原则,加强集团公司职代会建设,完善和规范多级职代会制度,推动职代会职权有机融入各级企业管理制度和流程。编撰《集体协商、职工代表大会工作实务操作手册》,联合市企联、市工商联共同制订《关于本市企业制定修改劳动规章制度的操作指引》。组织2017—2019年度厂务公开民主管理先进评选。召开上海市政府与上海市总工会联席会议,全市16个地区100%建立区层面政府与工会联席会议制度,215个所辖街道、乡镇和园区参照联席会议的组织机构和制度建制率达90%以上。与市高院合作试点开展劳动争议诉调对接工作,推动建立法院—工会劳动争议案件委派、委托调解和司法确认制度,在4个区试点设立劳动争议巡回法庭,对320余家企业开展工会定向劳动法律监督。年内,全市各级工会提供法律援助42971件,为职工挽回经济损失约10.8亿元;完善上海工会服务职工实事项目制度,106个区局(产业)工会完成建制,发布实施实事项目696项,投入资金4.46亿元,服务职工665.42万人次。开展"会聘上海"职工就业护航行动,组织开展劳模先进"送岗位"等线上线下就业服务活动。实施"两节"送温暖,全市各级工会共帮扶慰问困难劳模、困难职工45.95万户,筹措帮扶资金总计2.35亿元,发放疫情期间特别生活补贴143.4万元;各级工会共筹措7400多万元,对2.3万户困难职工开展帮扶慰问;启动"查找身边隐患、保障职工安全"(2020—2022年)三年行动,推动重点行业领域风险隐患治理,维护职工安全健康权益,组织开展安康杯竞赛"典型案例"征集评选活动。

深化工会改革创新,持续推进改革工作取得新成效。健全街镇"小二级"工会组织体系,宝山、嘉定、闵行、杨浦、青浦、虹口6个区区域性、行业性工会联合会建设进一步加强。建立临港产业园区工会联合会。出台《上海市小微企业工会经费支持政策实施细则》。聚焦世界500强等大型外企,成立上海著名外企工会联合会,推动外企职工建会入会、外企工会有效运作。探索利用大数据、互联网技术吸收灵活就业群体线上入会,推动平台公司属地建会。推进工会公共服务事项"一网通办",建设上海工会舆情监测系统平台,组建网评员队伍,加强对网络舆情的引导。拓展网上宣传阵地,"申工社""劳动观察"等200多个上海工会系统新媒体矩阵吸引粉丝200多万。组织编制"十四五"时期本市产业工人队伍建设改革重点行动方案。有序推进嘉定、闵行、松江3个试点区围绕重点产业、重点领域、重点项目实施公共服务行动。推动电气集团、江南造船、中建八局等国有企业发挥示范引领作用，在加强国企产业工人教育培训、建立完善技术技能提升和评价体系、技术要素参与收益分配等方面形成一批可推广可复制的经验做法。

加强工会自身建设，让工会组织更加充满活力、更加坚强有力。深入开展“四史”学习教育，开发17堂“四史”学习微党课，全体党员参加“四史”学习知识竞赛，成立10个青年理论学习小组。全年组织17次市总党组中心组学习。制订市总党组落实全面从严治党责任实施方案，深化细化“四责协同”机制，强化廉政风险防控。对标高素质专业化干部队伍培养目标，选优配强各级工会领导班子，组织举办各类工会干部培训班。聚焦疫情背景下的企业发展、职工就业、劳动关系等问题，对2500余家企业开展复工复产专项调研，形成多份调研报告并及时报市委、市政府和全国总工会。完善与复旦大学共建马克思主义工运理论研究基地建设机制。出版发行宣传《上海市志·群众团体分志·工会卷（1978—2010）》，做好退休职工管理服务、工会信访、督查、信息、统计、年鉴等工作。（陈美琴）

工会改革进展情况

【综述】 2020年，上海工会深化工会改革创新，持续推进改革工作取得新成效。一是突破基层工会建设瓶颈。健全街镇“小二级”工会组织体系，宝山、嘉定、闵行、杨浦、青浦、虹口等区结合区域特点，进一步加强区域性行业性工会联合会建设。建立条块结合、优势互补的临港产业园区工会联合会。出台《上海市小微企业工会经费支持政策实施细则》，明确2020和2021年对小微企业工会上缴经费实行全额回拨政策，将更多经费下沉基层工会。二是探索外企工会组织建设新模式。聚焦世界500强等大型外企，不断加大实体实地型外企工会建设力度。成立上海著名外企工会联合会，搭建平台、整合资源、优势互补，积极推动外企职工建会入会、外企工会有效运作。一大批外企工会扎实开展集体协商、民主管理和各种丰富多彩的活动，受到企业和职工的欢迎好评。三是创新灵活就业群体入会服务方式。以维护灵活就业劳动者权益为目标，积极探索利用大数据、互联网技术吸收灵活就业群体线上入会。推动“独立日”平台公司属地建会，同时吸纳1万名平台上的灵活就业群体入会；在“饿了么”骑手中通过手机移动端推送灵活就业群体专享基本保障信息，实现骑手入会和送保障一键确认，首批吸收2万名“饿了么”骑手入会。配套制定项目经费使用清单，落实推进20万灵活就业群体入会并办理了会员专享基本保障。四是拓宽网上工会工作空间。推进工会公共服务事项“一网通办”，实施“申工通”工会工作平台和“申工社”服务平台联动建设，加快工会服务线上线下融合。（何文庆）

【徐汇区推进企业工会改革】 徐汇区总工会在区属国企中积极推动协调劳动关系制度机制融入公司治理结构，不断深化企业民主管理，加强工会关爱服务职工制度体系建设。积极推进民营企业工会组织建设及经费管理体制改革试点工作，漕河泾试点工作成效初显。落实119家小微企业工会经费支持政策，对符合标准的基层工会上交经费全额返还。明确非公企业工会与机关事业单位、国有企业工会的经费使用实行差异化管理。区总指导街镇总工会加强街镇工会联合会组建的典型培育和宣传力度，推动非公企业工会改革3.0版任务的落实落地，全年指导和推动各街镇新建“小二级”工会联合会27个，顺利实现总量翻番的目标。（徐艳杰）

【金山区总工会召开深化非公企业工会调研改革座谈会】 为推动非公企业工会改革工作不断深化，9月3日、4日，金山区总工会分别在漕泾镇、朱泾镇召开片区深化非公企业工会改革调研座谈会。区总工会党组书记、主席朱喜林出席座谈会并讲话，全区各街镇、工业区工会主席、副主席，各工会联合会主席、专职工会干部，深化非公企业工会改革立功竞赛活动标兵集体和标兵个人共计100余人参加座谈会。会上，全区12家街镇、工业区、二工区工会对照改革5大任务开展自查交流；4家“小二级”工会代表分享了深化非公企业工会改革的好经验好做法和初步成效；此外，深化非公企业工会改革立功竞赛标兵集体和标兵个人上台领奖。会议肯定了深化非公企业工会改革所取得的成绩，并要求全区各级工会提高政治站位，进一步充分认识新形势下深化非公企业工会改革工作的重要意义；精准聚焦重点，不断推进“小二级”工会工作做深做实；加强组织保障，确保深化非公企业工会改革工作取得实效。并对深化非公企业工会改革下阶段重点工作作出具体部署，一是深入推进“小二级”工会建设，二是健全完善四级职工服务阵地建设，三是不断加强非公企业工会经费保障，四是大力推进落实灵活就业群体入会和服务工作，五是持续加强“活力鑫工会”建设。（卫婷怡）

政府与工会联席会议

【综述】 近年来，上海各级政府与工会联席会议制度在市委、市政府的高度重视和支持下，机制逐步完善，内涵不断拓展，成效日益显现，已成为工会参政议政和源头维护职工合法权益的重要途径及政府知民情、聚民智、解民忧的重要议事平台，为保障工会全面履行社会职能、突出主责主业，团结动员广大职工促进经济社会全面发展提供了强有力的支撑。截至年底，全市16个地区100%建立了区层面政府与工会联席会议制度，并逐步向所辖街道、乡镇和园区延伸（年内重点推进了10个具有政府管理职能的园区建立同级政府与工会联席会议制度），建制率已达90%以上。截至11月，全市215个街镇中已有170个召开联席会议，其余多数街镇也已制订相应工作计划。各区和街镇、园区联席会议基本参照市级联席会议的组织机构和制度流程，采用扩大会议形式召开，充分发挥联席会议广泛参与、群策群力、协同推动的作用。各区总工会把联席会议列入年度工作计划，主动将党政所需、职工所盼、工会所能的工作作为共同合作的切入点，深入一线调查研究，广泛收集职工的意见建议，根据可行性、实效性原则，精选2—3个议题，提交有关部门，共同分析研究，形成解决意向方案。全市16个区联席会议共征集37项议题，其中工会方提出23项，政府方提出14项（涉及28个政府部门），部分地区还根据议题审议需要，将法院、企联、工商联、社会组织等作为参与单位，进一步拓宽共商共议范围。议题主要围绕助力经济社会发展、产业工人队伍建设改革、劳动关系调处、关心服务职工、工会自身发展等相关问题。此外，各街镇、园区共提出263项议题，主要涉及经济发展、公共服务、职工群众切身利益等问题，内容更聚焦、形式更灵活、措施更具体。（庄若冰）

【上海召开2020年度市政府与市总工会联席会议】 2020年度市政府与市总工会联席会议于12月3日在市政府三楼第一会议室召开。会上，审议并通过“聚焦职工队伍技能提升，推进企业职业技能等级认定工作”“重点推进园区、商圈楼宇等区域职工文化体育发展，打造职工健康生活”两项议题。市人大常委会副主任、市总工会主席、联席会议协调小组组长莫负春，市政府副市长、联席会议协调小组组长彭沉雷出席会议并讲话。市政府副秘书长、联席会议协调小组副组长赵祝平，市总工会党组书记、副主席、联席会议协调小组副组长黄红，市政府办公厅、市发展改革委、市经济信息化委、市教委、市科委、市民政局、市司法局、市财政局、市绿化市容局、市人力资源社会保障局、市住房城乡建设管理委、市文化旅游局、市卫生健康委、市审计局、市国资委、市税务局、市市场监管局、市统计局、市体育局、市应急局、市医保局等部门的分管领导和市总工会主席室领导，各区政府分管领导、区总工会主席，部分产业（系统）工会主席、劳模代表等出席会议。会上，赵祝平代表市政府通报2019年联席会议议题落实情况和2020年经济社会发展情况。黄红代表市总工会通报各地区联席会议推进情况和上海工会服务市委、市政府工作大局的重要举措和重点工作。会议认为，在各方共同努力下，联席会议制度进一步巩固完善。2019年审议通过的3项议题均得到有效落实，取得较为显著的工作成效。各方要持续深化联席会议议题产生机制，聚焦新经济、新业态和重点人群，加强工会与政府间的沟通联系，深入开展调查研究，坚持聚焦解决职工群众实际问题和需求。要持续深化联席会议运行机制，明确跟踪推进路径，落实责任部门，做实阶段性总结评估。各级政府、工会要提高政治站位，勇于突破创新，强化责任担当，加强沟通协作，努力提升产业工人获得感、幸福感、安全感，充分体现党委、政府、工会的作为担当。（庄若冰）

【浦东新区召开政府与工会联席会议】 11月26日，2020年浦东新区政府与工会联席会议召开，会议审议“加强职工安全健康权益保障、加大产业工人培养力度”等议题。联席会议聚集职工身心健康，区总工会汇报了“查找身边隐患、保障职工安全”三年行动工作计划（2020—2022年）、农民工免费健康体检等活动情况，区卫健委从“加强卫生监督监管、实施职业人群健康干预”等方面，区应急管理局从聚焦工作重点，着眼企业主体责任，强化信息保障，丰富宣传手段等方面提出工作举措。根据2019年浦东新区产业工人队伍建设专项调研报告中浦东近百万产业工人中，无职业技能证书的占比近72%，技师、高级技师仅占3%的现状。区总工会从深入开展劳动竞赛、技能比武活动，区人社局从人才培养8项措施，区科经委从为高技能人才提供良好生态环境发展平台等角度，提出一系列建议措施。（陈 维）

【普陀区召开区政府与工会联席会议】 11月25日，普陀区政府与区总工会联席会议召开。区人大常委会副主任、区总工会主席李松海主持，副区长魏静出席会议并讲话。区人社局、区财政局、区司法局、区总工会等部门领导20余人参会。会上，区府办副主任、合作交流办主任朱铮通报区政府工作，区总工会党组书记、副主席李戌渊通报工会工作，区总工会副主席王鹏通报上年度联席会议“社区工作者工会经费保障”议题推进落实情况。会议审议通过《关于联合做好劳动关系矛盾预防和处置》《关于做好普陀区劳动模范（先进工作者）服务管理工作》2个议题。（陆 蕾）

【虹口区政府与工会联席会议召开】 11月11日，虹口区召开2020年区政府与工会联席会议。会议由副区长、区政府与工会联席会议协调小组组长张雷主持。会议通报2019年虹口区政府与工会联席会议提出的3个议题落实和相关机制建设情况。本次联席会议审议通过《关于建立虹口区化解劳动关系矛盾会商机制的议题》和《关于加快高技能人才建设步伐开展“虹口工匠”培养选树工作的议题》，下发《虹口区人力资源和社会保障局与虹口区总工会关于推进职工就业公共服务建设的合作纪要》和《虹口区人民政府合作交流办公室与虹口区总工会关于推进东西部扶贫协作和对口支援工作的合作纪要》，所有议

普陀区政府与区总工会联席会议召开 （钱子欣）

题的选择都体现了职工群众最关心、最期盼的热点难点问题，把落脚点放在解决问题上，把视野放在创新发展上，形成"政府扶持、部门协同、服务职工、助力发展"的良好氛围。会议还对下一步推动区联席会议制度建设，助推区域经济社会发展大局提出具体要求。（马伟杰）

【长宁区总工会召开政府与工会联席会议】 11月26日，2020年长宁区人民政府与区总工会联席会议在区机关大厦211会议室召开。长宁区人民政府办公室、区总工会和区发改委、区统计局、区商务委、区教育局等19家成员单位分管领导参加会议。会上由长宁区总工会通报2019年议题落实情况，同时对2020年《关于做好"长宁工匠"培育选树的议题》作部署；区人社局部署《关于疫情防控常态化背景下促进区域劳动关系和谐稳定的议题》，两项议题在会上审议通过。同时，会上也就如何推动完善联席会议制度、更好地服务长宁经济社会发展大局提出意见。（李悦琳）

【杨浦区政府与工会联席会议召开】
10月28日，2020年杨浦区政府与工会联席会议举行，区委副书记、区长薛侃出席并讲话，区委常委、副区长周海鹰，区人大常委会副主任、区总工会主席、联席会议领导小组组长麦碧莲，副区长陈志康、徐建华、曹曦出席。会上通报2019年联席会议议题落实情况，审议并通过《关于进一步加强灵活就业群体服务保障工作的议题》《关于加强工会经审与国家审计协调联动的议题》等议题。（张东寅）

【静安区召开政府与工会联席会议】
11月25日，2020年区政府与区总工会联席会议（扩大会议）在常德路370号四楼多功能会议室召开。区人大常委会副主任、区总工会主席、区联席会议协调小组组长叶坚华，副区长、区联席会议协调小组组长龙婉丽出席会议。会议由龙婉丽主持。区总工会党组书记、副主席、联席会议协调小组副组长许俊，区政府办公室副主任、联席会议协调小组副组长陈华，区政府办公室、区总工会和区司法局、区财政局、区人社局、区文化旅游局等18个部门的分管领导，各街道（镇）副主任（副镇长）和街道（镇）、市北园区总工会主席参加会议。会上，陈华通报2019年联席会议议题落实情况，本区经济社会发展情况，以及政府工作中涉及工会工作的情况；许俊通报了各街镇推进联席会议情况，以及今年静安工会服务区委、区政府工作大局的重要举措和重点工作。会议审议并通过"关于进一步做好困难职工家庭毕业生就业工作的议题"和"关于充分发挥中国劳动组合书记部旧址陈列馆教育功能的议题"。（严琪）

【宝山区召开政府和工会联席会议】
11月6日，宝山区召开2020年政府和工会联席会议。会议指出，当前受疫情影响，企业经营发展可能面临着更大的困难和更严峻的形势，各级政府、部门要坚持开门沟通，依托联席会议的平台，充分听取各方意见，协商研究解决方案，真正把涉及到相关企业以及职工群众切身利益的事项摆上联席会议的日程，形成政府与同级工会的联合督办机制，确保各项议题扎实推进。通报宝山2020年经济社会发展情况及宝山工会服务区委、区政府工作大局的重要举措和重点工作、推进情况。会上，审议并通过"积极应对疫情常态化防控、深入推进和谐劳动关系建设""进一步加大职工安全生产教育力度"两项议题。区人大常委会副主任、区总工会党组书记、主席王丽燕、副区长倪前龙出席会议。（朱艳）

【闵行区召开区政府与工会联席会议】 5月15日，闵行区召开2020年政府与总工会联席（扩大）会议。会议由区委常委、副区长曹扶生主持，区人大常委会副主任、总工会主席倪学斌出席会议。会上，区政府通报区2019年联席会议议题落实情况和闵行经济社会发展情况。区总工会通报2019年各街镇政府与工会联席会议推进情况以及闵行工会服务区委、区政府工作大局的重要举措和重点工作。会议审议通过"关于优化产业工人住房保障机制"和"关于进一步加强职工安全生产教育"两项议题。区房管局、区应急局等部门与区总工会就"多渠道筹措租赁住房房源""推动租赁住房信息化平台建设""建立多元参与的协调工作机制""加强劳动保护宣传""推进职工安全生产教育""强化工会劳动保护监督"等方面达成共识，并提出具体工作举措。政府与工会联席会议各成员单位，各镇、街道和莘庄工业区分管副镇长（副主任）、总工会主席，虹桥商务区、闵行经济技术开发区、紫竹高新园区相关负责人、工会主席70余人出席会议。（王凯）

【嘉定区政府与工会联席会议召开】
10月29日，嘉定区召开2020年政府与工会联席会议。区人大常委会副主任、区总工会主席王建新出席会议，副区长王浩主持会议并讲话。会上，区政府和区总工会分别通报了区2019年联席会议议题落实情况和嘉定工会服务区委、区政府工作大局的重要举措和重点工作。会议审议并通过"关于进一步关心关爱环卫职工的议题""关于共同开展就业援助服务的议题""关于加强小微企业安全生产监管、切实维护职工生命健康权益的议题"等3项议题。区政府与工会联席会议成员单位的领导以及各街镇联系工会工作的副镇长、副主任和街镇总工会主席，政府与工会联席会议办公室成员等50余人参加会议。（钱晓明）

【金山区政府与工会联席会议召开】
10月23日，2020年金山区政府与工会联席会议在区会议中心召开，区人大常委会副主任、总工会主席朱喜林，副区长邱运理出席会议并讲话。联席会议成员单位分管负责人，各镇、街道、工业区分管负责人、总工会主席等50余人出席会议。会上，区政府和区总工会分别通报区2020年经济社会发展情况，政府工作中涉及的工会工作情况，金山工会服务区委、区政府中心工作的重要举措和重点工作推进情况，以及2019年联席会议通过的"关于进一步加强本区劳动人事争议联合调解中心建设，完善多元调解机制的议题""关于进一步加强本区建筑行业农民工、环卫工人关怀服务，提升环卫行业监管的议题"两个议题落实情况。重点对今年提交的议题进行讨论，分别是由区国资委、区总工会提出的“关于建立区国资委党委与区总工会联席联动机制，深入推动国企工会改革的议题”，由区总工会、区统计局、金山调查队提出的“关于开展金山区产业工人队伍状况摸底调查的议题”，由区总工会、区财政局提出的“关于健全金山区工人文化宫机制建设和经费保障的议题”3项议题。（钱海东）

【松江区政府与区总工会联席会议（扩大会议）召开】 10月30日，松江区召开2020年松江区人民政府与松江区总工会联席会议（扩大会议）。区政府通报2019年联席会议议题落实情况，本区经济社会发展情况，以及政府工作中涉及工会工作的情况；区总工会通报各街镇（经开区）推进联席会议情况，以及松江工会服务区委、区政府工作大局的重要举措和重点工作。会议审议并通过“关于优化产业工人住房保障机制的议题”“关于进一步加强职工安全生产教育的议题”两项议题。区总工会与区房管局、区应急局就相关议题发言磋商，并达成共识。会上下发《松江区人民政府办公室关于本区建立完善政府与工会联席会议制度的意见》。《意见》要求，各街镇、经开区与同级工会要推进建立完善联席会议制度，每年将本级联席会议的建制、实施情况报送协调小组办公室。（张谢琰）

【青浦区召开政府与工会联席会议】 7月1日，2020年青浦区政府与区总工会联席会议在区直机关会议室举行，会议通报2019年区政府与区总工会联席会议议题落实情况、各街镇推进政府与工会联席会议情况和工会重点工作推进情况，审议并通过“关于进一步提升产业工人技能素质，服务全面跨越式高质量发展”“关于将工会会员卡办理专项资金纳入政府预算”“关于工会常态化参与劳动关系矛盾预防调处，维护疫情形势下劳动关系稳定”3项议题。联席会议成员单位分管领导，各镇、街道行政分管领导、工会主席参加会议。（朱建强）

【奉贤区政府与区总工会召开2020年度联席（扩大）会议】 10月28日，奉贤区政府与工会联席（扩大）会议在区会议中心召开，区人大常委会副主任、总工会主席陆建国，副区长吕将出席会议。会议审议通过《关于推进奉贤区职业健康管理和危化行业职工安全生产培训的议题（草案）》和《关于工会经费主动接受国家审计的议题（草案）》两项议题。区卫健委、区应急局、区审计局分别对议题作出回应。联席会议成员单位分管领导，各镇、街道、开发区、头桥集团分管领导、总工会主席，区总工会主席室和中层以上干部60余人参加会议。（薛思涵）

【崇明区政府与区总工会联席会议召开】 7月20日，崇明区政府与区总工会联席会议在区会议中心召开。区委常委、副区长、区政府与工会联席会议协调小组组长郑益川，区人大常委会副主任、区总工会主席、区政府与工会联席会议协调小组组长张建英出席会议并讲话。区政府办公室主任龚伟通报一年来政府工作情况，区总工会党组书记、副主席秦文新主持会议并通报一年来区总工会工作情况以及议题落实情况。政府与工会联席会议各成员单位分管负责人，各乡镇联系工会工作的行政分管领导、总工会主席参加会议。会议主要通过3个议题：一是关于提升区产业工人技能素质的议题；二是关于在花博园区及配套工程建设中开展劳动竞赛的议题；三是关于疏堵结合保障职工群众乘坐夜间安全车的议题。区委常委、副区长、区政府与工会联席会议协调小组组长郑益川强调，联席会议制度建设要在提高联席会议制度运行质量，推动联席会议制度深入上寻求新突破。8个乡镇也召开了政府与工会联席会议，共提出议题34个。（陈思佳）

上海市总工会领导及各部室负责人名单

中共上海市总工会党组名录

党组书记 黄　红（女，2020.5任） 莫负春（2020.5免）
党组副书记 姜海涛（2020.5免）
党组成员 高黎萍（女） 周　奇 张得志 桂晓燕（女） 戴光铭 郭　箐（女，2020.2任） 刘言浩（2020.2免） 丁　巍（女）

上海市总工会第十四届委员会主席、副主席、常委名录

主　席 莫负春
副主席 黄　红（女，2020.7任） 姜海涛（2020.7免） 周　奇 张得志 桂晓燕（女） 戴光铭（挂） 郭　箐（女，挂，2020.7任） 刘言浩（挂，2020.7免） 朱雪芹（女，兼） 王曙群（兼）
常　委 （按姓氏笔画为序）
丁　巍（女） 王辛翎（2019.7任） 王厚富 麦碧莲（女） 李友钟 张永东 陈　欣（女） 娄　为 耿道颖（女） 倪学斌 徐　文

上海市总工会经费审查委员会主任、副主任、常委名录

主　任 丁　巍（女）
副主任 倪伟琦
常　委 （按姓氏笔画为序）
韦　理 许耀武 张居正 金伟荣 祝培莉（女）

上海市总工会二级巡视员名录

二级巡视员 沈雄德 张　刚（2020.10任）

上海市总工会各部室负责人名录

办公室
主　任 陈美琴（女，2020.8任）
主　任 沈雄德（2020.8免）
副主任 邹晓鹰（女，2020.1任）

副主任　陈展阳(2020.9 任)

研究室

主　任　崔校军

副主任　张　敏(女)

副主任　何文庆(女,2020.1 任)

组织部

部　长　庄　勤(女)

基层工作部

部　长　张　刚

副部长　赵　萌(女,2020.9 任)

副部长　张　凡(女,挂,2020.1)

劳动关系工作部

部　长　周永宝

权益保障部

部　长　邵新宇(女,2020.9 任)

部　长　陈美琴(女,2020.8 免)

副部长　朱莉颖(女,2020.1 任)

宣传教育部

部　长　陈必华

副部长　李　伟

副部长　张　路(女,挂)

副部长　赵　明(挂,2020.1)

季轩丞(女,挂,2020.4 免)

财务资产管理部

部　长　黄银萍(女)

副部长　徐冬梅(女)　周　静(女)

副部长　吴振华(挂)

经审办

主　任　倪伟琦

副主任　陆　娟(女)

上海市总工会直属机关党、纪、工、团负责人名录

直属机关党委

书　记　丁　巍(女,兼)

副书记　桂云林(女)

直属机关纪委

书　记　桂云林(女)

直属机关工会

主　任　桂云林(女)

直属机关团委

书　记　庄　勤(女,兼,2020.9 免)

管一珉(女,兼,2020.9 任)

关于做好防止农民工工资专用账户资金和工资保证金被查封、冻结或者划拨有关工作的通知

人社部发[2020]93号

各省、自治区、直辖市高级人民法院、人力资源社会保障厅(局),新疆维吾尔自治区高级人民法院生产建设兵团分院,新疆生产建设兵团人力资源社会保障局,各银保监局,各政策性银行、大型银行、股份制银行、外资银行:

《保障农民工工资支付条例》(以下简称《条例》)第三十三条规定:"除法律另有规定外,农民工工资专用账户资金和工资保证金不得因支付为本项目提供劳动的农民工工资之外的原因被查封、冻结或者划拨"。为进一步贯彻落实《条例》要求,维护好农民工工资报酬权益,确保农民工工资专用账户资金和工资保证金专项用于为该工程项目提供劳动的农民工工资支付,现就有关工作通知如下:

一、本通知所称农民工工资专用账户资金和工资保证金,是指有关单位在银行业金融机构开设的农民工工资专用账户和工资保证金账户(以下简称两类账户)中存储的专项用于支付为本项目提供劳动的农民工工资的资金。

二、人民法院在查封、冻结或者划拨相关单位银行账户资金时,应当严格审查账户类型,除法律另有专门规定外,不得因支付为本项目提供劳动的农民工工资之外的原因查封、冻结或者划拨两类账户资金。

三、对农民工工资专用账户中明显超出工程施工合同约定并且明显超出足额支付该项目农民工工资所需全部人工费的资金,对工资保证金账户中超出工资保证金主管部门公布的资金存储规定部分的资金,人民法院经认定可依法采取冻结或者划拨措施。当事人及有关单位、个人利用两类账户规避、逃避执行的,应当依法承担责任。

四、人民法院可以依法对两类账户采取预冻结措施,在工程完工且未拖欠农民工工资,监管部门按规定解除对两类账户监管后,预冻结措施自动转为冻结措施,并可依法划拨剩余资金。

五、当事人、利害关系人(包含两类账户监管部门)认为人民法院查封、冻结或者划拨行为违法的,银行业金融机构认为人民法院要求其协助执行行为违法的,均可依法向人民法院提出异议,人民法院应当依法处理。两类账户监管部门提出异议的,异议审查期间不得查封、冻结或者划拨两类账户资金。

六、银行业金融机构应当规范两类账户开设工作,与开户单位认真核实账户性质,在业务系统中对两类账户进行特殊标识,并在相关网络查控平台、电子化专线信息传输系统等作出整体限制查封、冻结或者划拨设置,妥善处理查封、冻结或者划拨等事项,保障两类账户资金安全。

七、银行业金融机构接到人民法院等有权机关对两类账户资金查封、冻结或者划拨指令时,应当通过人工或系统等方式,向人民法院等有权机关提示该账户性质和《条例》第三十三条规定,并同时将相关情况告知两类账户监管部门,两类账户监管部门有权提出异议。

八、银行业金融机构遇到两类账户资金因不当操作被有权机关查封、冻结或者划拨等重大异常情况时,应当及时向当地两类账户监管部门报告。

九、各地有关部门应完善工作机制,加强沟通协调,防止两类账户资金被违法查封、冻结或者划拨。

十、有关部门相关人员在两类账户资金查封、冻结或者划拨过程中滥用职权、玩忽职守、徇私舞弊的,依法依规给予处分。

十一、本通知自2020年12月25日起施行。银行业金融机构应当自施行之日起2个月内完成上述事项调整。

最高人民法院
人力资源社会保障部
中国银保监会
2020年12月25日

基层组织建设

综　述

上海工会以组织职工、引导职工、服务职工为改革切入点,以激发基层工会生机活力为改革关键点,让基层工会进一步“建起来、转起来、活起来”,打通基层联系服务职工的“最后一公里”。全年新成立基层工会组织1777个,新吸收10.1万名工会会员。一是加强基层工会组织建设。以“小二级”工会建设为枢纽,不断夯实工会基层组织基础。全市有超过1000家“小二级”工会,覆盖职工约130万名。推动组建上海著名外企工会联合会,吸纳社会知名度高、发展贡献大、职工人数多、代表性强的78家首批会员单位。推动临港产业园区工会和徐汇、松江、闵行三区总工会,共同建立临港产业园区漕河泾开发区工会联合会、临港松江科技城工会联合会、临港浦江国际科技城工会联合会。二是加强灵活就业群体建会入会工作。面向灵活就业群体明确“五送”可选正面服务清单,探索利用大数据、互联网技术引入扫码入会、移动端信息推送等形式,吸收灵活就业群体入会采取不见面线上入会。全年共吸纳20.51万灵活就业群体入会,赠送灵活就业工会会员C类、D类专享保障,下拨配套资金1841.64万元。三是加强工会干部队伍建设。截至年底,全市共有工会社工1023人。举办“第三届上海市工会社工技能比武交流活动”,选树16支优秀工会社工团队。加强工会干部能力建设,通过线上和线下相结合,组织大中型企业工会主席、街镇工会专职主席研修班、“小二级”工会主席培训班等多层面工会干部培训,共有761人参加。四是加强调查研究。深入开展调研,形成《上海民营企业工会组织发展与有效服务职工的调研》《关于优化营商环境、推进上海外商投资企业工会建设的调研与思考》等调研报告。　（吴丽丽）

农民工入会（包括灵活就业群体）

【**概要**】　2020年,市总工会聚焦货运驾驶员、物流快递员、护工护理员、家政服务员、商场信息员、网约送餐员、房产中介员、保安保洁员、工地短工、农业临工、街面雇员等灵活就业群体,并以推动这些群体组织覆盖、服务覆盖、保障覆盖为深化农民工建会入会工作突破口。全年共吸纳20.51万灵活就业群体入会,赠送灵活就业工会会员C类、D类专享保障。下拨配套资金1841.64万元(含市财政配套资金),并制订项目经费使用“五送”正面清单,切实提高灵活就业群体会员项目经费的利用率,增强会员入会获得感。基层突破行业限制、体量限制和用工性质限制,逐步摸索出了做好新时期灵活就业群体建会入会工作的“四大模式”:条块结合推进。遵循“公司属地建会、行业二次覆盖”原则,依托政府主管部门,条块结合,上下联动,聚焦重点。1月,市医务工会与相关区总、街道工会共同建立市级医疗机构医疗护理(护工)行业工会,依托平台公司上海总部推进。依托“饿了么”平台总部推动骑手入会,在“饿了么”骑手中通过H5页面进行宣传推动,实现入会和服务保障一键确认;依托灵活用工服务平台“独立日”吸纳1万名平台上的灵活就业群体入会。借助国企优势推进,先后在上海浦东机场和虹桥机场、上海新世界百货、上港集团等单位联合促进八大群体所在企业建立工会组织。创新入会渠道推进,探索利用大数据、互联网技术引入扫码入会、移动端信息推送等形式,吸收灵活就业群体入会采取不见面线上入会。　（范小雨）

【**宝山区家政护工行业工会联合会成立**】　8月19日,宝山区家政护工行业工会联合会成立大会及揭牌仪式在区工人文化活动中心举行。来自全区70名家政护工从业人员及相关委办局代表参加成立大会。会上启动“宝山区家政护工行业工会服务项目”,仪式结束后,所有参会人员共同观摩家政技能竞赛项目。区人大常委会副主任、区总工会党组书记、主席王丽燕,区妇联党组书记、主席虞春红,区医保局党组书记、局长周裕红等出席仪式。　（朱　艳）

【**闵行区成立家政服务行业工会联合会**】　8月30日,闵行区家政服务行业工会联合会第一届委员会第一次全体会议召开。会议审议通过《闵行区家政服务行业工会联合会章程》,并选举产生闵行区家政服务行业工会联合会第一届委员会主席、副主席,第一届经费审查委员会委员、主任和女职工委员会委员、主任。自2019年7月以来,闵行区总工会、相关街镇总工会和上海市家政协会闵行办事处先后召开闵行区家政服务行业工会联合会筹备工作会议、灵活就业群体入会政策宣讲培训会议,稳步推进家政服务行业从业人员入会,先后成立7个街镇家政服务业联合工会,发展会员4603人。闵行区家政服务行业工会联合会的正式成立,是闵行区总工会大力推进灵活就业群体建会入会工作的重要举措,为拓宽工会工作领域,延伸工会工作触角,扩大灵活就业群体入会覆盖面奠定坚实的组织基础。　（毛胜楠）

【**闵行区新虹街道组建区内首家网约送餐员联合工会**】　7月24日,新虹街道网约送餐员联合工会第一次代表大会召开,辖区内近60名网约送餐员代表参加会议。大会听取《新虹街道网约送餐员联合工会筹备工作报告》,审议并表决通过《新虹街道网约送餐员联合工会章程》,选举产生新虹街道网约送餐员联合工会委员会,谷明当选联合工会主席。新虹街道网约送餐员联合工会的成立标志着逾3000名网约送餐员外卖小哥找到“娘家”,实现了对网约送餐员的组织覆盖和服务覆盖。　（王　凯）

【**青浦区加强灵活就业群体行业工会建设**】　5月28日,青浦区总工会在青浦万达茂广场举行“青浦区灵活就业群体行业工会联合会(联合工会)揭牌仪式”,成立盈浦街道万达广场工会联合会、练塘镇家政行业工会联合会、夏阳街道饿了么联合工会。盈浦街道总工会、夏阳街道总工会、练塘镇总工会主席为新入会会员发放工会会员卡、慰问品。市总基层工作部、区总工会相关领导,各街镇工会干部,灵活就业群体行业会员代表参加揭牌仪式。　（朱建强）

【**上海电力建筑工程有限公司实现派遣制员工入会全覆盖**】　2020年,上

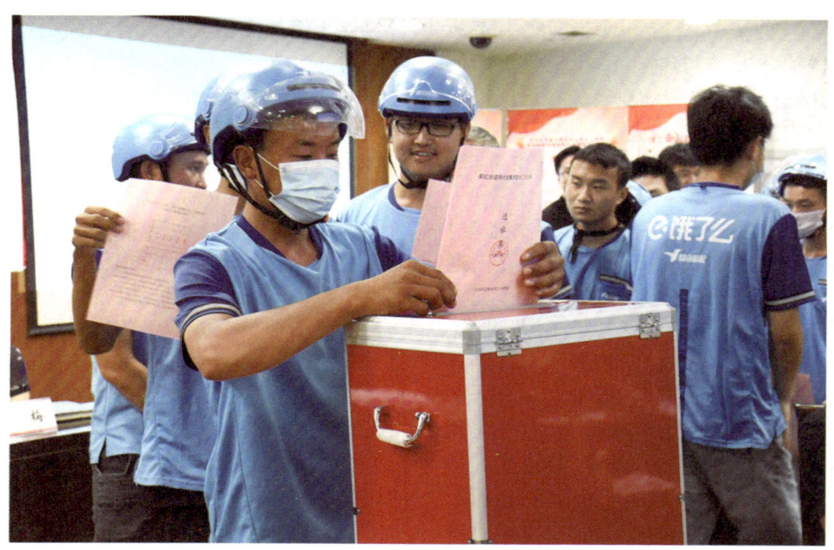

7 月 24 日，闵行区新虹街道组建区内首家网约送餐员联合工会
（汪自强）

海电力建筑工程有限公司“关于吸收派遣制员工加入工会”的职代会提案在公司一届四次职代会审议通过，94 名劳务派遣制员工无一遗漏，全部加入工会组织。经过公司工会前期调研，紧盯派遣制职工入会工作中的“堵点、难点”，通过与行政多次共同协商，确定派遣制职工工会经费由企业行政拨缴的方案，确立派遣人员和编内职工同待遇、同培养、同管理原则。通过开展工会知识宣讲，为派遣员工解读政策，让大家对工会组织有正确的认识，并根据自愿原则组织入会。入会后，派遣制员工可以享受生日蛋糕券、高温慰问、节日福利、困难补助等实事项目，让派遣制员工有了“娘家”的依靠，进一步推进企业劳动关系的和谐稳定。（杜英宏）

组织建设

【概要】 2020 年，根据中央、市委群团改革会议精神和市委创新社会治理加强基层建设的要求，结合市总工会《关于规范“小三级”工会建设的意见》和《街镇“小三级”工会经费补助的实施办法》文件精神，进一步夯实街镇“小三级”工会组织规范化程度，激发基层活力。一是持续推进工会组建。将“小二级”工会作为街镇“小三级”工会建设的枢纽，继续加强园区、商圈、楼宇等形式的区域性、行业性工会联合会建设，推动临港产业园区和相关区总共同建立漕河泾开发区、松江科技城、浦江国际科技城等工会联合会。推进实地实体型企业工会的组建，新组建工会 1777 家，吸纳会员 10.1 万名，累计发放补助资金 315.7 万元。二是拓展职工入会渠道。着力搭建职工开放、便捷、通畅的网上入会新平台，累计发放会员活动经费补助 48.43 万元，惠及 8072 名企业外入会职工。三是调动非公企业工会主席积极性。在地区考核发放履职津贴的基础上，给予获市级及以上“模范职工之家”“优秀工会工作者”“五一劳动奖状（章）”及“劳动模范”等称号的非公企业工会兼职主席每月给予 200 元补贴，累计为 814 名工会主席发放补贴 117.32 万元。四是提升街镇（开发区）总工会工作能力。加强各区街镇（开发区）总工会队伍建设，对街镇（开发区）总工会聘用的工会工作指导员按照每人每月 600 元的标准进行补贴，累计为 427 名工会工作指导员发放补贴 152.88 万元。（何　欢）

【徐汇区“小二级”工会组建成效显著】 根据市总《关于加强街镇“小二级”工会组织建设的指导意见》，全面提高“小二级”工会组织建设水平的要求，2020 年徐汇区总工会重点推进区内“小二级”工会组建，一方面对各街镇总工会进行目标分解，另一方面充分发挥区总社工作用，积极落实组建“小二级”工会任务，协助各街镇总工会工作，确保“小二级”工会组建任务稳步推进。指导街道镇总工会加强典型培育和宣传力度，形成可复制可推广的“小二级”工会先进示范群体，提升区“小二级”工会建设整体水平。重点聚焦以区域为基础、行业为特色，由两个以上工会联合而成的“小二级”工会组建，推动建立万科中心楼宇工会联合会、漕河泾聚鑫园工会联合会等一批楼宇、园区“小二级”工会。通过向街道镇总工会和基层工作站同步下达工会组建指标，加强业务指导，“小二级”工会组建成效显著，年末“小二级”工会组织数实现翻一番的既定目标，华泾镇上海天华信息科技园工会联合会、漕河泾街道万科中心楼宇工会联合会、长桥街道漕河泾聚鑫园工会联合会、湖南街道世纪商贸广场楼宇工会联合会、申通信息广场工会联合会获评市总 2020 年非公企业工会改革“小二级”工会示范点。（徐艳杰）

【长宁区总工会指导樊登读书企业成立工会】 1 月 9 日，在长宁区总工会的指导下，樊登读书（上海黄豆网络科技有限公司）举行工会第一次会员代表大会。新当选的工会主席在选举后表态，未来将按照工会组织赋予的权利和义务，在长宁区总工会的带领下，发挥企业工会的职能。樊登读书企业工会组织的建立标志着长宁区总工会积极推进规模型非公企业建会工作迈出了实质性的一步。区总工会将扎实开展“双实”企业集中建会行动，尤其聚焦百人以上非公企业，深入排查未建会企业情况，强化党建引领，聚焦党工共建，积极推进依法建会，进一步扩大工会组织覆盖面和影响力。（贲　放）

【杨浦区退役军人事务局工会成立】 4 月 30 日，杨浦区退役军人事务局召开局工会第一次代表大会。区人大常委会副主任、总工会主席麦碧莲到会指导并讲话。区退役军人事务局领导班子，局机关、局属事业单位工会 44 名会员代表参加会议。工会组织的成立标志着区退役军人事务局机构职能的进一步健全完善，对凝心聚力促进退役军人事业发展起到重要的推动作用。（张东寅）

【闵行区大力推进纺织行业工会建设】 一是积极共克时艰，助力纺织企业复工复产。为进一步优化营商环境，加强对纺织企业的扶持，帮助广大时尚企业共克时艰、安心发展、做大做强，6月6日“沪尚衣柜”城市定向越野活动举办，展示了“上海衣柜”的时尚风采，提供更大品牌宣传空间，为区域时尚产业的发展注入新的活力。活动中启动了“沪尚衣柜”品牌联盟。二是创新引领发展，提升纺织职工素质水平。举办“绽放‘泾’彩·织出未来”2020年闵行区“泾彩杯”纺织行业技能竞赛，以“重启2020”为设计主题，进一步提高闵行纺织行业职工的技能水平，提升闵行服装品牌的知名度和竞争力。三是开展集体协商，维护纺织职工合法权益。针对疫情期间部分纺织企业经营困难、劳资关系不稳定的情况，工会与劳动保障部门积极参与协调指导，通过职代会和集体协商，帮助纺织企业和职工共渡难关。

（毛胜楠）

【金山区总工会举办“小二级”工会负责人培训班】 8月5—7日，金山区总工会举办为期3天的“小二级”工会负责人能力提升培训班。区总工会党组成员、副主席曹冠出席开班仪式并讲话。培训班课程内容包括：推进非公企业工会组建“工作坊”、工会基层组织规范化选举、民主管理与区域性行业性职代会制度的运作、工会经费的管理与使用等形式多样、内容丰富的课程，还邀请“大国工匠”王军教授结合35年宝钢工作经验分享如何开展社会主义劳动竞赛。在培训班结业式上，学员代表进行汇报交流。

（卫婷怡）

【市机电工会召开异地工会交流会】 9月15日，上海市机电工会在南通如皋召开2020年异地工会工作交流会，机电工会主席朱斌出席并讲话。市机电工会、地方上级工会、母体企业工会、异地企业工会近60名工会干部参加会议。近几年来，上海电气集团积极实施“走出去”战略，推进生产梯度转移、制造基地的外迁和就近建设，从地理上、供应上、服务上更加贴近项目、贴近客户、贴近市场。特别是最近两年来，上海电气集团通过兼并、收购，一些外省市企业进入了上海电气大家庭，促进了产业结构调整和商业模式创新，异地企业呈现加速发展的态势。目前，机电工会有异地工会45家，分布在北京、天津、江苏、浙江、江西、安徽、四川、黑龙江、福建、山西等10多个省市，销售规模超过100亿元，员工超过2万人。在异地企业的不断壮大过程中，机电工会积极探索异地工会管理模式，形成机电工会、地方上级工会、母体企业工会、异地企业工会四方沟通交流机制，建立异地企业工会主席参加机电工会会议制度，制定服务指导异地企业工会的工作制度，增强了异地企业职工对上海电气的文化认同感、归属感。（毛鑫磊）

【铁路上海局集团公司工会加强组织建设】 2020年，上海局集团公司工会健全两级工会组织，按照规范程序要求，认真抓好工会组织建设。加强集团公司工会建设，3月23日，集团公司工会以电视电话会议形式召开一届六次全委（扩大）会议，集团公司工会主席何元庆代表集团公司工会常委会作题为《竭诚服务职工、凝聚发展合力，团结动员广大职工为加快四个“强局”建设而努力奋斗》的工作报告，集团公司工会副主席徐晔主持会议。加强基层工会组建，皖赣、杭黄、沿海等3家合资公司和杭州枢纽指挥部成立工会筹备组。指导基层工会换届改选，制订下发《关于做好2020年度基层工会组织换届选举工作的通知》，公布年度换届计划安排，指导杭州机务段等18个基层单位顺利召开工代会。推进基层工会标准化建设，起草基层工会标准化创建和考评基本标准，明确基层工会基本职责，细化基层工会标准化考评基本标准。加强新职工入会工作，制订下发《关于做好2020年新职工入会等有关工作的通知》，指导基层工会通过开展工会知识宣传、填写入会申请书、发放会员证、举行入会仪式等多种方式，组织新职工入会，共发放新会员证2.4万本，用于新职工入会和徐州地区等25个单位全员更新。（王卫东）

【中国教育工会上海市中职校工作联合委员会成立】 6月24日，中国教育工会上海市中职校工作联合委员会第一次会员大会召开。市教育工会领导及全市共67所中职校派代表参加大会。会议审议通过中职联工会章程，选举产生首届中职联工会委员和经审委员班子。成立中职联工会是一次有益的制度创新，打破行业分割，是市教育工会落实群团改革的创新尝试。（高芳）

【市级医疗机构护工护理行业工会联合会成立】 1月10日，上海市医疗机构护工护理行业工会联合会成立大会暨第一次会员代表大会在复旦大学附属中山医院召开。中国教科文卫体工会主席章国贤，中国教科文卫体工会二级巡视员宋蕴馥，市总工会副主席周奇，市卫生健康委党组副书记、市

市级医疗机构护工护理行业工会联合会正式成立 （马艳芳）

医务工会主席郑锦等领导出席会议。行业工会联合会代表，有关市级医疗卫生机构工会代表，护工中介机构代表，市护理学会、市卫生健康委职能处室相关负责人等百余人参加会议。市医务工会常务副主席何园主持第一次全体会议。市医务工会副主席马艳芳作《市级医疗机构护工护理行业工会联合会第一次会员代表大会筹备工作报告》。在随后召开的第二次会议上，选举产生上海市级医疗机构护工护理行业工会联合会第一届委员会主席、副主席、委员和经费审查委员会主任、委员。新成立的行业工会联合会将发挥二次覆盖作用，为护工护理员提供精准服务，搭建起护工护理员的成长平台，推动护工护理行业发展起到积极作用。（马艳芳）

工会社工队伍建设

【概要】 市总工会围绕中央党的群团改革工作要求，按照习近平总书记关于加强基层工会建设"三个着力"的重要指示精神，高度重视社会化工会工作者队伍建设，持续深入探索工会工作者的职业化、社会化道路，通过孵化培育等举措，建立一支能力过硬、素质优良、心系职工的社会化工会工作者队伍，为推进基层工会组织建设、劳动关系协调机制建设、职工经济技术创新活动开展等发挥重要的作用。一是稳步推进社会化工会工作者队伍建设。截至年底，全市共有12个区培育孵化了职工服务类社会组织，共有活跃在街镇"小三级"的工会社工1023人，较往年基本持平。二是深入推进社会化工会工作者培训比武。组织开展3期为期3天的工会社工轮训提高班，共129名工作满一年且表现优秀工会社工参加培训。以"提升社工素质、助力社会治理"为主题，举办第三届工会社工技能比武交流活动，包括初赛培训学习、复赛交流互评及决赛团队展示等环节，全市16个区共1198名社工（包括部分党群工作者）参加，进一步提升广大工会社工的业务能力和工作水平。三是推进社会化工会工作者队伍主动融入社会治理创新。上半年疫情防控关键期，针对企业复工复产，积极发挥好"小二级"工会作用，将工会社工下沉至园区、楼宇、商圈、社区，主动参与企业复工复产，积极加入疫情防控服务工作，融入社会治理大局。（何　欢）

【上海虹口工惠工作者事务所成立】 6月18日，上海虹口工惠工作者事务所一届一次理事会会议和一届一次监事会会议在虹口区总工会机关1楼会议室召开。会议审议并通过《上海虹口工惠工作者事务所章程》，选举产生第一届理事会理事和理事长、第一届监事会监事和监事长，聘任了行政负责人。虹口区总工会党组书记袁忠民，区总工会副主席、经审委主任蒋红心出席会议并讲话。（马伟杰）

【宝山区在工会社工组织中成立工会】 1月8日，上海宝山公惠职工事务服务中心工会第一次会员大会在宝山区工人文化活动中心第一会议室召开。会议选举产生第一届上海宝山公惠职工事务服务中心工会委员会、工会主席、工会副主席、经费审查委员、女职工委员。（朱　艳）

【闵行区三大举措加强工会社工队伍建设】 一是加强学习，提升综合素质。每季度召开社会化工会工作者例会，通过专题业务培训、心得体会交流、"四史"学习教育，组织参观上海第三次工人武装起义的指挥部遗址"三山会馆"和上海工匠馆等活动，不断提升工会社工的政治素养和综合素质。二是技能交流，增强技能水平。组织开展闵行区第一届社会化工会工作者技能比武大赛，通过笔试、现场展演、项目案例评选等环节筛选出代表队伍参加上海市第三届社会化工会工作者技能比武大赛。三是下沉基层，敢于担当作为。新冠疫情期间，全体社会化工会工作者下沉到社区一线、虹桥高铁枢纽、浦东国际机场等，积极参与疫情防控。据统计，非工作日平均参与联防联控工作12天，工作日平均参与联防联控工作33天；同时加强联系服务企业工会、职工，32人兼任"小二级"工会副主席、委员等。（王骏奇）

爱心接力站建设

【概要】 2020年，市总工会在坚决落实打赢防疫攻坚战的前提下，稳步推进"上海市政府实事项目"——完善升级300家现有"户外职工爱心接力站"的服务功能。"户外职工爱心接力站"在原有6项基本设施基础上，增添应急雨伞、手机充电宝、爱心医药包、空气净化器、免费多媒体vip账号等设施。截至7月，市总工会共升级全市322家站点，完成率107.3%，成为首个提前超额完成的"上海市政府实事项目"。此外，市总工会督促全市各区、局（产业）切实加强日常自查，对站点的硬件设施、站点人员、服务环境等定期进行考核，对设施缺、服务差的站点实行整改、摘牌；梳理分析并建立各站点周边的户外职工"分布情况图"，形成相对固定的服务人群名册，为其提供更有针对性的服务和帮助。通过微信公众号、微博、电视、报纸等媒体渠道广泛宣传，切实营造"关爱户外职工"的良好氛围。全市共创设"户外职工爱心接力站"1162家，涉及全市16个区、16个局（产业），累计接待服务已超过100万人次，受到广大户外职工的好评。（左鑫荣）

【普陀区"快乐户外职工爱心接力站"升级揭牌】 6月24日，位于管弄路12号的"快乐户外职工爱心接力站"升级揭牌，这是区第16家户外职工爱心接力站。该接力站在配备空调、冰箱、微波炉、饮水机、桌椅、充电插排6项必备设施基础上，新增职工书屋、卫生间、无线网络（wifi）、外伤急救箱、爱心雨伞、血压仪等设施设备，配备1名站长和4名副站长的管理团队，还成立了志愿服务队。（陆　蕾）

【宝山区获上海市2019年户外职工爱心接力站多项奖项】 5月26日，在上海市总工会2019年户外职工爱心接力站获奖名单中，宝山区职工服务中心活动部获"上海市工人先锋号"荣誉称号，宝山区职工服务中心张美琦获优秀工作者，大场党群服务基地户外职工爱心接力站获先进站点，吴淞街道社区事务受理服务中心户外职工爱心接力站张惠英获明星站长，宝山区职工服务中心青年志愿者分队袁伟珠获优秀志愿者。（朱　艳）

奉贤区总工会户外职工爱心接力站春节慰问户外职工 （周　婕）

【奉贤区总工会多措并举提升户外职工爱心接力站工作实效】 奉贤区总工会始终以户外职工需求为导向，努力把爱心接力站打造成有温度、接地气的场所，使爱心接力站真正能成为户外职工的港湾。一是细化责任，抓紧落实。成立“户外职工爱心接力站”创设工作小组。各街镇总工会和相关单位明确分管领导和责任部门，建立相应组织机构，健全管理制度，加强培训指导。二是提高认识，规范管理。下发文件，实地检查，将站点的日常管理工作纳入区总年度绩效考评。建立考核评价制度，坚持“勤调研、真整改、强服务”，以“发现问题、跟踪回访、落实办法”的工作机制督促相关站点按时完成整改，并跟踪、督促该站点完成整改。三是延伸手臂，扩大受众面。除了全区已建的70个站点外，为了弥补站点空缺，满足户外职工的实际需求，额外建立街镇级的爱心接力服务点15家，全区服务户外职工约17万人次，开展走访、调研、志愿者服务活动、节庆日活动公约590多次。四是发挥特色，个性服务。组织全区各站点因地制宜开展精细化、个性化的暖心服务，如走出去送关怀，请进来送温暖，节庆日开展各类活动等。

（周　婕）

【市绿化市容行业工会召开爱心接力站牵头企业联络人座谈会】 11月13日，市绿化市容行业工会在上海植物园植物大楼组织召开关爱环卫工人“爱心接力站”牵头企业联络人座谈会。市绿化市容行业工会、市市容环境质量监测中心相关领导以及中国大陆全家、久事公交、中石化、华夏人寿、肯德基、金拱门、上海农商银行、上海银行、兴业银行、浦发银行、链家等16家牵头企业的相关负责人和联络人参加会议。会上，各爱心企业代表围绕爱心接力站的运营状况、遇到的问题和未来如何进一步开展爱心接力站的相关工作进行讨论。 （耿　静）

“职工之家”建设

【概要】 2020年，市总工会指导各区总工会、街镇（开发区）总工会在工会基层组织中持续深入开展建家活动，把建会建制与建家有效的结合起来。一是打造职工之家建设长效机制，把建家活动作为工会的一项经常性、长期性工作，按照“会、站、家”一体化工作思路，以职工需求为导向，构建覆盖广泛、快捷有效的服务职工工作体系，提供更多普惠性服务，让职工群众更多更公平地分享改革成果，提升职工群众获得感。尤其是通过建家活动，努力推进非公企业工会改革，把工会建设成组织健全、制度完善、维权到位、运作规范、开拓创新、作用明显和深受职工信赖的职工之家。二是开展全国模范职工之家系列先进评选。根据全总统一部署，市总工会开展了上海市全国模范职工之家、模范职工小家和优秀工会工作者评选活动，把创建先进职工之家作为加强基层工会全面建设的抓手，扎实做好申报、审核、评选、推荐工作，共评选表彰全国模范职工之家25个、全国模范职工小家25个、全国优秀工会工作者22名。

（何　欢）

【中国宝武开展2019年度“好工会”评选】 为表彰先进，示范带动各级工会进一步加强职工之家建设，2020年5月，在各二级单位工会“本级自评”、基层一线职工与工会工作者的“会员评价”、中国宝武工会各有关部门“专业评价”的基础上，经中国宝武工会一届六次常委会无记名投票评选，宝钢股份、八一钢铁、武钢集团、韶关钢铁、欧冶云商、宝武炭材、宝钢资源、宝钢工程、宝钢发展工会9家单位被评为“好工会”；宝武环科、宝地资产、宝钢特钢工会3家单位被评为“好工会提名”；鄂城钢铁工会等12家单位被评为“较好工会”。

（李士伟）

【上海电建公司工会坚持开展“最具活力工会”创建活动】 2020年，上海电建公司工会结合实际，因地制宜，开展职工关爱机制建设，组织职工家属座谈会、项目工地现场婚礼、职工集体生日宴、开通绿色生命保障线等一系列活动，打通服务职工的“最后一公里”。通过发布、评审，《心系海外职工、情暖后方家属》《做好“娘家人”把温暖送进职工心坎里》和《竞赛“传家宝”复产“助推器”》等成果分别获得2020年度上海电建“最具活力工会”工作成果发布前三名。 （傅　诚）

【上海航天局工会在海南文昌基地打造“随队职工小家”】 为应对新形势高强密度研制发射、员工长期外场试验的现状，做好试验队一线职工的精准关爱，上海航天局工会投入10万余元，以“随队、随时、随身”为基本原则，打造海南文昌基地“随队职工小家”，“职工小家”建设结合试验队的主要工作场所和生活场所展开环境布置和设施配置，具备安全、共享、易组装拆卸和收纳的特点，具备会议洽谈、运动放松、休憩阅读、茶饮休闲等基本功能。 （周欣彬）

上海电建公司工会召开2020年度“最具活力工会工作”成果发布评审会 （傅　诚）

【铁路上海局集团公司工会深化“职工之家”建设】 2020年，铁路上海局集团公司工会深化开展“建家”活动，将“职工之家”创建活动作为推进基层工会工作、评判工作质量的重要抓手，持续抓好建家活动开展。修订《上海局集团公司工会“职工之家”建设管理考核办法》，提出总体目标、指导思想、基本原则、基本内容、基本程序，明确评选项目、条件、标准、程序以及相关工作制度、要求。指导基层工会按照新的创建办法，细化创建标准，开展创建活动。每年召开会员（代表）大会，开展会员评家活动，落实评家工作。开展2019年度“两模三优”评选，按照组织建设、民主管理、维护职能、劳动竞赛和工作创新5项内容和标准开展评选活动。抓好重点单位创建，将徐州工务段砀山线路车间虞城线路工区作为铁路总工会“职工之家”重点建设单位，抓好班组工会小组、民管会、职工小家等制度建设。集团公司工会荣获全国“模范职工之家”称号。 （王卫东）

【上海邮政工会落实职工小家建设三年规划】 根据全国邮政系统职工小家建设“三年规划”和《中国邮政集团公司上海市分公司2020年实事项目方案》的要求，上海邮政工会不断深化职工小家建设，确保2020年底完成建家率100%。各基层工会因地制宜、因需制宜，加大投入、强化管理，建成和提升职工小家建设水平。截至年底，建成职工小家243个，建家率100%，并完成预计改造提升职工小家30家，全面落实基层职工之家建设工作目标。 （王　瑛）

【上海移动工会打造职工之家“暖心工程”】 2020年中国移动上海公司全力打造职工之家“暖心工程”，公司依托规范化流程操作降低疫情带来的影响，立足“四个聚焦”确保“暖心工程”效能。一是聚焦员工需求。多次收集排查基层工会各类需求，特别是前期“暖心工程”未覆盖的班组以及因架构调整、组织变动而新增或合并的班组，经收集、初筛后将基层工会提交的139条需求纳入2020年暖心工程工作计划，并100%按时完成。二是聚焦防疫需求。疫情期间充分发挥小家暖心作用，厨下暖水宝保障员工防疫卫生，直饮水让员工喝上安全卫生的水，空气净化器保障员工呼吸上新鲜空气，健身器材让员工舒缓身心强健体。三是聚焦网格建设。根据集团基层网格化改革及运营的相关要求，上海公司工会及时了解涉及网格化改革的各级基层工会在员工关爱、小家建设方面的需求变化，2020年完成的基层工会139条需求中，其中有46条涉及基层网格建设，占比达33%。四是聚焦小家效能。充分利用已建小家作为交流平台及互动空间，在特殊时期通过直播、视频等新媒体形式，开展线上瑜伽云指导、魔术视频云教学等活动。举办各类手工制作、油画学习、健身舞蹈等各种形式的“幸福1+1”活动。2020年上海公司“暖心工程”建设计划已完成，共使用计划投资35.4万元，成本费用18.4万元，工会经费16.9万元，完成基层工会上报需求139条，公司统一安排需求46个。 （徐睿璐）

【上海建工二建集团工会倾力打造“职工之家”】 上海建工二建集团以“服务员工工作生活、促进各方沟通交流”为宗旨，创新推进职工之家建设，在项目现场因地制宜，打造员工舒心放松的职工之家。建家过程中注重

中国移动上海公司工会深入基层开展主席巡回联系日 （徐睿璐）

标准化"硬件"和个性化"软件"并重的原则,鼓励项目部营造"家"的空间和氛围,如三林保障房项目部继承郁风兵劳模团队精神,书架、方桌等简单家具都是项目上几名"老工匠"利用现有材料自行加工,简朴而实用。160项目以年轻人为主,利用原工务局老大楼临街房间,改造成颇有文艺范的职工之家。中民投项目在施工楼层中建设了一个半场篮球场。截至年底,二建集团有9个项目职工之家完成挂牌。 (余轶群)

【市医务工会开展建家活动先进评选】 为把工会建成组织建全、维权到位、工作规范、作用明显、职工信赖的职工之家,经基层工会推荐申报,市医务工会综合评审,常委会审议通过,华东医院工会等37家单位获得"2018—2019年度上海市医务工会先进职工之家"荣誉称号,高文等37名个人获得"支持工会工作好领导"荣誉称号,张驰东等35名个人获得"优秀工会工作者"荣誉称号,夏文兰等120名个人获得"优秀工会积极分子"荣誉称号。另有上海市医事团体联合工会等6家单位获评"2018—2019年度上海市医务工会合格职工之家"。

(池朝霞)

经济建设

综　述

2020年，市总工会以习近平新时代中国特色社会主义思想为指导，认真落实中央和市委关于推进新时期产业工人队伍建设改革的精神要求，坚持全心全意依靠工人阶级方针，坚持人才强市和创新驱动发展战略，充分激发上海工人阶级推动企业成长、促进经济发展的主力军作用。一是开展岗位建功。围绕统筹推进疫情防控和经济社会发展，全力实施三项新的重大战略任务，全面做好"六稳"工作，加快推进"五个中心"建设，市总工会会同市发改委等7家单位联合开展"奋进新时代创造新奇迹——推进高质量发展上海职工劳动和技能竞赛，在全市组织开展全方位、各领域、多形式的劳动和技能竞赛，围绕加快科创中心建设，临港新片区、长三角生态绿色一体化发展示范区、虹桥商务区、崇明世界级生态岛建设，以及优化营商环境、筹备第三届进口博览会等重点工作开展立功竞赛活动，进一步发挥群众性劳动和技能竞赛对上海经济社会发展的有力促进作用。二是推动职工创新。评审命名第十批77家上海市"劳模创新工作室"，会同市职工技协命名工匠创新工作室25个，技师创新工作室35个、巾帼创新工作室28个、职工创新工作室37个，另有3家创新工作室获得全总命名。三是团队创先争优。市总工会深入实施团队创先行动，推动"学习型、技能型、创新型、管理型、效益型、和谐型"六型班组建设，动员广大职工立足岗位、争创一流。加强班组间交流学习，总结推广班组建设经验；把班组建设成为工会工作的重要阵地，引导职工立足岗位、创先争优；从班组工作实际出发，加强班组文化建设和民主管理，不断提高班组成员思想道德、科学文化和专业技能水平。（王　点）

劳动竞赛

【概要】 市总工会会同市发改委等7家单位联合开展"奋进新时代创造新奇迹——推进高质量发展上海职工劳动和技能竞赛，在全市组织开展全方位、各领域、多形式的劳动和技能竞赛，为夺取疫情防控和实现经济社会发展目标双胜利做贡献。围绕加快科创中心建设开展"聚力新科技、奋进新时代"主题立功竞赛。面向临港新片区、长三角生态绿色一体化发展示范区、虹桥商务区、崇明世界级生态岛开展四大示范引领性劳动和技能竞赛。瞄准优化营商环境开展"优化营商环境、建功新时代"加快建设现代化市场体系主题立功竞赛。以第46届世界技能大赛为契机开展"迎世赛、稳就业、促发展"上海职工职业技能系列竞赛。同时，根据市委、市政府工作重点，开展"人民城市人民建，人民城市为人民——加快推进旧区改造和城市更新"立功竞赛活动、第三届"凝心聚力进博会、建功立业创一流"立功竞赛等竞赛活动，助推多项重点项目和工作任务的完成。（王　点）

【开展加快推进上海虹桥国际商务区高质量发展职工劳动和技能竞赛】 市总工会围绕虹桥商务区打造国际开放枢纽，建设国际化中央商务区、国际贸易中心新平台的新定位、新目标、新要求，牵头编制《关于加快推进上海虹桥国际商务区高质量发展职工劳动和技能竞赛等工作三年行动计划(2020—2022)》，根据虹桥商务区实际情况，围绕商务区企业职工技能提升，通过竞赛打造商务区高质量产业工人队伍，更好发挥工会组织在服务经济社会发展大局、推进基层社会治理创新中的重要作用。（王　点）

【开展第三届"凝心聚力进博会、建功立业创一流"立功竞赛】 市总工会联合市级机关工委、市商务委、市市场监管局发动参与进博会运行、保障、建设和服务的区局产业有关单位参与立功竞赛，激发创新思维，在安全保障、餐饮住宿、城市管理、市容环境、区域服务等各方面优化提升，助力实现第三届进博会"展会升级、服务升级、形象升级、成果升级"的总体目标。（王　点）

【开展临港新片区职工劳动和技能竞赛】 市总工会联合市人社局、临港新片区管委会、临港产业园区工会委员会，围绕临港新片区企业职工技能提升，打造创新活力迸发的海内外人才高地的实际需求，聚焦新片区重点产业、战略性新兴产业和紧缺职业(工种)通过开展劳动和技能竞赛，助推建立新片区网络学院，推进建立十个高技能人才实训基地；助推万名一线职工技能等级提升，储备万名重点产业高技能人才；助推新片区新产业职工技能等级认定标准出台。（王　点）

【开展加快推进旧区改造和城市更新立功竞赛】 市总工会联合市建交工作党委、市住建委、市房管局开展"人民城市人民建、人民城市为人民——加快推进旧区改造和城市更新"立功竞赛，聚焦解决群众最期盼、最迫切的"老、小、旧、远"等问题，通过竞赛全面提升广大职工群众参与旧区改造和城市更新工作的技能素质水平，助力解决突出民生难题，为市民创造高品质生活。竞赛涉及房屋征收，房屋修缮，规划策划，保安全、保质量重点工程4个方面，各参赛单位通过竞赛总结形成33项竞赛案例，有力推动上海旧区改造和城市更新重要工作、重点项目的顺利实施。（王　点）

【开展加快建设现代化市场体系主题立功竞赛】 市总工会联合市市场监管局开展"优化营商环境、建功新时代"加快建设现代化市场体系主题立功竞赛。竞赛涉及政务服务、安全监管、消费维权、执法稽查、技术服务5个领域，动员全市市场监管系统1.2万名职工积极参与。通过竞赛促进市场监管队伍的能力水平全面提高，更好服务上海经济社会发展，助力营商环境排名在全球31位的基础上再提升。（王　点）

【开展上海·青海两省市职工拉面技能竞赛】 市总工会和青海省总工会共同举办"拉面飘香、共筑小康"为主题的上海·青海两省市职工拉面技能竞赛。丰富拓展新时代省市竞赛与全国竞赛相衔接、职工技能学习交流新途径，创新地区、行业、产业特别是东西部之间劳动和技能竞赛机制，推动建设一支宏大的知识型、技能型、创新型产业工人大军。（王　点）

【浦东新区举办“建功新时代”主题立功竞赛活动】 4月18日，浦东新区总工会联手区级机关工作委员会、区发改委、区科经委等政府职能部门及各大开发区管委会，共同举办2020浦东新区产业能级、项目投资、服务效能三大倍增主题立功竞赛暨“张江·药谷杯”生物医药实验技能大赛启动仪式。浦东新区区委副书记单少军，市总工会副主席周奇，浦东新区人大常委会副主任、区总工会主席王辛翎，区政协副主席、区科经委主任唐石青出席活动。竞赛各成员单位分管领导、部分直属工会、企业职工代表等80余人参加。年内，为落实区委实施产业能级、项目投资、功能优势、土地效益、服务效能“五大倍增行动”总体部署，区总工会深化与长三角区域兄弟单位对接，开展“建功新时代”2020年浦东新区产业能级、项目投资、服务效能倍增主题立功竞赛，在“培训、练兵、比武、晋级、激励”五位一体竞赛方式的基础上，组织职工深入参与现场竞技、成果展示、科普讲座、知识竞答、专业论坛等各类活动。直属工会及相关单位承办区级竞赛30项，共发动各级各类竞赛1500余场次、覆盖职工近160万人次，成为浦东新区近年来参与部门最多、覆盖行业最广、竞赛形式最丰富的一次主题立功竞赛，充分展示了广大职工群众在浦东经济社会更高质量发展大局中的主力军作用。

（陈　维）

【普陀区开展“三创”为内容的职工立功竞赛】 5月9日，普陀区总工会会同宜川路街道党工委在融创·精彩天地联合举办2020—2021年“奋进新时代、创造新奇迹”普陀区首场“三创”职工立功竞赛启动仪式。号召全区机关、企事业单位、居民区职工群众参与竞赛、助力“三创”〔创建全国文明城区（提名城区）、国家卫生区、全国市域社会治理现代化试点区〕，进一步激发职工创新创造激情，为普陀区“转型蝶变、崛起赶超”贡献智慧和力量。活动现场，区总工会和宜川路街道共同为商圈企业和商铺送上职工维权、工会组建、科学防疫、防疫期间复工复产等4节微课堂，携手助力商圈经济复苏和企业复工复产。

（陆　蕾）

【杨浦区总工会深入推进旧区改造和城市更新立功竞赛】 为助力杨浦全面打赢旧区改造攻坚战，更好支撑“六稳”“六保”工作，7月31日，区总工会会同区房管局、区旧改办及相关街道，共同召开“旧改创新高，建功在杨浦”2020年杨浦区旧区改造和城市更新立功竞赛推进会。区人大常委会副主任、总工会主席麦碧莲出席会议并讲话。会议总结回顾2019年区旧改征收立功竞赛活动情况，通报表扬立功竞赛优秀集体和个人，对新一轮区旧区改造和城市更新立功竞赛工作进行部署，进一步总结经验、明确目标、鼓舞士气。本次立功竞赛将持续推进“比服务群众理念，赛解决群众困难”“比项目推进进度，赛结果又好又快”“比阳光透明征收，赛过程合法依规”“比工作方法创新，赛队伍素质提升”“比服务大局意识，赛安全风险管控”的“五比五赛”，适时开展“送清凉、送关爱、送文化、送健康、送保障”的“五送”活动，组织心理咨询解压、健康义诊服务、定点疗休养等活动，进一步关心关爱旧区改造和城市更新一线职工。

（张东寅）

【杨浦区启动新一轮家庭医生惠民实事工程立功竞赛】 6月24日，杨浦区2019—2020年度“推进卫生新医改，当好健康守门人”惠民实事工程立功竞赛总结部署大会在东宫职工文体中心举行。会议对上一轮立功竞赛工作作了回顾、部署了新一轮竞赛任务。与会领导向杨浦区社区抗疫先锋标兵和先锋团队代表颁奖，工会向先进代表赠送疗休养证和《家庭医生小蓝书》。区文旅局、区卫生健康委共同发布“青春有你、手绘杨浦”智慧健康驿站及书界智能借书柜地图。GP俱乐部家庭医生展示了空灵鼓—音乐疗愈减压项目成果。五角场社区卫生服务中心、新华——江浦家庭医生制示范基地代表分别作交流发言。

（张东寅）

【闵行区启动“当好主人翁、建功新时代”主题立功竞赛】 3月30日起，闵行区总工会联合区发改委、经委、科委、投促中心等部门在全区范围内广泛开展“当好主人翁、建功新时代”招商引资、优化营商环境和重大项目推进立功竞赛活动。竞赛内容涵盖“比集群打造”“比资源效益”“比服务效率”和“比规范操作”等核心环节，把竞赛活动与工程推进、岗位创新、素质提升和安全环保等工作有机结合，积极构建“全区全域全过程”的竞赛模式。本次立功竞赛在全区设立2个主赛区：虹桥商务区赛区（北部赛区）和南部科创中心核心区赛区（南部赛区），以街镇为单位设立14个分赛区。举办全区物业行业技能比武、汽车维修技能竞赛、虹桥商务区现代服务业职工劳动和技能竞赛、长三角地区纺织行业服装职业技能竞赛四大主题竞赛。全区各级工会开展“智能楼宇管理”“机器人设计”等技能竞赛和技能

杨浦区启动新一轮家庭医生惠民实事工程立功竞赛　（张东寅）

机电工会组织开展"李斌杯"技能大赛 （姚 菁）

比武活动225项，持续营造竞赛氛围，形成竞赛的品牌优势和规模效应，有效提升立功竞赛和技能竞赛的社会参与度。（王 凯）

【2020年松江区职工劳动技能竞赛启动】 7月13日，松江区总工会举行"岗位建新功、创享新时代、筑梦G60"2020年松江区职工劳动技能竞赛启动仪式。区人大常委会副主任、总工会主席吴建良，区总工会党组书记、副主席陈军康等领导出席。陈军康就2020年松江区职工劳动技能竞赛的举办背景、竞赛内容和激励保障措施进行说明，吴建良、陈军康为2020年松江区区级竞赛项目授旗。启动仪式后，松江区餐饮行业劳动技能竞赛开赛。竞赛项目分为指定项目和展示项目两大项，分4个赛项进行比赛，分别是冷盆、切配、烹调、点心赛项，各街镇（经开区）总工会每个赛项派1名选手参赛。经过角逐，评出一等奖8名、二等奖16名、三等奖24名，以及优秀组织奖3个，并在现场颁奖。各街镇（经开区）党（工）委副书记，各街镇（经开区）总工会主席、常务副主席、专职副主席，各委局、佘山度假区及直属公司工会主席、副主席，区总工会各部室、工人文化宫、工惠服务中心负责人，餐饮行业劳动技能竞赛裁判、领队及参赛选手近200人参加活动。年内，区总工会根据全总、市总和区委要求，围绕区委、区政府中心工作，瞄准新能源汽车、集成电路、人工智能、生物医药等"6+X"产业集群，开展集成电路、人工智能、智慧安防、家政、环卫、物业、医务、公共交通、教育等10项区级层面职工劳动技能竞赛，组织10万余名职工岗位大练兵，助推4万名职工技能提升。（黄伟宁）

【崇明区总工会开展推进崇明世界级生态岛建设劳动和技能竞赛】 年内，崇明区总工会联合区花博会筹备组、区绿化市容局、崇明海事局等单位下发《崇明世界级生态岛建设引领性劳动和技能竞赛实施方案（2020年）》。召开年度竞赛项目推进座谈会，推动区内各竞赛单位分层分类开展劳动竞赛。在花博园区及配套工程建设中掀起劳动竞赛的热潮，助力花博园区建设。配合市总工会召开竞赛中途推进会，总结交流竞赛成果。全年共有10个竞赛牵头单位、18个乡镇总工会、相关委局工会组织开展16项区级劳动竞赛项目、10项区级技能竞赛项目和128项基层岗位练兵技能比武项目，近2万余名职工参与劳动和技能竞赛活动，共获得40个市级劳动竞赛先进集体和个人称号。深入开展各类技能比武，与区卫健委、区红十字会联合开展职工急救技能比武，与区医保局联合开展长期护理保险服务人员职业技能比武大赛，推动提升职工技能。（秦春华）

【市机电工会开展新一轮劳动竞赛】 4月8日，市机电工会下发《关于开展2020年度劳动竞赛的通知》，部署新一轮劳动竞赛工作。本轮劳动竞赛在3个层面开展：一是在全系统基层企业开展"筑牢电气梦，奋进新目标，建功新时代"主题劳动竞赛，要求紧密结合集团和企业年度任务目标，针对企业生产经营中的重点、难点和瓶颈问题，通过优化竞赛内容、方式方法和考核机制，进一步引导广大干部职工比管理、比创新、比技能、比贡献、比境界，促进企业生产经营、管理上新台阶。二是在电站集团工程公司和服务公司、输配电集团成套工程公司、风电集团、环保集团等单位开展海内外工程项目跨年度专题劳动竞赛，通过目前在建或运维的海内外工程项目"比安全质量、比合同履约、比效率效益、比团队协作、比队伍建设、比人文关怀"，补短板、攻难关、解难题、建文化，促进工程项目建设的管理能力、质量信誉、效率效益、人员素质不断提高，在海内外打响上海电气工程品牌。三是在18家重点企业开展"全员提升品质，彰显品牌魅力"质量专项劳动竞赛，建设质量文化，加强技术和质量管理融合，提升全员质量意识，以品质提升带动竞争力提升，彰显上海电气品牌魅力。（彭伟光）

【市化学工会组织开展"健康、安全、环保"劳动竞赛】 5月18日至6月13日，市化学工会举办第二届华谊集团员工安全知识线上竞赛活动，共计56316人次参与竞赛活动，总参与率同比提高近25%。活动期间，职工利用碎片化时间通过集团HSE学考平台APP参与安全知识学习和知识竞赛，首次采用积分兑奖等趣味性竞赛的方式，有效调动了广大员工学习安全知识、参与安全知识竞赛的积极性。持续推进开展"安康杯"竞赛，集团共有20家二级公司或直管单位所属市内66家企业642个班组7980名职工报名参加全国"安康杯"（上海赛区）竞赛活动，实现了二级公司（或直管单位）和生产班组全覆盖；在2018—2019年度全国"安康杯"竞赛（上海赛区）先进评选活动中，上海华谊能源化工有限公司荣获全国"安康杯"竞赛优胜单位，2家公司、3个班组以及2名个人荣获全国"安康杯"竞赛（上海赛区）优秀组织单位、优胜单位和

优秀班组、先进个人称号。(蔡毓琳)

【上海医药集团营销阶段性劳动竞赛收关】 为助力集团营销岗位员工克服困难完成既定目标,市医药工会经过充分调研,与营销中心携手在各营销企业中开展为期6个月(4—9月)的阶段性劳动竞赛。竞赛以各企业的重点产品或重点区域为目标,将销售额、增长率等作为主要的考核指标。各营销事业部工会在劳动竞赛正式开展后,精心策划,重点推进,甄选出年度重点营销产品和区域,共立项15个产品、10个区域,近2000名员工参加竞赛。在各营销事业部行政与工会的紧密配合下,广大营销员工积极克服疫情与政策对药品销售带来的不利影响,改变思路、不断创新,其中12个项目完成或超额完成既定的竞赛目标。(宋晓波)

上海医药集团工会召开2020年“匠心大师”评审 (王贤征)

【中国宝武组织开展劳动竞赛】 2020年,中国宝武开展以改革创新、对标找差、生态圈建设、智慧制造、安全生产、绿色发展、降本增效以及打赢脱贫攻坚战为重点的“全员对标找差,创建世界一流”劳动竞赛,全年实现降本增效98.33亿元。“铁钢对标挖潜创一流”专项竞赛,助推集团公司2020年粗钢产量较2019年提升100余万吨。“凝心聚力促增产铁矿产量创佳绩”专项竞赛,8—12月铁精矿产量超预算目标12.11%。“智慧制造生产力水平提升”竞赛,聚焦钢铁生态圈建设和分业经营功能定位,推动生产智能化、安全本质化水平不断提升。“环境经营水平提升”竞赛,严格落实“长江大保护”规划等要求,助力企业绿色发展。“对标找差降本增效”竞赛,以“简单、高效、低成本”为目标,选取世界一流企业、行业先进企业作为对标对象,建立对标找差指标体系,做到内部对标与外部对标相结合,与同工序、同岗位比,与世界一流指标比。“融合创新协同共建高质量钢铁生态圈”竞赛,践行共建共享发展理念,对内加快专业化聚焦整合,以市场化为原则,以平台化、生态化思维为引导,聚焦“圈比提升”加快共建高质量钢铁生态圈,有计划、有目标、有措施地稳步推进各项劳动竞赛。“打赢疫情防控阻击战”竞赛,围绕一手抓抗击疫情,一手抓生产经营,两手抓两手都要硬,助力公司夺取疫情防控和经营发展的双胜利。“打赢脱贫攻坚战”竞赛,以坚决打赢打好脱贫攻坚歼灭战,全力以赴完成10县脱贫攻坚任务为目标,体系联动、系统推进,高质量完成竞赛目标。(徐 卫)

【宝钢工程大力推进降本增效劳动竞赛】 根据中国宝武“全面对标找差,创建世界一流”的管理主题,结合宝钢工程成为钢铁设计行业“谋、投、建、改、退”思想库、参谋部、智囊团的定位,组织策划年度劳动竞赛项目,深度聚焦智慧制造、降本增效、新增手持订单、三治四化等公司重点工作任务,并发动各子公司、各部门、各基层班组积极参与本项活动,引领广大职工勇挑重担、积极实践、争创一流。8家二级子公司通过“采购降本”“费用管控”“政策利用”等28项降本措施,实现降本增效6225万元,超额完成目标任务。(周玉亭)

【宝武炭材积极开展劳动竞赛、“献一计”等群众性活动】 2020年,宝武炭材围绕公司经营总方针和总目标,以“成为中国新型炭材料行业的领先者”为愿景,深入开展以降本增效、生态圈建设、智慧制造、安全生产、环境经营、跨基地同工序对标等为主要内容的7项劳动竞赛,确定205个劳动竞赛项目,组织各单位制订具体落实计划,通过方案细化分解、目标量化可考、过程管理推进、激励措施到位,提高了竞赛的管理水平,激发广大职工团队争先、岗位创优的主人翁精神和参赛热情。全年宝武炭材完成降本增效劳动竞赛指标降本增效1.99亿元,完成集团指标284.29%。协同竞赛处置固废5.82万吨,固废累计综合利用率99.60%;宝武炭材连续5年获集团劳动竞赛优胜单位。(周昌通)

【宝地资产广泛开展立功竞赛】 2020年,宝地资产根据集团公司《关于组织开展中国宝武2020年“全面对标找差、创建世界一流”劳动竞赛的指导意见》要求,宝钢发展、宝地资产结合生产经营实际,开展8项竞赛项目,并自我加压,由集团下达降本增效指标3655万元调整为6827万元。层层发动分解竞赛指标,召开竞赛启动会,明确竞赛项目,分解竞赛指标,推动各单位竞赛立项149项,确定公司重点推进项目16项,分厂级81项,班组52项。季度做好竞赛过程跟踪,推动专项竞赛项目单位成立竞赛团队,明确各项目里程碑节点及阶段性交付成果;制订《公司级重点推进项目情况汇总表》每季度跟踪推进情况。2020年,完成降本增效1.08亿元,完成集团公司下达指标的296%,完成公司确定挑战指标6827万元的159%。(朱 宏)

【上海石化开展“创先争优、建功立业”劳动竞赛】 2020年,上海石化公司开展“创先争优、建功立业”劳动竞赛，共设“DCS 报警管理”“仪表自控率提升”“质量在线仪表应用提升”“工程量签证”4 个专项劳动竞赛项目。“DCS 报警管理”专项劳动竞赛，有 12 套生产装置参加，评选出指标先进装置 27 套（频次），“报警响应率”从竞赛前的不足 85% 提高到了 99%，“平均报警速率”从 0.83 下降到 0.4，“高峰报警速率”从 65.9 下降到 23.07。“仪表自控率提升”专项劳动竞赛，9 家二级单位和仪控中心仪表运维区域为竞赛对象，考核仪表自控率达标情况、提升情况、日常工作开展情况以及攻关情况 4 个方面，公司仪表自控率从 97.60% 上升到 98.73%，提升 1.13%。“质量在线仪表应用提升”专项劳动竞赛，有 7 家二级单位参赛，共有 27 家（频次）二级单位获奖，在线仪投用率由 96.36% 提升到 98.2%，取代率由 63.26% 提升到 89.12%，公司在线仪总部排名跃居第二名。“工程量签证”专项劳动竞赛，有 12 家二级单位参赛，从 7 月起开始竞赛，工程量签证平均及时率由上半年的 83.74% 提高至 95.27%，签证偏差率同比下降 27%。（徐　军）

【上海石化开展“优良日”活动】 2020 年，上海石化公司工会联合安环部等职能部室，组织开展“优良日”活动。通过悬挂横幅、编发宣传手册、电视和报纸等媒体宣传、巡回宣讲、大讨论征文、知识竞赛等形式，营造了“人人争优良、人人保优良”的活动氛围。活动期间，公司工会严抓过程管理，一是编制 5 期“优良日”活动快报，让干部职工及时了解活动开展情况。二是牵头各专业条线，对 9 大项 19 小项否决指标作进一步解读，并形成书面意见下发。三是到各二级单位进行“优良日”活动调研，了解各单位在“优良日”活动开展过程中的做法、经验以及问题等，为 2021 年“优良日”开展活动做准备。12 月份，组织召开“优良日”活动交流座谈会，6 家单位交流发言，为进一步推进“优良日”活动打下坚实基础。2020 年，共发生“优良日”否决项 98 项，评选产生 20 个“优良日”年度优胜班组。（徐　军）

【中船上海船舶工会召开 2020 年上海船舶系统专项劳动和技能竞赛发布评估会】 11 月 27 日，中船上海船舶系统专项劳动和技能竞赛发布评估会在上海外高桥造船有限公司报告厅举行。4 月，中船上海船舶工会贯彻落实中央和集团公司党组指示精神，开展“砥砺奋进新时代、争分夺秒促生产”为主题的专项劳动和技能竞赛，在统筹推进疫情防控的同时，抓紧生产经营任务，全面做好“六稳”工作。会上，5 项上海船舶系统劳动竞赛立项项目和 40 项各成员单位劳动和技能竞赛立项项目逐一发布劳动和技能竞赛开展情况，以企业部门、人力资源部门和工会等方面的专家组成评估组，围绕项目开展的“五个有”，即有组织、有计划、有举措、有制度、有成效，对 45 个项目做出专业评估。中船上海船舶工会副主席姚莹指出，扎扎实实地开展劳动和技能竞赛要注重抓好两个结合，以确保竞赛项目有针对性和实效性。一是要力求使劳动竞赛与工会日常工作紧密结合，有效发挥群众性创新活动在节能降耗、生产优化和技术改造等方面的作用。二是要以劳动和技能竞赛为主线，坚持项目与本单位生产相结合。通过生产竞赛同车间、班组管理相结合的方式，确保或提前完成各项生产指标，并且充分发挥班组、车间的能动性。各级基层工会要正确理解“竞”和“赛”的辩证关系，以专项劳动和技能竞赛为契机，激发广大职工参与的积极性，让竞赛成果为企业发展助力，为集团公司高质量发展添砖加瓦。（贾　晶）

上海烟草储运公司职工在技能竞赛中对烟叶进行质量普查　（张博宇）

【上海烟草集团储运公司工会开展“强双基·高质量·双胜利”职工劳动竞赛暨生产技能竞赛】 为精准对标智慧物流发展对于职工技能的要求，储运公司工会做好“平台搭建者”，当好“组织牵线人”，联合专业科室共同开办劳动竞赛，聚焦烟叶原料与成品卷烟的主责主业，强化职工队伍的核心竞争力。一是两级操作，好中选优。为帮助公司优中育才、精强队伍，借鉴竞技体育“预选赛+决赛圈”的赛制，鼓励职工参与多层次选拔，磨练一身“过得硬”的技能素养。竞赛历时 4 个月，共 98 人次参与。二是注重技能，培育能手。以紧贴生产现场、锻炼技能水平为目标，延续去年竞赛理论与实操“四六开”占比的权重分布，向广大职工持续释放“技能为重”的信号。在应会环节，实物 1∶1 设置考场，考察重点包罗万象，直击生产业务的难点与堵点，真正实现了“平时做什么，竞赛比什么”的效果。三是聚焦发展，动态创新。进一步扩大信息化实操应用的占比，设置“智能仓间物流设想”的开放性试题，培养职工适应未来发展、强化复合能力。专业科室根据新修订的文件标准及业务变化，对“千题题库”予以实时更新，始终确保竞赛满足当前工作要求。竞赛整体呈现标准化、全面化、精益化、智能化的特色，体现竞赛对公司中心工作与未来发展的有力支撑。

（沈　恺）

【铁路上海局集团公司工会广泛开展劳动竞赛】 2020年，铁路上海局集团公司工会聚焦“五个确保、五个见实效”目标，创新“节支降耗作贡献、改革创新立新功”劳动竞赛组织，树立专业导向，将竞赛管理与专业管理紧密结合，确保竞赛落实落地。一是划分专业竞赛组，按照专业系统分工，将竞赛划分10个竞赛小组，由各竞赛组牵头部门制订本系统的竞赛目标、竞赛内容和考核标准，让专业部门提前介入竞赛的顶层设计；二是强化专业引导，各专业部室结合日常推进情况，季度开展总结推广工作，分专业推送宣传微秀，年内已公布10个系统的宣传微秀；三是实施专业考评，以“安全生产、节支降耗、工作质量、创新创效”等为主要内容，强化过程考评，并把劳动竞赛考评结果纳入专业综合考评中，提升竞赛实效，强化对安全生产、运输经营等中心工作的促进作用。年内发挥专业主导作用推进劳动竞赛的做法被中国铁路总工会以通报的形式在全路推广。开展“安全隐患大家找”活动，线上依托“上铁职工家园”APP平台，线下通过书面填报或电话报告等方式参与，广泛发动职工，全年发现和整治各类安全隐患2.2万条。围绕“节支降耗、改革创新”主题，征集合理化建议和金点子2.9万条，预计产生直接经济效益超亿元，32项成果获得省部级成果奖。获上海市优秀发明选拔赛金银铜奖28项、合理化建议和先进操作法优秀成果4项。

（倪定洲）

【上海船舶运输科学研究所工会“提质增效”劳动竞赛取得成效】 2020年，上海船舶运输科学研究所工会聚焦公司“稳中求进”总基调和“巩固、增强、提升、畅通”总要求，对标“高质量发展”目标开展了“提质增效”主题劳动竞赛活动。舰船自动化部工会开展“自主可控国产化替代模块”设计研发比赛，提高产品的国产化率，逐步摆脱对进口元器件的依赖；航运技术与安全部工会聚焦构建创新实验平台，开展船模试验手段、试验载体优化竞赛；交通工程工会结合复工复产后的疫情防范，开展以“落实全员安全责任，促进企业安全发展”为主题的安全生产竞赛活动，创新升级传统安全防控手段，实现数字化安全管理；交通信息化工会开展高速公路信息化系统开发实践竞赛，研发出新一代基于国产化、跨平台、智能边缘管理的高速公路联网收费车道系统软件，解决高速公路信息化系统“卡脖子”风险；智能系统工会结合部门视频产品研发需要，开展“人脸识别技术”应用比赛，提升了人工智能技术的应用水平；中海电信各工会结合船舶通导设备安装、调试、维修、检测、制造、销售的业务特色，开展生产流程“小革新”、维修技能竞赛、优秀维修案例的征集和评选、新设备知识比武等，并在疫情期间，开创“云检查”“云指导”的管理模式，解决疫情期间船舶通导设备故障修复问题；中海环境工会围绕公司数字化转型项目的落地实践，开展以“环保数字化”为主题的劳动竞赛，开发的“浦东新区智慧环保管理平台”使环保监管手段更智慧、运行更智能、管理更高效，取得了良好的社会效益。

（顾霞琴）

【中远海运集装箱运输有限公司工会组织开展提质增效劳动竞赛】 2020年，中远海运集装箱运输有限公司工会以“服务提质、效能提速、管理提效、全面提升更高质量发展”为工作主线，紧扣公司全年核心经营任务目标，组织开展“质跑当下，效赢未来”提质增效劳动竞赛。经过8个月的精心培育，涌现出的74个项目突出体现了3个亮点：一是项目数量“多”、覆盖范围“广”，跨区域、跨部门、跨单位协同立项、携手攻坚，充分体现全球高效协同的特点；二是项目质量“优”，紧扣主题“准”，高度契合提质增效主题和公司发展战略；三是方案立意“新”，项目成效“实”，为该公司应战疫情形势、实现效益稳定及提升发挥积极作用。经过多轮选拔，15个质跑项目最终站上成果展示舞台，分享经验、比拼创意，选手们聚焦营销创新、全球化、数字化、端到端、成本领先等不同领域，展现了开拓市场的智慧，体现全球化视野和勇立行业新潮头自信。

（钱　华）

【中远海运重工有限公司工会将劳动竞赛与地区发展建设相结合】 2020年，中远海运重工有限公司工会以重点项目为单位，采取突击式的方法攻坚劳动竞赛项目，覆盖技术改良创新、生产经营、基础管理、后勤服务等内容。通过企业公众号、活动场地、宣传栏等文化宣传阵地，开展劳动竞赛宣教活动。所属上海中远海运重工有限公司船体工区通过深入参与崇明区引领性劳动和技能竞赛，在修船和海洋工程装备业务方面，一般质量事故、质量问题、较重质量问题和一般质量投诉均为零，被评为“奋进新时代、创造新奇迹——推进高质量发展上海职工劳动和技能竞赛先进集体”（崇明生

上海寰宇物流装备开展“造最美集装箱，做最美造箱人”活动　（刘　霞）

态岛建设赛区）。（魏敬民）

【上港集团装卸一线业务承包公司开展劳动竞赛活动】 2020年，上港集团装卸一线业务承包公司积极响应上港集团“奋进新时代，强港勇担当”立功竞赛倡议，以“战疫情、抓生产、保目标、比贡献”为总基调，开展各类劳动竞赛活动。山东平邑承包公司联同高桥镇工会积极筹办集装箱岗位捆扎作业技能竞赛活动。宝山山丰、重庆黔江、江西弋阳、安徽黄山、山东薛城等承包公司均投入到属地单位组织的劳动竞赛之中。针对罗泾分公司“建辉”轮的装船劳动竞赛，宝山山丰承包公司派遣207班组对船舶的5舱进行重点部署，班组全体成员齐心协力，创下了单工班装螺纹钢2570吨的优异成绩，提前16个小时完成作业任务。山东临朐承包公司以“弘扬企业安全文化，加强班组安全管理，强化疫情措施落实”为主题，在全港散件杂货、集装箱业务点开展为期100天的“百日安全”劳动竞赛活动，围绕违章自查自纠、安全学习培训、执行规章制度、查找安全隐患、开展合理化建议等方面进行技能比拼。（朱　斌）

【上海邮政工会开展“当好主人翁、建功新时代”劳动竞赛】 5月，上海邮政工会以“当好主人翁、建功新时代”为主题，围绕集团公司2020年劳动竞赛项目和上海重点业务，牵头市分公司各专业部门研究部署并落实开展“转型求突破、金融多贡献”代理金融业务、“营销争先”、农村电商提质增效、校园综合营销项目、寄递业务“众创众享”工程、寄递业务“比学赶超”“五星闪耀”最佳处理中心和最佳投递服务质量、信息网运维、寄递“服务质量明星”9个专项劳动竞赛和1个综合竞赛活动。制订并出台《中国邮政集团有限公司上海市分公司劳动竞赛管理办法》，健全完善劳动竞赛委员会组织机构。（杨　娟）

【上海航道局工会开展主题立功竞赛活动】 4月初，在常态化疫情防控的情况下，上海航道局工会开展“围绕中心比效益、创高效精品工程，科学防控比安全、创安康精品工程，提升管理比质量、创优质精品工程，立足岗位比技能、创匠心精品工程，持续学习比创新、创智能精品工程，履行责任比贡献、创和谐精品工程”六比六创主题立功竞赛和“抢抓合同促生产”专项立功竞赛，夺取疫情防控和实现年度任务目标双胜利。专项立功竞赛贯穿全年，聚焦企业生产经营难点订立目标，完成2020年公司产值、新签合同、利润三项经营指标目标的同时，围绕企业高质量发展核心，实现“港航、市政、房建、水利、公路”5大业务发展新目标。组织职工参与上海市重点工程实事立功竞赛，长三角地区立功竞赛，各省市、重点区域劳动竞赛，争创一批省部级以上先进集体和先进个人。（于美庆）

【中交三航局召开重点工程立功竞赛暨建设崇明世界级生态岛劳动竞赛誓师动员大会】 3月15日，中交三航局公司在崇明花博会项目部召开主题为“凝心聚力抓落实、奋力夺取双胜利”2020年重点工程立功竞赛暨建设崇明世界级生态岛“六比六创”劳动竞赛誓师动员大会。市总工会副主席周奇，市总工会基层工作部部长张刚，中交集团工会联合会副主席姚彦敏，三航局党委书记、董事长王世峰，副总经理尹建兵，党委副书记、工会主席傅瑞球等出席会议。三航局立功竞赛领导小组成员处室代表，12家参赛单位的党政领导、竞赛办主任、工会主席和党员突击队、工人先锋号队员等120余人参加会议。会议现场开通网络直播，共有1300余人通过视频观看此次誓师动员大会。（黄书展）

【上海海事局工会开展多主题职工劳动竞赛活动】 2020年，上海海事局工会制订并印发《关于开展“建功十三五，争当排头兵”劳动竞赛活动的通知》及《中国海员工会上海海事局委员会关于开展第三届中国国际进口博览会“凝心聚力进博会，建功立业创一流”立功竞赛活动的通知》两个文件，搭建全局引领性、示范性劳动和技能竞赛平台，各类技能比武、立功竞赛活动蓬勃展开，局工会联合多部门举办船舶现场监督检查比武、电子巡航技能比武、第三届陈维式青年人才创新大赛等系列大型职工竞赛活动。（陆智静）

【上海建工集团获市立功竞赛多项荣誉】 1月8日，2019年度上海市重点工程实事立功竞赛表彰大会召开。市委副书记、市长应勇出席，并接见了包括市政总院周军、四建集团何杰、材料公司朱志华等在内的60名全市立功竞赛先进集体和先进个人代表。集团副总裁叶卫东出席会议。在大会表彰的2019年度上海市重点工程实事立功竞赛先进集体和先进个人中，建工集团赛区的市政总院、四建集团和材料公司荣获“金杯公司”称号，二建集团第四工程公司、园林设计总院崇明花博会项目部和北横通道工程总承包项目部荣获“金杯团队”称号，一建集团等12家单位荣获“优秀公司”称号，五建集团第三工程公司等14个集体荣获“优秀团队”称号，七建集团郁春明等9人荣获“建设功臣”称号，基础集团马仕等28人荣获“优秀建设者”称号，建工集团被评为“先进赛区”。（余轶群）

【上海建工集团召开重大工程立功竞赛誓师会】 4月24日，上海建工集团在北外滩贯通和综合改造提升工程召开重大工程立功竞赛誓师会。市重大办副主任、市竞赛办主任金燕，集团党委副书记、总裁卞家骏，党委副书记张立新、副总裁林锦胜等出席。一建集团、二建集团、安装集团、机施集团、装饰集团、园林集团等单位发言，总承包部发出立功竞赛倡议，各参建项目部在立功竞赛承诺牌上签字，会上为新成立的项目青年突击队和疫情防控志愿服务队举行授旗仪式。集团相关部门负责人及各参建单位主要领导、分管领导、工会主席、工程公司负责人、项目管理人员代表约60人参加。（余轶群）

【上海建工集团启动临港新片区建设工程立功竞赛活动】 6月10日，上海建工集团对接临港新片区指挥部联合党、工、团成立仪式暨“精品杯”立功竞赛动员会在两港大道工地现场召开。临港新片区集聚集团旗下15家单位，在建总承包项目63个，包括两港大道快速化改造、第六人民医院东院、创晶科技中心、冰雪之星、临港科技城等一批重大工程、重点项目。会上，宣读《临港新片区建设工程立功竞赛赛区共建倡议书》；集团工会、团委分别命名成立集团临港新片区建设工程“职工创新工作室”“工人先锋号”“青年突击队”；各参建单位主要领导在《临港新片区建设工程立功竞赛承诺牌》上签字；七建集团、五建集团、市政总院相关代表作交流发言；两港大道（新四平公路—S2）快速化工程项目部发出立功竞赛倡议书并明确节点目标责任。集团相关部门负责人、参建单位主要领导、分管领导、工会主席、团委书记、建设者代表等80余人参加。（余轶群）

【市总工会、市水务局召开“碧水保卫战”劳动和技能竞赛表彰暨工作推进会】 9月28日，市总工会、市水务局在青浦召开“碧水保卫战”劳动和技能竞赛2019年度表彰暨2020年工作推进会。中国农林水利气象工会长江委员会主席徐德毅应邀出席会议并致辞，市总工会副主席周奇、市水务局副局长刘晓涛出席会议并讲话。市总工会基层工作部、市河长制办公室成员单位、各区总工会、各区水务局、市水务局相关部门和单位、相关行业协会负责人和部分获奖代表等100余人参加会议。参会人员参观先进集体个人事迹和第二届最美河道评选成果展版，观看了劳动竞赛巡礼片《攻坚克难聚合力，劳动竞赛创佳绩》。会议对2019年“碧水保卫战”劳动和技能竞赛中的先进集体和先进个人进行表彰，对前阶段的劳动竞赛工作进行总结，并对2020年“碧水保卫战”劳动和技能竞赛工作进行再部署再动员。先进集体和个人代表作交流发言。围绕进一步强化劳动和技能竞赛引领作用，服务推进城市治水工作，会议提出传承优良传统，坚定发展道路；担当时代使命，扩大竞赛输出；加强过程把控，提高竞赛水平等工作要求。（王佐仕）

【市税务局工会积极开展劳动竞赛】 市税务局工会与局人教处联合开展2019年度上海市税务系统星级基层服务明星主题竞赛活动，对评选出的20名“上海市税务系统四星级基层服务明星”、25名“上海市税务系统三星级基层服务明星”和49名“上海市税务系统二星级基层服务明星”荣誉获得者进行奖励。联合市局人教处对2019年度“上海市税务系统青年五四奖章（优秀青年干部）”主题竞赛活动中评选出的21名“上海市税务系统青年五四奖章（优秀青年干部）”、40名“区（分）局级优秀青年干部”称号获得者进行奖励。各基层工会以“优化营商环境”改革、“减税降费”等重点工作为契机，开展形式多样的劳动竞赛。浦东新区税务局工会开展以“减税费优服务，提升营商环境水平”为主题的纳税服务技能竞赛；闵行区税务局工会组织开展“优化营商环境立功竞赛”和“凝心聚力进博会、建功立业创一流”立功竞赛；第二稽查局举办“税务稽查案例评比”、“综合文秘”劳动竞赛。（娄晓辉）

【市科技工会举办第二届劳动技能大赛总结会】 12月31日，市科技工会在中电50所召开“科创先行者，建功新时代”上海市科技系统职工第二届劳动技能大赛总结会。市科技工会常委、委员及基层工会主席、工会工作人员近50人参加会议。中科院上海硅酸盐所、中电23所、中电50所、中船704所、上海煤科、上海科技馆等6家单位的职工创新工作室获评科技系统职工创新工作室；翁泽安、马忠建、吴泓澍、张根祥、王磊、苏勤、陈炯、许叶春、周建明9名职工获评科技系统工匠；中科院上海硅酸盐所、中科院上海技物所、中电21所、中电23所、中电50所、中电51所、上海煤科、市科协8家单位获得第二期劳动技能大赛专项补助经费10.4万。（冯莺）

【市医务工会开展第三届进博会立功竞赛表彰活动】 11月5—10日，第三届中国国际进口博览会（以下简称“进博会”）成功举办，市卫生健康系统广大医务职工积极投身“凝心聚力进博会、医疗服务创一流”立功竞赛活动，对标最高标准、最好水平，充分发挥主力军作用，推动进博会医疗保障任务圆满完成，并涌现出一大批先进集体和个人。本次竞赛设置“提升医疗保障能力、做好公共卫生保障、改进医疗服务水平、加强行业安全管理”四大项目。经综合评审，华东医院东楼急诊护理组等75个团队（班组）获得“第三届‘凝心聚力进博会、医疗保障创一流’立功竞赛优秀团队（班组）”，王银云等114位个人获得“第三届‘凝心聚力进博会、医疗保障创一流’立功竞赛岗位标兵”。（马建发）

【SMG工会广泛开展主题劳动竞赛】 2020年，SMG工会开展以“安全播出、节能降耗、提高效率、岗位练兵、技能革新、节目开发、金点子创意、高师带徒”等为主要内容的劳动竞赛。横跨大半年的“劳动光荣、创造伟大”SMG劳动竞赛，台集团各直属工会和广大干部认真做好新闻宣传中心工作，圆满完成国庆中秋、深圳改革开放40周年、中国人民志愿军抗美援朝70

市科技系统职工第二届劳动技能大赛总结会（金晓钢）

周年、第三届中国国际进口博览会及浦东开发开放30周年的各项保障工作；活动期间，还开展选树“SMG工匠”“双月竞赛”“战‘疫’——SMG营销热搜”等特色活动。通过劳动竞赛的评选，产生20个“SMG先进班组”、50位“SMG工匠”。（秦伊龄）

【光明食品集团举行花博园区建设立功竞赛誓师大会】 6月12日，“奋战200天”决胜花博园区建设立功竞赛誓师大会在花博园区举行。大会由市总工会、市重大工程建设办公室主办，花博会统筹协调指挥部承办。市总工会副主席周奇，市住建委副主任、市重大办常务副主任朱剑豪，光明食品集团党委副书记、总裁刘平，中交三航局党委书记、董事长王世峰，上海建工集团党委副书记、总裁卞家骏为立功竞赛的12支突击队授旗。花博会劳动竞赛领导小组对竞赛推进情况作了介绍，中交三航局、上海建工、华建集团、建科院等单位分别作表态发言。光明食品集团作为本届花博园区建设主体，在花博园区建设中，全体建设者克服疫情影响攻坚克难。苗木种植和容器苗备苗如期完成，花卉培育创新技术取得重大突破，复兴馆建设进度达40%，水系工程建设进度达60%，光明种植土工厂每天生产近3000吨的成品土，世纪馆、竹藤馆、临时场馆、温室大棚、配套设施等项目建设取得重大进展。来自花博园区所有参建单位共200余人参加大会。（朱菊英）

【百联集团工会开展主题劳动竞赛活动】 2020年，百联集团工会围绕集团全年经济目标，开展“每天多推一条信息、每天多拉一名会员、每天多做一笔订单”的“三个一”主题劳动竞赛活动，21878名职工通过“人人惠”线上平台参与活动，取得新成效。年初，集团工会与全渠道品牌营销部共同设计活动方案，每季度推出营销员奖牌榜。各级工会积极宣传推广，在企业内营造争金夺银的竞赛氛围，进一步点燃职工的营销激情。集团各级工会更是拉长长板，把企业的经营与全员营销活动紧密结合起来，围绕“商品+服务”“线上+线下”“文化+营销”的新模式，扩大营销的传播面，拉动企业的销售额。截至12月31日，完成订单160万笔，同比增长103%；完成销售额27098万元，同比增长123%；阅读量222万，同比增加140%，有力助推集团的经济工作。根据竞赛活动规则，集团工会对照报表数据评选出年度竞赛活动先进集体和个人。其中，联华股份、百联股份、全渠道、百联置业、人力中心5家工会被评为“优秀组织奖”，30名职工被评为“先进个人”。（姜　杰）

【上海城投集团召开重大工程建设立功竞赛推进会】 9月21日，城投集团召开2020年度重大工程建设奋战百日动员暨立功竞赛推进大会，集团党委书记、董事长蒋曙杰出席会议并讲话，集团党委副书记、总裁陈庆江为工程项目代表授旗，党委副书记、工会主席杨茂铎主持会议，集团副总裁叶华成进行工作点评和部署，集团副总裁樊仁毅、周浩，总工程师胡欣，财务总监张义澎，市规划资源局、市交通委、市水务局、市重大办（竞赛办）、市房管局等相关处室领导出席会议。北横通道建设团队向全体参与城投重大工程项目的建设者们发起“奋战一百日、夺取双胜利”倡议，奋力推进重大工程建设、奋战百日抓好冲刺。会议拉开首场“文艺演出进工地，致敬城市建设者”慰问演出的序幕，来自集团四大业务板块的职工以自编自导的演出形式，表达了对重大工程建设者们的崇高敬意和由衷感谢，为城市建设者们奋战一百天鼓舞士气。（熊　巍）

上海城投集团召开2020年度重大工程建设奋战百日动员暨立功竞赛推进大会（何　韵）

【上飞客服公司工会开展C919项目主题劳动竞赛】 9月，中国商飞公司上海飞机客户服务有限公司工会围绕C919项目客服工程研制任务，开展为期1年半的岗位建功劳动竞赛，号召C919条线全体职工投身“决战TIA，决胜‘三个一’”大会战中。评选出2020年度“大飞机奋斗者”25名，优秀攻坚队3支，优胜团队3支，为实现中国商飞公司“三个一”奋斗目标贡献力量。（徐　雷）

【上实集团工会组织岗位立功竞赛为企业发展增添动力】 上实集团工会结合企业实际，组织开展劳动竞赛，促进企业转型升级。承办“崇明世界级生态岛建设引领性劳动和技能竞赛——上实东滩赛区观摩会”，指导上实东滩工会开展工作，提升了上实东滩园区生态环境质量和生态产业能级，培养了一支专业团队。突出主题，抓牢重点工作开展竞赛。路桥公司工会开展“迎进博”“迎国评”决战冲刺50天立功竞赛活动，以“全力抗疫、共克时艰，强业务、提素质，岗位建新功”为主题，全面提升本路段服务和规范化管理水平；G50公路作为进博会保障核心路段，通过业务知识争霸赛、复式收费团队赛等竞赛载体，提升文明服务水平和窗口形象。上实财务工会开展“百日锤炼铸精兵，精细管理展新颜”的百日赛活动，进一步规范工作流程。申渝运营部获评市重大工程立功竞赛交通委优秀团队，G2 江桥收费站获评市重大工程立功竞赛优秀团队，沪宁高速一员工获评市重大工程立功竞赛优秀建设者。（王玉君）

职工创新

【概要】 市总工会持续推进各类型职工创新工作室建设工作，2020 年上海市劳模创新工作室共收到 59 个区、局（产业）工会推荐申报 87 家工作室，并最终评审命名了第十批 77 家上海市“劳模创新工作室”。会同市职工技协在全市范围内开展工匠（技师、职工、巾帼）创新工作室创建命名活动，全市共有 37 家区局（产业）工会推荐申报工匠创新工作室 41 个，61 家区局（产业）工会推荐申报技师、职工、巾帼创新工作室 151 个，经资格审查、初审、复审、实地走访和终审，命名工匠创新工作室 25 个，技师创新工作室 35 个、巾帼创新工作室 28 个、职工创新工作室 37 个。推荐第三批全国示范性劳模和工匠人才创新工作室，本市共有 3 家创新工作室获得全总命名。（王　点）

【举办第十届上海职工科技节】 8 月 23—29 日，市总工会、市发展改革委、市科委、市教委、市人社局、市知识产权局、团市委、市科协等 8 家单位联合举办第十届上海职工科技节。科技节围绕“匠心筑梦、创新未来”主题，举办科学之夜——上海工匠秀场专题活动，组织上海工匠技术服务队进园区、进企业，开展技术咨询、技术培训等活动；举办上海职工科普讲师团进企业、上海工匠讲堂活动；举行首届长三角地区职工数控技术优秀论文发布活动；举办“工匠工作室开放日”“工匠讲堂天天讲”“技能竞赛观摩日”等活动。本届上海职工科技节有 68 家区局（产业）的近百项职工科技创新活动，覆盖 5 千余个基层单位，近 60 万名职工投入其中。（陈志渊）

8 月 24 日，市人大常委会副主任、市总工会主席莫负春，市总工会党组书记、副主席黄红参观“科学之夜”上海工匠秀场活动　（刘峙钒）

【举办“科学之夜”上海工匠秀场活动】 上海职工科技节系列活动之一，科学之夜——上海工匠秀场专题活动，在 8 月 23 日开幕式之际举行。活动邀请 15 名上海工匠以工匠讲授、技艺展示、实践体验、培训互动等多种形式，为市民提供茶艺、木艺、铜艺、厨艺、花艺等生活服务，提供信息光纤综合布线、高压柱塞泵装配精度体验、芯片制造、智能机器人等新兴产业工艺和成果展示，搭建工匠技艺展示平台，打造市民与工匠近距离交流的匠心盛宴。（赵志灏）

【推荐优秀发明项目参加第二十四届全国发明展览会】 11 月 19—21 日，第二十四届全国发明展览会在广东（潭州）国际会展中心举办，市职工技协共推荐 30 个非公企业优秀发明成果参展。经过展会评委专家的评审，18 个参展项目获奖，其中，上海思岚科技有限公司“服务机器人通用移动平台”等 4 个项目获得金奖；中芯国际集成电路制造（上海）有限公司“0.15 微米尖端高压电源管理芯片的研发与创新”等 10 个项目获得银奖；上海英恒电子有限公司“新能源汽车‘多合一’动力总成控制器”等 4 个项目获得铜奖。上海市职工技术协会还获得本届发明展优秀展团奖。（谢　磊）

【推荐优秀职工发明创新项目申报 2020 年度国家、上海市科技进步奖】 根据国家科学技术奖和上海市科学技术奖推荐工作要求，市职工技协遴选了 11 项由一线职工发明创造的优秀技术成果参加 2020 年度国家、上海市科技进步奖项目评审。经过项目受理推荐、形式审查、公示、专家评审等程序，上海隧道工程有限公司李鸿的“超大直径泥水平衡盾构施工工法创新及应用”通过国家奖励办初评结果公示；中国宝武集团宝山钢铁股份有限公司杨建华发明的“铸机状态智能诊断系统”等 4 个项目通过上海市科学技术奖复评结果公示。（谢　磊）

【举办第三十二届优秀发明选拔赛】 2020 年，市总工会、市知识产权局、团市委、市科协、上海发明协会等单位联合举办了第三十二届上海市优秀发明选拔赛。经各区局（产业）集团和有关单位认真组织、广泛发动，共有 360 余家基层单位的 7000 多名一线职工报名参赛，参赛项目 2027 项，其中优秀发明项目 1278 项，优秀创新项目 523 项，青少年项目 226 项。按照《上海市优秀发明选拔赛评审办法》，市职工技协组织选拔赛专家评委会分别对参赛项目进行初审（资格审查）、复审（专业评审）和答辩终审，同时开展选拔赛金奖入围项目公示点赞活动。经评审，共有 818 个项目获奖，其中优秀发明金奖 54 项、银奖 191 项、铜奖 258 项，职工创新成果金奖 46 项、银奖 67 项、铜奖 89 项、入围奖 113

项。（谢　磊）

【征集命名2019年度上海市职工合理化建议和先进操作法优秀成果】 市总工会、市科委和市经信委联合组织开展上海市职工合理化建议和先进操作法优秀成果征集命名活动，共有81家区局（产业）工会413家基层单位工会申报680项职工“五小”成果。经专家评委会初审和复审等程序，复旦大学附属华山医院的《门诊“智慧e疗”就医服务》等20项合理化建议为2019年度上海市职工合理化建议优秀成果，上海二十冶建设有限公司的《冶金工程轧机设备精准高效安装先进操作法》等20项先进操作法为2019年度上海市职工先进操作法优秀成果；云赛智联股份有限公司的《以大数据顶层规划引领城市“数据中台”建设》等100项合理化建议为2019年度上海市职工合理化建议项目创新奖，国药集团医药物流有限公司的《国药物流智能运输管理系统》等100项先进操作法为2019年度上海市职工先进操作法创新奖。

（姚星月）

【2020年度上海市工匠（技师、职工、巾帼）创新工作室创建命名活动】 为进一步发挥工匠、技师等技术人才示范引领作用，激发职工岗位创新活力，11月，市职工技协在基层企事业和区局（产业）工会开展职工创新工作室创建活动的基础上，选树命名一批上海市工匠（技师、职工、巾帼）创新工作室。全市共有68家区局（产业）工会推荐192个工作室参评上海市工匠（技师、职工、巾帼）创新工作室。经专家评审与实地走访，评选产生了125个工匠（技师、职工、巾帼）创新工作室，其中，工匠创新工作室25个，技师创新工作室35个，巾帼创新工作室28个，职工创新工作室37个。市总工会对最终创建命名的25个市工匠创新工作室，给予每家2万元的创建资助；100个市技师、职工、巾帼创新工作室，给予每家1万元的创建资助，并原则上要求区局（产业）工会或基层工会应给予1∶1配套经费，支持其开展工作。（徐雅萍）

【市职工技术协会召开七届三次会员代表大会暨理事（扩大）会议】 12月15日，上海市职工技术协会七届三次会员代表大会暨理事（扩大）会议在上海市电力公司市北供电分公司召开，市总工会副主席周奇到会并讲话。会议审议通过市职工技术协会2019年、2020年工作总结及2021年工作思路，审议通过市职工技术协会2019年财务工作报告和2020年财务预算及收支情况，调整、增补32人为市职工技术协会第七届理事会理事，增补金祎、缪云明为副会长，选举王曙群为新一届上海市职工技术协会会长。

（朱洪程）

12月15日，市职工技术协会召开七届三次会员代表大会暨理事（扩大）会议　（刘峙钒）

【静安区总工会开展节能减排金点子征集活动】 2020年，静安区总工会围绕“中心城区新标杆、上海发展新亮点”的定位要求，在全区广大职工中开展“静安区职工节能减排金点子征集活动”。活动自7月份起开展，全区共有827家单位，10530名职工参与了线上征集活动，很多“金点子”已运用到实际工作和生活当中。为表彰在节能减排金点子征集活动中涌现出的先进集体，静安区总工会决定选树中国教育工会上海市静安区委员会等25家单位为“节能减排金点子征集活动优秀组织奖”。（李少华）

【宝山区职工创新成果丰硕】 年内，宝山区职工创新工作成果丰硕，有18家单位分获第三十二届上海市优秀发明选拔赛优秀发明金奖、银奖、铜奖；有8家单位分获第三十二届上海市优秀发明选拔赛优秀创新金奖、银奖、铜奖；5家单位分获上海市职工合理化建议创新奖、职工先进操作法优秀成果奖、创新奖。方红梅劳模创新工作室获评第十批上海市劳模创新工作室。5个创新工作室获评上海市创新工作室。（朱　艳）

【闵行区推进劳模创新工作室建设】

年内，闵行区总工会在全区各行业积极开展劳模创新工作室创建活动。一是规范创建要求。成立区创新工作室创建工作领导小组，修订下发《闵行区职工创新工作室管理暂行办法（修订）》，明确创新工作室的创建目标、创建要求和运行管理。二是建立激励机制。对每一个市级劳模创新工作室，在市总工会奖励2万元的基础上，区总工会再配套奖励2万元；对每一个区级劳模创新工作室、区级示范性劳模创新工作室，区总工会奖励2万元，作为工作室开展创建活动补贴。三是实行动态管理。每年选树区级示范性劳模创新工作室，每五年对已命名的创新工作室进行考核评估，不断提高创新工作室学习交流、技术攻关、成果转化、人才培养等工作的规范化水平，辐射带动全区创新工作室蓬勃发展。截至年底，全区成功创建劳模创新工作室21个，其中区级劳模创新工作室10个，区级示范性劳模创新工作室3个，市级劳模创新工作室7个，长三角劳模工匠创新工作室 1 个。

(王 凯)

【第四届松江职工科技节落幕】 12 月 31 日，由松江区总工会、松江区科学技术委员会、松江区人力资源和社会保障局联合举办的第四届松江职工科技节闭幕式落幕。会上，宣布荣获市、区两级职工创新活动奖项名单，宣读《关于表彰 2020 年度“松江工匠”的决定》，对“第四届松江职工科技节”的活动进行总结，为荣获市、区两级职工创新活动奖项的职工代表颁奖，为新成立的产业集群工会联合会授牌。各街镇、经开区总工会主席、副主席，相关委局、直属公司工会主席，获奖职工代表等共计 90 人参加活动。

(吴 琼)

【奉贤区总工会推动劳模创新工作室发挥“传帮带”作用】 近年来，奉贤区总工会、区劳模协会在全区积极创建劳模创新工作室，在广大职工群众中不断营造比学赶超、勇当先锋的良好氛围。截至年底，全区共有 29 家劳模创新工作室，其中市级 3 家，区级 26 家，涵盖工业、医药、农业、教育等多个领域。一是搭建学习平台，积极发挥劳模先进“传帮带”作用。通过开展技术培训、业务交流、名师带徒等活动，带动群众性科技创新活动持续深化。以劳模先进为团队领衔人的工作室在技术攻关、项目革新、课题研究等方面荣获各项专利成果百余项，激发企业内生动力和创造活力。二是将劳模创新工作室创建纳入重点工作，对劳模创新工作室开展技术攻关、技术革新、发明创造和技能培训等活动进行专项补助，有力保障创建工作开展。三是建立劳模创新工作室基层站点，增加创新成果辐射面。试点在困难企业、新农村等亟需突破技术瓶颈的基层设立劳模创新室分站点，带来经济效益。

(陆晓岚)

【奉贤区总工会选树职工创新先进集体和个人】 一是开展劳模创新工作室和技师创新工作室创建工作，创建上海市劳模创新工作室 3 个，创建市级技师(职工)创新工作室 4 家。二是积极参与“上海工匠”推荐选树工作，推荐获评上海工匠 1 名，评选 10 名奉贤工匠、10 名奉贤工匠提名奖。三是组织职工积极参与市评选活动，获得第三十二届上海市优秀发明选拔赛银奖 2 人、铜奖 3 人，获得首届长三角地区职工数控技术优秀论文 1 人，获得“2020 年度上海市职工合理化建议创新奖”2 人，获得“2020 年度上海市职工先进操作法创新奖”2 人。获得职业能力等级晋升、高师带徒奖励 150 名，获得晋升技师、高级技师奖励 23 名，获得一线职工授权发明专利奖励 10 名。

(薛思涵)

【市仪电工会开展职工“五小”创新成果征集表彰活动】 为推进仪电集团智慧城市整体解决方案提供商和运营商建设，仪电工会在职工中开展“五小”创新成果征集表彰活动。各重点子公司和直属单位工会共推荐创新项目 111 项，其中包括小发明 13 项、小改造 38 项、小革新 45 项、小建议 6 项、小设计 9 项。经过各单位自评、集团相关部门组成的专家组和仪电工会评分，评出一等奖 3 个、二等奖 10 个、三等奖 20 个。

(周黎俊)

【国网上海市电力公司工会举办“电力工匠”现场评审发布会】 12 月 17 日，2019—2020 年“电力工匠”评审发布会在国网上海市区供电公司天山路基地举办。本届“电力工匠”评审，特邀市总工会兼职副主席、全国劳模、大国工匠王曙群担任主评委，市工匠评审专家及公司设备部、基建部、调控中心、科信部参与评选。公司有关部门负责人、各基层单位工会主席及职工代表观摩了发布。此次以大力弘扬“工匠精神”，加快培养爱岗敬业、精益求精、创新卓越的高技能人才为目的的“电力工匠”选树活动，自 8 月启动以来，引起广大职工的关注，各单位从生产、基建、人工智能、物联网等专业推荐 24 名职工心目中的“电力工匠”候选人，经专家初审和网络投票，从中产生 12 名“电力工匠”正式候选人。经专家评委打分及综合评定，电科院高凯、浦东公司万轶伦、检修公司毛颖科、上海送变电公司夏杰、物资公司洪芳华、经研院黄阮明、市区公司冯文俊、市南集团何忠良等 8 名职工成为本届“电力工匠”。

(陈 纯)

【上海电建公司工会开展第十二届“智慧能量”职工五小成果征集发布活动】 8 月份，上海电建公司工会组织职工开展了 2020 年“智慧能量”职工五小成果发布活动，这是公司连续第十二年开展此项活动。通过组织发动、基层选送，共征集到职工“五小”成果 38 项。公司工会举办专题发布会，发布选手通过现场 PPT 演讲，当场回答了专业评委的提问等环节，展示各自的成果。经过评审，《菲律宾起重设备用电设计优化》《1350MW 二次再热塔式锅炉顶棚过热器吊装新工艺》和《大型发电机组间接空冷塔节能降耗及冬季防冻调试技术》等成果分获一、二、三等奖。获奖优秀成果推

奉贤区总工会为“谢振华劳模创新工作室”授牌 (陆晓岚)

上海电建公司工会召开第十二届"智慧能量"职工五小成果征集发布评审会 （傅　诚）

荐参加市总工会职工创新成果系列奖项评审，荣获"上海市职工先进操作法创新奖"。 （傅　诚）

【中国宝武全面开展"我为企业'对标找差创一流'献一计"活动】 8—12月，中国宝武集团工会组织开展"献一计"活动，围绕宣传发动到位率、员工参与率、各级组织评选表彰完成率100%目标，高效组织推动，注重过程跟进和上下联动，广泛宣传动员，点燃了广大职工献计热情，营造了处处立标杆、时时对标杆、人人创标杆的浓厚氛围。3个月内，职工献计近20万条，采纳率达到63%，一大批"金点子""智多星"等先进典型脱颖而出。集团工会评选出100个"金点子"，100名"智多星"，500个"银点子"，1000个"好点子"和10个优秀组织单位，形成了全体系组织发动、人人参与献计的生动局面，有力地推动了企业高质量发展。12月23日，举办"荣耀宝武　贡献有我"为主题的中国宝武"员工献计立功创新日"，会上为献一计活动"金点子"、"智多星"、职工岗位创新"新人奖"、优秀组织单位代表颁奖，为"智能制造技术应用攻关创新工作室"颁发匾牌。 （徐　卫）

【中国宝武职工岗位创新成果显著】 11月，中国宝武参加第二十四届全国发明展览会，共选送199项一线职工岗位创新成果参展，斩获金奖28项、银奖52项、铜奖61项，其中金银奖获奖率比上届提升13.4%。金国平的创新成果获上海市科技进步奖二等奖；7名一线职工分别荣获全国钢铁行业职工技术创新成果一等奖1项、二等奖3项、三等奖3项。季益龙、许慧华创新工作室被授予"上海市劳模创新工作室"。吉志勇、许慧华获"上海工匠"称号，蔡斌、邱全林、郭忠涛获湖北"荆楚工匠"称号，王伟获安徽"三晋工匠"称号。 （徐　卫）

【宝钢工程"献一计"活动创佳绩】 宝钢工程高度重视"我为企业'对标找差创一流'献一计"活动，党委书记、董事长亲自宣贯动员，并提出推进落实要求。制订下发《宝钢工程献一计活动的实施方案》，提出了"落实1234567，力争工程献计创佳绩"的活动宗旨（即1个主旨、2个目标、3个要求、4方合力、5个保障、6个奖项、7个步骤）。紧扣4个环节：有声有色的宣贯发动、有节有点的推进落实、有根有据的评先选优、有因有果的总结推广。年度献计总数2145条，献计率116%。采纳数1560条，采纳率73%。已实施80条，实施率6%。在中国宝武"献一计"活动中获"2金8银15好"，另有2位员工获评"智多星"。 （许　品）

【宝地资产发动职工参与"对标找差献一计"活动】 2020年，宝地资产明确3个目标建立2个机制，根据集团公司要求，专题推进"献一计"活动，明确"宣传发动到位率100%、员工参与率100%、各级组织表彰率100%"；并建立月报机制和宣传机制。月度做好信息汇总和宣传推送，每月汇总各单位组织推进情况、献计数据情况、基层优秀案例及提出的意见建议；通过"宝钢发展职工家园""宝地资产"微信订阅号定期推送特点鲜明的做法、职工的认识感受和优秀的意见建议。发动基层单位结合实际积极参与，基层单位结合业务特点聚焦"投资拓展、建设开发、招商运营、资本运作"进一步发动全员对标找差，积极参与"献一计活动"。活动期间，共收到建

中国宝武举办"12.23公司员工创新日"活动 （施　琮）

议3474条，采纳1830条，实施917条。评选表彰“金点子”18个、“银点子”48个、“好点子”90个和“智多星”23名、“优秀组织单位”6家；推荐集团公司荣获“金点子”4个、“银点子”12个、“好点子”21个和“智多星”3名。（朱　宏）

【高桥石化公司工会深入推进职工创新工作室建设】　高桥石化公司工会以职工创新工作室建设为抓手，通过实施搭平台、建章立制，建体系、分层推进，定抓手、课题导向的“三步走”模式，进一步夯实了职工创新工作室建设，激发了一线职工创新活力。公司共有15家职工创新工作室，其中市级劳模工作室、工匠工作室、技师工作室各1个。各工作室根据各自专业特长和装置特性，在培养人才、提升管理、课题攻关等方面取得积极成效。如炼油一部杨建国劳模工作室和黄建新技师工作室联合面向270余名装置操作人员开展“技能小课堂活动”，被“人民网”上海频道专题报道；炼油四部张华技师工作室所提供的优质培训范围已辐射到全总云课堂、集团公司教培平台、上海开放大学。其工作室成员张列维还被浦东新区总工会命名为“浦东工匠”，“大工匠”带出了“小工匠”，储运部潘敏职工工作室的9位成员积极认领课题、协同攻关，有效助力了部门整体工作的提升。炼油四部杨祖名工作室积极参与“2号连续重整装置新建高纯氢气生产试验装置”项目，为顺利完成燃料电池车用氢气的试生产任务做出贡献。工会还联合捷派克公司成立“工作室联盟”，开展工作室结对活动，进一步拓展创建外延，为有效增强双方工作室团队在设备管理、制度执行、抢修维修等工作中的紧密联系、提高现场服务质量进行探索和实践，以更好地发挥劳模、工匠、技师等高技能人才的示范引领作用。（吴　斌）

【上海石化推进“职工创新工作室”管理】　2020年，上海石化按照《上海石化“职工创新工作室”管理办法》，推进上海石化劳模、技师、标兵等创新工作室创建与管理。12月，由公司相关专业条线负责人担任评委考评情况，15家创新工作室围绕工作室创新攻关及带教育人两方面工作的开展情况参与发布评审，对考评通过的创新工作室下达工作经费支持。（徐　军）

【上海航天第二届职工科技创新节成果丰硕】　6月23日，上海航天第二届职工科技创新节开幕。上海航天局工会联合局团委，在多年职工创新工作的基础上，整合各方资源力量、提升各项活动的针对性，推出了包括“领航者”职工创新创意大赛、职工创新创意基金、创新工作室建设等6大核心品牌活动。第三届“领航者”职工创新创意大赛，吸引全系统400余名职工参加，共征集到创新项目54个，评选出3个金种子奖、7个优胜奖、7个入围奖；第三批职工创新创意基金，从申报的56个职工创意项目中评选出20个项目进行资金扶持孵化，支持97.5万元；创新工作室建设，从26个申报创建的职工创新工作室中评选出15个，给予创建资助30万元。在局工会一系列创新活动的驱动下，职工创新成果丰硕，149厂沈蔚松作为产业工人获上海市科技进步三等奖，34项职工创新成果获第三十二届上海市优秀发明选拔赛金、银、铜、入围奖，5项成果获上海市职工合理化建议优秀成果奖和项目创新奖，3项成果获上海市职工先进操作法优秀成果奖和创新奖。149厂王曙群劳模创新工作室获评全国示范性劳模和工匠人才创新工作室，811所王娜创新工作室获评上海市劳模创新工作室，811所顾威工匠创新工作室获首批上海市工匠创新工作室授牌，新增7个上海市技师、职工创新工作室。1家单位获得示范性“上海职工学堂”，2家单位获得新创设“上海职工学堂”。（周欣彬）

【上海船舶职工多项成果获得表彰】　8月23日，在以“匠心筑梦、创新未来”为主题的2020年上海职工创新大会暨第十届上海职工科技节开幕式上，中国船舶集团所属沪东中华俞洪昌船体火工工匠创新工作室获首批上海市工匠创新工作室授牌。中船上海船舶系统13项职工创新成果获得第32届上海市优秀发明选拔赛金、银、铜奖，其中上海市优秀发明项目金奖2项、银奖6项、铜奖3项。还获得上海市优秀创新项目金奖2项。上海职工合理化建议优秀成果1项、创新奖1项、上海职工先进操作法优秀成果创新奖4项。（贾　晶）

【中船上海船舶工业有限公司工会荣获6项上海市科技进步奖】　5月19日，上海市政府召开“2019年度上海市科学技术奖励大会”。中国船舶集团旗下江南造船等单位共摘得6个奖项。其中，《20万吨纽卡斯尔最大型散货船创新研制及应用》《37500立方米双燃料液化乙烯气体运输船》《大型船舶综合电力系统协同化与智能运行关键技术及应用》3个项目获上海市科技进步一等奖；《45000吨集装箱滚装船设计与建造》《满足IMO Tier

上海航天第二届职工科技创新节开幕　（丁伟辰）

III 规范的船舶柴油机 LP-SCR 减排装置及应用》获上海市科技进步二等奖;《综合勘察船(海洋石油707)研发设计和建造》获上海市科技进步三等奖。(贯 晶)

【上海海事局工会积极举办青年人才创新大赛】 4月起,上海海事局工会启动第三届陈维式青年人才创新大赛。经过6个多月的培训推动及层层筛选,以"未来已来"为主题的第三届陈维式青年人才创新大赛决赛收官。本届创新大赛围绕创新,聚焦"信息化生产力"主题,大赛筹备组通过提供1个大数据平台、1次集中数字化主题培训、1份项目反馈书、1次集中指导推进、2名导师,引导和支持各创新项目,逐步实现精准化指导。最终,在70个报名项目中,12个项目进入决赛。12个决赛项目团队依次上台,分别从视频呈现、PPT讲解和现场答辩3种形式呈现项目研究成果。现场答辩包括专业评审提问和大众评审提问,既考验了项目选手的现场应变能力,更为项目改进提供方向和指导。本届创新大赛融合大数据、云共享、区块链、无人机等多领域信息化技术,全程展示了海事职工自主创新的智慧结晶。(陆智静)

【上海海事局工会深入推进职工创新工作】 10月27日,上海海事局工会以全国示范性劳模工作室陈维工作室成立10周年为契机,召开职工创新工作推进会。10年来,上海海事局工会不断为职工创新创造营造氛围、搭建舞台、提供支持。鼓励职工坚持不懈开展技术革新和"五小"活动,加大职工优秀创新成果培育力度,不断完善职工创新扶持制度。2020年职工自主研发创新项目丰硕,洋山港海事局《升级版执法记录仪的研发和在亚太地区的推广和应用》项目荣获第三十二届上海市优秀发明选拔赛优秀发明铜奖、洋山港海事局《洋山港水上交通大数据智能服务平台》及崇明海事局《海事调查助手》项目荣获第三十二届上海市优秀发明选拔赛优秀创新入围奖、吴淞海事局《关于利用船舶尾气监测设备在线监测燃油硫含量的建议》项目荣获上海市职工合理化建议项目创新奖、浦东海事局《基于无人机的船舶尾气监测方法》项目荣获先进操作法创新奖、崇明海事局《公务船艇救生梯》项目荣获上海职工先进操作法创新奖,荣誉的取得大大激发了全局职工创新创优的积极性,为上海海事下一步高质量发展提供创新创优的内生动力。(陆智静)

【海洋石油局工会举办首届科技周】 10月30日,上海海洋石油局首届以"蓝海逐梦,科技扬帆"为主题的科技周系列活动落幕,市总工会领导及上海局领导出席闭幕式。闭幕式上,市总工会领导为"陈忠华技师创新工作室"揭牌并致辞。科技周活动期间,局工会建好"四台",保证活动内容丰富,有声有色。布设展台,广泛宣传科技创新成果,6家单位的55个科技成果组成科技走廊,进行集中展示;提供讲台,充分发挥科技专家优势,4位系统内外专家举办4堂科普、专业类讲座,200余人次参加。摆好擂台,不断激发科技钻研热情,开展青年论文评选,收到各专业、条线论文76篇。搭建舞台,优化完善科技创新环境,深化大师工作室和青年创新工作室相关工作,评选表彰近年来表现突出的11名优秀青年科技人才。(耿卫军)

【市水务局依托劳模创新工作室组织水务信息化和安全技术攻关】 7月16日,市水务局举行"黄士力水务信息化和安全创新工作室"揭牌暨水务信息化和安全技术交流会。市水务局(市海洋局)副局长阮仁良出席会议,市总工会基层工作部应邀到会指导。"黄士力水务信息化和安全创新工作室"将围绕水务"一网统管""一网通办"应用创新、水务数据治理体系创建和水务信息安全技术应用研究等方面,集中力量进行技术攻关,为推进信息技术与水务业务深度融合,提升行业信息安全水平提供支撑,努力实现出成果、出人才。市水务局组织人事处、科技处、工会、"水生态环境劳模创新工作室联盟"各领衔劳模及成员代表、局属各单位工会主席、网信工作联络员参加会议。(王佐仕)

【中建八局在沪召开第二届企业高质量发展金点子评审会】 10月21日,中建八局第二届企业高质量发展金点子评审会在中建大厦27楼第二会议室召开,来自科技、工程、安全、财务、商务、人力、党群、行政等系统的33项金点子进行现场及远程视频发布。会上,发布人围绕提出案由背景、主要针对的问题、提出的具体解决措施、在本单位本行业推广应用情况、本人对企业高质量发展的理解5方面进行介绍。企业高质量发展金点子活动,旨在推动职工立足岗位破解制约企业高质量发展的难点问题群策群力。(张 帅)

【中建八局第十届工程量算量技能大赛决赛落幕】 11月11日,由中建八局工会和商务管理部联合举办的局第十届工程量算量技能大赛在上海举办,本次大赛以房建算量为主题,旨在巩固商务专业基础技能,提升商务精益管控水平,强化商务人员精算能力。大赛自10月份启动以来,来自16家二级单位的2036名商务人员经初赛选拔,各推荐3名共计46名佼佼者进入决赛,最终产生团体奖、个人奖、最佳组织奖。(袁丰宝)

【市教育工会举办艺术与设计教学竞赛】 8月18日,市教育工会、市艺术教育委员会联合举办首届"上海高校艺术与设计类青年教师教学竞赛",并联手"艺术与设计创新未来教育博览会"在11月28日举行颁奖典礼,表彰优秀艺术与设计类青年教师。比赛鼓励艺术与设计领域青年教师大胆创新,通过对教育环节的改革来推动人们改变对艺术与设计的固有思维,同时引导艺术与设计类学校青年教师,改变不合时宜的教学理念和教学方式,用多学科集成的方法,去发现、去表现、去创造与当下生活、当下精神高度相关的艺术作品和设计方案。全市高校共有157人参赛,30人获等第奖。比赛激发了艺术设计类青年教师的教学热情,为优秀人才脱颖而出创造了条件,同时推进了美育教育的改革。(高 芳)

【中国商飞公司工会开展群策群力专项攻关活动】 中国商用飞机有限责任公司工会发动各单位组织开展百项群策群力专项攻关,揭榜攻关,助力破解"卡脖子"难题。公司职工提出群

上海高校艺术与设计类青年教师教学竞赛颁奖仪式　　（曾　昕）

策群力改善提案24771项，实施18989项，取得成果16190项，发放奖励近30万元。上飞院围绕型号研制、专业能力建设重点难点，进行选题立项，集智攻关，先后开展ARJ21批产提速工程支持、C919电控条款关闭、331建模仿真、机载软件管理等专项。上飞公司运用科学的质量工具解决重点突出问题，通过集智攻关，使单架机导通检测周期从6天左右缩短至2天以下。客服公司3个优秀创新成果被闵行区推荐参加上海市2020年“聚力新科技、奋进新时代”加快科创中心建设立功竞赛活动创新项目申报。

（阎　超）

【上海路桥周隽劳模创新工作室推进新兴业务发展】 2020年上海路桥周隽劳模创新工作室成功获评上海市劳模创新工作室。工作室以“UP智能停车”、海绵城市、无人摊铺三大板块为创新支点，以“硬科技推力”满足多样化城市建设需求。“UP智能停车”方案，在地表纵深处用足城市零碎空间，通过建设沉井式地下智能停车库，把传统的“二维”停车空间转为“三维”立体空间，完美解决传统停车场占地空间过大的问题，为车主带来便捷停车体验，为核心城区“停车难”破题。“基于北斗导航及多源数据的沥青路面无人驾驶集群施工研究与应用”，利用物联网、无线传感、自动化控制、智能测量和大数据分析等先进信息技术，减少人工施工操作，最大程度减少人的因素带来的不利影响；运用质量动态管理方法，对施工参数和环境等数据进行实时采集和统计分析，并通过无线网络传输和智能控制，实现实时动态监控与预警处置，形成生产过程控制质量保证体系，实现道路施工的精细化管控，并显著降低后期养护成本。打破传统的沥青路面的施工模式，符合中国制造2025的发展理念。

（钮华美）

【上飞设计院工会开展设计师创新大赛赋能商用飞机研发】 为进一步激励大飞机设计师潜心钻研，运用新知识新技术赋能商用飞机设计研发，2020年，上海飞机设计研究院（以下简称“上飞院”）工会组织举办“基于场景应用的商用飞机设计创新”为主题的大飞机设计师创新大赛，鼓励设计师在商用飞机的设计过程、产品应用、设计环境以及管理4个方面，运用“云、大、物、智”等新知识新技术，开展场景开发应用。为确保目标实现，大赛坚持在4个方面下功夫。一是精心策划，确保大赛平台的广泛性、专业性和成长性；二是精研勤学，保护参赛热情，拓展视野方法；三是精准培育，凝聚场景开发应用的智慧和合力；四是专业评审，推动高质量场景不断深化迭代。大赛得到全院职工的积极响应，1100余人次报名参赛，促生104个飞机研制应用场景，赋能商用飞机精湛设计，给商用飞机设计研发带来新思路、新方法和新技术，有力地推进型号攻坚和关键核心技术自主可控，打造群众性创新平台初见成效。

（曾菊敏）

【上飞院工会深化工程研发集聚职工创新智慧】 上海飞机设计研究院（以下简称“上飞院”）工会聚焦创新发展和型号研制现实需要，组织员工群策群力，发掘工程研发中的“金点子”。健全推进机制，把群策群力目标任务纳入部门年度责任令，每月进行量化考核，与部门绩效挂钩，加强过程控制和监督指导。创新评审机制，评聘一批骨干专家评委，形成部门与院级相结合、线上与线下相结合、日常评审与专项评审相结合的评审机制。完善奖励机制，重点鼓励高质量提案，开展院级年度评优表彰，让善于主动思考问题、解决问题的员工有看得见、摸得着的“获得感”。深化群策群力督导，强化提案精细化管理，加大群策群力成果转化应用力度。年内，职工提出改善提案3165项，发放奖励105万元，4030人次获得奖励，一大批员工的“金点子”转化为创新发展的“金钥匙”。

（曾菊敏）

【上海飞机客户服务有限公司工会深入推进群策群力职工创新工作】 2020年，中国商飞公司上海飞机客户服务有限公司职工群策群力提案655条，实施509条，形成成果288个，召开专题评审会4次，落实职工提案奖励26.46万元，累计53人次兑换带薪休假131天。开展职工创新工作，新增2个，与国核自仪系统工程公司、航天八院空间电源研究所开展交流活动2次，借助创新工作室平台孵化创新项目，3个优秀创新成果被闵行区推荐参加上海市2020年“聚力新科技　奋进新时代”加快科创中心建设立功竞赛活动创新项目申报。（徐　雷）

【民用飞机试飞中心工会开展群策群力创新增效活动】 中国商飞民用飞机试飞中心工会围绕创新驱动发展，通过打造“一二三”群策群力工作格局，将群策群力的智慧根植在试飞过程中。抓住“一个重点”，围绕“高效试飞、安全试飞”这个重点，聚焦测试改装、试飞运行、试飞保障等技术点，组织开展“5G智能试飞金点子”专项活动，最高发放5000元的奖励。注重“两个提高”，中心群策群力参与度达到两个100%，即全员覆盖和全岗位覆盖，提案“含金量”显著提高，成果转化率由曾经的20%提升至50%。健全“三个机制”，健全量化考核“推进机制”，健全“线上评审+线下答辩”相结合的“评审机制”，健全“现金奖励+积分兑换”相结合的“奖励机制”。目前，中心累计提出提案5193项，已形成627项提案成果，其中三等奖以上392项，发放群策群力奖金24余万元，996人次获得奖励。涌现出《试飞组织模式改革》《创立ARJ21飞机“三基地”联通运行机制》等一批优秀提案，一大批职工的“金点子”转化为促进型号研制和创新发展的“金钥匙”。
（杨元媛）

技能提升

【概要】 2020年，市总工会深入贯彻习近平新时代中国特色社会主义思想特别是习近平总书记考察上海重要讲话精神，加快建设一支宏大的知识型、技能型、创新型劳动者大军，持续推动职工技能素质提升。组织12批近40名上海工匠，开展技能展示、培训、交流和攻关等活动，助力企业解决技术难题；与开放大学合作举办工匠研修班、工匠创新工作室骨干研修班，200多名工匠和技能人才参加培训；推进创设200家“上海职工学堂”和100家“示范性职工学堂”；发放8000名技师、高级技师、带教师傅奖励服务职工实事项目奖励；举办“迎世赛·稳就业·促发展”上海职工职业技能系列竞赛。据不完全统计，有6万名职工直接参加区局以上选拔赛，推动百万职工参与赛前岗位练兵比武活动，同时参与举办全国网络与信息安全管理职业技能大赛，吸引4万名选手报名参赛；开展长三角数控论文征集活动，召开首届长三角地区职工数控技术优秀论文发布会；举办云南乡村医务骨干、乡村医生、农村致富带头人、高技能人才等在沪培训班。（赵志灏）

【举办上海职工职业技能系列竞赛】 6月12日，市总工会、市人力资源和社会保障局联合举办的上海职工职业技能系列竞赛正式拉开帷幕。本次竞赛以“迎世赛、稳就业、促发展”为主题，共涉及综合布线、工业机器人操作与示教、数控铣工、网络安全防护、焊工、镶贴工、汽车维修工、家政服务、中式烹调师、艺术插花10个工种，竞赛采用“预赛+选拔赛+决赛”形式，全部纳入市级二类竞赛。职工参与竞赛所得成绩与职业技能等级鉴定与晋升挂钩，符合条件的，推荐申报“上海市技术能手”并晋升技能等级。各竞赛项目决赛分别设金奖、银奖、铜奖、优秀组织奖。金奖选手符合条件的推荐申报“上海市五一劳动奖章”。启动会由市总工会兼职副主席王曙群主持会议，市总工会党组书记、副主席黄红出席启动会并宣布启动。（赵志灏）

市总工会和市人社局首次联合举办上海职工职业技能系列竞赛
（刘峙钒）

【举行2020上海职工综合布线职业技能竞赛】 6月12日至11月19日，由市总工会、市人力资源与社会保障局主办，市职工技术协会、中国电信股份有限公司上海分公司承办，上海电子信息职业技术学院、上海电信培训中心协办的“2020年上海市职工职业技能大赛综合布线项目技能竞赛”在沪举行。本次大赛在赛事运作、竞赛规则、赛务安排、裁判组建等方面参照世界技能大赛的办赛标准筹备，围绕参赛企业一线员工在日常工作中遇到的问题进行命题，契合世界技能大赛技术技能与行业实际相结合的新要求。来自中国电信、中国联通、中国铁塔等多家企业的150余名职工参加比赛。经过激烈角逐，评选出金奖1名、银奖3名、铜奖5名、优胜奖9名。
（朱晓鸿）

【举办2020上海职工工业机器人操作与示范职业技能竞赛】 12月8日，“迎世赛、稳就业、促发展”上海职工职业技能系列竞赛——2020年上海职工机器人操作与示范技能竞赛决赛在上海临港智能制造实训基地举行。各区局（产业）工会以本次技能竞赛为契机，大力开展职工培训，层层进行练兵、比武和预赛，44名选手获得专项能力证书，技能水平得到提升，最终产生30名优秀选手晋级决赛，经过激烈角逐，1名选手获得金奖、3名选手获银奖、5名选手获铜奖，8名选手获优胜奖。（陈志渊）

【举办2020上海职工网络安全防护职业技能竞赛】 10月20日，“迎世赛、稳就业、促发展”上海职工职业技能系列竞赛——网络安全防护技能竞赛暨浦东新区职工网络安全防护技能比武活动在浦东新区三林镇启动。本次技能竞赛是上海职工职业技能系列竞赛的重要组成部分。竞赛分为预赛和决赛两大模块。来自上海各行各业的500名选手在此后2个月的激烈比拼中角逐30个决赛席位。竞赛由浦东新区总工会、市职工技术协会、公安部第三研究所、浦东新区三林镇人民政府承办。（赵志灏）

【举办2020上海职工铣工(数控铣工)职业技能竞赛】 11月21日,由市总工会、市人力资源和社会保障局联合指导、上海航天局工会和市职工技术协会联合主办、上海航天技能实训中心承办的"迎世赛 稳就业 促发展"上海职工数控铣工技能竞赛暨"上海航天杯"五轴加工邀请赛在中国(上海)高技能人才公共实训基地开赛,来自机电、宝武、上汽、商飞、船舶、上船、烟草、航天等产业局78名选手参加决赛。经过激烈角逐,1名选手获金奖,5名选手获银奖,10名选手获铜奖,10名选手获优胜奖,通过竞赛,更好地为新时代产业发展需要培养和选拔数控行业高素质技能人才,更好地推动高技能人才队伍建设。

(谢 磊)

【举办2020年上海职工焊工技能职业技能竞赛】 11月24—25日,"迎世赛、稳就业、促发展"上海职工职业技能系列竞赛——2020年上海职工焊工技能职业技能竞赛决赛在上海船厂船舶有限公司举行。本次竞赛选手来自船舶、机电、中冶宝钢等18个系统,由各区局(产业)工会选拔推荐,通过市级选拔赛、市级决赛,层层角逐,评选出金奖1名、银奖3名、铜奖5名、优胜奖9名。通过举办竞赛活动,推动本市相关单位组织万名职工参赛竞技,千名职工技能提升,为焊接行业广大职工切磋技艺、交流经验、提高技能、展现风采搭建平台,营造迎世赛、稳就业、促发展的良好氛围,激发焊接行业职工学技术、练本领、比技能热情,提升焊接行业职工技能素质,增强发展能力,推进产业工人队伍建设。

(朱 琳)

【举办2020年上海职工镶嵌工职业技能竞赛】 "迎世赛、稳就业、促发展"2020年上海职工镶贴工技能竞赛由市总工会、市人力资源和社会保障局指导,中建八局、市职工技术协会主办,市重点工程实事立功竞赛办公室、杨浦区总工会支持,中建八局上海分公司承办,本次竞赛采用"预赛+决赛"的形式,面向全市所有建筑企业的瓷砖贴面专业技术人员。从6月12日竞赛启动发布会到8月底,各区局(产业)工会积极组织培训,开展区域选拔赛,经过角逐,18个区局(产业)工会共推荐41个单位59支队伍参加决赛。9月26—27日,在中建八局上海公司新江湾城F1项目举行决赛。经过角逐,1名职工获金奖,5名职工获银奖,10名职工获铜奖,8名职工获优胜奖。

(赵志灏)

【举办2020上海职工汽车维修职业技能竞赛】 由市总工会、市人力资源和社会保障局指导,市职工技术协会、市交通工会、市运输工会主办的"上海市首届汽车维修行业职工擂台赛暨汽车维修工(三级)技能大赛"于11月28—29日举行。全市汽车维修行业3700多家企业的4万多名汽车维修工积极参与,经过初赛的选拔,汽车维修工(三级)技能大赛58名选手、上海市首届汽车维修行业职工擂台赛20名选手脱颖而出参加决赛,经过激烈角逐,最终决出了金奖1名、银奖2名、铜奖3名、优胜奖4名。

(姚星月)

【举办2020上海职工家政服务职业技能比赛】 6月18日,由市总工会、市人力资源和社会保障局、市商务委、市妇女联合会指导,市职工技术协会、市家庭服务业行业协会主办,市开放大学、市女子职业培训中心、市妇女儿童指导中心(巾帼园)协办的2020年上海职工家政服务技能竞赛暨全国家政服务业职业技能竞赛上海选拔赛启动。本次大赛设家庭老人护理、母婴护理、烹饪、收纳、插花、急救6个项目,全市分17个区级赛区(含开放大学),吸引410多家企业近万名职工参赛。8月29日在上海开放大学举行决赛,最终产生金奖1名、银奖5名、铜奖10名、优胜奖24名,本次竞赛为上海参加首届长三角竞赛和全国大赛输送优秀选手,提升家政人员和家政职业社会认同感,激发家政人学技能,比贡献的热情,为第46届世界技能大赛的举办营造良好的社会氛围。

(陈 青)

【举办2020上海职工中式烹调师职业技能竞赛】 12月27日,为展示餐饮行业风采,反映餐饮文化和工匠精神,市职工技协、锦江国际集团、市餐饮协会联合举办上海职工中式烹调师(三级)职业技能竞赛。本次竞赛作为市总工会、市人社局举办的"迎世赛、稳就业、促发展"上海职工职业技能系列竞赛之一,采取预赛+决赛形式,预赛报名人数共300余人。最终根据成绩前40名进入市级层面决赛。经过激烈角逐,最终决出金奖1名、银奖3名、铜奖8名、优胜奖8名。

(姚星月)

【举办2020上海职工艺术插花职业技能竞赛】 11月15日,由市总工会、市人力资源和社会保障局作为指导单位,市插花花艺协会和市职工技协共同举办的"迎世赛、稳就业、促发展"2020年上海职工职业技能十大系列竞赛(市级二类竞赛)艺术插花竞赛决赛在上海植物园拉开帷幕。来自上海不同领域的32名选手进入决赛,经过激烈角逐,最终决出金奖1名、银奖2名、铜奖3名、优胜奖6名。本次竞赛是上海插花花艺职工交流技艺,传承技法的一场赛事。竞赛接轨世赛项目,传承国家非遗和海派插花非遗文化,为第46届世界技能大赛在上海举办宣传造势。 (赵志灏)

【举办全国网络与信息安全管理职业技能大赛】 全国网络与信息安全管理职业技能大赛为全国一类职业技能大赛,由公安部、人力资源和社会保障部、中华全国总工会共同主办,由公安部第三研究所、上海市公安局、上海市人力资源和社会保障局、上海市总工会、浙江日报报业集团共同承办。本次大赛全国共有20178家单位报名参赛,参赛选手44567名。中华全国总工会书记处书记许山松,劳动和经济工作部部长姜文良、上海市总工会副主席周奇参加11月29日决赛及11月30日颁奖仪式。通过竞赛为全国网络与安全从业人员搭建起交流学习的平台,并通过广泛深入的竞赛宣传,让越来越多的民众了解并参与到网络与信息安全工作中来。 (赵志灏)

【职工技协举办长三角职工数控论文征集活动】 年内,上海职工技协联合苏、浙、皖三地职工技协,开展首届长三角地区职工数控技术论文征集评选活动,共收集到优秀论文136篇,经过初评、复评和终评,选出一等奖5

篇、二等奖8篇、三等奖10篇,优胜奖17篇。同时对评选出来的优秀论文汇编成册,用以帮助更多的数控技能人员学习借鉴和掌握更具实效的研究成果,进一步提升职工专业获得感。并在上海职工科技节闭幕式期间,召开首届长三角地区职工数控技术优秀论文发布会,邀请长三角工会技协、数控技术论文获奖选手一起参与,进一步加强长三角地区职工的数控技术交流与共享。 (陆卫超)

【举办2020年上海职工海派插花花艺大赛】 为进一步推广中国传统文化和海派插花艺术,让插花艺术走进千家万户,使小众艺术成为大众文化,市职工技协与上海市插花协会联合举办了2020年上海职工海派插花花艺大赛,全市报名人数超1200人。10月24日,50名选手参加了在奉贤区九棵树(上海)未来艺术中心实验剧场举行的决赛。最终,共有24名选手获得名次,其中金奖4名、银奖8名、铜奖12名。 (陆卫超)

【上海科普讲师团进企业活动】 上海职工科普讲师团进企业活动每年采取菜单式服务方式,聘请在教学、科研、生产等领域内颇有建树的专家、教授、工程技术人员以及著名劳模、工匠等,围绕岗位创新、节能减排、科技创新、知识产权、法制宣传、食品卫生、医疗保健等方面的内容,举办专题报告会和科普讲座等活动,为广大的职工送上知识大餐。在讲座中,讲师们因势利导,从身边的工作小事,启发大家的思维模式,调动大家岗位创新的积极性。2020年累计开展科普讲座、专题报告会9场,培训人数达2700余人。 (黄玉香)

【徐汇区总工会打造职工劳动和技能竞赛大平台】 徐汇区总工会结合本区实际,会同区科委、区商务委、区国资委、区人社局、区房管局、区文旅局、区行政服务中心、各街道镇及功能区集团公司等部门,制订《徐汇区关于开展职工劳动和技能竞赛的活动方案》,通过劳动和技能竞赛活动,鼓励广大职工立足岗位、大胆创新,培育选树一批优秀项目、技术能手和业务骨干,切实提升职工队伍技能水平,为区域经济社会高质量发展夯实基础。年内,先后开展徐汇区首届"企业服务专员"营商服务技能大赛、2020年上海职工家政服务技能竞赛徐汇区推选赛、徐汇区第五届旅游行业技能大赛、"迎进博、展技能"徐汇职工急救竞技赛、徐房集团职工物业职业技能比武大赛、国投集团"服务徐汇,微笑国投"第二届职工劳动竞赛、区绿化市容局"打造高品质,建功新时代"立功竞赛活动、2020年枫林街道职工劳动技能竞赛、湖南街道调酒师技能竞赛、市场监管系统食品安全快速检测技能竞赛等竞赛活动。2020年全区各类劳动竞赛参加职工5000余人次。 (徐艳杰)

普陀区职工食堂厨艺大赛 (钱子欣)

【普陀区开展职工汽车维修技能竞赛】 8月19日,由普陀区总工会、区人社局指导,桃浦镇总工会、长征镇总工会联合主办的"2020年'奋进新时代、创造新奇迹'普陀区职工汽车维修技能竞赛"在新杨工业园区举行。经过筛选,普陀区各汽车商贸企业18支参赛团队入选此次技能赛。每个参赛队由2名选手组成,1名负责发动机保养,1名负责车辆检查。比赛分三轮进行,由专业裁判评定打分。经过角逐,来自上海佳豪汽车维修有限公司的许仁强和上海众国宝泓汽车销售服务有限公司的陈健分获发动机维护保养故障检测项目及车辆维修接待项目一等奖。上海佳豪汽车维修有限公司、上海安吉斯巴鲁汽车销售服务有限公司、上海普陀宝诚汽车销售服务有限公司和上海美顺汽车销售服务有限公司分获优秀组织奖、团队合作奖、最佳风采奖和最佳人气奖。 (陆 蕾)

【普陀区总工会开展职工食堂厨艺大赛】 11月2日,由普陀区总工会主办、长征镇总工会承办的"舌尖上的小康"2020年普陀区职工食堂厨艺大赛在凯利膳府拉开帷幕,来自街道镇总工会推选的15家机关、企业职工食堂的30名主厨同场竞技。区总工会、国资、教育、医务、公安等系统和长征镇、长风新村街道、石泉路街道、甘泉路街道、真如镇街道等工会干部、职工报名观摩大赛,担任评委。参赛选手紧扣"绿色、健康、营养"主题,在"冷拼制作、热菜制作、设计说明"等环节展现精湛厨艺,用真材实料诠释独具特色的"食堂味"。经过角逐,上海新发展亚太JW万豪酒店获一等奖,云中酒楼、普陀区人民法院获二等奖,上海烟草集团普陀烟草糖酒有限公司、上海环球港凯悦酒店、上海江苏饭店有限公司获三等奖。公安普陀分局在冷菜、小荤、大荤3个单品环节中获"光盘奖"。现场还评比产生优胜奖、最佳人气奖。厨艺大赛弘扬工匠精神、传承匠心美味,为职工搭建技能提升、创新创造的展示平台,营造勤俭光荣、浪费可耻的社会氛围。 (陆 蕾)

【长宁区总工会启动春秋航空职工系列劳动竞赛】 10月27日,"奋进新时代、创造新奇迹—推进高质量发展长宁职工劳动竞赛和技能竞赛”春秋航空职工系列劳动竞赛启动仪式在春秋国际大厦举行。竞赛通过直播镜头向公众展示维修工程部青工比武及飞行部飞行班组技能大赛的情况，其中飞行部创建了以分部选拔、模拟机竞赛、理论决赛三段式竞赛模式，做到专业知识与实际操作考核相结合，为培养更多具有高超的专业能力、良好的职业道德和优异的品质成果的人才发挥工会组织的力量。（贲　放）

【黄浦区职工技能竞赛暨区第三节职工文化艺术节闭幕】 11月4日，“坚守初心使命、传承匠心匠艺”2020年黄浦区职工技能竞赛暨黄浦区第三届职工文化艺术节闭幕式在黄浦白玉兰剧场举行。市总工会副主席桂晓燕，黄浦区委副书记沈山州，区人大常委会副主任、区总工会主席屠奇敏，副区长李原以及主办单位相关领导出席闭幕式，区各级劳模、工匠代表，各级工会主席和职工代表出席并一同观看演出。技能竞赛和艺术节自5月启动，历时161天。期间举办中式烹饪、中式点心、人工智能等8个大项10场技能竞赛，1000余名选手参赛。（陆中斌）

【静安区总工会开展大数据主题专项劳动竞赛】 9月15日，静安区总工会以大数据科技创新平台和市北高新大数据产业基地为依托，面向全市开展“聚焦大数据、赋能展新风”大数据主题专项劳动竞赛。全市104支团队围绕防疫防控、健康生活、复工复产、交通出行、社会治理5大主题，通过竞赛的方式挖掘并培养一批大数据行业高技能人才、大数据工匠和大数据能手，充分发挥静安区在大数据领域的产业优势，推动城市智能化发展及精细化管理。大赛打破工会传统劳动竞赛的形式，利用大数据技术与手段，解决社会难点、痛点问题，力求推动形成一批创新型数据应用和智能创新成果。上海市大数据中心和大赛组委会对数据有深入理解、技术上有独到之处的获奖团队，提供项目、数据、导师和资金方面的对接机会，力求将作品实现成果转化。（陈翠萍）

【静安区举行第六届旅游饭店行业工会迎进博劳动竞赛】 9月30日，静安区总工会、区文明办、区商务委、区文旅局共同举办“窗口创文明，岗位建新功”——第六届静安区旅游饭店行业工会迎进博劳动竞赛。来自全区旅游饭店行业的16家单位参加。静安区总工会党组书记、副主席郑志勇，静安区区委宣传部副部长、区文明办主任马嘉槟等出席。经过4批3个多小时的激烈角逐，上海宾馆、宝格丽大酒店荣获大赛金奖。正值第三届进博会即将召开之际，举办旅游饭店行业工会迎进博劳动竞赛活动对于增强窗口服务核心竞争力，促进行业发展具有十分重要的意义。（宋怡文）

【静安区卫生系统举办职工技能竞赛决赛】 8月4日，由静安区总工会主办，区卫生健康委员会、区医务工会承办的2020年“医在静安，砥砺前行”静安区卫生系统职工技能竞赛决赛在市北医院举行。6支代表队18名选手参与竞赛。经过必答题、抢答题、操作技能竞赛等环节比拼，静安区闸北中心医院代表队夺冠，静安区中心医院、市北医院代表队获得二等奖，大宁路街道社区卫生服务中心、彭浦新村街道社区卫生服务中心、南京西路街道社区卫生服务中心代表队获得三等奖。（吴　荻）

【宝山区家政服务技能竞赛举行】 7月31日，由市职工技术协会、市家协指导，宝山区总工会、区人社局、区商务委、区妇联联合主办的“奋进新时代　创造新奇迹”宝山区家政服务技能竞赛在东方职业培训学校举行。竞赛设置家庭老年护理、家庭母婴护理、家庭烹饪、家庭收纳、家庭插花、家庭急救等6大类的12个项目，重点考查参赛选手的操作执行能力、知识应用能力、分析问题和解决问题的能力及人文关怀素质。经过前期600名参加培训人员的遴选、赛前培训、理论考试及竞赛现场技能操作综合评定，9名优胜者脱颖而出，分别荣获一、二、三等奖。（朱　艳）

【宝山区镶贴工技能竞赛举行】 8月14日，由宝山区总工会、区建管会、区人社局联合主办的“共建滨江新城、共‘镶’大美宝山”“二十冶杯”2020年宝山区镶贴工技能竞赛在宝山区顾村大型居住社区项目工地举行。本次竞赛项目设置为依据提供的图样进行瓷砖贴面现场操作，现场评委根据参赛选手成品整体质量及施工现场的安全规范管理进行综合评分。经过4个小时的角逐，中国二十冶集团有限公司选手毛旺豪斩获第一名，上海同济建设有限公司选手张小虎和上海江杰建筑装潢有限公司选手江明亮分获第二名和第三名；中铁上海工程局集团建筑工程有限公司、上海龙赛建设实业有限公司、上海金工建设（集团）有限公司、上海宝建（集团）有限公司4家单位获得优胜奖。（朱　艳）

7月31日，宝山区举办家政服务技能竞赛（庄轶凡）

【嘉定区举办第十五届职业技能竞赛决赛】 11月29日，嘉定区第十五届职业技能竞赛决赛在上海市大众工业学校举行。本次大赛以“提升职工技能、培育嘉定工匠”为主题，设有机械加工类、生活服务类等16个国家职业资格竞赛项目、4个世赛储备赛项目和南翔小笼制作行业、园林绿化行业、长护险护理行业3个行业技能比武项目，全区共有1194名选手报名参加比赛。上海工艺美院和上海大众工业学校分别展示了时装技术、3D数字游戏、珠宝加工、自媒体影像、原型制作、机械装调等全国技能大赛参赛项目。嘉定的南翔小笼、徐行草编、昆山的竹刻、昆曲和苏绣、太仓的木雕、琉璃和古琴等非物质文化遗产展示项目也在活动中进行了展示。自2006年以来，嘉定区已连续举办15届职业技能竞赛，前14届累计有12000多名选手参赛，7000多名选手获得国家职业资格证书，其中，256名选手晋升为高级工，184名选手晋升为技师。 （汤利强）

【闵行区“领军人才”在“闵工学堂”开设课程】 12月2日，闵行区总工会与区领军人才联谊会合作，共同发起并举办“闵行领军人才”走进“闵工学堂”系列讲堂的开班启动仪式。区人大常委会副主任、区总工会主席倪学斌，闵行区人力资源和社会保障局党组成员、副局长金彪，区领军人才联谊会会长李力锋等出席活动。区总工会副主席许向东主持授聘仪式。区总工会为“领军人才”代表授发“闵工学堂”讲师聘书。闵行区47名“领军人才”将在“闵工学堂”开设51门课程，更好地发挥“闵工学堂”在职工职业能力提升上的平台优势，展现“领军人才”在服务社会进步中的时代引领作用。区内有课程需求的企业，可通过单位所属街镇总工会或委、局工会联系预约。 （马传军）

【闵行区举办家政服务从业人员技能竞赛】 7月12日，由闵行区总工会、区妇联、区人社局、区经委和市家庭服务业行业协会闵行办事处共同举办的“奋进新时代、创造新奇迹”2020年闵行区家政服务技能竞赛在佳明技能培训学校开赛。全区23个家政企业的100名选手，经过为期一周的集中培训，通过层层考核筛选出12名选手进入决赛。决赛以家政服务专项能力内容为基础，比拼：家庭急救、家庭母婴护理、家庭插花、家庭老年护理、家庭收纳、家庭烹饪6大类的12个项目，充分展示闵行家政服务人员的综合技能，形成与当代家庭需求相匹配的职业能力素质。竞赛为家政服务人员搭建了展示自我、相互学习交流的平台，集中展示家政服务人员“爱岗敬业、优质服务”的良好形象，以赛促练，在家政行业深耕培植“追求卓越、精益求精”的工匠精神。 （马传军）

【闵行区举办电子商务技能竞赛】 8月30日，“聚力在线新经济，展示闵行新风采”2020年闵行区电子商务技能竞赛在颛桥镇党建服务中心开赛。全区各镇、街道、莘庄工业区总工会遴选推荐的11支电商创业团队参赛，直播“带货”对口支援地区的农副产品。竞赛由“现场展示”和“现场销售”两个环节组成。“现场展示”环节，各参赛队逐一展示“商品信息采编技术”“网店装修与设计技术”和“商品展示推广技术”。“现场销售环节”则由40名来自各委局、企事业单位的职工担任“顾客”，使用“购物券”模拟购买各参赛队所展示的商品。各参赛队的销售成绩加上专家评委打分，最终评选出团队一等奖1个、二等奖2个、三等奖3个，以及“聚力风采奖”5个。区总工会通过开展全区电子商务比赛，以赛代训、以赛促学，全力提升职工创意运营的能力与水平，激发电商企业创业的活力，营造大众创业、万众创新的良好氛围。 （马传军）

8月30日，2020年闵行区电子商务技能竞赛开赛 （汪自强）

【松江区总工会举办人工智能产业劳动技能竞赛决赛暨颁奖仪式】 11月30日，由松江区总工会、区人社局共同主办，洞泾镇总工会承办的“君屹杯”2020年松江区人工智能产业职工劳动技能决赛暨颁奖仪式在上海君屹工业自动化股份有限公司举行。竞赛围绕工业生产实际和工业机器人的技术应用发展状况命题，重点考核参赛选手的对工业机器人视觉系统的智能识别，机器人自动抓取和精准装配等环节调试技术的综合能力水平。共有来自全区6个街镇（经开区）15家企业的40名选手参赛。经过前期培训、预赛、决赛，根据成绩评出比赛的一、二、三等奖，以及6个优秀组织奖。部分街镇（经开区）总工会主席、专职副主席、洞泾镇人工智能企业代表近50人参加活动。 （黄伟宁）

【松江区总工会举办集成电路产业职工劳动技能竞赛】 9月12日，由松江区总工会主办、经开区总工会承办的2020年松江区集成电路产业职工劳动技能竞赛启动仪式在上海城市科技学校举行。仪式上“松江区集成电路产业集群工会”及“松江经开区集成电路产业职工劳动技能培训实训基地”揭牌。全区10个街镇（经开区）

22家企业的54名选手围绕电子线路板装接调试、自动控制技术编程调试两个项目开展竞赛，在两个赛项完成后合并总分，根据排名先后评出比赛的一、二、三等奖，评出优秀组织奖若干。各街镇（经开区）总工会主席、副主席，各委办局、佘山度假区及直属公司工会主席，区总工会、区工人文化宫、工惠服务中心近200人参加活动。（黄伟宁）

【松江区举办智慧安防产业劳动技能竞赛暨颁奖仪式】 12月28日，由松江区总工会、区人社局主办，泗泾镇总工会承办的2020年松江区智慧安防产业劳动技能竞赛暨颁奖仪式在上海工程技术大学举行。区人大常委会副主任、区总工会主席吴建良，上海工程技术大学党委副书记史健勇等领导出席。来自全区6个街镇（经开区）10家企业的22名选手参加竞赛。竞赛重点考核参赛选手进行防侵入的智慧安防布控报警（防盗）及烟雾检测报警（火警）的实际应用方案设计、装配和编程调试等环节的综合能力水平。根据成绩评出金、银、铜奖，并对获奖的个人进行颁奖。部分街镇（经开区）总工会主席、专职副主席、领队及选手近50人参加活动。（黄伟宁）

【松江区举办2020年松江区物业行业技能竞赛决赛】 10月16日，由松江区总工会、松江区人社局联合主办，松江区房管局工会承办的2020年松江区物业行业技能竞赛决赛在三新体育场举办。区政协副主席肖镛，区总工会党组书记、副主席陈军康等领导出席。全区21家物业服务企业、4家房屋维修应急中心选派的120名选手参加初赛，经过选拔40名选手进入决赛。本次竞赛设置物业管理员、水电工、电工、智能楼宇管理员4个比赛科目，内容涵盖住宅物业管理规定、物权法、生活垃圾管理、消防安全管理、物业服务规范、电气控制线路安装、给水管道安装、民用电路排故、楼宇可视对讲系统调试等知识。（黄伟宁）

【松江区举办环卫行业职工劳动技能竞赛总决赛】 10月12日，以“强职业技能、提城市品质、展绿容风采”为主题的2020年松江区环卫行业职工劳动技能竞赛总决赛在九峰源书法广场举办。活动由松江区总工会、松江区人力资源和社会保障局联合主办，松江区绿化和市容管理局工会承办。区人大常委会副主任、总工会主席吴建良，市绿化和市容管理局工会、市绿化市容行业工会主席肖龙根等领导出席并共同启动环卫行业职工劳动技能竞赛总决赛。20支参赛队伍围绕沿街商铺生活垃圾上门收集开展竞赛。通过新能源机械装备、新型保洁设备、“捡、吸、洗、铲、擦、拖”的多功能小工具组合件及“链式保洁法”的展示，加强全区环卫作业单位的交流学习，提升松江全域环卫作业水平。现场组织开展“席地可坐”高标准保洁模式和沿街商铺垃圾分类收集优秀模式现场展示。全区各街镇（经开区）总工会主席、副主席，各委局、佘山度假区及直属公司工会主席，区绿化市容局、区环卫行业工会联合会、环卫中心、各街镇（经开区）环卫作业管理部门相关负责人和工会主席以及各参赛单位领队、选手等近280人参加活动。（黄伟宁）

【松江区开展传染病防控和卫生应急技能竞赛】 10月28日，松江区总工会、区人社局联合举办2020年松江区职工劳动技能竞赛——传染病防控和卫生应急技能竞赛决赛。来自松江区卫生健康系统25家基层医疗卫生单位的代表队经过初赛选拔参加复赛。区级复赛分为“临床三基技能医师组”“临床三基技能护理组”“公共卫生事件处置技能组”3个组别。通过5个项目的竞赛，最终根据团队个人成绩总和，区级医疗机构和社区卫生服务中心排名前6位的队伍进入决赛，通过在线答题的形式开展最终争夺。复赛中的优秀选手在活动现场进行二级防护用品穿脱、心肺复苏术项目展示。比赛决出团体一、二、三等奖若干。（黄伟宁）

【松江区总工会举办家政服务行业技能培训与竞赛】 8月13日，由松江区总工会主办、区经委工会承办的松江区家政服务行业技能培训与竞赛（技能比武专场）在新晖大酒店举行。活动包含6个项目的培训与竞赛内容，分别是家庭老人护理、家庭母婴护理、家庭烹饪、家庭收纳、家庭插花、家庭急救。其中，前3项为竞技比赛，后3项为技能展示。经过前期宣传发动，全区共有近百名家政人员报名参赛，活动历时1个多月，承办单位针对养老护理、母婴护理和综合家政（家庭收纳）三大板块对参赛选手进行有针对性的培训，经过理论与实操的初赛，选拔30名选手进入技能比武竞赛专场，其中18名选手获得竞赛的一、二、三等奖。（黄伟宁）

【松江区代表团获长三角G60科创走廊城市职工网络安全攻防技能大赛团体三等奖】 9月22日，2020年长三角G60科创走廊城市暨浙江省职工

松江区开展传染病防控和卫生应急技能竞赛（高浩振）

网络安全攻防技能大赛在杭州未来科技城举行。本次大赛由中国长三角地区职工劳动技能创新立功竞赛办公室、浙江省总工会主办,杭州市总工会承办,以“战疫情、强技能、赋动能、促发展”为主题,来自长三角地区的29个城市,36支代表队,108位选手参赛。松江代表团7人参赛。网络安全攻防大赛持续4小时,赛题分5种题型,涵盖知识面广,主要考察选手的基本功。同时,顺应5G时代进行创新,涉及互联网安全相关内容。经过角逐,松江代表团获得团体三等奖,2名职工获优秀选手奖。大赛上,松江区总工会代表与G60科创走廊其他8个城市的代表签订了《关于建立G60科创走廊工匠联盟的议定书》,为促进九城市工匠工作的交流与合作,提升九城市工匠队伍素质及长三角区域一体化高质量发展注入动力。

(黄伟宁)

【青浦区举办绿化市容行业职工技能竞赛活动】 10月18日,“奋斗新时代、展现新作为、护航进博会”青浦区第七届“劳动最光荣”绿化市容行业主题实践暨职工技能竞赛活动举行。环卫行业职工应会操作设3个竞赛项目,分别为道路清扫、公厕保洁和垃圾清运。活动中,还开展绿化养护、林业养护技能培训,全区“席地可坐”作业标准道路、“最美农村公厕”、最美环卫班组长项目展示。青浦区人民政府、市绿化市容局及青浦区绿化市容局相关领导出席活动。 (朱建强)

【青浦区开展长三角核心区餐饮服务技能比武展示活动】 10月29日,2020年上海市青浦区职业技能竞赛长三角核心区餐饮服务技能比武展示活动在上海煌佳宴会中心举行。本次技能比武包含餐厅服务、精品咖啡、饼房裱花3个项目7个模块,来自青浦、吴江、嘉善三地53家餐饮服务业单位的170名选手参加比赛。上海市青浦区肆拾咖啡店等3家单位荣获团体金奖,上海国展宝龙丽筠酒店等7家单位荣获团体银奖,浙江嘉善梅园大酒店等12家单位荣获团体铜奖,苏州市吴江东太湖大酒店有限公司等20家单位获得团体优胜奖。

(朱建强)

【市仪电工会举办职工办公自动化技能竞赛】 9月12日,“奋进新时代 创造新业绩——推进仪电集团高质量发展职工劳动和技能竞赛”启动仪式暨仪电职工办公自动化技能竞赛在上海电子信息职业技术学院徐汇校区举行。来自上海仪电各重点子公司和直属单位的工会负责人、工会干部,电子信息学院领导及参赛选手共130余人参加活动。本次竞赛内容包括文字处理软件Word、电子演示文稿Power Point和电子表格制作软件Excel 3个模块。经过角逐,产生了本次竞赛的团体奖、个人综合奖和单项优胜奖。

(周黎俊)

【市仪电工会举办职工电工(中级)技能培训和竞赛】 为提高上海仪电职工的职业技能,加快培养和选拔高技能人才,市仪表电子工会联合上海电子信息职业技术学院继续教育学院组织仪电集团2020年职工电工(中级)技能培训和竞赛班开班。仪电集团所属企业的近40位职工报名参加培训班,利用双休日进行为期4个月的培训。此次培训班授课内容包括电工理论知识,电气控制线路安装调试、传感器和PLC控制电路安装等电工实操内容。 (周黎俊)

【东方国际集团举办首届直播技能大赛助力企业发展】 10月28日,东方国际集团工会举办首届直播技能比赛。活动全面展示下属各单位在扩大进口、业务拓展、渠道建设等方面取得的成果。各家单位精心挑选自有产品作为直播推介重点,选手们用创新的营销模式挖掘消费潜力。活动面对新挑战,真正做到“我的产品我代言”,营造“人人都是销售员”的良好氛围。集团党委书记、董事长童继生,市总工会副主席桂晓燕,集团党委副书记王佳、工会主席黄勤、副总裁朱继东等领导出席大赛。 (陆 益)

【东方国际集团职工获“全国十佳服装制版师”称号】 11月13—16日,由中国服装协会主办,上海国际时尚教育中心承办的“富怡·第六届全国十佳服装制版师大赛”决赛在时尚教育开赛,来自全国14个赛区的62名决赛入围选手展开对决。此次市纺织工会和上海服装行业协会采用新老搭配的方式联合组队,选派9名选手代表上海市参加赛事,各相关区纺

市仪电工会举办职工办公自动化技能竞赛 (周黎俊)

织行业工会和服装企业也给予大力支持。来自东方国际集团旗下上海东方国际创业品牌管理股份有限公司选手赵叶云以总分第二名，获全国十佳服装制版师称号。领克贸易（上海）有限公司王太平、上海蔓楼兰企业发展有限公司王华获竞赛优秀奖。（郑鹞峰）

【东方国际集团职工雍飞获首届全国技能大赛服装技术（国赛）银牌】 首届全国技能大赛于12月10—13日在广州市举行。东方国际集团旗下上海纺织时尚定制服饰有限公司雍飞在大赛中获服装技术（国赛）第二名。此次赛事以"新时代、新技能、新梦想"为主题，设86个比赛项目，汇聚来自全国的2500多名精英高手参赛，是新中国成立以来规格最高、项目最多、规模最大、水平最高的综合性国家职业技能赛事。习近平总书记向大赛成功举办发来贺信。雍飞参加的服装技术竞赛，分款式局部设计、服装CAD制版、样衣制作、立体裁剪、安全生产5个模块，是对服装制版师在服装技术核心内容中的工作能力和职业素养的一次综合考核。（郑鹞峰）

【市纺织工会组队参加全国纺织行业纬编工职业技能竞赛获佳绩】 2020年全国行业职业技能竞赛——全国纺织行业"日发杯"纬编工职业技能竞赛全国决赛于12月10—23日在绍兴市举行。市纺织工会组织4名选手，2名教练，2名裁判组成代表队参加决赛。4位选手均顺利完成竞赛的各个环节。经考核，1人获"全国针织行业技术能手"称号，3人获"全国针织行业纬编工优秀操作能手"称号，2名裁判获"优秀裁判员"称号，上海市纺织工会荣获组织奖。（郑鹞峰）

【中国宝武组织技能大赛】 5—10月，中国宝武组织开展以"铸匠心·提技能"为主题的第二届职工技能大赛，大赛设立磨矿分级工、高炉炼铁工、转炉炼钢工、金属轧制工（热轧）、金属轧制工（冷轧薄板）、钳工、数控机床加工、内燃机车司机、设备点检员（电气）、物理性能检验工、水处理工、智能制造、安全、营销（模拟）、微课、网络安全攻防等16个决赛工种和项目，集团共有6万余名职工参加本单位初赛，1480名选手参加集团决赛，87名职工被授予"中国宝武钢铁集团有限公司岗位能手"荣誉称号。中国宝武组队参加第一届全国技能大赛世赛"工业4.0"全国机械行业选拔赛荣获第一名，参加第一届全国技能大赛获得优胜奖。集团公司选拔4个工种的优秀选手组建宝武"种子队"开展集训，备战"河钢杯"第十届全国钢铁行业职业技能竞赛。（徐卫）

【中国宝武举办"百千万"人才工程讲堂】 为加快适应智慧制造转型升级，培养一支善于创造性解决工艺技术难题、提升产品质量、现场持续改善的技能人才队伍，弘扬创新精神和工匠精神，中国宝武组织开展了"百千万"人才工程讲堂——宝武大咖讲，邀请集团创新大咖走进直播间进行网络直播授课，2—12月，完成17期线上直播，2.8万人次参与观看和学习，充分发挥工会"大学校"作用，为广大职工搭建了在线学习、交流、分享的平台。（徐卫）

【中国宝武参加上海市工业机器人技术应用技能大赛】 12月，中国宝武组队参加由市经济和信息化委员会、市人力资源和社会保障局、市教育委员会、市总工会、共青团上海市委员会举办的首届上海市工业机器人技术应用技能大赛暨第四届全国工业机器人技能应用大赛上海选拔赛，中国宝武四名参赛选手全部获奖，其中郑莉获一等奖，倪建明、庄亚明获二等奖，倪广明获三等奖，中国宝武荣获大赛优秀组织奖。（徐卫）

【宝地资产服务职工岗位技能提升需求】 2020年，宝地资产组织开展职工技能比武活动，举办2020年宝钢发展、宝地资产职工技能大赛，组织开展会务礼仪服务、大客车驾驶员、维修电工、绿化服务、保安服务5个项目的比赛，各单位积极组织发动，员工踊跃参与，共有141余名职工参加决赛，赛出技能大赛优胜个人18人，评选优秀组织者20人，优秀组织单位2家。组织志愿者协同参与中国宝武"1223"系列活动保障服务，招募17名志愿者，参与活动中短驳车辆测温、验证、消杀及宾客引导服务。（朱宏）

【华东电网开展第五轮技术技能竞赛（继电保护专业）】 10月30日，华东电网第五轮技术技能竞赛（继电保护专业）决赛在国网福建技培中心举行。国家电网有限公司工会副主席、直属工会主席童永红出席决赛现场。华东分部工会主席娄为主持颁奖仪式。上海、江苏、浙江、福建电力公司工会，华东分部和华东四省一市电力公司工会、调控中心、人资部等有关部门的负责人出席决赛现场。华东四省一市电力公司5支代表队共20名选手进入决赛。决赛历时两天，通过理论知识、上机SCD文件配置及排故、电网事故分析能力和现场竞赛四个环节考察选手的整体知识水平和解决实际问题的能力。最终，国网福建省电力有限公司力拔头筹获得团体一等奖；沈浩等6名选手获得华东个人奖，国网福建省电力有限公司获优秀组织奖。竞赛自5月启动，在疫情防控特殊形势下，依然坚持全员培训的技能竞赛优良传统，利用网络平台等手段保证所有继电保护专业人员能受益于竞赛的培训和学习。各省市公司也高度重视，深入贯彻"以考促培、以考促学"的理念，营造比学赶超的氛围，激发继电保护专业人员"学技术、提技能"的学习热情。（史佩敏）

【上海电建公司工会开展2020年职工技能竞赛活动】 10—12月，上海电建公司工会开展2020年职工技能竞赛活动。竞赛分核心工种、管理技能两大类8个专业项目，经过各单位初赛选拔，共有154位选手参加了决赛阶段的比赛。公司工会对部分比赛项目在内容和形式上进行了拓展和创新，针对性和实用性有了明显的增强，更能体现出选手的专业素养。公司工会从3个环节确保比武的顺利进行。一是合力精心策划。注重完善比武的每一个细节，体现比武的公平、公正和实效。二是广泛宣传发动。以上下联动的方式，多层次开展宣传动员，调动职工参与的积极性。三是拓宽活动载体。通过集中培训、业余自学、互帮互学、实战演练等形式，普遍提高职工的技能和比武选手的技能水平。职工技

能比武激发了职工学技术、练技能的激情，形成了职工岗位练兵、自我成才的良好氛围。（傅 诚）

【上海石化实施“职工晋升高级工、技师、高级技师带教师傅奖励”计划】 2020年，上海石化继续实施“职工晋升高级工、技师、高级技师带教师傅奖励”计划，共奖励带教师傅57人次（其中徒弟晋升高级工32人，晋升技师16人，晋升高级技师9人）。带出高级工奖励师傅2000元/人，带出技师奖励师傅4000元/人，带出高级技师奖励师傅6000元/人，共奖励18.2万元（其中市总工会奖励9.1万元、公司工会配套奖励9.1万元）。（徐 军）

【中国长三角地区燃气行业职工劳动技能提升工作研讨会在上海航天举行】 10月16日，中国长三角地区燃气行业职工劳动技能提升工作研讨会在上海航天创新创业中心举行，市总工会党组书记、副主席黄红，市总工会副主席周奇，中国城市燃气协会理事长刘贺明，上海航天局党委书记宗文波，上海航天局副局长、工会主席李昕，大国工匠、市总工会副主席、上海航天局工会副主席王曙群等出席研讨会。本次会议，旨在贯彻落实习近平总书记关于长三角一体化发展的最新讲话精神以及三省一市的具体工作要求，通过推动中国城市燃气协会和上海航天更进一步合作，形成面向长三角培育、挖掘更多优秀工匠人才的有力平台，充分发挥行业协会、优秀央企在助推职工劳动技能提升中的重要作用，以工会系统独特的优势促成多方共赢的良好局面，汇聚起共同推动长三角地区一体化高质量发展的强大合力。（周欣彬）

【中国船舶集团所属上海地区举办2020年职业技能竞赛】 10月24—25日，2020年中船上海地区职业技能竞赛——涂装工、管系工竞赛开赛。本次技能竞赛由中船上海船舶工业有限公司主办，江南造船（集团）有限责任公司和沪东中华造船（集团）有限公司承办。中船上海公司党委委员、副总经理顾奚，江南造船党委副书记、工会主席朱煜，沪东中华党委副书记、工会主席秦蓉，外高桥造船总经理助理、人力资源部部长向祥德等出席竞赛开幕式。来自江南造船、沪东中华、外高桥造船、中船澄西、华润大东和中国人民解放军第四八〇五集团等6家单位共计79名参赛选手参加技能竞赛。在两天的竞赛中，涂装工相继完成了镶线、调色、分色、喷涂等项目，管系工认真研读图纸，对比赛试件进行了切割和拼装。经过激烈的角逐，江南造船王树月获得船舶涂装工竞赛第一名，沪东中华曹敏君获得船舶管系工竞赛第一名，两人均被授予“中船上海船舶工业有限公司技术能手”称号。（贯 晶）

【上海王宝和大酒店有限公司举办员工技能比武】 8月6日，上海王宝和大酒店有限公司工会、人力资源部联合启动2020年度技能比武，比赛历时3个多月，结合疫情防控的实际，针对各部门、单位梳理出的操作和服务的薄弱环节，以“台上”“线下”并行的形式，组织开展全员岗位练兵比武和专项培训，基本达到了形成一批新菜品，确立一批作业法，发掘一批技术能手，提升一批服务标准的“四个一批”目标任务。本次技能比武竞赛，共组织开展8大类30个技能比武项目，共计1017人次参加，研制创新菜37道，提炼总结作业法13个，修订优化服务标准8个，并在集团首次举办的2020年酒店业岗位练兵和技能比武（技能服务类）活动中斩获厨房切配刀工、厨房点心制作、厨房热菜烹饪3项竞赛项目一等奖。（浦琳炜）

【上海化学工业区医疗中心工会开展医师技能比赛】 9月17日，上海化学工业区医疗中心工会开展医师技能比赛。在活动开始前，全体医师重温《中国医师宣言》，观看抗疫宣传片，听取专题报告，分享抗疫经验，总结工作成果。在外科创伤缝合技能比武中，每位参赛选手精神饱满、操作娴熟规范，充分展示了医师的基本技术技能，通过活动进一步激励全体医师钻研业务、苦练基本功、不断提升整体救治水平能力。（张 俊）

【中远海运集团工会组织第四届“中远海运杯”职工技能竞赛】 11月11日，中远海运集团工会在浙江舟山举办第四届“中远海运杯”职工技能竞赛叉车司机、门式起重机司机大赛。集团9家直属单位共选派35支代表队参加比赛。决赛环节分理论考试和实际操作两项举行，62名选手分获大赛一、二、三等奖，舟山中远海运重工获优秀组织奖。大赛由中远海运集团工会、浙江省人力资源和社会保障厅联合主办。集团工会主席张善民和浙江省人社厅、舟山市总工会等单位有关领导参加开幕式并观摩比赛。（张 进）

【上港集团复兴公司“轮机实训职工学堂”被评为上海市“示范性职工学堂”】 上海港复兴船务有限公司“轮机实训职工学堂”是上港集团首个上海市“职工学堂”。2020年，该学堂积极按照集团工会工作要求，认真服务集团主业生产和职工职业发展规划，认真落实市总工会“五有一能”办学要求，建立健全职工学堂日常管理制度和师资考评机制，动态跟踪培训效能，确保培训效果，坚持品质至上，打造培养优秀的师资队伍，不断开发满足集团职工发展需求的精品课程，被评为上海市“示范性职工学堂”。（傅 欣）

【上港集团举办职业技能竞赛】 上港集团举办2020年度（第十六届）职业技能竞赛。本次技能竞赛设尚东分公司、张华浜分公司、教培中心3个分赛区，共有桥吊远程操作、装卸机械液压传动安装、装卸机械PLC编程、装卸机械电气故障排除、港口库场理货、门座式起重机等6个项目的比拼。13家基层单位按照竞赛活动要求，认真组织职工参赛，以理论考试与实操检验相结合的方式，通过内部比拼遴选了90名业务骨干参加竞赛。结合各生产单位实际情况，竞赛活动办公室积极协调安排，赛事组委会与各承办单位充分准备、严密组织、周到服务、公平裁判，确保各项赛事圆满完成。（施文卿）

【上海邮政工会实施技能人才职业发展奖励实事项目】 3月15日起，上海邮政工会根据市总工会的要求，启动“技能人才职业发展奖励”实事项目，奖励对象为技能晋升职工和带教师傅，条件为获得2017年1月1日到2020年2月29日期间颁发的职业资格证书的本市工会会员，分上半年和下半年两批进行申报。经统计，共计7人次申请“带教师傅”奖励，带教徒弟晋升技能等级为高级工，奖励师傅共计14000元。（杨　娟）

【上海电信工会举办装维工作室共建揭牌暨装维营技能展示活动】 9月29日，中国电信上海市工会在北区电信局举办“携手提技能，同心促发展”北区和龙力、鸿展装维工作室共建揭牌暨装维营技能展示分享活动。市总工会副主席周奇，公司副总经理、工会主席常朝晖为上海公司首批外包装维工作室揭牌，北区梁伟工作室与两家外包装维工作室签订共建协议。活动还组织优秀装维员工代表作现场技能展示，邀请徐珺、周纪东、吴明明3位劳模与外包装维工作室负责人面对面分享。（殷　茵）

【中交三航局举办第十九届职工技能大赛】 9月22日，中交三航局举办第十九届职工技能大赛试验工竞赛。本次比赛共有来自8家基层单位27名选手参加，赛期3天。比赛分为理论考试和实操竞赛两个环节，选手们通过水泥稠度、灌砂法、氯离子含量测定3个比赛项目进行实操比赛。通过为期3天的比赛，二公司和宁波分公司荣获本次赛事优秀组织奖。宁波分公司杜江涛、宁波分公司樊梅甲、宁波分公司赵佳剑、三公司魏燕、厦门分公司刘仁武、三公司李明分获赛事前六名，直接晋升技师，已获得技师职业资格的，免试向中交集团推荐高级技师职业资格。授予杜江涛、樊梅甲、赵佳剑3位选手“三航局技术能手”荣誉称号，并按照相关规定每月给予一定津贴。（黄书展）

【上海建工集团举行镶贴工技能比武】 8月4日，建工集团在二建集团举行2020年上海建工镶贴工技能比武。集团党委副书记张立新，市职工技协服务中心主任钱传东，集团相关部门负责人，各参赛单位相关负责人及各参赛队领队、参赛选手、裁判等80余人参加。一建集团、二建集团、四建集团、五建集团、七建集团和装饰集团等单位选拔推荐24名选手参加本次技能比武决赛。决赛设理论考核和实操比试。参加比赛的前5名选手组成建工参赛队参加9月份上海市镶贴工技能比赛。（余轶群）

【上海建工集团举办2020年商务管理技能比赛决赛】 10月27日、28日，上海建工集团举行2020年商务管理技能比赛决赛及颁奖仪式。集团商务管理技能比赛领导小组成员、专家组成员、协办单位、参赛选手和参赛单位有关负责人共180余人参会。比赛以“商务管理知识竞赛”为主题，分为培训、选拔和决赛，内容涵盖工程造价管理基础知识、计量计价实务、建设工程施工合同管理及相关法律法规等。通过线上线下相结合的方式，共有2862位商务管理人员参加培训，近1千名选手参加选拔赛。参加决赛的14支队伍56名参赛选手是从集团3千多名商务管理人员中选拔出来的优秀代表。（余轶群）

【2020全国城镇供水排水行业职业技能竞赛上海市选拔赛启动】 3月28日，由市水务局（市海洋局）工会、市供水管理处、市排水管理处、市供水行业协会、市排水行业协会主办，市环境学校协办的2020年全国城镇供水排水行业职业技能竞赛上海市选拔赛在市环境学校拉开帷幕。市水务局（市海洋局）工会、市供水管理处、市排水管理处、市供水行业协会、市排水行业协会、市环境学校等单位和技术团队，以及市城投水务集团及各区水务局选派的24名参赛选手参加选拔赛启动仪式。（王佐仕）

【上海职工镶贴工技能竞赛决赛在中建八局新江湾城项目举办】 9月26—27日，2020年“迎世赛、稳就业、促发展”上海职工镶贴工技能竞赛决赛在中建八局上海市新江湾城项目举办。市总工会副主席周奇，中华全国总工会劳动和经济工作部技术协作与创新处处长杜文甫，市职工技协服务中心主任钱传东，以及市人力资源和社会保障局、市重点工程实事立功竞赛办公室、市建设交通工会、市职业能力建设处、市职业技能鉴定中心、市建筑施工行业协会、本市各区局（产业）工会有关领导，中建八局党委副书记、工会主席于金伟，局副总经理周可璋及局上海公司有关领导，参赛代表队、裁判等共计300余人参加活动。本次大赛为上海职工职业技能系列竞赛十大赛事之一，由市总工会、市人力资源和社会保障局指导，中建八局、市职工技术协会主办，中建八局上海分公司承办，市重点工程实事立功竞赛办公室、杨浦区总工会给予大力支持。本市18个区局（产业）工会推荐的41个单位59支队伍参加决赛。竞赛由理论考试和实操阶段两部分组成，成绩

上海电信举办“携手提技能，同心促发展”装维营技能展示分享活动
（殷　茵）

分别占比30%和70%。经过比赛,中建八局总承包公司陈军良获得第一名。 (袁丰宝)

【中建八局第七届施工技能大赛总决赛圆满落幕】 11月5—6日,由中建八局主办、中建八局西南公司承办,以"匠心筑梦八局,技能成就精彩"为主题的中建八局第七届施工技能大赛总决赛在成都金融广场项目成功举办,本次施工技能大赛是2020年中建八局落实人才强企战略举办的12项职工职业技能竞赛之一,也是系列竞赛中比赛项目与参赛选手最多、规模最大的技能竞赛。来自局属18家二级单位推荐的37支代表队260余名选手在成都摆开擂台,展开6大类50余个奖项的施工技能决赛大比拼。大赛分为理论知识和实操比赛,共角逐出个人和团体6大项57个奖项,并评选出6名技术标兵和9名技术能手。 (袁丰宝)

【中建八局第一届设计管理大赛举办】 9月17—18日,中建八局第一届设计管理大赛在上海举办,大赛以"融合设计、价值创造"为主题,突出"以客户为中心"的理念,分为优化案例赛和协同式团队赛两项赛事,17支队伍,共计150余名代表参加比赛。各代表队分别进行优化设计案例赛和协同式团队赛的角逐,评选出10项案例赛的优胜单位,协同式团队赛的7家优胜单位以及4项赛标设计奖。 (袁丰宝)

【中建八局世赛选手陈宇航获得第一届全国技能大赛管道与制暖项目冠军】 12月13日,为期3天的中华人民共和国第一届职业技能大赛在广州市落下帷幕。大赛以"新时代·新技能·新梦想"为主题,设86个比赛项目,包括63个世赛选拔项目和23个国赛精选项目,其中,世赛选拔项目比赛将作为第46届世赛全国选拔赛,共有2557名选手、2376名裁判人员参赛。世赛管道与制暖项目选手陈宇航代表上海市和中建八局参赛,夺得该项比赛桂冠,取得第46届世界技能大赛国内选拔赛的"入场券"。中建八局高度重视世赛筹备工作,精心挑选参赛选手、建立选手实训基地、召开世赛推进会、开展交流培训等,确保选手取得优异成绩、展示八局人才精湛技艺。 (张 帅)

【市水务局(市海洋局)工会举办崇明北沿四闸工程管理和立功竞赛展示比武活动】 11月13日,市水务局(市海洋局)工会、市堤防(泵闸)设施管理处联合举办崇明岛堡镇港北等四座水闸外移工程工程管理和立功竞赛展示比武活动。活动共分为两个阶段进行,第一阶段组织各参赛队伍赴张泾河项目开展安全生产、质量实体等现场检查,邀请施工单位讲解大体积混凝土浇筑研究,设计院介绍重大水利工程BIM应用。第二阶段集中评比,对施工现场存在问题整改措施和立功竞赛开展情况的短视频进行评比。市水务局(市海洋局)工会、市堤防处相关负责人及相关专家应邀出席,项目各标段监理、施工单位组成的参赛队伍代表,共40余人参加。 (王佐仕)

中建八局世赛选手陈宇航获得第一届全国技能大赛管道与制暖项目冠军 (郝国元)

【市医务职工科技创新第十期"星光计划"评选结果揭晓】 为进一步加强职工科技创新工作,推动医务职工科技创新的深入开展,市医务工会组织开展了第十期上海市医务职工科技创新"星光计划"大赛的项目评选。本次"星光计划"共有120项职工创新成果脱颖而出,其中:市疾病防治控制中心的夏寒"传染病防控中基于大数据与AI技术实现重点人群快速溯源及筛查管控的系统、方法及应用"等10个项目为一等奖;上海交通大学医学院附属瑞金医院北院的丰青"改良舒适型一次性使用医用口罩"等18个项目为二等奖;上海市第六人民医院的曹铁"门诊新冠肺炎随申码流调模式的建立和应用"等33个项目为三等奖;上海交通大学医学院附属仁济医院的傅志炜的"AMS多功能膝关节训练器"等59个项目为入围奖;市第一人民医院鲍伟等12人为"创新之星"。 (李易杰)

【首届市级医疗机构护工护理员职业技能竞赛决赛举办】 11月12日,首届上海市级医疗机构护工护理员职业技能竞赛决赛在上海健康医学院现代护理实训中心举行。活动由市总工会、市卫生健康委员会、市职工技术协会指导,市医务工会、市护理学会、市级医疗机构护工护理行业工会联合会主办,上海健康医学院共同协办。市卫生健康委党组书记章雄,市总工会副主席周奇,上海健康医学院党委副书记于莹等领导出席活动。竞赛活动自9月份开展以来,吸引全部规模以上的市级医疗机构分会的参与。各分会积极发动线上学习,认真选拔参赛队伍,聘请专门教练开展实训。竞赛活动在市级医疗机构的护工护理员中掀起了"学技能、练技能、赛技能"的热潮。本次决赛邀请沪上10余所院校和职业培训机构的37名老师担任

11 月 12 日，首届上海市级医疗机构护工护理员职业技能竞赛决赛举办
（马艳芳）

评委，共推出 18 位“护工护理岗位能手”，进一步提升了护工护理职业认同度。（马艳芳）

【第四届上海高校青年教师教学竞赛总结暨表彰会举行】 第四届上海高校青年教师教学竞赛总结暨表彰会在上海师范大学举行。会议表彰特等奖 7 人、一等奖 15 人、二等奖 30 人、三等奖 59 人，优胜奖 13 人，以及 21 个优秀组织奖，同时授予 28 名青年教师“上海市教学能手”称号。市教卫工作党委、市教育工会、市教委的领导以及青年教师、高校工会代表等 200 人参加大会。场外 2 千余人观看大会视频直播。经过市赛角逐，上海交通大学刘晓晶、上海中医药大学沈凯凯、复旦大学崔涵冰、上海师范大学傅毅、上海戏剧学院伍洋 5 人代表上海参加在南京举行的第五届全国“青教赛”，分获工科、医科组一等奖，思政专项组二等奖，文、理科组三等奖，上海市教育工会也被授予优秀组织奖。（高　芳）

【第四届上海高校青年教师教学竞赛线上线下同步开展】 6 月 19—21 日、27 日，第四届上海高校青年教师教学竞赛暨第五届全国高校青年教师教学竞赛选拔赛在上海师范大学举行。本届青教赛增设医学学科组别。来自沪上各大高校的 249 名青年教师参加人文科学、社会科学、思想政治理论课专项、自然科学基础学科、自然科学应用学科、医学学科和高职高专综合学科 7 个组别的比赛。本届青教赛由市总工会、市教卫工作党委、市教委主办，市教育工会承办，上海师范大学协办。市教育发展基金会为获奖教师提供等第奖金，上海唐君远教育基金会为特等奖获奖教师提供课程建设奖励资助。为确保赛事顺利举行，主办方制订《青教赛期间防疫防控工作方案》《青教赛防疫应急预案》，全程监控赛事各环节，并对包括评委、参赛选手、工作人员在内的所有进校人员进行严格的健康筛查，确保赛事防疫工作万无一失。（高　芳）

【光明食品集团汽车维修工（三级）暨首届汽车维修擂台赛闭幕】 9 月 2 日，以“因为光明，所以温暖”为主题的“2020 年度光明食品集团汽车维修工（三级）暨首届汽车维修擂台赛”在资管公司康桥基地海博修理公司闭幕。本次汽车维修擂台赛，产生并推荐 5 名选手参加“上海市汽车维修工（三级）二类大赛”，评选 2 名技术骨干参加“上海市首届汽车维修擂台赛”。集团党委工作部（工会）、组织人力资源部、光明进修学院三部门，立足集团“上海市高技能人才培养基地”和“上海市首批职业技能认定试点单位”的建设，聚焦具有“光明特色”职业技能认定项目，持续开展培训、练兵、竞赛、晋级、激励“五位一体”的职业技能项目发展探索，将集团“上海市高技能人才培养基地”打造成培养高技能人才的“练兵场”和“孵化器”。（朱莉英）

【光明食品集团员工烘焙技能大赛落幕】 9 月 10 日，以“立足花博会，服务生态岛”为主题的 2020 年光明食品集团员工烘焙技能提升竞赛与总结评价会，在上海市贸易学校实训中心举行。集团 5 家单位 21 名员工参加本次决赛。经过角逐，大赛诞生了广式月饼、传统法棍、瑞士卷筒蛋糕制作 3 个单项技能奖，以及综合技能奖一等奖 1 项、二等奖 2 项、三等奖 3 项和优胜奖 15 项。此次烘焙技能竞赛，共有近百名员工参加前期培训，经过举办牛奶棚专班、冠生园益民专班和赛前实操培训专班，评选出 8 名优秀学员。有 12 名员工通过培训被选送到市级举办的职业技能考级比赛。本次活动是 2020 年度光明食品集团花博会园区建设立功竞赛系列活动之一，目的是为光明员工搭建技能展示平台，为集团实施城市厨房、早餐工程战略服务，为第四十六届世界技能大赛选树一批技能高超的产业工人队伍，并以高质量培训与技能认定工作服务广大员工，服务集团“实力光明”核心主业战略。（朱莉英）

【光明食品集团举办黄酒酿造技能大赛】 10 月 27 日、30 日，为期 2 天的 2020 光明食品集团员工黄酒酿造技能培训竞赛暨黄酒国家评委考试资格选拔赛在上海金枫酒业股份有限公司举办。来自金枫酒业及旗下上海石库门酿酒有限公司、无锡市振太酒业有限公司、绍兴白塔酿酒有限公司等企业 32 名一线技术骨干参与竞赛活动。黄酒酿造工工种，是光明食品集团高技能人才培养基地作为上海市首批职业技能认定试点单位的首个认定试点项目。本次组织开展黄酒酿造工技能提升培训、竞赛和认定，聚力探索高技能基地建设中管、培、考、赛、用“五位一体”管理协同模式，是探索职业技能立项研发、培训练兵、考评鉴定、竞赛晋级、使用激励“五位一体”业务协同模式的有益实践。（朱莉英）

【糖酒集团举办职工新零售直播技能大赛】 9 月 27 日，2020 糖酒集团“第

一食品杯”职工新零售直播技能大赛总决赛在海棠大厦五楼闭幕。市商务委员会副主任周岚，光明食品集团工会主席潘建军以及糖酒集团领导班子成员应邀出席大赛活动。本次大赛持续2个月，经过初赛海选，共有144名选手72组战队参加初赛、复赛现场直播，12组战队进入决赛。12组战队先以两两PK的形式角逐出前六强，再通过现场线上投票的方式产生“糖酒直播带货大王”。12组战队的“直播带货”汇集了光明食品集团、糖酒集团旗下众多品牌产品，决赛还邀请糖酒集团党委书记、董事长、总裁黄黎明、劳模现场直播带货和推介产品。100余位来自糖酒集团旗下各子公司党、政、工、团负责人、劳模先进、职工代表参加现场决赛活动，当天有8100余名场外观众通过网络观看视频图片直播。 （周碧青）

【市监狱管理局工会配合主业积极开展干警职业技能竞赛】 监狱局干警职业技能竞赛，围绕干警履职能力，聚焦执法能力，形成由局工会搭台、教育培训部门牵头、业务条线参与的共建机制。2020年初的疫情，干警封闭式管理模式，带来对职业技能竞赛的挑战。市监狱局工会配合主业积极应对，传承上海监狱“讲实战、重练兵、年年有竞赛”的做法，做到“品牌不丢、传统不放”，开展涵盖政治理论、监管业务等方面的职业技能竞赛，全局共有6000多名干警参加竞赛。

（江海群）

【申通地铁职工备战第一届全国技能大赛并取得佳绩】 9月22日，由交通运输部组织的第一届全国技能大赛轨道车辆技术新项目交通运输行业选拔赛在吉林长春正式拉开帷幕。来自上海地铁维护保障有限公司车辆分公司、申通庞巴迪（上海）轨道交通车辆维修有限公司的4名青年技能人才组成两支队伍分别代表维保公司和申通庞巴迪公司参加竞赛。最终，上海代表队的张杰、吴昊以第二名的优异成绩，入选国家集训队。指导老师盛忠明获“优秀指导教师”奖。12月10—13日，第一届全国技能大赛在广州举行，本届大赛的主题是“新时代、新技能、新梦想”，共设竞赛项目86个，涵盖制造与工程技术、结构与建筑技术、运输与物流等领域。来自各行各业的2500名选手在一起比技能、展风采。上海地铁代表队魏哲昊、毛润智两位选手在“轨道车辆技术”项目的竞赛中取得优胜奖，入选第四十六届世界技能大赛中国集训队。

（徐　斌　傅耀俊）

【绿地集团工会组织职业技能比武竞赛活动】 年内，绿地集团工会围绕集团“打赢三大攻坚战”的目标和集团党委“迎难而上·亮剑先锋”系列活动安排，以立足岗位、提升素质、激发动力、克难奋进为指导思想，组织技发、工程、合约、营销、投发、法务、党务、纪检8个业务条线共同开展2020年度绿地集团员工职业技能比武竞赛活动，将竞赛内容与实际业务工作紧密结合，促使全体员工立足岗位创先争优、积极作为，持续焕发劳动热情、创新活力和创造潜能。通过形式丰富的竞赛活动，集团各条线涌现出了一批素质过硬、技能突出的优秀团队和业务骨干，在集团内营造“比学赶帮超”的良好氛围，最终评选出优胜团体奖38个、单项奖38个，并在集团党建工作会议上予以公开表彰。

（翟晓播）

【“SMG职工学堂”升级线上学习平台】 2020年，上海广播电视台（上海文化广播影视集团有限公司）工会对“SMG职工学堂”进行功能升级：设立总额为100万的“SMG职工学堂”岗位技能培训专项经费，实施《2020年度“SMG职工学堂”岗位技能培训方案》，联合台集团人力资源部及各基层工会组织，通过推进在线学习与线下培训的有机结合，为职工提升岗位技能和职业素养打造学习平台。6月起，“SMG职工学堂”线上平台“E-learning-职工学堂”开讲，每周三下午面向全体SMG职工开设直播培训课程，年内共组织27堂直播学习课程，在线观看学习人数达32013人次。直播课堂之外，E-learning还上线9大类共计158个在线课程。 （秦伊龄）

【百联集团开展“安康杯”线上知识竞赛活动】 8月10日—9月10日，百联集团工会与安全督察部、教培中心线上运营部联合开展为期一个月的“安康杯”线上知识竞赛活动，19878名职工参赛，507名职工获得满分，进一步增强全员的安全管理意识。竞赛活动首次采用“1+P+X”的题库模式，“1”指普适性知识题，分值占比70%；“P”指新增的可视化隐患排查题，以防火、逃生、用电等业务为主题，真实还原商场、物流、办公室、超市、仓库等操作场景，分值占比10%；“X”指根据各业态不同业务特点设计的特色题，分值占比20%。在各级工会的组织发动下，广大职工经历“学、练、考”3个阶段，普遍感到竞赛活动的实用性较强，能够直观地学习并掌握日常的防火安全知识，有效解决企业在安全生产过程中时常发生的问题、容易忽视的问题，进一步营造“人人要安全，人人都安全”的良好氛围。（姜　杰）

【上飞院工会开展“大飞机达人”选拔赛】 2020年，上海飞机设计研究院（以下简称“上飞院”）工会策划开展“大飞机达人”选拔挑战赛，以发掘、培育具备良好专业素养、精通航空知识、商用飞机相关知识或航空领域技能的优秀人才，为员工的职业发展创造条件。“达人”选拔遵循“技能高水准、专业强关联、示范有带动”的原则，年内，开展了三季挑战赛，有15人挑战成功，获评“大飞机达人”称号。其中，有听“见”问题、甄别各种细微且难以辨别飞机异响的“听音达人”，有运用编程技能大大提高工作效率的“机身编程达人”；有熟记上千万个有限元单位信息，堪称“人形数数库”的“有限元达人”；有自主设计10余款飞模、在全国屡次夺冠的90后“飞模设计达人”。工会推进全院各部门对标能力建设，全面梳理清晰专业方向，明确专业达人选树目标，加大“达人”宣传力度，强化“达人”荣誉意识，不断扩大覆盖面和影响力，努力把“大飞机达人”打造成上飞院人才培育和创新文化的品牌。 （曾菊敏）

【上飞院工会开展“大飞机首席/精英设计师”评选】 2020年，上海飞机设计研究院（以下简称“上飞院”）工会组织开展“大飞机首席/精英设计师”评选。26名在型号研制、技术攻关、自主可控中贡献突出的员工，获评

"大飞机精英设计师"。精英设计师评价标准主要由型号任务业绩和能力建设业绩两大部分组成。型号任务评价由型号项目主管部门负责相关评价指标设置,内容指标聚焦各型号年度重点技术攻关项目,综合考虑项目难度、节点、技术自主性等评价因素。能力建设评价由基础能力建设、关键核心技术突破、型号技术攻关和技术创新攻关等四部分组成,由科技部、项目中心和创新谷推进办分别设置评价指标。 (曾菊敏)

【世纪出版集团工会举办首期"自媒体影像制作"职工技能培训班】 10月下旬起至11月底,世纪出版集团首期"自媒体影像制作"职工技能培训班开班。参培学员30名,以各出版单位图书编辑、出版发行人员为主,培训班由资深行业专家和专业教师授课,传授图书、书店类题材拍摄知识与技能等。12月下旬,有25名学员通过自媒体影像实践操作(理论)考试,获得国家人社部颁发的《自媒体影像制作职业技能证书》。 (江 文)

班组建设

【概要】 市总工会以创建"工人先锋号"活动为载体,以提高班组成员整体素质为重点,进一步推动"学习型、技能型、创新型、管理型、效益型、和谐型"六型班组建设,动员广大职工立足岗位、争创一流。一是加强班组间交流学习,指导各区局(产业)工会开展班组论坛、班组长沙龙等丰富多彩的班组建设交流活动,总结推广班组建设经验,增强班组工作活力,把班组建设成为工会工作的重要阵地,引导职工立足岗位、创先争优。同时加强职业能力培训,提高班组成员素质。从班组工作实际出发,加强班组文化建设和民主管理,不断提高班组成员思想道德、科学文化和专业技能水平;积极引导班组成员学习新知识、钻研新技术,不断提高学习能力、实践能力和创新能力。 (王 点)

【市仪电工会举办仪电系统班组长培训班】 11月27—28日,市仪电工会在仪电培训中心举办为期两天的仪电系统"推进新时期产业工人队伍建设"第二期班组长培训班,70余位来自仪电系统基层企业的班组长参加培训。培训班邀请工会管理职业学院老师进行授课。在培训形式上,除了采用课堂式授课外,还引入"工会工作坊"小组沉浸式学习等形式。课程内容涵盖《班组长的职业意识与角色认知》《班组长的角色定位与心智管理课程》等,同时结合"四史"教育,观看"不忘初心,牢记使命——从建党、新中国到改革开放时期的党与职工摄影回顾"展,开展"学四史、学工运史"现场知识竞赛。培训增进了仪电系统企业班组长之间的交流互动,为班组长增强能力、拓宽视野、进一步提高工作水平提供帮助。 (周黎俊)

【中国宝武加强安全"1000"班组建设】 6月22—23日,中国宝武举办安全"1000"标准化示范班组、工会劳动保护干部、青年安全生产示范岗研修活动,来自各子公司的11个安全"1000"标准化示范班组、安康代表和青年安全生产示范岗作了经验交流。同时组织发动广大职工积极参加全国"全国安全知识(网络竞赛)"和上海市"安康杯"竞赛,共有20余万人次参与竞赛答题。中国宝武工会扎实推进安全"1000"班组建设,不断夯实安全基层基础,持续培育安全文化,为维护职工生命健康权益奠定扎实基础。 (徐 卫)

【上海航天局工会持续深化班组建设】 上海航天局工会继续以质量为主线、以效益为目标、以创新为动力,深化"质量效益"创建主题,不断夯实班组创建的基础。一是班组建设与党支部建设共建共享,使党建工作与业务工作深度融合、相互联动,进一步发挥党员在班组中的先进模范作用;二是对班组评选制度进行优化,新制度进一步明确了班组建设梯度晋级机制,强化岗位质量责任制落实的相关要求,新增约束项和加分项,细化班组考评标准,使班组创建目标更明确、要求更具体;三是班组建设与班组长能力提升相结合,举办唐建平、汤卫平班组论坛,引领全局班组推进精益生产、持续创新创效;四是注重经验的总结与推广,组织卓越、示范、金牌班组撰写特色案例,在全局范围推广,发挥优秀班组的辐射带动作用;五是持续加大激励力度,投入195万元支持卓越、示范班组建设,极大激励了一大批班组争先创优。2020年,新增3个中国航天科技集团有限公司航天金牌班组和5个"六好"班组。 (周欣彬)

【华东电力工会举办优秀班组长培训班】 8月24日、8月31日,国网华东电力工会分别举办第二十九期、三十期华东电网系统优秀班组长培训班,来自华东四省一市电力公司近100名优秀班组长参加培训。培训形式包括专题讲课、经验交流、工作探讨、参观学习等,内容围绕班组长角色定位、价值观念、能力素质、地位作用等方面设置相关课程,起到搭建区域交流平台,让一线班组长聚焦公司战略落地,相互学习借鉴各单位班组管理的经验的作用。 (史佩敏)

【中国移动上海公司打造"一核四融"班组建设新模式】 7月15日,中国移动上海公司工会牵头召开"上海公司班组建设区域化工作启动布置会",启动实施上海公司班组建设区域化管理工作。公司工会结合单位特点、业务条块、合作协同等因素,将25个直属单位、3个专业公司分成五大区域。会议明确上海公司班组建设将以"资源整合、战略落地、助力发展"为目标,依托班组建设区域化管理模式,探索建立"一核四融"的工作模式。一是聚焦班组"牵手行动"。以"输送先进经验、破解发展难题"为目标,开展专业对口、目标明确的结对行动,定主题、建团队、理经验、结对子、深交流、后评估。定期举办形式多样的结对共建活动,运用"5G云直播""5G云互动""5G远程互动教室""5G双师课堂"等5G信息化应用做好"牵手"结对活动的实施和宣传,形成区域"牵手"活动机制,促进工作经验的分享交流和问题短板的攻坚提升,推动解决在转型发展中存在的瓶颈问题。二是业务发展融合。利用职能部室、中心单位优势,整合内外部资源,围绕重点客户保拓、渠道运营能力提升、高价值小区攻坚、云产品营销、客户满意度提升、5G网络建设、5G标杆城市打造、网格智慧中台建设等重点工作,通过"牵手行动""虚拟团队"

中国移动上海公司工会开展班组建设区域活动　　（徐睿璐）

“前后台联动”“IT+大数据”赋能等形式发挥区域合力，将业务运营支撑与班组建设进行有机结合，合力破解相关单位在经营发展中的热点、重点、难点问题。同时融入跨省、专业公司班组资源，为发展“加油”。三是创新提效融合。在创新工作室创建、员工自主创新、节能宣传、QC课题、微创新活动等方面，开展交流、学习、联合课题研究，鼓励融合5G应用开展“云+AR沉浸式参观”“云交流”等互动活动，实现班组之间相互启发、智慧凝聚、相互促进、共同提高。四是能力提升融合。在劳动竞赛、技能竞赛、工匠培育、安全管理等方面，利用区域资源开展更广泛的师徒结对、班组论坛、技能比武等活动，融合5G应用开展“远程指导”“远程互动PK”等各种形式，营造浓厚的比学赶帮氛围。五是员工关爱融合。在公司文化艺术节、幸福1+1、咪咕趣、班组关爱活动等方面，开展班组间、区域内部、跨区域活动，建立和谐融洽的工作氛围和人际关系，提升员工的获得感、幸福感，提升班组凝聚力，构筑和谐工作氛围。（徐睿璐）

【中国商用飞机有限责任公司工会推进班组建设】　中国商用飞机有限责任公司工会评选大飞机金牌班组15个、银牌班组20个、铜牌班组27个、优秀班组长30名，协调行政为金银铜牌班组核拨班组经费162万元，落实金牌班组长及班组成员上调一级工资政策。公司工会牵头，各相关职能部门分门别类制作大飞机精益班组培训教材，组织开发线上教育、远程教育培训课程，汇编《班组建设案例集》。联合商飞大学举办2期优秀班组长培训班，通过理论学习和精益道场实训相结合，让班组长在实践中锻炼提高，增长才干。（阎　超）

【上海飞机客户服务有限公司工会全面加强精益班组建设】　2020年，中国商飞公司上海飞机客户服务有限公司围绕“强基固本，助力型号研制安全发展高质量发展”主题，持续开展“大飞机精益班组”建设活动。制订“1+3”指导原则：发布《中国商飞公司上海飞机客户服务有限公司2020年大飞机精益班组建设指导规范》1个文件，坚持年初指导定计划、年中抽查保质量、年底评审树典型“3步走”原则，组织51个班组开展大飞机精益班组创建，申报数量创历年最高。与32个创建班组进行专题座谈指导创建过程，建立19对共建帮扶关系，创新“2+3”考评制度，10个班组、8名班组长获得中国商飞公司表彰，19个班组获得客服公司表彰。落实金牌班组和优秀班组长共35人职级上调一档奖励；组织2批次共7名班组长参加中国商飞公司班组长能力提升培训班；举办2期“Yummy Sharing”（乐享时光）职工沙龙分享会。推荐优秀班组参加上海市成果申报，工程数据部航线安全与经济性分析班组、工业设计所选型支持班组获评上海市质量信得过班组建设活动优秀成果。（徐　雷）

劳模先进与工匠培育选树

综　述

市总工会高度重视培养选树劳模，坚持把抓好培养选树劳模作为工会组织弘扬劳模精神、劳动精神、工匠精神的重要载体，建立长效机制，加强组织领导，优化活动载体，发挥劳模在企业安全生产、经营创效等方面示范引领作用，逐渐形成评选表彰规范、品牌效应激增、引领作用明显的良好态势，用实际行动唱响“劳动光荣、创造伟大”的时代最强音。形成相关部门协同，行业、企业和社会力量共同参与的工匠人才培育选树格局；完善多级选树机制，建立工匠人才逐级培养选树制度，形成市、区（产业）、街镇（园区）等多级多层推荐体系；做实工匠系列品牌，以上海工匠培养选树为抓手，增强“工匠品牌”效应，持续提高工匠品牌的职工知晓度和社会影响力。自 2016 年起，计划用 10 年时间培养选树 1000 名“上海工匠”，打造一支与加快上海建设科技创新中心和实施“中国制造 2025”要求相适应的高技能人才队伍。本市已选树 5 批共计 480 名“上海工匠”。2020 年培养选树的 98 名“上海工匠”平均年龄 47 岁，最大 60 岁、最小 33 岁，平均工作年限 22.5 年。涵盖机械、电力、钢铁、船舶、航天、汽车、通信、石化、建筑、水利、交通运输、医疗卫生、文化、教育、科技等领域。（曾恕程）

劳模评选

【概要】 1 月，中共中央办公厅、国务院办公厅和上海市委办公厅、市政府办公厅决定表彰一批在我国经济建设、政治建设、文化建设、社会建设、生态文明建设和党的建设中涌现的工人、农民、科教人员、管理人员、机关工作人员及其他社会各阶层人员，分别授予全国劳动模范和先进工作者、上海市劳动模范（上海市先进工作者）和模范集体称号。上海市总工会和市评模办在认真研究本次评选的推荐条件、结构比例、荣誉基础、名额分配和工作程序的基础上下发评选通知。各区局（产业）工会高度重视，按照要求认真组织推荐。全市共预报上海市 2020 年全国劳动模范和先进工作者候选对象 158 人，涉及 83 个区、委办局（产业）集团。经对人员身份、荣誉基础、结构比例等基本条件审核，形成建议人选名单 112 人，涉及 63 个区、委办局（产业）集团。经全国总工会复审通过及公示，11 月 24 日于北京人民大会堂召开全国劳动模范和先进工作者表彰大会。全市共预报 2020 年上海市劳动模范（先进工作者）候选对象 951 人，模范集体候选对象 395 个。候选名单送市市场监管局、市公共信息信用数据平台审核，并送市生态环境、应急管理、税务、劳动监察等部门审核并征求意见，形成上海市劳动模范（先进工作者）候选名单 840 人，上海市模范集体候选名单 336 个，涉及各区、产业（局）等 120 个相关单位。12 月 2 日，上海市委、市人民政府召开上海市劳动模范（先进工作者）和模范集体表彰大会。（曾恕程）

上海市全国劳模和先进工作者在京出席表彰大会　（陶丽娟）

【浦东新区 88 人获全国、市劳模荣誉】 11 月 24 日，全国劳模和先进工作者表彰大会在北京人民大会堂举行，浦东新区推荐上报的 6 位全国劳模和先进工作者接受表彰。在 12 月 2 日举行的 2020 年上海市劳动模范（先进工作者）和上海市模范集体表彰会上，浦东新区有 59 人荣获 2020 年上海市劳动模范（先进工作者）称号，23 个集体获得 2020 年上海市模范集体荣誉。（陈　维）

【黄浦区召开 2020 年劳动模范（先进工作者）和模范集体表彰会】 12 月 7 日，黄浦区 2020 年劳动模范（先进工作者）和模范集体表彰会在区人民政府礼堂召开。2020 年黄浦区总工会推荐评选 2020 年全国劳动模范（先进工作者）2 名，上海市劳动模范（先进工作者）26 名、上海市模范集体 11 个。区四套班子领导，区法院院长、区检察院检察长，区人武部部长，区其他在职市管干部、各街道、区属企业集团主要负责人、2020 年区评模委员会成员单位负责人、历届劳模代表、各区管工会主席近 200 人出席表彰会。（陆中斌）

【静安区多名职工获评全国、上海市劳模受表彰】 在 12 月 2 日召开的 2020 年上海市劳动模范（先进工作者）和模范集体表彰大会上，静安区有 2 位职工获评全国劳动模范（先进工作者）、19 位职工获评上海市劳动模范（先进工作者），9 个单位获评模范集体受到表彰。（李少华　黄　欢）

【松江区举行庆祝五一国际劳动节活动暨先进表彰大会】 5 月 1 日，松江区总工会以云直播的方式举行 2020 年松江区庆祝五一国际劳动节活动。区委副书记肖文高讲话，区人大常委会副主任、区总工会主席吴建良致辞，区总工会党组书记、副主席陈军康主持。会上宣布2019年度松江区五一劳动奖状(奖章)、工人先锋号名单。基层职工表演了配乐诗朗诵《光荣啊,最美劳动者》、合唱《不眠之城》、歌伴舞《向往》等节目。（杨佳玲）

【崇明区总工会做好新一届劳模评选表彰宣传工作】 崇明区总工会积极做好2015—2019年度上海市劳动模范和劳模集体评选工作。经申报评选,崇明共获评全国劳动模范1名、上海市劳动模范(先进工作者)12名和市劳动模范集体4个。为大力宣传劳模先进事迹,崇明区在风瀛洲剧场举办"生态崇明、奋斗有我"致敬劳模特别节目暨劳模先进事迹报告会,在线上推出"弘扬劳模精神 凝聚奋进力量"系列报道,共同讲好劳模故事,引导广大职工学习劳模、尊重劳模、对标劳模、争当劳模。为进一步弘扬劳动精神,推出"致敬·劳动最美"崇明区庆祝五一国际劳动节线上特别节目,生动展示广大劳动者在工作岗位上特别是在抗击疫情中的劳动精神。举办"致敬!劳动者"职工书画摄影朗诵比赛,启动"唱响劳动光荣、畅享花博盛会"崇明职工庆"五一"有奖知识竞赛,开设"'公益乐学'与你共度五一劳动节"线上课程,营造劳动光荣、创造伟大的节日氛围。（秦春华）

【"大国工匠"李斌塑像落成】 5月18日,中国共产党的优秀党员、中国工人阶级的杰出代表、新时代知识工人的楷模、著名全国劳模李斌塑像落成仪式在上海福寿园人文纪念公园举行。市人大常委会副主任、市总工会主席莫负春为李斌塑像揭幕。李斌塑像由上海福寿园雕塑师创作,基座为花岗岩,雕塑部分采用青铜浇筑,整座塑像高2米。身着工装服的李斌面部神情柔和、目光专注。雕塑下方的花岗岩基座镌刻着李斌生平事迹,并嵌刻"全国劳动模范"奖章,向世人展示了一代大国工匠的不凡历程,体现他"横着做根梁,竖着做根柱"的人生风范。2020年5月18日是李斌诞辰60周年,在这个特殊的日子里举行李斌塑像落成仪式,更具有纪念意义。市总工会及有关方面领导、上海电气集团领导、市机电工会领导、市劳模代表,以及李斌亲属、上海电气基层企业工会主席代表和劳模先进代表等近百人参加仪式,并向李斌塑像敬献鲜花。（彭伟光）

崇明区总工会举办致敬劳模特别节目暨劳模先进事迹报告会（邱全龙）

【市化学工会选树劳模先进群体】 2020年,上海氯碱化工股份有限公司王家根荣获"全国劳动模范"称号。在上海市劳模评选中,上海华谊工程有限公司矫玲玲、双钱轮胎集团有限公司杨国波、华谊技术研究院赖春波、上海华谊能源化工有限公司顾志权、上海三爱富新材料科技有限公司袁利兵等5人获上海市劳动模范称号;上海信息技术学校葛睿、上海化工研究院有限公司范宾获上海市先进工作者称号。华谊集团(泰国)有限公司项目建设团队、上海华谊新材料有限公司丙烯酸催化剂研发项目组获上海市模范集体称号。在中国石化联合会主办的行业劳模评选中,上海化工研究院有限公司商照聪、上海氯碱化工股份有限公司奚志峰获第三届中国石油和化学工业联合会劳动模范称号。上海化工研究院有限公司有机化工研究所、上海华谊能源化工有限公司北区甲醇丁班、常熟三爱富中昊化工新材料有限公司六车间甲班获第三届中国石油和化学工业联合会先进集体称号。（蔡毓琳）

【中国宝武评选劳模先进典型】 2020年,中国宝武全体职工立足岗位、奋发进取、开拓创新、争创一流,围绕"成为全球钢铁业引领者"愿景、"共建高质量钢铁生态圈"使命及"全面对标找差,创建世界一流"管理主题要求,积极投身公司生产经营和改革发展,涌现出一大批先进典型。中国宝武有6名职工当选全国劳动模范、24名职工当选省部级劳动模范,12个集体获省部级模范集体、五一劳动奖状、工人先锋号;6名职工获省部级工匠,2名职工获中国机械冶金建材行业工匠。（顾 炯）

【上海航天局工会举办全国和上海市劳动模范奖章(牌)转授仪式】 12月7日,上海航天局工会举办2020年新当选全国和上海市劳动模范奖章(牌)转授仪式,局长张宏俊、局党委书记宗文波在会上高度评价广大职工群众的主力军作用和劳模先进的骨干带头作用,对进一步做好先进榜样的培育、发挥先进的示范引领作用,努力建设一支高素质的职工队伍提出要求。会上表彰全国劳动模范/先进工作者俞洁、王曙群,上海市劳动模范/先进工作者洪刚、张铁兵、杨有成、周琼、周恩杰、马雪阳、杨文华、王娜、朱绍光,上海市劳模集体上海卫星工程研究所火星探测班组、上海无线电设备研究所相控阵雷达导引头班组、上海新力动力设备研究所发动机总体设计班组、上海航天实业有限公司保安特卫队班组。（周欣彬）

【上汽集团工会评比选树新一批劳模先进和工匠】 2020年,上汽集团工

上海航天局工会举办2020年全国和上海市劳动模范奖章(牌)转授仪式 （丁伟辰）

会根据推荐评选条件，按照程序做好全国劳动模范和上海市劳动模范、模范集体推荐评选工作。乘用车公司仇杰、丁波，赛科利张生春、上汽通用五菱黄元毅4人获评“2015—2019年度全国劳动模范”，18名上汽职工获评“2015—2019年度上海市劳动模范”，2人获广西自治区劳模，9个集体获评“2015—2019年度上海市模范集体”。在集团内，评选出459个2015—2019年度上汽集团先进生产者和180个先进集体。各级工会通过线上线下广泛开展“劳动最光荣”主题宣传，鼓励引领职工比学赶超、攻坚克难。同时，由企业推荐，经初评、专家评审和集团审定结合方式，授予上汽大众汽车有限公司杨志永等人2020年“上汽工匠”称号。上汽乘用车张荣新、华域视觉夏盛被市总工会授予2020年“上海工匠”称号。由企业申报、发布，经集团工会审议，命名28个创新工作室为2020年上汽职工(劳模)创新工作室。 （范　融）

【铁路上海局集团公司工会开展劳模先进选树】 2020年，铁路上海局集团公司工会大力弘扬劳模精神、劳动精神和工匠精神，积极为劳模工匠发挥作用搭建平台、提供舞台。上海动车段张华、南京东机辆段殷学斌、杭州电务段冯明、合肥机务段戴建军4人荣获“全国劳动模范”称号，集团公司有63名先进个人，38个先进集体获省部级荣誉。年内，集团公司评出128个先进集体和439名先进生产(工作)者，“七十佳”先进个人、7名“最美上铁人”。 （王茂盛）

【中远海运集团9人和6个集体荣获“上海市劳动模范、模范集体”称号】 12月2日，2020年上海市劳动模范(先进工作者)和上海市模范集体表彰会在上海隆重举行。中远海运集装箱运输有限公司欧洲贸易区部门总经理吴怀宇等9人荣获2020年“上海市劳动模范”称号，中远海运玫瑰轮等6个集体获得2020年“上海市模范集体”荣誉。 （王　欢）

【上海邮政工会选树一批上海市劳模和模范集体】 3月，根据市总工会、市人力资源社会保障局通知精神，上海邮政工会组织开展上海市劳动模范和模范集体评选工作。邮区中心局、金山区分公司东门邮政所被评为2015—2019年度上海市模范集体；普陀区分公司杨辉，青浦区分公司许琛，奉贤区分公司戴朝辉、钟康利，同城业务分公司施旋，邮区中心局施平被评为2015—2019年度上海市劳动模范。 （杨　娟）

【上海电信公司邱莉娜等多人荣获全国劳模和市级劳模受表彰】 12月2日，2020年上海市劳动模范(先进工作者)和上海市模范集体表彰会在市委办公厅举行，崇明局邱莉娜作为全国劳模代表上台接受表彰。移互部陈晓芳、政企部虞琦、上海NOC胡晓宇、东区局杨长勇、市场部陆铭育、网运部傅伊浩、南区局封江等7人荣获“上海市劳动模范”称号；浦东局客响支撑中心/政企支撑中心政支室、客服质监部投诉中心荣获“上海市模范集体”称号。 （殷　茵）

【市税务局工会积极参与先进工作者评选】 市税务局工会积极参与全国、上海市劳模评选，静安区税务局毛琦敏荣获“全国先进工作者”称号，浦东新区税务局连池、青浦区税务局鲁栋、第三稽查局王泰红荣获“上海市先进工作者”称号，虹口区税务局第一税务所荣获“上海市模范集体”称号。 （娄晓辉）

【上海卫生健康系统多名个人和集体受表彰】 11月24日，全国劳动模范和先进工作者表彰大会在北京人民大会堂隆重举行。市卫生健康系统共有10名医务工作者获评全国先进工作者。他们分别是：陈贞(华东医院护士长)、周新(市第一人民医院呼吸与危重症医学科学科带头人)、袁政安(市疾病预防控制中心党委副书记、纪委书记)、葛均波(复旦大学附属中山医院心内科主任)、崔洁(上海交通大学医学院附属瑞金医院感染科护士)、郑民华(上海交通大学医学院附属瑞金医院普外科主任)、赵志芳(上海交通大学医学院附属第九人民医院黄浦分院李琦换药室护士长)、钱文昊(徐汇区牙病防治所执行所长)、何东仪(光华中西医结合医院副院长、风湿免疫科主任)、杨丽芳(青浦区中医医院护理部副主任)。12月2日，2020年上海市劳动模范(先进工作者)和上海市模范集体表彰大会在市委办公厅主会场和市政府、各区等多个分会场举行。上海卫生健康系统64名上海市先进工作者、2名上海市劳动模范、19个上海市模范集体接受表彰。 （李易杰）

【市民政局工会培育选树劳模、工匠等先进典型】 市民政局工会认真组织2015—2019年度上海市劳动模范(先进工作者)和上海市模范集体以及2020年上海工匠的评选工作，制定下发《上海市民政局关于开展2015—2019年度上海市劳动模范（先进工作者）和上海市模范集体评选工作的通知》，对本次劳模的评选条件和方法提出具体要求；建立完善“上海工匠”民政人才资料库，将在全国职业技能大赛获得的前三名成绩的29名职工，分为三个梯队予以储备重点培养。市儿童福利院院长蔡璇璇荣获上海市先进工作者；市救助管理二站寻亲甄别青年突击队荣获上海市模范集体；市益善殡仪馆化妆师查庆国被命名为2020年度上海工匠；市儿童福利院教育科、市宝兴殡仪馆礼厅服务“梦天使团队”荣获市巾帼文明岗；局机关沈晓箐、市第二社会福利院黄爱华家庭荣获2020年“海上最美家庭”称号。12月，局工会召开劳模事迹报告会，在全局掀起宣传劳模、学习劳模、争当先进的热潮。（张晓明）

【锦江国际集团工会开展模范评选、宣传工作】 锦江国际集团工会在集团党委的领导下，指导基层企业依规依序开展特殊形势下的全国劳动模范和上海市劳动模范推荐评选工作，锦江汤臣翁建和荣获全国劳模、虹桥宾馆陈刚等8人被评为上海市劳模、静安昆仑大酒店宴会服务班组等3家班组集体评为上海市劳模集体。集团工会通过报纸媒体、视频拍摄、事迹报告会等形式开展劳模先进宣传活动，引导激励广大职工群众以劳模为榜样，爱岗敬业、奋发有为、当好主力军，建功新时代。（顾明方）

工匠培育选树

【概要】 根据《关于在本市开展“上海工匠”培养选树千人计划的实施意见》的文件要求，4月15日，市总工会启动了“上海工匠”培养选树活动，各区局（产业）工会和相关社会团体高度重视、积极响应。经单位推荐、社团推荐和个人自荐三种申报渠道，全市共有849人参与评选，经资格审查、专场面试、专家审核、评审发布和社会公示等环节，经市总工会主席办公会审议决定，最终选树命名98名2020年度上海工匠。98名候选人来自62个区局（产业）工会和行业协会，涵盖机械、电力、钢铁、船舶、航天、汽车、通信、石化、建筑、水利、交通运输、医疗卫生、文化、教育、科技等领域，其中涉及集成电路、人工智能和生物医药三大产业的有50人，占51%；高级技师36人、技师3人、高级工及以下11人；高级职称46人、中级职称15人、初级职称2人；有30名职工既是高级技师或技师，又是工程师，属于“双师型”职工，占30.6%；一线职工81人，占82.7%；有56名候选人拥有专利，占57.1%；共拥有各项专利1082项，人均11项。其中43人拥有发明专利，共计520项，人均12项。49人拥有实用新型专利，共计502项，人均10.2项。7人拥有外观设计专利，共计60项，人均8.6项；此外，本科及以上共46名，占46.9%。博士12名、硕士11名、本科23名；非公经济组织候选人11名，占11.2%；中共党员58名，占59.2%。具有行业覆盖面广、技术技能水平高、一线职工占比高、创新能力强等特点。（陆卫超）

【提升上海工匠馆展示功能】 上海工匠馆由序厅、四部分主题展区和临展厅组成。整个展馆按照“以物见技、以技见人、以人见精神”的展示原则，讲述了包起帆、李斌、王曙群等百余位上海工匠故事，陈列了1515织布机等互动设施10余项。2020年上海工匠馆对宝钢板块进行更新，代表人物重点展示连铸、锻压、热轧、冷轧四个工艺流程的6名工匠，展品着重展示宝钢第一块钢、第一座高炉风口等；新增上汽板块，重点展示第一辆桑塔纳组装组成员徐志荣、第一代桑塔纳发动机以及相关历史资料，通过展示反映了上海汽车工业发展史和上汽人的工匠精神；集成电路板块，科普了从硅矿—硅棒—晶圆的生产全过程及各阶段实物展品。同时聚焦重点产业对部分板块内容进行优化。9月22日前完成提升改造工作，全国人大常委会副委员长、全国总工会主席王东明视察上海工匠馆时给予高度评价。（陈志渊）

【上海工匠服务队到园区开展技术服务】 为进一步发挥上海工匠的示范引领作用，助力民营企业解决技术难题，推进企业科技进步。市职工技协组织由历年的相关工作领域的上海工匠组成工匠技术服务队，进园区开展技术服务活动。共组织12批近40名上海工匠深入园区、企业和街道等地，开展技术交流、技术咨询、技术服务、技术攻关等活动，得到相关工会、园区的一致欢迎。（朱洪程）

【创设“上海工匠讲堂”】 4月15日，上海职工科普讲师团在“技能强国——产业工人技能学习平台”上开设的线上专题培训——“上海工匠大讲堂”正式开播。25位具有丰富授课经验的上海工匠采用线上直播的方式为职工在线授课，助力产业工人队伍技能素质提升。课程内容涉及传统制造业、通讯行业、航空航天、智能制造、集成电路、生物医药以及日常衣食住行等相关行业。167.7万名职工观看了上海工匠大讲堂的直播课程，累计点赞数超过149.3万个。（黄玉香）

【与开放大学联合举办第四期上海工匠研修班】 9月16—18日，市职工技协与上海开放大学工匠进修学院共同举办“第四期上海工匠研修班”，共有47人参加培训。本次研修班课程由中国科学院院士褚君浩领衔，改革先锋、最美奋斗者、上海工匠学院院长包起帆，市总兼职副主席、航天首席技师王曙群，宝钢技能大师王军等知名专家学者、劳模、工匠为学员授课。针对工匠学员特点和需求，采取专家讲座、现场教学、考察实践等多种学习形式，务求培训的实效性和实用性。还特别增加《新媒体技术与运用》《媒介采访与演讲展示技巧》等能力提升特色课程，为学员今后走上更宽广的舞台打下坚实基础。（黄玉香）

【开办工匠创新工作室领衔人及骨干成员研修班】 10月28—30日，为进一步提升工匠创新工作室创建水平，增强工作室的创新实力和创新实效，更好服务上海科创中心建设，市职工技协与上海开放大学合作举办为期三天的创新工作室工匠领衔人培训班，共有91人参加。通过专题讲座、小组讨论、现场教学等形式，提高“工匠创新工作室”领衔人综合素质，由他们带动更多的职工提高技能水平、创新能力。（徐雅萍）

【举办区局(产业)工会工匠研修班】 11月23—25日,市职工技协与上海开放大学联合举办第二期区局(产业)工会工匠研修班,共55人。本次研修班授课专家团队由包起帆院长亲自挂帅,课程设计专注于创新成果管理、工匠素养提升、工匠精神培养与传承等内容,通过不同内容的培训课程,弘扬工匠精神,传承匠心文化,帮助学员对标上海工匠、大国工匠,寻差距,找不足,完善自我,助力上海工匠选树,为各区局(产业)创新转型发展提高有力的人才支撑。 (黄玉香)

【举行上海工匠助力浦东引领区建设交流会暨第三届上海工匠俱乐部活动】 12月25日,市职工技协在浦东新区中科路2329号张江镇党群服务中心举行"汇聚匠心谋发展·助力浦东再出发"上海工匠助力浦东引领区建设交流会暨第三届上海工匠俱乐部活动。活动现场举行"工匠创新工作室联盟"签约仪式,通过组织共建、管理共存等方式,进一步实现形成"资源共享、优势互补、活动携手、共同攻坚"的格局,助力企业自主创新能力的提升和高技能人才的培养。邀请3位工匠代表围绕岗位创新、能力提升、团队建设助力企业发展进行交流。

(黄玉香)

【浦东新区举行浦东工匠表彰暨工匠故事分享活动】 11月18日,"而立浦东再出发,匠心传承建新功"2020年浦东工匠表彰暨工匠故事分享活动举行。会上,来自先进制造业、生物医药行业和城市建设管理领域的3位上海工匠分别与同行业的6位浦东工匠结对签约。为贯彻落实区委、区政府《关于围绕"四高"战略及更高质量发展大局推进新时期浦东产业工人队伍建设改革行动方案》和市总工会《关于在本市开展上海工匠培养选树千人计划的实施意见》,浦东新区总工会联合区科经委、区人社局共同开展2020年"浦东工匠"选树活动。经专家初评、评审发布、信用审查、联合审定、社会公示等环节,最终从122名符合条件的优秀竞争者中,产生2020年"浦东工匠"30名和"浦东工匠提名奖"30名。这30名"浦东工匠"呈现出行业覆盖面广、学历技能等级高、岗位创新能力强等特点,涵盖航天、汽车、通信、医药、机械、电力、建筑、教育、科技、文化等多个领域,据统计,其中涉及浦东六大硬核产业的浦东工匠有10人,占到三分之一。 (陈维)

【上海工匠助力浦东引领区建设交流会暨第三届上海工匠俱乐部活动举办】 12月25日,由市总工会主办,市职工技术协会、浦东新区总工会承办的上海工匠助力浦东引领区建设交流会暨第三届上海工匠俱乐部活动在张江举办。市总工会副主席周奇,浦东新区人大常委会副主任,区总工会党组书记、主席王辛翎出席活动。上海工匠代表、浦东新区工匠代表等与会交流学习。活动现场举行了"工匠创新工作室联盟"签约仪式。来自智能制造领域的卢秋红工匠创新工作室、孙磊机器人应用创新工作室、徐云功率器件工艺研发创新工作室、施曙东建筑信息化工匠创新工作室共同签约;来自文化创意领域的上海美华丝毯创意工作室、钱月芳顾绣工匠创新工作室、陆籽豪精工织补工匠创新工作室、何冬梅绒绣大师创新工作室共同签约。两组联盟的签约成立,旨通过组织共建、管理共存等方式,进一步形成"资源共享、优势互补、活动携手、共同攻坚"的格局,助力企业自主创新能力的提升和高技能人才的培养。 (陈维)

【金山区举办首期金山工匠研修班】 9月9—11日,第一期金山工匠研修班在上海工匠学院开班。来自金山各行各业的30名工匠参加,研修班针对工匠特点和需求,围绕"创新"主题,采取专题讲座、现场教学、参观见学等多种形式,邀请大国工匠、复旦大学知名教授、技能大师等担任主讲嘉宾,课程内容涉及工匠精神、信息科技、岗位创新、技能人才培养、创新成果管理、国际形势等诸多领域。

(卫婷怡)

【奉贤区总工会大力培育先进群体】 年内共评选出2020年全国劳动模范2名,上海市劳动模范(先进工作者)15名、上海市模范集体5个。对在新冠疫情防控工作中做出突出贡献的单位与集体适当倾斜,评选出区五一劳动奖章69名、奖状30个、工人先锋号36个。评选出2020年度"奉贤工匠"10名、提名奖10名,其中1名当选"上海工匠"。获得职业能力等级晋升、高师带徒奖励150名,获得晋升技师、高级技师奖励23名,获得一线职工授权发明专利奖励10名。获得第三十二届上海市优秀发明选拔赛银奖2人、铜奖3人,获得首届长三角地区职工数控技术优秀论文1人,获得"2020年度上海市职工合理化建议创新奖"2人,获得"2020年度上海市职工先进操作法创新奖"2人。庄行镇莹特菲勒公司、奉发集团弘路公司项目四部分别荣获全国"安康杯"竞赛优胜单位和班组。

(夏伟)

【崇明区总工会评选表彰"崇明工匠"和"最美崇明劳动者"】 崇明区总工会联合区发改委、区经委、区科委、区人力资源和社会保障局等部门共同启动2020年度"崇明工匠"选树培育活动,通过资格预审、走访考察、专家评审等环节,并征求有关部门意见,推荐评选出2020年10名"崇明工匠"及10名"崇明工匠"提名奖候选对象。区总工会面向全区开展2020年"最美崇明劳动者"评选活动。经民主推荐,区总工会主席办公会讨论提名,评选委员会审议,评选出"最美崇明劳动者"26名(其中包括16名援鄂医务工作者),"最美崇明劳动者"提名奖10名。 (秦春华)

【上海电气命名表彰"李斌式职工和集体"】 5月,上海电气集团决定授予21名员工为2018—2019年度上海电气"李斌式职工标兵"、23个班组为2018—2019年度上海电气"李斌式班组标杆"、141名员工为2018—2019年度上海电气"李斌式职工"、88个班组为2018—2019年度上海电气"李斌式班组"等荣誉称号,并在全系统予以表彰。集团《关于命名表彰2018—2019年度上海电气"李斌式职工标兵""李斌式班组标杆""李斌式职工""李斌式班组"的决定》指出,在习近平新时代中国特色社会主义思想和党的十九大精神指引下,上海电气广大干部员工大力弘扬主人翁精神、劳动精神、劳模工匠精神,立足岗位,开拓创新，在推动上海电气“三步走”发展战略中做出新的成绩，涌现出一大批先进个人和先进班组。集团自1999年起开始评选“李斌式职工”，2002年起评选“李斌式班组”，2008年起评选“李斌式职工标兵”和“李斌式班组标杆”。迄今已评选“李斌式职工”436名、“李斌式班组”345个、“李斌式职工标兵”101名、“李斌式班组标杆”114个。（彭伟光）

【上海医药集团工会召开2020年“匠心大师”评审会】 上海医药集团启动集团“匠心大师”培育选树工作。5月25日，集团工会召开2020年上海医药集团“匠心大师”评审会，22名由集团各级工会推荐的“匠心大师”候选人通过技术专长演讲展示、专题答辩的形式，展现他们的专业能力和匠心追求。经专家审核、评审答辩等环节的综合评定，首批29名上药“匠心大师”被命名，集团7名已被命名的“上海工匠”同时入选。（陈玮雯）

【中国宝武评选“优秀职工”“最美宝武人”】 2020年，集团公司工会组织评选年度“优秀员工”“最美宝武人”，在37家单位根据评选标准择优推荐的350名“优秀员工”基础上，推选49名为“最美宝武人”候选人，最终选出10位“最美宝武人”。树立了行业典范，以激励和调动广大员工投身创新创业的积极性性和创造性。

（刘向捷）

【宝钢股份选树一批职工标兵】 宝钢股份开展2020年金牛奖、银牛奖、曾乐创新奖、曾乐敬业奖和“知行合一”标兵评选工作，表彰年度工作中践行企业文化的优秀职工，并择优选送中国宝武相应奖项。5人获评“中国宝武金牛奖”、28人获评“中国宝武银牛奖”、2人获评“最美宝武人”、105人获评“中国宝武优秀员工”称号。2020年宝钢股份陈炯、金国平2人获得“全国劳动模范”称号，高展、熊伟、幸利军、李斌、邹世文、季益龙获得“上海市劳动模范”称号，陈俊孚获得“湖北省五一劳动奖章”称号，邱全林、蔡斌获得“湖北省荆楚工匠”以及2个“上海市模范集体”。上海梅山钢铁股份有限公司获“2018—2019年度全国‘安康杯’竞赛优胜单位”称号。

（朱雅芹）

【3名船舶职工入选“上海工匠”】 在1月6日召开的2020年上海工匠选树命名大会上，江南造船（集团）有限责任公司钱民军、沪东中华造船（集团）有限公司张冬伟、上海船舶工艺研究所陈强入选“上海工匠”行列。从2016年开始，上海船舶工会根据上海市总工会要求实施培养选树百名船舶工匠计划，在船舶系统中掀起争当工匠、学习工匠的热潮，至今已诞生4批共计48名“船舶工匠”，其中10名"船舶工匠"入选“上海工匠”。

（姚　莹）

【中国船舶集团所属江南造船朱明华获上海“智慧工匠”评选一等奖】 11月8日，中国船舶集团所属江南造船江南研究院常务副院长、科技发展部部长朱明华在2020上海智慧城市建设“智慧工匠”选树、评选决赛中作为唯一一位冲进决赛的船舶行业代表，以《船舶数字化转型和先进制造》为主题进行现场展示，在26名决赛选手中脱颖而出，获得上海“智慧工匠”评选一等奖。（贾　晶）

【上海邮政劳模（职工）创新工作室召开“回头看”互评工作会】 10月12日，上海邮政工会组织开展劳模（职工）创新工作室“回头看”互评检查工作，来自各基层工会25名工作室领衔人及先进代表齐聚虹口区分公司航海邮局，总结回顾各自工作室运行情况及工作成效，借此互评平台相互学习、取长补短，共同提高。会上，上海邮政工会为首家获评“劳模创新工作室”的“柴闪闪工作室”授牌。（杨　娟）

【中建八局在沪举办庆祝五一国际劳动节暨第八届劳模创新论坛】 4月28日，中建八局庆祝五一国际劳动节暨第八届劳模创新论坛在沪召开，上海市总工会基层工作部部长张刚，局党委书记、董事长校荣春，局党委副书记、工会主席于金伟，局相关部门负责人，在沪劳模先进代表，新命名的局级创新工作室和八局工匠代表参加主会场会议。本次会议采用视频的形式进行，除主会场外，同步设立23个分会场，共计500余人参会。与会人员观看了局创新工作室视频片，回顾全局创新工作室8年来的创建历程和取得的成效。劳模代表结合自身成长经历，分别讲述了超高攀登、匠心文旅、焊花人生的劳模事迹。西南公司雷神山医院援建总负责人周孟春，三公司南京市公共卫生医疗中心项目建设代表曹碧辉，一公司济宁应急防疫医院突击队队长聂涛，介绍个人和集体的抗疫事迹。劳模创新工作室、工匠创新工作室、职工创新工作室、巾帼创新工作室等代表交流创新工作室的创建经验和创新作为。会上宣读局级工作室和第三批八局工匠的命名决定，并为八局工匠和工作室代表进行授牌。

（郝国元）

【市医务工会命名25位“上海医务工匠”】 根据市总工会下发的《关于在本市开展“上海工匠”培养选树千人计划的实施意见》等有关文件精神，市医务工会组织开展2020年“上海医务工匠”评选表彰活动。经单位推荐、资格审查、专家评审、社会公示等环节，由市医务工会常委会审议决定，范存义等25人获得2020年“上海医务工匠”称号。（马建发）

【SMG工会开展工匠评选活动】 上海广播电视台、上海文化广播影视集团有限公司连续5年开展“SMG工匠”评选活动。工会以增强SMG的核心竞争力和职工创新能力为目标，对竞赛评选活动内容进行细化和完善，并根据本单位实际，开展形式多样、各具特色的劳动竞赛项目。经基层工会推荐、台集团工会审核批准，最终评选出50位2020年度“SMG工匠”。经推荐、报选、参评，上海杂技团王怀甫、融媒体中心庄毅获评2020年“上海工匠”，SMG的“上海工匠”队伍增至5人。（秦伊龄）

【市监狱管理局工会选树劳模先进】

市监狱管理局工会积极开展劳模选树工作，新收犯监狱周盟荣获“全国先进工作者”称号，青浦监狱李海荣荣获“上海市先进工作者”称号，监狱总医院内科获得“上海市模范集体”荣誉。先进事迹在《劳动报》12月4日专栏进行宣传报道，并在基层单位

召开劳模先进事迹宣讲会。（江海群）

【锦江国际集团工会开展“锦江工匠”选树评选活动】 结合“上海工匠”培养选树计划，锦江国际集团工会制定《关于开展“锦江工匠”培养选树计划的实施意见》，组织开展评选第二批“锦江工匠”。选树活动经基层单位选拔推荐、上级工会资格审查、行业专家专场面试审核、单位张榜公示等环节，由集团党委讨论审议后决定，罗健峰等11人被命名为2020年“锦江工匠”。评选出首批5家以集团工匠领衔的职工创新工作室，以及1家集团劳模创新工作室。锦江饭店黄国平获评2020年“上海工匠”，相关情况通过报刊等形式进行宣传。（顾明方）

【申通集团开展工匠和创新工作室培养选树活动】 2020年，申通集团工会重视“地铁工匠”“地铁职工创新工作室”的培育、挖掘、推荐、选拔、宣传等各项工作，组织各单位工会严格按照选树准入条件，在基层一线、操作岗位职工群体中推荐选拔。经过初步筛选审核和组建评审委员会考评，确定获奖建议名单。截至年底，共培养选树20名“地铁工匠”、19个“地铁职工创新工作室”，其中7名推选至市总工会，并获评“上海工匠”。在职工中掀起了“比学赶超”、学技练功的热潮，营造崇尚工匠精神的良好氛围。（汤艺怡）

【上海隧道工程股份公司工会选树培育上海工匠】 在2021年1月15日召开的2020年“上海工匠”选树命名大会上，隧道股份上海隧道扎根盾构装备事业30载的高级技师、上海市技师创新工作室负责人张智勇获“上海工匠”称号。截至目前，隧道股份上海隧道实现“上海工匠”五连冠，共有7名隧道人荣膺“上海工匠”称号。上海隧道工会积极推进国家级高技能人才基地建设，设立产业工人队伍建设示范基地，开设职工学堂，创建技能大师工作室、劳模创新工作室、工匠创新工作室、巾帼创新工作室、技师创新工作室等多层次人才培养平台，为提升产业工人技能水平努力创造有利条件，着力打造一支技能过硬、素质优良的工匠型技能人才队伍。（黄迎燕）

【上海飞机客户服务有限公司工会加强劳模典型管理服务】 2020年，中国商飞公司上海飞机客户服务有限公司建立劳模和先进典型的数据库，实行动态管理；通过走访慰问、疗休养等机会倾斜，积极开展劳模和先进典型的关爱慰问，营造尊重劳模典型、关爱劳模典型的良好氛围。以多媒体、微信、网站、展板、简报、宣传册等多种形式，弘扬劳动精神、劳模精神、工匠精神。做好各级荣誉推选，黄爱军荣获2015—2019年上海市劳动模范，工业设计所选型支持班组荣获上海市巾帼文明岗，梁勇荣获2019年度“最美商飞人”称号。（吴　琼）

上海地铁2020年度风采人物颁奖典礼（吴侃俊）

劳模宣传服务

【概要】 结合新一届劳模评选表彰，通过举办致敬劳模特别节目，千场劳模先进报告会，“致敬—新时代领跑者”主题图片展，开展劳模精神、劳动精神、工匠精神大讨论等活动弘扬劳模精神，宣传先进典型。拍摄劳模宣传片，调整劳模风采第三部分入展劳模，在B站发布“领跑者”劳模微视频，开展“中国梦·劳动美——人民城市、奋斗有我”上海职工直播课堂等活动，大力宣传劳模精神、劳动精神、工匠精神，在全社会进一步营造劳动最光荣、劳动者最伟大的社会氛围。继续做好在沪全国劳模的体检工作，明确各级工会组织劳模体检的责任、义务和标准。及时、规范、有序做好劳模“三金”发放工作。不断夯实劳模服务管理工作基础，做好上海市总工会劳模信息管理系统开发的项目管理工作，增加申报板块内容，优化系统功能，对所有在册劳模数据进行核实，确保本市劳模基础数据准确，实现劳模信息管理网络化、动态化。（师荣欣）

【举办“致敬—新时代领跑者”主题图片展】 以本市2020年新一届全国劳模和劳模集体为展示对象，通过图片、实物、小视频等形式展示他们在各自工作岗位上的奋斗场景和感人事迹，展现新时代上海劳模艰苦奋斗、改革创新的优秀品质，开拓进取、追求卓越的时代精神，克己奉公、甘于奉献的高尚情怀，展示上海工人阶级和劳动群众的光荣传统和时代风貌。在市工人文化宫举办“致敬—新时代领跑者”主题图片展，展期5个月，同时在申工社推出VR云展和《致敬—新时代领跑者》图书。（师荣欣）

【加强对劳模的关心关爱，做好劳模服务管理工作】 年内，细化落实在沪全国劳模的体检工作，协调落实好疫情防控期间20家体检医院的体检工作，明确各级工会组织劳模体检的责任、义务和标准。向黄浦区工人体育馆补贴为本市劳模办理“劳模VIP”健身卡。组织全市相关劳模工作负责人召开劳模专项补助金会议，做好发放政策办法和平台使用培训，提高具体操作人员对劳模先进管理系统平台使用能力。加大劳模帮扶力度，2019年12月23日举行的2019年度市政府与市总工会联席会议审议并通过“关于将在职低收入市劳模纳入上海市劳模低收入补助金范围”议题，同意将在职低收入市劳模纳入市劳模低收入补助金范围，月补助标准按本市上年度职工月平均工资的1.1倍补足。（师荣欣）

【唱响“劳动光荣·创造伟大”时代主旋律】 上海各级工会以庆祝“五一”国际劳动节为契机，广泛开展劳模宣传活动，充分发挥劳模先进示范引领作用，进一步弘扬新时代劳模精神、劳动精神、工匠精神，营造劳动光荣的社会风尚和精益求精的敬业风气。一是走访慰问劳模。浦东、黄浦、徐汇、普陀、杨浦、闵行、松江、奉贤等区委、区政府领导带队走访医务、公交等一线职工及硬核产业领域劳模先进代表、劳模集体、工人先锋号班组代表；虹口工会以集体慰问的形式向劳模代表鲜花致敬；金山工会组织慰问抗疫期间有突出贡献的劳模代表和困难劳模；机电、航天局、电信、光明、石化、运输等工会结合各自企业实际，通过走访慰问、现场座谈等多种形式为劳模、工匠送上节日的问候。二是组织劳模主题活动。浦东工会结合浦东开发开放30周年，推出《30年30人——向浦东开发开放的光荣建设者致敬》劳模故事集，全方位展现浦东劳模的成长历程和浦东30年创业的历史线索；普陀工会启动《2020劳模风采巡展》；闵行工会举办《致敬最美劳动者》职工摄影作品主题展；宝山、青浦、金山等工会开展劳模精神宣讲活动；崇明工会举办“唱响劳动光荣 畅享花博盛会”崇明职工庆“五一”有奖知识竞赛；航天局、宝冶工会围绕“劳动最美”主题举行多种形式职工活动，评选最美职工、开展劳动竞赛等；商飞、航道局、上海移动等工会组织召开劳模座谈会；铁路上海局工会以VR模拟技术开展线上“五一劳动节带你参观劳模工作室”活动；鲁中矿业工会在电视台、矿报、鲁中矿业微信公众号开办“劳模风采”专栏，并召开劳模先进、创新工作室带头人座谈会。三是制作劳模宣传片《奋斗的时光》。片长40—45分钟，以点带面地讲述14名劳模（集体）事迹，在上海广播电视台、纪实人文频道播出，并通过纪实人文频道微信公众号、抖音平台、新浪微博、快手平台等新媒体平台同步宣发。四是诠释劳动精神，营造“五一”节日气氛。市总工会协调市委宣传部，市绿化局通过全市公益广告载体，宣传劳动光荣、创造伟大的时代主旋律。在全市重要地标建筑、主要商圈等城乡户外大屏幕和楼宇小屏幕等传播平台，集中发布庆祝标语、播放宣传视频、电子海报。同时，协调本市公交、地铁、机场、车站、码头、电信网点和东方明珠移动电视，统一播放宣传标语和视频宣传片。全市各级工会也着力拓展新阵地、尝试新载体，广泛开展宣传。（师荣欣）

【徐汇区总工会开展多种形式的劳模先进宣传活动】 2020年，徐汇区大力弘扬劳模精神、工匠精神，以榜样的力量引导职工学先进，赶超先进。共选树全国劳模（先进工作者）3名，上海市劳动模范（先进工作者）19名，上海市模范集体7个，评选首届徐汇工匠10人和徐汇工匠提名奖9人。应对疫情带来的机遇和挑战，升级“徐汇工会”微信公众号3.0版本，大力推进网上工会建设，利用网上阵地，在职工中宣传劳模先进事迹，打造精神高地。发挥劳模引领作用，倡导“跟着劳模做公益”项目，多次举办劳模亲自参加的公益活动，劳模与职工群众零距离面对面，普惠广大职工群众；组织10名区属劳模参加区总工会“跟着劳模去扶贫”活动，助力扶贫攻坚工程；同时加强劳模服务工作，完成2020年徐汇区劳模三金（春节慰问金、生活困难补助金、特殊困难帮扶金）工作，其中特殊困难帮扶金惠及区属劳模326人，为劳模赠送免费健康体检、报刊、主题参观活动等。（徐艳杰）

【普陀区成立劳模巡讲团开展“四史”宣讲】 2020年，普陀区总工会成立“劳模巡讲团”，开设“‘普工英’劳模讲堂”，深入园区、楼宇、社区、企业开展“四史”宣讲，传承红色文化，厚植广大职工知史爱党情怀。7月14日，劳模杨兆顺在宜川路街道开讲，从自身社区工作经历中选择小故事与大家分享，带领听众体会社区工作者如何用自己的行动来实践对党的忠诚。7月15日，劳模曹道云走进桃浦镇，讲述改革开放40多年间市民生活的变化，带领听众领略改革发展成果，坚定理想信念。7月17日，劳模朱雪芹到石泉路街道品尊楼宇，讲述自己作为改革发展见证者和参与者立足岗位奋斗、维护职工权益的经历，让职工感受到工会就在身边，带领职工永远跟党走。3场宣讲共有190余名社区干部、企业职工代表参加。（陆蕾）

12月11日，徐汇区总工会举办2020年徐汇区劳模工匠先进表彰暨劳模事迹报告会（赵丽蓉）

【虹口区举行劳模先进事迹报告会】 12月25日，虹口区召开劳模先进事迹报告会，市总工会副主席周奇，虹口区委副书记洪流，区人大常委会副主任、区总工会主席胡军，区总工会党组书记袁忠民及虹口区劳模先进代表近百人出席会议。大会举行《新时代领跑者——虹口劳模风采录》首发仪式。全书围绕弘扬劳模精神、劳动精神、工匠精神的主题，展示2020年虹口各条战线获评“全国、上海市劳动模范（先进工作者）、上海市模范集体”称号的先进典型，以图文并茂的形式宣传他们的先进事迹。

（马伟杰）

虹口区举办2020年劳模先进事迹报告会 （马伟杰）

【杨浦区2020年劳模先进表彰会举行】 12月11日，“勇立潮头，筑梦杨浦”杨浦区2020年劳模先进表彰会在沪东工人文化宫职工文体中心举行。区委、区政府、区人大区政协和区总工会领导出席会议。会议要求全区上下要大力宣传劳动模范和先进工作者的典型事迹，讲好劳模故事、劳动故事、工匠故事，推动劳模精神进机关、进校园、进企业、进社区、进园区、进营区、进商圈、进网络，做好劳模关心服务工作，进一步营造学习劳模、尊重劳模、崇尚劳模、争当劳模的良好氛围。立足“十四五”时期杨浦改革发展大局，结合人民城市建设实践，全力营造劳动最光荣、劳动最崇高、劳动最伟大、劳动最美丽的社会风尚，努力为劳动群众实现“体面劳动、舒心工作、全面发展”搭建平台、创造条件，着力解决好劳动群众最关心、最直接、最现实的利益问题，不断提升工人阶级和广大劳动群众的获得感、幸福感、安全感。表彰会分为“心潮·致敬劳动者”“浪潮·礼赞奋斗者”“弄潮·讴歌追梦者”3个篇章。 （张东寅）

【宝山区举办劳模先进宣讲报告会】 12月15日，“时代荣光”2020年宝山区劳模宣讲报告会在区工人文化活动中心四楼多功能厅举办。区总工会班子领导、各直属工会主席、劳模先进、职工代表等100余人参加。会上全国劳模、全国先进工作者、上海市劳动模范的代表分别讲述了他们在各自岗位上为事业发展贡献智慧和力量的事迹以及收获，让与会者深受鼓舞和感动。 （朱　艳）

【闵行区举办2020年劳模先进表彰大会暨劳模先进事迹宣讲报告会】 12月11日，闵行区2020年新一届劳模先进表彰大会暨劳模先进事迹宣讲报告会在区政府会议中心三楼大会场举行。区委书记倪耀明出席大会并讲话。区委副书记、区长陈宇剑主持会议。区委副书记、组织部部长王观宝宣读《闵行区2020年劳模先进表彰名单》。区人大常委会主任庞峻，区人大常委会副主任、总工会主席倪学斌，副区长吴志宏，区政协副主席王一力出席大会。会议深入学习贯彻习近平总书记在全国劳动模范和先进工作者表彰大会上的讲话以及李强书记在上海市劳动模范（先进工作者）和上海市模范集体表彰大会上讲话的主要精神，隆重表彰4名全国劳动模范（先进工作者）、28名上海市劳动模范（先进工作者）、8个上海市模范集体。会上，本届劳模代表及宣讲人代表分别以《从师之道，大爱之道》《让“中国造”在弯道超车》《强法治促善治享共治》《我愿负重前行，换来岁月静好》为题，讲述劳模代表的先进事迹，生动诠释劳动光荣、创造伟大的丰富内涵。

（诸屹婷）

【金山区总工会举办“鑫工巧匠”研修班】 10月21—23日，金山区总工会举办2020年“鑫工巧匠”研修班。来自金山各行各业的47名“鑫工巧匠”参加培训，研修班针对“鑫工巧匠”的特点和需求，采取专题讲座、现场教学、参观见学等多种形式，邀请大国工匠、技能大师等担任主讲嘉宾，课程内容涉及岗位创新、技能人才培养、信息科技、工匠精神、党性教育等诸多领域。 （卫婷怡）

【金山区劳模工匠表彰大会举行】 12月11日，2020年金山区劳模工匠表彰大会在区会议中心二楼大会场举行。区委书记胡卫国，区委副书记、区长刘健，区政协主席王美新，区委副书记信亚东，区人大常委会副主任、区总工会主席朱喜林出席会议。大会围绕“中国梦·金山情·劳动美”主题，分《抗击疫情》《复工复产》《保驾护航》《匠心传承》四个篇章，以劳模工匠朗诵和访谈的形式，展示劳模工匠在推进全区经济社会更高质量发展中，在积极投身疫情防控和复工复产的伟大实践中的先进事迹，讴歌新时代爱岗敬业、争创一流、艰苦奋斗、勇于创新、淡泊名利、甘于奉献的劳模精神，崇尚劳动、热爱劳动、辛勤劳动、诚实劳动的劳动精神，执着专注、精益求精、一丝不苟、追求卓越的工匠精神。区领导为2020年全国劳动模范、上海市劳动模范（先进工作者）、上海市模范集体代表和2019年上海工匠、金山工匠颁发奖章和奖牌。区委各部门、区政府各委办局、区各人民团体、直属单位主要负责人，各镇、街道、工业区党政主要负责人，区总工会各直属工会主要负责人参加会议。 （卫婷怡）

【松江区举行2020年劳动模范迎春团拜会】 1月19日，松江区总工会、区劳动模范协会举行2020年松江区劳动模范迎春团拜会。区政协主席刘其龙，区政协副主席刘健，区委组织部副部长、区编办主任、区人才办主任李涛出席活动。区总工会党组书记、副主席陈军康主持会议。刘其龙向全区的劳模、工匠、职工们致以衷心的感谢和崇高的敬意和新春的祝福。陈军康代表区总工会、区劳模协会致新春贺词。刘健为市级劳模创新工作室代表颁发工作资金，李涛为区级劳模创新工作室代表颁发工作资金，区总工会党组成员、经审委主任、区劳模协会副会长孙爱华为松江工匠宣讲团成员颁发聘书，区总工会党组成员、副主席孙禄君为荣获区级劳模创新工作室授牌。各街镇、经开区党（工）委副书记，各街镇、经开区总工会，各委局、佘山度假区及直属公司工会主席、常务副主席、专职副主席，区劳模协会第四届理事，全区各行各业劳模代表，全国、市、区五一劳动奖章获得者代表，上海工匠、松江工匠近400人参加活动。
（杨佳玲）

【松江区总工会举行劳模家政服务配送签约仪式】 11月5日，松江区总工会举行2020—2021年批次松江区劳模家政服务项目签约仪式，将为63名劳模配送家政服务。区总工会党组书记、副主席陈军康，区家政协会会长郭秋琴出席。劳模家政服务项目是松江区总工会首创的品牌工作。自2014年开始启动以来已实施6年，受到劳模的普遍欢迎和肯定。签约后，陈军康等一行走访慰问周师增、吴春根两位劳模代表，对家政服务的开展情况、劳模对项目的满意度等进行调研。
（杨　韵）

【青浦区举办庆“五一”劳模工匠讲坛宣讲活动】 5月1日，“榜样·力量·梦想”—2020年青浦区庆“五一”劳模工匠讲坛首场宣讲活动在区会议中心举行。全国劳模、华东师范大学国际航运物流研究院院长、上海市工匠学院院长包起帆，全国五一奖章获得者、上海市劳动模范、上海金发科技发展有限公司产品研发中心技术经理、高级工程师孙刚分别以《不忘初心、牢记使命、乐于奉献》《铸造“大国新材”诠释“工匠精神”》为题宣讲。会前，由区总工会和区教育局联合在上海开放大学青浦分校设立的“青浦工匠学院”正式运行，区人大常委会副主任、区总工会主席赵宏林为青浦工匠学院院长贾云尉颁发聘书。
（朱建强）

【青浦区开展长三角一体化示范区工建交流活动】 5月19日，“弘扬劳模工匠精神、争当绿色发展主力军”长三角生态绿色一体化发展示范区工建合作主题交流活动在东方绿舟举行。活动上，青浦、吴江、嘉善三地劳模景区旅游服务一本通启用，三地中高职院校向劳模工匠代表颁发社会实践指导员聘书，三地工会与浙江清华长三角研究院、苏州信息职业技术学院、东方绿舟工会签约共建示范区劳模工匠创新成果展示基地。上海市总工会、浙江省总工会、一体化示范区执委会、浙江清华长三角研究院有关领导，青浦、吴江、嘉善三地工会、中高职院校的有关领导及劳模工匠代表参加活动。
（朱建强）

【奉贤区举行劳动模范迎春团拜会】 1月10日，奉贤区总工会、区劳模协会举行“只争朝夕·不负韶华”——2020奉贤区劳动模范迎春团拜会。区委常委、区纪委书记、区监委主任孙嘉丰为“2019上海工匠”颁发奖状和证书。区人大常委会副主任、区总工会主席陆建国致辞，向辛勤奋战在各条战线、为奉贤经济社会发展做出积极贡献的劳动模范致以崇高的敬意和节日的问候。副区长梅广清为“2019年度奉贤区劳模创新工作室”授牌。区总工会党组书记、常务副主席张辉凤和区劳模·工匠讲师团团长吴沛萍为讲师团新成员颁发聘书。区劳模协会第四届理事会、监事会全体成员，区劳模·工匠讲师团，区劳模创新工作室代表，全区劳模和先进集体代表，各劳模分会（管理小组）负责人等230余人出席大会。
（陆晓岚）

【奉贤区总工会关心关爱劳模群体】 奉贤区现有全国劳模15人，上海市劳模383人。春节、敬老节前夕区总工会主席室分组到劳模家中走访慰问困难劳模，为劳模送去党和政府的关怀。组织理事会及劳模代表参加第四届东方美谷艺术节开幕式。落实劳模节日慰问以及对低收入、大病住院困难劳模的补助帮困等制度，区总工会主席室对获得过3次以上劳模荣誉称号的退休困难劳模和90岁以上劳模群体开展走访慰问，切实帮助和关心劳模生活。组织全区200名退休困难市劳模参加体检，为劳模举办健康讲座，做好劳模疗休养工作。10月，开展“百名退休劳模一日游”活动，组织百余名退休劳模赴中共二大会址纪念馆、徐汇滨江大道等地，结合“四史”学习教育，寻访党的历史起点，感受初心与使命。
（陆晓岚）

【东方国际集团召开“继往开来、领跑时代”劳模风采展】 7月28日，由市总工会、市劳动模范协会、市纺织工会指导的“继往开来·领跑时代”——东方国际集团劳模风采展在上海纺织博物馆开幕。新中国成立71年来，东方国际集团先后涌现165名全国劳动模范，5048人次获上海市级劳动模范。展览重点展现集团各个历史发展阶段涌现出的10名劳模风采，集中体现东方国际的企业文化与精神，反映这些年中国的经济发展、社会进步、文化繁荣和时代变迁。市总工会副主席周奇，集团领导童继生、郑善和、王佳、卢力英、黄勤，以及全国劳动模范黄宝妹、刘福根，上海市劳模赵长征、龚杜弟、崔岳玲等劳模代表与相关嘉宾共100余人出席开幕式。
（叶艺勤）

【中国宝武宣传弘扬劳模精神】 4月

5月19日，青浦、吴江、嘉善三地工匠劳模代表在东方绿舟共建“劳模工匠林”
（朱建强）

7月28日，东方国际集团劳模风采展在上海纺织博物馆开幕 （方整源）

29日，中国宝武召开“展劳模风采、当时代楷模、创世界一流、铸百年梦想”为主题的迎“五一”劳动模范先进交流会，劳模先进个人和集体代表围绕抗击疫情和爱岗敬业等方面进行交流，展示了弘扬劳模工匠精神、不负钢铁报国的使命感、自豪感和荣誉感。会上首发中国宝武《劳模先进风采录》，举行劳模带教青年结对仪式。

（徐　卫）

【国网上海市电力公司工会召开劳模工作座谈会】 11月26日，国网上海电力公司召开劳模工作座谈会，迎接全国劳动模范谢邦鹏载誉归来。公司董事长、党委书记梁旭出席会议并讲话。梁旭代表公司党委和全体干部员工对获得全国劳模光荣称号的谢邦鹏表示衷心的祝贺，并向为公司改革发展做出突出贡献的劳模先进表示感谢。他指出，公司各项成绩的取得，既是公司全体干部员工团结拼搏、艰苦奋斗的结果，更离不开公司系统劳模先进们的无私奉献和辛勤劳动。谢邦鹏是公司众多扎根一线、勤恳努力、无私奉献的员工的代表，在今年面对疫情和两次重大政治保电任务，劳模和公司干部员工展现了“能打仗、善打仗、打胜仗”的过硬素质和“讲政治、讲担当、讲奉献、讲责任”的优良品质。（陈　纯）

【上海石化评选2018—2019年度公司先进和标兵】 经各二级单位预报推荐、工作小组初审、网络投票和线下发布评审、公司领导小组审定，共评选出42位公司先进生产（工作）者和10位公司标兵，组织召开2020年上海石化先进表彰大会，并举办2020年“匠心讲坛”活动，让劳模先进走上讲坛讲述自己成长的故事，各单位通过班组学习、职工创新工作室等平台组织员工学习，共有4530名职工参加。

（徐　军）

【上海电信职工荣获“智慧工匠”“领军先锋”等荣誉】 12月8日，2020上海智慧城市建设“智慧工匠”选树、“领军先锋”评选活动颁奖典礼在上海世博博物馆举行，中国电信上海公司资深经理、信网部总经理张慷荣获“2020上海智慧城市建设领军先锋”，理想公司王佳煜荣获“2020上海智慧城市建设智慧工匠”提名，信息网络部产品创新处获得“工人先锋号”。

（殷　茵）

【中交三航局工会召开劳模（先进）报告交流会】 12月18日，中交三航局工会召开劳模（先进）报告交流会，市总工会副主席桂晓燕，中交集团工会联合会副主席姚彦敏，三航局党委书记、董事长王世峰，三航局总会计师王珏出席会议。三航局党委副书记、工会主席傅瑞球主持会议。会议表彰2015—2019年度上海市劳动模范、模范集体、三航局2020年度第七批劳模（先进）创新工作室、2018—2019年度三航局模范职工之家、模范职工小家等荣誉的集体和个人代表。对尹海卿、刘勇、马立广3位劳模进行访谈；“最美中交人”李常智、上海市劳模集体代表汪冬冬、三航局职工之家代表二公司工会、三航局劳模工作室代表李业勋分别作先进事迹宣讲。施军代表受表彰劳模集体和个人宣读倡议书。各单位工会主席、副主席、工会办主任、劳模先进集体和个人、劳模创新工作室领衔人、模范职工之家、模范职工小家代表60余人现场参加会议，800余名职工观看网络直播。

（黄书展）

【上海建工集团开展庆“五一”劳模工匠参观活动】 4月30日，上海建工集团工会组织开展“追寻奋斗足迹、传承红色文化——庆‘五一’劳模工匠参观纪念活动”。集团党委副书记张立新、集团部分劳模工匠代表参加。代表们先后来到中华全国总工会的前身——中国劳动组合书记部的旧址陈列馆、二建集团承建的黄浦区160街坊保护性综合改造项目进行参观并召开座谈会。会上，全国劳模陆凯忠、张雄伟，上海工匠谷志旺、顾军等劳模工匠代表发言，畅谈对初心和使命的理解，对劳模精神、工匠精神的感悟。

（余轶群）

【鲁中矿业举行劳模座谈会】 12月18日，鲁中矿业举行劳模座谈会，学习贯彻全国劳动模范和先进工作者表彰大会、上海市劳动模范（先进工作者）和模范集体表彰会精神，围绕弘扬劳模精神和发挥劳模作用开展座谈交流。会上，传达学习习近平总书记在全国劳动模范和先进工作者表彰大会上的讲话和上海市劳动模范（先进工作者）和模范集体表彰会的有关精神。2名参加上海表彰会的先进代表作了重点发言。鲁中矿业领导在讲话中强调，鲁中矿业50年的建设、改革和发展过程中，离不开各方面先进作用的发挥。要为劳模的学习成长提供资源、搭建平台，让他们的技能有处施展，拓宽他们的发展空间。全体劳模先进要发扬好“爱岗敬业、争创一流，艰苦奋斗、勇于创新，淡泊名利、甘于奉献”的劳模精神，争做公司改革发展的先行者、创新创效的引领者、和谐

12 月 18 日，鲁中矿业召开劳模座谈会 （刘炜权）

稳定的维护者。 （刘炜权）

【上海工匠大讲堂在中建八局举办专场讲座】 9 月 16 日，2020 年上海工匠大讲堂中建八局专场在八局装饰举行。局驻沪各单位职工代表参加现场讲座，局属单位观看视频直播。大讲堂观看人数 6.4 万，点赞人数 5.9 万。本次职工大讲堂由上海市五一劳动奖章、上海工匠获得者、中建八局装饰公司艺术设计总监姜炳清主讲。他以“为人民美好生活而设计”为主题，结合八局重点工程，从一幅幅生动形象的代表作品入手，深入浅出地介绍了大型公共环境艺术品的概念、设计过程、设计理念及创意，其作品将艺术与技术融为一体、作品与环境融为一体，践行着为人民创造优美的生态环境、提高人民文化素质的初心和使命。

（郝国元）

【市税务局召开先进人物事迹报告会】 12 月 15 日，市税务局召开“身边的榜样、前行的力量”全国先进工作者毛琦敏事迹报告会。报告会以视频短片和现场宣讲的形式回顾了毛琦敏 30 多年的税收职业生涯。毛琦敏本人讲述了她扎根窗口多年，在特殊时期锐意进取、在传承和创新之间快乐工作、在初心和使命之间忠诚坚守的心路历程。毛琦敏部门领导、徒弟代表的现场讲述，以及对纳税人、毛琦敏的师父——市劳模周蕾媛的采访视频，多视角介绍了毛琦敏的工作业绩、生活点滴、业界口碑，生动展现了一个勤奋热心、担当奉献的税务人形象。会后，全税务系统迅速掀起向劳模学习热潮，以“我身边的劳模—学习全国先进工作者毛琦敏先进事迹”为主题，结合上海市先进工作者、市税务系统“十佳先进基层党组织”和“十佳优秀共产党员”以及“四位一体”创先争优先进典型，开展多场巡回宣讲活动以及“弘扬劳模精神，建设人民城市”为主题的学习劳模精神大讨论，进一步推进以新获评的先进工作者为骨干带头人的“劳模（职工）创新工作室”创建。 （娄晓辉）

【于漪等担任第四届市教育系统劳模协会名誉会长】 12 月 29 日，第四届上海市教育系统劳动模范协会第一次会员代表大会召开，与会人员围绕如何进一步弘扬劳模精神、劳动精神、工匠精神，做好劳模关心、帮扶、服务等工作，充分发挥劳动模范在教育改革发展中的领头羊作用进行深入研讨。换届后的第四届理事会由于漪、王生洪任名誉会长，全国劳模、中科院院士、上海交大医学院院长陈国强任会长。 （高　芳）

【中国教科文卫体工会主席章国贤走访慰问上海科技系统劳模】 1 月 9 日，中国教科文卫体工会主席章国贤一行来到上海市科技工会，走访慰问上海科技系统劳模和一线职工。在听取上海市科技工会、上海硅酸盐所工会及董绍明劳模工作室的工作情况介绍后，章国贤向硅酸盐所上海市劳模董绍明院士、中电 21 所电源工程师林海青送上慰问信及慰问金。期间，章国贤一行先后实地考察上海硅酸盐所劳模创新工作室、职工之家，上海光机所高功率激光物理联合实验室（神光装置）。 （冯　莺）

【市医务工会总结关爱暖心家政服务项目推进情况】 12 月 9 日，市医务工会召开关爱暖心家政服务项目总结大会，市市级医疗卫生单位劳模联谊会会长、华东医院原院长俞卓伟，市家庭服务业行业协会会长张丽丽，市医务工会常务副主席何园等和部分家政企业负责人、家政员代表出席会议。会上，对参与 2018—2020 年度“关爱暖心家政服务项目”的 17 家服务优秀单位进行表彰。自 2018 年起市医务工会、市级医疗卫生单位劳模联谊会委托市家庭服务业行业协会开展为卫生系统劳模送家政服务的“暖心关爱”活动，共有 21 家家政公司为有需求的 86 户劳模家庭提供家政服务。

（李易杰）

【市卫生健康系统举办劳模专家义诊活动】 10 月 25 日，由市老龄办、市退管办、市医务工会等单位主办，以“弘扬养老孝老敬老传统，共建共享老年友好社会”为主题的上海市“老年节”大型为老服务活动在复兴公园中央广场举行。系列服务活动中有市医务工会举办的“守护生命——上海市卫生健康系统劳模专家大型义诊”活动，共组织 20 多名来自本市三甲医院的劳模、先进个人等专家为老年人提供义诊服务。其中包括全国先进工作者、上海市级医疗卫生单位劳模联谊会会长、华东医院原院长俞卓伟，上海最早逆行者、全国抗疫先进个人、中山医院重症医学科副主任钟鸣，全国五一劳动奖章获得者、上海工匠、上海市第一人民医院眼科教授许迅等专家。 （李易杰）

【SMG 工会举办劳模报告会】 2021 年 2 月 1 日，上海广播电视台（上海文化广播影视集团有限公司）工会在上视阳光教室举行 2020 年度 SMG 劳模报告会暨“劳动光荣、创造伟大”劳动竞赛总结表彰大会,对台集团在2020年全国劳模、上海市劳模、上海市模范集体、上海工匠评选中获得荣誉的个人、集体,以及50位"SMG工匠"、20个"SMG劳动竞赛先进班组"进行表彰。会上,全国劳模赵蕾,上海市劳模奚培、孟诚洁,上海市模范集体上海歌舞团舞剧《永不消逝的电波》剧组代表王佳俊分享了他们对工作和对劳模工匠精神的理解感悟。(秦伊龄)

【百联集团召开劳动模范和模范集体表彰会暨事迹报告会】 12月16日,百联集团召开劳动模范和模范集体表彰会暨全国劳动模范朱雯瑾事迹报告会。集团党委书记、董事长叶永明为全国劳动模范朱雯瑾颁奖并讲话,集团党委副书记、总裁徐子瑛为上海市劳动模范和模范集体颁奖。集团党委副书记、工会主席秦青林主持。朱雯瑾作了题为《爱劳动、学劳模、当先锋,做新时代领跑者》的事迹报告。会议集体观看了微电影《真情无价》的首映,微电影生动讲述朱雯瑾的服务故事。会上举行劳动模范带徒结对仪式。朱雯瑾与今年新获评的6位上海市劳模杨杰、夏新、陆莺花、陆蕙、何敏洁、叶菁结为师徒,6位新上海市劳模又分别与各自单位的6名员工结为师徒。(姜　杰)

【拍摄第六季《上海工匠》纪录片】 10月3—7日,由市总工会、东方卫视联合拍摄制作的大型系列纪录片《初心·未来—上海工匠》第六季,在东方卫视强档首播,全国有近765万的收视率。纪录片聚焦上海先进制造业、现代服务业、战略性新兴产业(集成电路、人工智能、生物医药)等领域的10位上海工匠,展现他们坚守使命、砥砺奋进,在战胜疫情、实践"人民城市人民建,人民城市为人民"的理念上所表现出的高超技能、追求极致的工匠精神和劳动之美。(陆卫超)

【联合《质量与标准化》核心期刊开设"上海工匠"宣传专栏】 2020年,继续与上海市质量和标准化研究院主办的《质量与标准化》杂志社合作,开设"上海工匠"人物宣传专栏,重点宣传报道了各行各业的12名上海工匠,进一步树立了先进标杆人物,大力弘扬"爱岗敬业、勇于创新、精益求进、争创一流"的工匠精神。(姚星月)

【上海工匠服务援鄂医务人员】 为积极响应市委市府号召,按照中央政治局委员、上海市委书记李强关于"要认真做好援鄂医务人员休整、休养工作,精心安排,热情服务"的批示精神,市职工技协服务中心在市总工会保障部、海鸥集团、文化宫的支持帮助下,用"匠心服务爱心",积极组织历年餐饮、点心等领域的13名上海工匠,按照"两个确保"原则,到市总工会下属的"沙西黄屏"4个疗养院,为抗击疫情的近3000名一线医务人员及家属疗休养提供志愿服务,致力提高医务人员疗休养饮食水准,提升医务人员疗休养体验度。(赵志灏)

2021 上海工会年鉴

劳动关系

综　述

2020年度，市总工会全面做好疫情防控时期的劳动关系稳定工作，切实加强工会源头参与，积极推进协商民主制度建设，努力维护职工队伍稳定，各项工作取得积极进展。一是全面做好疫情防控期的劳动关系矛盾预防调处工作。主动在市疫情防控机制中发挥作用，会同市人社局等单位，全面排查督导16个地区疫情防控期间的复工复产、职工就业、劳动关系稳定等工作；针对重点领域全面排查化解矛盾，联合市区两级监察部门，对400余家劳动关系或职工工作岗位、薪酬发生变化企业实施了一对一的工作指导；强化群体性劳资纠纷的履职机制。二是切实发挥集体协商和职代会民主管理机制性作用。着力发挥集体协商在疫情防控期的机制性作用，主动牵头企联、工商联，共同制订实施《关于在疫情防控期间做好企业集体协商工作的相关提示》，国家三方推崇上海做法，“头雁效应”收到积极成效；发挥民主管理在企业改革调整中的机制性作用，与市三方成员单位和司法局共同制订《关于促进本市企业重大改革调整中劳动关系稳定的操作指引》，促进企业改革调整的平稳有序；着力发挥厂务公开民主管理在激励企事业单位和职工共同发展中的机制性作用，与市企联和市工商联共同制订《关于本市企业制定修改劳动规章制度的操作指引》，指导引导企业规范劳动用工，构建和谐劳动关系。三是推动三级联席会议制度和四方合作机制落地见效。推进三级联动格局日趋规范，推动全市16个地区和80%以上的街镇、园区建立了同级政府与工会联席会议制度，构建起“市—区—街镇、工业园区”的多级政府与工会联席会议制度体系；筹备召开2020年联席会议；注重四方合作内涵，会同市人社等三方成员单位共同制订下发《关于应对新冠肺炎疫情妥善化解本市劳动关系矛盾的意见》，联合市劳动监察大队开展根治欠薪冬季攻坚行动，与市高院联合制订《关于进一步加强合作试点开展劳动争议诉调对接工作的通知》。四是切实发挥法律援助、法律监督、普法宣传效能。做实做好工会法律援助实事项目，制订《上海市职工法律援助补贴费用指导标准(2020版)》，做好各类法律援助案件的审核工作；做好上海工会“十佳维权案例”征集选树和全国维护职工权益优秀律师推选活动；扎实推进工会定向劳动法律监督工作，推进上海工会劳动法律监督信息平台上线运行，进一步推进工会定向劳动法律监督制度；做强做实普法宣传工作，积极开展“尊法守法·携手筑梦”服务农民工公益法律服务行动。　（周永宝）

集体协商

【概要】 受新冠肺炎疫情影响，上海工会以“全力确保疫情防控期间劳动关系总体稳定”为核心目标，结合本市实际，切实发挥集体协商在协调劳动关系中的基础性、机制性作用，有效维护职工合法权益，在推进“六稳”，落实“六保”工作中展现工会组织积极作为。一是顶层设计，指明方向。2月疫情爆发初期，市总工会及时主动联合市企联、市工商联，共同制订下发《关于在疫情防控期间做好企业集体协商工作的相关提示》，在全国率先提出特殊形势下开展集体协商要坚持合法合理、利益兼顾、灵活实效的原则，对特殊时期做好集体协商工作的12个方面问题等进行重点提示说明，指导企业和职工在疫情防控期间，有事好商量、遇事多商量、有难题共同解决、有困难共同承担，得到广大企业和职工的积极好评。二是加强宣传，营造氛围。《提示》发布后，由市总工会法律顾问团成员，在《劳动报》开设专版对该文件进行详细解读，让更多企业和职工深入理解和把握文件精神。然后，结合实际成功案例加强对《提示》的宣传引导。通过《劳动报》、申工社微信公众号等平台对疫情期间的一些成功协商的鲜活案例如青浦区上好佳食品公司，金山区臻友工程公司等进行集中宣传报道，加强典型引领，营造良好社会氛围，凝聚更多社会共识。最后，还对疫情期间身处劳资纠纷调解第一线的15名劳动关系指导员和16名工会签约社会律师进行专题采访报告，加大对各级工会组织在特殊时期协调劳动关系工作的宣传力度，有效彰显工会组织维护职工权益的主业主责。三是加强指导，提升能力。编撰《上海市企业集体协商操作实务手册》和《上海市区域性、行业性集体协商和职代会操作实务手册》，为基层充分运用好两项制度，稳定劳动关系奠定工作基础。组织开展“上海工会参加第二届全国城市集体协商竞赛选拔赛暨模拟集体协商观摩会”活动，在宣传选拔优秀选手参加全国比赛的同时，通过指定案例的模拟协商，进一步提升基层一线工会干部、社工的协商实战能力，为指导基层推进集体协商打下坚实基础。　（金邓凯）

【市总工会组织开展“上海工会参加第二届全国城市集体协商竞赛选拔赛暨模拟集体协商观摩会”活动】 10月16日，为进一步发挥集体协商制度在协调劳动关系中的重要作用，营造更好社会氛围，促进本市劳动关系和谐稳定，市总工会组织开展“上海工会参加第二届全国城市集体协商竞赛选拔赛暨模拟集体协商观摩会”活动，由青浦区总工会、闵行区总工会分别组队进行模拟协商，并邀请杨浦、嘉定等8个区总工会劳动关系部负责人担任特邀评委。青浦区、闵行区两支队伍经过现场抽签，分别代表企业行政方和职工方，围绕给定的《AB公司组织架构调整与人员优化案例》开展集体协商，双方你来我往，据理力争，站在自身立场阐述观点，并最终就人员优化方案、试用期职工经济补偿等达成一致意见。活动结束后，参赛队员和评委们都感触颇深。他们普遍认为这种形式的活动，对进一步提升基层一线工会干部实战能力，更好、更深刻理解中国特色集体协商制度大有帮助，在下一步工作中将结合自身实际进行推广和运用。市总工会也借此次模拟协商活动对参加第二届全国集体协商竞赛人员进行了初步选拔。

（金邓凯）

【编纂出版《集体协商、职工代表大会工作实务操作手册》】 基于基层企事业单位的实际需求和广泛呼声，在总结梳理和借鉴吸收历年推进集体协商和职工代表大会工作经验的基础上，市总工会劳动关系工作部组织专门力量编写《集体协商、职工代表大会工作实务操作手册》一书。该书是一部关于集体协商和职工代表大会工作的工具书,由四部分组成:第一部分是企业集体协商工作,第二部分是企事业单位职工代表大会工作,第三部分是区域性、行业性集体协商与职工代表大会工作,第四部分是相关法律法规和政策文件等。前三部分是本书的主体内容,分别引用上海市总工会关于集体协商和职工代表大会工作的工作规范,并从基层单位在实践工作中遇到的疑难问题入手,以问答体的形式做了相应的回答,再从注重实用性与可操作性的角度,提供工作流程图,精选部分工作表单模板,以更好地指导广大基层单位规范运作集体协商和召开职工代表大会。（汪思齐）

【徐汇区加强集体协商和民主管理工作】 徐汇区推进职代会建设,以规范职工疗休养申报、教育附加申请和职工先进推荐等工作流程,倒逼企业落实职代会各项民主管理职能,保障职工的主人翁地位。3—5月期间,对560多家企业的复工、复产状况进行全面排摸,把劳动关系指导员队伍作为推进集体协商工作的重要力量,积极开展集体协商工作。年内全区新签订集体合同277份,涵盖企业1807家,覆盖职工41966人;新签订工资专项集体合同843份,涵盖企业8152家,覆盖职工186851人,企业女职工权益保护专项集体合同签订率达到100%,从源头上为职工权益保护提供保障。（徐艳杰）

【闵行区开办首届工会稳定劳动关系专题实训班】 8月26—28日,首届闵行区工会稳定劳动关系专题实训班在金山智选培训中心举办。在为期3天的集训中,来自各街镇、企业的近百名工会干部分成4组,采用"案例研讨+模拟实战"的形式,参与"工会加强协调劳动关系体系建设、受疫情影响劳动合同变更解除以及重大劳动关系调整和集体协商"等实战演练。每组演练均配有律师跟组提供辅导。根据前三轮模拟的表现,从每组选出3位代表进入最终展示。模拟案例均根据真实案例改编,涉及集体协商常见的关停并转迁等情况。集体协商模拟的形式更能让工会干部代入职工的角色去剖析案件,做出合法范围内对职工最为有利的选择,对今后街镇总工会"上代下"指导基层企业开展集体协商具有现实意义。（王　凯）

【闵行区总工会开展集体协商百日行活动】 5月7日,闵行区总工会启动集体协商百日行,以"十个一"活动贯穿全年,引导职工树立企业共同体意识,形成企业职工共谋发展的良好氛围。首次将培训调研、要约指导、培育示范、推荐就业等多项稳就业保企业服务举措纳入推进集体协商"十个一"行动。全年围绕疫情影响下劳动用工管理、稳岗、稳就业等方面,帮助企业理顺内部劳动关系,实现企业和职工双满意,促进劳动关系和谐稳定。劳动关系三方联合行动,由区总工会牵头组建集体协商专家顾问团,打造"云上直播间",线上发布集体协商所需的各类参考文本,借助社会专业力量参与,建立带教机制,提升各级工会干部、劳动关系指导员履职能力和水平,发挥宣传指导、服务协调等方面的积极作用,合力提升集体协商工作的含金量。（王　凯）

【奉贤区总工会召开奉贤区集体协商提质增效五星级单位创评大会】 12月1—2日,奉贤区总工会分2场召开奉贤区集体协商提质增效五星级单位创评大会,全区共有38家单位参与评审。评审大会采取结合PPT演示总结汇报的形式开展。展示内容对标集体协商五星级企业评价标准,主要汇报集体协商工作开展情况、先进经验、存在问题及下一步工作措施等。区协调劳动关系三方委员会成员单位代表担任主评委,各街镇、社区、开发区、集团公司工会的专职副主席担任大众评委。评审采取现场打分,打分项目主要围绕协商主体、协商内容、协商程序、合同履行及效果、综合评价以及PPT演示效果6项内容。通过开展集体协商星级单位创评工作,进一步引导、激励企业(行业、区域)坚持和完善集体协商制度,不断提高集体协商规范性和实效性,切实发挥集体协商在协调劳动关系中的积极作用,促进本区劳动关系和谐稳定健康发展。自2019年开展集体协商提质增效星级评定创建工作以来,经区三方委员会成员单位共同评审,全区评为"三星级"单位388家,"四星级"单位200家,"五星级"单位65家。（李凤英）

【国网上海市电力公司工会召开集体合同协商会议】 12月22日,国网上海市电力公司召开集体合同协商会议。公司总经理阮前途,副总经理、工会主席陈春霖分别作为公司方首席代表和职工方首席代表出席会议,公司有关部门、单位共计18人作为公司方和职工方代表参加会议。修订版集体合同坚持维护劳动者合法权益和促进公司健康发展相结合,在合法合规、平等自愿、协商一致的原则基础上,听取有关部门及职工代表的意见建议。会议就集体合同的具体修订内容进行说明,双方代表本着对职工利益和企业发展高度负责的态度,就合同中各项章节(条款)进行认真讨论、协商,并达成一致意见。（蔡　婧）

【中国宝武做好疫情防控和复工复产期间的集体协商工作】 中国宝武各单位积极落实人社部、全总关于做好新型冠状病毒感染肺炎疫情防控期间稳定劳动关系支持企业复工复产意见等要求,在做好疫情防控和风险评估基础上积极开展集体协商,聚焦提升"有钱、有闲、有趣"生活水平,围绕疫情防控、远程办公、职业技能培训、职工工作环境、职工互助保障、体检方案、心理疏导等方面,畅通与职工对话渠道,切实加强关心关爱职工工作,增强职工获得感、幸福感、安全感,努力推动企业与职工同舟共济,共度难关。《宝武管理者问卷》调查显示:职工和管理者对职代会、集体协商、厂务公开等机制运行情况总体评价较好,职工满意度为82.36%,各级管理者满意度为94.64%。（李士伟）

【市环卫行业举行第十次工资集体协商】 7月31日,在市绿化市容管理局的见证下,市绿化市容行业工会与市市容环境卫生行业协会召开了2020年环卫行业工资集体协商会议,就下列议题进行协商:一是关于行业最低工资标准。由于受疫情影响,今年本市最低工资标准不作调整,因此,今年本市环卫行业最低工资标准也不作调整,仍然执行2019年环卫行业最低工资标准,即3080元。二是关于职工健康体检标准。随着健康体检手段的不断丰富，为提高体检效果，环卫行业职工的体检标准调整为每年每人不低于900元，并适当增加CT（肺）、CEA（癌胚抗原）、甲胎（肝）、CA199（消化道）等体检内容。三是关于环卫一次性抗疫专项补贴。根据国务院联防联控小组关于“落实好对环卫工人的关心关爱措施，加强人文关怀，落实补贴措施，帮助环卫工人解决生活困难”的要求，增加一次性抗疫专项补贴，以表彰环卫职工在抗击疫情中做出的突出贡献，具体补贴标准和发放办法由各区相关部门和环卫企业制定落实。经过充分讨论和协商，最终达成了一致意见，形成共识，并签订《2020年上海市环卫行业工资集体协商协议书》。（鲍　斌）

【市绿化养护行业举行第五次工资集体协商】 7月31日，在市绿化市容管理局的见证下，市绿化市容行业工会与市园林绿化行业协会召开2019年绿化养护行业工资集体协商会议，就下列议题进行协商：一是关于行业最低工资标准。由于受疫情影响，年内本市最低工资标准不作调整，因此，绿化养护行业最低工资标准也不作调整，仍然执行2019年绿化养护行业最低工资标准，即3080元。二是关于职工健康体检标准。随着健康体检手段的不断丰富，为提高体检效果，绿化养护行业职工的体检标准调整为每年每人900元，并适当增加CT（肺）、CEA（癌胚抗原）、甲胎（肝）、CA199（消化道）等体检内容。经过充分讨论和协商，最终达成一致意见，形成共识，并签订《2020年上海市绿化养护行业工资集体协商协议书》。（鲍　斌）

【鲁中矿业召开十五届职代会联席会议】 12月30日，鲁中矿业召开十五届职代会联席会议，审议修订后的《鲁中矿业有限公司退休人员统筹外费用发放处理办法》（草案），此前，鲁中矿业各单位分别通过座谈交流、集体讨论和与相关人员谈话等形式广泛征求职工的意见建议。在征求意见建议的基础上，职代会联席会议主席团会议认真听取各代表团征求意见建议情况，并邀请相关部门对职工提出的意见建议进行解答。根据会议议程，对《鲁中矿业有限公司退休人员统筹外费用发放处理办法》（草案）进行说明，经来自公司各单位的职工代表的审议，并以投票表决的形式通过了该办法。（刘炜权）

职代会和厂务公开

【概要】 全市各级工会按照中央推进国家治理体系和治理能力现代化的决策部署，高度重视健全以职工代表大会为基本形式的企事业单位民主管理制度，持续加强企事业单位民主管理的组织保障和机制保障，并结合实际推动各种形式的厂务公开民主管理，充分发挥广大职工群众的积极性、主动性和创造性，切实维护职工合法权益和劳动关系的和谐稳定。尽管受新冠疫情和经济下行压力双重影响，本市企事业单位的职代会与厂务公开建制数虽然保持相对稳定，但总体呈小幅下降趋势。据上海工会年报统计，截至9月底，全市建立职代会（含职工大会）制度的单位总数为115676个，其中建立职代会制度单位数为64522个，建立职工大会制度数为51154个。在单独建立职代会制度的单位中，其中国有、集体及其控股的企事业单位职代会建制10283家，非公企业职代会独立建制27606家。全市实行厂务公开的单位总数为119005家，其中单独建制的单位中，国有、集体及其控股的企事业单位实行厂务公开制度的为9747家，非公有制企业实行厂务公开的为28223家。（王珍宝）

【上海23家单位获评全国厂务公开民主管理工作先进单位】 12月10日，全国厂务公开民主管理工作经验交流暨先进单位表彰电视电话会议在京召开。会议总结交流近年来各地开展企事业单位民主管理工作的经验做法，研究部署今后工作，并表彰全国厂务公开民主管理工作先进单位。本市共有23家单位获得表彰，分别是：中共上海市闵行区委员会等4个单位获得“全国推动厂务公开民主管理工作先进单位”称号，中国电信股份有限公司上海分公司等4个单位获得“全国厂务公开民主管理示范单位”称号，上海电力建设有限责任公司等15个单位获得“全国厂务公开民主管理先进单位”称号。（汪思齐）

【市总工会开展企事业单位民主管理专项课题研究】 市总工会劳动关系工作部联合市总工会研究室、上海工会管理职业学院共同开展“关于健全以职工代表大会为基本形式的企事业单位民主管理制度，在推进国家治理体系和治理能力现代化中发挥更大功能作用的研究”。课题组全面总结上海企事业单位厂务公开民主管理在加强城市治理体系现代化进程中的做法和经验体会，从理论和实践两个维度全面总结和思考厂务公开民主管理在国家治理体系现代化和治理能力现代化中的功能定位和作用发挥问题，形成的课题研究报告《国家治理现代化视域下的企事业单位民主管理研究》，于9月30日全国厂务公开协调小组办公室来沪调研时作了专题汇报，该项研究成果得到蔡振华等全总领导的高度肯定。（王珍宝）

【市总工会开展厂务公开民主管理工作先进单位评选工作】 年内，市总工会会同市厂务公开领导小组成员单位共同开展全国及本市厂务公开民主管理工作先进单位评选工作。推荐产生4家全国厂务公开民主管理示范单位，4家全国推动先进单位，15家全国先进单位。组织2017—2019年度上海市厂务公开民主管理工作先进评选，对申报的200多家单位予以审核把关，并对17个地区产业系统的37家企事业单位开展实地考察，最终，产生29家市级厂务公开推动先进单位，10家厂务公开十佳先进单位，173家厂务公开先进单位。选树中建八局、上海电信、建工集团、东方国际、罗氏制药、建桥学院、东芝电梯等一大批企事业单位通过厂务公开民主管理的实践，促进用人单位与职工共同发展的先进典型。（王珍宝）

【市总工会配合市国资委修改公司章程指引】 市总工会积极推动市国资委修改完善国有独资公司和国有控股公司两个章程指引，把工会组织建设和职代会、集体协商、职工董事职工监事等协调劳动关系制度机制纳入公司章程，融入企业治理结构和管理体系。

12 月，国资委印发《上海市国有独资公司章程指引(2020 版)》和《上海市国有控股公司章程指引(2020 版)》，吸收市总工会提出的部分修改建议，主要完善董事会、监事会讨论和监督涉及职工切身利益事项方面的职权；完善职工董事、职工监事的选举方式并明确履职保障；强化职工民主管理、群团组织及工会的内容；明确公司社会责任报告应当包括公司劳动关系制度建设和职工利益保障等情况。

（王珍宝）

【徐汇区推进厂务公开民主管理制度化、规范化建设】 徐汇区总工会按照区级议事协调机构清理规范的工作要求，制订《徐汇区厂务公开领导小组工作规则》并广泛征求成员单位意见。5 月上旬，为进一步推进区厂务公开民主管理制度化、规范化建设，更好地发挥厂务公开民主管理在全面深化改革中的重要作用，组织开展了 2017—2019 年度上海市厂务公开民主管理工作先进单位评选参评单位的预报工作。以职代会制度建设为主线，通过基层上报疗休养、申请教育附加和先进评选机会，倒逼企业规范职代会建制和完善相关流程和内容。通过前期动员经各大口工会广泛发动，共收到预报单位 26 家，其中国有 8 家、集体 1 家、事业 8 家、非公 9 家。最终，徐汇区厂务公开工作领导小组、徐汇区康健街道办事处、徐汇区华泾镇政府获评 2017—2019 年度上海市推动厂务公开民主管理工作先进单位，徐汇区中心医院、捷普科技(上海)有限公司、徐汇区上海幼儿园、上海日盛环境保洁服务有限公司获评 2017—2019 年度上海市厂务公开民主管理工作先进单位，其中捷普科技(上海)有限公司获评 2017—2019 年度全国厂务公开民主管理工作先进单位。区总工会获评上海市推进厂务公开民主管理工作先进单位。

（徐艳杰）

【金山职工代表提案获全国厂务公开协调小组通报表扬】 2019 年，金山区总工会积极参与“聚合力、促发展”全国首届优秀职工代表提案征集推荐活动，全区共上报 124 个职代会优秀提案、79 个金点子。其中，上海东大化学有限公司的“关于引进垃圾焚烧技术，创新企业热能供给方式”提案获得全国厂务公开协调小组办公室通报表扬，作为上海市两个提案之一被编入全国百佳职工代表优秀提案汇编册中。“提出智慧，点出精彩——推动金山区职代会提案制度建设”主题活动是区总工会开展厂务公开、民主管理的一项重要工作载体，目的是充分调动发挥广大职工群众参与企事业单位经营管理的积极性、主动性，促进企事业单位健康发展，助力全区企业营商环境优化。活动内容涵盖安全生产、节能降耗、女工保护、优化管理、阵地建设等。

（钱海东）

【东方国际集团荣获“全国厂务公开民主管理工作先进单位”称号】 在 12 月 10 日召开的全国厂务公开民主管理工作经验交流电视电话会议上，东方国际集团荣获全国厂务公开民主管理工作先进单位受到表彰。2020 年，集团、龙头股份、原料公司同时荣获“上海市厂务公开民主管理先进单位”称号。集团厂务公开工作领导小组在调研检查的基础上，选树先进典型，命名一批 2018—2020 年度东方国际集团厂务公开民主管理工作先进单位，以引导更多企业单位维护职工合法权益、构建和谐劳动关系，加强基层民主政治建设。

（叶艺勤）

【蔡振华肯定东方国际集团厂务公开民主管理工作】 9 月，全国总工会厂务公开民主管理工作调研座谈会在上海召开。全国总工会副主席、书记处书记蔡振华，上海市人大常委会副主任、市总工会主席莫负春等领导出席。座谈会上，东方国际集团等单位围绕各自开展厂务公开民主管理工作的情况进行汇报。蔡振华表示，在上海市总工会的有力带领下，各单位在工会改革、民主管理方面做出积极探索，特色鲜明、成效明显，既有实践的探索，又有新的思考，具有很强的探索性、创造性、实践性。蔡振华指出，东方国际集团落实厂务公开制度建设到位、落实厂务公开信息建设到位、落实责任追究跟踪建设到位，取得积极成效。基层工会在厂务公开民主管理中，要坚持规范运作与作用发挥有机统一，进一步增强工作向心力，切实维护好职工权益。

（叶艺勤）

【上海电建公司多级职代会平台融入企业管理流程】 上海电力建设有限责任公司以健全完善企业多级职代会制度建设为切入点，将职代会运行融入企业管理流程。建立健全三级职代会制度平台，每一级职代会对应行政相应的职权，侧重点各有不同，三级职代会制度已经成为上海电建企业民主管理的重要组成部分。上海电建公司层面第一级职代会重点关注顶层设计，侧重于围绕决策发展等方面带有全局性、根本性、指导性的重大问题，以及涉及职工切身利益事项中带有普遍性、倾向性的重大问题行使职权；所属基层单位第二级职代会重点关注职工提案和代表巡视，充分发挥民主管理专门委员会的作用，积极开展提案征集活动，每年有效开展职工代表开展巡视工作，巡视涵盖职工最关心的劳动保护、后勤生活、职代会立项提案落实情况等涉及职工切身利益事项；施工项目第三级职代会重点关注职工实际需求，公司制订下发《项目职代会实施办法》，让企业民主管理工作在一线职工身边“精准”落地，实现职工自主管理，打通企业民主管理的“最后一公里”。公司荣获全国厂务公开民主管理先进单位，下属上海电建一公司荣获上海市厂务公开民主管理先进单位。

（傅 诚）

【中国宝武召开一届三次职代会】 1 月 17 日，中国宝武钢铁集团有限公司一届三次职工代表大会在宝武管理学院大礼堂举行。大会听取并审议胡望明总经理所作的《勇担新时代使命，奋进高质量发展》工作报告，集团公司工会主席傅连春报告集团公司一届三次职代会预备会议讨论审议情况，大会听取并审议《2019 年安全生产管理情况及 2020 年工作计划报告》《集团公司 2019 年能源环保工作情况及 2020 年工作计划报告》，书面审议《集团公司 2019 年企业年金运作和管理情况报告》《集团公司 2019 年职工教育经费使用情况及 2020 年培训计划报告》《集团公司 2019 年职工需求与关注点信息管理情况报告》《集团公司 2019 年厂务公开民主管理工作综合报告》等，审议通过《集团公司一届

三次职代会决议》。 （李士伟）

【中国宝武举行厂务公开专题报告会】 9月16日，中国宝武举行2020年厂务公开专题报告会，财务部、能源环保部、安全生产监督部、办公室、工会等部门分别通报中国宝武上半年经营绩效、节能环保、安全生产、履职待遇、业务支出管理、厂务公开民主管理、职工代表意见建议处理等情况，中国宝武纪委、国家监委驻中国宝武监察专员办公室书面印发《警示教育案例汇编》，下发《职代会提案工作实用手册》，提高职工代表履职能力和素质。会议学习贯彻习近平总书记考察调研中国宝武重要讲话精神，专题培训中国宝武130年发展简史，组织参观“中国宝武130年”主题展。中国宝武工会主席张贺雷参加会议并讲话。集团公司有关职能部门负责人，集团公司职代会综合民主管理委员会委员、沪内外职工代表等236人参与。 （李士伟）

【中国宝武加强厂务公开民主管理工作，助推国企改革三年行动】 中国宝武工会协同办公室（信访办）、公司治理部（改革办）、人力资源部、法律事务部、等部门协同研究厂办大集体改革涉及的职工安置、民主程序、风险评估等工作，支撑服务马鞍山区域有关单位推进厂办大集体改革。马钢集团、宝钢资源等单位耐心细致做好职工思想政治和心理疏导工作，统一认识，引导预期，企地联动，防范风险。8月20日，马鞍山区域5家厂办大集体改革单位职工安置方案均顺利经职代会审议通过。12月，为落实中国宝武国企改革三年行动实施方案要求，规范混合所有制改革民主程序，工会协同各有关部门制订《混合所有改革民主程序操作指引》，支撑服务各单位积极稳妥推进混合所有制改革。 （李士伟）

【中国宝武组织开展2019年度领导人员民主评议】 按照中国宝武《职工代表大会民主评议领导人员工作细则》以及中国宝武党委组织部关于开展2019年度集团公司直管领导人员重点管理岗位人员绩效评价工作的整体安排，4月，党委组织部、工会等有关部门组织开展2019年度领导人员民主评议，对156名直管领导人员进行民主评议。3230名职工代表参与，完成率为99.32%。评议结果显示，中国宝武成立以来，集团公司直管领导民主评议“称职度”“能力素质”得分和子公司领导班子“满意度”均连续三年上升。党委组织部和工会对评议结果反映出的问题进行分析，并向集团公司提出相关建议，推动干部队伍建设不断深化。 （李士伟）

【中国宝武组织开展2020年《宝武管理者问卷》调查】 根据集团公司党委要求，组织开展2020年《宝武管理者问卷》调查，聚焦中国宝武发展战略和“全面对标找差、创建世界一流”管理主题展开，了解广大干部职工对公司经营管理等工作的知晓率、满意度和意见建议等，相关职能部门共同参与制定调查方案和问卷题目。一线职工按照工号等距抽样，覆盖集团所有二级单位，占集团在岗职工总数的5.04%；D层级以上领导人员全部参与。职工卷回收8030份，回收率99.81%；领导卷回收1556份，回收率96.83%。调研结果显示，职工、各级管理者对中国宝武“成为全球钢铁业引领者”愿景和“共建高质量钢铁生态圈”使命、创建世界一流示范企业充满信心，“非常有信心”“有信心”者比例均较2019、2018进一步上升，40岁以下青年职工“非常有信心”比例相对更高。职工对落实“全面对标找差、创建世界一流”管理主题情况、参与“我为‘对标找差创一流’献一计”活动情况评价良好，积极评价“钢铁荣耀·铸梦百年”宣传教育系列活动，认为“非常有必要，对凝聚‘同一个宝武’的共识发挥重要作用”；职工中党员、各级管理者对党组织工作与生产经营融合、推动企业改革发展、党组织书记抓党建、党支部建设等党建工作开展情况的满意度进一步上升。 （李士伟）

【中国宝武积极推进和谐劳动关系创建】 中国宝武深入贯彻《中共中央、国务院关于构建和谐劳动关系的意见》等文件精神，各级人力资源部、工会组织共同推进创建“和谐劳动关系企业”。5月，市人社局、市总工会、市企业联合会等部门联合发文表彰“上海市和谐劳动关系达标企业”，中国宝武、欧冶云商、宝武特冶、华宝信托、华宝基金、华宝证券等30家单位获评。在沪单位荣获“上海市和谐劳动关系达标企业”称号累计已达78家。沪外单位认真落实当地要求，积极开展有关创建、复评等工作。通过开展创建活动促进劳动关系源头治理，进一步夯实公司高质量发展基础。 （李士伟）

【中国宝武举办第二期“战略劳动关系管理论坛”】 10月，中国宝武举办职工民主管理专题研修暨“战略劳动关系管理论坛”，邀请中华全国总工会、上海市总工会、中国劳动关系学院、东风集团、中国商飞、中国中铁、五矿集团、中航工业、上汽集团等单位参加视频论坛，沪内外各级职工董事、职工监事、工会干部300余人参加学习，为加强职工民主管理培训，提高职工代表、工会干部参与公司治理能力提供帮助。 （李士伟）

【宝钢工程加强厂务公开民主管理工作】 宝钢工程持续深化厂务公开民主管理的工作机制，结合相关人员的岗位变化情况调整厂务公开民主管理领导小组和办公室成员。加强厂务公开民主管理的制度化、规范化、程序化建设，先后制订并下发《宝钢工程职工代表大会制度》《宝钢工程职工代表大会综合民主管理委员会工作细则》《宝钢工程“三重一大”决策实施办法》《关于进一步加强员工需求与关注点信息管理的实施意见》等文件，有效保障职工群众民主决策、民主管理、民主监督权利的落实。在实践中，工会一方面坚持不断完善职代会制度建设，努力提高职代会运作质量。另一方面丰富厂务公开的实现途径，召开情况通报会、经营分析会、民主评议会等形式把企业改革、薪酬分配、重大投资、民主评议干部等及时公开，对涉及职工利益的事项通过民主程序层层把关，把厂务公开融入到企业生产经营中，切实履行好民主管理和民主监督职责，促进科学决算、民主决策、依法决策。公司获2017—2019年上海市厂务公开民主管理先进单位。 （蔡兴目）

【宝地资产加强厂务公开民主管理工作】 2020年,宝地资产广泛开展集体协商提案、议案征集活动,共征集职工代表提案、议案6件提交2020年集体协商会议协商,就加强职工技能培训以及年度集体合同修订等内容达成共识。召开宝钢发展、宝地资产2020年职代会,作为合署以来第一次大会,根据疫情防控要求,采用视频形式,设1个主会场和4个分会场;听取并审议公司行政工作报告,审议通过《宝钢发展、宝地资产企业文化理念体系》《公司集体合同》等10个报告。召开2020年厂务公开报告会,就公司经营绩效、党风廉政建设、履职待遇、业务支出管理、安全生产和能源环保等情况向职工代表报告,并就职工关注的问题与职工代表沟通交流,进一步加大职工代表对公司发展和生产经营情况的知情参与力度。 (朱 宏)

【上海石化积极开展职代会提案工作】 2020年,上海石化积极落实职工代表提案制,完善职工利益诉求表达和利益协调机制。公司七届四次职代会共收到提案81件,其中受理提案36件,内容涉及安全生产、环境保护、企业管理、生产经营、薪酬分配、职工教育、生活福利等,所有受理提案均已按流程办理,并通过提案巡视、提案答复会等方式加强落实部门与提案人的沟通,提升了职工代表对提案工作的满意度。不予受理提案也通过书面答复的方式反馈职工代表。围绕30件职代会提案跟踪落实,开展巡视评估。根据提案征集、预审工作流程和巡视评估工作流程,形成专门委员会、巡视评估员及职能部室对口提案落实表。巡视评估员以实地考察和个人督办形式巡视评估,形成提案落实情况表30份。至年底,职代会专门委员会组织30名巡视评估员和34名提案人,对10个提案落实部门(单位)进行满意度测评。 (裘 玮)

【上海航天局工会持续深化民主管理】 上海航天局工会深化民主管理,保障职工知情权、参与权、表达权和监督权。一是坚持职代会制度。积极组织完成四届二次职工代表增补确认及25%(74名)职工代表的述职评议;9月29日,召开四届二次职工代表大会,247名职工代表参加会议。二是坚持提案工作的跟踪管理。四届一次职代会14项立案提案均已完成,并向职工代表进行反馈,满意度100%;四届二次职代会发动职工代表围绕发展热点难点撰写提案,收到提案39份,涉及科研生产、深化改革、队伍建设、企业党建及实事工程,经提案委员会审查,最终合并立案提案10条,推动提案工作更好地为促进八院发展和维护职工合法权益服务。三是坚持职工代表巡视机制。6月10日,局工会组织职工代表对健康管理中心进行巡视,重点了解该中心当前健康管理、疫情防控工作以及健康管理发展规划等职工关心的问题,充分发挥职工在民主管理、民主参与、民主监督中的作用。四是积极组织厂务公开先进单位参评,从材料准备、现场评审到后续跟踪,始终与市总劳动关系部保持密切联系,主动沟通,最终812所获评全国厂务公开民主管理先进单位。 (周欣彬)

【中船上海船舶系统开展2020年度厂务公开民主管理调研检查】 7月23—24日,中船上海船舶系统厂务公开工作调研检查小组赴江南造船(集团)有限公司、沪东中华造船(集团)有限公司、上海外高桥造船有限公司就贯彻落实《上海市职工代表大会条例》和厂务公开民主管理工作开展情况进行了实地调研检查。会上,3家单位分别就贯彻落实《上海市职工代表大会条例》情况以及集体合同的履约情况作专题汇报,并结合本次调研检查的重点课题谈了存在的问题、困难和面临的挑战,提出应对措施和下一步工作打算。在召开调研座谈会的同时,检查组还召开部分职工座谈会,随机选取各单位20名职工代表对《上海市职工代表大会条例》贯彻落实情况及厂务公开民主管理工作开展情况进行满意度测评,并查阅各单位有关职代会民主管理的档案资料。调研检查对于进一步建立健全上海船舶系统各成员单位厂务公开民主管理机制,巩固深化企业职代会制度,促进劳动关系和谐发展起到积极作用。 (刘亦明)

【华东电力工会加强日常民主管理工作】 华东电力各级工会通过各项民主管理举措,充分调动职工参与民主管理的主动性和积极性,为企业科学、和谐、健康发展提供保障。组织完成国家电网有限公司华东分部2020年职工代表大会暨年度工作会议的相关筹备工作,完成华东分部职工代表的改选。成立职代会专门工作委员会,通过2020年工作报告、下达2020年厂务公开工作计划等。做好职代会闭会期间的民主管理工作,保障各专门工作委员会正常运作,协调相关处室落实处理职工代表提案、收集员工在生活福利方面的诉求和反映,及时为员工关心的事宜释疑解惑或提出建议。落实厂务公开,定期召开分工会专题会议,就涉及职工切身利益的事宜,听取职工意见和建议,履行民主程序。开展"我为公司战略添精彩"合理化建议活动,鼓励引导职工建言献策。实行劳模先进联络员工作制度,邀请联络员参加分部月度例会,了解参与公司各项重大决策。召开劳模先进联络员座谈会,畅通分部领导与职工的沟通渠道。 (史佩敏)

【铁路上海局集团公司工会推进民主管理与厂务公开】 2020年,铁路上海局集团公司工会健全民主管理制度,按照国铁集团党组《国铁集团所属企业民主管理办法(试行)》,修订集团公司民主管理实施办法,进一步规范集团公司及所属单位民主管理工作。1月,集团公司召开第一届职工代表大会第三次会议,做好职代会提案征集、办理工作,共征集职工代表提案109件,立案42件,占比38.5%,全部办结。5月,采用电视电话、设立主分会场的形式,组织召开集团公司第一届职工代表大会第四次会议,选举集团公司第二届董事会、监事会职工董、监事。组织召开集团公司第一届职工代表大会第八、九次联席会议,审议通过集团公司奖惩办法等4项关系职工切身利益的制度办法。指导基层单位开好职代会,下发《关于疫情防控期间基层单位筹备召开职工(代表)大会有关工作的通知》,指导65个基层单位按照新要求筹备召开职代会并指导非运输企业、合资公司开展职工董事、职工监事述职评议工作。推进厂务公开工作,做好厂务公开网页的日常维护工作，以职工关心的热点、难点问题为重点，丰富公开内容，提高网络公开时效；以集团公司季度政治考核工作为抓手，检查指导基层单位做好厂务公开网页的建设和维护工作。开展职工代表中期视察，组织部分职工代表，围绕“职工惯性‘两违’整治”“节支降耗、改革创新”“疫情下职工生产生活条件”的推进落实情况，组成视察组深入单位、车间班组，与一线职工座谈，了解掌握重点工作的进展情况，形成质量较高的视察报告。组织召开2020年集团公司领导与职工代表民主恳谈会，围绕安全管理、客运服务、科技创新、职工生活等职工关注的热点问题提出意见建议。（袁　青）

【中远海运（上海）有限公司开展职工代表巡视】 8月11—14日，中远海运（上海）有限公司工会联合安全监督管理部组织开展职工代表巡视活动。夏季职工代表巡视检查采取“听、查、问、改、拍”等方法开展巡视，重点围绕职工劳动保护、防暑降温、职业健康、防台防汛、应急抢险和安全隐患综合治理等6个方面工作落实的情况进行检查，对排查存在的所有问题，及时向相关单位进行书面反馈，督促及时进行整改，无法立即整改的，要求相关单位责任人限期整改，并进行整改后复查，形成闭环管理，做到事事有回音、件件有落实。（陆莹莹）

【上海邮政工会举办职工代表培训班】 9月11日，上海邮政工会在培训中心举办职工代表培训班，来自各基层单位的近100名职工代表参加了培训。上海邮政工会对全体职工代表每三年培训一次，年内为最后一批代表培训，特邀请市总工会劳动关系部和工会管理学院的老师进行集中授课，对职工代表进行专题辅导，内容有民主管理与职代会制度运行、职工代表在职代会提案中发挥的作用、职工代表履职与和谐劳动关系建设。通过学习培训，提升职工代表的履职能力、自身的综合素养和实践能力，更好地发挥职工代表的作用。（王　瑛）

【上海邮政召开二届五次职代会】 1月16—17日，中国邮政集团公司上海市分公司第二届职工代表大会第五次会议召开。会议总结2019年上海邮政改革发展主要成果和经验，提出2020年各项工作目标。会议听取并审议中国邮政集团公司上海市分公司工作报告。会议审查2019年业务招待费使用情况的报告、2019年为员工办理社会保险金等情况的报告、2019年教育培训经费使用情况的报告，二届职工代表大会集体协商及薪酬福利、劳动用工、劳动安全卫生、提案工作、民主评议和维权工作等6个专门委员会2019年履职报告。市分公司领导班子成员做书面述职述廉，并进行民主评议。会议听取二届二次职代会提案处理情况的报告。会议听取、审议并表决通过《中国邮政集团公司上海市分公司工资专项集体合同》和《中国邮政集团公司上海市分公司2020年实事项目方案》。会议对2019年市分公司级各类先进进行表彰。（王　瑛）

【中国移动上海公司召开第五届职代会暨工代会】 6月5日，中国移动上海公司召开第五届职工代表大会第一次会议暨第五届第一次工会会员代表大会。会场设置主会场和11个视频分会场。市总工会副主席郭箐以及市总工会组织部相关领导到会。在职代会部分，会议听取公司董事长、总经理陈力所作的行政工作报告，企业策划部总经理纪庆所作职代会提案处理情况报告以及公司2019年业务招待费使用情况报告等；审议《公司〈第六期集体合同〉〈第五期女职工权益保护专项集体合同〉履行情况报告及新一期集体合同的修订情况的说明》《公司2019年领导人员履职待遇及业务支出情况的报告》《公司2019年度员工培训和教育经费使用情况报告》《公司2019年度五险一金、补充保险缴纳情况报告》《公司2020年度教育培训计划》《公司2020年度体检医院及相关情况说明》和《公司2020年帮困救助情况说明》等。会上，公司行政与工会签订《公司第六期集体合同》《公司第五期女职工权益保护专项集体合同》。在工代会部分，会议听取和审议公司工会主席梁志强代表公司工会第四届委员会所作的工会工作报告。听取和审议公司工会经费审查报告和财务工作报告。会议选举产生公司第五届工会委员会委员和第五届经费审查委员会委员，表决通过公司工会第五届女职工委员会。（徐睿璐）

【中交三航局召开十六届五次职代会】 1月11—12日，中交三航局召开2020年工作会暨十六届五次职代会。三航局领导班子、中层领导干部及职工代表200余人在主会场参加会议，所属各单位300余名中层干部收看相关直播视频。会上，公司党委书记、董事长王世峰作讲话，公司总经理马卫星作工作报告。公司总会计师作财务决算和财务计划的报告，公司副总经理作公司薪酬管理办法（草案）制定情况的说明，2019年度“一费六金”执行情况报告、2019年度业务招待费使用情况的报告、2019年度三项集体合同履行情况的报告、公司2020年重点工程立功竞赛活动实施方案、公司十六届四次职代会联席会议工作报告等。会议还进行了公司2019年度领导班子和领导人员年度综合考评、干部选拔任用“一报告两评议”工作。（黄书展）

【鲁中矿业召开十五届五次职代会暨2020年工作会议】 1月10日，鲁中矿业召开十五届七次职代会暨2020年工作会议。会议全面总结2019年的工作，安排部署2020年的任务。公司总经理谢继祥作工作报告，党委书记、副总经理刘德忠发表讲话，工会主席李洲主持会议。公司176名职工代表、特邀代表、列席代表参加会议。会上，公司领导与各二级单位负责人签订2020年度业绩考核任务书，对公司中层助理以上管理人员进行民主评议，表彰2019年度各类先进。（刘炜权）

【SMG工会召开二届二次职代会】 11月27日，上海广播电视台、上海文化广播影视集团有限公司第二届职工代表大会第二次会议在上视举行。台集团145位正式代表参加会议，听取台长、总裁宋炯明作台集团工作报告和财务报告，明确要“坚定不移推进改革转型，向改革要效益、向发展要动力”的媒体融合转型要求；选举陶丽娟为 SMG 职工监事；审议通过《上海广播电视台、上海文化广播影视集团有限公司关于进一步做好联系服务职工工作的意见》《上海广播电视台、上海文化广播影视集团有限公司员工网络行为管理规定（2020 年修订）》《上海广播电视台、上海文化广播影视集团有限公司帮困互助金管理章程（2020 年修订）》等三项事关职工切身利益和行为规范的重要文件，为建立完善现代国有企业制度和治理结构、健全完善联系服务职工长效机制、加强内部管理工作提供组织和制度保障。年内，SMG 工会督促和指导各基层工会开展职代会工作。东方明珠新媒体、东方广播中心、第一财经、五星体育、炫动传播等 38 个基层单位相继召开职代会，审议通过《员工手册》等事关职工切身利益的若干重要文件。

（秦伊龄）

【市民政局工会加强工会组织规范化建设】 年内，市民政局工会对局所属各单位基层工会换届改选情况做了全面梳理，针对 19 家局属基层工会因各种情况任期届满未换届改选，个别基层工会甚至延期 10 年以上的突出问题及时督促，提出年内换届改选要求。至年底 19 家基层工会全部完成换届选举，工会组织规范化建设得到加强。将市第三社会福利院工会和第四社会福利院工会作为发挥基层工会职工会员监督作用示范点，推进以职代会为基本形式的企事业单位民主管理制度。市第四社会福利院年内获"上海市厂务公开民主管理先进单位"。

（张晓明）

【百联集团召开二届十次职工代表大会】 5 月 26 日，百联集团二届十次职工代表大会在百联大厦召开。集团党委书记、董事长叶永明出席会议并为获奖代表颁奖，党委副书记、总裁徐子瑛作工作报告，党委副书记、工会主席秦青林主持会议。集团监事会主席、领导班子成员出席。会上，表彰百联集团有限公司抗疫先进集体和个人，2018—2019 年度百联集团先进集体、优秀员工，以及 2018—2019 年度全国"安康杯"竞赛（上海赛区）优胜集体和个人颁奖；听取集团党委副书记、总裁徐子瑛作的工作报告；听取《关于百联集团 2019 年度业务活动费使用情况和"六金"缴纳情况》的报告；审议通过《百联集团有限公司二届十次职工代表大会决议》。

（姜　杰）

职工董监事

【概要】 市总工会积极推进职工董事监事制度建设，借助国企工会改革和市国资委启动修改公司章程指引工作的有利时机，把完善公司法人治理结构作为重点工作要求，并加强对基层企业的指导督促，扎实推进职工董事监事制度建设，推动上海建工集团、宝钢股份、机施公司等一大批企业完善法人治理结构中的民主管理，推动职工参与机制有效融入现代企业制度之中，收到良好成效。如公司董事会每年增设专题议题，审议年度劳动关系重大事项和职工切身利益重要问题，并纳入社会责任报告并对外披露；职工董事、职工监事每年必须向职代会作述职报告，接受职工代表的民主评议。据上海工会年报统计，截至 9 月底，已建工会的公司制企业建立董事会的有 4691 家，共有职工董事 1527 人，其中工会主席或副主席进入董事会 851 人；已建监事会的有 3253 家，共有职工监事 1656 人，其中工会主席或副主席进入监事会 694 人。

（王珍宝）

【东方国际集团完善企业法人治理结构】 近年来，东方国际集团在联合重组后，积极完善公司法人治理体系，为理顺工会、职代会与董事会、监事会的关系，集团党委明确要求，集团工会正副主席分别列入集团职工董事监事人选，同时职工董事进入董事会薪酬委员会和提名委员会。集团党委还要求各二级企业工会主席按同级副职配备并进入党委班子；股份制企业、上市公司按规定将工会正副主席列入职工董事监事人选，并将建设工会组织、职代会制度、集体协商机制、职工董事监事等协调劳动关系制度纳入公司章程、嵌入工作流程、融入管理体系。集团党委还积极支持工会开展工作，坚持发挥职代会在厂务公开民主管理中的主渠道作用，督促集团行政与工会开展集体协商，并且就薪酬、福利、劳动保护等重要事项进行协调、把关；对二级公司党委支持工会工作进行专项考核，考核结果纳入二级公司党委薪酬考核机制。

（王珍宝）

【市仪电工会举办职工董监事培训班】 6 月 19 日，市仪电工会在仪电培训中心举办仪电系统企业职工董事和职工监事培训班。来自仪电集团系统各企业职工董事和职工监事、部分重点子公司和基层企业工会主席共计 70 余人参加培训。培训班邀请市总工会劳动关系工作部的专家围绕"上海国企工会改革的目标任务、法人治理结构中的职工董监事履职要求、关于促进本市企业重大改革调整中的劳动关系稳定的操作指引"等内容对职工董监事和工会干部进行培训，并根据与会者在实际工作中遇到的具体情况进行现场答疑。

（周黎俊）

【中国宝武推动职工民主管理纳入企业党建体系、融入公司治理】 中国宝武积极落实党的十九届五中全会精神和《中国共产党国有企业基层组织工作条例（试行）》等要求，将职工民主管理纳入中国宝武二级党委党建工作责任制考核评价体系。党委组织部、人力资源部、工会指导宝钢股份、马钢集团、宝武智维等 16 家单位规范配置职工董事、职工监事，履行相关民主程序。按照国务院国资委《中央企业公司章程指引（试行）》等要求，法律事务部、工会指导八一钢铁、宝武炭材、马钢交材、欧冶链金等 14 家单位将职工民主管理相关要求纳入公司章程，融入公司治理，推动科学合理、有效制衡、高效协同的公司治理体系建设。

（李士伟）

法律监督

【概要】 上海各级工会加大工会劳动法律监督工作力度，建立健全工会劳动法律监督组织网络，全市各个区、产业（局）、集团公司、街道乡镇、联合工会及基层工会共建立工会劳动法律监督组织 8333 个，组建一支由 13984 名工会劳动法律监督员和 9256 名劳动保障法律监督员组成的专业监督队伍。2020 年度市总工会联合区、街镇总工会，对 325 家企业实施工会定向劳动法律监督，其中：发生群体性劳资纠纷企业53家，个案中发现严重侵犯职工合法权益的企业83家，工会组建、职代会和集体协商“工会三项基础工作”推进困难的企业189家。在防控疫情、保岗稳企的的大背景下，各级工会联动人社、司法等相关机构，为促进本市劳动关系和谐稳定做出积极贡献。（庄若冰）

【上海工会主动在市疫情防控机制中发挥作用】 市总工会全程参与市疫情防控社会稳定工作协商机制、推进企业复工复产协调机制、化解劳动关系矛盾会商机制，及时反映并解决疫情期间的劳动关系矛盾。会同市人社局等单位，全面排查督导16个地区疫情防控期间的复工复产、职工就业、劳动关系稳定等工作。依托三大协调机制，并主动协调人社、金融、经信等单位，及时有效化解拉夏贝尔、昌硕科技等十多起重特大劳动关系矛盾隐患，确保了社会稳定。（蒋慧勤）

【闵行区总工会联合劳动监察、建管所开展工资等专项检查】 11月30日—12月31日，闵行区总工会、区劳动保障监察大队、区建管所等部门针对区内在建项目工地联合开展“保障工资支付及最低工资标准执行情况专项检查”。三部门针对前期排摸及收到的投诉信息等进行筛选出检查名单，还抽取区内部分企业，涉及42个工地及15个制造型企业。主要监察用人单位是否按时足额支付工资、是否支付最低工资标准、是否做好农民工实名制管理及“三本台账”登记管理、是否开设农民工工资专用账户、是否制作维权告示牌等项目内容进行检查。针对非工程建设用人单位，则主要对是否按时足额支付工资、最低工资标准执行情况等进行检查。通过联合执法，督促拖欠工资的用人单位及时清兑拖欠工资，确保农民工按时足额拿到工资。（杨晓凌）

矛盾预防和调处

【概要】 2020年，本市劳动关系保持稳定。市总工会全程参与市疫情防控社会稳定工作协商机制、推进企业复工复产协调机制、化解劳动关系矛盾会商机制，及时反映并解决疫情期间的劳动关系矛盾。积极排摸劳动关系领域的不稳定因素，做到问题早发现、风险早预警、协商早介入、工作早指导，着力发挥工会在源头参与、劳动关系矛盾调处、维护职工权益中的积极作用。针对常态化疫情防控下可能引起新的劳动关系矛盾，加强与人社、法院、司法等部门的信息共享、分析研判、共同指导，深入加强协同合作，合力推进疫情期间劳动关系矛盾预防和化解工作。2020年，各级工会上报群体性劳资纠纷同比下降11.8%，上报群体性劳资纠纷预警188起，同比下降29.3%，上报涉及工程款及其他类纠纷103起，同比下降8%；各级工会调查处置劳动关系网络舆情96件，查实68起案件，对15起进行预警预防、3起通报为群体纠纷予以调处、7起开展了工会法律援助。2020年各级工会开展3人以上群体性劳动争议案件法律援助1667起，同比上升21.3%，对53起群体性劳资纠纷和109家改革调整企业进行法律监督。（蒋慧勤）

【上海工会针对重点领域全面排查化解矛盾】 一是全面排查受疫情影响企业劳动关系状况，对154家出现苗头性、倾向性问题企业实施预警处置，涉及3.3万余名职工。二是全面排查改革调整企业，联合市区两级监察部门，对400余家劳动关系或职工工作岗位、薪酬发生变化企业实施一对一的工作指导，涉及职工5万余名。三是针对性地排摸受疫情影响下的民办培训和托育机构从业人员、劳务派遣工、项目外包工、货运司机等群体的就业情况和劳动关系状况，形成专报，为决策部门建言献策。（蒋慧勤）

【全市各级职工法律援助中心积极维护职工群众的合法权益】 全市各级工会按照两个“应援尽援”的工作要求，以参与协商调解和提供仲裁、诉讼代理服务为主要抓手，以劳动争议多发、职工权益易受侵害的行业和区域为重点范围，积极深入各区劳动人事争议仲裁院、劳动争议三方联合调解中心工会分中心和人民法院劳动争议调解工作室开展案件调处。各街镇工会也主动参与到街镇司法所、劳动保障综合服务大厅等劳动争议集聚的前沿战线设立工会法律援助专窗或开展合署办公，夯实基层法律援助工作基础，横向到边延伸工会维权服务战线，有效拓宽工会法律援助服务范围，扩大工会法律援助维权服务受益面。2020年，各级工会通过上海工会法律援助服务平台为职工提供代写法律文书、协商调解、仲裁诉讼代理等法律援助服务43431件，同比上升7.4%，挽回经济损失11亿余元。其中代写法律文书1339件、协商调解30997件、代理仲裁诉讼11095件。办结调解类案件35067件，调解成功30497件，调解失败4570件，调解成功率为87%；办结仲裁诉讼类案件12556件，其中职工胜诉案件3397件，5177件当庭达成调解，撤诉案件1019件，部分胜诉案件1847件，败诉及其他案件1116件，完全胜诉及调撤案件占全部仲裁诉讼案件的76%。（秦利佳）

【联手召开上海法院—工会劳动争议诉调对接工作会议】 根据最高人民法院、中华全国总工会《关于在部分地区开展劳动争议多元化解试点工作的意见》以及上海市高级人民法院与上海市总工会《关于加强劳动争议纠纷化解，推进和谐劳动关系建设》相关合作纪要要求，市总工会经与市高级人民法院多次商议，在本市各级法院普遍设立工会劳动争议诉调工作室、试点设立巡回法庭、建立工会-法院委托、委派调解和司法确认等方面形成一致意见。双方联合制订下发《关于进一步加强合作、试点开展劳动争议诉调对接工作的通知》，要求本市各级人民法院和工会进一步加强工作协同，通过建立人民法院与工会之间的劳动争议案件委派委托调解工作机制，鼓励和引导争议双方当事人通过协商、调解、仲裁等非诉讼方式解决纠纷；有效发挥法院、工会在调处劳动争议纠纷中的各自优势，形成调解合力，提高调解效率，共同预防和化解劳动争议，依法维护职工合法权益；积极推动建立完善党委领导、政府主导、各部门和组织共同参与的劳动争议预防化解机制，加强工会参与劳动争议调解工作与仲裁调解、人民调解、司法调解的联动，逐步实现程序衔接、资源整合、信息共享，推动形成劳动争议多

元化解新格局。（秦利佳）

【评选“上海工会维护职工权益优秀案例”】 市总工会在全市开展“上海工会维护职工权益优秀案例”征集选树活动，共收到申报推荐案例56篇，经初审评议、专家律师评选和网上投票等程序，评选结果揭晓，市总工会职工援助服务中心《社会正义的擎天柱、职工权益的守护神》等10个案件，选树为“上海工会维护职工权益十佳案例”，浦东新区《联动处置化解纠纷、维权履职援助职工》等20个案件，选树为“上海工会维护职工权益优秀案例”。本次征集选树的“十佳案例”涉及拖欠劳动报酬、违法解除劳动关系、工伤待遇、女职工三期保护、集体协商、群体性争议调处等领域，受援对象包括职业病职工、女职工、残疾人职工等特殊群体，具有很强的社会关注度。（秦利佳）

【闵行区劳动争议巡回法庭揭牌】 11月10日，闵行区人民法院、区总工会在区政府机关会议中心举行诉调对接暨劳动争议巡回法庭揭牌仪式。市高级人民法院副院长陈昶，市总工会党组书记、副主席黄红，市总工会副主席张得志，闵行区委副书记王观宝，闵行区人大常委会副主任、区总工会主席倪学斌，市高级人民法院民庭庭长殷勇磊，闵行区人民法院院长席建林，闵行区司法局局长金海民，闵行区人力资源和社会保障局局长龚惠斌出席活动。揭牌仪式由倪学斌主持。会议指出，闵行区作为上海市的试点区域，率先设立劳动争议巡回法庭，要为全市进一步贯通劳动争议调裁审工作机制，完善劳动争议诉调对接工作机制，推动劳动关系矛盾源头化解，促进劳动争议案件快速解决，形成可复制、可推广的工作经验。会上解读《闵行区人民法院、闵行区总工会关于进一步加强劳动争议诉调对接工作方案》，通报2019年劳动争议审判情况并发布白皮书，为“闵行区职工法律援助中心分中心”和“闵行区劳动争议巡回法庭”揭牌，并举行特邀调解员聘任宣誓仪式。区四方联动相关成员单位领导，区人民法院相关庭室负责人，各街镇总工会主席、副主席，部分劳动关系指导员代表及区职工维权志愿团骨干律师等出席仪式。（王　凯）

【嘉定区总工会运行“3+5+X”模式创出工会人民调解新路子】 嘉定区总工会运行工会法律援助网络平台，借助法院、人社局、司法行政等联动机制，整合律师志愿团、劳资纠纷协调员、劳动关系工作指导员等各类援助力量，扩大职工法律援助受益对象，对职工合法劳动经济权益诉求实现“零门槛”援助服务应援尽援。在常态化疫情防控、全面推动复工复产的形势下，区总工会以“一案专人、一调到底”工作模式为指引，实施工会人民调解长期驻点区仲裁院，建立健全劳动争议调解联动机制。同时按照三项基本工作制度（委托调解制度、协助调解制度、调解确认制度），确立“五统一”标准（统一调解阵地建设、统一调解员培训、统一佩戴胸卡、统一案件委托渠道、统一案卷审查验收），保证联动机制规范运行。“X”即X名律师志愿者：根据案件需求，不定期增加并委托经验丰富的律师志愿者开展“一对一”式调解工作，确保案件调解专人专案，确保案件调解高质量、高效率、高水平化解，进一步推动本区劳动关系和谐稳定。（徐　浩）

【市监狱管理局工会健全完善两级预测、预警、预报机制】 市监狱局工会建立《上海市监狱管理局工会预警报告制度》，健全和完善以各级工会信息为载体的预测、预警、预报机制，基层工会每月向局工会上报预警报告，及时反映单位基本情况、重要情况，反映群众关心的热点和工作中遇到的难点问题，局工会积极排摸隐性矛盾，及时稳妥化解各类问题。认真摘编每月收集的信息，把带有共性的、倾向性的信息组织编撰《热点反映》上报局党委。全年《热点反映》共上报11期，内容有关于疫情防控工作、封闭式管理、家书征集、抗疫新人集体婚礼、四史教育等工作中遇到的问题，一些问题引起局领导高度关注，要求相关部门及时予以解决。（江海群）

【张蕾、陆敬波两律师当选全国维护职工权益杰出律师】 6月，中华全国总工会、司法部、中华全国律师协会联合下发《关于授予马华平等10名律师“全国维护职工权益杰出律师”称号的决定》，来自上海的工会公职律师张蕾、陆敬波获得这一荣誉称号。张蕾是浦东新区总工会法律维权部副部长、工会公职律师。张蕾律师本人法学功底扎实，对职工热情真挚，三年多的时间里，积极参与解答职工群众的法律咨询，处理了各类职工来信、来访、来电629件，涉及职工800余人。她还通过提前介入、主动维权的方式参与化解突发性群体性劳资纠纷，如，卜蜂莲花并购事件、百安居“奖金门”事件、昌硕公司违法用工事件、“美味七七”和英模特群体欠薪案、吉列劳

11月10日，闵行区举办区人民法院、区总工会诉调对接暨劳动争议巡回法庭揭牌仪式（汪自强）

务外包纠纷案等多起涉及人数多、社会影响力大的案件，防范了大规模的劳资纠纷的发生，有效维护了职工合法权益。此外，张蕾还积极投身于工会维护工作新途径的探索。她于2012年起主动承担起策划、构建浦东新区工会系统法律援助体系的工作。在上海市总工会和本级工会的支持下，借助司法局的力量，浦东新区工会系统逐步搭建起了“1+6+N”的工会法律援助体系，覆盖所有街镇开发区，帮助职工实现原地维权、就近维权、高效维权。构建了浦东新区工会、法院、人社、司法“四方合作”预防化解劳动关系矛盾的工作格局，取得良好成效。（秦利佳）

法律援助

【概要】 市总工会深入贯彻党的十九届五中全会精神，积极应对当前经济形势和外部环境变化给上海劳动关系带来的影响，会同高院根据最高院和全总《关于在部分地区开展劳动争议多元化解试点工作的意见》要求，共同开展劳动争议多元化解试点工作。制订下发《关于进一步加强合作、试点开展劳动争议诉调对接工作的通知》，召开上海法院—工会诉调对接工作会议，推动落实本市各级法院普遍设立工会劳动争议诉调工作室、试点设立巡回法庭、建立工会——法院委托、委派调解和司法确认等工作；继续发挥四方合作机制作用，与上海市司法局在固化上海已有的职工法律援助合作模式、共同加强法治宣传等做法经验基础上，进一步整合资源，深化机制建设，就加强立法等重大法治保障领域合作、加强工会维权律师队伍建设、合力推进劳动纠纷调解工作等方面签订合作协议；修订《上海市职工法律援助补贴费用指导标准》，明确法律援助办案补贴的性质，进一步规范法律援助工作经费使用范围、办案补贴指导标准、申报及发放流程，要求各区同比配备法律援助工作经费，切实发挥专项工作经费的基础性保障作用，确保工会经费切实用于职工群众的依法维权所需；会同四方完成上海工会法律援助工作“十佳维权案例”选树活动，评出上海工会维护职工权益“十佳”案例和优秀案例并汇编成案例集，扩大工会法律援助工作宣传影响力和社会知晓度；联合市司法局、市律师协会共同推荐工会公职律师张蕾参加全国维护职工权益优秀律师评选，发挥各方媒体宣传工作，广泛宣传候选工会维权律师的先进事迹和优秀维权案例，推动张蕾律师成功当选；按照两个“应援尽援”要求，2020年，全市各级工会积极开展职工法律援助服务，主动深入基层参与劳动争议调解，通过上海工会法律援助服务平台为职工提供代写法律文书、协商调解、仲裁诉讼代理等法律援助服务43431件，为职工挽回经济损失11亿余元。（秦利佳）

【徐汇区建立多层级全方位工会维权体系】 2020年，徐汇区总工会继续深化工会、法院、人社、司法“四方合作”机制，建立健全例会制度和定期协商制度，加强劳动关系矛盾预警预判和多元联动处置。在区仲裁院、区法院开设职工法律援助接待窗口，引导职工依法维权，联合调处劳动争议。建立健全“法院—工会”劳动争议诉调对接机制，构建起“接待咨询—工会调解—法律援助”无缝衔接的直通式维权体系。年内上门检查67家单位，其中55家涉及农民工工资支付情况专项检查，12家涉及严重侵犯职工权益单位。开通直通式法律援助，全年接待法律咨询6183人次，现场参与调处群体性劳动关系纠纷15起，提供法律援助1913件。强化群体性劳资纠纷预警预报和履职通报机制，年初对区内企业通过实地走访、电话、微信等方式了解复工、复产情况，共计摸排3600家企业，并向相关企业宣传疫情防控期间各级政府关于企业平稳健康发展的相关政策。与区工商联组成调研小组重点对徐家汇、田林、漕河泾、虹梅和斜土5个街道的7家单位进行全方位深入排摸。并配合人社等部门制订并实施《徐汇区妥善化解新冠肺炎疫情防控期间劳动关系矛盾工作方案》，与110联动、信访、网格、各街镇联合做好劳动关系矛盾信息收集，做到早发现、早预警、早介入、早引导，有效化解群体性劳资纠纷预警案件9起、群体性劳资纠纷1起、工程款及其它纠纷14起。携手上海远业律师事务所打造线上劳动法律沙龙，每月至少为各级工会干部、职工举办一场关于劳动用工、集体协商等方面的线上课程，年内共计举办10场，收看职工万余人次。同时结合安全生产月、宪法宣传周等开展宣传活动，送法进工地、进企业，营造良好的法治宣传氛围。开展和谐劳动关系业务培训、专兼职劳动争议调解员培训，增强工会干部业务能力。（陶　俊）

【闵行区举办裁诉调对接“特邀调解员”专题培训】 12月4日，闵行区总工会举办首次裁诉调对接“特邀调解员”专题培训会，培训邀请区人民法院、区人社局、区司法局、区仲裁院、区社保中心和区公积金管理中心等四方联动成员单位相关负责人、区级劳动关系指导员和首批聘用的“特邀调解员”参加。培训会上，区总工会解读了《闵行工会法律援助参与诉调对接工作流程实施办法》。区人民法院对劳动争议类案件调解执行实务进行阐释。区劳动人事争议仲裁院作“仲裁过程中经常出现的问题和注意事项”专题培训。通过对首批“特邀调解员”的培训，进一步夯实劳动争议巡回法庭试点工作，提升工作队伍的专业素养和实战能力。（杨晓凌）

【嘉定工会对本区企业劳动用工情况把脉评估】 嘉定区总工会利用“微工具”开展问卷调查，对本区民营企业、重点行业、中小微企业共223家企业情况进行排查摸底。首先，建立“问卷星”等“微平台”，由区总工会委托工会法律服务律师志愿团律师，对已建工会的企业开展劳动用工评估服务。并针对疫情期间企业复工过程中遇到的问题提出整改意见并形成评估报告，制订《企业用工检测详情表》，每份检测详情表包括11个评估类别和109项评估事项。志愿团律师出具评估报告，及时向企业反馈并报送区总工会。后期，区、镇两级工会进一步加强工作指导和督促，确保评估中反映的问题得到解决。疫情发生以来，嘉定区总工会“微评估”已为物资保障企业2家、规上企业2家、高新技术企业1家提供服务，涉及职工1210名，并形成劳动关系用工评估报告和企业用工检测详情表。（钱晓明）

【奉贤区总工会打造"一站式"法律援助服务体系】 奉贤区总工会强化需求导向，通过梳理职工群众关于法律援助方面的相关需求和问题，及时实施举措、突出"结果运用"，致力打造"一站式"工会法律援助服务体系。一是整合资源强机制。联合区人社局、区司法局、区人民法院，形成"四方联动"工作格局，不断拓宽法律援助、法律监督、集体协商和民主管理"四位一体"工会维权能力，对群体性劳动关系矛盾做到早报告、早参与、早处置、早化解。二是做实服务解民困。设立劳动争议联调中心工会分中心，安排劳动关系指导员和签约律师提供咨询和法律援助服务。在区公共法律服务中心设立窗口，以"预约+值班"的方式承接援助案件。三是前移阵地贴民心。创建街镇工会劳动争议调解工作站17家，其中品牌调解工作站11家。去年区总工会共调处劳动争议3201起，帮助职工挽回经济损失6454.9万元。四是多元试点开先河。在奉贤法院新城法庭设立工会劳动争议诉调工作室，推进建设全市首批劳动争议巡回法庭奉贤试点。在风创谷科创园区设立职工援助服务中心和公共法律服务工作室，将职工维权服务与公共法律服务体系深度融合。

（薛思涵）

奉贤区人民法院劳动争议巡回法庭揭牌仪式　　（李凤英）

【奉贤区总工会召开工会法律服务项目评审会】 6月2日，奉贤区总工会召开工会法律服务项目评审会，对基层工会上报的13个法律服务项目进行评审，以项目化形式加强基层工会法律服务能力建设。各镇、开发区总工会，西渡街道、奉浦街道总工会，工业综合开发区公司、头桥经济开发公司总工会、建筑行业工会专职副主席参加评审会，围绕申报项目方案进行发言。会后区总工会根据评审结果向基层工会进行资金拨付并做好监督检查工作。（李凤英）

普法宣传

【概要】 上海工会坚持以习近平法治思想新理念新思想新战略引领推动守法普法工作，进一步扩大宣传覆盖面，创新宣传形式，推动各项法律法规深入人心，增强全市职工的法治观念。一是提高政治站位，推进全会以法治思维进行理论武装。全年，市总工会党组中心组学习围绕党的十九大、十九届二中、三中、四中、五中全会精神，中央、市委关于疫情防控工作重要指示精神及"六稳""六保"相关政策规定，《民法典》《中国共产党党组工作条例》等内容，共计开展学习13次。就贯彻落实《上海市职工代表大会条例（修正案）》等多项涉及普法的工作议题予以专题审议并推动落实。二是围绕各类法宣节点，持续开展宪法法律宣传活动。市总工会坚持全年以宪法精神作为法治宣贯核心内容，于12月4日在徐汇滨江"建设者之家"举行宪法宣传周启动仪式，全市各级工会同步开展相关法宣工作。年内坚持将工会普法宣传与农民工工资支付专项检查行动、宪法宣传月、禁毒宣传月、女职工维权周、国家安全教育普法日、民营企业"法治体检"、春风行动等重大时间节点密切结合，做到同谋划、同部署、同推进。疫情爆发初期，市总工会就及时主动联合市企联、市工商联，共同制订下发《关于在疫情防控期间做好企业集体协商工作的相关提示》，指导企业和职工在疫情防控期间，有事好商量、遇事多商量、以协商民主促"六稳""六保"。三是持续打造服务农民工法治宣传品牌活动。联手市司法局、市律协，组建100支服务分队，聚焦重大项目建设、重点领域行业，开展近500场，覆盖4万名农民工的"尊法守法、携手筑梦"法律服务行动。劳动节前夕，联手市人社局在《劳动报》上专题对《保障农民工工资支付条例》进行宣传。各区总工会也重点讲解《社会保险法》《安全生产法》《工伤保险条例》等涉及农民工劳动权益维护的相关法律法规政策。

（黄　琦）

【举办工会线上法律沙龙活动】 5月22日，市总工会职工援助服务中心组织开展工会线上法律沙龙活动，针对疫情期间劳动法律热点问题及相关政策文件进行分析解读。此次活动由北京大成（上海）律师事务所律师团队主讲，中心、16个区及其下属街镇工会干部、法律援助工作人员参加。活动中，主讲律师通过解读疫情期间发布的相关政策法规，为工会干部、法律援助工作人员答疑解惑，并结合劳动争议案例及相关民事法律问题，深入讲解疫情相关法律热点问题。各区工会干部、法律援助工作人员可通过线上提问的方式，与主讲人进行实时互动。部分区在做好疫情防护的情况下，邀请下辖街镇工会干部到区中心一同参与沙龙，共同交流探讨疫情中的法律热点问题。（梁　冰）

【联手制定《关于本市企业制定修改劳动规章制度的操作指引》】 市总工会、市企业联合会/市企业家协会、市工商业联合会共同制订《关于本市企业制定修改劳动规章制度的操作指引》。该指引针对企业在起草确定、公示告知、执行完善三个阶段遇到的常见问题作出了详细指导，有序引导全市各类企业依法合规制定和使用劳动规章制度，妥善处理劳动争议，对进一步优化本市营商环境，提升企业劳动规章制度在制定、修改和执行过程中的合法性与操作性，保护企业和劳动者合法权益，预防因企业劳动用工管理中不规范履行民主程序导致的矛盾隐患，促进劳动关系和谐稳定发挥积极作用。（庄若冰）

【松江区总工会开展工伤保险主题普法宣传活动】 7月15日，松江区总工会联合区人社局、区建管委、区卫健委、区应急局和区社保中心，在松江永丰街道类集建区02-01号动迁安置房地块新建项目在建工地开展了工伤保险集中宣传活动。活动通过开展政策咨询，现场放置展板，发放相关宣传资料等方式宣传工伤保险政策法规，旨在提高工伤保险政策知晓度，推进各类工程建设项目参加工伤保险工作，增强建筑企业和建筑工人的知法守法意识，维护劳动者合法权益。（邹丽梅）

【中国移动上海公司工会开展多渠道普法服务和宣传】 为进一步深化“法治移动”建设，中国移动上海公司工会开展多渠道普法服务和宣传。一是持续运用公司工会“和工社”微信公众号线上平台，提供法律援助电话咨询服务。年内有516人次咨询，接通率100%，满意率100%。二是延伸普法宣传，开展亲子《民法典》“云”讲座。结合“爱心大连接”员工暑期子女学堂活动，邀请专业律师开展《我与民法典有个约会——民法典与未成年人保护》线上讲座活动，直播期间累计观看人次千余人，切实提升员工及子女的法律意识。三是优化“法律援助”功能模块，升级普法服务。借助“和工社”微信公众号发布民法典图解、新增法律常识微视频，通过图文讲解和动漫视频，助力《民法典》宣传工作。（徐睿璐）

【中建八局职工普法讲堂开讲】 12月4日，值此第七个国家宪法日到来之际，局工会、合约法务部、金融业务部联合举办职工普法讲堂暨合规课堂之金融业务篇，局机关、驻沪单位职工共80余人在主会场参会，500余人通过视频分会场参加普法培训。活动邀请华天成律师事务所合伙人王碧韵律师就婚姻、家庭、继承等职工日常生活息息相关的热点问题，结合具体实务案例及自身解决民事争端的大量实践经验进行讲解，与会人员与王律师积极交流提问，活动现场气氛热烈。（陈　湘）

劳动关系协调体系建设

【概要】 市总工会积极参与市协调劳动关系三方工作，结合疫情防控期间本市劳动关系面临的实际情况，加强沟通协作，形成工作合力，促进本市劳动关系总体和谐稳定。一是及时下发文件，为特殊时期劳动关系矛盾化解夯实工作基础。为进一步贯彻落实中央与本市有关新型冠状病毒感染肺炎疫情防控的工作部署和相关要求，按照国家协调劳动关系三方相关文件精神，市三方结合本市实际，制订下发《关于应对新冠肺炎疫情妥善化解本市劳动关系矛盾的意见》，对做好本市援企稳岗相关工作，维护劳动关系和谐稳定，依法妥善处置劳动争议提出明确要求。二是开展专项督查，确保疫情防控期间各项劳动用工政策落地落实。市总工会积极参与“上海市新冠肺炎疫情防控期间化解劳动关系矛盾会商机制”，传递职工声音，为疫情期间相关政策制订提供参考意见。根据会商机制工作部署，市总工会参与三方四家对全市16个区开展专项检查、督促，全面了解、掌握各区稳企援岗政策落地情况和劳动关系矛盾预防化解工作，梳理分析重点难点问题，及时进行指导和协调，推动各方进一步增强工作合力，确保本市劳动关系总体和谐稳定。三是以问题为导向，聚焦重点行业、企业开展专项调研。市总工会牵头，联合市协调劳动关系三方相关部门，共同针对本市民办培训机构、民办托育机构，以及劳务派遣工、外包工群体开展专项调研，重点聚焦行业和人群的劳动关系、就业稳定等情况，以及纾困政策措施落实情况，梳理劳动关系问题隐患，为相关部门制定政策提出有建设性的意见建议。（金邓凯）

松江区总工会联合区人社局等部门开展工伤保险集中宣传　（邹丽梅）

工会社会联络工作

【概要】 市总工会积极开展工会社会联络工作，切实推进有条件的区域、行业协会、商会等各类社会组织建立工会。浦东、徐汇、长宁、闵行、宝山等区成立了家政服务，青浦区成立物流快递，杨浦区成立了医养照护，嘉定、宝山等区成立物流货运行业工会联合会。发挥各级工会组织优势，积极参与城市管理、融入社会治理大格局，建设巩固1162家“户外职工爱心接力站”，进一步提升精准服务能力。市总工会大力推进工会社工队伍建设，全市12个区总工会孵化职工服务类社会组织，建设了一支人员规模达1023名的职业化社会化工会工作者队伍，并通过社工轮训和技能比武交流等形式，不断提升社工的业务能力和工作水平，将工会社工锻炼为基层工会工作的生力军和骨干力量。

（何　欢）

【上海市绿化市容行业举行"关爱环卫工人·共建洁净家园"专项行动表彰活动】 10月26日，市绿化市容行业举办2020年上海市"关爱环卫工人·共建洁净家园"专项行动表彰活动。来自本的劳模先进、上海工匠、一线职工和企业代表共350余人参加活动。市总工会党组书记、副主席黄红，市建设交通工作党委副书记周志军，闵行区人大副主任、区总工会主席倪学斌，闵行区副区长汪向阳等领导出席会议，并为"十佳城市美容师""十佳爱心接力站""十佳社会共建案例"等获奖代表颁奖。10月，根据市绿化市容行业工会《关于开展2020年度"十佳城市美容师""十佳爱心接力站""十佳社会共建案例"评选表彰活动的通知》要求，经各单位选拔推荐、网络评选、专家评审、单位公示、市绿化市容局党组审议通过，市绿化市容行业工会决定：授予刘义君等10人"十佳城市美容师"称号；授予青浦区党建服务中心等10家企（事）业单位创设的"关爱环卫工人爱心接力站"为"十佳爱心接力站"称号；授予上海福满家便利有限公司等10家单位申报的"关爱环卫工人，共建洁净家园案例"为"十佳社会共建案例"。授予王俊香等7人"十佳城市美容师"提名奖。

（耿　静）

关于做好疫情防控期间本市稳就业工作有关事项的通知

沪人社就[2020]52 号

市就业促进中心,各区人力资源社会保障局、财政局:

为贯彻落实《人力资源社会保障部 教育部 财政部 交通运输部 国家卫生健康委关于做好疫情防控期间有关就业工作的通知》(人社部明电[2020]2 号)和《上海市人力资源和社会保障局 上海市医疗保障局 上海市财政局关于支持新型冠状病毒感染的肺炎疫情防控减轻企业负担若干政策的通知》(沪人社办[2020]44 号)相关规定,积极应对新型冠状病毒感染肺炎疫情对本市就业的影响,确保就业局势稳定,现就做好疫情防控期间本市稳就业工作有关事项通知如下:

一、加大失业保险稳岗返还力度

(一)放宽失业保险稳岗返还政策中的裁员率条件,对于中小微企业,将裁员率条件放宽至不高于上年度全国城镇调查失业率控制目标;对于 2019 年底参加失业保险职工 30 人(含)以下的企业,裁员率放宽至不超过 20%。

(二)中小微企业按照《国家统计局关于印发〈统计上大中小微型企业划分办法(2017)〉的通知》(国统字[2017]213 号)规定的相关标准确定。

(三)《关于实施失业保险援企稳岗“护航行动”的通知》(沪人社规[2018]20 号)相关规定与本通知不一致的,以本通知为准。

二、鼓励企业稳定岗位

对春节期间(截至 2020 年 2 月 9 日)开工生产、配送疫情防控急需物资的企业,符合条件的可给予一次性吸纳就业补贴。统筹使用工业企业结构调整专项奖补资金,用于支持符合条件的受疫情影响企业稳定岗位、保障基本生活等支出。具体补贴办法另行制定。

三、加大创业担保贷款力度

(一)对已发放的个人创业担保贷款,借款人患新型冠状病毒感染肺炎的,或受疫情影响暂时失去收入来源的,可向贷款银行申请展期还款,展期期限原则上不超过 1 年,并可继续享受财政贴息支持。

(二)对受疫情影响暂时失去收入来源的个人和小微企业,申请贷款时要加快审批流程、缩短审批时限,予以优先支持。

四、鼓励创业孵化示范基地减免房租

(一)积极引导和鼓励市、区级创业孵化示范基地以减免或缓交房租的方式,支持在孵创业企业应对疫情影响。

(二)市、区创业孵化示范基地通过降低或减免租金支持在孵企业发展的,在年度工作成效分级评估中作为评价因素予以考量。

五、维护劳动者合法权益

对因疫情导致劳动者暂不能返岗提供正常劳动的,企业不得解除劳动合同或退回劳务派遣用工。

本通知自发文之日起实施,有效期至 2020 年 12 月 31 日。

上海市人力资源和社会保障局

上海市财政局

2020 年 2 月 9 日

经济权益

开放包容
重铸
上海品牌
1978
2012
OPENING-UP AND TOLERATING MAKING "SHANGHAI BRAND" GLORIOUS AGAIN

综　述

2020年，市总工会围绕疫情防控和经济社会发展大局，履职尽责，担当作为，职工服务保障各项工作取得新进展。一是加强服务保障，打赢疫情防控阻击战。做好抗疫一线医务人员关心关爱工作，下拨防疫专项资金，组织抗疫一线医务人员开展疗休养活动。加大疫情期间困难职工帮扶工作力度，开展"疫情防控期间困难职工关爱关怀机制"专项工作调研，及时将新冠肺炎列入工会互助保障重大疾病范畴。关注疫情期间职工工作和生活状况，收集汇总职工反映的热点问题，形成《疫情防控政策信息摘要》，向市有关方面反映。二是加大就业工作力度，助推复工复产复市。加强企业用工状况和重点群体就业调查排摸分析，组织开展"会聘上海"职工就业护航行动，聚焦转改制企业职工、困难职工家庭成员等重点群体，举办各类招聘会提供就业服务。开展职工春秋游活动促进文旅产业发展。三是源头参与民生保障政策的制定完善，参与市劳动关系三方关于2021年企业工资指导线调整建议研究过程，推动提高本市支援外地建设退休（职）定居人员帮困补助的标准，推动完善市民社区医疗帮困制度，参与《关于本市妥善应对新冠肺炎疫情实施住房公积金阶段性支持政策的通知》《上海市安全生产专项整治三年行动实施方案》等政策制定，推动调整职工疗休养待遇。四是推进多层级实事项目机制建设，开展线上线下实事项目征集活动，推出6大类11项服务职工实事项目。拓展会员服务卡功能，新增网上"个人办卡"和"个人参保"渠道，升级会员专享基本保障，增加会员卡"全国交通一卡通"功能，完善"卡卡"全年活动机制。五是开展隐患排查，助力城市治理安全体系。开展"查找身边隐患、保障职工安全"三年行动，组织开展安康杯竞赛"典型案例"征集评选活动。六是加强机制建设，推进困难职工解困脱困工作。按照城市困难职工解困脱困的目标要求，切实推动各级工会按照"一户一策"制定帮扶措施。健全完善梯度帮扶工作机制。制订发布《上海工会困难职工帮扶工作实施办法》《上海工会送温暖工作实施办法》《上海市总工会关于市级财政专项帮扶资金使用管理办法》。加大关心慰问力度。开展"两节"送温暖活动，开展农民工系列关爱行动。7.深入开展消费扶贫，打赢脱贫攻坚战。各级工会持续扩大对东西部扶贫协作，采购对口支援地区消费扶贫产品，举办脱贫攻坚一线建设者研修班、"向脱贫攻坚一线建设者致敬"报告会等。　（汪佳侃）

实事项目

【概要】 2020年，上海工会以"职工期盼"为重点、以"普遍受惠"为基础、以"工会所能"为条件、以"精准服务"为目标、以"公平互济"为标准、以"互联网+"为导向，广泛开展线上线下实事项目征集活动，健全完善考核评价机制，精准对接职工群众服务需求，推出和实施并开展以下工作：资助8000名晋升技师高级技师职工、带教师傅和奖励2000名授权发明专利一线职工。新建200家"上海职工学堂"、新创100家示范性"上海职工学堂"。组织30万名职工参加"公益乐学"，同时为3万名职工提供应援尽援"零门槛"工会维权服务。组织20万名灵活就业从业人员参加《上海工会灵活就业会员专享基本保障》，升级改造300家"户外职工爱心接力站"。补贴8.5万名职工疗休养和4万名职工健康体检的费用，新增20万张"工会会员服务卡"。助力2000名困难职工实现"微心愿"，同时新增400家"爱心妈咪小屋"和80家"职工亲子工作室"。组织1万名单身青年职工参加"四季恋歌"交友活动。服务职工实事项目，涉及技能提升、文体服务、维权服务、困难帮扶、健康服务和生活服务6大类。截至12月29日，市总工会出资总计1.49亿元，惠及职工近200万人。同时，进一步助推市、区（产业）工会建立多层多级服务职工实事项目体系建设，并首次对外发布上海各区局（产业）工会服务职工实事项目清单，106个区局（产业）工会（包括16个区，90个（局）产业工会）共推出实事项目696项，投入资金4.46亿元，惠及职工665.42万人次。

（殷崇莉）

【工会会员服务卡增设服务项目惠及更多职工】 全年，完善工会会员服务卡办卡流程，在坚持"个人自愿，集体办理"基础上，在"申工社"微信平台上增设会员在线"个人办卡"和"个人参保"的渠道，同时满足体制外入会会员和灵活就业群体的需求，升级会员专享基本保障，增加推出A+、B+保障，形成四类保障供基层工会选择。增加"全国交通一卡通"功能，并开通换卡通道；推动扩大会员服务卡在全市职工中的覆盖面。2020年度工会会员服务卡新增办卡35.07万张，累计办卡528.5万张，覆盖120个区局（产业）工会40832家基层单位。2020年度会员专享基本保障覆盖363.49万人，共给付2.02万人次，给付保障金12869.54万元（包含2019年度、2020年度参保人员）；完善"卡卡"全年活动机制，重新修订会员服务卡团购优惠商户管理办法，引入第三方机构加强对团购优惠商户的准入评估、日常管理及年终考核，建立"卡卡"活动满意度评测机制，进一步优化商户管理，提升工会会员的获得感。创新直播带货等"卡卡"福利等形式，先后开展火车票补贴、交通出行补贴、五一卡卡大篷车等"卡卡"福利活动，并结合消费扶贫、微心愿等工作内容，开展"卡卡嘉年华"活动，市总补贴资金总计9653.38万元。　（殷崇莉）

【工会会员服务卡增设线上个人办卡参保渠道】 为满足体制外入会会员和灵活就业群体的需求，增强工会会员服务卡办卡和参保的灵活性，在坚持"个人自愿，集体办理"基础上，自5月起，在"申工社"微信平台上增设会员在线"个人办卡"和"个人参保"的渠道，成为集体办卡和参保的有力补充。凡是建会单位中已录入"申工通"会员管理库的在职工会会员，可线上申请办卡，申请成功后由个人凭身份证原件至农商银行柜台领取；办理了工会会员服务卡的会员，可个人参保，建立个人代扣款缴费机制，第一年享受与集体参保同等的市总补贴标准。第二年起，未交纳工会会费的会

员，参保费用全部由会员个人承担。（殷崇莉）

【新冠肺炎纳入工会会员服务卡会员专享基本保障范围】 为积极应对新型冠状病毒带来的影响，提高职工抵御疾病风险的能力，体现工会会员服务卡关心关爱职工功能，在不增加参保费用前提下，将新型冠状病毒肺炎列入"上海工会会员专享基本保障"重大疾病的保障范围，调整后的"工会会员专享基本保障"A类、A+类由原来4类特种重病增加至5类；B类、B+类由原来22类特种重病增加至23类，并开通"新型冠状病毒肺炎"保障金给付"特殊通道"，保障金给付申请工作采取"先给付、后审核"的方式，以确保保障金及时发放。（殷崇莉）

【开展服务职工实事项目征集工作】 9月，市总工会启动2021年上海市总工会服务职工实事项目征集工作，11月上旬完成全部立项征集工作。共征集到402条意见和建议，包括职工建议336条，区局（产业）工会、市总机关各部室和各直管单位建议35条，工代会代表和市政协工会界别委员建议32条。经整理精选建议125条，其中，健康服务类27条（21.6%），生活服务类26条（20.8%），维权服务类15条（12%），文体服务类13条（10.4%），教育服务类9条（7.2%），女职工服务类9条（7.2%），技能服务类9条（7.2%），帮困服务类7条（5.6%），就业服务类6条（4.8%），阵地服务类4条（3.2%）。经过征集筛选，制定、推出了"组织10万名一线职工疗休养、补贴3.5万名职工健康体检""建立100个园区（楼宇、商圈）职工健康服务点""组织百万职工'看花博'""百名劳模工匠服务千家企业和校园""建立健全万名劳模服务信息库""为20万名灵活就业从业人员提供'五送'等关心关爱服务""对500家企业开展和谐劳动关系'法律体检'服务""组织350万名工会会员参加《工会会员专享基本保障》""服务万名单身青年职工'四季恋歌'交友活动""助力3000名困难职工实现'微心愿'"等10项2021年上海市总工会服务职工实事项目。其中"组织10万名一线职工疗休养""建立100个园区（楼宇、商圈）职工健康服务点"两个项目已纳入2021年上海市为民办实事项目。（殷崇莉）

【开展全市抗疫一线职工疗休养活动】 3—6月，市总工会组织3262名援鄂医疗队员及其家属，分6批赴市总工会沙家浜、西山、屏风山、黄山休养院进行疗休养。市总工会对疗休养行程、活动内容做了精心安排，对客房设施、餐饮标准等进行维护保养升级。为疗休养人员送上文艺晚会和劳模现场技能展示。3月底，市总工会下发《关于组织本市抗疫一线职工疗休养活动的通知》，要求各区总工会在市总工会组织援鄂医疗队员疗休养的基础上，组织本区抗疫一线职工有计划的赴市总工会疗休养院所开展疗休养活动，可以工会经费出资或补贴，补贴标准不超过1500元/人。市总工会参考援鄂医疗队员疗休养方案，设计15条疗休养线路。至年底，各区总工会共组织10860名一线抗疫职工参加疗休养活动。（余嘉毅）

【开展职工春秋游活动】 6月2日，市总工会会同市文旅局联合推出"爱上海、游上海"职工春秋游活动，通过鼓励各级工会按规定列支、使用春秋游费用，优先在本市开展职工春秋游活动，并发布红色城市游、历史文化游、时尚都市游、生态一日游和摄影采风游等五大主题117条春秋游推荐线路。（余嘉毅）

【开展职工疗休养和健康体检行动】 2020年，市总工会继续在全市范围内开展职工疗休养和健康体检行动。疗休养方面，市总工会在实施优惠价格的基础上，再给予1/3或定额补贴；在进一步优化原有疗休养计划的基础上，新增江西宜春疗休养计划；全年共有55个区局（产业）工会的5万名职工参加疗休养，市总工会补贴1100万元。为满足职工个性化、多样化的疗休养需求，在沙家浜、西山、黄山的基础上，将屏风山列为会员个人休养度假点，持卡职工赴上述休养院休养可享受1/3或定额补贴；全年共有1401人次享受补贴，补贴金额总计14.8万元。体检方面，市总工会在实施优惠价格的基础上，再给予1/2—1/3的补贴；根据近年来本市健康危害因素和疾病发展趋势及职工需求，在原有检查项目的基础上调整增加部分血检、尿检指标；全年共有26家区局（产业）工会的2.9万名职工参加健康体检，补贴金额总计842.73万元。（余嘉毅）

【实施资助晋升技师高级技师职工、带教师傅和奖励授权发明专利一线职工实事项目】 为确保完成2020年晋升技师高级技师职工、带教师傅和奖励授权发明专利8000人次的实事项目，职工技协赴40多家产业局工会和鉴定机构走访调研、宣传推广实事项目，并于11月1日启动补申报工作。通过优化个人和单位申报流程、一对一发送申领奖励和个人入会通知，排摸13万高级工、技师、高级技师工会组织关系，向区局（产业）工会下发符合奖励要求人员名单等方式落实奖励发放工作，最终在12月30日完成8189人次奖励发放工作，完成奖励发放任务。（陈志渊）

【创设200家"上海职工学堂"和100家"示范性职工学堂"】 6月30日，市总工会下发关于创设"上海职工学堂"的通知，各区局（产业）工会高度重视、踊跃响应。全市共有45个区局（产业）工会推荐303家申报2020年"上海职工学堂"，其中16个区申报241家，29个产业局工会申报62家；25个区局（产业）工会推荐105家已建的"上海职工学堂"申报2020年"示范性职工学堂"，其中16个区总工会申报87家，9个产业局工会申报18家。经过材料评审打分、实地走访打分等环节，评选出200家"上海职工学堂"和100家"示范性职工学堂"，发放建学补贴800万元。（黄玉香）

【杨浦区总工会举行卡卡直通车进园区、楼宇、企业主题服务活动】 6月19日，杨浦区总工会"工'惠'到家——卡卡直通车进园区、进楼宇、进企业主题服务活动启动仪式暨定海专场"在上海国际时尚中心广场举行。活动围绕"五个一"的服务开展，即配送一部宣传短片、一本使用手册、一场专题培训、一场知识竞答、一场现场办

杨浦区总工会举行工“惠”到家——卡卡直通车 进园区、进楼宇、进企业主题服务 （张东寅）

卡活动等，年内在全区范围内开展30场主题服务活动。 （张东寅）

【闵行区举办会员服务卡特约商户专场直播】 7月18日，闵行工会举办会员服务卡特约商户专场直播，区总工会党组书记赵芝娟现场“带货”，推荐区内9家知名的工会会员服务卡特约商户，既是帮助企业推介产品，也是推广工会会员服务卡、为职工提供特惠的有效途径，从线上线下两方面促进消费。直播采用“工会主席+职工”的模式开展，由工会主席介绍企业情况，职工现场直播带货。参与直播的企业有蜂花、衣恋、可口可乐等区内知名企业，商户品类涵盖“衣食住行玩”，现场既有商户提供的抢购优惠，也有现场抽奖赠礼。直播前期，区总工会为每一家参与直播的企业都配备了一名来自工会的“秘书”，负责与企业沟通，协商优惠政策，挖掘推荐亮点，以一对一的模式助力企业提升直播“带货”效果。各街镇工会也结合本地特色分区域开展各类推广直播活动，进一步提升工会会员卡特约商户的知晓度。 （王　凯）

【嘉定区总工会开展法宣和工会会员卡合作推广活动】 9月16日，嘉定区职工法治宣传教育暨工会会员卡合作商户主题推广活动在位于安亭镇的新合作商户——上海名爵全球旗舰体验中心举行。本次活动由市总工会指导，市总工会职工援助服务中心、嘉定区总工会主办，嘉定区安亭镇总工会、嘉定区职工服务中心承办。嘉亭荟、ACE、嘉定影剧院、春秋旅行社等会员卡合作商户现场设摊推荐产品。开设商户直播间，邀请农商银行、光明随心订、上海爵盛、惠民超市、中石化、保利大剧院等6家优秀会员卡合作商户，通过网络直播的方式推广产品。市总工会法律援助律师开设法治微课堂，现场解答劳动法律和消费维权等相关知识。至此，嘉定区总工会已签约工会会员卡合作商户130多家，覆盖门店735个，合作商户产品涵盖工会会员衣、食、住、行等方方面面并定制了会员专属优惠。 （汤利强）

【嘉定工会举办青年职工交友活动】 11月21日，由嘉定区总工会主办的“爱在今秋·情暖嘉定”嘉定工会青年职工联谊活动在嘉定区中青旅东方国际酒店拉开帷幕，有近百名单身青年们参加活动。本次活动秉着突出价值引领、强化公益导向、坚持青年为本、务求工作实效的4个基本准则，通过搭建交友平台“嘉缘会”帮助嘉定区的单身青年职工们牵线搭桥寻找有缘人。活动现场以心动卡为媒介，经过一系列精彩活动及心动配卡配对统计，10位男女嘉宾成功心动互选，浪漫牵手。 （徐　浩）

【奉贤区总工会积极落实服务职工实事项目】 2020年，奉贤区总工会坚持实事惠职工，实施工会服务职工实事项目10项。开展奉贤工会女职工“七色花”行动，新建爱心妈咪小屋26家，新增星级小屋27家；组织单身青年职工“四季恋歌”交友活动5场；下拨职业能力等级晋升、高师带徒奖励150名，晋升技师、高级技师奖励23名，一线职工授权发明专利奖励10名；为符合条件的7747名“灵活就业”D类职工，3670名“灵活就业”C类职工办理入会手续，下拨专项补助资金229.8万余元，并全部办理了灵活就业人员专项C或D类保障计划；为3283名职工提供“应援尽援”“零门槛”工会维权服务；推进“公益乐学”项目落地，全年开设课程368期、课目175个，参与职工1.4万余人次；新建10家“上海职工学堂”，新创4家示范性“上海职工学堂”；建成户外职工爱心接力站70家（新增8家，升级11家），累计服务职工17万人次；新增1.2万张“工会会员服务卡”，8.84万名职工参加工会会员服务卡专享保障计划；开展企业职工疗休养、健康体检补贴行动，为129家单位4424名职工补贴约118.9万元。 （薛思涵）

【崇明区总工会大力推进服务一线职工实事项目】 年初，崇明区举行2020年崇明工会实事项目发布会，推出12项区级服务职工实事项目，年末实事项目均已落实。共组织9324名职工参加健康体检、1098名职工参加疗休养。新增工会会员卡5635张，赠送4万名非公企业职工会员专享基本保障，组织9839名灵活就业人员参加工会专享保障。新建3家户外职工爱心接力站，完成8家升级改造。为1400名困难女职工免费开展妇科体检，组织500人次单身青年参加“四季恋歌”职工交友会。为7000余人次崇明籍出租车驾驶员提供在沪流动审证服务。提供“应援尽援”“零门槛”法律援助服务，调解劳动争议案件192个，代理仲裁案件26个，代写法律文书366个，为职工挽回经济损失493万元。开设线上公益乐学课程，上线45期。指导企业落实安全生产措施，高温慰问1.6万名一线职工。开展法律服务进企业活动，举办职工健康讲

座10场，宣传电瓶车“一盔一带”安全防护等知识，提高职工劳动保护意识。（秦春华）

【东方国际集团工会为医务工作者送服务】 在疫情平稳时期，由东方国际集团工会主办的“东方名品汇”组织经典品牌、老字号产品等前往胸科医院、华东医院、普陀区人民医院举办5场“向医务工作者致敬”专场，以丰富多样的产品，为广大在防疫抗疫中砥砺前行的医务工作者送去精准周到服务。2020年，“东方名品汇”还成立工作小组，制订规章制度，逐步完善长效机制。根据市场需求量身定制“大礼包”，借力工会系统平台，为一些大集团在高温慰问、重点节日关怀等工作中提供选择，实现批量采购目标。与其他集团工会通过合作、参与等方式，探索联合销售模式，增强协同能级。全年共举办线下活动31场，实现销售335万元，兄弟企业、业外团购销售368万元，合计销售703万元。（周　斐）

【东方国际集团“尚课堂”揭牌】 5月21日，东方国际集团工会在上海国际时尚教育中心设立的“上海职工学堂”——“尚课堂”揭牌。集团工会积极响应市总工会创设职工学堂的号召，联合时尚教育中心按照“四有一能”的创建规范标准，充分利用学校的硬件设施和师资力量，开办具有东方国际特色的“尚课堂”，其中包括成衣定制、流行趋势等精品课程。2020年，共开设1828课时，惠及5755人次职工，满足职工对岗位技能应知、应会的需求。（郑鹮峰）

【中国宝武推进落实职工“三最”实事项目】 2020年，集团公司工会推进职工“三最（最关心、最直接、最现实）”实事项目落实，继续在“三室一堂一所”职工工作环境改善的基础上，实施幸福宝武项目，从工作、福利、环境、活动和生活5个渠道全面推进“三最”实事项目。同时推动各单位实施“三最”实事项目1003项，其中，幸福宝武环境类521个、幸福宝武福利类96个、幸福宝武工作类136个、幸福宝武生活类218个和幸福宝武活动类32个。及时做好住院补助、工会会员专享保障、集团大病救助等保障工作，组织员工保险自购保障计划特惠推介服务活动，开展员工线下汽车团购嘉年华和跨区域线上团购车优惠活动。集团职工享受团购优惠购买通用车241台，购买奥迪车27台。（刘向捷）

【宝钢股份实施健康关爱职工自主疗休养计划】 宝钢股份工会积极拓展职工福利关爱，不断提升职工的满意度和幸福感。为满足职工多样化的服务需求，精心策划并组织开展健康关爱职工自主疗休养，开通江浙沪周边6条疗休养路线。通过编制《职工自主疗休养实施方案》，签订《职工疗休养协议》以及执行相关民主程序，形成规范的流程机制。在宝钢股份工会微信公众号“疗休养”平台开发查询、预约等功能，为职工提供便捷的在线操作，同时，还增设现场咨询和人工预约，为职工提供多方位的暖心服务。自9月开通以来，共有3871人参加了自主疗休养，得到了职工的充分肯定和满意反馈。（韩　靖）

【宝钢工程聚焦职工“三最”问题打造“8小时佳园”】 2020年，为营造快乐工作、幸福生活的良好氛围，努力解决本单位职工“三最”问题，打造员工最满意的“8小时佳园”，宝钢工程工会牵头各相关部门，根据日常职工思想动态征集、员工座谈会、基层走访等各类渠道收集到的与职工切身利益密切相关的问题，以“精准+普惠”为导向，策划和实施了三大类38项职工“三最”实事项目。一是对生产现场型办公场所，加强“三室一堂一所”改造和美化，增添微波炉、电冰箱、饮水机，增添环境美化需要的绿植和功能架，优化午餐食物供应等。二是对OFFICE型办公场所，加强“职工书屋”建设，搭建员工知识交流和分享的开放式场所，丰富职工精神文化生活需求；开展“睛彩世界，眼见为实”爱眼护眼活动。三是对防疫一线和长期外派的员工，通过结对子、志愿者服务等进行信息了解，帮助解决各种需求，及时给予关心和慰问；开展“Vlog家书，情系千里”送温暖活动。年底，评选出4个“最佳实事项目”、6个“最美场所”。（范萍萍）

【上海石化持续落实“走基层、访万家”活动长效机制】 2020年，上海石化公司工会继续落实《关于建立健全工会“走基层、访万家”活动长效机制的实施意见》，推动各级工会干部下基层、访职工、知民情、办实事，全年做到班组联系全覆盖、职工会员“五必访”（职工婚丧嫁娶必访，职工有思想问题必访，职工生活困难必访，职工生病住院必访，职工家庭纠纷必到必访），做深做实“有困难找工会”，累计走访慰问职工5938人次。（裘　玮）

【上海石化工会实施“职工小屋”服务职工实事项目】 2020年，上海石化公司工会继续在职工需求的基础上，听取和收集基层工会和一线职工意见建议，了解基层工会、班组和职工真实困难，继续实施“职工小屋”服务职工实事项目，帮助职工群众解决好实际问题，全年共19家单位上报包括职工学习、生活、运动等各类项目48个（如：电脑、投影仪、微波炉、冰箱等），累计投入工会经费102.67万元。（裘　玮）

【上海石化多名职工晋升技师、高级技师获奖励】 2020年，中国石化上海公司实施“职工晋升技师、高级技师奖励”计划，共49名技师、高级技师获奖励（其中技师29名、高级技师20名），技师奖励2000元/人，高级技师奖励4000元/人，共奖励13.8万元（其中市总工会奖励6.9万元、公司工会配套奖励6.9万元）。（徐　军）

【上海航天局工会延伸关爱领域，构建“暖心工程”】 上海航天局工会顺应职工群众对美好生活的向往，在做好常规服务工作的基础上，不断延伸服务范围。一是将工会关爱延伸到职工家庭，为试验队员家属开展体检及助医活动，家属体检项目全年共计751人参加，试验队员在基地期间的家属助医项目帮助20余名试验队员解决后顾之忧。二是将工会关爱延伸到下一代，考虑到航天职工的实际困难和强烈需求，疫情期间，局工会举办2020年“天之骄子”寒、暑托班，为190名航天子女提供托管服务。上海航天“天之骄子”寒暑托班已连续举办4年共8期，累计解决900余名航天职工子女假期托管难题，成为局工会服务职工的品牌项目。三是将工会关爱延伸到职工心理健康，依托航天健康管理中心，局工会投入创建经费89万元，建立心理服务站，作为线下网点，更好的服务职工，使心理服务落地化、实体化，通过多途径的心理关爱帮助航天职工缓解释放压力，调整情绪状态，更高效地投入工作。 （周欣彬）

【中船上海船舶公司工会举办先进班组长急救知识培训】 9月16日，上海船舶工会开展先进班组长急救知识专项培训，来自9个基层工会的30名先进班组长参加本次培训。本次急救培训采用"模拟急救体验式"培训方式，让班组长们身临其境地反复训练急救技能。培训内容以美国心脏协会Heartsaver官方急救课程为主，包括创伤急症处理、心肺复苏术（CPR）、自动体外除颤器（AED）操作等技能。通过8小时的课程培训，所有参加培训的班组长顺利通过考核，获得由美国心脏协会颁发的全球144个国家通用的《心肺复苏术、自动体外除颤器使用、常规急救资格证书》。 （周 莺）

【上海烟草储运公司工会倾情打造三大板块实事工程】 年初，上海烟草储运公司工会围绕"职工食堂、生活服务、精神文化"三大板块，共设立15项实事工程。出于对疫情防控的重视，职工尤为关注用餐安全、个人防护和环境卫生。储运工会掌握需求、寻找对策，因地制宜增设3项疫情防控类实事工程，以"七必操作法"落实职工食堂卫生安全与现场管理；开通线上"云问诊"，拓展职工寻医问药新途径；开发智慧订餐功能，实现"指尖订、分时吃、打包走"。疫情趋于稳定后，储运工会不等不靠，想在先、做在前，形成2项精神文化类实事工程，开办育儿讲座、共享线上健身，丰富职工的业余生活。储运工会通过"储韵"微信公众号等手段丰富宣传载体、汇集意见建议，并且全程做好沟通协调及分析反馈，全年15项实事工程均得到落实。 （沈 恺）

【铁路上海局集团公司大力改善职工生产生活】 2020年，铁路上海局集团公司工会牵头甄选确定10个方面职工实事项目，坚持按月推进、季度协调，确保按期兑现。优化"三线"建设项目，提高投入产出效率，完成年内开通新线和52个既有线站区生产生活设施建设补强、45辆宿营车改造，全年"三线"建设工会补充投入3835万元。常态化开展冬送温暖、夏送清凉、生日送蛋糕、节日送慰问活动，将职工会员年节慰问标准提升到每人每年1200元。投入帮扶救助资金7230万元，全年帮扶救助职工10万多人次。组织14.7万名职工集体参加地方互助保障计划。在上铁职工家园APP平台增加在线健康咨询、网上挂号等功能，累计提供各类服务165万余人次。举办职工艺术团招募，组织线上"云课堂"、线下"大讲堂"，加强文体骨干队伍建设培养。投入1754万元改善沿线职工文体设施，举办全局职工乒乓球、羽毛球比赛，9.9万名职工参加"奔赴小康"健步走活动，持续推动全民健身活动开展。 （陈国华）

【上港集团实施职工健康关爱服务项目】 2020年，上港集团推进年度职工健康关爱服务项目，为集团每位职工购买"健康关爱服务"项目。该项目是上港集团2020年服务职工实事项目之一，服务内容包含健康e顾问、就医管家、重疾关爱、特药折扣、专家会诊、高端诊疗、专享特惠、惠民保险8个方面，为职工打造一站式健康服务。各基层单位工会按照集团工会统一部署，认真落实专题宣讲和职工问题答疑工作，帮助职工尽快熟悉掌握操作技巧和理赔流程，切实将集团服务职工实事项目做细、做实、做好。 （袁旭芳）

【上海建工集团召开2020年度"五有"设施、示范食堂总结表彰会】 12月29日，上海建工集团召开2020年度"五有"设施、示范食堂总结表彰会，对一年来的行政后勤工作进行总结和回顾。会上，集团副总裁、总经济师薛永申肯定了2020年行政后勤工作成绩，并指出要切实增强后勤保障工作的责任感和使命感，保障职工群众"舌尖上的安全"；进一步推进"五有"（食堂、宿舍、浴室、茶水间、厕所）设施建设，完善职工群众保障体系；做好疫情常态化防控工作；做好节前重点工作以及近期寒潮大风天气的防寒保暖工作。集团工会主席殷红霞主持会议并要求集团各级工会组织要深入践行以人民为中心的发展理念，进一步围绕企业改革发展大局，不断提高服务职工水平，提升广大职工的获得感和幸福感，不断满足职工对美好生活的向往。会上，薛永申和殷红霞为《上海建工生活后勤"五有"设施规范手册》首发揭幕；二建集团、四建集团、五建集团以及临港新片区指挥部作了交流发言。会议表彰了12家"五有"设施暨"冷暖"工程（冷空调、热水浴）推进工作先进单位和76家优秀示范食堂先进集体。集团相关部门负责人，各单位、事业部工会主席、行政后勤分管领导，各区域总部行政后勤分管领导及条线相关人员等近180人参加。 （余轶群）

【鲁中矿业工会打造服务职工"十送"品牌】 鲁中矿业工会围绕职工需求，推出服务职工的十件实事项目，倾力打造服务职工的"十送"品牌。围绕困难职工需求，开展春节送温暖和大病、困难职工送关怀和困难职工子女入学送希望；围绕特殊节点，为一线作业职工开展送清凉，为新婚夫妇送祝福，为退休职工送纪念；围绕关心关爱劳模，开展送休养；围绕丰富职工业余生活，提升职工身体素质，依托各类体育比赛和文体协会为职工送健康。以及为全体会员购买专享基本保障的送保障和生日送蛋糕。"十送"品牌的建立，进一步丰富了鲁中矿业工会服务职工的形式，完善了服务职工的内容，得到职工的广泛认可和高度评价。 （刘炜权）

【中建八局工会制定149项服务职工实事项目】 7月1日，中建八局工会发布《关于印发〈中建八局2020年服务职工实事项目清单〉的通知》。局属各单位工会以竭诚服务职工为导向，针对职工需求，结合企业和所在地区实际情况，共制订149项服务职工实事项目清单和方案。其中，局工会制订了推广实施工会会员医疗保障、劳模先进职工疗休养活动、职工技能提升激励、"缘定八局·筑爱一生"职工集体婚礼活动、"情系八局·筑梦未来"远征职工家属子女关爱活动、

新建50家"职工书屋"并选树10家示范性"职工书屋"等7项服务职工实事项目。（陈　湘）

【**中建八局举办上海地区单身青年职工线上交友活动**】 5月20日，"相约八局·缘来有你"——中建八局上海地区青年职工线上交友活动在沪举办。驻沪单位近百名单身青年职工报名，30名单身男女青年嘉宾参加线上互动交流活动，中建八局党委副书记、工会主席于金伟，工会副主席王晓波在视频主会场观看活动。活动受到全局职工高度关注，520当天活动设置57个视频分会场。活动从预热阶段开始，共吸引3000多人次浏览关注。受新冠肺炎疫情影响，本次活动创新形式，以线上交流互动的形式开展，让广大单身青年相会"云鹊桥"，共叙情缘。最终，3对单身男女通过活动成功在线上牵手。（陈　湘）

【**中建八局举办上海地区职工集体婚礼**】 10月30日，中建八局上海地区职工集体婚礼在徐汇滨江西岸美术馆北广场举行。来自中建八局的28对新人，在领导、亲友、同事的祝福和见证下，步入婚姻殿堂，许下一生承诺。市总工会副主席桂晓燕，市民政局婚姻管理处处长沈家观，市建设交通工会副主任张静，中建八局党委副书记、工会主席于金伟以及驻沪单位工会主席、职工代表和亲朋好友、新闻媒体等200余人应邀出席。举办本次集体婚礼是局工会推出的服务职工实事项目之一，充分体现了八局各级领导对广大职工的关心和关爱。（陈　湘）

【**市教育工会多渠道为教职工办实事**】 一是推动多层次保障。不断推进教育系统补充医保工作，系统全年参保总人数达10.4万人，推出480元的市职工互助B类计划得到基层工会的积极响应，参保率达到83%。2020年全年投入374.5万元，为8.32万名教育系统会员注册了工会会员卡。全年慰问劳模、先进教师以及困难教师，帮扶重大病、新发大病会员，定向帮困和慰问教职工1266人，金额总计264.8万元。二是提升法律援助与心理咨询工作水平。将法律援助和心理咨询工作结合起来，开展法律义务咨询、心理网上讲座、心理云咨询系列活动。新增华东师范大学、崇明区等6个线下教师心理健康发展服务点。充分发挥教师心理健康发展中心"教师心理健康守门人"作用，疫情期间热线接听全国教师心理诉求，给予教师陪伴和倾听，及时引导、疏解不良情绪；开展线上讲座活动55次，近万人聆听，提升教师心理健康防护意识。三是教育系统非编入会工作成效明显。持续关注非在编教职工群体的特殊利益，继续实施对基层工会上缴的非编人员40%工会经费全额返还，非编职工100%入会奖励并下拨配套经费，共计下拨经费约1281.82万元，确保非编人员切实享受到工会会员的待遇和政策。四是市教育工会全年共下拨经费360.85万元，资助10家基层单位教工之家建设，其中公办5家，民办5家。（高　芳）

【**市教师法律援助中心开展法律援助加心理咨询服务**】 9月16日，在市教育工会指导下，市教师法律援助中心会同市教师心理发展中心分别在华东政法大学、华东师范大学、同济大学和华东理工大学开展教育系统义务法律咨询与心理支持活动。同时，全年开展线上、电话咨询服务，举办心理网上讲座，共受理各类法律案件200余件，各类心理健康活动受益教师1000余人。针对法律咨询活动中，遇到教师在咨询法律问题同时，对自身的情绪状态、自我成长、夫妻关系、子女教育等问题同样需要寻求帮助的情形，市教育工会首次委托上海市教师心理健康发展中心组织专家，现场同步为教师提供心理支持服务。前来参加咨询的教职工对法律专家的答疑解惑给予高度评价，对将法律咨询与心理咨询相结合的服务表示赞赏。（高　芳）

【**市科技工会服务职工办实事**】 落实市总工会会员专享基本保障等服务职工实事工程。全年累计为26910名职工参保工会会员卡专项保障支付费用；为18名困难职工发放2020年住院补助，向46名职工发放特种重病补助。持续推进常态化送温暖工作。科技工会主要领导在春节前夕走访慰问硅酸盐所院士劳模董绍明和21所困难职工林海青，8月对上海煤科所属天地上海采掘装备科技有限公司铆焊车间的一线工人开展高温慰问活动。（李　皓）

【**上海首批医务人员滴滴保障车上线**】 为切实做好一线医护人员保障工作，加大对职工关心关爱，市医务工会携手滴滴出行科技有限公司推出医护人员下班出行保障服务。1月28日，市医务工会与滴滴出行科技有限公司举行了医务人员保障车发车启动仪式。本次保障区域试点浦东、静安、徐汇，覆盖保障范围内有发热门诊的指定医院医护人员和市、区疾控中心、急救中心工作人员。保障工作为线下固定车辆分区域定点派单模式，以浦

中建八局举办上海地区职工集体婚礼（陈　湘）

东新区、静安区、徐汇区3个行政区域指定医院先行试点，分别设立一个“蓄车池”。每个池中配备30—50台营运车辆，并配备安全防护的专业驾驶员。其中浦东新区建立2个微信群，静安区、徐汇区各1个微信群，相关医护人员扫码进群。场站设有调度员和站长，工作人员接到订单需求后，调度车辆出场到达指定的保障医院门口，确定医护人员身份（工作证、手机尾号）后，用车人员告知保障司机目的地开始行程。到达目的地即刻返回“蓄车池”，并进行消毒准备下一次接送任务。车辆实行全天24小时待命。此外，所有驾驶员均配备N95口罩、防护手套，每日多次测量体温并做好相关记录。从3月7日零点起，“滴滴出行”APP推出“医护出行”免费叫车服务。本次医务人员下班出行保障服务累计服务上海医护人员10万余人次，为奋战在一线的医护人员送上最暖心的关怀，得到广大医护人员的点赞与好评。（柯 婷）

【市医务工会联手太保推出“医护保”护佑医务职工】 为切实做好一线医护人员保障工作，加大对职工关心关爱力度，1月23日，市医务工会携手中国太平洋财产保险股份有限公司上海分公司向全市医护人员赠送针对新型冠状病毒肺炎疫情防控推出的“医护保”保障服务项目。本项目针对本市卫生健康系统医疗卫生单位医务职工，若确诊感染新型冠状病毒肺炎的，可获一次性给付补偿金；本市医务人员支援外省市新型冠状病毒肺炎病区期间发生意外事故时，同样可获赔偿。此外，在医务人员确诊感染新型冠状病毒肺炎后，其家庭成员也确诊受其感染的，也一次性给付补偿金。本保险服务自起保之日起，保险期限一年。本保险服务起保之日起往前追溯30天，追溯期中确诊患病的可给予补偿，无等待期。此外，市医务工会积极对接爱心企业，先后与11家保险公司签订“医护保”专项保障协议，对医务人员的保险保障最高金额超600万/人，援鄂医疗队队员超780万/人。

（柯 婷）

【市医务工会组织开展“健康促进行动”】 2020年，市医务工会在医务职工中组织开展“关爱职工健康，共享美好生活”健康促进行动工作，推进《上海市医务职工健康促进工作实施方案》的落实，通过开办一批训练营、赠送一批精品课程、举办一期线上健步走、创建一批健康食堂、创建一批健身角、培训一批健康教练的“六个一”活动，满足广大医务职工的健康需求，对医务职工中不健康生活方式实施有效干预，为医务职工参加运动提供便利。年内，市医务工会共举办11期健康训练营，400余名医务职工参加；为基层赠送97节精品课，近2000名医务职工参加；举办线上健步走活动，14000余名医务职工参加；举办3期健康教练培训，培育160名健康教练。系统内共有24家单位成功创建健康食堂，39家单位成功创建健身角。

（柯 婷）

【市民政局工会办好职工实事项目】 年内，市民政局工会开展6项职工实事项目。一是实施普惠服务。为全局46家单位、3595名会员出资参保升级版B+专享基本保障，94人次获得住院和大病补贴。二是关爱服务劳模。“五一”劳动节期间向劳模发放慰问金；通过市总工会为低收入劳模发放补助金，为困难全国劳模和市劳模发放特殊困难帮扶金；组织局劳模参加市总工会安排的疗休养活动和健康体检。三是为市儿童福利院、第二精神卫生中心、第一精神卫生中心、第一社会福利院、第四社会福利院和市社区服务中心6名职工提出的合理化建议和先进操作法落实了市总工会的奖励政策。四是推进职工书屋建设。市第二精神卫生中心职工书屋获评全国总工会“职工书屋”。五是深入开展高温送清凉活动。制订局领导高温走访基层单位慰问方案，陪同走访慰问10家基层单位，向基层一线职工发放30万元慰问金，有力推进了基层单位夏季安全生产和防暑降温工作。六是继续做好职工住院、退休职工住院、女职工特种重病等保障工作。（张晓明）

【市新闻出版工会进一步加大对系统职工的普惠力度】 一是面对突如其来的新冠肺炎疫情，拨出28万元专款购买口罩、消毒液、湿巾等防护用品，为系统职工复工复产提供保障。二是为丰富职工精神文化生活，花费16万元向系统全体职工发放电影观摩券。三是在高温期间支付29万元购买防暑用品，慰问系统全体职工。四是为14家基层单位、2482名会员办理注册工会服务卡会员专享基本保障险B类。推进普惠工作，使系统广大职工拥有更多的获得感和安全感。

（方伟国）

【SMG工会发布2020年十大服务职工实事项目】 2020年，上海文化广播影视集团工会决定建立SMG工会服务职工实事项目机制，每年公布《SMG工会十大服务职工实事项目》，坚持“普惠、常态、精准”的工作思路和方法，服务和联系广大职工群众。十大实事项目分别是：开展“SMG职工学堂”岗位技能培训；启动职工心理关爱项目服务疫情防控需求；下拨基层工会资金、提供防疫物资；管好用好“台、集团帮困互助金”和“台（集团）工会帮扶资金”，及时为大病、特困职工提供资助；组织员工体检、女员工专项体检、健康咨询活动；落实职工互助保障计划（《市总工会职工互助保障计划》《工会会员卡专享保障计划B类》）；开展冬送温暖、夏送清凉慰问工作；组织一线员工、劳模疗休养活动；升级爱心妈咪小屋、继续办好职工亲子工作室、组织单身男女青年交友活动；举办各项体育赛事、推广工间操、开展“书香SMG”、摄影书画、艺术社团等文体活动。（秦伊龄）

【百联集团“户外职工爱心接力站”建设工作受表彰】 5月20日，在市总工会举行的“上海市户外职工爱心接力站工作推进会”上，百联集团工会“户外职工爱心接力站”工作被授予“优秀组织奖”。集团工会先后培育了联华股份旗下100多家标超、快客门店作为“户外职工爱心接力站”，增设的“百联贴心服务包”等特色项目被户外职工们普遍称为“贴心服务”。联华标超新闸店、田林路店及联华快客东昌店被授予“先进站点”称号，联华快客制造店店长盛莉、集团总部店店长余亚光及联华标超田林路店店长奚柏强被授予“明星站长”称号，进一步优化了百联在消费者心目中的企业形象。（姜 杰）

【中国商飞公司工会多渠道帮助职工解决住房难】 中国商用飞机有限责任公司工会成立公司住房管理委员会，制订《公司住房管理办法》，进一步规范公司住房管理体系。争取291套临港限价房房源，并完成限价房配售各项工作。为满足无购房资格职工的住房需求，争取126套临港产业园“先租后售”公租房房源、710套周浦公租房房源，多渠道保障职工住房需求。公司领导多次带队赴康桥市场租赁房项目建设现场调研，并与上海城投集团会谈协调解决有关问题，与上海城投签订深化合作框架协议，初步形成单体建筑组团位置方案。同时，配合“一谷一园”建设推进，住房办提前谋划，主动与祝桥镇党委就住房、子女教育等政策支持进行沟通协调。（阎　超）

【中商飞公司工会帮助职工解决子女入托入园入学难】 在常态化疫情防控下，为推进幼儿园早日复园，中国商用飞机有限责任公司工会对金科托育园、云锦托育园开园条件进行逐一核验。指导托育机构做好“开园第一课”，加强家园沟通，构筑疫情防控安全网，确保复园万无一失。金科、云锦两所托育园于6月初正式复园，全年共招收59名职工子女。9月10日教师节开展“金秋助学”活动。在入园入学方面，公司工会继续外围发力，新增1所合作共建幼儿园，帮助48名职工子女顺利进入共建幼儿园就读。公司合作共建幼儿园已达14家。在自建学校方面，在公司党委部署下，主动走访上海市教委、浦东新区教育局，对公司现有条件作了详细周密的调研和可行性分析。（阎　超）

【上飞院工会扎实推进职工关爱工程】 上海飞机设计研究院（以下简称上飞院）大力实施“关爱职工、暖心聚力”工程。一是以年度实事项目为重点，持续推动解决职工关注的大事难事。2020年，院工会会同相关部门，认真做好中国商飞公司党委交办的五件实事，推进和落实上飞院职工关爱年度十大实事。职工子女教育平台搭建、工装换新、职工在职教育、运动健身系列活动、职工疗休养、职工出行和过节福利改善、关爱场所建设、四号楼食堂供餐优化、篮球场改建、电动自行车充电车棚建设等十大实事项目如期完成，持续推进托育园创优工程，职工群众的获得感和幸福感有新的提升。二是以型号一线关爱为重点，加强职工关爱慰问。坚持全员慰问和重点人群关爱相结合、常规慰问和解决骨干员工困难相结合。坚持“三必访、四必贺”、五大节日、高温慰问，慰问工作实现制度化、常态化。加强型号关爱慰问，制订和实施《关于加强型号攻坚一线职工关爱慰问工作方案》，通过日常加班慰问，外场、长期出差员工慰问和型号重要节点攻关慰问等形式，为大飞机奋斗者加油鼓劲。年内，院工会开展C919跟产跟试、ARJ21全三维化、CR929机头结构发图等型号专项慰问20次，慰问人员2500余人次。为型号攻坚提供支持、保障和服务。三是开展丰富多彩的文体活动，促进强身健体和团队交流。全年组织开展“奋勇争先杯”足球赛、首届“大飞机杯”篮球赛、“康羽杯”羽毛球赛等院级体育赛事，组队参加公司级赛事并获得羽毛球赛冠军。开展“庆祝院成立50周年职工艺术展”“寻找上飞院好声音”等文艺活动，选送一批优秀节目外出表演，并获得多项奖励。持续支持各分工会、协会组织开展形式多样、内容丰富的文体活动，鼓励原创文艺作品，较好地满足职工多样化个性化文体活动需求。（曾菊敏）

【世纪出版集团工会组织开展先进职工疗休养】 6—9月间，世纪出版集团工会针对新冠疫情的不确定性，严格按照市总工会关于疫情防控的工作要求，先后分5批次，组织各直属单位先进职工250人，前往浙江屏风山、安徽黄山休养，推进落实先进职工待遇，体现集团对先进职工关心关爱。2020年先进职工疗休养向重点项目、重点工程的优秀职工倾斜，先后安排集团获得“五一劳动奖章”“上海工匠”称号的职工参加杭州屏风山休养；安排荣获上海书展“最佳服务明星”“营销明星”称号的职工，参加黄山休养活动。（江　文）

就业援助

【概要】 2020年，市总工会贯彻落实市委市政府和全总关于做好疫情防控期间稳就业工作的部署和要求，积极就企业复工复产、职工就业等情况开展调研。进一步聚焦转改制企业职工、困难职工家庭成员等重点群体，积极落实搭建一个线上智能工会就业服务平台等“八个一”工作举措。开发“会聘上海”就业服务信息化平台，开展“云招聘”、网络招聘会、“会聘上海、就业护航——劳模先进送岗位”系列活动等就业服务活动，全市各级工会共举办各类招聘会419场，提供就业服务18.65万人次。（余嘉毅）

【开展劳模先进送岗位网络直播活动】 7月24日，市总工会通过“会聘上海”“申工社”等平台，举办劳模直

朱雪芹、王曙群参加劳模直播带岗活动　（余嘉毅）

播带岗活动。市总工会副主席张得志出席活动并致辞，市总工会副主席朱雪芹、市总工会副主席王曙群受邀参加直播。直播活动共组织12名劳模先进代表、8家劳模先进单位代表、2家知名企业代表参与，历时4个半小时，观看人数近2万人次。（桂祎清）

【开展劳模先进送岗位就业招聘活动】 7月25日，市总工会在嘉定区工人文化宫举办"会聘上海、就业护航——劳模先进送岗位"活动。市人大常委会副主任、市总工会主席莫负春，市总工会副主席郭箐出席活动。活动以线下线上相结合的方式开展，在线下现场招聘会开展的同时通过"嘉定工会"微信公众号进行招聘直播。共有来自制造业、服务业、零售业等85家企业进场，提供岗位324个，招聘职工895人。全国劳模唐祝平、上海市劳模张晋盼、全国工会系统先进工作者陈祥林、市五一劳动奖章获得者严海燕与观众分享职业生涯经历和就业感悟，并带来了安亭镇、马陆镇、嘉定工业区、南翔镇区域内的企业岗位。据会后统计，企业共收取简历378份，意向录用48人（次）。

（桂祎清　黄点点）

【开展人才招聘暨高校毕业生面洽会活动】 7月25日，市总工会联合市人社局等相关部门，线上线下同步开展2020年上海市夏季人才招聘会暨高校毕业生面洽会。市总工会党组书记、副主席黄红出席活动并致辞，市总工会副主席张得志出席活动。活动共组织了750家单位、推出1.6万个岗位，收取简历4583份，达成初步意向2257人（次）。活动设置劳模先进企业专区，共有51家劳模先进企业参加，推出700余岗位；收取简历274份，意向录用64人（次）。（盛毓毓）

【开展高校毕业生秋季校园招聘会活动】 10月28日，市总工会联合市教委等相关部门，线上线下同步开展上海市2021届高校毕业生秋季校园招聘会暨"会聘上海"校园行活动。市总工会副主席张得志出席活动并致辞。活动共组织719家企业、招聘需求1.6万余人，收取简历2.34万份，初步达成意向5980人（次）。

（盛毓毓）

【开展住宿餐饮企业生产经营等情况调研】 5月，市总工会职工援助服务中心就本市住宿餐饮企业生产经营及职工就业情况开展调研。本次调研共走访32家住宿餐饮企业，其中酒店（含餐饮业务）22家，纯餐饮企业10家；国有企业10家，民营企业16家，外资企业6家，最终，形成《当前住宿餐饮企业生产经营及职工就业稳定情况调研》。（赵田野）

【开展"关于本市疫情防控期间企业复工复产和职工就业状况"的调研】 2月，市总工会就新冠肺炎疫情期间上海企业复工复产有关情况开展调研。本次调研通过网络问卷和电话访谈的方式，对2214家企业进行调查分析，其中民营企业1170家，占比52.85%；99人以下小微企业1404家，占比63.41%。最终，形成《关于本市疫情防控期间企业复工复产和职工就业状况的分析报告》。（赵田野）

上海市夏季人才招聘会暨高校毕业生面洽会（余嘉毅）

【长宁区总工会开展2020年就业援助月系列主题活动】 1月15日，长宁区总工会联合区人社局、区残联，在区工人文化宫开展"春风送真情，就业暖人心"——长宁区2020年春风行动暨就业援助月主题日活动。38家单位共提供800余个就业岗位，吸引300余人到场参加，当场达成进一步就业意向近95人。主题活动重点关注下岗失业人员、困难职工家庭、农民工和残疾人士三类群体，推出岗位安排、技能培训、就业见习、创业指导等帮扶措施，并对难以就业人员予以托底安置。（沃晓冬）

【宝山区总工会大力推进就业援助服务】 2020年，宝山区总工会大力推进就业援助服务，抓住重要时间节点，有针对性地举办各类招聘会。7月27日，由宝山区总工会、区人力资源和社会保障局主办的2020年"宜业宝山"·宝山工会"职"通车——护航就业行动应届高校毕业生公益招聘会（劳模先进专场）在宝山区就业促进中心服务大厅举办，并召开就业工作座谈会。此次招聘会特邀区内19家劳模先进企业参加，提供就业岗位514个，现场达成求职意向82人，其中，应届生入场300余人，意向录用46人。10月22日，"护航就业行动"的专场招聘会举行，本次招聘会共有招聘单位20家，提供546个岗位，取得很好的效果。11月27日至12月11日，为更好地扶持退役士兵充分就业，不断拓宽退役士兵就业渠道，区总工会联合区退役军人事务局、区人力资源和社会保障局召开2020年宝山区退役士兵线上专场招聘会。（朱　艳）

【闵行区举办"悦动闵行·乐享工惠"送岗位就业直播活动】 6月13日，闵行区总工会携手辖区内2家国家级园区和4家世界500强企业，通过线上直播的形式将岗位推送到应届毕业生面前，助力应届毕业生和企业精准对接。直播以“助力就业、关爱同行”为主题，邀请来自闵行经济技术开发区和紫竹高新技术开发区的工会主席“在线送岗位”，随后，百事可乐、不凡帝范梅勒糖果、微创软件、东富龙科技等知名企业的工会主席和人事经理等也在现场介绍岗位。本次直播活动挑选的园区及企业都是区内工会工作有特色有亮点的，涉及劳动关系和谐企业的示范单位、模范职工之家等，涉及26家企业、99个岗位，共计招聘336人，其中东富龙科技股份有限公司更是为毕业生提供100多个就业信息。在直播送岗位的同时，区总工会也及时根据求职者的留言等提供在线解答，后续根据求职者对岗位的不同需求，提供相关的技能培训，帮助职工提升技能等级，将互动从线上延伸至线下，助力更多的职工找到心仪的工作。

（王　凯）

【闵行区总工会“三位一体”助力就业】 闵行区总工会着力发挥工会组织优势，聚焦服务重点职工群体，积极配合政府部门推进促进就业工作。一是统筹推进就业服务联动协调。加强与区人社局、区民政局等政府部门和市场化人力资源服务机构工作对接和联动，共享区域内用工需求和职工求职信息，共同举办10场“助力就业、关爱同行”职工就业援助服务招聘会。依托“闵工学堂”等技能培训平台和“工会见习基地”开展职业技能培训和职场实践，帮助职工提升就业技能和职场经验。二是搭建“云招聘”平台保障就业。依托“会聘闵行”小程序发布区内招聘岗位信息，全区各级工会举办网上招聘活动14场，涉及420家企业、1680个岗位、招聘6720名职工。依托大数据进行精准匹配，提高就业服务工作质量，实现企业、职工双赢。三是聚焦重点群体提供差异化服务。闵行区总工会聚焦困难职工及家庭和“关停并转迁”企业职工就业需求，对建档内的100名困难职工提供“点对点”三次以上的合适面试机会，帮助困难职工积极就业。疫情期间，区工会为区内受疫情影响的餐饮、酒店和娱乐等行业企业以及“商超、快递”等平台服务企业，搭建“共享员工”跨行业企业就业服务平台，及时妥善处理好富余劳动力企业、用工企业及调剂职工的劳动关系矛盾，保护职工和企业的合法权益。

（王　凯）

困难帮扶

【概要】 2020年，市总工会进一步建立健全工会帮扶工作的精准化、常态化、长效化工作机制，全面提升帮扶工作管理水平和帮扶成效，工会帮扶工作取得新进展。一是开展城市困难职工解困脱困工作成效第三方评估，全面总结各级工会在解困脱困工作中的制度、机制、措施制订落实情况，困难职工生活变化情况，同时查找解困脱困工作中政策、资源、机制等方面的薄弱环节，提出解决城市贫困问题长效机制政策建议；二是根据全总下发的《中央财政专项帮扶资金使用管理办法》（总工办发[2020]13号）要求，结合困难职工群体生活新情况、新问题，积极研究精准帮扶的新路径，制订发布《上海工会困难职工帮扶工作实施办法》《上海工会送温暖工作实施办法》；三是将“工会困难职工帮扶”纳入市政府“一网通办”公共服务事项，积极对接市大数据中心，依托数据共享和网络核验，减少工会困难职工帮扶申报需要提交的证照材料；四是积极落实疫情常态化情况下困难职工的关心关爱，市总工会主席室兵分十路，慰问受疫情影响的困难职工，并下拨送温暖资金143.4万元。加强调研走访，撰写《受疫情影响本市深度困难职工工作生活情况的调研分析》《进一步完善困难职工关爱关怀机制调研报告》《疫情期间进一步完善本市街镇“小三级”工会对困难职工关爱关怀工作的指引》，并据此向相关部门提出政策建议。将新冠肺炎纳入《上海工会帮扶救助可申请大病补助项目的大病种类》重病范围，同时纳入工会互助保障重大疾病范畴，且不增加参保费用，通过“先给付、后审核”，共为44名患新冠肺炎的职工发放保障金103万。向深度困难职工、困难职工发放帮扶金近705万元，为其提供生活救助、子女助学、医疗救助等帮扶项目，另外还发放疫情专项补贴近860万元，帮助其缓解疫情期间生活压力。设立疫情防控专项资金，用于慰问帮扶防疫一线职工、帮助职工返岗等，各级工会累计投入5.7亿多元。

（陈　睿）

【市总工会加强源头参与反映疫情期间职工收入分配问题】 2020年，在本市因疫情而暂停调整最低工资标准和企业工资指导线情况下，市总工会加强调查研究，及时向政府有关方面反映收入分配及职工民生领域存在的问题。在春节过后疫情最严重时期，针对职工反映上海副食品市场豆制品供应短缺现象，在市企联的帮助下，通过市豆制品行业协会了解情况，及时用工会简报形式，向市有关部门反映情况，为稳定和丰富上海职工家庭菜篮子作出努力。针对疫情防控期间有医护人员反映受到疫情影响收入有所下滑的情况，组织开展医务人员收入状况专题调研，通过《信息快报》将调查情况及时向市委反映。开展技能职工收入分配状况调查，分析本市技能劳动者队伍和收入现状。依托“上海工会职工收入分配状况调查网”，参与全总关于最低工资标准调整对企业和一线员工的影响的专题调研，分析最低工资标准调整对低收入职工收入增长和家庭生活的影响，反映职工诉求，为源头参与2021年本市最低工资标准调整积极作准备。（胡　敏）

【开展元旦春节送温暖活动】 两节期间，上海工会深入开展送温暖活动。一是做好困难劳模、困难职工走访慰问工作。各级工会深入困难劳模、下岗失业、因病致贫、工伤与职业病致残、因公牺牲、遭受各类灾害或突发意外等生活困难的职工家庭，开展集中走访慰问，并做好困难职工帮扶金、劳模春节慰问金、劳模低收入生活困难补助金和特殊困难帮扶金发放工作，市总工会直接安排送温暖资金7397.16万元，帮扶慰问困难劳模、困难职工6.31万人。二是开展助力2000名困难职工实现“微心愿”行动。市总工会在官方微信“申工社”上线“微心愿”小程序，引起社会爱心人士的广泛关注。三是关心关爱农民工群体。市总工会会同政府相关部门，对本市保障农民工工资支付工作开展专项检查；邀请节日期间坚守岗位的外来从业人员代表，到市总机关大楼参加“欢迎回‘娘家’欢喜过大年”包饺子活动；开展通讯费补贴、“平安返沪”火车票补贴、健康医疗补贴等活动。四是开展“爱心一日捐”活动。两节期间，全市各级工会共筹措送温暖资金2.35亿元，慰问困难职工（含农民工）、困难劳模45.95万户。

（陈　睿）

【开展助力2000名困难职工实现“微心愿”实事项目】 为进一步丰富上海工会帮扶送温暖工作的内涵，创新工作载体，扩大帮扶覆盖面，满足困难职工对美好生活的向往，市总工会将助力2000名困难职工实现“微心愿”列为2020年实事项目。在疫情特殊的年月里，经过全市各级工会的上下共同努力，在各界社会爱心人士的大力支持下，“微心愿”品牌逐渐深入人心，充分展现为困难职工解难事、做好事、办实事的服务宗旨，更以小体量收获大效应，切实提升全市困难职工对工会帮扶的满意度。2020年共计实现困难职工“微心愿”2293个。

（蔡　瑾）

【开展城市困难职工解困脱困工作成效第三方评估】 市总工会引入第三方评估机构，对城市困难职工解困脱困工作成效开展评估。全面总结各级工会在城市困难职工解困脱困工作中的制度、机制、措施制订落实情况，困难职工生活变化情况，同时查找城市困难职工解困脱困工作中政策、资源、机制等方面的薄弱环节，提出解决城市贫困问题长效机制政策建议。此次评估共设立17个评估单元，覆盖16个区和17个局（产业）工会，通过现场入户、电话视频远程入户、座谈访谈等方式抽样1742户困难职工家庭。

（陈　睿）

【浦东新区举办微心愿活动为困难职工圆梦】 10月22日，由浦东新区总工会、市慈善基金会浦东代表机构主办，浦东新区浦南文化馆承办，上海国际旅游度假区委员会协办的“点亮微心愿·筑梦新时代”第六届困难职工微心愿圆梦仪式在上海国际旅游度假区梦家园党群服务中心梦享礼堂举行。此次微心愿活动于5月谋划，浦东新区总工会在全区范围内通过自愿申报、实地调查、走访慰问等方式，征集1000个微心愿，经专家评审后为982名困难职工圆梦。同时携手慈善机构，通过云南省大理州总工会，为大理州104名困难职工圆梦，让大理州困难职工及其家庭感受到上海工会组织的温暖和关怀。

（陈　维）

【杨浦区劳模讲师团为困难职工子女提供升学辅导】 5月15日，第十六届杨浦区劳模讲师团升学辅导班在沪东工人文化宫开班。杨浦区劳模讲师团升学辅导班由区总工会、区教育工会主办，东宫进修学校承办。授课团队继续由全国五一劳动奖章获得者、上海市先进工作者、控江中学数学特级教师许敏，上海市五一劳动奖章获得者、铁岭中学校长张贤臣等劳模先进领衔，团队成员都是区里的名教师、学科带头人和骨干教师，其中包括3名特级教师、5名校长（副校长）。本届辅导班严格落实教育系统关于疫情防控下的复学复课要求，区总工会为辅导班师生免费提供口罩和防疫物资，安排工作人员做好人员出入、体温测量等工作，并督促学生做好课前消毒，确保教学环境安全有序。杨浦区劳模讲师团已连续16年为困难家庭优秀子女开展免费升学辅导，将优质教育资源送到困难家庭和学生身边，累计受惠学生达3400余人次。参加辅导班的学生高考升学率超过99%，本科录取率超过90%；中考的市、区重点中学录取率超过80%。

（张东寅）

第十六届杨浦区劳模讲师团升学辅导班开班　（张东寅）

【杨浦区劳模先进教师为援鄂医疗队员子女结对辅导】 2月，为了减轻奋战在疫区第一线援鄂队员的后顾之忧，杨浦区总工会牵头区医务工会和教育工会，组织学校和劳模先进教师对杨浦区援鄂医疗队员子女进行结对助学。区医务工会针对援鄂队员子女课程辅导需求展开全覆盖调研，区教育工会根据需求积极发动，区域各校强力响应，劳模先进、特级教师热情报名，迅速组成了由杨浦区劳模讲师团成员为主的志愿辅导团队。区语文学科名教师、铁岭中学校长张贤臣，杨浦高级中学语文特级教师王伟，区英语学科带头人、复旦二附中教师吕步云，区教师进修学院英语教研员奚莉芳，区骨干教师、复旦实验中学数学教师赵芸和上理工附属初级中学、控江附属民办学校共10位教师、1家民非培训机构参与结对助学。结对老师们在较短时间内，分别与援鄂医疗队队员子女建立联系，详细了解学生情况和学业需求，制订个性化辅导计划，通过在线方式为孩子们提供“一对一”学业辅导，受到援鄂医疗队员家庭热烈欢迎。尤其是由特级教师为高三子女提供一对一作文辅导，为处于特殊时期、面临重大考验的家庭和孩子提供有力的支持和帮助。

（张东寅）

【杨浦区总工会点亮困难职工“六一”

微心愿】 在"六一"国际儿童节到来之际,杨浦区总工会、区总工会女职工委员会根据困难职工实际需求,开展点亮"六一"微心愿等关心关爱系列活动,下发"六一"慰问资金及物品达10万余元,竭诚服务困难职工及其子女。通过工会"点亮微心愿"形式,为200名因新冠肺炎疫情造成生活困难的职工子女、抗疫一线职工子女、困难职工特别是单亲困难职工子女送上爱心书包、迪士尼夏凉被,还为职场就业困难的妈妈送上护手霜;同时,发动相关工会组织对14周岁及以下患大病子女开展走访慰问。 (张东寅)

【静安区总工会召开"金秋助学"推进会】 8月28日,静安区总工会召开2020年静安工会"金秋助学"推进会暨助学理事会第十四次会议,区总工会党组书记、副主席郑志勇出席会议,各金秋助学理事单位成员、优秀受助学生代表等近50人参加会议。会上,各理事单位审议2019学年"金秋助学"有关事项,区总工会为优秀受助学生代表颁发"2020年静安工会助(奖)学金"。据统计,2020学年区总工会计划助(奖)学87人,发放助(奖)学金31.975万元。 (夏晨荷)

【青浦香花桥街道三项服务保障职工权益】 一是帮困服务,保障职工特殊权益。对帮扶对象精准建档,依档帮扶。坚持排摸、梳理、入户走访,对符合上报条件的困难职工进行市、区级帮困申报。针对困难职工子女开展"金秋助学"申报工作。将"点亮微心愿、工会来帮你"作为工会常态化送温暖活动,为辖区建会企业困难职工圆梦微心愿。二是会员卡服务,保障职工基本权益。通过向辖区企业下发上海市工会会员卡办卡通知、微信推送、宣传资料等方式加强宣传,提升企业职工办卡覆盖率。"四位一体"维权服务,保障职工合法权益。三是开展三年行动计划(2018—2020年),提供"应援尽援""零门槛"工会维权服务。拍摄制作日立电梯职代会专题片、成立周振波劳动争议调解工作室、注重日常联动排摸、劳动争议纠纷调解、各种形式法律宣传等措施,提升职工依法维权意识,保障职工合法权益。 (朱建强)

【奉贤区总工会完善多层次职工帮扶救助工作机制】 奉贤区总工会不断完善帮扶救助机制,形成多方参与、层次清晰、各有侧重的困难职工帮扶和送温暖工作体系。全年共受理住院投保23.87万人次,理赔13.77万人次。投入106.25万元对21250名一线职工开展高温慰问,各镇、街道、开发区等单位共计配套690.5万元资金对18.9万余名职工进行高温慰问。通过圆梦行动、农民工帮扶、重大传统节日帮困慰问、金秋助学、困难劳模、困难职工慰问帮扶等发放市区两级帮扶资金共计476万元,惠及4982人次。动员全区各级工会组织购买对口扶贫帮困"爱心大礼包",共计价值652.16万元。 (薛思涵)

【市化学工会保障职工权益,落实精准帮扶】 一是持续推进"三个一"工程建设(一顿饭、一把澡、一方便),投入专项资金共317万元,进行生活设施和工作环境的改善,惠及集团基层企业14家近2万元职工,包括集团市外企业员工。二是权益保障工作落实落细惠及员工。与集团办公室协同和中石化对接,为近860人办理中石化集团油卡,与上汽集团销售公司对接,为员工提供购车便利和优惠平台。运用帮困基金对下属企业职工提供定向帮困、医疗帮困、助学帮困、重病帮困、节日帮困、行业帮困和临时帮困,对市内外企业共计帮困862人次,帮困金额近199万元,对华谊集团下属8家子公司24家市外企业下拨帮困款38万元。积极落实《上海市深化消费扶贫行动助力决战决胜脱贫攻坚的实施方案》,采购对口援助地区土特产262万元,惠及集团员工8700余人。 (张雪莲)

【市总工会领导慰问东方国际集团受疫情影响困难职工】 8月20日,市总工会副主席桂晓燕一行,走访慰问东方国际集团下属龙头家纺公司困难职工。此次走访慰问重点向一线员工中因受疫情影响较大的职工家庭倾斜。集团工会主席黄勤表示,集团工会在努力助力企业复工复产的同时,要切实解决这次疫情期间部分困难职工面临的突发性、紧迫性、临时性生活困难。集团工会要因时制宜,因人施策,因户施策,进一步向困难职工传递党和国家以及工会组织的关心和关爱,当好职工的知心人、娘家人和贴心人。 (陆益)

【中国宝武开展帮困送温暖活动】 2020年,中国宝武加大集团内部精准帮扶困难职工的工作力度,沪内一级梯队(全国系深度困难职工)和二级梯队(省级系困难职工)清零。通过开展"元旦春节、中秋国庆、金秋助学、大病救助"等帮困送温暖活动,对困难职工进行精准帮扶,各级工会开展帮困慰问102077人次,帮困金额6653.32万元,其中,日常帮困92953人次,帮困金额4312.14万元;助学帮困1562人次,帮困金额321.21万元;医疗帮困7562人次,帮困金额2019.97万元。 (刘向捷)

【高桥石化公司工会做实精准帮扶救助工作】 高桥石化公司工会加大困难职工帮扶力度,努力构建以精准帮扶为重点的工会服务职工体系。一是做好困难职工日常帮扶工作。2020年,共对公司范围内248人次困难职工开展节日期间集中帮困补助及慰问,金额94.95万元;对53人次困难职工子女落实金秋助学,助学金额12.96万元;对84人次困难职工落实日常及时帮扶,金额20.1万元;慰问献血职工161人,金额56.35万元。另外,各级工会在疫情期间共排查出困难职工6人,落实好具体帮困兜底措施,帮扶救助总金额3.7万元。二是规范帮扶救助资金给付运作。对公司职工参保住院医疗互助基金信息进行重新核查,共为新进职工及漏保人员新办理参保手续231人。全年共有21人次患特种重病的职工得到给付保障金26.2万元;有180名住院生病职工享受到了工会住院医疗互助保障30.3万元。三是做好职工会员服务卡给付参保工作。全年共为173名职工新办理工会会员服务卡并即时参保工会会员专享基本B+类保障。有140名患大病及因病死亡或生病住院的职工得到市总工会会员专享基本保障给付29.86万元。四是完善职工帮扶救助信息库建设。建立帮扶救助信息的动态管理机制和过程管控。目前,共建立困难职工档案表及信息库

223人。五是继续开展爱心一日捐活动，共有4367名职工自愿参加，捐款率100%，所得款项25.4万元全部归入公司帮扶救助基金。（吴　斌）

【上汽集团工会实施“助梦计划”助学困难职工子女】 2020年，上汽集团工会“助梦计划”共帮扶沪内外困难员工567人，助学子女615人，共计金额约256.54万元。其中，对于接受特殊教育的孩子，资助金额提升至每年最高1万元。该计划自2015年起实施，对困难职工子女在托儿所、幼儿园、高中阶段、高校及研究生阶段的学费开展资助。实施6年间，共帮助困难子女2430人次，拨付助学款1122.54万元。（范　融）

【上海邮政工会开展困难职工帮扶救助工作】 元旦、春节期间，上海邮政工会组织各基层工会开展“双节送温暖”和“爱心捐款”活动，组织各级工会对先进劳模、困难员工共计988人进行慰问，发放慰问金213.96万元。“五一”“十一”期间，对68名困难员工进行临时补助，发放帮困金8.65万元；每月对特别困难员工进行定期帮扶，全年帮扶98人次，发放帮困金9.8万元；开展“金秋助学”活动，向20名困难员工发放助学金8.5万元。（陶　晔）

【中建八局领导走访慰问项目一线职工】 1月14日，中建八局党委副书记、工会主席于金伟，工会副主席王晓波，东孚公司总经理、党委副书记左臣华等领导，赴东孚公司重固镇新型城镇化项目，走访慰问辛勤奋战在项目一线的全体建设者。东孚公司、总承包公司、上海公司、装饰公司、青岛公司等7家参建单位的100余名职工代表及工友代表参加活动。本次走访慰问活动，按照中建集团的统一部署和集团领导联系基层的要求开展，工会为广大一线建设者和工友购买贴心棉被，做到参建各方、管理人员、劳务工友的全覆盖，真正把集团的温暖送到一线员工的心坎上。（陈　湘）

【光明食品集团举行“三失”困难人员（家庭）关爱项目启动仪式】 10月25日，光明食品集团在农工商超市集团举行“因为光明、所以温暖”集团“三失”（失智、失能、失独）困难人员（家庭）关爱项目启动仪式。集团党委书记、董事长是明芳，党委副书记、总裁刘平等党政班子领导，集团离退休老干部、老同志，集团所属子公司党政班子成员、监事会主席、专职董监事，退管工作、社区工作负责人，部分三级企业党政主要负责人近300余人出席活动。现场共募集爱心捐赠款项127422.64元。为关爱好“三失”困难退休员工，集团启动退休员工托底性关爱项目，探索建立“三失”困难人员（家庭）关爱基金，从“医疗托底”“护理托底”“失独关爱”“特殊帮扶”等方面入手，让“三失”困难人员（家庭）看得起病、请得起护工，与他们携手同心顶住生活压力，共享光明事业的发展成果。（周碧青）

光明食品集团举行“三失”困难人员（家庭）关爱项目启动仪式（周碧青）

【光明集团工会构建多层次送温暖帮扶工作体系】 光明集团工会建立健全集团深度困难职工脱困、困难职工帮扶、常态化送温暖工作3个层次，形成各有侧重的精准化梯度帮扶格局。一是走访慰问基层一线职工。深入困难劳模、因病致贫、工伤与职业病致残、遭受各类灾害或突发意外等生活困难的职工家庭，了解其生活状况和实际需求，帮助解决生活困难问题。二是精准施策，梯度帮扶。对因患大病重病、突发事件、残疾等造成生活困难的职工家庭，按照“应帮尽帮、分类覆盖”的工作原则，做好常态化帮扶工作。三是互助互济，扩大覆盖。推进工会会员专享保障计划和上海职工互助保障项目，体现工会互助互济的职能。（朱菊英）

【市民政局工会扎实开展帮困送温暖】 市民政局工会聚焦特殊困难群体，着力关心困难职工生活。争取市帮困互助基金会支持，筹措100万元帮困资助金，修订资助金使用办法。组织基层工会梳理排摸，对25家单位的266名困难职工和大病职工实施精准帮扶，发放资助金86.85万元。市总工会第三方评估工作组对市民政局开展的帮困解困工作给予充分肯定。根据局党组和市总工会的要求，全力做好元旦春节送温暖活动。各级工会在元旦春节期间，深入困难劳模、残疾职工、下岗职工和大病职工家庭，广泛开展走访慰问活动。向全局133位90岁以上退休干部职工发放每人500元春节慰问金。春节期间，工会与局领导共同走访慰问基层劳模、下岗残疾职工和困难职工家庭，送上党和政府的关怀和温暖。（张晓明）

【市绿化市容行业工会组织文艺演出慰问一线职工】 1月21日，市绿化市容行业工会携手上海城投环境（集团）工会特邀上海红色文艺轻骑兵在老港处置公司开展“情系职工——真诚服务”慰问演出，为环卫一线职工们送上一场文化盛宴。市文化和旅游局巡视员王玮，市文化和旅游局公共服务处处长、市群众艺术馆馆长萧烨璎应邀出席活动，市绿化和市容管理局工会、市绿化市容行业工会主席肖龙根，副主席张洪斌，上海城投环境（集团）有限公司工会主席、纪委书记倪永红，老港处置公司党委副书记、纪委书记、工会主席严赛花和市绿化市容行业百名劳模先进及一线职工到场全程参加活动。（耿　静）

【市绿化市容行业工会携华夏保险为职工赠送防疫保险】 市绿化市容行业工会与华夏保险上海分公司协商，华夏保险针对抗击新型冠状病毒，为本市5.8万余名环卫工人赠送“华夏守护保防疫保险”。该保险由环卫职工自行登录手机APP申领投保，保险期为3个月，保额为职工因病毒造成身故、全残的，最高获赔保险金20万元，职工因意外死亡或伤残的，最高获赔保险金5000元。2月21日，在虹口区东虹环卫公司北外滩“工人先锋号”综合保洁队赠送现场，华夏保险还向环卫职工代表赠送了1000只防护口罩和1000瓶洗手液。（耿　静）

【新华保险为环卫工人赠送意外险】 12月16日，“城市因你而美·新华伴你而行——新华保险关爱全国环卫工人大型公益行动”2020年度上海站捐赠仪式在新华保险上海分公司举行。新华人寿保险公益基金会向本市53220名环卫工人捐赠人身意外伤害保险，合计捐赠保额53.22亿元。自2018年9月起，上海分公司已连续两年向本市5万余名环卫工人赠送人身意外伤害保险。截至12月10日，新华保险上海分公司共收到14起在沪环卫工人意外报案，快速理赔9起，3起正在事故核查中，累计赔付73万元。活动中，双方领导还为新成立的关爱环卫工人爱心接力站揭牌。（耿　静）

【市绿化市容局工会、行业工会做好元旦春节送温暖和高温慰问一线职工工作】 2020年，市绿化市容局工会、行业工会集中开展以“心系职工情·工会在身边”为主题的元旦春节帮困送温暖活动，并根据“普惠+特惠”的服务理念，推出了7项“心系职工情”系列活动，即：走访暖人心、爱心一日捐、帮困送温暖、爱心接力站、温暖过大年、共度元宵节、协商送政策等。据不完全统计，市区两级工会元旦春节期间，共慰问一线职工、农民工、困难职工、困难劳模9984人，发放各类慰问款物达349.1万元，其中通过局工会、行业工会直接送出各类帮困资金和慰问品6.4万元，惠及行业职工237人。所有帮困资金发放情况已全部建档。针对夏季高温，行业工会及时印发《关于做好2020年防暑降温工作的通知》，要求各级工会认真做好高温期间的劳动保护工作。统筹安排和做好市有关领导、市总工会领导、局党政领导高温慰问的后勤保障工作。高温期间，认真落实安全隐患大排查大整治工作，检查督促疫情防控、安全生产和防暑降温工作，对有户外作业工作的单位强调合理安排户外工作时间，叮嘱户外作业人员做好防暑降温防护工作，尽量避开午间易中暑时间段等防范措施，并及时购置安排防暑降温慰问品，共慰问行业企事业单位30余家，慰问资金总计达10余万元，慰问职工1300余人次。（耿　静）

【中建八局举办关爱保护留守儿童志愿者宣讲活动】 7月14日，中国建筑关爱保护留守儿童志愿者宣讲活动走进中建八局二公司日照奎山体育中心项目，这是中国建筑关爱保护留守儿童“百场宣讲进工地”活动第11场，也是中建八局的首场活动。把关爱政策送进建筑工地，将关爱技能送到务工人员身边。项目管理人员代表、工友代表和留守儿童代表等80余人参加活动。活动现场播放了工友师傅与家中子女的连线视频，爸爸与孩子间你一句我一句的关心问候，道出了浓浓的思念与牵挂之情。一首《亲爱的小孩》表达了在外务工父母对留守孩子深深的牵挂与希望；农民工与子女共同演唱的《明天会更好》寄托了对未来美好生活的向往与憧憬。十九大党代表、全国优秀农民工代表谭双剑在对留守儿童的寄语中，表达了所有外出务工父母的心声和对孩子们的期盼、祝福。与会领导还共同启动了日照奎山体育中心项目“村站校家”“四位一体”产业工人服务平台，对项目“工友村”“五福工会工作站”“工地板房党校”“工友党员驿家”进行观摩指导。（陈　湘）

【市监狱管理局工会多举措关爱干警职工】 市监狱局工会始终将维护会员权益作为基本工作职责，对援鄂女性医务工作者家庭和疫情期间患重大病民警进行慰问；元旦春节，配合局党政开展帮困“送温暖”慰问工作，共计67人，慰问金13.4万元；2020年全局各基层工会慰问9963人次，共计320余万元，帮困308人次，近43万元。进一步落实局党委从优待警总体要求，全局统一按最高标准参保职工互

新华保险为环卫工人赠送意外险并开辟关爱环卫工人爱心接力站
（耿　静）

助保障项目,人均参保费用为1195元,充分发挥互助保障“第二医保”的作用。为解决干警子女暑期看护难,局工会依托上级资源,做好干警子女安心暑托班工作,共计150人次参加暑托班,每人次补贴1400元,共计21万元;鼓励会员加强学习,对取得国家职业资格等级证书的会员给予奖励,全年申报33人,给予奖励500元/人,共计1.65万元。（江海群）

【申通地铁集团工会全方位做好职工保障工作】 2020年,申通地铁集团工会积极推进改善一线职工生活设施条件和大病医疗保障等工作。一是高温慰问对象重点为各运营单位的高架站点、户外工作区域或生活设施配置条件相对薄弱区域的职工,各项目公司在建施工工地的职工。为改善职工高温期间工作环境,集团工会为现场添置了空调、电扇、电冰箱、微波炉等防暑降温设施设备,覆盖193个站点,添置设备9.9318万元并按工会固定资产管理相关办法执行。针对施工工地现场露天施工操作又是疫情情况下,购买近10万余元的防疫防暑降温用品用于集团领导高温季节到轨道交通建设施工现场慰问。二是深入推进集团职工大病医疗互助,修订《上海申通地铁集团有限公司职工大病医疗互助管理规定》。截至年底,大病医疗互助补助人员127人次,补助金额157.11万余元。三是推行和深化上海工会会员服务卡工作,开展新一年的员工工会会员卡的办理工作。年内共计完成保障费支付的人数为27604人。（徐志华）

【西山休养院开展“情系六一,帮扶助困”活动】 5月29日,西山休养院工会组织开展“情系六一、帮扶助困”活动。工会主席谢美芳携带衣物和学习用品,看望慰问3家结对帮扶家庭,为孩子们送上节日的祝福。西山休养院工会坚持在每年六一及春节期间看望慰问结对帮扶家庭,力争为孩子们提供更好的学习生活环境,带来更多的社会温暖和关爱。（蔡玉蓉）

互助保障

【概要】 2020年,上海工会互助保障工作积极发挥联系职工、服务职工的桥梁纽带作用,着力破解工作中的瓶颈难题,打通服务职工“最后一公里”。一是稳步推进,做好互助保障的参保和给付工作。2020年,各项互助保障计划参保人数均有不同程度的增长。至12月底,有效会员达1075.87万人次,向363.44万人次给付17.34亿元保障金。其中,“上海职工互助保障项目2020”有效会员达664.36万人次,“退休住院保障计划”有效会员达411.51万人。二是创新工作方式,提高服务水平。推动互助保障数据库与医保部门信息数据互联互通,实现退休住院保障金直接给付。通过“随申办”小程序、APP、支付宝小程序三端即可办理社区退休住院参保。上线“退休住院保障计划”代扣业务在线受理,让退休职工切实感受到“不见面办理”的便利。三是优化保障项目,促可持续发展。扩大《灵活就业群体工会会员专享基本保障》的保障范围,并将原来的八大行业延伸到物流快递、护工护理、家政服务、商场信息、网约送餐、房产中介、货运驾驶、物业管理、工地短工、农业临工、保洁环卫、街面雇员这12个行业。四是改进培训模式,顺利完成参保工作。针对线上参保操作要求,开通腾讯会议在线培训、落实对口联系人机制,解决线上操作瓶颈问题,方便区局(产业)工会、基层单位及时办理。五是面对疫情,扎实做好防疫期间各类互助保障工作。采取“延长续保宽限期、给付有效期各半年”的措施,有效缓解基层工会和患病职工因疫情防控无法及时办理互助保障业务的后顾之忧。及时将“新型冠状病毒肺炎”列入重大疾病保障范围。开出绿色通道采取“先给付、后审核”的方式,确保保障金及时发放。（史佳敏）

【“上海职工互助保障项目2020”集中参保工作上线】 4月,市总工会“申工通”与市职保会“在职职工互助保障项目信息管理系统”对接平台正式开通,参保单位通过“申工通”工作平台线上办理参保手续,真正做到“让数据多跑路,让群众少跑腿”。考虑到首次通过线上办理和疫情影响,为确保参保单位应保尽保,将为期一个月的集中办理时限从4月30日延长至5月11日。年内有116个区局产业工会、2.04万家基层单位,组织220.60万人、664.36万人次参保。（史佳敏）

【市职保会线上开展互助保障业务培训】 为确保疫情期间互助保障工作有条不紊开展,市职保会充分运用网络优势,把日常业务培训从线下搬到线上,做到疫情防控与业务培训两不误。4月中旬,市职保会通过“腾讯会议”先后举办10场业务培训,共有2000余名基层工会干部参加。通过网上参保流程视屏演示,社区参保业务讲解,疑难问题线上解答,做到秩序不乱、人数不少。（史佳敏）

【市职保会调整“退休住院保障计划”缴费标准】 根据“退休住院保障计划”筹资正常增长机制,经市政府同意,4月1日起调整“退休住院保障计划”缴费标准:单位团体参保的缴费标准为350元/人;未参加“在职职工住院补充医疗互助保障计划”、“综合补充医疗、意外互助保障计划”或“上海职工互助保障项目2020基本保障的住院基本保障A0”的单位,缴费标准为365元/人;社区参保对象中新退休一年内首次参保的人员、断保后一年之内再次参保的人员,及续保人员的缴费标准为365元/人。退休后1年以上、不超过2年的首次参保人员和断保后1年以上、不超过2年的再次参保人员的缴费标准为730元/人。退休后2年以上首次参保人员和断保后2年以上再次参保人员,按1095元/人收取。其中,未参保或中断参保的年份,不享受保障待遇。（史佳敏）

【市职保会推进“退休住院保障计划”全流程线上办理】 2020年,市职保会积极探索互助保障业务线上受理模式,4月1日起,凡是参加“退休住院保障计划”的退休职工发生住院治疗等情况,无需再提交申请,通过互助保障数据库与社保部门、医保部门信息数据互联互通,直接将退休住院保障金划入参保职工养老金账户。6月14日起,“退休住院保障计划”社区参保首先实现“不见面办理”,通过“随申办”小程序、APP、支付宝小程序三端即可办理参保。7月18日起，上线“退休住院保障计划”代扣业务在线受理，实现“退休住院保障计划”全流程线上办理。（史佳敏）

【市职保会命名职工互助保障工作考核优胜、达标单位】 上海职工互助保障工作在全市各级工会组织和广大工会干部的共同努力下，圆满完成全年的目标任务，在不断巩固工会互助保障覆盖面、扩大工会互助保障受惠面、提高非公企业的互助保障参保率等方面取得良好成效。根据《关于命名2019年度上海职工互助保障工作考核优胜、达标工作委员会的决定》，命名浦东新区总工会、市机电工会等69家单位为上海职工互助保障工作考核优胜工作委员会；嘉定区总工会、市经济和信息化工作系统工会等7家单位为上海职工互助保障工作考核达标工作委员会。（史佳敏）

【市职保中心优化“灵活就业群体工会会员专享基本保障”】 为积极应对新型就业模式下出现的就业形态，市职保中心调整及优化“灵活就业会员专享基本保障”，保障范围扩大至意外全残或身故、13类重大疾病和意外伤害等保障内容，参保职工可享受最高9.08万元的综合保障。扩大对新产业新群体的覆盖面，从原来的八大行业延伸到物流快递、护工护理、家政服务、商场信息、网约送餐、房产中介、货运驾驶、物业管理、工地短工、农业临工、保洁环卫、街面雇员这12个行业。截至12月底，共20.55万人参保，较去年同期相比，参保人数增幅达103.99%，905人次获得保障金123.90万元。（史佳敏）

【黄红调研互助保障工作】 12月1日，市总工会党组书记黄红赴市职保中心、市职保会调研。黄红书记视察互助保障办事大厅，现场观摩办理参保给付手续的操作流程，听取互助保障工作汇报。黄红对互助保障工作予以肯定，并就职保中心、职保会的组织建设、做强队伍、安全可持续发展，以及扩大混合所有制企业参保覆盖面等工作提出新要求。（史佳敏）

【市职保会落实“好差评”考评措施】 根据上海所有政务服务事项将全部纳入“好差评”评价范围的要求，市职保会于9月将业务系统原有的工作评价器全部更新为“好差评”静态二维码扫码评价系统，对窗口工作人员的服务质量进行全方位监督。同时，结合深入推进党员“双争”主题活动，要求广大党员干部立足岗位、创先争优，全体党员签署“双争承诺书”，佩戴党徽、亮明身份，接待办事客户，落实首问责任制，为广大职工提供更加优质、高效的互助保障服务。（史佳敏）

【市职保会做好互助保障专网整合工作】 根据市政务信息系统、政务服务移动端和业务专网“三整合”工作推进视频会议要求，市职保会在排摸自查，落实专人实地了解业务系统网络使用情况的基础上，将原有的西藏中路到北京西路的市级专线、16条区级专线和宝武集团梅山服务点专线进行整合，并于4月份全部纳入政务外网运行。（史佳敏）

【市职保会开展社区高温慰问、基层调研】 7月14—23日，结合社区高温慰问“送清凉”活动下基层，分别走访静安区、宝山区、嘉定区、奉贤区4家区市职保会服务处，以及静安区静安寺街道、嘉定区马陆镇、宝山区淞南镇、虹口区北外滩街道、黄浦区打浦桥街道、青浦区朱家角镇、闵行区莘庄镇、奉贤区奉城镇和浦东新区航头镇等9家社区事务受理中心（市职保会服务点）对奋战在一线的互助保障工作人员辛勤付出表示慰问和感谢，并为他们送上清凉解暑用品。此外，还与基层工会干部及职工代表就社区参续保、给付工作纳入“一网通办”及直接给付工作的开展情况，现场听取意见，竭力为基层工会解决实际问题。（史佳敏）

【普陀区总工会推出新冠肺炎纳入职工重大疾病保障计划】 2月14日《普陀区关于支持中小企业共抗疫情共渡难关的十二条措施》出台后，普陀区总工会开展政策研究，把“加大职工大重病保障力度，将新型冠状病毒感染的肺炎纳入职工互助保障重大疾病范畴，予以相应给付”内容列入区抗疫工作中，明确参加《上海工会职工互助保障重大疾病保障计划》《上海工会会员专享基本保障（含重大疾病）》《上海工会灵活就业会员专享基本保障（含重大疾病）》《普陀工会职工互助保障重大疾病保障计划》四类职工互助保障计划的区中小企业职工感染新冠肺炎，可根据参保种类获得1—10万元重大疾病保障金，采取“先给付、后审核”方式，确保互助保障金及时发放。（陆蕾）

【上海石化做好职工互助保障计划参保工作】 2020年，上海石化26516人次参加上海市职工保障互助会各种保障计划，总投保费用424.12万元，其中公司工会贴补金额182.70万元，

7月27日，职保会赴奉城镇社区事务受理中心高温慰问（史佳敏）

7241 人次获理赔 374.68 万元。推进工会会员服务卡工作,完成 11856 名会员工会会员服务卡注册投保,公司工会全额补贴 15.41 万元,50 人获理赔 52 万元。（徐　军）

【上海邮政工会做好互助保障工作】 2020 年,上海邮政员工参加大病医疗互助保障计划人数为 17235 人,上海邮政员工参加住院医疗互助保障计划人数为 16990 人。78 名员工获大病医疗保障计划理赔 101.4 万元,683 人次获住院医疗互助保障金 111.3 万元。上海邮政工会为 18860 名会员参保上海工会会员专享基本保障(B类),减轻患重病员工就医负担。（陶　晔）

【上海海事局工会切实做好职工医疗互助保障服务工作】 2020 年,上海海事局工会继续做好职工医疗互助保障服务工作。全年为 1559 名在职职工及 914 名退休职工参保职工医疗互助保障计划,投保金额共计 218 万余元。年内共有 263 名职工获得理赔,给付金额共计 103 万余元。同时,为全体会员参保上海工会会员专享基本保障,投保金额共计 15 万余元,给付金额 1.8 万余元。（陆智静）

劳动保护

【概要】 2020 年,本市各级工会认真贯彻落实习近平总书记关于安全生产的重要指示精神,牢固树立安全发展理念,坚持安全第一、预防为主、综合治理的方针,深入推进本市安全生产专项整治三年行动,以开展“安康杯”竞赛活动为抓手,以维护职工生命安全和健康为中心,以预防生产安全事故和控制职业病危害为重点,积极组织实施“查找身边隐患、保障职工安全”(2020—2022 年)三年行动计划,认真履行工会劳动保护监督职责,持续推进企业安全生产和工会劳动保护工作创新发展,为切实维护广大职工生命安全和健康的合法权益做出新的贡献。（邬明亮）

【开展夏季劳动保护和防暑降温工作】 6 月,市总工会下发《关于认真做好 2020 年本市夏季劳动保护和防暑降温工作的通知》,各级工会积极履行监督职责,配合行政开展夏季劳动保护和防暑降温工作,全市各级工会高温期间开展送清凉专项慰问活动 24438 次,慰问企业和工地 34958 家,慰问职工 3743280 人次,其中,女职工 1142173 人次、农民工 1361699 人次。各级企事业单位负责人和工会主要领导参与慰问 535920 人次,发放和赠送防暑降温劳防用品涉及费用 44289.036 万元;组织开展 17975 次高温作业岗位职工专项健康体检,参加体检职工 509854 人次,其中,女职工 106969 人次、农民工 245904 人次。组织职工开展防暑降温、劳动保护培训 969035 人次,其中,女职工 239867 人次、农民工 540978 人次。（汪佳侃）

【开展高温慰问工作】 7—9 月,市总工会共拨出高温慰问专项经费 60 万元,由市总领导带队,分 10 路对中共一大纪念馆工程项目、上海北方智选假日酒店隔离点、上海机场边检站十三队、市疾病预防控制中心、北外滩“工人先锋号”综合保洁队等本市重大工程建设、民生保障和本市抗击新冠肺炎中的一线职工,以及非公企业、灵活就业人员群体,开展高温慰问送清凉活动。（汪佳侃）

【持续推进“安康杯”竞赛活动】 2020 年,本市各级工会认真贯彻落实《中共中央国务院关于推进安全生产领域改革发展的意见》《国务院关于实施健康中国行动的意见》精神,按照中华全国总工会、应急管理部和国家卫生健康委员会《关于开展 2020—2021 年度全国“安康杯”竞赛活动的通知》部署要求,积极参与竞赛活动。围绕“强意识、查隐患、促发展、保安康”的竞赛主题,坚持把安全生产工作放在首要位置,加强领导,全面部署,结合本单位工作实际,积极做好组织动员工作,认真制订、落实竞赛方案。各参赛单位以“安康杯”竞赛为抓手,注重在竞赛的广度和深度上下功夫,在竞赛内容和形式上下功夫,在构建竞赛长效机制上下功夫,在做好竞赛“规定动作”的同时,针对本单位安全生产工作的薄弱环节,认真设计、落实“自选动作”,推动安全预防措施落实到位,帮助解决、完善实际问题,充分发挥各级工会组织和广大职工在安全生产和职业病防治工作中的主力军作用,为本市安全生产形势持续稳定做出新的贡献。年内全市共有 10754 家单位参加市一级“安康杯”竞赛,覆盖全市安全生产各个重点行业。（邬明亮）

【开展查隐患三年行动】 8 月,市总工会积极贯彻“人民城市人民建、人民城市为人民”的发展理念,落实李强书记、龚正市长推进城市安全体系建设的指示精神,切实按照全市安全生产专项整治三年行动部署要求,结合开展“安康杯”竞赛活动,广泛动员职工深入开展《“查找身边隐患、保障职工安全”(2020—2022 年)三年行动计划》(以下简称“专项行动”),动员广大职工立足本地区、行业、单位和岗位,查找身边隐患,推动重点行业领域风险隐患排查治理。到年末,职工排查反映并在本行业、本系统整改消除的安全隐患达 18.46 万条;职工个人通过“12345”市民服务平台共报告反映安全隐患 8.27 万条,办结(完成整改)7.11 万条。（汪佳侃）

【专项授予在“安康杯”竞赛中成绩突出的优胜单位和个人为上海市五一劳动奖状(奖章)】 2020 年,全市各级工会按照全国总工会、国家应急管理部和国家卫生健康委的总体部署,围绕“强意识、查隐患、促发展、保安康”竞赛主题,组织动员各企事业单位和广大职工,广泛开展“安康杯”竞赛活动。为提升“安康杯”竞赛品牌效应,扩大“安康杯”竞赛社会影响力,根据《关于进一步深化和推进本市“安康杯”竞赛活动的通知》的精神,市总工会决定对在全国“安康杯”竞赛活动中做出突出贡献的、获得全国“安康杯”竞赛优胜单位五连冠(含)以上的上海新虹环卫综合服务有限公司、南通市达欣工程股份有限公司上海分公司和上海舟乐船舶钢构件有限公司 3 家单位授予上海市五一劳动奖状;对在全国“安康杯”竞赛中表现突出的中国石化上海石油化工股份有限公司塑料部常城、国网上海市电力公司电力科学研究院计量中心陈海宾 2 人授予上海市五一劳动奖章。（邬明亮）

【"安康杯"竞赛典型案例评选】 为进一步深化本市"安康杯"竞赛活动，有效开展"查找身边隐患、保障职工安全"（2020—2022年）三年行动计划，督促指导各参赛单位认真履行安全生产主体责任，防范化解疫情期间复工复产安全风险，市"安康杯"竞赛办公室在全市范围内组织开展"安康杯"竞赛典型案例征集活动，总结推广各单位在开展"安康杯"竞赛过程中取得的先进经验和典型案例，供有关单位学习借鉴。征集活动期间，各竞赛分赛区办公室高度重视，共推荐上报250多个典型案例。经初审、现场发布和专家评定等环节，中铁二十四局集团有限公司路桥分公司《平安二十四超市，保二十四局平安》荣获特等奖，上海电力建筑工程有限公司《"码"上安康，助力马上复工》、上海港城危险品物流有限公司《"应急"护航生产、"系统"铸就安康》等2个成果荣获一等奖，上海市交通委员会执法总队《理性睿智除隐患，安全站位保安康》，中国建筑第八工程局有限公司总承包公司《项目安全活动的激励管理》，上海三菱电机上菱空调机电器有限公司《"不安全屋"让我们变得更安全》等3个成果荣获二等奖，上海洪瑞物流有限公司《叉车安全操作"五三"法》、国网上海市电力公司市北供电公司《创新"四进"路径，精彩"安康"市北》、上海东湖机械厂《以"1+N"带教活动为抓手，推动落实安全生产责任制》、中铁上海局集团有限公司上海工务大修段《"小凉票"大关爱》、上海桥升商贸置业有限公司《创建一线工地红旗班组，深化拓展安康杯竞赛活动》和上海钢之杰钢结构建筑系统有限公司《坚持完善安全管理，有效化解战疫风险》等6个成果荣获三等奖，上海海滨污水处理有限公司《安全检查进入2.0——浦东海滨污水厂安全二维码检查表》39个成果获得优胜奖。 （邬明亮）

【长宁区总工会开展夏季职工劳动保护和高温慰问工作】 2020年，长宁区总工会结合夏季劳动保护工作特点，聚焦重点区域、重点项目、重点人群，开展送清凉走访慰问。高温慰问重点向长期在高温、高空、有毒有害等环境中和苦脏累险艰苦行业岗位上工作的一线职工倾斜，向抗疫一线职工倾斜。同时重点关心在区域重大项目和重大工程中做出突出贡献的职工以及生产一线涌现出来的先进模范人物。区总工会共筹集90余万元用于高温慰问工作，同时全区各级工会组织按照市总工会下发的《关于加强服务职工经费保障的意见》要求，落实高温慰问专项资金，开展高温慰问送清凉活动。 （李悦琳）

【静安区总工会深入一线为职工送清凉】 高温季节来临，静安区总工会全面启动防暑降温及高温慰问工作。一是转发市总工会《关于组织开展2020年夏季职工劳动保护和防暑降温工作的通知》，督促企业行政、单位主管落实主体责任，共同做好防暑降温和夏季劳动保护工作。并结合"安康杯"竞赛，广泛组织职工立足岗位查隐患，采取有效措施防范事故发生。二是制定高温慰问方案。由区人大常委会副主任、区总工会主席叶坚华及主席室领导带队，分7路走访20余家基层单位，深入慰问奋战在高温作业和抗疫一线的职工；结合区委、区府重点工作及实际情况，对重点工程工地、环卫清扫工人、医务职工、窗口单位人员、维稳单位人员和防疫一线人员等群体进行重点慰问，慰问人数达11000名。三是按照区总工会的部署，全区各级工会根据本系统、本单位的实际情况和行业特点，制订并落实高温慰问工作。通过开展防暑降温及高温慰问工作，进一步推进工会劳动保护和关心职工等各项工作的开展。 （丁臣亮）

【宝山工会组织开展"安康杯"活动获多项奖项】 4月26日，在2018—2019年度全国"安康杯"竞赛（上海赛区）中，宝山区共有11家企业荣获"优胜单位"、4个班组荣获"优胜班组"、2家单位荣获"优秀组织单位"和2名个人荣获"优秀个人"的荣誉称号。 （朱 艳）

【闵行区开展夏季职工劳动保护和防暑降温工作】 6月初，闵行区总工会启动夏季劳动保护和防暑降温工作，将疫情防控和安全生产作为工作重点，着重关注重点区域、重点项目、重点人群，露天作业职工和疫情防控医学隔离观察点工作人员等群体。区总工会特设立高温慰问专项资金，根据各级工会慰问高温作业人员情况统筹下拨高温慰问经费，并制订下发《闵行工会高温慰问工作管理办法》，规范高温慰问资金的使用和管理。高温期间，区总工会领导班子走访慰问14家高温作业企业，慰问一线高温作业职工共2845人，还对20家新冠疫情防控医学隔离观察点的防控一线岗位的工作人员进行慰问，为他们送去防暑降温饮品、方便面、蛋糕、牛奶等慰问物资。全区各级工会在高温期间进行专项防暑降温检查共771次，慰问企业和工地1321家，覆盖职工132019人，发放防暑降温劳防用品费用1818.69万元。 （卫佳雯）

【闵行区开展夏季高温"双随机"联合执法行动】 8月18—19日，闵行区总工会会同区劳动保障监察大队、区卫计委展开联合执法行动，重点检查辖区内劳动密集型、加工制造型企业。检查内容涵盖劳动用工和社会保险法律法规遵守情况，职工工作时间及加班时间安排、工作环境、高温津贴发放情况。本次联合执法共抽查15家用人单位的生产车间和户外作业设施，提醒企业合理安排职工作息时间，做好防暑降温工作，对露天及在无法降低温度场所工作的职工，应按照标准发放高温费，并采取必要措施保障员工身心健康。 （杨晓凌）

【金山区总工会启动"鑫工安全"职业安全卫生防护"工具包"项目】 9月22日，金山区总工会、区应急管理局在上海石化工业学校会议中心召开2020年"鑫工安全"职业安全卫生防护"工具包"项目启动会。会上，上海中石化工物流股份有限公司工会介绍了2018年以来应用"工具包"项目的经验成效；华界化学（上海）有限公司代表2020年应用"工具包"项目的20家危化行业企业作交流发言。会议还进行授聘书仪式，为5名"工具包"项目专家组成员发授聘书，所聘专家将对口指导20家应用"工具包"项目企业，为企业提供解决方案，提高"工具包"项目应用实效。 （钱海东）

【松江区总工会慰问高温天坚守岗位的一线劳动者】 7月下旬，松江区总工会党组书记、副主席陈军康等区总领导分5路前往全区64个基层单位的生产一线和露天高温工作一线，慰问坚守在城市建设和生产一线的职工。区总工会党组书记、副主席陈军康先后带队慰问松江公安交警支队、先惠自动化、珈阁汽车等17家单位奋战在工作一线职工，感谢他们在高温时节依然坚守岗位，抓好疫情防控和保障生产两不误，并为他们送去防暑降温物品。各街镇（经开区）、委局及直属公司党政工领导分别带队进行高温慰问，各基层企业也积极采取防暑降温措施，在配齐防暑降温用品的基础上，开展高温慰问送清凉活动。

（张谢琰）

【上海仪电系统基层工会组织开展“安康杯”竞赛活动】 根据市总工会、市应急管理局和市卫生健康委员会《关于组织开展2020—2021年度“安康杯”竞赛活动的通知》精神，市仪电工会组织基层工会报名参加“安康杯”竞赛。仪电系统共有54家基层工会，涉及565个班组和13188名职工参加活动。仪电系统各级工会落实“安康杯”竞赛基本任务，按照切实化解一批企业安全风险、开展一批群众性隐患排查治理活动、举办一批主题特色竞赛活动、组织一批工会劳动保护知识宣传培训活动、推广一批职业安全卫士防护“工具包”项目、征集一批“安康杯竞赛典型案例”等“六个一批”工作要求，结合本单位实际，开展体现仪电系统和本单位特点的竞赛活动。加强组织领导，组织开展安全生产法规学习、培训、教育和宣传；强化班组安全建设和安全生产职业健康管理，组织参加各项“规定动作”，落实“自选动作”；加强群众监督，在推动解决企业安全生产实际问题上取得实效。

（邵秀根）

【上海电建公司工会扎实开展“安康杯”竞赛】 根据开展“安康杯”竞赛活动要求，上海电建公司工会结合自身实际，制订年度竞赛活动方案，组织开展“安康杯”竞赛和典型案例征集评选，报送市总工会优秀案例3个；组织职工参加全国“安康杯”安全健康意识与应急技能知识普及竞赛活动。各基层单位工会结合自身实际，在施工项目工地开展班组安全论坛、劳动保护运动会、安全知识竞赛等丰富多样的竞赛活动。6月24日，公司工会组织47名基层劳动保护监督检查员，进行取复证培训，帮助劳动保护监督员提升履职能力。各基层单位工会组织职工代表对所在项目开展生活后勤管理、疫情防控安全检查。公司系统各级工会认真落实夏季防暑降温、高温慰问工作。系统内1家单位获2018—2019年度全国“安康杯”竞赛优胜单位；1家单位获2018—2019年度全国“安康杯”竞赛（上海赛区）优胜单位；1个班组获2018—2019年全国“安康杯”竞赛（上海赛区）优胜班组；1人获2018—2019年全国“安康杯”竞赛（上海赛区）优秀个人；2个案例分获2020年上海市“安康杯”竞赛典型案例发布一等奖和优胜奖；1家单位获2020年度全国“安康杯”竞赛安全文化宣传工作先进单位。

（傅 诚）

上海电力建筑工程有限公司开展“码”上安康系列活动 （杜英宏）

【上海电力安装第一工程公司工会开展形式多样的安全文化活动】 上海电力安装第一工程有限公司紧紧围绕“安康杯”竞赛主题，成立领导小组，建立安全生产工作层层负责、人人有责、各负其责的工作体系。组织开展安全生产及防疫知识竞答、安全生产合理化建议、安全运动会、安全应急预案演练、做一天安全员、安全咨询日等系列安全班组论坛活动，本公司职工和协作单位职工近1000余人参与。其中《开展寓教于乐的群众性安全文化活动》获得市总工会“安康杯”竞赛典型案例优胜奖。开展形式多样的安全系列活动，近600名职工在6月1日举行“安全生产月”启动仪式和现场安全签名活动，组织500名职工积极参加“安康杯”安全知识竞赛活动。积极组织开展开展“安康杯”宣传海报设计大赛、安全格言警局征集活动，并发动广大职工利用手机和相机开展“查找身边隐患、保障职工安全”三年行动专项活动。

（宋 焘）

【上海电力建筑工程有限公司工会开展“码”上安康系列活动】 一是开展“码”上直播活动，职工通过扫一扫二维码，即可参与安全直播教育课，还能参加直播形式的找隐患活动，活动开展以来，不仅有项目管理人员，公司20多个主要项目100余个班组超过6000位劳务人员参与活动中，满足公司施工点多人员分布广的常态下，开展“安康杯”竞赛的新模式。二是开展“码”上学习活动，工会把三级安全教育培训内容制作成视频二维码，张贴在项目班组的安全学习栏内，职工只需用手机扫码即可立即学习。工会还搭建“上电建筑学习考试平台”，由业务部门编教材、排计划，项目总工抓实施，一年来，视频在线点击量超过3000+，参与在线考试人数超过500余人次，基本覆盖公司国内和国外全部在岗人员。三是开展"码"上竞赛,工会以扫码参与的活动参与形式,开展"疫情防控知识、安全金点子、安全知识挑战赛",等线上活动,让国内和国外项目的职工都能第一时间看到活动参与进来。活动自开展以来,班组零违章记录,从连续158天提高到216天;现场隐患查处次数从去年251次降低到今年117次,减少54%;为国内复工复产和海外项目疫情防控筑牢安全与健康的防护网。（杜英宏）

【宝地资产协同推进安全生产工作】 2020年,宝地资产进一步营造安全氛围,组织发动职工参加2020年"全国安全知识网络竞赛"网络知识竞赛;联合公司安全能环部,在"6.5"世界环境日,通过活动主题宣传海报、环保小常识、电子宣传材料等形式,进一步增强现场作业一线员工的环境保护意识与技能,同时组织"绿色环保,健康上海"普及讲座,参加53人。进一步提升安全能力,持续推进岗位安全风险描述活动,推动各单位针对职工"三车"交通安全、习惯性违章、滑跌、抢修安全、协力队伍安全管理等方面的风险隐患做了细致的分析,并督促员工遵章守纪,落实"一分析二报告"制度;参与员工1970人,查找风险5639条,已全部落实整改。开展"我的安全我管理,我的生命我珍惜"安全自主管理班组建设专项行动,通过下沉走访相结合的方式,督促基层班组做好班前5分钟安全教育,确保班组学习、班前会学习内容有针对性和有效性。进一步加强健康防护,发挥职代会民主管理委员会监督职能,组织综合民主管理委员会委员开展现场劳动安全保护督查巡视,重点对公司在建项目(新华十钢、互联宝地二期、宝山宾馆、月浦租赁住房项目)和"三室一所"环境改善工作进行督查巡视。（朱　宏）

【高桥石化公司工会深入开展安全文化建设】 年内,高桥石化公司工会围绕公司安全环保重点工作,按照《中国石化工会安全监督作用管理规定》要求,通过广泛宣传和深入推进"安康杯"竞赛活动,抓实"安全环保1000"班组创建,把"我要安全"意识融入到企业各项工作中,确保企业安全生产和职工生命健康。一是持续开展"安全环保1000班组"创建。全年共评出673个"安全环保1000班组",有3046名班组职工获得奖励。二是组织开展"安康杯"职工安全生产知识大赛。竞赛方式分为线上答题和线下比赛两部分,线上答题通过手机"高桥石化职工之家"微信公众号参与。公司及施工承包单位共有3569名职工、26095人次参加知识大赛线上八关答题活动,有1711名职工获得"安全达人"称号。线下比赛分为初赛、复赛和决赛三个阶段,经激烈角逐,炼油四部、炼油一部、热电部取得了前三名的好成绩。公司生产一线职工参与率超过90%。公司炼油一部荣获2018—2019年度全国"安康杯"竞赛优胜集体,炼油四部2号连续重整第三班荣获上海赛区"优胜班组"荣誉称号。《高桥石化工会搭建活动平台,营造安全生产良好氛围》的特色做法先后被《人民网》《劳动观察》《中国应急管理报》等新媒体刊登。（吴　斌）

【上海石化公司工会开展"安康杯"竞赛获多个奖项】 2020年,上海石化公司12家二级单位417个班组6958人参加2020—2021年度"安康杯"竞赛活动。化工部获2018—2019年度全国"安康杯"竞赛(上海赛区)优胜单位、质管中心三车间丁班获2018—2019年度全国"安康杯"竞赛(上海赛区)优胜班组、公用事业部陆志君获2018—2019年度全国"安康杯"竞赛(上海赛区)优秀个人。（徐　军）

【上汽集团举办安全环保知识竞赛】 6月30日,2020年上汽集团安全环保知识竞赛圆满收官。本次竞赛由集团安全监察部、工会、规划部、人力资源部、团委和上汽培训中心共同组织。竞赛围绕"消除事故风险、筑牢安全防线"的安全月主题,开展线上微信答题、安全培训课件发布、线下安全改善案例评比等一系列活动,共有59家单位的229位选手参加初赛,其中,8支参赛队闯入决赛,上汽资产代表队夺得冠军。（范　融）

【上海船舶工会组织开展"安全月"系列活动】 4月,中船上海船舶公司工会启动"安全月"系列活动,活动包含:"平安是福"演讲比赛、安全成果征集、"安康杯"竞赛典型案例征集、"你问我答"线上安全知识竞答等,活动开展得到上海船舶系统各成员单位的高度重视和大力支持。"平安是福"演讲比赛有来自12家成员单位的21位职工报名参赛。通过参赛单位互评、专家领导评审、智慧平台职工投票相结合的方式进行评审。选手们通过讲述自己身边的感人的安全故事和优秀的安全管理成果,促进安全文化建设,增强全员安全意识。2020年安全成果和"安康杯"竞赛典型案例的

1月2日,上海石化公司工会举行"新年起步"仪式并进行安全承诺
（裘　玮）

征集评比结果也逐一揭晓。职工们献计献策,不断创新安全生产管理的手段和措施,从而减少伤亡事故发生,提升企业安全管理水平。（周　莺）

【上海船舶工会为一线职工送“送清凉”】 入夏之际,中船上海船舶公司工会发出《关于组织开展2020年上海船舶系统夏季职工劳动保护和防暑降温工作的通知》,要求各基层工会认真履职尽责,督促行政落实劳动保护主体责任,在抓好疫情防控的同时,有效预防和控制高温中暑和其他各类生产安全事故的发生,尽力为一线职工营造良好的夏日工作环境。为使该项工作落在实处,上海船舶工会成立检查小组,赴江南造船、沪东中华、外高桥造船三大船企开展防暑降温专项检查。检查小组听取各单位的防暑降温和职工劳动保护工作落实情况,实地巡查车间、码头等生产现场的各类防暑降温设施和高温期间的职工休息场所,同时督促企业安全部门做好员工高温期间的安全卫生知识宣传教育工作。上海船舶工会多层次组织开展高温慰问“送清凉”活动,公司领导带队深入基层,慰问奋战在高温一线的广大员工,向一线职工发放高温慰问品50000余份,向基层班组发放医疗保健箱500个。（周　莺）

【中远海运集团工会组织开展夏季职工劳动保护和防暑降温工作】 结合全国各地持续高温,台风暴雨等恶劣天气频繁发生,新冠肺炎疫情防控进入常态化的情况,中远海运集团工会领导带队,先后在上海、广东、海南、武汉、大连等地走访44家基层单位,开展高温慰问,为奋战在生产车间、施工现场、船舶等高温一线的基层单位和职工送清凉,协助企业落实安全生产防护工作,抓好防疫工作不松懈,确保安全度夏。全系统各级工会共组织防暑降温、劳动保护培训约5万人次,慰问企业、船舶1230家(艘次),发放慰问金和清凉饮料等防暑降温劳防用品2278万元,慰问职工12.75万人次,投入专项体检费用407万元,为1.38万名职工安排了体检。（马瑞杰）

【上海邮政工会组织开展“安康杯”竞赛活动】 4月,根据市总工会、市应急管理局、市卫生健康委员会的要求,上海邮政工会在全公司范围内开展以“强意识、查隐患、促发展、保安康”为主题的2020—2021年度“安康杯”竞赛活动,组织开展“五个一批”群众性安全生产和职业健康活动,全公司共24个基层单位报名参加,参赛班组共917个,参赛员工共18076人。期间,先后组织各基层单位开展全国“安康杯”安全健康意识与应急技能知识普及竞赛活动和全国“安康杯”竞赛安全文化宣传活动,组织员工学习《全国“安康杯”职工安全健康意识与应急技能知识》学习读本,参与竞赛答题活动。（王　瑛）

【上海建工集团工会培训劳动保护干部】 6月23日,上海建工集团工会举办劳动保护干部培训,集团党委副书记张立新作开班动员,各单位工会主席、分管副主席、劳动保护干部共100多人参加培训。培训班上,市总工会权益保障部、集团安全管理部等领导分别就“工会劳动保护工作实务”“工会安全生产工作培训”等作专题辅导。劳动保护干部还参加了机施集团职工学堂《建筑施工现场安全培训》的网络课程,进行劳动保护业务知识的考核。（余轶群）

【上海建工集团举办“我为安全献一计”金点子评选决赛】 7月10日,上海建工集团安全管理部、工会、团委联合召开“消除事故隐患、筑牢安全防线”2020年集团安全月主题活动暨“我为安全献一计”决赛。本次决赛设1个主会场、2个分会场。集团党委副书记张立新、副总裁叶卫东,各相关处室负责人,各单位安全分管领导,工、团组织负责人,安全部门负责人,全体参赛选手以及青年代表等120余人出席。“我为安全献一计”金点子评选活动自今年6月启动以来,共收到101个参赛作品。在经历初赛、复赛等多轮角逐后,一建集团、二建集团、五建集团、机施集团、装饰集团、基础集团、市政总院、设计总院、建材科技、研究总院共10个好点子进入最终的决赛。经网上投票和现场评选,二建集团的《AI加持的塔机危险源监测》荣获金点子奖,二建集团荣获优秀组织奖。（余轶群）

【上海建工集团领导高温慰问重大工程建设者】 高温来临之际,上海建工集团党委书记、董事长徐征,监事会主席周平,党委副书记、总裁卞家骏,党委副书记张立新,纪委书记何士林,副总裁林锦胜、叶卫东、徐建东、尹克定等领导和集团相关职能部门负责人分两路到集团承建的北外滩贯通和综合改造提升一期项目、上海博物馆东馆新建工程、黄浦区160街坊保护性综合改造项目等多个重大工程施工工地,慰问在高温酷暑中坚守岗位、辛勤工作、默默奉献的广大建设者,为他们送上防暑清凉用品,并向他们表示亲切的问候。（余轶群）

【市绿化市容行业工会开展关爱环卫工人清凉行动】 7月28—29日,市绿化市容行业工会联合全家FamilyMart发起清凉行动。全市5.4万名一线环卫工人凭“清凉券”可到本市任意全家超市门店领取慰问品。同时,全家FamilyMart倡议社会大众进一步提高环境保护意识,从自身做起,承诺履行垃圾分类和门前环境卫生责任制,做到“垃圾不落地”,珍惜环卫工人的劳动成果。这也是全家自挂牌关爱环卫工人“爱心接力站”以来,连续三年以实际行动践行社会责任,传递企业爱心和温情。（耿　静）

【市医务工会为护工护理员送清凉】 为加强对上海市级医疗机构护工护理员关心关爱,按照市总工会《关于组织开展2020年夏季职工劳动保护和防暑降温工作的通知》要求,入夏以来,市医务工会、市级医疗机构护工护理行业工会联合会积极组织和开展高温“送清凉”活动,为坚守医疗卫生一线的市级医疗机构护工护理员送去了“娘家人”的关怀。近2500份高温慰问品,送到27家行业工会分会覆盖的护工护理员手中。除了慰问品外,行业工会还为每位护工护理员准备一份慰问信和一张可享免费法律咨询等服务的《护工关爱卡》,护工护理员可拨打免费法律服务咨询服务热线38722883以获得法律维权服务保障。（吕建军）

【市科技系统首届“安康杯”知识竞赛团体赛举行】 5月29日—6月12

日，市科技工会以“强意识，查隐患，促发展，保安康”为主题，举办科技系统首届“安康杯”网上知识竞赛活动，来自市科技系统单位的共18609名工会会员参加竞赛。8月19日，市科技系统首届“安康杯”知识竞赛团体赛在中国船舶重工集团公司第七〇四研究所举行。根据网上知识竞赛的团体参赛率、团体平均分、领导参赛率、个人成绩前1000名占比等进行综合得分，确定12家单位参加“安康杯”团体赛。竞赛内容围绕安全生产、职业健康、涉密安全、应急救援以及新冠肺炎防治等方面，分为个人必答题、抢答题、风险题和简答题4个部分。（李　皓）

【光明食品集团举办“安康杯”安全生产知识竞赛暨“啄木鸟行动”启动仪式】 8月26日，光明食品集团2020年度“安康杯”安全生产知识竞赛暨“查找身边隐患、保障职工安全”啄木鸟行动启动仪式在上海农场海丰文体中心举办。此次活动由集团安委会、集团工会联合主办，上海农场有限公司承办。来自集团各子公司的17支代表队，共计51名选手参加竞赛。竞赛设必答题、抢答题、风险题和加赛题四类题型。最终，光明食品国际有限公司代表队获得本次竞赛的一等奖；上海良友（集团）有限公司代表队、上海白茅岭农场有限公司代表队获得二等奖，上海梅林正广和股份有限公司代表队、上海崇明农场有限公司代表队、上海农场有限公司代表队获得三等奖。从现场51位参赛选手中选聘了17名集团安全生产职工监督员。（朱菊英）

【郭箐一行赴光明食品集团江桥市场慰问一线职工】 7月22日，市总工会副主席郭箐、市总劳动关系部部长周永宝一行在光明食品集团工会主席潘建军、蔬菜集团党委有关领导陪同下，到上蔬集团下属江桥市场，慰问奋战在高温下的一线职工，并为他们送去防暑降温物品。了解企业疫情防控、复工复市及食品安全各项工作开展情况。疫情期间，光明食品集团“三送”活动主阵地之一的江桥市场为上海援鄂医疗队家属定期配送各种安全营养、新鲜丰富蔬果。郭箐要求光明各级工会进一步加强高温作业、高温天气作业下的劳动保护工作，确保劳动者身体健康和生命安全，维护劳动者合法权益，使广大职工平安健康度夏。（朱菊英）

【世纪出版集团工会举办在线健康咨询讲座】 12月3日，世纪出版集团工会主办，上海人民出版社工会承办“抗疫英雄话防疫”在线健康咨询讲座，特邀上海市第三批援鄂医疗队队员、被称为“最美跪姿”的仁济医院医生余跃天到场，以“援鄂抗疫——国家使命与职业责任”为主题，分享援鄂经历。仁济医院体检中心马嘉骅也现场解读体检报告中常见问题。讲座首次采用线上直播方式，人民社30余名职工到现场听讲，世纪出版集团百余名职工在线收看直播讲座。（江　文）

【世纪出版集团领导走访基层开展高温慰问】 7月28日—8月11日，世纪出版集团党委书记黄强，集团党委副书记、总裁阚宁辉与集团党委委员，分赴上海中华印刷有限公司、上海世图物流有限公司、上海出版印刷物资公司、上海图书有限公司、上海外文图书公司、朵云轩艺术中心、朵云书院旗舰店等集团所属15家基层单位一线工作岗位，将防暑降温用品送到当班职工手中，详细了解企业防暑降温、防汛防台等安全防护和疫情防控措施落实情况，要求各单位切实履行劳动保护和安全生产主体责任，做好台风、高温等极端天气下的一线职工安全生产工作，有效预防和控制各类生产安全事故的发生，确保职工平安度夏。根据疫情防控的特殊情况，本次高温慰问，世纪出版集团工会向各直属单位下拨高温慰问专项资金补贴23.118万元，下拨疫情防控资金专项补贴15.412万元。（江　文）

对口援助

【概要】 2020年，上海工会围绕社会稳定和长治久安的总目标，坚持发挥工会优势，推动经济社会发展，促进民族团结的基本思路，以“交流、交往、交融”为重点，开办“脱贫攻坚一线建设者”研修班，弘扬对口援助地区脱贫攻坚建设的喜人变化和伟大精神。结合中央和本市关于消费扶贫的指示精神，积极出台工会经费购买消费扶贫的激励措施并推荐商户，引导全市工会和职工购买消费扶贫产品。同时，进一步完善援外干部关心关爱机制，开展慰问、疗休养、拨付工会经费、解决探亲机票等工作。（余嘉毅）

【举办东西部扶贫协作和对口支援地区“脱贫攻坚一线建设者”研修班】 11月14—20日，市总工会会同市政府合作交流办公室、中国东方航空集团有限公司，在沪联合举办上海市东西部扶贫协作和对口支援地区“脱贫攻坚一线建设者”研修班。130多位来自西藏日喀则、青海果洛、云南、贵

11月16日，来自西藏日喀则、青海果洛、云南、贵州遵义的脱贫一线建设者走进上海工匠馆　（刘峙钒）

州遵义的脱贫攻坚一线建设者，与上海广大职工群众共同学习交流攻坚克难、艰苦奋斗的经历。（尤　骏）

【开展“工会消费扶贫行动”】 2020年，市总工会加强与本市东西部扶贫协作和对口支援地区及湖北省的精准扶贫对接，将线上消费扶贫平台接入市总工会“申工社”微信公众号，同时明确本市各基层工会可增加500元的一次性节日慰问额度，用于购买消费扶贫产品。截至年底，全市各级工会组织共采购消费扶贫产品价值超过4亿元，惠及职工超过140万人。（尤　骏）

【加强援外干部关心关爱工作】 2020年，市总工会进一步健全完善对上海援外干部关心关爱机制。一是市领导或市总领导赴对口援助地区交流考察时，对387名上海援外干部开展关心慰问；二是在年初援外干部统一回沪休假期间，安排242名援外干部及家属，赴市总工会沙家浜、西山休养院进行为期3天的疗休养；三是支持援外干部在当地开展工会工作，拨付工会活动经费23万元；四是出资168万元，为552名援外干部家属提供一张探亲机票。（余嘉毅）

【市职工技协举办云南省医务骨干培训班】 9—12月，市职工技协委托上海市第一人民医院对来自云南省30名医务骨干开展为期4个月的系统医疗知识进修培训。本次培训内容涉及创伤骨科、消化科、妇科、心内科、儿内科、产科、口腔科等科室，采用一对一的带教方式，通过“理论+实践”的全方位授课，提高培训学员的专业技术和理论知识，受到云南来沪培训医生的好评。（陈　晖）

【市职工技协举办云南省乡村医生培训班】 根据《2018—2020年沪滇两地工会开展脱贫攻坚、职工技术技能提升协作协议》要求，10月15—29日，市职工技协委托同济大学附属同济医院对来自云南省昭通、曲靖、西双版纳的50名乡村医生开展为期15天的医务技能培训。培训以临床基础知识为主，培训包括慢性中毒规范原则、冠心病基层管理要点、原发性支气管肺癌、骨折的急救和固定、心肺复苏等，通过病房带教让学员了解住院病人的规范治疗；技能实操培训让学员们的操作更加规范准确。本次培训让学员们的视野得到扩展，对医学发展前沿有进一步的认知。（陈　晖）

【市职工技协举办云南省乡村致富带头人培训班】 12月14—28日，市职工技协在上海交通大学农业与生物学院举办云南省乡村致富带头人培训班，来自昭通镇雄、曲靖会泽和西双版纳勐腊的47名乡村致富带头参加培训。培训班采用课堂教学、案例教学、现场教学、交流讨论相结合的模式，开设智慧农业应用与展望、互联网和时代农产品市场营销、欧美农业现代化发展方式介绍、农产品电子商务实战操作等课程，由上海交通大学农业与生物学院相关专家教授为学员授课。课程设置丰富充实，开阔了学员的视野，更新了观念，促进沪滇两地交流，助力云南农牧技术发展。（陈　晖）

【市职工技协举办云南省高技能人才培训班】 按照《上海—云南工会2020年职工技协扶贫备忘录》，12月13—20日，市职工技协委托上海电气李斌技师学院举办云南省高技能人才培训班，来自云南的50名高技能人才参加培训。在为期一周的培训中，李斌学院邀请到著名全国劳动模范和高校教授为学员们授课。学员们近距离感受徐小平、王军、孔利明3位“大国工匠”风采与创新精神，也从瞿志豪、房晶、万军3位教授关于《5G与智能制造》《提升执行力》《互联网+创新能力》等主题的讲座中获益良多。（陈　晖）

【虹口区举行“向脱贫攻坚一线建设者”致敬报告会】 11月17日，虹口区总工会和区合作交流办共同举办虹口区“向脱贫攻坚一线建设者”致敬报告会。9名来自果洛藏族自治州、青海省玛沁县等虹口对口支援地区的干部向大会做报告。虹口区8个街道总工会、行业、直属工会干部，和劳模先进职工代表等近百人出席会议并聆听报告。报告会上，脱贫攻坚一线建设者们和援外扶贫干部的先进事迹与动人故事，感动了每一位在场的干部职工，大家表示将更好地服务全国，为上海虹口对口支援地区经济社会发展建功立业凝心聚力。随后，9名对口支援地区的干部沿着北外滩滨江线，登顶浦西第一高白玉兰大楼，俯瞰上海北外滩景色，参观白玉兰党建中心和虹口5G全球港，感受虹口变化。（马伟杰）

【上海电气电站工程公司工会向巴基斯坦塔尔社区捐赠防护物资及生活用品】 4月6日，上海电气电站工程公司工会向巴基斯坦塔尔社区捐赠一批急需的防护物资及粮油用品，助力当地防疫防控工作，解决贫困村民温饱问题。巴基斯坦新冠病毒感染确诊人数呈逐渐增长趋势，塔尔地区因地理位置偏远，当地居民因封城令正经受着疫情和生活物资不足带来的双重影响，工程公司工会调配包括N95口罩和粮食在内的急需物资捐赠给当地的医院及村落，缓解当地政府面临的压力。（陈维军）

【上海宝冶工会落实消费扶贫助力脱贫攻坚】 上海宝冶集团工会配合公司党委积极组织落实消费扶贫任务，履行央企脱贫攻坚担当。5月下旬，受公司委派，工会职代会专门委员会成员一行4人赴中国五矿集团对口扶贫点——云南省镇雄县进行消费扶贫考察。对农户合作社进行实地考察，双方达成消费扶贫计划的共识。年内公司与11家农户合作社签订采购合同，集中采购农产品81万元，比2019年翻了一番。根据市总工会进一步深化消费扶贫的文件精神，两级工会再次向云南、新疆等贫困地区采购农产品267万元，为取得脱贫攻坚决胜年的胜利做出贡献。（张　冉）

【上海航天局工会“消费扶贫”“助学扶贫”两手抓】 为贯彻落实党中央国务院关于打赢脱贫攻坚战的要求，上海航天局工会深入开展扶贫工作，探索消费扶贫、助学扶贫两手抓的新途径。在上级工会及局党委领导下，上海航天局工会动员全局各级工会组织推进消费扶贫工作，组织陕西洋县、云南云县、湖北、新疆、井冈山等地区消费扶贫总计7批次，采购帮扶金额约1100万元。另外，上海航天局工会持续深化助学扶贫工作，进一步扩大

资助范围，年内共资助云县头道水中小学贫困学生42人。（周欣彬）

【市烟草工会加大扶贫投入助力脱贫攻坚】 2020年，市烟草工会响应国家烟草专卖局号召，采购定点扶贫地区的农特产品36.5万余元，动员下属基层工会采购竹溪县、红寺堡区农副产品112万余元。根据市总工会《关于增加一次性节日慰问额度进一步深化工会消费扶贫行动的通知》要求，组织下属基层工会进行消费扶贫采购，作为节日慰问惠及职工7000多人次，共计317万余元，涉及新疆、云南和青海等上海市东西部扶贫协作对口支援地区。11月，在国家烟草专卖局召开的扶贫工作座谈会上，介绍"十三五"期间上海烟草集团在产业扶贫、消费扶贫和就业扶贫方面的主要工作，并就烟草行业在乡村振兴方面继续做好扶贫工作提出建议。（王蓓蕾）

【中交三航局开展"抗击疫情·奉献爱心"捐款活动】 2月17日，中交三航局党委和工会联合发起"抗击疫情·奉献爱心"捐款活动。经统计，全公司参与捐款人数共计8999人，募集善款总额为1461048元。扣除网络平台手续费共计8766.47元，实际可捐金额为1452281.53元。经与湖北省政府相关部门沟通后，此次募集善款1452281.53元全款捐至湖北省红十字会用于武汉疫区疫情防控工作。（黄书展）

【民用飞机试飞中心工会组织职工投身扶贫攻坚战】 中国商飞民用飞机试飞中心工会贯彻落实党中央国务院扶贫办和中国商飞党委关于开展定点扶贫工作的一系列指示精神和决策部署，推动落实"党委领导、工会牵头、各方协同、职工参与"的扶贫工作机制。一是推进教育扶贫，面向西吉教师，举办"宁夏西吉·鲲鹏四期"英语教师特训营，发挥专业优势制作发放中英文双语版大飞机科普资料；面向西吉学生，组织开展"书画爱心通"活动，赠送与大飞机和西吉主题有关的书画作品给西坪小学，用收到的职工捐款采购液晶手写板和书画教具捐赠给西坪小学学生。二是推进消费扶贫，工会采购西吉县、广南县农副产品和西吉产运动T恤发放给全体职工，组织先进职工赴西吉疗休养；动员职工使用央企扶贫消费平台和农行掌上银行购买西吉农副产品，已完成人均100元的采购量；协调南园餐厅采购西吉县牛羊肉。三是推进就业扶贫，帮助西吉困难劳动力就业，开展西吉县定向校园招聘，社会招聘工作。（杨元媛）

【世纪出版集团工会积极推进消费扶贫】 11月底，世纪出版集团工会积极响应中央、市委市政府和市总关于开展"消费扶贫行动"的号召，积极推进消费扶贫行动，世纪出版集团工会共有7家直属单位工会，先期完成消费扶贫，金额共计达47万元。各单位工会在发放工会会员节日慰问品标准基础上，增加每位会员一次性节日慰问金额度500元，并以购买扶贫实物方式下发，以此深化工会消费扶贫行动。（江　文）

农民工权益和服务

【概要】 根据2020年上海工会统计，本市职工人数723万，其中农民工职工225万人；工会会员690万，其中农民工会员210万人。相比2019年职工数和工会会员数分别下降1.8%和2.3%，其中农民工职工数和农民工工会会员数分别下降3.9%和4.1%，主要是受疫情影响，农民工返沪困难，另外就业岗位减少。对此，上海工会聚焦本市经济发展重点和城市公共服务，提出要大力提升工会组织对农民工的吸引力和凝聚力，为农民工提供更为精准的工会服务。2020年元旦春节期间，市总工会配合市劳动保障监察部门组织各区总工会联合开展根治欠薪冬季攻坚行动；春节前后，落实《劳动报》对市总工会评选推荐产生的2018—2019年度优秀农民工和农民工先进个人开展现场一线采访并进行连载宣传报道；3月，市总制定根治拖欠农民工工资工作要点；4月，配合国家发改委和全总的委托课题"关于开展农村进城就业人员工作生活状况问卷调查"，组织8个区局（产业）一线农民工550人参加问卷调查和30人个案访谈；截至5月底，根据市欠薪办要求，参与督查本市16个区近16个在建工程项目保障农民工工资支付工作实施情况；6月，组织市总机关参加人社部《保障农民工工资支付条例》线上培训，考试成绩全部达到优秀；7月，根据《关于报送本市农民工工作有关情况的通知》，对照《全国农民工工作督查重点》全面开展自查自评工作；8月，配合市根治拖欠农民工工资工作领导小组做好部际联席会议保障农民工工资支付工作核查组来沪实地核查工作；9月，做好全国优秀农民工和农民工工作先进集体推选工作；中国农民丰收节期间（9月22日前后），开展走访慰问农民工活动；10月，做好《中华全国总工会农民工工作规划（2016—2020年）》收官总结工作。（杨　驹）

【携手市劳动监察大队联合开展根治欠薪冬季攻坚行动】 元旦春节期间，根据全总办公厅《关于参与做好2019年度根治欠薪冬季攻坚行动的通知》。市总工会高度重视、认真部署，市、区总工会积极配合市、区劳动保障监察机构，重点对使用农民工较多的工程建设领域和劳动密集型加工制造等行业，以及易受出口贸易摩擦影响的加工制造业企业为重点开展检查，共检查用人单位4100户，涉及劳动者30.49万人，其中农民工19.72万人。发现存在拖欠工资行为的用人单位223户，涉及劳动者1.51万人，其中农民工0.94万人。追发工资及赔偿金1.31亿元（其中农民工1.06亿元），涉及劳动者1.07万人（其中农民工0.63亿元）。总体而言，本市欠薪矛盾总体平稳可控，检查期间未发生因欠薪引发的重大恶性事件。（杨　驹）

【开展2018—2019年度本市优秀农民工和农民工先进个人连载宣传报道】 春节前后，市总工会以2018—2019年度本市优秀农民工和农民工先进个人评选表彰活动为契机，落实《劳动报》对市总工会评选推荐产生的5名优秀农民工和12名农民工先进个人开展现场一线采访并进行连载宣传报道，通过弘扬优秀先进事迹，进一步凝聚和激励农民工中的优秀人才开拓创新、锐意进取，在上海加快建设"五个

中心”和具有世界影响力的社会主义现代化大都市的进程中做出新的更大贡献。（杨 [illegible]）

【制定根治拖欠农民工工资工作要点】 3月，根据《上海市根治拖欠农民工工资工作领导小组2020年工作要点》，市总工会制订根治拖欠农民工工资工作要点，贯彻落实如下工作：一是组织开展《保障农民工工资支付条例》普法宣传活动。在五一劳动节前组织开展《条例》普法宣传周活动，创新《条例》学习宣传方法，发挥基层贴近企业和农民工的优势，采取各种有效方式开展业务培训和普法宣传活动。二是依法及时处理欠薪争议案件，加强调裁衔接，提高裁决效率。完善组织网络，发挥各类调解组织在解决农民工工资争议案件中的作用。三是加强对农民工的法律援助和公共法律服务，依法开展工会法律监督。继续深入开展“尊法守法，携手筑梦”服务农民工公益法律服务行动。组织律师志愿者帮助农民工解决工资拖欠争议，为农民工提供优质、高效的公益法律服务。四是指导各区完善应急处置机制，及时、妥善处置因拖欠农民工工资引发的突发性、群体性事件，打击以非法手段讨薪或者以讨薪为名讨要工程款的违法行为。（杨 駉）

【配合全总开展“农村进城就业人员工作生活状况调查”】 根据全总工作要求，4月，市总工会组织浦东新区、闵行区、青浦区、中建八局、铁路、建工、邮政、运输等8个区、局（产业）中的农村进城就业人员550人开展问卷调查，并抽取30人开展个案访谈。本次调查主要针对具有农村户籍且在城镇工作生活的农民工，侧重于三类农民工群体：一是在城镇就业和居住5年以上的农民工；二是举家迁徙的农民工；三是新生代农民工（1980年以后出生），应占到被调查对象总数的60%以上。通过本次调查，为国家掌握《推动1亿非户籍人口在城市落户方案》进展情况，了解农民工融入城市意愿、利益诉求和面临主要障碍，更有针对性地为国家制定农民工市民化相关政策提供依据。（杨 駉）

【参与保障农民工工资支付实地督(核)查工作】 根据市解决企业工资拖欠问题联席会议办公室的通知要求部署，自2019年12月起，分4次对本市保障农民工工资支付工作实施实地督查与核查。全市督(核)查组分为A、B、C、D共4组开展全覆盖轮换检查，市总工会担任D组督查任务，对全市16个区政府加强根治拖欠农民工工资工作的组织领导、工程建设领域欠薪源头治理、工资支付保障制度、工资支付诚信体系等进行全面督(核)查。每次督(核)查抽查不少于10个在建工程项目，其中政府投资项目不少于5个，同时兼顾市政、交通、水务、园林绿化等各类工程项目。截至5月底，市总工会参与完成对16个区近160个在建工程项目的实地督(核)查工作，督(核)查结果上报市解决企业工资拖欠问题联席会议办公室，工作成绩受到市解决企业工资拖欠问题联席会议办公室的书面感谢和表扬。（杨 駉）

【组织市总机关干部参加人社部《保障农民工工资支付条例》线上培训】 6月，按照市解决企业工资拖欠问题联席会议办公室《关于开展〈保障农民工工资支付条例〉线上培训工作的通知》要求，市总工会组织工会相关干部通过中国教育培训APP开展线上培训活动，考试成绩全部达到优秀。线上培训从《条例》的立法背景、立法目的、立法原则、主要内容等方面进行阐释。同时围绕工程建设领域欠薪问题，农民工工资专用账户管理、实名制管理、施工总承包企业代发工资、工资保证金等制度，结合典型案例，对《条例》中“落实主体责任、强化监管”等要点进行详细解读。（杨 駉）

【全面开展农民工工作自查自评】 7月，为迎接部际联席会议保障农民工工资支付工作核查组来沪实地抽查，根据《关于报送本市农民工工作有关情况的通知》，市总对照《全国农民工工作督查重点》全面开展自查自评，立足工会主业主责，自查工作认真总结梳理2019年以来农民工工作情况：一是立足工会主业主责，扩大工会组织对农民工的有效覆盖；二是深入调研建言献策，做好疫情期间农民工就业返岗服务工作；三是积极参与根治督查，依法保障农民工工资足额支付；四是宣传教育引领，提升农民工队伍文化技能素质。自评工作突出工会的优势特点，一是集中开展工会定向劳动法律监督制度。重点对农民工集中企业排查劳动关系隐患，检查劳动合同规范签订情况，对问题企业提出整改意见，指导企业在规定时间予以整改，完善农民工劳动保护制度。二是落实对被欠薪农民工提供法律援助制度。包括健全农民工法律服务组织网络体系、加强农民工法律援助队伍建设、建立法律援助专项经费保障机制等。（杨 駉）

【部际联席会议保障农民工工资支付工作核查组来沪开展实地核查】 国家解决企业拖欠工资问题联席会议办公室组织开展“2019年度保障农民工工资支付工作实地核查”，此次核查采取省际交叉的方式，云南省核查上海市。8月19日部际联席会议保障农民工工资支付工作核查组听取市政府关于上海欠薪治理的汇报，市人社赵永峰局长汇报，市住建、交通、水务、市容绿化、公安、司法、财政、发改委、总工会等联席会议成员单位分管领导参加会议。8月19—21日，核查组抽查宝山、长宁等建筑工地，通过实地查阅资料、农民工现场访谈等方式了解本市民工工资支付情况。市总派员全程陪同核查，并向核查组详细介绍上海工会集中开展工会定向劳动法律监督、落实对被欠薪农民工提供法律援助的制度做法。经过核查，上海农民工工资支付工作制度执行严格，效果显著，考核排名位居全国各省市第二。（杨 駉）

【在农民丰收节期间开展慰问农民工活动】 根据全总《关于在中国农民丰收节期间开展走访慰问农民工活动的通知》，市总工会积极组织本市各级工会在中国农民丰收节（9月22日）前后以走访慰问的方式对农民工尤其是受疫情和洪涝灾害影响较大的农民工进行慰问。市总工会主席室在市人大常委会副主任、市总工会主席莫负春的带领下，兵分10路，奔赴本市各地区、企业，慰问受疫情影响较大的困难农民工家庭，聊一聊生活家常，听一听他们的难处。市总工会还结合疫情防控出台相关帮扶政策，将新冠肺炎列入工会互助保障重大疾病范畴，简化困难农民工帮扶流程、发放疫情期间特别生活补贴、提升就业援助。本市各区局（产业）工会根据市总工会的要求，强化对困难农民工家庭的帮扶力度，重点向外贸、住宿餐饮、文化娱乐、教育培训、旅游交通、批发和零售行业等受疫情影响较大的困难农民工家庭倾斜，积极做好中国农民丰收节期间困难农民工的帮扶慰问工作，把党的温暖和工会组织的关心及时送到困难农民工身边。（杨　驹）

【做好全国优秀农民工和农民工工作先进集体推选工作】 9月，根据《国务院农民工工作领导小组关于开展全国优秀农民工和农民工工作先进集体评选表彰活动的通知》（国农工发〔2020〕3号）和市农民工办的紧急通知，要求市总工会推荐1名全国优秀农民工候选人和1个全国农民工工作先进集体候选单位。经市总农民工领导小组讨论研究，并书面征求市总农民工领导小组成员单位职能部门意见，一致同意推选四八〇五集团上海船厂王开学作为全国优秀农民工候选人，推选上海市职工保障互助中心作为全国农民工工作先进集体候选单位。（杨　驹）

【做好《中华全国总工会农民工工作规划（2016—2020年）》收官总结工作】 10月，根据关于做好《中华全国总工会农民工工作规划（2016—2020年》收官总结工作的通知，市总工会对五年来工会农民工工作进展情况、工作成效和做法进行总结，一是紧扣规划承前启后，凸显规划设计的针对性和创新性；二是全过程推进实施，提升工作举措的前瞻性和有效性。在农民工企业体制外及线上入会、农民工专项保障计划、农民工法律援助“应援尽援”、农民工“入会集中行动”资金保障等作了有益探索，为推进上海农民工工作再上新台阶打下扎实的基础。（杨　驹）

【浦东新区总工会关爱外来建设者】 1月16日，浦东新区总工会举办“2020年浦东新区外来建设者新春团拜会”。市总工会副主席张得志，浦东新区人大常委会副主任、区总工会主席王辛翎等领导出席会议。会议采用“1个主会场+N个分会场”的模式开展外来建设者新春团拜，全区计划有27个直属工会开展分会场活动，服务一线职工、外来建设者1.5万人次。区总工会采取“区总工会、直属工会、企业工会”三级联动的模式，扩大帮困服务的精准性和覆盖面。走访慰问受企业关停并转等影响的困难职工，因重大病、单亲、子女读书等影响生活的困难职工和困难劳模。走访调研受贸易形势影响、去产能任务重的企业和面临困难的民营企业，了解其生产经营状况、困难成因、职工安置和政策待遇落实等情况。通过新春团拜会、赠送年货、赠送电话卡、赠送助医卡、组织文艺联欢演出等形式服务关爱一线职工及外来建设者。开展“农民工平安返乡返岗”活动，发放农民工平安返乡专车补贴，“带副春联回家乡”等活动，安排农民工返乡返岗专车50辆，服务职工约2300人次。据统计，元旦春节期间，全区各级工会计划投入送温暖资金1761.4万元，服务一线及困难职工82038人次。（陈　维）

【普陀区开展迎新春关爱行动】 1月5日，普陀区总工会、区国资委工会、区网约送餐行业工会、区家政服务行业工会联合举办“带副春联回家乡、红红火火过大年”普陀区环卫工人、网约送餐员、家政服务员新春联欢会，区总工会、区国资委、区城市建设投资有限公司、上海普环实业有限公司的领导出席活动，与130名一线职工代表共迎新春。联欢会邀请“达人秀”“我要上春晚”等知名栏目优秀演员为职工们表演丰富多彩的歌舞、杂技、游戏等。区总工会向职工代表赠送新春大礼包。职工书法爱好者们现场挥毫泼墨，送上传统手写春联。春节前夕，区总工会开展关心慰问劳动模范、一线职工等主题活动，以举办外来建设者新春联欢会为重点，动员全区各系统、街镇工会举办送春联、送年货、送文艺演出等迎春关爱活动，并开展上门慰问和“普工英”新春送福线上活动，惠及职工15000余人次，营造和谐安定节日氛围。（陆　蕾）

【上海中远海运重工分承包方联合工会进一步壮大】 2020年，上海中远海运重工有限公司工会进一步加大分承包方工会建设和服务力度，将包括15家分承包商的员工悉数纳入工会组织管理范围，全年非公企联合工会新纳入会员715人，为第一批入会会员办理、开通工会会员卡共计400余张。（魏敬民）

【中建八局主办“打工春晚”】 1月2日，农历新年到来之际，中建八局联合上海文广互动电视、浦开集团主办一场“打工春晚”。市总工会党组副书记、副主席姜海涛，市建设和交通工作党委副书记田赛男，中建集团工会副主席、党建工作部副主任、团委书记冯小林，中建八局党委书记、董事长校荣春，党委副书记、工会主席于金伟等领导出席晚会。千名建筑工人汇聚在上海公司源深路研发楼项目，共飨盛会。八局与一些爱心企业一道倾听建设者们的心愿，助力梦想实现，传递温暖。晚会节目形式多样，内容丰富多彩。此次“打工春晚”是上海市首次为建筑工人定制推出的节目，晚会现场，包括主办单位在内的10多家爱心企业为工友带来返乡机票、棉被、行李箱、保温杯等新年礼物和精美小食品。（陈　湘）

上海市总工会职工服务中心一览表

序号	单位	电话（办公）	地址
1	浦东新区总工会服务处	38475088－805、806	樱花路429号
2	浦兴社区工会服务点	38420797－8139	凌河路69号

续　表

序号	单位	电话(办公)	地址
3	金杨社区工会服务点	50370500-191	银山路330号
4	洋泾社区工会服务点	38992121	巨野路219号3号楼
5	潍坊社区工会服务点	51029075-8015	潍坊路131弄1号
6	塘桥社区工会服务点	58737200	峨山路488号
7	南码头社区工会服务点	50396125-8208	南码头路400号
8	上钢社区工会服务点	20224821	昌里路335号
9	周家渡社区工会服务点	50788875	南码头路1136弄35号乙
10	东明社区工会服务点	50842255/50845307(办)	上南路4206弄1号
11	陆家嘴社区工会服务点	68767121-2033	栖霞路120号206
12	沪东社区工会服务点	58030099-2009/50351523	长岛路11号
13	花木社区工会服务点	50452710-8235	梅花路289号
14	川沙镇工会服务点	68397955-8106	妙境路1336号一楼
15	高桥镇工会服务点	50586511	张杨北路5168号
16	北蔡镇工会服务点	58913393	沪南路1105号
17	三林镇工会服务点	58415367	和炯路681号
18	张江镇工会服务点	58551373	张江江东路1458号7号窗口
19	曹路镇工会服务点	50683818	龚丰路85号
20	唐镇镇工会服务点	58965096-773/68798525	唐镇唐兴路495号116室
21	合庆镇工会服务点	58976062	合庆镇东川公路7777号
22	金桥镇工会服务点	58545450	佳林路585号1号楼106室
23	高东镇工会服务点	58486215	光明路433号
24	高行镇工会服务点	68974753/58975572(办)	新行路340号
25	惠南镇工会服务点	68092831	人民路3252号4号楼
26	周浦镇工会服务点	20922217	祝家港路190号
27	宣桥镇工会服务点	58181289	南六公路500号
28	康桥镇工会服务点	20913221	沪南公路2538号
29	航头镇工会服务点	58229649-8118/58229026(办)	航头路1538号
30	新场镇工会服务点	58171717-8152/58179785(办)	牌楼东路285号
31	祝桥镇工会服务点	58107412	南祝公路5058号
32	老港镇工会服务点	58053082	建中路556号
33	大团镇工会服务点	58081037	永春东路10号4号楼
34	万祥镇工会服务点	58040069	振万路2号
35	芦潮港镇工会服务点	20943150	芦硕路298号
36	书院镇工会服务点	58198735	船山街112号
37	泥城镇工会服务点	58072950	泥城镇鸿音路3152号
38	申港社区工会服务点	68283330-803	南汇新城镇竹柏路487号

续 表

序号	单位	电话（办公）	地址
39	徐汇区总工会服务处	54182060	桂林路46号底楼大厅
40	湖南路街道工会服务点	64330573	淮海中路1788号
41	天平街道工会服务点	54658110	衡山路17弄1号
42	斜土街道工会服务点	64166061	茶陵路38号
43	田林街道工会服务点	64839361	宜山路655弄3号
44	康健街道工会服务点	54210576-8029	浦北路268号
45	凌云街道工会服务点	64552736-8023	梅陇路268号
46	长桥街道工会服务点	64771771-1122	罗秀路616号
47	龙华街道工会服务点	54121093	天钥桥南路399号
48	华泾街道工会服务点	54821212-1240	华泾路505号
49	徐家汇街道工会服务点	34199741	斜土路2431号
50	枫林街道工会服务点	33638109	小木桥路680号
51	虹梅街道工会服务点	34207920	虹梅路2017号
52	漕河泾街道工会服务点	34140991	冠生园路211号
53	长宁区总工会服务处	62106198	愚园路1250号2楼
54	天山街道工会服务点	62598183	天山二村64号乙
55	北新泾街道工会服务点	62389379	新泾一村144号1楼
56	华阳街道工会服务点	32201205	万航渡路1268号
57	新华路街道工会服务点	62944625	法华镇路521号3楼
58	江苏街道工会服务点	62256600-126	江苏路563弄8号
59	周家桥街道工会服务点	52061155-128	长宁路1488弄6号2楼
60	仙霞街道工会服务点	62959244	虹古路206号
61	虹桥街道工会服务点	22850753	中山西路1030弄51号
62	程家桥街道工会服务点	22300113	虹桥路2282号
63	新泾镇工会服务点	62386651	泉口路66号
64	普陀区总工会服务处	32250855	同普路602号3号楼三楼
65	曹杨新村街道工会服务点	62544510	枫桥路8号
66	甘泉新村街道工会服务点	66251663	宜君路9号
67	长寿街道工会服务点	62277887-1151	胶州路1095号
68	真如镇工会服务点	52781773	兰溪路1018号
69	长风街道工会服务点	62430029	中山北路3500号
70	宜川新村街道工会服务点	66610109	交通路1511号
71	石泉新村街道工会服务点	60837527	宁强路25号
72	桃浦镇工会服务点	66267866-9018	绿杨路225号

续 表

序号	单位	电话(办公)	地址
73	长征镇工会服务点	62063773	清峪路127号(社保中心二楼)
74	万里街道服务点	51987655	真金路459号
75	静安区总工会服务处	62672387	昌平路888号
76	彭浦新村街道工会服务点	56477367	安泽路78号
77	大宁街道工会服务点	56658320	彭江路188号
78	宝山街道工会服务点	56301203–8025	宝昌路519号
79	芷江西街道工会服务点	66583382–109	芷江西路151号
80	彭浦镇工会服务点	56772537	灵石路725号丙
81	临汾街道工会服务点	36601651	临汾路335号
82	共和新街道工会服务点	56331590	平型关路487号
83	北站街道工会服务点	63173396	天目中路532号
84	天目西街道工会服务点	36392197	沪太路150号
85	南京西路街道工会服务点	62897058	延安中路955弄67号
86	江宁路街道工会服务点	52527445	常德路818号
87	石门二路街道工会服务点	62563321	武定路139号
88	静安寺街道工会服务点	54035567	常熟路115号
89	曹家渡街道工会服务点	62112892–805	万航渡路676弄46号
90	虹口区总工会服务处	25658877	飞虹路528号
91	凉城街道工会服务点	65287439	凉城路465弄41号甲
92	曲阳街道工会服务点	35391722	伊敏河路88号
93	欧阳街道工会服务点	65222978	曲阳路483弄1号
94	四川北路街道工会服务点	56662498	新广路296号
95	嘉兴街道工会服务点	65794908	三河路388号
96	广中街道工会服务点	51812224	水电路120号
97	提兰桥街道工会服务点	65851980	新建路195号
98	江湾镇工会服务点	65612083	奎照路280号
99	杨浦区总工会服务处	65846612	靖宇东路118号
100	四平地区总工会服务点	65139206	鞍山路158号
101	江浦地区总工会服务点	65853519	许昌路1150号
102	长白地区总工会服务点	55832029	延吉东路107号
103	延吉地区总工会服务点	65482211–147	延吉中路77号
104	定海地区总工会服务点	65670011–2050	长阳路3066号
105	平凉地区总工会服务点	65375488	吉林路18号110室
106	五角场地区总工会服务点	65557359	政通路100弄11号

续 表

序号	单位	电话(办公)	地址
107	控江地区总工会服务点	55803685	黄兴路 572 号
108	大桥地区总工会服务点	65191987	平凉路 1730 号
109	殷行地区总工会服务点	65881593	国和路 1049 号
110	五角场镇总工会服务点	65582183	国和路 425 号
111	新江湾城地区总工会服务点	55252927	政悦路 329 号
112	黄浦区总工会服务处	53832096	重庆南路 229 弄 5 号
113	豫园街道工会服务点	63365912	河南南路 288 号
114	南东街道工会服务点	63271866-5522	江阴路 101 号
115	小东门街道工会服务点	63325622	白渡路 252 号
116	老西门街道工会服务点	63696363-3102、63769098	大吉路 71 号
117	外滩街道工会服务点	63295081	河南中路 568 号
118	半淞园路街道工会服务点	63120055-1097	西藏南路 1360 号
119	五里桥街道工会服务点	53023712	瞿溪路 768 号
120	淮海街道工会服务点	53831172	马当路 349 号
121	瑞金二路街道工会服务点	53060094-8062	皋兰路 6 号地下一层
122	打浦街道工会服务点	63041102-8116	南塘浜路 103 号
123	宝山区总工会服务处	36071834	牡丹江路 215 号
124	张庙街道工会服务点	56766139	泗塘二村 108 号
125	吴淞镇街道工会服务点	56572073	淞清路 151 号
126	大场镇工会服务点	61671008	沪太路 2518 号
127	月浦镇工会服务点	36303757	德都路 111 号
128	淞南镇工会服务点	66186230	长江路 556 号
129	庙行镇街道工会服务点	56476890	长江西路 2700 号
130	友谊街道工会服务点	56122053	永清路 899 号
131	顾村镇工会服务点	56042969	电台南路 7 号
132	罗店镇工会服务点	66860113	祁北东路 209 号
133	杨行镇工会服务点	36020265	松兰路 826 号
134	高境镇工会服务点	33711749	河曲路 108 号
135	罗泾镇工会服务点	56873627	陈行街 125 号
136	闵行区总工会服务处	33362769　33362765	闵行区莘东路 505 号 11 楼 1107 室
137	江川路社区(街道)工会服务点	64632352	鹤庆路 398 号
138	浦锦街道工会服务点	34783663	浦瑞路 326 号
139	梅陇镇工会服务点	54289346	莘朱路 1925 号
140	华漕镇工会服务点	62214122	平乐路 25 号

续 表

序号	单位	电话(办公)	地址
141	古美街道工会服务点	54163600-623	古龙路1139号
142	七宝镇工会服务点	64611008	沪松公路577号
143	吴泾镇工会服务点	64520590	宝秀路555号
144	虹桥镇街道工会服务点	64658822-2111	合川路2885号
145	新虹街道工会服务点	52962110	申滨路777号
146	莘庄街道工会服务点	34709930	莘西南路158号
147	颛桥镇工会服务点	51987090-1015	联农路297号
148	马桥镇工会服务点	64090718	银春路2016号
149	莘庄工业区工会服务点	34909876-1108	春光路710号
150	浦江镇工会服务点	34302496	江航南路950号
151	嘉定区总工会服务处	69067255	合作路1505一楼大厅
152	嘉定镇街道社区事务受理中心	59928106	塔城路360弄8号
153	新城路街道社区事务受理中心	59985537	迎园路416号
154	真新街道社区事务受理中心	59997603	清峪路985号
155	菊园新区社区事务受理中心	69016002	平城路811号
156	安亭镇社区事务受理中心	69578873	民丰路988号
157	南翔镇社区事务受理中心	69126004	古猗园路358号
158	江桥镇社区事务受理中心	69570790	华江路129弄5号楼
159	嘉定工业区事务受理中心	69960031(南)59543061(北)	永盛路2703号/嘉朱公路1468号
160	徐行镇社区事务受理中心	59555017	新建一路1568号
161	外冈镇社区事务受理中心	39107746	恒飞路711号
162	华亭镇社区事务受理中心	39981040	高石路1433号
163	马陆镇社区事务受理中心	59156713	沪宜公路2228号
164	奉贤区总工会服务处	37185525	南桥镇南桥路188号8楼
165	奉城镇服务点	57520547转862	奉城镇兰博路2009号
166	西渡街道服务点	57436398-8	西渡街道西闸公路1278号
167	南桥镇服务点	67196048-206	南桥镇新建西路160号
168	海湾镇服务点	57504779-802/810	海湾镇海农公路1478号
169	四团镇服务点	57534388-803/804	四团镇天鹏街54弄32号
170	青村镇服务点	57565387-/802/803/818	青村镇南奉公路2955号
171	柘林镇服务点	57447096	柘林镇新寺新塘路198弄180号
172	金汇镇服务点	57486215	金汇镇金碧路2028号
173	庄行镇服务点	57466997转807	庄行镇新苑路2号
174	金海社区服务点	67103903	金海社区嘉园路258号

续 表

序号	单位	电话(办公)	地址
175	海湾旅游区服务点	57120047–624/621	海湾旅游区新海街 18 号
176	奉浦街道服务点	67109669	奉浦大道 111 号
177	松江区总工会服务处	57819333	松江区乐都西路 867 号 4 号楼
178	岳阳街道工会服务点	57820693	人民北路 73 弄 1 号
179	永丰街道工会服务点	67816119	仓华路 623 号
180	中山街道工会服务点	67743703	茸梅路 139 号 1 楼大厅
181	方松街道工会服务点	37021541	文涵路 733 号
182	广富林街道工会服务点	37655613	人民北路 3456 号 1 号楼
183	九里亭街道工会服务点	67890270	九里亭街道涞坊路 408 号
184	泗泾镇工会服务点	57611712	泗泾镇文化路 150 号
185	洞泾镇工会服务点	67670253	洞泾镇同乐南路 30 号
186	佘山镇工会服务点	57659437	佘山镇佘新路 358 号
187	石湖荡镇工会服务点	57759038	石湖荡镇学府路 160 号
188	泖港镇工会服务点	57860567	泖港镇中南路 35 号
189	叶榭镇工会服务点	67800093	叶政路 1089 号
190	新浜镇工会服务点	57891915	新浜镇新绿街 398 号
191	车墩镇工会服务点	57604759	车墩镇影视路 28 弄 1 号楼 101 大厅
192	新桥镇工会服务点	57642162	新桥镇新站路 460 号
193	九亭镇工会服务点	57632481	九亭镇九新公路 219 号
194	小昆山镇工会服务点	57761030	小昆山镇文翔路 6000 号
195	金山区总工会服务处	57951843	杭州湾大道 601 号
196	枫泾镇工会服务点	57355422	枫泾镇枫杰路 51 号
197	朱泾镇工会服务点	57319559	朱泾镇人民路 360 号
198	亭林镇工会服务点	57235352	亭林镇亭升路 550 弄 33 号
199	漕泾镇工会服务点	67252955	漕泾镇中一西路 601 号
200	山阳镇工会服务点	57245712	山阳镇亭卫公路 1500 号
201	金山卫镇工会服务点	57263691	金山卫镇古城路 319 号
202	张堰镇工会服务点	57213394	张堰镇东贤路 951 号
203	廊下镇工会服务点	57395078	廊下阵景乐路 228 号
204	吕巷镇工会服务点	57371365	吕巷镇溪南路 58 号
205	石化街道工会服务点	57935013	卫零路 485 号
206	金山工业区工会服务点	57270173	恒顺路 280 弄 15 号
207	青浦区总工会服务处	59732688	青浦区车站路 35 号
208	徐泾镇社区事务受理服务中心	59765378	明珠路 800 号

续 表

序号	单位	电话(办公)	地址
209	朱家角镇社区事务受理服务中心	59240498	沙家埭路18号
210	赵巷镇社区事务受理服务中心	59751231-8045	镇中路580号
211	华新镇社区事务受理服务中心	59797200	华强街585号
212	重固镇社区事务受理服务中心	59786641	赵重公路3025号
213	白鹤镇社区事务受理服务中心	59212666	建屯路130号5号楼
214	练塘镇社区事务受理服务中心	59255965	练塘镇朱枫公路3666弄4号楼-练民新村西侧
215	金泽镇社区事务受理服务中心	59261029	金中路19号
216	香花桥街道社区事务受理服务中心	59224315	香大路1001号
217	夏阳街道社区事务受理服务中心	59731779	城中南路58号
218	盈浦街道社区事务受理服务中心	69223601	胜利路119号
219	崇明县总工会服务处	69693900	崇明县城翠竹路1501号
220	新村乡社区事务受理中心	59650863	新村乡新中村新跃路287号
221	绿华镇社区事务受理中心	59351071	绿华镇嘉华路8号
222	三星镇社区事务受理中心	59600005	三星镇宏海公路4291号
223	庙镇社区事务受理中心	59365708	庙镇合作公路70号
224	港西镇社区事务受理中心	59671520	港西镇三双公路1573号
225	城桥镇社区事务受理中心	69617125	城桥镇寒山寺路164号
226	建设镇社区事务受理中心	59333533	建设镇建星路108号
227	新河镇社区事务受理中心	59688727	新河镇新申路801号
228	竖新镇社区事务受理中心	59491270	竖新镇前竖公路3150号
229	堡镇社区事务受理中心	59426130	堡镇化工路17号
230	港沿镇社区事务受理中心	59461362	港沿镇港沿公路1198-1号
231	向化镇社区事务受理中心	59443733	向化镇向华大街149号
232	中兴镇社区事务受理中心	69445119	中兴镇广福路37号
233	陈家镇社区事务受理中心	59401252	陈家镇北陈公路1454号
234	长兴镇社区事务受理中心	66859005	长兴镇海舸路509号
235	横沙乡社区事务受理中心	56899054	横沙乡新环路57号
236	东平镇社区事务受理中心	59666777-8139	东平镇东冉路783号
237	新海镇社区事务受理中心	59655101	新海镇海展路80号

宣传教育

综　述

2020年，市总工会加强职工宣传思想工作，各项工作取得积极成效。一是强化职工思想政治引领。组建上海工会党的十九届四中全会精神宣讲团，线上推出精品微课，受众近14万人次；举办"致敬！逆行者"上海职工抗击疫情主题图片展，以图片、文字、视频、互动等形式，记录疫情阻击中的城市温暖故事，弘扬和践行上海城市精神与品格；推进"上海百年红色工运资源发掘宣传工程"；加大劳模先进宣传，结合新一届劳模评选表彰，举办"奋斗奔小康·共创新奇迹"致敬劳模特别节目，开展劳模精神、劳动精神、工匠精神大讨论，举办千场劳模先进报告会；开设"中国梦·劳动美——人民城市·奋斗有我"上海职工直播课堂，讲好劳模故事、劳动故事、上海劳动者故事；加强职工心理关心疏导，开展职工心理服务进园区（企业）活动和心理健康课程配送服务。二是推动职工素质工程建设。探索建设职工网络教育培训平台，与市教委、开放大学、相关社会机构等合作，探索通过网络教育培训的方式，推进更多在岗职工学力提升，提高学习能力、职业能力和综合素养；加强职工书屋建设。开展"中国梦·劳动美——决胜小康、奋斗有我"职工书屋大讲堂活动，完成11场大讲堂与39场品读会活动，同步推出的咪咕视频"职工书屋"专栏，浏览量过283万余次。三是积极推动职工文化事业发展。加快推动文化宫公益转型，推动各区文化宫实现与所在区域的文化馆、社区文化中心、图书馆、体育系统等单位的融合发展、联合发展；加强职工文艺创作，举办融作品征集、剧本研讨、颁奖典礼于一体的微电影节，开展摄影书画作品征集创作，线上线下展示优秀原创作品；加强职工健康管理和服务，举办2020年上海职工健康趣味运动会，开展职工健康服务进企业服务。四是深化网上宣传工作。加大市总工会对外新闻宣传力度，开展"五一"期间上海工会新闻宣传活动和新一届全国劳模表彰宣传工作；做好建党百年系列宣传报道工作；开展"网聚职工正能量、争做中国好网民"主题活动；加强市总工会舆情监控工作，组织上海工会网评员队伍，当好网络志愿者，升级网上工会服务功能。

（宋　昶）

宣传思想工作

【概要】 以习近平新时代中国特色社会主义思想为指导，全面贯彻党的十九大精神和十九届二中、三中、四中、五中全会精神，及党中央和市委关于统筹推进新冠肺炎疫情防控和经济社会发展工作的总体部署，加强职工宣传思想工作，引导广大职工主动担当、勇于作为，充分发挥工人阶级主力军作用。强化理论武装，紧密结合职工生产生活实际，运用传播领域新技术新手段，持续推动习近平新时代中国特色社会主义思想深入人心、落地生根；开展理想信念教育，不断深化"中国梦·劳动美——决胜小康、奋斗有我"主题教育实践活动，通过组建宣讲团、红色资源挖掘宣传工程、职工直播课堂、读书活动、红色寻访活动、班组文化大赛、微视频、微论坛等方式，推动理想信念、社会主义核心价值观进园区、进企业、进班组。

（陈　洁）

【开展党的十九届四中全会精神宣讲工作】 为进一步推动本市各级工会学习宣传贯彻落实党的十九届四中全会精神，根据中央、市委和全总的统一部署和要求，市总工会成立"上海工会学习贯彻党的十九届四中全会精神宣讲团"，成员有市总相关部门负责人、工会干部、工会学院教师、劳模先进等。本次宣讲活动以"线上线下结合，突出线上宣讲"为原则，线上重点推出了精品微课，受到各区局（产业）工会的关注，播放近14万人次；同时，面向全市各级工会采用预约、上门宣讲的方式，面向基层一线、职工群众开展宣讲活动。

（陈　洁）

【修订《上海市总工会党组关于落实意识形态工作责任制的实施细则》】 结合落实新修订的《上海市各级党委（党组）意识形态工作责任制实施细则》，对2017年制订的《上海市总工会党组关于落实意识形态工作责任制的实施细则》进行修订，明确职责分工，进一步强化工会意识形态安全。

（陈　洁）

【浦东新区举行"而立浦东启新程"劳模先进首场报告会】 12月9日，浦东新区总工会举办"而立浦东启新程——浦东新区劳模先进首场报告会"，邀请来自浦东的全国劳动模范，结合自身经历，讲述与浦东共成长的故事。市总工会副主席周奇出席会议。会议由浦东新区人大常委会副主任，区总工会党组书记、主席王辛翎主持。会议以主会场+分会场视频会议的形式召开，劳模先进代表，委办局、街镇、开发区和区属企业工会负责人分别在各会场参会。

（陈　维）

【上海职工直播课堂第二场在浦东站举行】 12月24日，"中国梦·劳动美——人民城市、奋斗有我"上海职工直播课堂第二场浦东站"而立浦东启新程"举行。浦东新区市场监管局注册许可分局党总支副书记、二级高级主办徐敏和上海外高桥集团股份有限公司党委书记、董事长刘宏在现场分别讲述浦东开发开放30年来，浦东新区如何从阡陌纵横的郊野奇迹般地发展成为一座现代化新城的发展历程。本次活动在新华社客户端、阿基米德、话匣子和上海市总工会官网、官方微信公众号"申工社"、劳动观察APP、浦东观察APP、浦东工会通抖音等线上平台同步直播，人民网上海客户端频道全程播放，上海人民广播电台录播。

（陈　维）

【编撰新书《30年30人——向浦东开发开放的光荣建设者致敬》】 为献礼浦东开发开放30周年，浦东新区总工会携手叶辛等知名作家，精心编写《30年30人——向浦东开发开放的光荣建设者致敬》一书。4月27日，区总工会召开《30年30人》故事集发布暨劳模座谈会，邀请劳模先进和作家代表，共话"浦东的30年，我们的30年"。全国劳动模范、全国"最美奋斗者"包起帆和浦东新区人大常委会副主任、总工会主席王辛翎，为《30年30人——向浦东开发开放的光荣建设者致敬》新书揭幕。全书由改革先锋、硬核产业、社会治理、民生服务、技能达人等5个篇章构成，从浦东2000

编撰发布《30 年 30 人——向浦东开发开放的光荣建设者致敬》一书
（陈 维）

多名劳模中精选出 30 位人物，作为各行各业的代表，呈现出整个浦东 30 年创业的历史线索与大致轮廓。（陈 维）

【浦东新区举办“雷锋情·志愿行”主题志愿服务活动】 12 月 5 日，浦东新区职工志愿者协会在上海第一八佰伴，举办浦东职工专业志愿服务中心集市 12·5 国际志愿人员日劳模专场暨宪法宣传周主题活动。作为浦东职工志愿者服务品牌项目，浦东职工专业志愿服务中心集市已举办 100 余场，累计服务职工超过 3 万人次。为了更好地服务广大职工，志愿者协会整合各行各业的资源，再次扩充职工志愿者队伍的力量，组建 6 支专业的职工志愿者队伍。当天，在八佰伴商圈，来自政策宣讲、法律咨询、心理疏导、金融科技、环境保护、便民服务等 6 个领域的专业志愿者队伍，与来自潍坊、南码头、曹路、三林、申浦物业等的职工志愿者一起，为广大市民和职工提供服务。（陈 维）

【首场“中国梦·劳动美——人民城市、奋斗有我”上海职工直播课堂在杨浦滨江开讲】 10 月 30 日，首场“中国梦·劳动美——人民城市、奋斗有我”上海职工直播课堂“跨越时空的历史变迁”在杨浦滨江人人屋党群服务站门前广场上正式开播，拉开上海职工直播课堂的序幕。原纺织工业部首届 18 位全国劳模之一的黄宝妹、北斗三号卫星副总指挥沈苑，现场讲述新中国成立以来上海城市发展变迁、产业转型升级、人民共享城市发展成果的历程。本场活动通过阿基米德、话匣子，以及市总工会官方网站、官方微信以及官方 B 站号“申工社”、劳动观察 APP 等线上平台同步直播，观看量近 100 万。市人大常委会副主任、市总工会主席莫负春，杨浦区委书记谢坚钢，上海广播电视台党委书记、SMG 董事长王建军，全国劳模黄宝妹，市总工会党组书记、副主席黄红，杨浦区委副书记邓小冬，市总工会副主席桂晓燕，杨浦区人大常委会副主任、总工会主席麦碧莲，上海广播电视台党委副书记、东方广播中心党委书记王治平等共同启动“中国梦·劳动美——人民城市、奋斗有我”上海职工直播课堂。（张东寅）

【《复兴号》在黄浦剧场上演】 8 月 30 日，黄浦区第三届职工文化艺术节展演作品暨第五届“上海市梦想戏剧节”开幕大戏《复兴号》在黄浦剧场上演。该剧由黄浦区委宣传部、区委统战部、区总工会主办，黄浦海燕博客公益发展中心、都市原点剧社承办。此剧的演职人员均为来自各行各业、热爱工作、热爱生活的新阶层人士。为了演好铁路人形象，在区总工会的协调帮助下，演出创作团队来到铁路上海局参访，实地了解中国铁路的发展历程。当晚演出同步在哔哩哔哩、一直播、西瓜视频、蜻蜓电台等平台进行视频、音频直播，近 500 万名网友在线上一同体验《复兴号》的中国速度。（陆中斌）

【静安区总工会举办致敬红色工运先烈活动】 4 月 30 日，由静安区总工会组织的致敬红色工运先烈活动，在中国劳动组合书记部旧址举行。静安区总工会副主席谭振勇、李晅，经审委主任张伟与劳模先进代表郭康玺、徐晓唯、安从真、梁胜芳、朱道义一起向工运先烈献花。在活动仪式上，区总工会领导以及劳模先进代表共同在中国劳动组合书记部旧址前佩戴工会会徽并献花，并参观中国劳动组合书记部旧址陈列馆，重温工运历史，聆听情景党课。（杨宇骏）

【闵行区总工会开展职工思想动态调研】 2020 年起，闵行区总工会开展季度职工思想动态调研，围绕社会民生热点，面向基层企事业单位，听取一线职工代表的意见和建议。截至 12 月底，累计调研 200 多家不同规模的企业，范围涉及机械制造、新材料、精密电子、生物医药、汽车服务、服装设计、商业服务、物业管理等行业，参与调研的职工达 1.4 万人。形成《新冠肺炎疫情期间闵行职工思想动态调查分析》《当前闵行职工思想政治工作现状调研分析》《闵行区职工维权及安全生产工作分析》《关于对 2020 年闵行工会工作满意度评价暨职工需求分析》等 4 项专题报告，帮助区总工会及时地把握区域职工群众的思想脉络，引导企业职工坚持正确的舆论导向，化解各类矛盾，凝聚推动和谐发展的正能量，增强工会思想引领工作的时效性和针对性。（王 凯）

【纪念上海机器工会成立 100 周年大会召开】 12 月 9 日，纪念上海机器工会成立 100 周年大会在上海电气集团召开。中华全国总工会党组成员、经审委主任李晓钟，上海市人大常委会副主任、市总工会主席莫负春，市国资委党委书记、主任白廷辉，市总工会党组书记、副主席黄红等领导以及市总工会、部分区总工会和产业局工会的负责人，上海电气集团领导班子成员和高管,集团及机电工会的部分老领导,企业党政领导代表,工会干部代表,劳动模范、上海工匠代表,共同追忆上海机器工人在党领导下不懈奋斗的光辉历程,传承上海机器工会红色基因,推进工运事业创新发展。市机电工会主席朱斌在会上作主题报告,回顾机器工会在党领导下开展工人运动和工会工作的光辉历程。大会现场举行了"迎接建党百年上海红色工运宣传项目"启动仪式。

(彭伟光)

【东方国际集团举办纺织工运历史座谈会】 9月9日,"迎接中国共产党建党百年·上海纺织工运历史座谈会"在三山会馆举行。会议回顾反映上海纺织行业独特悠久的工运历程,肯定上海纺织工人运动在各个历史阶段的重要地位和贡献。市工人运动研究会领导、上海纺织工运史册历任编辑成员代表等受邀出席。

(张智伟)

【上港集团深入开展"五一"主题活动】 上港集团在五一国际劳动节期间,集中开展以"非常五一节,奋起正当时"为主题的教育实践活动。活动包含3个方面内容:一是认真宣传学习贯彻集团党委书记、董事长顾金山"奋进新时代、强港勇担当"2020年立功竞赛倡议书精神。通过班组学习等形式,团结广大职工群众进一步统一思想、凝聚共识、振奋精神,坚定战胜疫情挑战、实现全年经济目标的信心,将倡议书要求真正落实到工作中、体现在行动上、展示在成果里。二是广泛开展形式多样、主题突出的劳动竞赛活动。各基层单位按照集团2020年立功竞赛活动要求,结合本单位生产经营实际,在"五一"期间开展主题突出的具有本单位特色的专项劳动竞赛活动。同时充分挖掘选树先进典型,及时总结、宣传、分享竞赛中的好经验、好做法,让劳模精神、劳动精神和工匠精神成为生产一线主旋律。三是广泛开展各类"五一"宣传和实践活动。各基层单位结合疫情防控要求,创新活动方式,围绕工匠精神宣传、职工风采展示、职工技能登高、职工智慧创造、职工作品展示、职工爱心奉献等内容进行策划实施,营造热烈、活泼、向上的活动氛围。

(施文卿)

【船舶公司组队参加市职工文化寻访活动】 10月21日,由市总工会主办,以"寻访工运历史,传承红色基因"为主题的上海市职工红色工运文化寻访活动在黄浦区渔阳里文化广场拉开帷幕。中船上海船舶工业有限公司代表队、沪东中华造船(集团)有限公司代表队、上海外高桥造船有限公司代表队和来自全市的50余支队伍从起点出发,开启一段红色文化寻访之旅。本次活动是通过"线上答题+线下徒步寻访"相互结合的方式开展进行,上海船舶系统3支代表队的职工们先后来到上海公学、五卅运动纪念碑、茅丽瑛烈士遇害处、人民英雄纪念塔,一个个充满上海工运历史文化底蕴的站点成为上海船舶职工们竞相拍照、打卡、答题的"任务点"。寻访途中,通过互动答题、团结协作,完成设置在每个站点中的关卡到达任务终点。寻访活动让职工充分了解上海工运历史沿革发展、工业历史文化发展,感受城市文明进步的成果,同时进一步加强职工团队的荣誉感、责任心和凝聚力。最终来自中船上海船舶工业有限公司代表队在众多参赛队伍中脱颖而出获得团体第二名的佳绩,上海外高桥造船有限公司代表队、沪东中华造船(集团)有限公司代表队分获第十一名和第十五名。

(刘亦明)

【中国船舶集团上海公司举办大型红色文化寻访活动】 12月18日,由中船上海船舶工业有限公司主办、上海船舶研究设计院承办的"不忘初心学四史,牢记使命再出发"2020年中国船舶集团上海船舶系统职工红色文化寻访活动隆重举行。来自系统21家成员单位31支代表队共186名党员、职工参加活动。各参赛队员从江南造船原址"远望1号"科考船所在地出发,按定向路线依次前往上海历史博物馆—毛泽东旧居—中共二大纪念馆—鲁迅纪念馆—国歌纪念馆—浦东发展陈列馆—中国船舶大厦。参赛队员到达每个红色坐标点进行线上的打卡、答题和线下拼图等,一路学习"四史",感受改革发展足迹,触摸时代进步脉搏,31支代表队在中国船舶大厦共同筑起中国船舶集团高质量发展的"愿景墙"。各参赛队员以赛促学,在寻访中认真学习党史、新中国史、改革开放史和社会主义发展史。

(周 莺)

职工素质工程

【概要】 2020年,上海工会积极贯彻落实《全国职工素质建设工程五年规划(2020—2025年)》《关于推进新时期上海产业工人队伍建设改革的实施意见》《上海职工素质工程建设五年规划(2016—2020年)》精神,围绕实现上海工会"建设工会大学校"目标,扎实推进职工素质工程建设,努力推动形成规模庞大的知识型、技能型、创新型劳动者大军,提升职工综合素质、促进职工全面发展。

(陈 洁)

【市工人文化宫举办上海职工文化系列讲座——"五一讲堂"】 市工人文化宫全年共举办《2020年下半年疫情发展趋势与个人防护》《"学四史、举旗帜、守初心、兴文化"》《民族文化的传承与创新——〈梁祝〉,我的蝴蝶梦》《新发展·新理念·新格局——学习贯彻党的十九届五中全会》《解码"双循环",奋斗"十四五"》《海派文化的传承、创新与发展——"城市有温度,建筑可阅读"》等6场职工文化讲座,服务职工约70000人。"五一讲堂"采用线下线上互动形式,通过"网上约课",送课"进企业、进园区、进社区、进楼宇、进职工书屋"等服务,旨在通过开展文化系列讲座,增强全市职工"改革再出发、创新再发展"的信念和力量,打造工会文化品牌,打通工会文化服务"最后一公里"。

(王家辉)

【上药4人在首届全国中药传统名堂职业技能竞赛上获奖】 10月14—16日,由中国能源化学地质工会主办的首届全国中药传统名堂职业技能竞赛在天津举行。作为上海市医药工会的参赛代表,市药材有限公司工会派出4名员工参加比赛。经过比拼,市药材有限公司王小丽、姚科俊获竞赛一等奖,詹维超、万夏欣获竞赛二等奖。市医药工会、市药材有限公司工会、上药华宇药业有限公司工会获

市工人文化宫开展上海职工文化系列讲座——“五一讲堂” （陈 鸿）

优秀组织奖。 （陈玮雯）

【中交三航局工会干部培训班暨“职工学堂”启动仪式举行】 8月27日，三航局2020年工会干部培训班暨“职工学堂”启动仪式在沪举行。市总工会副主席王曙群，三航局党委副书记、工会主席傅瑞球出席会议并讲话，共有来自14家单位的61位专兼职工会干部参加本次培训班和启动仪式。现场，王曙群分享了他在中国航天科技集团有限公司八院的工作经历，激励职工树立求知善读、终身学习的理念，争当“有理想守信念、懂技术会创新、敢担当讲奉献”的学习典型，自觉成为劳模精神、劳动精神和工匠精神的传承者、践行者、诠释者。 （黄书展）

【上海教师比拼书法和板书基本功】 12月13日，由市教育工会举办的第七届上海教师书法和板书大赛在上海第二工业大学开赛，集中展示上海教师教学功底，共有大中小幼240位教师参赛。大赛期间，还举行了上海教工“抗击疫情，你我同心”优秀书画作品展，共展出书法、绘画、诗歌、散文、摄影、篆刻作品及其他抗疫日记、随笔、视频等2千多份，成为集创意、设计、趣味为一体的竞赛项目。

（高 芳）

【世纪出版集团工会举办汉字印刷字体非遗文化展示】 12月8日、10日，世纪出版集团职工代表60余人分2批参观汉字印刷字体非遗文化展示馆，了解“汉字印刷字体书写技艺”，同时亲身体验铅笔稿、划线、勾描、填墨、描白5道传统工艺流程，感受老一辈字体设计师的艰辛。大家还细细品读非物质文化遗产“汉字印刷字体书写技艺”传承人的故事，了解当下广泛使用的宋体、黑体、仿宋体、楷体等汉字印刷字体的原始创写过程，对传承好工匠精神有了深刻的感悟。

（江 文）

读书活动

【概要】 2020年上海市振兴中华读书活动以“中国梦·劳动美——决胜小康、奋斗有我”为主题，开展了一系列读书活动。主要内容有：发布“悦”读书单和“四史”学习书单；组织“我的小康生活”征文大赛，优秀作品入选“振兴中华”丛书《100人的小康生活》（上海文艺出版社编辑出版）；组织开展2020年上海市振兴中华读书示范项目评选活动，共40家单位荣获2020年度振兴中华读书优秀示范项目；推荐选手参加中华全国总工会主办的“抗击疫情、防控有我”主题系列征集活动和“中国工人杯”全国职工读书知识竞赛选拔赛；引导全市各行各业开展各类主题读书活动近600项。 （陈 鸿）

【2020年上海振兴中华读书活动暨第二十二届上海读书节开幕】 4月22日，2020年上海振兴中华读书活动在线上启动，同时第二十二届上海读书节开幕。发布2020年上海市振兴中华读书活动“悦”读书单，书籍类别涉及思想、经济、战“疫”、社科、文学、艺术、科普、心理、悦读、女性丛书等10个类别。印发上海市振兴中华读书指导委员会《关于申报2020年上海市振兴中华读书活动示范项目的通知》，向市振兴中华读书指导委员会各成员单位和各区文明办、各区局（产业）工会，各区学习办、各区图书馆以及职工书屋广泛征集第二十二届上海读书节示范项目。截至8月底，收到全市各行各业申报读书项目近600项，经评

第二十二届上海读书节活动 （陈 鸿）

选确定年度示范项目228项。 （陈 鸿）

【**推进职工书屋建设**】 为持续动态地掌握职工书屋建设现状及广大职工精神文化需求变化，市总工会开展职工书屋建设情况调研。调研自5月起历时4个月，采用线上问卷结合实地走访的方式。一是通过线上不记名电子问卷调查分析，深入了解新时期基层职工的思想动态，把握职工群体的阅读需求、学习途径、阅读特点及变化，找准主流思想宣传教育与职工需求的契合点；另一方面根据实地走访调研，了解书屋建设、管理、阵地发挥作用等情况，研究探索职工书屋管理的长效机制。开展“中国梦·劳动美——决胜小康、奋斗有我”职工书屋大讲堂和品读会活动。为提升职工素养，营造读书氛围，激发广大职工学习热情，组织一批行业权威、知名作家、杰出劳模和工匠代表等，以一本书为载体，围绕“政治素养、道德素养、法治素养、文明素养、科技素养、健康素养”等6大版块，举办11场大讲堂与39场品读会活动；充分运用新媒体手段，采用网络直播的方式，把职工书屋系列活动搬上云端，进一步扩大职工书屋活动的内涵和外延，直播平台线上线下同步发布，并可回放，方便职工自由安排时间学习、反复学习，加强线上线下活动融合发展，进一步增强职工书屋辐射作用。活动得到了职工群众的认可和好评，线上视频直播吸引66万人次，照片直播浏览量近36万余次，同步推出的咪咕视频“职工书屋”专栏，浏览量过283万余次。与此同时，职工书屋系列活动通过融媒体进行多维度宣传，联合上海浦东电视台、看看新闻网、澎湃新闻、文汇报、新民晚报、新民网、人民网、中国网、腾讯新闻、今日头条、搜狐网、凤凰网、新浪网、劳动观察等64家知名媒体门户网站对相关活动进行报道，全网辐射近千万人次，进一步夯实职工书屋品牌建设。 （陈 洁）

【**组织开展“抗击疫情、防控有我”主题诗歌征集活动**】 根据全总职工书屋领导小组通知精神，自3月起在全市职工群众中征集“抗击疫情、防控有我”主题诗歌，至8月，共收到主题诗歌近百首，其中优选42首佳作推荐至中华全国总工会。管燕草诗作《亲爱的，我无比地思念着你》，荣获全国工会职工书屋建设领导小组和《中国工人》杂志社主办的“抗击疫情、防控有我”主题系列征集活动“优秀成果奖”。 （陈 鸿）

【**“家书寄‘申’情·致敬战‘疫’人”家书征集**】 3月8日，市振兴中华读书指导委员协助市总工会女职工委员会举办“家书寄‘申’情·致敬战‘疫’人”家书征集活动。共征集稿件628篇，经专家评审委员会评出100篇优秀家书，其中10篇获奖作品5月19日起在《新民晚报》“夜光杯·十日谈”副刊连载。 （陈 鸿）

【**开展“我的小康生活”征文大赛、编辑出版《振兴中华》丛书**】 4月23日，市振兴中华读书指导委员印发《关于开展2020年上海市振兴中华读书活动“我的小康生活”征文大赛的通知》。截至6月30日，收到全市应征稿件2426篇。经大赛组委会评选，15家单位获优秀组织奖，100篇获奖作品入编“振兴中华”丛书，以《100人的小康生活》为名由上海文艺出版社出版，向全市优秀读书组织、各级工会以及职工书屋示范点进行配送。 （陈 鸿）

【**浦东新区开展职工读书嘉年华活动**】 11月2日，“学四史·诵中华·礼赞浦东三十年”——2020浦东职工读书嘉年华表彰大会暨诗词决赛在浦东图书馆举行，与此同时由浦东新区总工会主办，浦东新区工人文化宫等单位承办的2020浦东职工读书嘉年华圆满收官。本次浦东职工读书嘉年华活动呈现出3个鲜明的特点：一是活动形式丰富多样。在近7个月的时间里，相继举办“最美书香人”评比、小康生活征文、摄影大赛、“悦与思”读书会、诗词大赛、职工书屋文化活动配送等线上、线下文化活动。二是职工参与面广。读书嘉年华活动先后吸引上万人次职工参与，其中诗词大赛吸引来自浦东各行各业的400多名选手参与。三是社会效益显著。活动中挖掘出一批充满正能量的原创文化作品，涌现出一批特色鲜明的文化团队，更重要的是展示了浦东职工队伍的精神风貌，彰显浦东职工文化的丰富内涵。在当天举办的职工诗词大赛中，经过初赛产生的12支队伍同台竞技，现场分别决出个人和团体一、二、三等奖。 （陈 维）

【**静安区总工会推进星级“职工书屋”建设**】 年内，在静安全区共建成星级职工书屋200家，其中有12家获评“全国职工书屋示范点”。自2017年起，静安区总工会以丰富职工精神文化生活，维护和发展职工精神文化权益为着力点，大力推进星级“职工书屋”建设。星级“职工书屋”评定设一星级至五星级5个等级，根据职工书屋的规模、藏书量、借阅次数以及是否开展读书活动、参与职工数量等标准来综合打分。星级“职工书屋”一年一评，实行动态管理，凡符合星级条件的，予以授牌或升级，凡不符合星级条件的，予以降星。在评定方式上，星级“职工书屋”申报采取自主申报和检查验收相结合的方式进行。各单位对“职工书屋”建设情况进行自检，填写上报申请表；区总工会根据各单位的书面申请，开展检查评比，核查申请单位的基础设施、管理状况、数字化程度等相关情况。静安区总工会制订的评定标准兼顾硬件和软件的要求，硬件上对于职工书屋的面积、藏书、设施、设备等内容做出硬性规定，软件上对于读书活动、借阅次数、管理制度同样进行考核。 （姚 磬）

【**宝山区总工会开展“星级职工书屋”创建活动**】 4月，按照《中华全国总工会关于开展全国工会“职工书屋”建设的实施意见》和《上海市总工会关于建设“职工书屋”的实施意见》的要求，宝山区总工会向各直属工会发布《2020年宝山区总工会关于创建“星级职工书屋”》的通知，收到申请表53份。经过层层考察、审核、筛选后：符合新建职工书屋建设标准单位27家，符合三星级职工书屋建设标准单位18家，符合四星级职工书屋建设标准单位4家，符合五星级职工书屋建设标准单位4家。 （朱 艳）

【**金山区第十五届职工读书节暨第六

届职工文化艺术节闭幕】 11月18日，“致敬抗‘疫’先锋”职工原创文艺节目总决赛暨金山区第十五届职工读书节第六届职工文化艺术节闭幕式在金山区文化馆剧场举行。区总工会、上海化学工业区工会、上海石化股份有限公司工会、团区委、区妇联、区文明办、区文旅局负责人，各直属工会负责人及基层职工代表等300余人参加线下闭幕式，近3000名职工通过线上直播观看和参与投票。闭幕式上举行了“致敬抗‘疫’先锋”职工原创文艺节目总决赛，并为本届职工读书节和文化艺术节优秀组织奖、2020年度“一会一品”十佳职工读书示范项目、“我的抗‘疫’故事”职工故事大赛、“致敬抗‘疫’先锋”金山职工原创文艺节目获奖集体和个人颁奖。在抗击新冠疫情的特殊背景下，本届职工读书节和文化艺术节以“致敬劳模工匠！致敬抗‘疫’先锋！”为主题，采用“云”直播方式开幕，近千名职工参与线上互动。年内，全区各级工会举办212场读书分享会，参与职工近万人，申报“我的抗疫故事”395篇、“一会一品”职工读书示范项目101个、职工原创文艺节目74个，营造全区广大职工群众对标劳模先进、抗疫先锋，大力弘扬工人阶级伟大品格和新时代劳模精神、劳动精神、工匠精神的浓厚氛围。 （卫婷怡）

11月18日，金山区第十五届职工读书节、第六届职工文化艺术节闭幕 （卫婷怡）

【上海航天举办“云端读书会”】 上海航天局工会以“云直播”的形式举办第十二届职工读书节，共吸引7000多名职工线上参与。此次航天职工读书节以“读书创造价值，争当时代奋斗者”为主题，引领广大航天职工参加一场别开生面的“云端读书会”。读书节分为红色领读、人文讲述、职海领航3个篇章，旨在引导广大职工读书尚学，营造“多读书、善读书、读好书”的文化氛围。在“云端读书会”中，平时与弹箭星船器打交道的航天人化身主播，在线分享读书感悟，且线上活动打破以往线下活动参与人数的局限性，吸引更多职工积极参与，这种新的形式为今后工会工作提供新的思路和方向。 （周欣彬）

华东电力工会“品味书香·幸福前行”共享书屋揭牌 （徐 彬）

【华东电力工会开展“品味书香、幸福前行”系列读书活动】 华东电力工会以读书活动为载体，引导职工多读书、爱读书、读好书，培育职工自觉学习的良好氛围。4月23日，华东分部举办2020年“世界读书日”主题书展活动。分部"共享书屋”揭牌，书展现场，邀请职工自选一本喜欢的新版图书，同时，通过“以书换书”的形式，共享闲置书籍。6月18日，举办首次读书分享会活动，通过“正念冥想、国网朗读者、读书交流、拆书学习、转化应用”5个环节，带领员工学习读书方法、分享读书心得、体会阅读精彩。9月下旬，举办读书专题讲座，助力推动“品味书香、幸福前行”年度主题读书活动取得实效。第四季度开展“读书心得评比”，为全年活动作总结。 （史佩敏）

【上海电力安装第二工程有限公司工会推进职工书屋基层一线覆盖】 2020年，上海电力安装第二公司工会大力推动职工书屋建设，推动书屋建设向基层一线的普遍覆盖。通过“职工书屋”和“图书角”的创建，丰富职工业余文化生活，积极开展阅读学习活动，培养职工读书兴趣，充分发挥职工书屋作用，进一步叫响坐实职工书屋品牌。开展“新阅读·心分享”读书分享系列活动，为项目职工提供一个交流互动的平台。以“职工书屋”为平台开展普法教育课堂，邀请公司法务以网络课堂的形式为职工上法律课，根据疫情防控的需要，开设《中华人民共和国野生动物保护法（2018版）》和《中华人民共和国传染病防治法》《突发公共卫生事件应急条例》《国家突发公共卫生事件应急预案》等课程，让法律知识更加贴近生活。公司工会有效拓展职工书屋的服务功能和服务领域，把职工书屋打造成凝聚人气、外树形象、自主学习的文化平台。（张　钧）

【上海船舶运输科学研究所工会开展读书活动引导职工阅读】 上海船舶运输科学研究所工会创新工作载体，在连续10年开展“书香船研”职工读书活动的基础上，建成1所总部书屋、3个分部读书角，打造公司层面的职工书屋——书香船研，形成辐射各栋楼职工阅读需要的新书屋格局。为确保疫情防控期间书屋正常开放，工会基于企业微信平台组织开发图书自助借阅系统，方便职工错时前往、自助借阅，实现书屋自助管理。工会还组织开展以“思考·规划·幸福人生为主题的“书香船研”第十一届职工读书节活动，通过“读”（阅读指定书籍《新东方—我生命中的那些日子》《人间值得》《博弈与社会》《策略思维——商界、政界及日常生活中的策略竞争》）、“写”（围绕指定书籍撰写读书心得）、“讲”（开展“我的读书故事”讲演活动）系列活动，在职工中倡导美好生活向往，引导职工策略思考、理性决策，走出“囚徒困境”，走向合作共赢，生活得更智慧、更幸福。活动得到职工的良好反馈，活动期间共收到读书心得51篇，14位获奖者在分享会上分享读书感悟。（顾霞琴）

【上海邮政工会参赛征文获奖】 上海邮政工会根据市振兴中华读书委员会《关于开展2020年“我的小康生活”征文大赛的通知》要求，发动各基层工会和员工积极参与，共收到45篇征文，工会择优上报30篇征文。经评审，上海邮政国际业务分公司周洁《小馄饨记》获得优秀奖。（王　瑛）

【上海航道局举办“书香上航·为您诵读”航道职工朗诵大赛】 9月29日，航道局工会、团委联合举办第九届“我阅读·我快乐·我成长——书香上航、为您诵读”航道职工朗诵大赛。基层各单位工会主席及相关人员80余人出席，8567人次通过网络直播观看。大赛现场有12支团队、31名选手参赛。市总工会宣教部部长陈必华对航道职工朗诵大赛进行点评，并希望上航局持续加强职工读书活动，浸润灵魂，提升素质，营造氛围。（于美庆）

【市监狱管理局工会开展读书活动提升文化氛围】 市监狱局工会积极参加2020年上海市振兴中华读书活动，监狱局“书香逐梦”系列读书活动被评为市读书节示范项目；开展“我的小康生活”主题征文活动，选取35篇优秀征文参加市读书办开展的读书征文活动，获得二等奖1篇，三等奖1篇，局工会获得优秀组织奖；推荐5名会员加入上海市职工文学社；开展第十四届“知心杯”征文活动，以“我们的节日”为主题，弘扬传统文化，讴歌祖国成就；每月编辑一期《知心》刊物，被会员誉为展示自我的草根文化平台。（江海群）

【光明集团工会获职工文化网络大赛及读书节多项奖励】 在第二十一届上海读书节闭幕式暨“中国梦·劳动美”2019年上海职工文化网络大赛风采展上，光明食品（集团）有限公司工会取得好成绩。在“中国梦．劳动美”2019年上海职工文化网络大赛中，共有近5000人报名参与此项活动，人数居全市局（产业）工会第一名，光明食品集团工会获得优秀组织奖。在“礼赞新中国·奋进新时代”2019年上海职工舞台式演讲大赛中，集团工会获赛事优秀组织奖。在“中国梦·劳动美”文化网络大赛中，有21人通过参与“我爱上海”文化寻访知识竞赛、“我爱劳动”手机摄影及“我爱祖国”趣味绘图等深具互动性和趣味性的活动，最终获得单项百强奖。苗君莅、崔阳代表光明食品集团工会参加2019年上海职工舞台式演讲大赛，获得个人优秀奖。集团工会推选4位光明职工闪亮亮相世博馆，与其他单位职工一起演绎上海文化网络大奖赛主题曲《欢乐因你而来》，光明“书山论剑”读书会被评为2019年度上海市振兴中华读书活动“优秀示范项目。（朱菊英）

【市体育局系统开展职工书屋建设】 市体育局工会积极推进职工书屋建设，经过实地调研了解各方需求，在崇明训练基地、市体校、市体育场馆设施管理中心筹建“职工书屋”，探索新的建设、管理、服务模式，通过现代化手段，把职工书屋打造成服务职工的精神文化家园。通过局工会和书屋建设单位的共同努力，上海市体育运动学校被评为“2020年全国工会职工书屋示范点”，上海市体育场馆设施管理中心被评为“2020年上海工会职工书屋示范点”。策划组织读书交流会，开展“读书点亮生活”局系统职工品读会系列活动，营造多读书、读好书、善读书的良好氛围。（崔　燕）

【世纪出版集团工会开展经典书刊作品线上展示展播】 11—12月，在世纪出版集团第三届职工文化艺术节期间，世纪出版集团工会牵头主办“好书好刊大家秀”“中外经典诵读会”活动。通过线上展示评选，评出优秀书刊推荐视频作品线上展播，予以推广展示；评出诵读优胜者，展世纪职工风采。（江　文）

【世纪出版集团工会选送作品参加22届上海读书节征文大赛】 11月，由市总工会主办、市振兴中华读书指导委员会办公室和市工人文化宫承办的第二十二届上海读书节“我的小康生活”征文大赛揭晓，由世纪出版集团工会选送的上海译文出版社有限公司许灿的作品《我想，这就是幸福吧！》荣获三等奖；少年儿童出版社刘婧的作品《过年，回家》荣获优秀奖，世纪出版集团工会获得优秀组织奖。（江　文）

职工文体

【概要】 聚焦文化惠民，加强职工文艺创作，举办融作品征集、剧本研讨、颁奖典礼于一体的微电影节，推出原创优秀微电影作品大联播；开展摄影书画作品征集创作，线上线下展示优秀原创作品；举办上海职工合唱专业培训班，提升原创能力，加强全市百支合唱队伍建设。加强职工文化服务，开展上海职工文化志愿者服务和培训，举办职工文化志愿者“工人、工厂、工运”摄影采风活动；组织文化志愿者深入企业、园区、工地等产业工人聚焦区域开展文化培训和服务。加快推动文化宫公益转型，推动各区文化宫实现与所在区域的文化馆、社区文化中心、图书馆、体育系统等单位的融合发展、联合发展。以服务为导向，结合健康进企业，举办上海职工健康趣味运动会，开展比赛类、展示类、推广类项目，吸引近千余家企事业单位，百万人次的参与。举办专项人才队伍培训，先后举行科学健身、社会体育指导员、体育赛事管理、各项赛事裁判员、技战术的培训。（宋　昶）

【举办2020年上海市庆祝五一国际劳动节特别节目】 12月，在上海东视演播厅举行2020年上海市庆祝五一国际劳动节特别节目。本台节目以“奋进新时代、开启新征程”的主题，融入“人民城市·奋斗有我”的信念，弘扬使命在肩、奋斗有我的精神，展示上海各行各业的劳模代表在平凡岗位上创造的非凡业绩，为上海创造改革开放新奇迹，为全面建设社会主义现代化国家，实现第二个百年奋斗目标所做出的贡献。全市近千名各行各业劳模先进和职工代表参加了五一特别节目。（宋　昶）

【举办“上海电气杯”第四届上海职工微电影节】 由市总工会指导，市职工文体协会、上海电影（集团）有限公司工会、市机电工会共同主办的第四届上海市职工微电影节，在各级工会层层遴选基础上，共有300多部优秀作品参加展播，包括剧情类、纪实类微电影和劳模工匠小课件，经评审，有30多部作品荣获金银铜奖和单项奖。这些优秀微电影作品，聚焦各行各业“最美劳动者”，纪录和演绎身边职工工作、生活中的感人片段或故事；抗击疫情过程中“最美劳动者”的感人事件；展示各行业劳模、工匠高超劳动技能和时代风采。第四届上海职工微电影节还举办微电影专业知识培训班、剧本研讨会、优秀作品大联播、企业定制培训和颁奖典礼。（宋　昶）

【举办“中国梦·劳动美——决胜小康、奋斗有我”2020年上海市职工文化网络大赛】 2020年“中国梦·劳动美”上海市职工文化网络大赛以“中国梦·劳动美——决胜小康　奋斗有我”为主题，通过知识竞答、小康生活微视频征集以及劳动浇灌“幸福树”，引导广大职工和市民群众学“四史”、强信心、添动力、齐参与，积极投身“人民城市人民建，人民城市为人民”的火热实践中去。本次活动报名人数突破11万，大赛活动页面分享27万余次，总浏览量488万余次。（王家辉）

【市工人文化宫茉莉花艺术团举办“中国梦·劳动美”2020新年音乐会】 1月3日，市工人文化宫在美琪大戏院举办“中国梦·劳动美”2020新年音乐会。市人大常委会副主任、市总工会主席莫负春出席，市总工会党组副书记、副主席姜海涛出席并致辞。新年音乐会的思想高度与艺术水平得到广泛的高度评价，登上《劳动报》头版并被多家传统媒体与新媒体详细报道。现场观看演出观众近1200人，网络观看直播人数近4万。（王家辉）

【举办2020年上海职工健康趣味运动会】 第二届上海职工健康趣味运动会采取线上线下相结合的方式，建立互联网+运动+健康的服务平台，共设置25个运动项目，共120余家区局（产业）工会参与，涉及企事业单位1415家，累计参与100万人次。（余洪海）

【开展上海职工健康管理和服务】 市总工会开展职工健康服务进企业活动，建立职工健康服务平台，为60家企事业单位，6000余人建立个人和职场健康档案，并开展运动健康干预、饮食健康干预，完成8个行业职场健康报告。（余洪海）

【开展职工体育人才队伍培训】 市总工会举行科学健身、社会体育指导员、体育赛事管理、各项赛事裁判员、技战术的培训活动共3600余课时，参与达40000人次。开展职工体育培训服务配送，满足楼宇园区职工办赛需求，先后为黄浦楼宇、陆家嘴金融区、临港新片区、宝山工业园区等18个楼宇园区分别开展裁判员、教练员的服务配送活动1960课时，29100人次参与。（余洪海）

【2020年浦东新区职工“四季彩虹”首场赛事在线上开赛】 4月1日，为庆祝浦东开发开放30周年并结合当前疫情防控工作的实际，浦东新区总工会以职工线上健步走活动的形式举办2020年浦东新区职工“四季彩虹”首场赛事。本次活动以“追梦路上·我与浦东同行”为主题，通过线上站点打卡积分的形式，号召广大职工线上

“奋进新时代、开启新征程——人民城市奋斗有我·致敬劳模主题节目”（任　磊）

竞赛,以实际行动为浦东庆生。线上健步走的活动范围包括浦东机关企事单位、驻区单位职工及所有工会会员。浦东职工通过"浦东工会通"APP或微信公众号入口登录,进入"健步走"栏目,每人每天登录"健步走",步数达到6000步、每到达一个职工服务站点、风采展示成功等均可获取相应积分。（陈 维）

【徐汇区职工文体活动呈现多样化特色】 2020年,徐汇区全面启动文体中心五月苑的修缮工程,打造职工文化家园。结合国庆、春节等重要节点开展各类文艺活动和趣味运动会等40余场,线下参与活动1.3万余人次,通过网络直播线上参与超过3万人次,丰富职工群众的文体生活。在疫情常态化防控的前提下,区总与职工携手,参与、承接市总上海市职工健康趣味运动会、工间操等项目,并继续举办徐汇区总工会的特色活动,第六届"Green MT"徐汇职工健步走开幕式、学"四史"悟腾飞主题活动、"汇健身趣运动"系列运动会等,以及徐汇区职工"汇运动"系列赛。尤其是2020徐汇区总工会实事项目——工间操进百家单位,活动遍及徐汇园区、楼宇、企业,为全区职工带去良好的健康理念和运动方式。新冠疫情期间,"徐汇职工在线汇课堂"网上平台,实现了"网上学校"功能,免费为基层工会提供网上"在线教室"以及直播等服务,下半年,开设线下课程门类持续增加,服务覆盖面继续扩大,服务大口工会达到27家,项目组实际开设课程达到64门,全年实现开班共计178个,场次总计260场,总计服务6126人次。（徐艳杰）

【第四十六届南京路马路运动会举行】 11月17日,"携手同行南京路,共建幸福新时代"——第四十六届南京路马路运动会在南京路步行街举行。南京路马路运动会以集体组织和自发组织相结合,新世界集团、上海第一百货商业中心、老凤祥股份有限公司、海仑宾馆等26家单位开展滚圆台面接力、托盘接力、拔河邀请赛等各类趣味比赛项目。为确保疫情期间马路运动会的顺利进行,本届赛事组委会根据疫情防控要求,制定赛事防疫方案和应急预案,并在职工体质监测的基础上新增健康生活方式问诊环节,由专业健康医疗机构提供现场服务,推动全民健身和全民健康融合。（陆中斌）

【黄浦区总工会举办2020黄浦职工电竞大赛】 10月17—18日,由黄浦区总工会、外滩街道和上海外滩投资开发(集团)有限公司主办,五星体育传媒有限公司承办的2020"外滩杯"黄浦职工"王者荣耀"电竞大赛在外滩源文化广场开赛。黄浦区委副书记沈山州,区人大常委会副主任、区总工会主席屠奇敏,上海广播电视台副台长袁雷共同启动本次赛事。活动共吸引128支国有和非公企业职工队伍共计640名选手报名参赛,参赛选手覆盖金融、建设、医疗和公安消防等行业领域。本次赛事还在斗鱼直播平台同步直播。第九人民医院黄浦分院的"五个诸葛亮"、黄浦区公安局经侦支队的"划水小队"、幸福快乐佳焙餐饮的"你们说对不对"分获冠亚季军。（陆中斌）

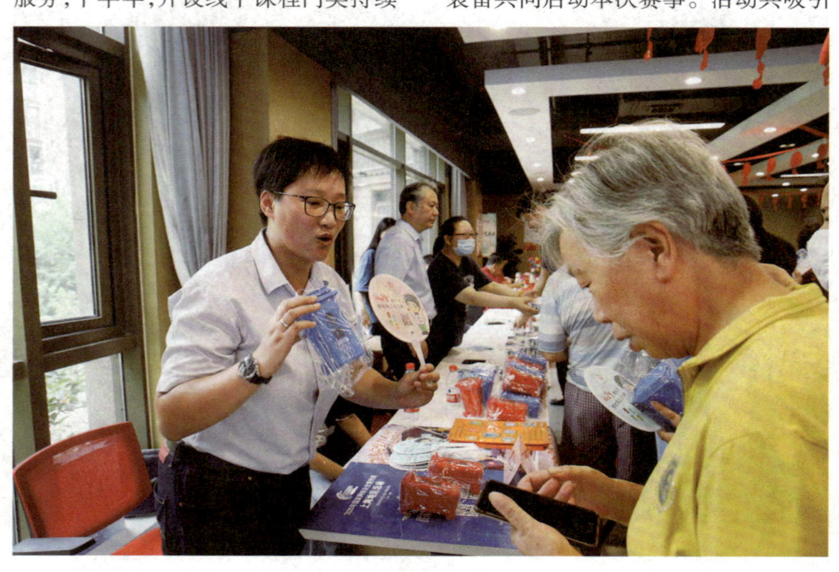

普陀区总工会开展"传统文化直通车"活动 （钱子欣）

【静安区举办职工网球大赛】 9月20日,由静安区总工会、静安区体育局主办,静安区工人体育场、静安区社会体育管理中心、静安区网球协会承办的"2020静安职工体育健身四季大联赛——静安职工网球大赛"决赛在静安区体育馆举办。全区各街道(镇)、各机关事业单位、企业集团工会通过激烈的预赛,共选拔出26支队伍参加决赛。这也是今年新冠疫情被控制后,主办方第一次组织的职工群众体育活动。市人社局局长赵永峰,静安区委副书记、区长王华,静安区人大常委会主任顾云豪,原静安区委书记龚德庆,原区政协副主席黄森林,静安区人大常委会副主任、区总工会主席叶坚华,静安区总工会党组书记、副主席郑志勇,静安区总工会副主席谭振勇等出席。本次比赛为静安区的网球爱好者搭建了一个展示、交流网球技战术的良好平台,促进静安区网球运动在职工中的普及和发展。（张 杰）

【普陀区开展"传统文化直通车"活动】 9月8日,由市工人文化宫和普陀区总工会联合主办、宜川路街道总工会承办的"传统文化直通车"活动在宜川·香溢片区中心举办,为职工送上文化盛宴。活动包括手工艺展、书画展示、灯谜竞猜、中医咨询、游戏互动等文化项目,让广大职工感受到中国优秀传统文化的魅力。（陆 蕾）

【闵行区举办"向劳动者致敬"慰问一线职工专场演出】 7—8月,闵行区总工会举办"向劳动者致敬"慰问一线职工专场演出,分别为红星美凯龙家居、宇培国际、南华兰陵等园区企业职工送上共10场专场演出。节目既保留歌舞综艺类,又新增相声专场、儿童剧、木偶剧、滑稽剧等,累计观看职工近2000人。演出结合疫情防控要求,呈现3个特点:一是节目更加小型化、多样化;二是服务更加精准化、人性化;三是工作合力更加紧密化、整合化。（诸屹婷）

【闵行区新一轮职工文化、体育体验基地面向职工开放】 5月1日起,闵行区新一轮职工文化、体育体验基地面向全区职工开放。通过前期线上职工文化需求调研,综合考虑文化基地受欢迎程度及布点合理性等多方面因素,调整并确认了第三批"闵行区职工文化体验基地"10家、第二批"闵行区职工体育体验基地"10家。其中,职工文化体验基地新增浦江郊野公园奇迹花园和种动员两个热门项目,职工体育基地新增滑雪、马术、室内单车等现代体育项目,进一步丰富职工体验的项目内容,满足职工多元化的文化需求。（诸屹婷）

【宝山区总工会开展多项职工文体活动】 1月6日,宝山区总工会"带副春联回家乡"文化惠民活动在友谊路街道社会组织服务中心举行,向职工代表赠送春联和新春大礼包。10月11日,2020"战FUN宝山"全民健身品牌赛事暨第三届市民运动会(宝山赛区)工会职工钓鱼比赛于罗店镇毛家鱼塘举行,共36家单位,100名职工参加比赛。10月24日,2020"幸福宝山路,文明修身行"主题健步走之"学四史建双城共走小康路"颁奖活动在罗泾镇千亩涵养林举行。市总工会副主席桂晓燕,市慈善基金会宝山分会会长周德勋,宝山区人大常委会副主任,区总工会党组书记、主席王丽燕等市、区领导出席活动。区相关单位领导以及基层职工群众代表等300多人参加活动,展示了"魅力滨江、活力宝山"职工文化生活画卷。（朱　艳）

【嘉定区举办第十九届沪苏浙三区三市职工文化交流活动】 11月5—6日,第十九届沪苏浙三区三市职工文化交流活动在嘉定举行。来自三区三市(嘉定区、昆山市、青浦区、太仓市、闵行区、义乌市)总工会的主要领导、宣教部长、文化宫主任等参加活动。活动安排考察沃尔沃中国区工会职工文化建设、参观嘉定区新兴产业——新能源汽车企业、嘉定图书馆、韩天衡美术馆等文化产业基地,充分展现嘉定在深化文化体制改革,加快发展战略性新兴产业,推动产业发展转型升级中取得的优异成绩。交流会上,各区、市总工会根据各自的特色工作、重点工作进行交流,并就进一步做好新时代职工文化建设、如何解决职工文化发展中存在的主要问题,全面打造健康文明、昂扬向上、全员参与的职工文化等工作进行探讨。期间,第十九届沪苏浙三区三市职工文化交流活动暨"中国梦·劳动美"嘉定工会"文化进园区"安亭汽车产业园专场演出在上海汽车会展中心举办,展示嘉定职工文化团队的建设成果。（黄点点）

【松江区第六届职工体育健身节开幕】 12月17日,由松江区总工会、松江区体育局共同主办的2020年松江区第六届职工体育健身节在松江区体育馆开幕。本届职工体育健身节共设羽毛球、乒乓球、篮球、足球、健步走等5个项目。羽毛球、乒乓球、篮球三大项目共有41支代表队,400多名运动员参赛,在12月19日和20日两天举行;足球赛由区总工会和区体育局、团区委三家联合主办,共有10支职工队伍报名参赛;健步走大赛通过"文化网络大赛"小程序以计步和答题的形式在线上展开,全区共有9千多名职工参赛。各街镇、经开区总工会,区级机关、区教育工会工会主席,各街镇、经开区总工会运动员代表队90余人参加开幕式。（杨佳玲）

【奉贤区总工会举办第四届职工文化节】 6—11月,奉贤区总工会举办"为劳动喝彩"第四届职工文化节,先后开展辩论赛、读书活动、插花、小组唱、职工乐队、工间操、书画摄影、微视频等8个主题活动,各基层工会结合各自特色项目延伸开展"8+X"职工文化节系列活动,参与职工达1.5万余人次,覆盖基层单位500余家,形成市、区、基层工会三级联动的新时代职工文化建设新模式,生动展示奉贤职工投身改革发展,助力贤城建设的风采。（钱　洁）

【奉贤区职工文化节成为广受职工欢迎的项目】 奉贤区职工文化节,经过八年四届的探索,不断扩大活动品类、覆盖范围和参与人数,已形成"职工文化活动精彩纷呈、职工文化团队品牌引领、职工文化人才脱颖而出、职工文艺作品丰富多彩、职工文化阵地健康发展"的良好局面,形成市、区、基层工会三级联动的职工文化建设新模式,历届职工文化节参与职工达5万人次。通过辩论赛、读书节系列活动、插花比赛、小组唱比赛、乐队比赛、工间操比赛、书画摄影作品展、微视频大赛等8大类主题活动,挖掘出一批会创造、敢创新的大国工匠,一批有情怀、有温度的艺术达人,在各类市级比赛中取得优异成绩,彰显"贤文化"底蕴和职工"美育工程"建设成果,同时也生动展示近年来奉贤职工投身改革发展,助力贤城建设的风采。（钱　洁）

【东方国际集团职工摄影作品摘得全国职工摄影大赛金奖】 9月16日,"中国梦·劳动美"第七届全国职工摄影大赛揭晓,东方国际集团摄影协会会员谈敏华创作的作品《欢呼北斗卫星发射成功》(组图)摘获金奖。这是东方国际集团摄影协会成员代表上海职工第二次在全国性职工主题赛事活动中获奖。（张智伟）

【仪电职工在上海职工健康趣味运动会中获佳绩】 11月1日,由市总工会和市体育局举办的上海市职工健康趣味运动会总决赛在闵行体育馆举行。市仪电工会组队参加有关比赛项目并取得佳绩。在广播操10人组比赛中,由飞乐音响亚尔光源代表仪电组成的"上海仪电队"荣获比赛二等奖。在自行车定向赛中,代表上海仪电参赛的各支队伍在全市50多支参赛队伍中名列前茅。其中,云赛智联下属"松下微波炉快乐骑行队"、仪电电子下属"索广映像队"夺得比赛冠亚军。（邵秀根）

【中国宝武开展职工文化艺术系列活动】 2020年,为助力"钢铁荣耀·铸梦百年——中国宝武130年"宣传教育系列活动,集团公司工会、文体中心组织开展"钢铁荣耀·铸梦百年——中国宝武130年"职工文化艺术系列活动，向各单位推荐10项主题活动菜单，按照集团工会推荐清单活动与本单位结合实际自主开展活动相结合的模式，将活动下沉基层举办。自9月启动，集团公司文体协会先后开展或组织参加网球比赛、骑行活动、健康跑活动、太极拳比赛、乒乓球比赛、篮球比赛、电竞比赛、主题征文比赛、摄影展评活动等各类赛事活动19场，共吸引3635名职工参与，各子公司工会及基层工会组织分别开展各类主题活动。（刘向捷）

【中国宝武职工文体活动丰富多彩】 2020年，中国宝武加强职工文体协会建设，充分发挥各文体协会的作用，组织开展以“钢铁荣耀·铸梦百年”为主题的职工文化艺术节系列活动。按照一区域一主题一活动的思路，组织文体培训、绿色骑行、健康跑、文艺汇演、诗词征文、音乐创作等群众性活动；开展书画摄影、太极拳、桥牌、诗歌朗诵、歌咏及体育竞技类等比赛活动。参加上海市第三届市民运动会，在嘉定夏季网球俱乐部团体赛中获冠军，在500白领骑行挑战赛中分获冠亚军，参加第二届“江南看舰杯”龙舟邀请赛荣获三等奖。通过系列活动全面提升职工的参与感、获得感、认同感、幸福感，实现增进交流、促进融合、推动发展的目标。（鲁　巍）

【宝钢工程组织开展第四届职工文化艺术节】 为积极响应集团公司“钢铁荣耀·铸梦百年——中国宝武130年”宣传教育系列活动，宝钢工程工会联合相关职能部门及文体协会，策划开展第四届职工文化艺术节，包括“加油宝武，逐梦工程”徒步活动、“同一个宝武、同一个工程”企业文化知识竞赛、“宝武匠心、智慧工程”模型制作、“花开宝武，梦圆工程”艺术插花等10余项形式多样的系列活动。本次艺术节历时3个多月，以基层及协会共同承办、线上线下共同推进相结合的模式开展，共计800余人次参与。为新一年度文体协会梳理、制度更新及特长员工挖掘、建库工作提供一定的帮助。（金　敏）

【上海医药集团举办“棋牌纷呈、王者争锋”棋牌大赛】 9月26日，“棋牌纷呈、王者争锋”上海医药集团棋牌大赛落下帷幕。本次比赛历时一个月，共有来自27个在沪企业和9个沪外企业的2052名员工报名参加。大赛设置中国象棋、五子棋、80分和三打一四个比赛项目。从8月31日开始的为期两周的线上预赛中，1600余名员工共比赛11万余局，累计参与人次1万多。经过激烈角逐，4个项目的前16名选手，移师线下，进入决赛，24名选手分列各项目一至六名。（陈玮雯）

【华东电力工会组织开展丰富多彩的职工文体活动】 年内，华东电力各级工会开展多层次、多形式的群众性文体活动，进一步丰富职工文化生活。组织“国网好声音”职工歌手暨原创歌曲大赛华东赛区相关工作，推送歌手及作品在总决赛中分别取得4金1银2铜和2金1银4铜的好成绩，华东分部获得优秀组织奖。组织华东电网第17届“团结杯”网球友谊赛。组队代表国网公司参加中国电力企业联合会举办的全国电力系统网球大赛，获得A组第一，并包揽B组前4名。常态化开展好分部机关14个文体活动小组各项活动。举办“健步走”线上和线下活动。疫情期间，做好分部职工文体活动室设备维护与保养工作。拟定《健身场所常态化防疫工作温馨提示》及《文明活动公约》，提醒职工增强保护意识，做好防护措施。开展“活力华东，健康你我”全民健身季活动，其中包括个人体质测试、“我是软体人”柔韧性展示赛、减脂达人比赛等多个模块，受到职工广泛欢迎。（史佩敏）

【国网上海市电力公司工会举办职工文化作品展】 10月14日，由国网上海市电力公司工会举办的“歌祖国昌盛，颂抗疫英雄，建特色企业，展文化风采”2020职工文化作品展在公司本部开幕。展出由公司职工创作的书法、绘画、摄影、篆刻作品共计421幅，作品题材涵盖歌颂祖国、讴歌英雄、展示职工风采、建设特色企业等主题。（王曙华）

【国网上海市电力公司职工子女美术书法作品展开幕】 5月24日，“幸福成长、电联未来”——上电职工子女美术书法作品展颁奖暨开幕活动在上海图书馆一楼大厅举行。市总工会副主席、女工委主任桂晓燕出席活动并讲话，公司总经理阮前途致辞并宣布活动开幕。公司工会主席娄为主持活动。活动展出由职工子女创作的美术、书法作品共计152幅。这些作品展前已由作者捐出，并通过线上义卖筹得善款106140元，用于支持“天使之音沙龙”的关爱自闭症儿童项目。（于　劼）

【国网上海市电力公司工会参与国网歌曲大赛取得好成绩】 9月24日，在国网好声音2020年职工歌手暨原

国网上海市电力公司工会参加职工大型文艺演出　（傅为民）

创歌曲大赛上，国网上海市电力公司选送的原创歌曲《梦想支点》喜获职工原创歌曲金奖、职工歌手金奖，《那盏灯》摘得职工原创歌曲铜奖、职工歌手铜奖；国网上海市电力公司获优秀组织奖。经4个多月的甄选、排练，公司工会选派7家基层单位的歌手参与视频录制，并亮相国网初赛舞台，海选中《旗帜》《有你同行》《迅电流光》等5首职工原创歌曲跻身北京总决赛。 （王曙华）

【上海电建公司工会加强职工文化建设】 上海电建公司工会结合施工企业实际，开展小型多样、丰富多彩的文娱活动，采用多种手段做好宣传阵地建设。一是举办2020年职工网球比赛，通过比赛增进各兄弟单位之间的交流，提高了团队协作能力。二是组织各基层单位工会积极参与“网聚职工正能量，争做中国好网民”主题微课征集活动，上报征集微课件5个，其中2个视频被收录中国工会数字资料库；参与建党100周年征集“微电影微视频创作”活动，上报征集微视频6个。三是公司工会打造书香企业、书香工会，营造读书氛围，一年来各基层单位总部及项目部创建“职工书屋”（电子书屋、实体书屋）共计14个，为服务广大职工的基本文化需要提供保障。 （傅　诚）

【上海石化公司工会举办“音为梦想·乘风破浪”歌唱比赛】 为进一步丰富和活跃公司职工的业余文化生活，发掘和储备职工中的文艺人才，不断增强企业凝聚力和向心力，公司工会、团委于8月初启动“音为梦想·乘风破浪”石化好声音职工线上歌唱比赛，共收到各单位发来的108个作品，经过初选及网络投票环节，选出30位职工进入总决赛。10月21日，举办石化好声音总决赛，共有37000余人次通过网络平台观看。 （卜　晨）

【高桥石化公司工会线上线下结合开展职工文体活动】 年内，高桥石化公司工会按照服务职工需求和注重疫情实际相结合的工作要求，通过线上线下相结合的方式，进一步拓展文化体育活动的内容形式与参与方式，不断丰富职工业余文化生活。一是以“不忘初心展宏图，砥砺前行铸辉煌”为主题，举办职工迎春团拜会。二是组织开展2020年健步走活动，得到了职工的广泛参与，每月报名参加人数达到2000多人。三是举办“我心向党”职工主题摄影比赛。线上随手拍有657人次职工参与，经审核通过上传作品1152项，职工参与网络点赞投票共33125票；线下摄影作品征集活动共收到作品134幅。四是以“奋进展风采，我秀我达人”为主题开展公司职工网络才艺达人秀活动，并把活动对象扩展到职工家属。公司职工共上传视频820件，经网络评审，有100个才艺视频获得了网络人气奖。五是组织开展“三八”国际妇女节线上庆祝活动，有厨艺展示、DIY手工制作、知识竞赛、读书征文、摄影作品展、平板支撑挑战赛、拍摄发布抖音视频等精彩纷呈的活动，共吸引862名女职工参加。六是组织庆“六一”职工子女线上才艺展示系列活动，共有1168名职工子女积极参加，通过歌舞表演、戏曲表演、故事表演、器乐演奏、绘画、书法等表现形式展示才艺，度过了一个难忘的“六一”儿童节。这些线上活动有效拓展活动的群体，得到职工的支持与好评。 （吴　斌）

【市烟草工会举办2020年职工趣味运动会】 市烟草工会举办2020年“和搏一流、共筑梦想”职工趣味运动会，集团下属28家工商单位组队参赛。本届趣味运动会设立“激情岁月”足球射门赛、“薪火相传”趣味接力赛、“笃行致远”管球传递赛3个室外团队赛项目，“齐心协力”对踢毽子赛、“同心画圆”双人跳绳赛、“创新驱动”魔方还原赛3个室内个人赛项目。现场还设置互动体验项目，运用线上调研、健康体测等形式，进一步了解职工文体活动意向和体质评估需求，为新一年宣教文体工作拓宽思路、提前预热。经过现场角逐，奉贤区局（公司）荣获一等奖，烟机公司等3支参赛队荣获二等奖，上海卷烟厂等5支参赛队荣获三等奖。 （韩沅君）

【上海邮政工会举办系列文体活动】 2020年，上海邮政工会以“勇攀新高峰、追梦新征程”为主题，采用职工喜闻乐见的形式，举办系列文体活动。组织开展第十届员工文化艺术节，设有书法、美术、摄影演讲、家庭才艺秀、员工文艺创作展示会等活动比赛，29家单位1200余名员工积极参与。相关比赛采取云评比等方式，将视频实况录制与评委综合打分相结合，既保证防疫要求，又保证现场演出的质量水准，取得良好的比赛效果。根据市总工会要求，开展一系列五一国际劳动节宣传活动，组织员工前往位于人民广场的五卅运动纪念碑献花祭扫。在邮政大楼本部张贴五一国际劳动节海报，宣传新时代劳模精神。并组织员工集体观摩《致敬劳动者》五一主题宣传片。组织员工参与“战疫情，

上海邮政合唱团参加演出 （王　瑛）

奔小康!”全国邮政职工手机随手拍邮票照片设计大赛。组织上海邮政合唱团,开展上海邮政与四院援鄂医疗队联谊活动。受邀参加中国上海国际艺术节虹口专场“四史教育”文艺演出。参加市总工会、国家交通部相关微视频比赛,多次获得优异成绩。

(陆　彬)

【上海邮政工会选送作品参加上海品牌故事比赛获奖】 上海邮政工会参与市质量协会举办第八届全国品牌故事大赛(上海赛区)暨2020年上海市质量品牌故事比赛,选送上报2篇征文和一部微电影,经评选,《心里装着疫区人民、肩上扛着国家队使命》获得征文比赛三等奖;《冲锋在前显担当、齐心协力抗疫情》获得征文比赛优胜奖。 (王　瑛)

【上海邮政在职工文化网络大赛中获得佳绩】 根据上海市总工会《关于举办“中国梦·劳动美——决胜小康　奋斗有我”2020年上海职工文化网络大赛的通知》要求,上海邮政工会在全公司范围内积极组织,发动员工参与,共有来自30家单位近4000人参加活动,其中信息技术局吴怡、何英瑛2位职工短视频被评为“城市之美”展示“小康生活”微视频百强,上海邮政工会被评为文化网络大赛优秀组织奖。 (王　瑛)

【上海邮政工会微电影参赛获奖】 11月,参加“最美劳动者”上海电气杯第四届上海职工微电影节,上海邮政工会选送的微电影《大爱无形》获铜奖。12月,参加国家交通运输部举办“决胜小康,交通力量”全国交通运输脱贫攻坚微视频大赛。选送的微电影《大爱无形》勇夺一等奖,市分公司获优秀组织奖。这次获得的奖项是上海邮政在历年微视频类评选活动中所获得的最高荣誉,也是对上海邮政坚持多年微电影创作的肯定。 (陆　彬)

【上海邮政工会组织开展演讲比赛】 6月,上海邮政工会组织开展上海邮政“中国梦、邮政梦”演讲比赛。共收到来自30个基层单位的36篇演讲稿及比赛作品。本次活动通过演讲形式,讲述广大员工在生活、工作中发生的与国家、社会和企业的改革创新相关联的动人故事,在疫情期间,恪尽职守、敢于担当、勇挑重担的突出贡献与感人事迹,引导员工将个人梦与中国梦紧密联系,为实现中华民族伟大复兴的中国梦贡献智慧和力量。由于疫情原因,本次演讲比赛采取云评比方式,以视频实况录制和评委综合打分的方式展示,参赛作品具有一定的质量与水准,取得良好的比赛效果,得到基层单位的一致认可和好评。

(王　瑛)

【铁路上海局集团公司体协积极组队参加职工体育赛事】 2020年,铁路上海局集团公司体协组织集团公司职工参与全市各项职工体育赛事。组队参加8月、12月份的全路职工象棋线上比赛、上海职工足球联赛、上海市第六届职工羽毛球俱乐部赛、上海市第四届市民运动会乒乓球赛、参加上海市第三届市民运动会线上运动会太极拳比赛和中国职工第四届足球联赛总决赛,均取得较好的成绩。10月17日组队参加上海市第三届市民运动会线上运动会太极拳比赛。火车头队荣获集体项目金牌3块,个人金牌14块、银牌19块、铜牌29块、优胜8个,还获得本届大赛的优秀组织奖。大赛组委会对火车头体协大力开展职工体育运动给予充分肯定和高度评价。11月举办集团公司职工羽毛球比赛,全局各站、段单位参加地区预赛,获得各地区各单项前二名的运动员、运动队参加了在徐州文体馆举行的总决赛参赛,比赛取得圆满成功,有近千人参加预、决赛区比赛,得到运动队和大会工作人员的好评。9月至12月集团公司火车头体协组队参加由上海市总工会、市体育局举办的第五届“森河杯”上海职工足球超级联赛,集团公司体协选拔来自各地区站段的15名足球运动爱好者组成火车头足球队。队员们一路过关斩将,展现出顽强拼搏的体育精神。在决赛中以3∶1战胜申通地铁队,火车头足球队的队员们凭借出色的球技和默契的配合,一举夺冠。 (孙志岐)

【中远海运集团职工作品获2020中国航海音乐榜评比优异成绩】 9月19日,2020中国航海音乐榜评比结果在山东日照揭晓,中远海运集团职工创作的6部作品经过多轮比拼、层层选拔,最终在入围四大榜项的近百首作品中脱颖而出,其中,中远海运能源罗金胜的《青春远航》荣获优秀原创歌词一等奖;中远海运特运许耀启的《航海者之歌》荣获优秀原创作曲二等奖;中远海运船员深圳公司傅焱的《你和他》、集团退休干部宋福辉的《自豪的新时代海员》荣获优秀原创歌词三等奖;中远海运散运刘勇的《船长》、中远海运船员青岛公司王荣国的《海嫂情》荣获完整作品(独唱合唱)优秀奖。2020中国航海音乐榜由中国海员建设工会、中国航海学会、中国船东协会联合发起,由航海教育公益基金与海事服务网CNSS共同承办,是在全国范围内,向广大热爱航海、热爱音乐的追梦人征集航海类原创歌曲作品的活动,自开展以来得到了航海界、教育界、艺术界相关部门、企业、学校、机构的积极响应,对弘扬航海文化、传播航海意识做出积极贡献。 (王　欢)

【中远海运集装箱运输有限公司工会开展“云系列”文体活动】 受疫情影响,2020年中远海运集运系统各级工会创新工作方式方法,运用移动互联网平台,充分调动职工热情,推出深受员工追捧的云系列活动。从“云读书分享会”到“线上听书馆”,从“云运动会”到“云上厨艺秀”,从“空中花艺课堂”到“空中书法教学”,从“宅家一起high歌”到抗击疫情VLOG视频大赛,精心策划的“云”端的活动,极大地提高了活动的参与率、覆盖面和影响力。

(钱　华)

【上港集团开展公益徒步活动】 5月16—17日,上港集团开展“爱就一起走”公益徒步活动。活动采取“线上报名”+“线下打卡”结合的方式进行,报名参加的职工在规定时间内,自行选择路线,完成8公里徒步和活动规定的任务。本次活动共吸引38家单位的1500余名职工报名参与。本次活动以徒步累计里程数,共筹集到善款9万余元,将其全部用于资助贵州、云南的4所小学购买防疫防护物资。

(袁旭芳)

上港集团开展2020“爱就一起走”公益徒步活动 （李 垚）

【上海移动工会举办文化品读会活动】 8月20日，中国移动上海公司工会举办“中国梦·劳动美——决胜小康、奋斗有我”上海工会职工书屋主题讲堂暨上海移动第六届文化艺术节“品·引领”篇章之文化品读会活动。活动依托市总工会优质资源，邀请曼富图签约摄影讲师、佳能特约摄影孙宁翔讲师，以“光影移动，记录时代芳华”为主题，讲授短视频拍摄技能技巧，学会从日常工作和生活中汲取素材，更好地用镜头反映时代发展的新风貌。本次文化品读会活动精准对接广大员工的文化需求，结合疫情常态化防控需求，活动采取“线上+线下”相结合的形式开展。 （徐睿璐）

【上海移动工会举办员工健步走活动】 10月31日，中国移动上海公司工会在黄浦滨江举办2020年“幸福1+1”系列活动之“牵手助协同、聚力共奋进”员工6公里健步走活动，28家直属单位工会、250余名员工参加活动。活动特邀中移铁通上海分公司、中移（上海）产业研究院两家兄弟单位。活动中，所有参赛选手背后的号码贴均嵌入着一枚电子芯片，用于全程计录参赛选手的竞速成绩，使活动计时更加精确、比赛结果更具公平，也使选手们获得更加专业的比赛体验。活动现场，主办方特别设立嘉年华互动区，由班组建设5大区域特色展示及公司第六届文化艺术节“我的摆摊日记”员工书市集会组成，员工参与互动热情高涨。 （徐睿璐）

【天翼城市定向赛暨亲子定向赛举行】 9月19日，“中智杯”第十五届世界著名在华企业健身大赛天翼城市定向赛暨“移动互联网部杯”亲子定向赛在江湾体育场开赛。市总工会副主席周奇、市体育局副巡视员杨培刚和中国电信上海公司副总经理、工会主席常朝晖等领导出席活动。本次赛事设立了“健康添活力、城市赋新能”为主题的企业赛和“健康翼起来·和谐奔小康”为主题的亲子赛，共吸引77支参赛队伍352名参赛选手的参与。同时，赛事活动融入“四史教育”等元素，积极推进全民健身与健康中国的深度融合，践行与推动全民健身运动。 （殷 茵）

【市监狱管理局工会因地制宜开展职工文体活动】 市监狱局工会根据行业封闭式工作模式的特点，利用网络优势，组织开发“菁英汇”微信小程序工会网上文体活动平台，全局有4000余名干警职工注册。依托网上文体活动平台“菁英汇”，开展“谁是真音雄”第四届歌王赛、“消除事故隐患，筑牢安全防线”2020年安全生产知识竞赛、“诵经典、忆初心”诵读大赛、“隐藏的厨神”民警职工线上厨艺秀等线上活动。同时并结合“四史”教育，开展“健步运动·健康生活”监狱局线上线下健步走活动。 （江海群）

【上海海事局工会举办职工手机摄影大赛】 4月，上海海事局工会下发“关于组织开展‘筑梦海事、精彩有我’职工手机摄影大赛的通知”，组织全局职工用手机记录展示职工身边的人和事，反映海事职工的精神风貌。各级工会会同相关部门组织职工拍摄、征稿及落实本单位评选活动，最终收到509幅作品，经由局工会、宣传处和团委组成的评选小组讨论，对来稿作品从拍摄手法和艺术性、主题和内涵、光影和技术以及海事工作与业余生活多方面题材等因素综合考虑、评审，最终评选出一等奖2名，二等奖4名，三等奖6名及优秀奖12名。获奖作品在海事大厦七楼展出。 （陆智静）

【市税务局工会组织职工健身达人赛】 为落实“公务员健康行动”，倡导全民健身、全面发展理念，动员系统广大职工同心抗击新冠疫情，提高健康素养，以饱满的精神状态完成全年税收工作任务，市税务局工会组织举办“上海市税务系统职工健身达人赛”。根据疫情防控需要，将108个参赛短视频在网上进行评选，按得票数选出“上海市税务系统职工健身达人20强”和“上海市税务系统职工最喜爱健身达人”。 （娄晓辉）

【市绿化市容局工会携手局团委开展“对对拍”交友活动】 5月21日，市绿化市容局工会携手局团委在梦花源，开展第二届“对对拍梦花源寻梦之旅”摄影交友活动。局工会、行业工会副主席冯磊，局团委负责人邱菲菲出席活动。该活动共吸引近40名来自局直属单位、区局、其他行业单位青年职工的参与。活动邀请艺术摄影协会上海理事、上海科普作家协会理事、上海市摄影家协会会员、人与环境影像传播平台暨摄影大赛发起人董长军老师作摄影技巧培训。 （耿 静）

【市水务局（市海洋局）工会举办第七届上海市水务海洋职工健身行活动】 11月26日，市水务局（市海洋局）工会在虹桥商务区及国家会展中心区域举办“争创治水管海先锋，共建城市美好生活”上海市水务局（上海市海洋局）第七届职工健身行活动。市公务员局及局属各单位180多名干部职工参加活动。参与职工沿获第一届“最美河道”的北横泾和小涞港生态步道徒步5公里，亲身感受水环境整治工作成效。步行后，职工们来到城博会现场，参观上海智慧城市最新成果展示，并在市水务局展区，参观近年来河道水环境整治和智慧水务相关工作成果。（王佐仕）

【中建八局第七届“新年新起点、元旦健康跑”活动在沪举办】 1月1日，以“奔跑2020，我们最精彩”为主题的局第七届“新年新起点、元旦健康跑”活动在世纪公园举办。局党委副书记、总经理高波，党委副书记、工会主席于金伟，总会计师谢松，副总经理李永明，企划和商法系统负责人方思忠和局机关各部门及局在沪17家单位的1100多名员工参加活动。活动设5公里和10公里两个类别，到达终点的男子前20名、女子前10名获得证书和奖励。（陈　湘）

【市教育工会举办丰富多样的群众文体活动】 2020年，市教育工会克服疫情影响，成功举办包括篮球、足球、网球、棋类比赛，龙舟培训，戏曲展演，影视配音大赛等在内的各类比赛、展演、培训近20项，并新成立上海教工篮球、足球、排球协会。修订教工协会管理办法，形成长效管理机制。丰富多彩的文体活动释放了教职工的心理压力，缓解了焦虑情绪，促进教职工“健康工作、快乐生活”。（高　芳）

【光明食品集团工会举办网络诗词大会】 1月22日，光明食品集团工会通过网络征集的方式举办祝福光明网络诗词大会。网络诗词大会要求围绕“爱与尊重、崇尚奋斗、员工第一”的光明文化，“因为光明、所以温暖”“只争朝夕、不负韶华，我与光明共成长”“奋进新时代，构建实力光明”的光明精神，发动广大职工进行创作。征集要求光明员工用七律、五律、七绝、五绝等诗体，词以及现代诗歌要求长度不超过30行，需有标题，要求以普通话语音系统为押韵等依据。每一位光明员工限投1篇作品，要求原创，且未曾在任何公开出版物，包括网络出版物上发表过，所有作品要求使用国家通用语言文字。共收到78篇投稿，最终在作品中评选出一等奖5篇、二等奖10篇、三等奖15篇、优胜奖22篇。（朱菊英）

【光明地产举办第一届职工运动会】 10月26日，以“逐梦金秋，奋斗光明”为主题的第一届光明地产职工运动会在上海静安体育中心举行。光明食品集团工会主席潘建军出席。光明地产各基层单位党政主要负责人和由各基层工会组成的17支参赛队，共计600余人参加。本届职工运动会设有广播操团体比赛、二人三足接力赛、篮球持球接力、跳长绳比赛、慢骑自行车赛、五人制男子足球赛、羽毛球比赛”等7个项目。（朱菊英）

光明地产第一届职工运动会　（朱菊英）

【百联集团职工首获上海职工网络摄影大赛金奖】 9月28日，市总工会在上汽集团花园坊安悦会议中心举行了“‘中国梦·劳动美’第三届上海职工网络摄影大赛获奖作品巡展首发式”。百联集团工会选送的作品获得金奖。集团工会围绕“抗击疫情、复工复产”的大赛主题，广泛发动职工摄影协会和各级工会组织职工投稿，《递哥时速》获金奖，《速度与激情》获铜奖，《夜市》获入围奖，集团工会获得优秀组织奖。（姜　杰）

【上海化学工业区工会举办“美丽园区·健康同行”健步走活动】 6月16日，“美丽园区·健康同行”上海化学工业区线上健步走活动启动。本次活动以团队竞赛的形式，实时采集健身行走步数，并设立10个虚拟关卡，以答题形式集体闯关。持续88天的活动，积极倡导科学、文明、健康的生活方式，进一步扩大群众性体育活动参与面，增强职工体魄，提升职工凝聚力与战斗力，展现园区职工健康文明、昂扬向上的新风采，持续推进健康活力园区建设。（张　俊）

【上海化学工业区工会举办第五届运动会】 11月26日，上海化学工业区第五届运动会闭幕。运动会历时60天，共有48支代表团、52家单位、2300余人次通过线上线下相结合的方式，参加14个大项、37个小项的比赛。园区上下齐心协力为第五届运动会举办创造安全和谐的环境，为广大职工群众营造安心运动的氛围。运动员们在赛场上发扬“更高、更快、更强”的奥林匹克精神，增强抗击新冠肺炎疫情的信心、勇气和实力，展现化工区持之以恒、追求卓越的不懈干劲，进一步凝聚健康向上的蓬勃力量。（张　俊）

【申通地铁集团举办第六届职工文化艺术节】 12月29日，申通地铁集团第六届职工文化艺术节在上海地铁15号线吴中路站落下帷幕。闭幕式上，上海地铁15号线吴中路站909艺创空间和工会小姐姐抖音平台正式亮相。市总工会副主席桂晓燕，集团党委书记、董事长俞光耀，党委副书记、总裁毕湘利以及集团党政领导等出席闭幕式，并为艺术节获奖代表颁奖。8—12月，申通地铁集团组织第六届职工文化艺术节。艺术节设演讲、K歌、舞蹈、书法绘画篆刻、摄影5大项目，直接参赛人数达到1170余人，参赛25个演讲作品，610首歌曲，51支舞蹈，360幅书画篆刻作品，464组摄影作品，每一项传统赛事的单项参赛人数和作品数均超过往年，参赛作品在抖音平台展示获得点赞数上万。

（李雯琪）

【上海城投集团举办第八届职工运动会】 9月26日，以"健康城投、人人来赛"为主题的上海城投集团第八届职工运动会开幕。开幕式上，集团与上海银行在上海中心大厦联合举办"上行人向上行·城投人重诚信"垂直登高跑竞赛活动，这是城投集团第八届职工运动会的首场赛事。运动会设置技能达标类、品牌推广类、健身趣味类的各项赛事，设立"厨艺比拼、垂直登高、无人机、公路健步走、安全定向赛、乒乓、棋牌"等赛事。本届运动会于12月8日闭幕，闭幕式上举办了安全定向赛、无人机技能操作赛等。将活动与宣传集团品牌形象、提升职工职业技能、倡导健康文明生活相结合，打造"演示加展示"的活动模式，营造"竞赛加竞争"的活动氛围。

（朱文慧）

【上海飞机客户服务有限公司工会举办第六届职工歌唱比赛】 12月11日，中国商飞公司上海飞机客户服务有限公司"砥砺初心·唱响未来"第六届职工歌唱比赛收官。大赛经过2个月的海选、初赛的选拔和评审，最终11名优秀职工歌手晋级决赛，由来自各个部门的25位大众评委进行现场投票，评选出最佳人气选手李璟瑞；由专业评委和嘉宾评委综合评分，评选出冠军李璟瑞、亚军李宏宇和季军陈静。（王俊玺）

【绿地集团组织第十二届家庭日系列活动】 2020年初夏，绿地集团一年一度的员工家庭日活动在各地陆续拉开帷幕。虽然受到疫情的影响，许多现场活动无法正常举办，但无论是移师线上的各类趣味互动、才艺比拼，还是在防护措施完备的前提下所开展的亲子派对、爱心公益，都吸引无数小朋友和大朋友的热情参与。集团总部通过线上"绿地宝贝才艺大比拼"，为小朋友们搭建展示才艺的"云舞台"。书法绘画、歌舞乐器、诗词朗诵、创意展示，绿地宝贝们以短视频的形式在各自最为擅长的领域内大显身手，赢得大朋友们的一致点赞。此外事业二部、江苏、东北、湖南、浙江、贸易港、华中也以隔屏PK的方式展示宝贝才艺、创造力、手工绘画等，寄语特别时期，共度欢乐节日；西北、中原、山东、酒旅、香港、城投等单位通过亲子采摘、公益活动、踏青寻宝等趣味互动共享亲子互动欢乐；安徽、京津冀、绿地泉等单位通过家庭主题的陪伴活动，共享温情。（翟晓播）

【市新闻出版系统职工踊跃参与文化网络大赛】 为进一步丰富职工群众精神文化生活，新闻出版工会积极动员职工参与市总工会开展的文化网络大赛，及时通过微信群推送相关信息，职工积极报名参与。据统计，系统有14家单位、近千名职工踊跃参与本次文化网络大赛。在抽奖环节，90%的参赛职工获一次及以上各类奖项。继2019年之后，新闻出版工会再次荣获该项赛事"优秀组织奖"。（方伟国）

【世纪出版集团举办职工迎新健步走活动】 1月2日，世纪出版集团在杨浦滨江举办"新时代·新世纪——2020职工迎新健步走活动"。世纪出版集团党委书记黄强，党委副书记、总裁阚宁辉，党委副书记、工会主席何向莲和党委班子成员一同按响发令器，集团300余名员工参加活动，市总工会副主席桂晓燕应邀出席，并向职工健步走队授队旗，来自20家直属单位和集团总部的职工代表组成16支代表队，在世纪出版集团党委领导的带领下，沿着2019年11月2日习近平总书记视察杨浦滨江的路线昂首阔步，健步向前。（江文）

【世纪出版集团成立20周年主题征文集出版】 8月30日，由世纪出版集团工会举办的"我与集团共成长——上海世纪出版集团成立20周年主题征文活动"主题征文集出版，世纪出版集团党委书记黄强作序，世纪出版集团党委副书记、总裁阚宁辉担任总策划。征文集中27篇稿件全部出自世纪出版集团所属15家单位职工之手，作者们用真情的文字，追忆与世纪出版集团共成长的点点滴滴，文章感人至深，读来催人奋进。从中评出一等奖1名、二等奖2名、三等奖3名，另有21篇征文获得参与奖。

（江文）

【世纪出版集团音乐社篮球队市级比赛获奖】 10月17日，世纪出版集团工会推选集团下属的上海音乐出版社篮球队，参加由市总工会、市体育局联合主办的"上海第五届市职工男子'三对三'等级篮球联赛"，在强手如林的比赛中，荣获联赛第四名。

（江文）

【世纪出版集团工会选送两部微电影获奖】 11月3日，世纪出版集团工会选送的两部微电影作品：上海古籍出版社王冰鸿的《等待中品尝美好》，印刷集团上海印刷技术研究所沈子杰、万世琴合作的《汉字印刷字体书写艺术》，荣获第四届上海职工微电影节优秀作品奖，获奖作者参加颁奖典礼并走上红地毯，上台领奖。

（江文）

【世纪出版集团工会选送书画作品获上海职工书画比赛金奖】 11月，由市总工会主办、市职工文化体育协会承办的2020年"中国梦·劳动美"上海职工书画比赛日前鸣金。由世纪出版集团工会选送的上海朵云轩集团陈秋媛的绘画作品《致敬最美逆行者》、上海美术出版社黄淳的书法《逍遥游》获得金奖，世纪出版集团工会获得优秀组织奖。（江文）

【市工人文化宫举办2020年灯谜大家猜活动】 因疫情原因，市工人文化宫于3月起每月在市总工会申工社平台开展线上版灯谜活动，结合每月专题内容（如"最美逆行者""致敬劳动者"端午节等）向广大职工介绍灯谜解谜方法，全年线上灯谜开展12场；6月起恢复灯谜大家猜线下活动，全年线下活动开展7场，其中9月开展"梦

圆新时代”上海职工迎中秋国庆灯谜专场活动。全年每月平均参与人数约1500人次。（王家辉）

【市工人文化宫举办回顾系列展——《回眸》东方饭店】 9月27日，市工人文化宫于市宫二楼举办回顾系列展——《回眸》东方饭店。回顾展主要讲述东方饭店自1930年开业至1950年这一段时期里的故事，从大楼的营造到东方书场的盛况、从以笔为刃一片赤诚的一代文学家、剧本、话剧创作家、电影导演奠基人洪深到东方电台的无声抗日，均在展览上以图文照片史料方式一一呈现。（王家辉）

【市工人文化宫开展“传统文化直通车”系列活动】 2020年，市工人文化宫开展“传统文化直通车”系列活动共12场，分别开往上海曹路创新产业园、市北高新技术服务业园区、临港蓝湾、普天科技园区等园区，开进昌硕科技（上海）有限公司、上海百富茂企业发展有限公司、比亚迪有限公司、顺丰上海区曹行经营分部等非公企业，驶入浦东新区高桥镇、普陀宜川香溢片区、奉贤区奉城镇职工文化中心、189弄购物中心等公共场所地举行，为工会构建劳动关系、建立小二级工会、企业复工复产、关爱关心灵活就业群体提供文化服务，共计参与人数约1.3万人次。开展线上直通车活动，在市总工会“申工社”微信公众号推出“直通车乐游苑”线上新平台，全年服务5万余人次。（王家辉）

【市工人文化宫开展“带副春联回家乡”系列活动】 春节前夕，市工人文化宫与青浦区总工会、松江区总工会、宝山区总工会、静安区总工会、市交通委员会工会等联合举办“带副春联回家乡”活动，组织线上版抢春联、晒春联活动，共计送出手写春联8000幅；组织线上版抢春联、晒春联活动1场，送出春联1000幅。“带副春联回家乡”活动是上海工会落实中央群团改革精神、打通职工文化服务“最后一公里”的具体实践，是坚持文化惠民、落实人文关怀、推进职工文化繁荣发展的有力举措。（王家辉）

【市工人文化宫开展“奋斗奔小康 共创新奇迹”致敬劳模特别节目】 12月7日，市工人文化宫在上海东方电视台举办“奋斗奔小康、共创新奇迹”致敬劳模特别节目。节目聚焦2020年全国劳动模范和先进工作者，上海市劳动模范和先进工作者、市模范集体，通过诗歌、朗诵、访谈、讲述、歌舞等舞台表现形式，通过一个个劳模故事、劳动故事，展示新时代上海劳模、劳动者的风采，激励上海人民在全面建设社会主义现代化国家的新征程上奋勇向前，不断创造新时代的新奇迹。市人大常委会副主任沙海林，市人大常委会副主任、市总工会主席莫负春，副市长彭沉雷，市政协副主席徐逸波，市政府副秘书长赵祝平，市总工会党组书记、副主席黄红等领导出席，近千名各行各业劳模先进和职工代表在现场观看演出。（王家辉）

市工人文化宫开展“中国梦·劳动美”迎国庆职工专场文艺演出

（任 磊）

【市工人文化宫举办“中国梦·劳动美”迎国庆职工专场文艺演出】 9月28日，市工人文化宫在上海音乐厅开展“中国梦·劳动美”迎国庆职工专场文艺演出。本场演出的阵容汇聚市工人文化宫茉莉花艺术团、上海各行各业的职工优秀文艺爱好者、长三角工人文化宫以及全市各区工人文化宫选送的演员。他们在这里展示职工风采，共同讴歌劳动之美，抒发爱国情怀，绽放属于全体职工的中国梦。演出以“中国梦·劳动美”为主线，市工人文化宫茉莉花艺术团以优美的《晨光曲》，带领观众迎着朝阳回到老上海，回到那年的《于无声处》，感受到市宫话剧的魅力，聆听心中的《使命》。出席演出的领导有市人大常委会副主任、市总工会主席莫负春，中华全国总工会财务资产管理部部长李庆堂，市委宣传部副部长潘敏，市文旅局党委书记、局长于秀芬，市总工会党组书记、副主席黄红，市作家协会党组书记王伟等。演出尾声是受聘仪式，何占豪、郑辛遥等一批文化艺术界知名人士受聘担任“上海职工文化艺术顾问”。现场观看演出800余人，网络观看直播观众超5万人。（王家辉）

【市工人文化宫茉莉花艺术团开展慰问鄂医疗队专场演出活动】 4—5月期间，市工人文化宫茉莉花艺术团先后赴屏风山、黄山、西山、沙家浜等地对援鄂医务人员进行专场慰问演出共20场，慰问援鄂医疗队员及其家属4000多人。（王家辉）

【西山休养院举办第九届职工运动会】 12月27日，市总工会洞庭西山休养院举办第九届职工运动会，来自各部门的93名职工参加比赛。运动会设置迎春长跑、拔河、消防接力、定点投球、跳绳、踢毽子、五子棋、桌球、乒乓球共9个比赛项目。运动会的举办，展现职工奋勇争先的精神面貌，增强职工的凝聚力和向心力，推进休养院精神文明和企业文化建设。（蔡玉蓉）

【黄山休养院举办第四届职工文体运动会】 11月初，黄山休养院举办第四届职工文体运动会。按照活动计划，院工会组织5公里环路跑、羽毛球、乒乓球、消防演习、掼蛋比赛等职工群体喜闻乐见的活动。此次文体运动会院内有46名职工报名参与。

（刘希婷）

新闻与网宣

【概要】 年内，市总工会网宣办进一步加大对外新闻宣传力度，组织各项工作新闻采访报道50余次，举行新一届全国劳模表彰、新一届市劳模表彰、上海工匠选树命名等新闻发布会10余场；举行第二十三次上海市五一新闻奖评审会（2019年度），评选出一批宣传工人阶级和工会工作的优秀新闻作品；整体策划新一届112位全国劳模和先进工作者的表彰宣传报道，创新宣传方式，开通“申工社”B站号，开设“致敬！领跑者”等专题、专栏，各区产业局积极摄制、上传，展示和留存全国劳模、先进工作者，市劳模、先进工作者和模范集体风采的视频，形成宣传的同城效应。面对疫情，一方面积极做好网上宣传引导工作，在市总工会官方微信“申工社”上开设“防疫课堂”专栏，推送近400条微信及时准确传递国家和上海的声音，其中近40条微信阅读量超10万+，引导职工共同抗击疫情；另一方面，市总工会加强舆情监控工作，利用上海工会舆情监测系统平台，对全网500万家新闻网站、微信公众号、论坛、博客、微博等新媒体进行24小时不间断实时监测，重点加强对由疫情所引发的各类劳动权益等方面互联网信息进行实时监测、采集、内容提取。持续升级改造上海市总工会线上服务职工项目，回应职工诉求期待，协助市总职能部门，开通上海工会会员服务卡个人线上申请功能、个人线上参保功能，开发“会聘上海”就业小程序；丰富职工精神文化生活，推出抗“疫”工会微课、“文化直通车”线上版，上线“上海工匠馆数字展馆”；以消费代扶贫，推出线上消费扶贫商城。启动“致敬！最美劳动者”上海职工摄影作品征集活动，面向全社会征集“致敬！最美劳动者”职工摄影作品，截至年底有5000余人次参与投稿，收到投稿作品近1.2万张，作品累计点赞数超40万+次。

（徐　晗）

【市委宣传部、市总工会联合开展2019年度“上海市五一新闻奖”评选】 8月，由市委宣传部、市总工会联合举办的2019年度“上海市五一新闻奖”评选工作启动，共收到来自15家新闻单位72篇参评作品。其中，传统媒体作品36篇，新媒体作品24篇，新闻图片12篇。经由市委宣传部、本市各大新闻媒体负责人等组成的评委会评审，解放日报《从横沙岛上“一个人的营业厅”起步》、文汇报《严惠琴：国宴大师的诗情画意》、新华社《他，就是人们心中的“大国工匠”——新时代知识工人楷模李斌的生命“答卷”》、上海广播电视台融媒体中心《为“背奶妈妈”解决后顾之忧》、劳动报《每天站立超10小时，有多累？——申城服务业一线职工期盼更人性化管理》等5篇作品获“上海市五一新闻奖”一等奖。上海广播电视台融媒体中心《我和“一带一路”》等10篇作品获“上海市五一新闻奖”二等奖。上海广播电视台东方广播中心《四代人师道接力薪火相传》等10篇作品获“上海市五一新闻奖”三等奖。新民晚报《十分上海丨实探华为上海研究所，1万多技术“牛人”的日常与非常》、上海广播电视台东方广播中心《〈开往未来的地铁〉——在上海每天开着“千万豪车”的人，原来是他?》、新华社《从工人运动到劳模精神——这些都是中国劳动者》等3篇作品获“上海市五一新闻奖”新媒体一等奖。文汇报《国庆十二时辰》系列短视频等6篇作品获“上海市五一新闻奖”新媒体二等奖；东方网《奋斗的青春最美丨冯楠：打造进博会务青年铁军》等9篇作品获“上海市五一新闻奖”新媒体三等奖。新民晚报《零距离感受风浪，江边提供一手抗台数据》、解放日报《地铁“夜诊”：他们是全年无休的“地下工作者”》、文汇报《哈佛毕业的她：设计出八步法，推动“一小区一方案”》等3篇作品分别获“上海市五一新闻奖”新闻图片一、二、三等奖。

（徐　晗）

【市总工会舆情监测系统平台及时发现处理舆情】 2020年，市总工会进一步利用上海工会舆情监测系统平台，对全网500万家新闻网站、微信公众号、论坛、博客、微博等新媒体进行24小时不间断实时监测，重点加强对由疫情所引发的各类劳动权益等方面互联网信息进行实时监测、采集、内容提取。截至12月底，编发舆情周报36期，舆情专报5期，发现处理网络舆情近100起。

（徐　晗）

【扩大上海工会网络信息员队伍】 2020年，根据市委网信办统一部署，市总工会进一步扩大上海工会网络信息员队伍，市级网评员队伍从18人增至45人，二级网评员从71人增至81人，覆盖全市16个区总工会以及50个局（产业）工会。市总工会被市委网信办评为2019年度全市十佳网评优秀单位。

（徐　晗）

【上海工匠馆VR数字展馆上线】 5月18日“国际博物馆日”当天，上海工匠馆数字展馆正式登陆。数字工匠

上海工匠馆VR数字展馆上线

（金　喆）

馆以新媒体平台为依托，借助VR全景图片、语音解说、视频植入、智能导图、互动游戏等形式，高清呈现线下展馆全部150余件展品，多方位再现百余位上海工匠故事，100%还原实体展厅原貌，展现大国工匠风采，半年时间累计浏览人次超10万人。数字工匠馆上线当日，举办两场直播活动，邀请上海人民广播电台、阿基米德FM以及腾讯等多个平台全程同步直播，68家媒体对活动进行报道。在腾讯"申城寻宝博物馆24H"直播中，半小时就达到近29万人次的访问量，取得当天所有云展馆累计访问量排行榜第二名的成绩。在工匠直播课堂里，孔利明和陆亚明两位上海工匠为听众带来工匠故事与技艺展示，诠释"精益求精"的工匠精神。（王家辉）

【市工人文化宫承办运营《时代奋斗者——上海工匠馆》】 2020年，市工人文化宫继续承办运营《时代奋斗者——上海工匠馆》，以阵地服务宣传弘扬工匠精神，8月正式成为上海市志愿者基地的一员，9月被授予黄浦区科普基地。自2019年9月28日开馆以来，累计参观上海工匠馆人次超12万。全国人大常委会副委员长、中华全国总工会主席王东明，上海市政协主席董云虎等领导先后莅临参观。（王家辉）

【市工人文化宫举办上海职工抗击疫情主题图片展》】 4月29日，《"致敬！逆行者"上海职工抗击疫情主题图片展》在市工人文化宫开幕。政府机关、事业单位，各行各业、社区街道以及广大市民群众预约观展热情高涨，掀起了一波"观致敬逆行者展、学抗疫精神"的热潮。截至10月底闭幕，团队预约参观批次逾千，累计观众超过8.5万人次。（王家辉）

【市工人文化宫举办空中"工匠学堂"】 9月，上海市工人文化宫与上海人民广播电台合作，打造上海工匠馆空中"工匠学堂"电台直播项目，共计开展11期活动。每期以30分钟广播直播+互联网直播的形式，通过上海人民广播电台覆盖长三角的主频率、阿基米德FM覆盖全国乃至全球的受众、融媒体手段发挥传播覆盖优势，突破空间限制，延伸宣传边界，增强"工匠学堂"的趣味性、互动性、新闻性，让劳模精神、工匠精神传播得更广更远。进一步扩大上海工匠的影响力与辐射面，推动"上海工匠"文化品牌的树立。（王家辉）

【闵行区开展创建全国文明城区百日竞赛活动】 7月20日，闵行区总工会联合区文明办共同开展的闵行区"健步走、文明行"暨创建全国文明城区百日竞赛活动正式启动，活动由"健步走""我要答题""发现闵行的美"三大内容组成，通过线上打卡市民修身路线、职工文化、职工体育基地路线等具有闵行特色的路线，参与创全知识问答，发布身边的文明照片等多种形式，提升全区广大职工群众、居民参与创全的积极性。国庆期间，还推出"健步走、文明行"喜迎国庆有奖征集活动，得到了广大职工群众的积极回应。活动历时100天，累计参与人次达225万。（诸屹婷）

【嘉定区总工会户外职工爱心接力站主题图片展开幕】 8月6日，由嘉定区总工会主办，区职工服务中心、区工人文化宫承办的"学习四史践初心，用爱接力暖人心"户外职工爱心接力站主题图片展在区工人文化宫开幕。本次图片展从前期征集到的照片中，筛选出200幅优秀作品，将整个展览分为"爱心接力·温暖人心""默默奉献·守护城市""共抗疫情·逆行冲锋"3个篇章，反映嘉定区各单位关心关爱户外职工勇担社会责任、户外职工在不同的岗位上为疫情防控作出贡献的生动画面。（钱晓明）

【上海地铁2020年度风采人物颁奖典礼举行】 2021年2月8日，上海地铁2020年度风采人物揭晓，本届风采人物颁奖典礼采用线上云直播方式。活动中，副市长汤志平，市总工会党组书记、副主席黄红向地铁职工发来问候。申通地铁集团领导班子成员、轨交总队、集团各部门、各直属单位领导和职工代表通过视频会议在主、分会场参加了颁奖典礼。王虓等6名个人、上海轨道交通网络运营协调与应急指挥室等4个集体获评风采人物，轨交总队刑侦支队探长张超、地铁防疫伉俪被授予风采人物特别奖，另有1名个人、1个集体获风采人物提名奖。本届风采人物有来自上海地铁最大的门户车站、最深的在建工地、经营拓展最北边疆、世界最大地铁网络控制中心、上海地铁第7000辆列车的建设、运营、维护、经营团队等一线职工，展现集团"十三五"转型发展成果和职工昂扬的精神风貌。（李雯琪）

【市教育工会多媒体融合讲好教师故事】 年内，市教育工会组织拍摄第六批18部先进个人/集体微电影，从教师节开始在教育电视台《随师而行》专栏分期展播；在《劳动报》"劳模周刊"投放52个专版，制作特刊2大通版；在"教师博雅"投放200余篇宣传推文，单篇阅读量最高破10万，平均阅读量超1万；制作上海教工特刊专版刊载在《中国教工》进行宣传，以弘扬宣传教育系统劳模（工匠）精神。（高　芳）

【《致敬抗疫中的白衣天使画册》纪实摄影画册出版】 4月29日，由市卫生健康委员会、市医务工会编撰的《致敬抗疫中的白衣天使》纪实摄影画册，在"致敬！逆行者——上海职工抗击疫情主题图片展"上首发。在首发现场，市人大常委会副主任、市总工会党组书记、主席莫负春，市总工会副主席桂晓燕出席仪式，张文宏、钟鸣等为本书签名留念。该书由上海科学技术文献出版社出版，用摄影作品和文字说明的方式记录2020年初在抗击新冠肺炎的战疫中，上海医务系统1649名医务人员临危受命，与时间赛跑，与疫魔抗争的一个个重要历史时刻。《致敬抗疫中的白衣天使》共分为6篇，分别为逆行出征篇、援鄂救治篇、守护上海篇、后勤保障篇、亲情关爱篇和回家篇。除了记录身先士卒、冲锋在前的一线临床医护人员，还从疾病控制、卫生监督、专家科普、大数据、新闻发布、社区防疫、机场防疫、后勤保障等角度全方位记录抗疫中的其他医护人员。（李易杰　陈　蓓）

【"SMG职工之家"聚焦复工复产，宣传疫情防控先进】 1月23日起，"SMG职工之家"公众微信号上及时发布上海市疫情防控动态信息、《疫情防控阻击战，SMG在行动》《打响防疫“工”坚战，工会和你在一起》《别样“三八”，战“疫”有她》《亮出你的抗“疫”复工装备包》等系列内容，广泛宣传疫情防控提示信息以及在疫情防控宣传、生产经营、服务保障等岗位作出积极贡献的SMG职工先进事迹共计60篇，在台集团内部营造共克时艰、为完成全年各项任务努力拼搏的良好氛围。SMG工会还积极配合《“致敬！逆行者”上海职工抗击疫情主题图片展》的征稿工作，汇总融媒体中心、东方广播中心、纪录片中心在武汉一线的图片及相关故事。上海广播电视台合唱团以“云合唱”的形式录制MV《逆风而行》向抗“疫”英雄们致敬。（秦伊龄）

《劳动报》2020年工会重要新闻要目

日　期	篇　　目	作　者	版　面
1月1日	2019年最后一天　他们在工匠馆度过——近百名非公企业代表昨齐聚　学习劳模工匠精神	庄从周	第03版
1月2日	一场恳谈会　让日企代表认识“中国工会”——金山区总工会“全速”推进百人以上非公企业建会	郭翼飞	第09版
1月2日	为“流动”的职工组建温暖“大家”——金钟广场楼宇打造工会“共享”模式	黄嘉慧	第10版
1月3日	“工会永远是你坚强的后盾”——市总工会主席莫负春走访慰问劳模家属和困难职工	徐　晗	第03版
1月3日	一座岛　一个厅　一个人——中国电信上海公司邱莉娜的服务“秘笈”	王　枫	第04版
1月4日	职工演给职工看　携手迎新年——“中国梦・劳动美”2020新年音乐会奏响	庄从周	第04版
1月5日	奋进新时代　阔步新征程——上海市总工会机关系统新年健步走火热启幕	柴一森	第02版
1月6日	上海工会在“五个中心”建设中助力优化营商环境——百余家著名外企将成立工会联合会	张锐杰	第07版
1月6日	优化营商环境离不开工会“零件”	张锐杰	第07版
1月7日	温暖，从一顿年夜饭开始——闵行区总工会启动两节送温暖活动	张锐杰	第04版
1月8日	搭建三大平台　开拓资源渠道——杨浦区总工会构筑“大帮扶”新格局	赵竺安	第06版
1月8日	政策落地　才是职工所需	黄嘉慧	T1：劳权
1月9日	聚力新科技　奋进新时代——上海科创中心立功竞赛“五一”奖获得者迎新春座谈会侧记	徐　晗	第06版
1月9日	项目至今已帮助30余位职工　有效减轻职工看病负担——“爱・助”为重大病职工吃下“定心丸”	裴龙翔	第07版
1月10日	海陆双线“送温暖”走遍每个职工家庭——中石化海洋石油工程上海钻井分公司延长“关爱手臂”实现全覆盖	赵竺安	第06版
1月10日	破解住房、子女教育等多个难题——工会多措并举助推临港留住人才	李佳敏	第06版

续 表

日 期	篇 目	作 者	版 面
1月11日	为2000多名护工建一个“新家”——市级医疗机构护工护理行业工会联合会昨成立	王 枫	第03版
1月13日	来自“上海姆妈”的爱——黄浦教育工会打造恒爱行动五年千件爱心毛衣送贫困学生	黄嘉慧	第05版
1月13日	想方设法服务“清一色”的民营企业——新杨工业园区工会形成服务职工品牌	郭翼飞	第05版
1月14日	第二十一届上海读书节昨天闭幕——“中国梦·劳动美”2019年上海职工文化网络大赛风采展举行	徐 晗	第05版
1月14日	新虹街道总工会体制外建会打出“三张牌”——网约送餐员入会率超过八成	张锐杰	第05版
1月15日	欢迎回娘家 欢喜过大年——春节留守上海农民工代表走进市总工会包饺子迎新春	徐 晗	第08版
1月15日	“组合拳”为职工讨薪——闵行区开展冬季欠薪“攻坚战”	张锐杰	第08版
1月15日	年终奖发放 不能随性而为	赵竺安	T1:劳权
1月16日	加快慰问步伐 关爱不停歇——市总工会分多路慰问困难劳模和职工	徐 晗	第12版
1月16日	236个困难职工的小心愿将100%实现——金山工会打造精准帮扶链 做优“爱在鑫工”实事项目	郭翼飞	第12版
1月17日	松江经济技术开发区集成电路产业集群工会联合会:发挥产业集群工会优势 助推基层工会转起来活起来	李佳敏	第07版
1月17日	去年5700余名灵活就业者加入工会——静安区总工会召开全委会布置新一年任务“清单”	王 枫	第07版
1月20日	职工为本 发展为要 奋力书写国企高质量发展新篇章——访市政协委员、上海建工集团股份有限公司党委副书记张立新	裴龙翔	第08版
1月21日	替海外职工给家属送上新春温暖——机电工会帮困送温暖突出关心服务海外员工	郭翼飞	第05版
1月22日	这场特殊的疗休养阖家团圆、其乐融融——市总工会为上海援外干部提前过年	陈 琳	第08版
1月22日	“硬核”维权行动 凸显工会力量	郭翼飞	T1:劳权
1月23日	构建职工幸福工作“生态圈”——嘉定马陆立新村工会联合会着力夯实工作基础	裴龙翔	第08版
1月23日	世界500强企业复工率近90%——本市将推出一系列政策 全力保障在沪企业生产经营	陆 烨	第04版

续 表

日 期	篇 目	作 者	版 面
1月28日	全总向广大职工和工会干部发出倡议书——为做好疫情防控贡献智慧和力量		第02版
1月29日	上海市医务工会 再推关爱举措——首批医务人员 滴滴保障车上线	王 枫	第02版
2月1日	他们为市民筑起健康防护屏障——聚焦一级响应七日间的华氏大药房职工	裴龙翔	第03版
2月2日	25万元资金专项采购防护用品——浦东工会为一线医务 工作者解决后顾之忧	李轶捷	第02版
2月2日	3500余名隧道职工 守卫申城“第一线”	张锐杰	第02版
2月3日	有他们的坚守,老百姓的生活才能继续——本报记者走访节日坚守岗位职工 记录他们工作的点点滴滴	陆燕婷、陈 宁、罗 菁	第06、07版
2月3日	“请把我排到班头上!”——防疫期间浦东供电一线职工的故事	张锐杰	第09版
2月4日	战“疫”第一线 温暖不缺位——本市各级工会凝聚职工群众打好疫情防控阻击战	王 枫	第06版
2月5日	市总转发全总《通知》明确:工会经费中设立防控专项资金	徐 晗	第08版
2月5日	关键时刻,劳模工匠勇担当	王 枫	第09版
2月6日	“集体协商”让中小企业度难关——青浦区总工会提前部署做好抗击疫情充足预案	庄从周	第04版
2月7日	迎战疫情 各级工会在行动	王 枫、裴龙翔、李轶捷、黄佳慧、李佳敏	第05版
2月8日	父母复工上班,孩子在家怎么办? ——市总工会给出四条建议	包璐影	第03版
2月11日	安静的食堂 忙碌的调度员 及时的法律咨询——复工首日,本市工会、企业、楼宇严阵以待筑起“防毒墙”	张锐杰	第06、07版
2月12日	上海工会深化科创中心建设主题立功竞赛内涵——参赛单位积极投身 疫情防控阻击战	张锐杰	第02版
2月13日	经济园区独创“三七”错峰工作法——“虹桥临空”为企业复工开出良方	柴一森	第08版
2月14日	上海工会筑起抗“疫”暖心防线	郭翼飞、黄嘉慧、李佳敏、陈 琳	第04版
2月15日	“工人先锋号”誓守城市生命线——青浦区总联系采购500套防护服 一线职工有了铠甲	庄从周	第04版

续 表

日 期	篇 目	作 者	版 面
2月16日	劳模精神闪耀防“疫”最前线——记徐汇劳模先进的“硬核”故事	裴龙翔	第02版
2月17日	90后女护士驻守上海火车站——职工志愿者日以继夜组成陆上北大门防线	王 枫	第08版
2月18日	疫情期间应对用工不平衡 沪上企业结盟共度难关——40名护理员跨界实现“共享就业”	李轶捷	第06版
2月19日	“硬核”抗疫劳模工匠冲在前	黄嘉慧、郭翼飞、陈 琳、张锐杰	第07版
2月20日	89岁老工会干部看到新闻坐不住了——“把积蓄捐给最需要的地方”	裴龙翔	第08版
2月21日	上海工会为复工企业保驾护航	赵竺安、郭翼飞、张锐杰	第04版
2月22日	小区来了工会干部——市总工会机关系统干部奔赴社区成为“抗疫战士”	柴一森	第04版
2月24日	上海发电机厂复工率达到86%——精细化防疫、数字化工厂建设是两大保障法宝	李成溪	第09版
2月25日	复工复业，处处涌动工会关爱	赵竺安、李轶捷、张锐杰、黄嘉慧、李嘉宝	第06版
2月26日	上海市总工会 上海市企业联合会/上海市企业家协会 上海市工商业联合会——关于在疫情防控期间做好企业集体协商工作的相关提示		第06版
2月27日	市经信工作系统各级工会、行业职工防疫一线工作纪实——战疫面前，人人都是“抗疫勇士”	黄嘉慧	第08、09版
2月28日	《一群工会人“微信接力”售菜纾困》后续——工会接力显能量 滞销蔬菜近售罄	郭翼飞	第05版
2月29日	磷酸氯喹，上海制造加速跑的背后——上药中西上下齐心力保抗疫药品生产运输纪实	裴龙翔	第03版
3月1日	八大措施精准施策——嘉定总工会打好防疫+复工“组合拳”	裴龙翔	第04版
3月2日	以职工需求为向导 提升工会服务能级——青浦区新练塘工业园区工会联合会打造“三化”服务	李佳敏	第02版
3月3日	抗疫情、保复工、云协商——闵行区总工会“云”服务共筑和谐劳动关系防护墙	张锐杰	第05版

续 表

日 期	篇 目	作 者	版 面
3月4日	用苦口婆心换来居民理解——市总工会机关系统干部战“疫”纪事	柴一森	第10版
3月5日	我骄傲 我们是抗疫“红马甲”——浦东新区职工志愿者服务全景纪实	李铁捷	第08版
3月6日	申城巾帼勇担当撑起防疫复工半边天——本市女职工奋勇战疫掠影	王海雯、裴龙翔、赵竺安、郭翼飞、庄从周、黄佳慧	第06、07版
3月7日	战疫时节，一只青团是如何完工的？记者探访餐饮后厨——早上六点开工，近十个小时不停歇	黄佳慧	第04版
3月8日	致敬，战斗在一线的铿锵玫瑰——各级工会慰问驰援湖北医疗队家属纪实之一	赵竺安、庄从周、张锐杰、黄嘉慧	第04版
3月9日	致敬，战斗在一线的铿锵玫瑰——各级工会慰问驰援湖北医疗队家属纪实之二	张锐杰、王 枫	第08、09版
3月10日	“我们还想干！我们不累！”——记者凌晨跟随上话员工体验七小时口罩生产流水线	庄从周	第05版
3月11日	创新是工会改革的生命力——定海街道商贸服务行业工会联合会探索新路	赵竺安	第07版
3月12日	“工资、工时专项集体合同”高效出炉——“上海日成”三天完成签订 职工协商率100% 同意率100%	李铁捷	第08版
3月13日	聚焦12351热线的抗疫工作日志——“疫”、“复工”、“隔离”成关键词	庄从周	第07版
3月14日	税务部门公布相关数据——沪复工首月开票销售额为上年同期75.8%	裴龙翔	第04版
3月15日	从车间女工“变身”列车美容师——记上海华铁旅客服务有限公司整备分公司虹桥项目部经理祁苏兰	黄嘉慧	第04版
3月16日	“象王”与员工签“临时降薪协议”——三方协商共渡经营难关 轮岗上班确保最低工资	包璐影	第06版
3月18日	“退休职工住院保障计划”全新调整——4月1日起保障金“直接给付”，最高可获10万元	徐 晗	第06版
3月19日	健康、工期、安心，牢牢把握——隧道股份“抗疫情、保复工”工会工作纪实	张锐杰	第05版
3月20日	上海工会有序推动复工复产复市——线上推送用工企业1557家 提供岗位信息1.87万个	庄从周	第04版

续 表

日 期	篇 目	作 者	版 面
3月21日	市总机关系统召开全面从严治党暨党风廉政建设大会——强化使命担当锻造一支过硬干部队伍	徐 晗	第03版
3月22日	他听到了大国重器的心跳声——记上海优秀农民工沪东重机公司郑常枫	赵竺安	第03版
3月23日	“丰收日”月亏近6000万元不裁员——与5000多名员工协商共渡难关	罗 菁	第07版
3月24日	在机场“守门”:有自豪　有感动——市总工会机关干部支援浦东机场隔离排查纪实	柴一森	第04版
3月25日	“一天打卡4个展馆,这里惊喜最大”——上海工匠馆“复工”首日见闻	庄从周	第08版
3月26日	“上海职工互助保障项目2020”4月实施——“三纵三横”构筑个性化精准保障　最高给付66.55万元	徐 晗	第08版
3月27日	家书寄“申”情·致敬战“疫”人——“写给抗疫一线女职工的家书”征集火热持续	黄嘉慧	第04版
3月28日	南京东路社区餐饮行业工会联合会“转”起来了——90后点心师从后厨走上技能“舞台”	黄嘉慧	第04版
3月30日	“短平快”微课助力基层工会应对疫情“大考”——“‘疫’起学习·工会微课”广获佳评	郭翼飞	第06版
3月31日	激活基层工会神经末梢——顾村工业园区工会联合会让更多职工收获幸福感	陈 琳	第07版
4月1日	线上工种齐发力　工会服务“云”上见——助力复工复产新样态扫描	陈 琳、庄从周、张锐杰、黄嘉慧、裴龙翔	第08、09版
4月2日	复工时节工会全力构建和谐劳动关系——各级工会多举措并进保障职工、企业利益	李轶捷、郭翼飞、庄从周、赵竺安	第06、07版
4月3日	中山医院工会全力保障支援湖北职工顺利“归队”——为一线抗疫人打造“爱心直通车”	王 枫	第05版
4月4日	华力工会自主开发外来人员疫情防控管理系统——设立“云屏障”把好防疫第一关	赵竺安	第03版
4月5日	浦东足球场工程　立功竞赛誓师会举行	李佳敏	第02版
4月7日	工地上,他们奏响“春之声”——劳动报记者实地走访市重大工程项目现场	庄从周、赵竺安、张锐杰、黄佳慧、李佳敏	第06、07版

续 表

日 期	篇 目	作 者	版 面
4月8日	应对疫情，录用重点群体企业最高可获补贴1500元/人——浦东拓展就业覆盖面惠及职工	李轶捷	第06版
4月9日	记录永不停歇的上海24小时——本报记者直击疫情期间城市运行保障现场	陈 琳、柴一森、张锐杰、裴龙翔、赵竺安	第06、07版
4月10日	“三聚焦”盘活园区工会建设——上海旗忠森林体育城经济园区工会联合会做强服务阵地	张锐杰	第04版
4月13日	平凡的伟大，或闪现于咫尺之外的守护者——劳动报记者深度采访“战疫”一线保安群体	李佳敏、张锐杰、郭翼飞、黄嘉慧	第08、09版
4月14日	用工匠精神铺就制冰之路——宝冶集团启动“龙之心”背后的故事	赵竺安	第04版
4月15日	稳就业促就业，各级工会有实招	庄从周、李轶捷、张锐杰、陈 琳、李佳敏	第10版
4月16日	八委办联合开展“推进高质量发展上海职工劳动和技能竞赛”——助推上海实现发展新奇迹	徐 晗	第07版
4月17日	“每天掐指推算着你回来的日子”——三封家书，讲述抗击疫情中的“警察故事”	郭翼飞	第07版
4月20日	智慧、勤勉、达观，创新劳动催生复工“加速度”——劳动报记者实地见证各行业 职工积极行动为“双胜利”聚力赋能	郭翼飞、庄从周、张锐杰、李成溪	第06、07版
4月21日	深化改革为员工谋发展——绿地城市建设发展集团有限公司工会为职工“建家”	李佳敏	第03版
4月22日	嘉定工会开展用工关系“诊断”为企业和职工送上定心丸——“防疫·微评估”跑出“嘉”速度	裴龙翔	第03版
4月23日	为外企工会会员点亮身份象征——黄浦工会多方实现外企办卡“零突破”	黄佳慧	第08版
4月24日	我的第一次带货直播还挺成功！——沪上职工纷纷投身新经济	谢静怡	第05版
4月27日	妈妈援鄂抗疫，初三儿子作文《待到春来，你回家》——劳动报记者实录沪上一线职工与子女的复学故事	王 枫、郭翼飞、张锐杰	第04、05版
4月29日	特殊时刻就要像个“顶梁柱”——四位青年劳模在防疫复工一线默默奉献的故事	庄从周、李佳敏、黄佳慧、柴一森	第06、07版
4月30日	“致敬！逆行者”上海职工抗击疫情主题图片展开展——即日起市民游客可免费入馆参观	徐 晗	第05版

续 表

日 期	篇 目	作 者	版 面
5月3日	上海工会送上“五一”重磅级礼包——2020年全市服务职工实事项目一览		第02、03、04版
5月4日	穿上这身制服,肩上就扛起了责任——上海地铁一线职工全力保障五一出行安全	柴一森	第03版
5月6日	疫情中的劳动用工“堵点”析疑	李铁捷	T1:劳权
5月7日	开放式培训平台为产业工人队伍建设赋能——“闵工学堂”精准发力提升职工素质	张锐杰	第08版
5月8日	工会人的责任与担当——10位市总机关系统赴基层顶岗 抗击疫情工作人员发言侧记	陈 琳	第04版
5月8日	“云协商”成为风尚“上代下”兼顾双方——各级工会最大化发挥集体协商作用	李铁捷	第06版
5月9日	市总工会机关系统 青年理论学习小组“扬帆起航”	柴一森、黄佳慧	第04版
5月10日	工会“三联动三同时”创新工作法起实效——顾村湖北籍前工会主席成功再就业	陈 琳	第04版
5月11日	“一十百千万”打造临港人才高地——中国(上海)自由贸易试验区临港新片区职工技能登高计划方案解读	张锐杰、李佳敏	第08版
5月12日	闵行区总工会“集体协商百日行”活动拉开帷幕——“十个一”给职工“多维度”关爱	张锐杰	第04版
5月13日	涉“疫”劳动争议如何化解——上海最新处理指导意见解读	李铁捷	T1:劳权
5月14日	职代会延迟 涨薪未“迟到”——企业推动集体协商“逆势”涨薪	李铁捷	第09版
5月15日	让600吨塔吊爬上500米高空——“八局工匠”韩佩创出“天空之舞”	张锐杰	第05版
5月16日	乒坛世界冠军致敬白衣逆行者——市医务工会全面呵护职工“身与心”双重健康	李成溪	第03版
5月18日	闵行区召开区政府与区总工会联席(扩大)会议	张锐杰	第09版
5月19日	横着做根梁 竖着做根柱——全国劳模李斌塑像昨日揭幕	徐 晗	第04版
5月20日	拒绝加班被判赔偿1.8万元 员工到底“错”在哪儿?	庄从周	T1:劳权
5月21日	一份福利,一份保障,更是一份归属感——奉贤区海湾镇总工会用好工会经费为灵活就业群体谋福利	李嘉宝	第10版

续 表

日 期	篇 目	作 者	版 面
5月22日	坚守港口　守护中国籍船员回家路——市劳模、吴淞口国际邮轮港公司港口运营总监徐红的“破冰之旅”	陈 琳	第06版
5月25日	坚守港口　守护中国籍船员回家路——市劳模、吴淞口国际邮轮港公司港口运营总监徐红的“破冰之旅”	裴龙翔	第08版
5月27日	上海职工社区参保6月启动——退休职工参保“零材料”“零跑动”无须申请直接给付	徐 晗	第08版
5月28日	疫情面前，邮政老兵写下“我愿意”——“绿衣战士”与“白衣天使”共话战疫故事	李嘉宝	第05版
5月29日	让初心薪火相传　把使命永担在肩——上海百年红色工运资源发掘宣传暨纪念五卅运动95周年、上海总工会成立95周年座谈会发言拾萃	陈 琳	第04、05版
5月30日	纪念五卅运动95周年——从澳门路到南京路，工人的呐喊声撼人心魄	黄嘉慧	第04版
6月1日	吹响劳动竞赛“集结号”各级工会助力世界级生态岛建设	黄嘉慧	第07版
6月2日	迈向“国际邮轮之城、智能智造之城”——宝山区总工会职工劳动和技能竞赛方案解读	张锐杰	第03版
6月3日	全市各级工会推进　灵活就业劳动者建会入会	张锐杰	第04版
6月4日	聚焦建设发展重点　贡献杨浦智慧——杨浦区总工会职工劳动和技能竞赛方案解读	张锐杰	第09版
6月5日	心理疏导“每日一报”保大局——上海工会常态化加强疫情防控职工心理疏导工作	庄从周	第03版
6月6日	出动1万余人次　涉及5条地铁线路　完成496个施工点——夜深了，他们不是一个人在战斗	柴一森	第03版
6月8日	车轮滚滚，娘家人关爱如影随形——宝山区物流货运行业工会联合会做货运司机的“密友”	陈 琳	第10版
6月9日	市总工会、市文旅局联合下发《通知》——鼓励开展职工“爱上海、游上海”活动	徐 晗	第06版
6月10日	三大竞赛推动全区经济高质量发展——闵行区总工会主题立功竞赛方案解读	张锐杰	第06版
6月11日	既是职工书屋，又是爱心接力站，还是失业人员应聘点——工会一体化综合服务体首现杨浦	赵竺安	第07版
6月13日	迎世赛、稳就业、促发展——上海职工职业技能系列竞赛正式拉开帷幕	徐 晗	第03版
6月15日	打造具有工会特色的就业服务模式　闵行工会直播间火了——工会主席现场“奉上”99个岗位	张锐杰	第09版

续 表

日 期	篇 目	作 者	版 面
6月16日	小屋传递工会真情——上海工会举办妈咪小屋线上活动	黄嘉慧	第06版
6月17日	汛期来临，一线职工在行动——记者实地采访城市安全运营保障背后的职工	陈 琳	第05版
6月18日	四年间从1家独立工会拓展到13家——吕巷镇水果公园工会联合会用劳动竞赛打动企业	庄从周	第04版
6月19日	1920年，纱厂工人在这里第一次接受红色启蒙 2021年，红色传统将在原址落地生根——安远路62弄锦绣里 沪西工人半日学校旧址见闻	李嘉宝	第04版
6月20日	同济医院工会副主席仇许玲——工会人要接地气聚人气	王 枫	第03版
6月22日	久违的烟火气，人与人之间的相遇又回来了——聚焦夜市经济下的职工群体	庄从周、黄嘉慧	第06、07版
6月23日	"临港工匠"诞生 来自人工智能等高科技产业——23岁的最年轻工匠曾获世赛冠军	李佳敏	第03版
6月24日	在更广泛领域展开合作——国网上海市电力公司工会与劳动报社签订战略合作协议	张锐杰	第04版
6月25日	无论梅雨酷暑 他们筑牢安全生产防线——劳动报记者实地探访严把安全关的申城职工	赵竺安、裴龙翔、李佳敏	第04版
6月27日	新泾路200号——朱学范故居中国工会风云人物从这里走出	庄从周	第03版
6月29日	把学习成果落实到推动工会事业发展中去——市总党组中心组举行"四史"学习教育专题会	徐 晗	第06版
6月30日	坚守主业主责"疫"不容辞——嘉定工会助力职工拿回待工期工资	裴龙翔	第05版
7月1日	从石库门到天安门 初心与使命薪火相传——"七一"前夕记者走访中共一大会址等红色纪念地	庄从周	第06、07版
7月2日	重温入党誓言 坚定信念继续前行——市总机关系统举行"七一"党员政治生日座谈会	徐 晗	第03版
7月2日	下基层"望闻问切" 写报告"短平快实"——上海工会管理职业学院教职工基层调研纪实	李嘉宝	第09版
7月3日	小程序云端牵线求职者与企业——黄浦区总工会打造智慧就业平台	黄嘉慧	第03版
7月4日	地铁老站长与乘客许下10年之约——"这个约定，我会一直守到退休"	柴一森	第03版
7月6日	问需职工 持续发力 勇于作为——本市国有企业工会改革攻坚风采侧记	徐 晗	第06、07版

续 表

日 期	篇 目	作 者	版 面
7月7日	这份安置方案让职工心里有了底——奉贤区总工会走访调研将潜在劳动争议化解在萌芽	李嘉宝	第06版
7月8日	推出爱心驿站、助考服务台、志愿服务等暖心举措——本市交通行业职工为考生一路护航	赵竺安、柴一森	第05版
7月9日	上半年为职工挽回损失2100余万元——静安区总工会召开全委(扩大)会议　聚焦维护职工队伍稳定	王　枫	第08版
7月10日	工匠精神引领机关事务人才队伍建设——首届上海市机关事务“绿叶工匠”培育工程推介会举行	李佳敏	第06版
7月11日	中国船舶集团第七一一研究所黄立贤:将科创精神融入工会工作中	李佳敏	第03版
7月13日	徐汇工会新设教学点服务白领职工——漕河泾地区20余万职工受益　将推广到更多职工学堂	裴龙翔	第07版
7月14日	重拾人间烟火气　再燃职工文化情——上海建工二建集团首届“员工欢乐地摊节”举行	李佳敏	第05版
7月15日	他把心和梦留在了邮轮港口——追记吴淞口国际邮轮港董事长、市劳模候选人王友农	陈　琳	第03版
7月15日	女工认为企业侵权　企业认为依法合规——特殊时期缩减工作时间和工资到底有没有理	李轶捷	T1:劳权
7月16日	共克时艰　砥砺前行——上海工会2020年上半年工作侧记	徐　晗	第04版
7月17日	团结带领职工群众为夺取疫情防控和实现经济社会发展目标双胜利而努力奋斗——市总十四届七次全委(扩大)会议工作报告解读	徐　晗	第03版
7月18日	海派与经典PK　吸粉41.6万人次——黄浦区总工会举办2020年首场职工技能竞赛	黄嘉慧	第03版
7月20日	愚园路81号,走近上海工运领袖刘长胜——中共上海地下组织斗争史陈列馆里回首“黎明前夜”	刘振思	第06、07版
7月21日	暴雨中环卫工王月梅徒手疏通排水口——泡得发白的双手是战斗的痕迹	李嘉宝	第04版
7月22日	以“典”明“践”循法而立——上海工会职工书屋系列活动接踵而来	徐　晗	第05版
7月22日	“试用期职工十大权益”企业碰不得	黄嘉慧	T1:劳权
7月23日	800℃高温炉旁淬炼匠心——记者实地探访上重铸锻热处理车间	李嘉宝	第08版
7月24日	“精算师”让火星环绕器“坐”得更稳——记上海航天149厂长征五号遥四运载火箭助推模块总装团队	王　枫	第08版

续 表

日 期	篇 目	作 者	版 面
7月25日	劳模带队拜访老英雄 “四史”教育融入成长——田林工会在孩子心中播撒红色种子	裴龙翔	第03版
7月27日	1600°C高温旁,机器人大显身手——宝钢股份炼钢厂连铸分厂高温岗位见闻	张锐杰	第07版
7月28日	空调装进了职工更衣室——上汽集团今年计划用2000多万元为职工“点亮心愿”	陈 琳	第04版
7月29日	12项竞赛活动推进长三角生态绿色一体化发展示范区建设——青浦职工劳动和技能竞赛打响发令枪	李成溪	第04版
7月29日	远程办公时猝死,家属该如何维权?——专家:新就业形态下,相关法规亟待完善	庄从周	T1:劳权
7月30日	人民城市人民建 人民城市为人民”——加快推进旧区改造和城市更新立功竞赛方案解读	张锐杰、李佳敏	第08版
7月31日	聚焦群众最迫切“老小旧远”等问题——加快推进旧区改造和城市更新立功竞赛动员大会召开	张锐杰	第04版
8月1日	市总明确小微企业工会经费支持政策实施细则——小微企业工会上缴经费实行全额回拨	徐 晗	第03版
8月3日	长三角地区工会深化产改研讨会召开——莫负春分享产业工人队伍建设改革工作“上海思考”	张锐杰	第02版
8月4日	从杨树浦发电厂到提篮桥监狱——追寻“不死的王孝和”	李嘉宝	第04版
8月5日	上海工会开展“查找身边隐患 保障职工安全”三年行动——聚焦九大行业 提升职工安全责任意识	徐 晗	第04版
8月5日	工作16年门店遭关闭——他到新店后为何要“人肉打卡”?	黄嘉慧	T1:劳权
8月6日	莫负春等市总领导分10路走访慰问一线作业和困难职工——“感谢辛勤付出 做好防暑降温”	徐 晗	第03版
8月7日	“娘家人”的清凉关怀直抵一线——本市各级工会深入开展高温慰问	庄从周、黄嘉慧、张锐杰、李轶捷	第04版
8月8日	市总工会党组书记、副主席黄红慰问高温一线岗位职工——要把清凉送到每一个最热工作岗位	徐 晗	第03版
8月10日	户外职工爱心接力站盛夏绽放——夏日升级版重磅回归 新增三类升级项目	张锐杰、李嘉宝、裴龙翔、陈 琳、柴一森	第04、05版

续 表

日 期	篇 目	作 者	版 面
8月11日	闷热中，他们造出地下“开路先锋”——记者走进隧道股份机械制造分公司盾构机生产车间	张锐杰	第04版
8月12日	三实”举措助推城区“旧改”——杨浦区总工会立功竞赛赛出职工干劲	赵竺安	第07版
8月12日	法律法规缺失　行业标准空白——“新就业形态”下数据标注员该如何维权	黄嘉慧	T1：劳权
8月13日	申报人数创历年之最　自荐报名人数增长317%——2020年上海工匠评审发布会召开	张锐杰	第08版
8月14日	要看病，找“Health 工享站”——长宁区总探索家庭医生进企业送健康“1+3”服务模式	柴一森	第04版
8月15日	高温“劳动保护权”十问十答	赵竺安	第02版
8月15日	关爱不停步　清凉送心田——市总工会分多路慰问高温一线职工	徐　晗	第04版
8月17日	钟声依旧，历史扬尘，初心仍在——记者寻迹海关大楼上海人民保安队总指挥部旧址	李佳敏	第06版
8月18日	张文宏走进上海工会“五一讲堂”——分享下半年疫情发展趋势与个人防护要点	徐　晗	第03版
8月19日	二十四小时不停歇，他们把真情留给每一名患者——致敬！这群最可爱的白衣天使	刘振思、李成溪	第02、03版
8月19日	劳动者应聘入职　公司却是“借”来的——一则招聘信息引发的“罗生门”	李轶捷	T1：劳权
8月20日	撸起袖子　抹去汗水　加油干——本市部分劳模工匠战高温纪实	张锐杰、李嘉宝、黄嘉慧、柴一森、庄从周	第08、09版
8月21日	静安区总与区仲裁建立集体争议协同处置机制——半年为800余名职工提供法律援助	王　枫	第05版
8月22日	布满老茧的双手被汗水浸透——探访中交上航局陆家嘴北滨江绿地贯通及景观提升改造工程	裴龙翔	第03版
8月23日	每一块桥面都由汗水“修”成——探访S20沪宁沪杭铁路立交桥大修施工现场	黄嘉慧	第03版
8月24日	从内史第出发，职业道德思想发散中华——川沙古镇、雁荡路、斜土路……劳动报记者寻访黄炎培职教足迹	李成溪	第08、09版

续 表

日 期	篇 目	作 者	版 面
8月25日	市总工会与市人社局党组中心组联组学习——密切合作共促劳动关系和谐	徐 晗	第03版
8月26日	黄红调研国家会展中心区域(进博会)工会联合会强调——以劳动竞赛引领职工为进博会作贡献	徐 晗	第04版
8月27日	社会责任、劳动关系、薪酬趋势——上海著名外企工会联合会发布三大报告	张锐杰	第08版
8月28日	市总工会一行调研首台国产超大盾构机团队	张锐杰	第03版
8月29日	市总机关系统青年理论学习小组微党课分享会走进中共四大纪念馆——微党课情景交融 学四史入耳入心	李嘉宝	第03版
8月31日	长三角生态绿色一体化发展 示范区工会工作委员会宣布建立——市总工会赴示范区执委会调研慰问	张锐杰	第09版
8月31日	沿练塘市河而上,跟随陈云的足迹——本报记者走访青浦陈云纪念馆	庄从周	第10、11版
9月1日	市总工会党组中心组召开民法典专题学习会——四个“下功夫”更好维护职工合法权益	裴龙翔	第08版
9月2日	多方合作“叠加”层层关爱——爱心接力站提升户外职工幸福感	裴龙翔	第03版
9月2日	合理妥善实施股权激励 公司和员工才能双赢	庄从周	T1:劳权
9月3日	一个月内园区成立5家联合工会——江川路街道三项覆盖创建园区工会	张锐杰	第08版
9月4日	皮肤黑黝黝 心里美滋滋——“最美劳动者”岩快:努力打拼供女儿上大学	李嘉宝	第03版
9月5日	市总工会、市教卫工作党委等 合作推进劳模工匠精神进校园——7位劳模加盟“市关工委导师工作室”	李嘉宝	第03版
9月7日	第一个工人新村的光荣与梦想——行走在曹杨新村 聆听70载光阴故事	李嘉宝	第06版
9月7日	专职化工会工作者步步为营抓组建——靠前一步抓信息挖潜力 联系人换了三个仍不放弃	赵竺安	第08版
9月8日	静安香格里拉酒店工会主席蔡华民:疫情“寒冬”驾车为员工送饭	李嘉宝	第04版
9月9日	分享备战经验 吹响竞赛号角——上海工会将组队参加长三角地区职工劳动技能竞赛	张锐杰	第09版
9月10日	关键时刻撑一把携手过难关——市总工会分10路慰问受新冠肺炎疫情影响困难职工	徐 晗	第03版

续 表

日 期	篇 目	作 者	版 面
9月11日	"临·家11号"凝聚万名科创人才——临港松江科技城为职工"建家记"	李佳敏	第04版
9月12日	持续擦亮工会"三鑫"品牌——金山区总展示工会风采竭诚服务职工	庄从周	第03版
9月14日	上海市总工会面向灵活就业群体　推出"五送"正面服务清单	徐　晗	第03版
9月15日	九方面竞赛提升进博会运行保障——第三届进博会立功竞赛推进会召开	张锐杰	第03版
9月16日	探索更多宣传平台和服务——闵行区总工会与劳动报社签订战略合作协议	张锐杰	第04版
9月17日	宝山工会夯实维权工作——让困难员工感受"娘家人"的温暖	陈　琳	第04版
9月18日	古美路街道总工会联动资源巧推工会组建——"招商+工会服务"模式提前介入	张锐杰	第03版
9月19日	市政协总工会界别委员集中调研新就业形态下的劳动关系——为新就业形态职工撑起权益保护伞	裴龙翔	第04版
9月20日	盼了好久的比赛终于恢复了——第六届上海市职工台球团体赛开打	王卫朋	第04版
9月21日	九十八年前,一所党培养妇女干部的学校在上海正式开学——南成都路"辅德里"寻踪平民女校	李成溪	第08、09版
9月23日	一串钥匙传承了二十八年——四行仓库职工自建陈列室讲述抗战故事	裴龙翔	第04版
9月23日	特殊工时下,这些权益如何保障?	李轶捷	T1:劳权
9月24日	上海海关工会:依托立功竞赛支持进博会"越办越好"	李佳敏	第05版
9月25日	本市法院-工会诉调对接机制建立——法院将普遍设立工会劳动争议诉调对接工作室	徐　晗	第03版
9月26日	顾绣传人钱月芳:一根丝线可劈出256分之1	张锐杰	第03版
9月28日	回眸百年前上海第一次大规模庆祝五一国际劳动节——渔阳里　黄浦学校　武进路　在熟悉的街头与工运先辈不期而遇	李嘉宝	第08、09版
9月29日	展示职工风采　讴歌劳动之美——"中国梦　劳动美"迎国庆职工专场文艺演出举行	徐　晗	第05版
9月30日	建一项工程　树一个品牌　出一批人才——上海建工举办立功竞赛中途推进会	李佳敏	第03版

续 表

日 期	篇 目	作 者	版 面
9月30日	“十一”假期加班费十问十答	黄嘉慧	T1:劳权
10月2日	国歌,从这里响起——本报记者探访国歌展示馆十大看点	赵竺安	第02、03版
10月3日	这个“双节”我在岗!——国庆中秋佳节申城劳模工匠坚守岗位掠影	裴龙翔、黄嘉慧、柴一森、刘振思	第02、03版
10月4日	聚焦国家战略 贡献工会力量——各级工会“百花齐放”立功竞赛进博会	庄从周、张锐杰	第02、03版
10月5日	听工匠讲述展品背后的故事——上海工匠馆国庆“上新”精彩纷呈	庄从周	第02版
10月6日	身为异乡客 佳节并不孤单——上海各级工会双节送服务送关爱	裴龙翔、王 枫、黄嘉慧	第02版
10月12日	81年前,茅丽瑛牺牲于南京东路慈安里大楼内——劳动报记者寻“迹”为上海抗日救亡斗争献身的“孤岛”女杰	王海雯	第04、05版
10月13日	金山枫泾有一个“故事村”——劳模带头讲好故事传承匠心	庄从周	第05版
10月14日	“五一讲堂”迎来著名作家叶辛 分享个人奋斗经历——重读革命史,讲好红色故事	庄从周	第06版
10月14日	不换国产手机就算自动离职——这家酒企“喝高了”	赵竺安	T1:劳权
10月15日	14项内容考评户外职工爱心接力站——全市各级工会启动接力站专项检查	张锐杰	第08版
10月16日	No. 1企业实事项目是如何攻克的——沪上公交首个新能源车电控故障模拟维修系统问世记	赵竺安	第04版
10月17日	每个笑容记录他们与上海的动人故事——访参与徐汇滨江建设的上海建工外来务工者	李佳敏	第04版
10月19日	纱厂工人在这里第一次听到真理——从沪西工友俱乐部旧址出发,寻觅上海工运历史印痕	李嘉宝	第08、09版
10月20日	“三位一体”推进工会组建工作——大桥街道灵活就业群体有了“娘家”	赵竺安	第04版
10月21日	解读人社部共享用工新规十大亮点	李轶捷	T1:劳权
10月22日	服务职工超百万 身边书香飘不停——上海职工书屋“线上线下”齐放彩	庄从周	第04版
10月23日	“三个结合”将他们“绑定”工会——江川路街道工会服务“普照”灵活就业人员	张锐杰	第03版

续 表

日 期	篇 目	作 者	版 面
10月24日	“要维权找工会”深入人心——松江区总工会构建“四方联动”法律援助格局	张锐杰	第03版
10月25日	爱满重阳节工会送温暖	王 枫、张锐杰、庄从周、陈 琳	第02、03版
10月26日	为进一步扩大工会报刊影响提供有力支撑——上海工会报刊发行工作座谈会召开	黄嘉慧	第02版
10月27日	奋战保洁第一线 平凡岗位书写不平凡故事——本市新一批“十佳城市美容师”揭晓	裴龙翔	第04版
10月28日	录用通知毁约、职场性骚扰该如何界定——《民法典》对劳动关系的四大影响	黄嘉慧	T1:劳权
10月29日	发挥职工作用 建功生态崇明 崇明生态岛建设引领性劳动和技能竞赛——上实东滩赛区观摩会举行	李佳敏	第08版
10月30日	工会“吸粉”也要年轻化科技化——平凉路街道总工会举办电子竞技大赛背后的故事	赵竺安	第06版
10月31日	首场“中国梦·劳动美——人民城市 奋斗有我”上海职工直播课堂“跨越时空的历史变迁”开讲啦!	徐 晗	第03版
11月1日	繁华闹市中回眸激荡的工运岁月——青年职工以脚步丈量,寻踪上海机器工会百年印记	黄嘉慧、李嘉宝	第08、09版
11月2日	职工得实惠 企业愿入会——一张就餐福利券助推组建率提升7%	张锐杰	第06版
11月4日	市总工会传达学习十九届五中全会精神——将贯彻落实会议精神与推动工作创新发展结合起来	徐 晗	第05版
11月5日	“云上之家”打动职工的心——上海市肺科医院工会建智慧工会提升凝聚力	王 枫	第12版
11月6日	“迷你反向镜”解决出租车“开门杀”——强生控股依托劳模工作室解决行业“老大难”	赵竺安	第08版
11月7日	从机长到工会人,无缝切换服务职工——记春秋航空工会主席张磊	柴一森	第07版
11月9日	场内,劳动竞赛贯穿始终场外,工会力量彰显担当——第三届进博会背后的职工故事	庄从周、张锐杰、黄嘉慧	第08版
11月10日	落“沪”为安——中国商飞上飞工会助公司服务“留人”	张锐杰	第07版
11月11日	为能工巧匠搭建沟通“舞台”——上海工匠、临港工匠座谈研讨会举行	李佳敏	第07版
11月11日	年龄、性别、学历……入职前还有多少“入职条件”需要跨越	黄嘉慧	T1:劳权

续 表

日 期	篇 目	作 者	版 面
11月12日	国展中心工会全力投入立功竞赛——职工高质量、高水准完成进博会保障	庄从周、张锐杰	第04版
11月13日	上海工匠把黑紫砂技艺带进故宫——深耕十年潜心烧制 失传200余年传统手艺再现世间	庄从周	第04版
11月14日	区域联动建立"大教研室"——长三角工会培训教学教法创新研修班开班	徐 晗	第04版
11月16日	"脱贫攻坚一线建设者"研修班开班——市总工会主席莫负春作开班动员	徐 晗	第03版
11月17日	将"蚂蚁啃骨头"精神带回岗位——脱贫攻坚一线建设者走进工匠馆、劳动组合书记部等地	张锐杰、裴龙翔	第04版
11月18日	保洁员"自愿"喝蹲便池水引热议——职业道德究竟应该怎样体现?	赵竺安	T1:劳权
11月19日	海拔4000米之上,脚步踏遍田间地头——记者独家专访西藏自治区扶贫干部楚波和次旦卓玛	柴一森	第07版
11月20日	"向脱贫攻坚一线建设者致敬"报告会举行——深情讲述精准扶贫动人故事	徐 晗	第03版
11月21日	学生学成后的第一次榔头敲在产品上——"江南造船"构建"五位一体"技能培训机制	赵竺安	第03版
11月22日	黄渡路107弄15号,屏息聆听永不消逝的电波——劳动报记者寻访李白烈士战斗过的地方	李成溪	第08、09版
11月23日	一甩一抛,床单乖乖就位——记者探访锦江客房培训师孙利军的铺床绝活	柴一森	第05版
11月25日	昨夜,他们带着112枚奖章载誉归来——市总工会即将开展劳模精神大讨论	庄从周、王 枫、裴龙翔、张锐杰、黄嘉慧	第04、05版
11月26日	民族精英 人民楷模 共和国功臣——劳模、职工、工匠畅谈如何弘扬劳模精神、劳动精神、工匠精神	赵竺安、庄从周、张锐杰、李嘉宝、李轶捷	第09版
11月27日	"小巷总理"的大"治慧"——记全国先进工作者、徐汇田林街道长春居委会党总支书记苏嵘	裴龙翔	第04版
11月28日	择一事忠一生,昂扬"新药精神"——记全国先进工作者、中国科学院上海药物所研究组长宣利江	李佳敏	第04版
11月29日	临港集团工会不懈履行使命——提高职工素质搭建实训平台助推园区高质量发展	李佳敏	第03版

续 表

日 期	篇 目	作 者	版 面
11 月 30 日	劳动最光荣应引领时代风尚——本市各界持续讨论习近平在全国劳模和先进工作者表彰大会上的讲话精神	李成溪、黄嘉慧、王海雯、李佳敏、赵竺安	第 03 版
12 月 1 日	每项工作做好做精就是价值体现——全国劳模、一线职工、工会干部学习贯彻习近平总书记讲话精神	李成溪、王海雯、李佳敏、柴一森	第 06 版
12 月 2 日	“幸运”是脚踏实地干出来的——记全国先进工作者、浦东新区市监局注册许可分局党总支副书记徐敏	李轶捷	第 02 版
12 月 3 日	已递交的辞职信可以撤回吗？用人单位怎样设置离职程序？如何避开辞职时的“暗雷”	黄嘉慧	T1：劳权
12 月 4 日	2020 年市劳动模范（先进工作者）和模范集体揭晓	徐 晗	第 09 版
12 月 5 日	筑梦彩云之南　传递上海温暖——记上海市援滇干部联络组昆明市政府副秘书长、上海市先进工作者边慧夏	李成溪	第 03 版
12 月 7 日	生活从不会辜负认真努力的人——上海市劳模、外卖小哥宋增光的追梦故事	李嘉宝	第 02 版
12 月 8 日	不负伟大时代　唱响奋进凯歌“奋进新时代　开启新征程——人民城市　奋斗有我·致敬劳模主题节目”侧记	裴龙翔	第 14 版
12 月 9 日	数字时代的云计算梦想者——上海市劳模、优刻得科技股份有限公司首席执行官季昕华	赵竺安	第 06 版
12 月 10 日	传承红色基因　弘扬光荣传统——纪念上海机器工会成立 100 周年大会在沪隆重召开	李嘉宝	第 10 版
12 月 11 日	在汽车研发的路上永葆创造力——记上海市劳模、泛亚汽车技术中心有限公司电子软件部执行总监方健	王海雯	第 03 版
12 月 12 日	“亮剑”的背后是勤学苦练——上海东捷建设（集团）有限公司强化职工技术培训点击	邵宇骋	第 06 版
12 月 14 日	用“创新”金钥匙服务好实体经济——记上海市先进工作者、上海期货交易所结算部总监王昊	柴一森	第 05 版
12 月 15 日	远程劳动的制度发展与法律适用	田思路	第 03 版
12 月 16 日	把小事做到极致，就是不平凡——申城“劳模精神劳动精神工匠精神”征文精粹	李成溪	第 08 版
12 月 17 日	放射学科的女“福尔摩斯”——记华山医院放射科学科带头人、副院长耿道颖教授	王 枫	第 03 版
12 月 18 日	补齐短板：“共享员工”模式的实践与规制	邱 婕	第 02 版
12 月 19 日	警惕平台用工中的技术抑制性效应	沈锦浩	第 06 版

续 表

日 期	篇 目	作 者	版 面
12 月 20 日	职工年假用不完怎么办——能否延期、折现……这些提醒务必知道	陈 宁	第 07 版
12 月 21 日	更广、更精的竞赛锤炼新时代职工队伍——上海市总工会 2020 年劳动和技能竞赛回顾	张锐杰	第 02 版
12 月 23 日	考核标准谁来设立　考核工作量由谁说了算——年终考核:想说爱你不容易	赵竺安	T1:劳权
12 月 24 日	激发创新热情打造工匠型职工——金山区总 2020 年补贴企业相关培训 144 项	庄从周	第 03 版
12 月 25 日	上海工会启动元旦春节帮困送温暖——2 亿余元聚焦防控一线、困难职工、农民工等群体	徐 晗	第 03 版
12 月 26 日	2020 年,点亮 2293 个“微心愿”——上海市总工会送温暖实事项目回顾	王海雯	第 02 版
12 月 28 日	方向盘在我手中　安全就在我心中——记上海市劳模、上海联达物流有限公司货运司机符寿枝	王海雯	第 03 版
12 月 30 日	盘点 2020 劳权新规十大亮点	李轶捷	T1:劳权
12 月 31 日	历时 10 年编纂,《上海工会志》正式出版——全面记载 1978—2010 年上海工会发展历史轨迹	李嘉宝	第 03 版

女职工工作

“知识型工人”楷模
李斌
上海电气液压气动有限公司
液压泵厂数控机床操作工段长
2016年上海工匠
6000r/min的

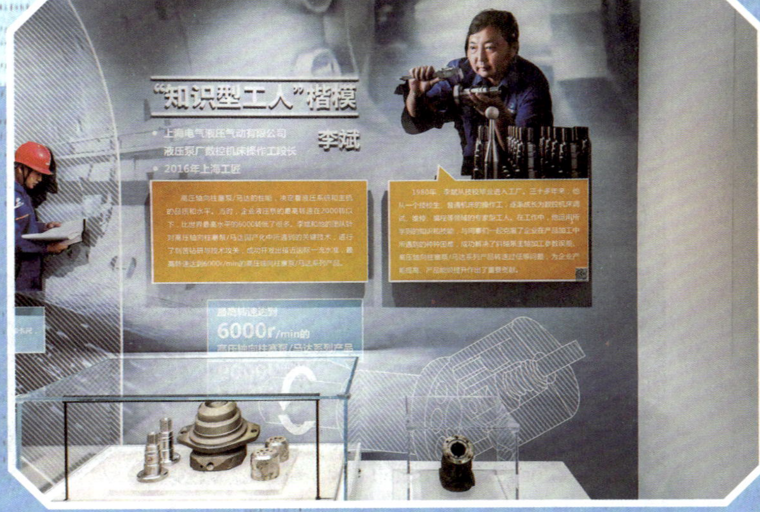

综　述

2020年市总工会女职工委员会坚持以习近平新时代中国特色社会主义思想为指导,践行“人民城市人民建,人民城市为人民”重要理念,坚持“新时代共奋斗,女职工更幸福”工作主线,团结带领全市各级工会女职工组织围绕中心、服务大局,各项工作取得新进展新成效。一是汇聚各方合力,为夺取“双胜利”做贡献。动员广大女职工参与疫情防控各项工作,发动各级工会女工委募集资金采购考拉裤,缓解抗疫一线女性医务工作者燃眉之急,走访慰问全市1085名援鄂女性医务人员家庭;针对疫情期间劳动关系领域的新情况,第一时间向全市各级女职工组织发出保护孕期、哺乳期女职工合法权益的工作倡议;开展“家书寄‘申’情、致敬战‘疫’人”家书征集,汇编出版《家书寄“申”情—给最美逆行者的100封信》;举办“爱在浦江·幸福今生”百名抗疫新人盛世婚典。二是弘扬劳模精神、劳动精神、工匠精神,激发女职工劳动热情和创造活力。28名女职工当选为全国劳模(先进工作者)、267名女职工当选为上海市劳模(先进工作者);24位女劳模领衔的创新工作室获评第十批上海市劳模创新工作室,28个巾帼创新工作室获评市级职工创新工作室,7名女职工荣获第五批“上海工匠”称号,2075名女职工获得晋升技师、高级技师以及发明专利奖励;组织开展上海市职工家政服务技能竞赛暨全国家政服务业职业技能竞赛选拔赛;持续开办“五一巾帼大讲堂”。三是推动实事项目落地见效,帮助女职工平衡工作家庭职责。推进实施心理健康促进行动,扩大女职工医疗保障覆盖面,76.99万女职工加入上海职工互助保障2020特种重病保障项目,同比上一年投保《女职工团体互助医疗特种保障计划》的人数提高7.72%;推进困难女职工帮扶工作;持续推进“爱心妈咪小屋”建设,新增518家爱心妈咪小屋,93家“爱心妈咪小屋”获评五星级小屋;探索创新“四季恋歌”服务模式,“会缘”注册人数近2万人,线下线上开展交友活动。四是坚持依法依规,维护女职工合法权益和特殊利益。推进上海市妇女儿童发展“十三五”规划工会相关工作目标的如期完成,聚焦工作场所“性别平等”、女职工“五期”保护、女职工专项集体合同签订等相关法律法规知识,在市总工会“申工社”微信平台组织线上竞答,5.8万余职工参与活动;保障女职工劳动经济权益,提供就业服务18.65万人次,其中女职工约占1/3;全年共办理涉及女职工的法律援助案件18393件。五是夯实工作基础,进一步完善女职工组织体系。推动女职工集中的行业协会组建工会;落实市总《2019—2023上海工会干部教育培训规划》,推动各级工会女职工组织举办女工干部专题培训班;了解企业为职工平衡工作和家庭责任提供支持的相关情况,总结形成基层典型经验和案例;完成“家庭无偿劳动对女职工平等就业和职业发展的影响调研”。　（许燕军）

组织建设

【概要】 夯实工作基础,开展上海工会女职工组织建设和作用发挥情况调研,开展女工干部培训班,召开市总女工委主任会议。推动女职工集中的行业协会组建工会,宝山、普陀、长宁、闵行等区建立家政护工行业工会联合会。截至2020年底,本市女职工会员269万,占会员总数38.9%;43890个工会建立女职工委员会或设立女职工委员,占有女职工的工会总数93.2%。　（易　灵）

【上海工会女职工组织建设和作用发挥情况调研】 按照全总专项调研工作要求,梳理上海工会女职工组织建设和作用发挥情况,结合组织机构设置、人员配置、工作机制以及工作成效等方面形成专项调研报告,总结群团改革以来上海工会女职工工作模式以及经验,提出后续工作思路,为全总女职工工作提供重要参考依据。　（易　灵）

【女职工干部培训班】 根据市总《2019—2023上海工会干部教育培训规划》,11月25—27日,市总工会女职工委员会举办为期3天的上海工会女工干部专题培训班。聚焦女职工工作重点难点问题开展学习研讨,培训内容涵盖思想引领、普法维权、心理健康、关心关爱以及现场教学等方面,通过专家授课、分组研讨等形式,提高理论水平,增强履职尽责的能力。　（易　灵）

【市总女工委主任会议】 召开女工委主任会议,总结本年度工作完成情况,策划下一年度工作安排。制订专委会工作制度,充分发挥市总女职工委员会主任委员和常委社会联系广泛和实践基础深厚的优势,集智聚力、各负其责地持续推进女职工工作创新发展。　（许燕军）

11月25日,上海工会女工干部培训班举办　（刘一民）

【静安区总工会举行区工会女职工干部履职活动】 7月10日，静安区总工会在国家会展中心（上海）举办“学习‘四史’守初心，凝聚女职工奋斗力量”静安区工会女职工干部履职活动。区总工会副主席、女职工委员会主任李晅出席并作讲话。本次履职活动具有以下特点：一是紧紧围绕“学习‘四史’守初心，凝聚女职工奋斗力量”的主题，通过“听、说、品、学、鉴”5个主题，引导静安区工会女职工干部学好“四史”，牢记党的初心，在工会女职工工作中践行使命。二是形式多样。履职活动既安排党课学习、工作回顾和部署，也有在进博场馆、国展文化长廊的参观实践现场教学，为大家提供相互启迪、学思践悟的平台。同时，还特别开展“声入人心”经典红色电影影视片片段配音活动，给严谨的履职活动增添一份活力和趣味。三是内容丰富。国展中心会议中心总经理、中国国际进口博览局论坛处副处长冯楠主讲微党课，结合讲课实地参观会议中心主会场。 （沈诗贤）

素质提升

【概要】 促进女职工专业技能和人文素养不断提升。聚焦新领域、新产业、新业态，组织女职工投身群众性创新活动。依托高技能人才培养基地、上海职工学堂等载体，促进女职工提高技能水平。利用五一巾帼大讲堂、公益乐学、“书香三八”读书活动等公益性、网络化平台，促进女职工提升人文素养。 （易 灵）

【女职工专业技能提升】 年内，市医务工会、建工集团工会、上汽集团工会、机电工会、航天局工会等推荐的109个女职工领衔项目获评第三十二届上海市优秀发明选拔赛优秀发明，占获奖总数13.3%；6个女职工“五小”项目获评市职工合理化建议和先进操作法优秀成果奖，占获奖总数15%。依托高技能人才培养基地、上海职工学堂等载体，线上线下相结合组织女职工参加百万职工岗位大练兵，促使女性高技能人才比例明显提升，2075名女职工获得晋升技师、高级技师以及发明专利奖励，占奖励总数的20.3%。 （许燕军）

【举办五一巾帼大讲堂】 持续开办“五一巾帼大讲堂”，邀请市总工会签约律所讲授视频课程，录制“以案说法——女职工维权案例普法系列”课件，通过分析点评案例，详细解读相关法律法规。会同爱心妈咪小屋推进办举办“妈咪课堂”线上讲座，促进亲子关系，助力家庭和谐。 （易 灵）

【开展“书香三八”读书活动】 组织引导各级工会女职工组织参加第八届“书香三八”读书活动，提升女职工文化素养，增进身心健康。活动得到基层女职工组织的积极响应，47名女职工分别在征文、摄影、书画比赛中获奖，市总工会女职工委员会获得优秀组织奖。 （易 灵）

【举办“上海市女性创新学校2020年第一期”活动】 6月11日，由市妇联主办，市女工程师协会、上海石化工会承办的以“工程·女性·未来”为主题的上海女性创新学校2020年第一期在公司演讲厅开学，课程通过“线下+线上”相结合的形式，带领上海女工程师“走近上海石化”。公司副总经理、财务总监周美云参加活动并致欢迎词，市妇联副主席翁文磊出席开班仪式并作讲话。本次活动围绕“绿色化工——清洁能源、新材料与美好生活”，由化工领域的女专家、女教授级高工作4场报告，介绍绿色化工发展的前景与特点以及碳纤维发展的方向，现场还进行了剪纸技艺互动传授活动。报告会结束后学员们参观了上海石油化工展示馆、碳纤维展示馆以及塑料部聚烯烃装置生产基地。整场活动现场参与人员90余人，网络直播点击观看2.11万人次。 （裘 玮）

【上海邮政工会以多种形式开展三八妇女节纪念活动】 3月，上海邮政工会下发《关于开展纪念“三八”国际劳动妇女节110周年活动的通知》，要求各基层工会和女职工委员会在做好疫情防控工作的同时，根据本单位实际情况，积极组织女职工开展各类活动。宝山工会通过信息、照片等形式记录下了疫情期间党员、干部、投递员等工作上的点点滴滴，讴歌身边的先进典型；闵行工会开展读书活动，读一本《责任胜于能力》书籍，培育和树立女职工“主人翁精神”；徐汇工会为一线女员工们送上爱心午餐共计100份；中邮保险上海分公司工会邀请专业老师给全体女职工作“职场形象管理小课堂”网络授课；邮电医院工会开展“上海邮电医院女职工风采视频展示”活动；物流分公司工会利用微课堂举办《疫情期间心理防护墙》知识讲座；培训中心工会给全体女职工写一封节日的慰问信；此外，各基层工会还纷纷主动请缨参与志愿突击队，支援王港、施新路处理中心、支局（营业部）生产一线等，站在疫情防控第一线，争做邮政防疫工作的排头兵，以实际行动为抗击疫情贡献力量，彰显“国家队”责任和使命。 （王 瑛）

【光明食品集团开展纪念“三八”节系列活动】 2020年，光明食品集团工会转变方式，从线下走向线上开展三八国际劳动妇女节纪念活动。3月7日，通过“光明随心订”直播平台开展了以“送知识、送健康、送光明”为主题的女职工“三送”网上关爱服务活动。开设“疫情下的情绪与压力管理”网上直播健康讲座，以“直播+互动”的形式，为集团广大女职工送上贴心关怀、健康指导和现场抽奖活动。通过微信公众号宣传集团系统荣获市级巾帼文明岗、巾帼建功标兵的先进集体和个人。组织开展女职工写作、摄影、视频征集等活动，宣传女职工防疫保供应的先进事迹。走访慰问一批在一线抗击疫情的“三八”红旗集体、巾帼文明岗，重点保供单位和社区的女职工，援鄂医护人员家庭等，把组织的关爱传递给广大女职工。 （朱菊英）

建功立业

【概要】 动员广大女职工积极投身抗疫一线，为助力疫情防控做出重要贡献。以劳模工匠评选为契机，选树先进典型，引领女职工岗位建功。以技能竞赛为抓手，组织广大女职工积极参与“奋进新时代·创造新奇迹——推进高质量发展上海职工劳动和技能竞赛”，提升女职工专业技能。

以终身学习为动力,激励女职工立足岗位,争先创优,促进女职工全面发展。与市妇联联合承办“2020世界人工智能大会·AI女性菁英论坛”,共同发起“AI发展更需要女性力量”的倡议,激励女职工在新技术领域积极作为。（许燕军）

【选树女职工先进典型】 在新一届全国、上海市劳动模范和先进工作者评选中,28名女职工当选为全国劳模(先进工作者)、267名女职工当选为上海市劳模(先进工作者),占比分别为25%、31.7%,较上届有一定提高,7名女职工入选第五批上海工匠。24个女劳模领衔的工作室入选第十批上海市劳模创新工作室,新增28个市级巾帼创新工作室。（易 灵）

【组织开展女性劳模先进宣传】 组织记者集中采访宣传一批女劳模工匠先进事迹,组织女性摄影家走进企业、园区拍摄女职工劳动场景,运用工会媒体、网站、“两微一端”等平台发布“走进女劳模创新工作室”“健康生活,活力职场”“向妳致敬!最美战‘疫’者、守‘沪’者”“众志成城、巾帼担当—致敬战‘疫’巾帼英雄”等专题系列,用文字、照片、视频等真实生动地展现各行各业女职工爱岗敬业、拼搏奉献的精神面貌。（易 灵）

【举办家政服务技能竞赛】 举办上海市职工家政服务技能竞赛暨全国家政服务业职业技能竞赛选拔赛,16个区总工会协同各区家政协会,组织532家单位1万余名家政服务员参赛;选派10名选手参加首届长三角家庭服务业女职工技能竞赛活动并获得优异成绩,2名优秀家政从业人员获得全国“最美家政人”称号。（易 灵）

【开展家书征集活动寄语抗疫一线女职工】 面向医务人员、社区工作者、公安民警、新闻记者、物资生产和交通运营保障人员、环卫工人、志愿者等抗疫一线女职工的家人,开展“家书寄‘申’情·致敬战‘疫’人”家书征集活动,在《劳动报》《新民晚报》和“申工社”《劳动观察》APP等媒体以及“致敬!逆行者”上海职工抗疫主题图片展中刊载优秀家书。会同中智上海经济技术合作有限公司工会联合会,把家书制作成短视频在抖音等平台广泛传播;会同“振兴中华读书活动”办公室评选出百封家书,由上海文艺出版社汇编出版《家书寄“申”情—给最美逆行者的100封信》。（易 灵）

【上海仪电女职工在复工复产中展现巾帼风采】 根据仪电集团的总体部署,仪电各企业着力于抓好疫情防控和复工复产,推动企业经济发展。仪电女职工发挥“半边天”作用,以主人翁姿态坚守在疫情防控和生产经营一线,在防疫复产中彰显巾帼作为。面对严峻的疫情形势,云赛智联科技网客户服务部,在落实各项疫情防范措施的前提下,坚持“7x24服务不间断”理念继续为客户提供贴心服务。云赛智联南洋万邦微软产品部以远程协同办公模式实现线上复工,配合微软推出免费远程协作平台和南洋远程办公技术支持服务,迅速在企业公众号发布推广,第一时间解决业内外企业远程办公的难题。飞乐音响亚尔光源焊接班组面对人员紧缺、订单任务紧张的情况,科学合理调度安排人员,班组长和骨干带头上线,坚持安全防疫与高效生产两不误,全力保证生产任务,满足客户需求。华鑫股份华鑫证券运营管理中心坚守工作一线、践行服务承诺,通过现场与非现场交叉办公、业务人员AB轮岗、关键业务流程创新等多样化手段和方式,保障了公司业务根据证监会整体规划按时恢复运营。自仪院行业信息及技术交流部科技服务班组推出多项在线服务举措,有序开展年初确定的各项工作,以守土尽责的精神坚守阵地,助力打赢疫情防控阻击战。（周黎俊）

4月29日,“致敬!逆行者”上海职工抗疫主题图片展上刊载优秀家书（吴良荣）

【上汽集团工会举办“云上”三八节活动】 2020年,上汽集团纪念三八国际劳动妇女节110周年系列活动以“不负韶华,全新出发”为主题,将线下活动搬到了线上,并将活动贯穿至全年。上汽集团工会女职工委员会向上汽女职工发出慰问信,号召广大女职工积极参与疫情防控,助力企业创新转型。各企业工会女职工委员会通过发倡议书、多媒体宣贯等方式,鼓励女职工“守好小家,相助大家”,为坚决打赢防疫狙击战树立信心。为避免人员聚集,对先进集体和个人采用表彰到岗、授牌到岗;对“爱心妈咪”小屋加强管理和防护,定向排摸现有使用者情况,避免聚集风险,并提高消毒频次;推出讲座直播、网课培训、答题、阅读等各类在线学习活动,助力女职工知识储备和能力提升。（范 融）

【铁路上海局集团公司举办三八国际劳动妇女节110周年纪念活动】 三八国际劳动妇女节来临之际,铁路上海局集团公司工会副主席、女工委主任徐晔到上海虹桥站对荣获全国”三八”红旗集体、全国五一巾帼标兵岗等荣誉称号的上海客运段高一车队、荣获全国巾帼建功先进集体等荣誉称号的上海华铁旅服公司乘务分公司京沪乘务服务部的部分先进女职工代表进行慰问，送上慰问品，并致以节日祝福。节日前夕，集团公司工会加强对女职工的关怀，给广大女职工写一封慰问信，制作《花开上铁》女职工微电影，创作一首抗“疫”赞歌，开展“抗新冠疫情、展巾帼风采”书画摄影展和“书香铁路·共克时艰”读书活动，展示一批巾帼风采文艺作品。依托集团公司“送温暖”和各项帮扶助机制，在节前对困难女职工实行一次性慰问补贴，下拨专项经费，对近两年获得全国先进女职工集体荣誉的女职工进行慰问，利用“上铁职工家园”APP，为女职工提供个性化惠购服务，依法维护女职工合法权益和特殊利益，送去组织的关心和温暖。同时，开展女职工先进系列评选活动，评选集团公司“三八”红旗集体30个、“三八”红旗手60个、先进女职工组织10个、先进女职工工作者10名。通过“上铁职工家园”APP、《上海铁道》等媒体平台，广泛宣传广大女职工创先争优、比学赶超的榜样力量，激发女职工的工作热情和创造活力。（赵雅静）

【市教育系统选树表彰先进典型，引领巾帼建功】 一是开展评先评优表彰示范。表彰巾帼文明岗、巾帼建功标兵等各级各类先进个人90名、集体153个、夫妇（家庭）136对（户）。推送电子《光荣册》，弘扬优秀女教师教书育人、爱岗敬业的崇高师德。特别增选出28对献出特别之爱比翼双飞模范佳侣，表彰其在新冠肺炎疫情防控工作中舍小家顾大家的奉献精神。二是搭建成才服务平台。举办“立德树人、巾帼担当，一切为了人民”上海市女教授联谊会学习贯彻全国“两会”精神专题研讨会；第四届上海市优秀青年女教师联谊会会员大会暨“勇创新、育新人，教育中的‘她’力量”2020年上海女教师创新发展论坛”；推进“上海市三八红旗手进校园”项目，发挥三八红旗手、女教授、女优青联谊会示范引领作用。三是送上温暖和关怀。对于40岁以下、副高以上的优秀青年女教师给予不同的资助和补贴。2020年优秀青年女教师成才资助金共资助373人次，共发放资助金约113.7万元。四是总结推广先进经验及做法。开展疫情防控形势下纪念“三八”妇女节110周年活动的优秀案例征集活动，42家单位共上报56个案例。（高　芳）

【上海飞机客户服务有限公司工会推动妇女建功、关爱、成才】 2020年，中国商飞公司上海飞机客户服务有限公司换届选出新一届工会女职工委员会，组织新任女工委员参加上海市妇女干部学校举办的“妇女与发展”系列讲座。借助伯颂医疗资源和平台，开展“关爱女性健康”线上直播微课堂；开展“童眼看疫情　童心梦翱翔”“六·一”儿童节亲子风采展线上活动。开展“三八”红旗手（集体）评选表彰，1个集体获中国商飞公司2019年度“三八”红旗集体，2名个人获中国商飞公司2019年度“三八”红旗手。（吴　琼）

权益保障

【概要】 坚持依法依规，维护女职工合法权益和特殊利益。一是在抗击疫情和企业复工复产后关注女职工特殊需要，构筑“三期”女职工疫情防控保护网。二是开展“创建安全健康平等的工作环境，依法维护女职工合法权益和特殊利益”女职工维权行动月活动，开展法律知识竞答、法宣讲座，配送法律书籍到基层。三是坚持源头参与，发动各级工会女职工组织围绕妇女儿童发展“十四五”规划的编制开展研讨，配合市妇儿工委开展《上海市实施〈中华人民共和国妇女权益保障〉办法》评估。四是切实保障女职工劳动经济权益，围绕“六稳六保”要求，各级工会共举办各类招聘会419场，提供就业服务18.65万人次，其中女职工约占1/3。全年共办理涉及女职工的法律援助案件18393件，妥善处置女职工解除劳动合同争议案、哺乳期职工“手写心得”舆情等，促进劳动关系和谐稳定。《谁动了我的生育津贴》获得全总“尊法守法·携手筑梦”法治动漫微视频作品二等奖。五是开展专题调研，参与全总关于平衡工作和家庭责任调研，总结形成基层典型经验和案例，开展“家庭无偿劳动对女职工平等就业和职业发展的影响”课题调研。（易　灵）

【构筑“三期”女职工疫情防控保护网】 在抗击疫情中关注女职工特殊需要，协调发动各级工会女工委募集资金采购考拉裤，缓解武汉及上海抗疫一线女性医务工作者燃眉之急；第一时间向全市各级女职工组织发出关于疫情期间协商安排孕期、哺乳期女职工采用居家远程打卡、错峰上班、灵活安排休假及工作时间等方式实现上岗复工的倡议，与企业共克时艰、共渡难关。密切关注疫情防控期间及企业复工复产后女职工劳动保护，各区设立“工会女职工维权专家门诊”，积极配合政府部门，做好受疫情影响企业劳动用工、工资支付等的指导服务工作，及时预防调处与疫情防控、复工复产相关的劳动争议问题。（许燕军）

【开展普法宣传到基层活动】 围绕“创建安全健康平等的工作环境，依法维护女职工合法权益和特殊利益”主题，组织开展女职工维权行动月活动。聚焦工作场所“性别平等”、女职工“五期”保护、女职工专项集体合同签订等相关法律法规知识，在市总工会“申工社”微信平台组织线上竞答，5.8万余职工参与活动。为120个五星级“爱心妈咪小屋”配送法律书籍。（易　灵）

【家庭无偿劳动课题调研】 开展“家庭无偿劳动对女职工平等就业和职业发展的影响调研”，面向100多个区局产业工会，通过网络发布调研问卷，共回收有效问卷39959份。调研将女性在职场上的晋升情况、在工作环境内的主观公平感纳入影响因素进行考量，通过交叉分析，显示无偿劳动对女性带来的影响，揭示当下女性所遇到的双重负担以及关注女性无偿劳动的必要性，为推动工作场所性别平等建设、助力女职工全面发展提供重要的参考依据。（易　灵）

【心理健康直播课程】 推进实施心理健康促进行动，“12351职工服务热线”提供全天候心理疏导和援助服务，协同市妇联、市总工会文体协会心理健康专业委员会，邀约著名心理学专家讲师开设“照进女性内心的15面镜子”网络直播课，与女职工就心理健康问题进行线上互动和疏导。（易　灵）

【东方国际集团因“疫”制宜举办三八妇女节纪念活动】 3月，在战“疫”中迎来了第110个三八国际劳动妇女节。东方国际集团工会因时制宜，在节日里举办一系列庆祝纪念活动。网上开展巾帼抗疫防疫宣传，讲述基层一线女职工抗疫故事，宣传女职工在维护经济社会大局稳定中的卓越成就；邀请专家直播分享，畅聊生活中的大小烦恼，带领女职工做一次“情绪SPA”；结合“关爱女性”主题举行网上购物活动，整合多个女性品牌和防疫关爱物资等线上优惠，让女性职工渡过一个充实而富有意义的节日；组织集团工会女职工委员会委员单位，分别走访慰问华山医院100多名援鄂抗疫一线女医护人员及家属等。同时，向2个“上海市巾帼建功标兵”和4个“上海市巾帼文明岗”进行授牌。（陆　益）

【科思创工会创建五星级母婴室】 科思创聚合物（中国）有限公司工会积极推动“爱心妈咪小屋”建设，根据女职工的需求和相关标准、本着从实际出发、因地制宜的原则，精心打造爱心妈咪小屋，使之成为关爱员工的温馨港湾，研发中心母婴室被评为“上海市总工会五星级爱心妈咪小屋”，精心打造的“爱心妈咪小屋”，提升了女职工的获得感、幸福感，让女职工体会到家的温馨。（张　俊）

【教育系统用心维护女性特殊权益，服务教师多元需求】 一是线上线下相结合，举办3场玫瑰花苑联谊活动，为近500位青年教师搭建交友平台。二是举办“教苑群芳·魅力绽放”上海女教师服饰展示，54支参赛队近千名教师尽显风采。三是推进“职飞海鸥计划”，举办8场知名企业参访活动，助推女大学生成才。四是开展“‘疫’样六一、‘童’心启航”六一线上亲子活动。五是围绕助眠主题，组织在线直播活动，8000余人聆听。六是开展女职工权益保护知识竞赛，1万多人“云答题”。（高　芳）

【市监狱局工会关爱女职工激励巾帼岗位建功】 市监狱管理局工会加强女工工作，发挥半边天作用。一是开展特殊时期的三八节活动。用一条慰问短信、一首原创诗歌《致敬你的十二个月》，向女会员献上节日祝福；向上级工会争取到一批女性生活用品捐赠给奋战在一线的女民警；20个巾帼抗疫先锋岗、33名巾帼抗疫先锋个人和60个最美抗疫家庭受到市司法局通报表扬。二是开展“家书寄‘申’情·致敬战‘疫’人——家书征集活动”，并将征集到的抗疫期间的一线会员家书集结成册。家书合集得到中华全国总工会副主席、书记处书记、党组副书记张工的肯定并批示。其中3封家书入选市总工会的家书征集活动。三是全力维护女性会员特殊权益。做好疫情期间孕期和哺乳期女会员的劳动保护，并全面排查各单位孕期和哺乳期女会员工作情况。四是为因抗击疫情而推迟婚期的一线民警举行“情定警营·一路有你”的集体婚礼。五是参加市妇联寻找“海上最美家庭”活动，青浦监狱叶伦植家庭荣获2020年度“海上最美家庭”。（江海群）

市监狱局工会争取一批女性生活用品捐赠给奋战在一线的女民警
（杨国峥）

幸福关爱

【概要】 持续推动爱心妈咪小屋以及四季恋歌实事项目，多措并举保障女职工身心健康。扩大女职工医疗保障覆盖面，4月1日起女职工重大疾病保障纳入职工“三纵三横”保障体系，76.99万女职工加入上海职工互助保障2020特种重病保障项目，比投保《女职工团体互助医疗特种保障计划》的人数提高7.72%，其中1625人获得给付金额3260.5万元。关注灵活就业群体，为7517名灵活就业女职工免费提供“两病”筛查，帮助被检查出患乳腺癌和妇科恶性肿瘤的17名女职工获得及时治疗。推进困难女职工帮扶工作，各级工会向困难女职工发放生活救助、子女助学、医疗救助等帮扶资金。开展农民工系列关爱活动，农民工通讯费补贴、平安返沪火车票补贴和医疗补贴惠及女性农民工1.2万人次。（易　灵）

【举办“小屋传真情·温暖筑大爱”上海工会爱心妈咪小屋实事项目主题活动】 结合爱心妈咪小屋实事项目工作安排，召开“小屋传真情·温暖筑大爱”线上主题活动，推动各级工会和工会女职工组织对标星级爱心妈咪小屋建设标准，注重提升硬件配备和服务细节，拓展服务内涵。实地调研防疫措施在妈咪小屋落实情况，引导基层工会集思广益，克服疫情影响，加快新建小屋建设，扩大覆盖面，全年共完成新建小屋518家，发放建屋补贴

资金436万。 （易　灵）

【开展2020年上海工会爱心妈咪小屋星级评定】 组织开展爱心妈咪小屋星级评定工作，基层工会对标星级评定标准和要求，提交申报材料，根据汇总情况安排女工委委员、女工办及爱心妈咪小屋推进办相关人员实地检查指导星级小屋建设情况。经过核查、公示等程序，全年共新增93家五星级爱心妈咪小屋和212家四星级爱心妈咪小屋。 （易　灵）

【举办“四季恋歌”上海工会青年职工交友活动】 联手中智上海工会联合会，先后与市医务工会、航天局工会、中国电信上海公司工会、国网电力上海公司工会以及中船上海船舶工会等举办“四季恋歌”青年职工交友活动。根据疫情防控要求和青年职工“隔离疫情不隔离爱”的需求，春季“@你是人间四月天”和夏季“夏日么么茶”以线上直播方式举办。据统计，截至2020年底已有91对青年职工通过“四季恋歌”牵线搭桥走进婚姻殿堂。 （易　灵）

【慰问女性援鄂医务人员家庭】 三八国际劳动妇女节期间，会同市医务工会、市金融工会，联合16个区总工会和东方国际工会、医药工会、电信工会、市城乡建设和交通工会、市教育工会、市市级机关工会、隧道股份工会等产业局工会女职工组织，对全市1085名援鄂女性医务人员家庭开展走访慰问，送上慰问信和护肤用品，及时了解子女教育、家属就医等需求，并帮助协调解决，解除援鄂人员的后顾之忧。 （易　灵）

【举办百名抗疫新人集体婚典】 6月20日，在市精神文明办、市民政局指导下，联合团市委、市妇联，在市婚庆协会以及东方明珠、上海中心、海通证券等多方支持下，成功举办“爱在浦江·幸福今生”百名抗疫新人集体婚典，广泛宣传参加各行业新人们在各自岗位上的抗疫故事，邀请张文宏、王恩多、许昕、吴敏霞、王佩瑜、武磊等各界知名人士为新人送上祝福VCR，取得良好社会反响。 （易　灵）

【浦东新区总工会举办“缘定浦东”交友活动】 8月22日，由浦东新区总工会主办的“缘定浦东·爱在七夕”单身职工主题联谊活动在天物空间举行。市总工会副主席桂晓燕，区总工会党组副书记、副主席李幼林出席致辞，并共同启动活动。活动吸引100名浦东单身青年参加。区总工会联手陆家嘴金融贸易区、潍坊新村街道等各级工会，以“主会场+分会场”的形式，举办单身职工派对。活动当天，由区总工会主导开发的线上交友平台“缘定浦东”微信小程序也同步上线。平台增加了线上活动组织、线下活动发布、恋爱心理课程、红人馆等附加功能，希望通过平台大数据，助力广大单身青年增加平台使用亲切度，同时能寻觅到属于自己的爱情和幸福。 （陈　维）

【黄浦区总工会开展女职工“两病”筛查工会实事项目】 4月26日，黄浦区总工会举行困难企业、灵活就业企业的女职工、女农民工免费“两病”（妇科病、乳腺病）筛查实事项目启动仪式。区人大常委会副主任、区总工会主席屠奇敏，区内环卫、保洁、车管等行业的女职工代表，以及街道、企业工会相关负责人出席启动仪式。区总工会在五一劳动节前为2000名黄浦女职工、女农民工提供免费的“两病”筛查服务，送上一份最暖心的“健康礼包”。 （陆中斌）

【松江区总工会组织困难企业女职工免费“两病”筛查】 8月9日，松江区总工会陆续在妇幼保健院对部分灵活就业女职工开展免费乳腺病和妇科病的“两病”筛查活动。本次免费筛查共计2天，分别在8月9日和8月16日进行，共为12家单位的200余名女职工提供免费筛查服务。近三年来，区总工会连续对部分经营困难企业女职工开展的免费“两病”筛查活动，已成为松江工会女职工工作的重要实事项目品牌工作。 （孙　媛）

【奉贤区总工会多措并举关爱女职工】 奉贤区总工会以100%签订女职工专项集体合同为抓手，维护女职工合法权益和特殊利益，为女职工提供“零门槛”的法律援助服务。进一步做强女职工关爱实事项目，新建“爱心妈咪小屋”29家，全区210家妈咪小屋累计服务女职工20万人次。帮扶重大病女职工、困难女职工、女农民工、困难女职工子女、低收入女职工等1650人次；关心外来务工人员，为200位困难女农民工免费开展“两病筛查”。开展5场“四季恋歌”单身青年职工交友活动，224名职工参与，17对现场牵手成功。开展男女平等国策进企业活动，进企业开展宣传28场，共计5000人次参加。 （钱　洁）

【东方国际集团举办公益交友受青年职工欢迎】 9月19日，东方国际集团工会携手电气集团在半岛1919举

6月20日，百名抗疫新人集体婚典 （许燕军）

“四季恋歌”电力专场青年职工交友活动在黄浦滨江举办 （蔡 婧）

办“四季恋歌·爱在深秋”交友活动。通过两家集团“工会红娘”前期的信息比对，经过年龄、择偶要求等大数据匹配，最终从200余名报名者里筛选出了约100名嘉宾参与。现场举行了“破冰游戏”“默契考验”“草坪晚宴”等一系列丰富多彩的活动，最终有10对青年成功牵手。此项活动作为集团工会的实事项目之一，受到广大职工的欢迎与好评。 （陆 益）

【“四季恋歌”电力专场青年职工交友活动举办】 10月18日，国网上海电力公司在黄浦滨江举办上海市总工会“四季恋歌·秋日恋曲之心电感应”电力专场青年职工交友活动。活动吸引了包括公司200名员工在内的400名青年职工参与，其他200名青年职工分别来自电信、东航、上汽、烟草、公安、医院等本市企事业单位。市总工会副主席、女职工委员会主任桂晓燕，国网上海市电力公司副总经理、工会主席陈春霖等领导出席活动。

（于 劼）

退休职工工作

综　述

年内,围绕市委、市政府关于推进国有企业退休人员社会化管理服务工作的总体部署,按照市总工会关于进一步关心关爱退休职工生活的总体要求,积极稳妥地做好退休职工管理服务工作,确保退休职工队伍和谐稳定,确保本市国有企业退休人员社会化管理服务工作平稳有序推进。一是助力抗疫,确保退休职工队伍安全稳定。落实疫情防控工作,关注全市退休职工身体健康和生命安全。利用现有的三级组织管理和四级网络平台,加大宣教力度,向退休职工推送、宣传防疫知识;捕捉热点信息,根据疫情变化情况,编印老年人系列宣传手册,指导广大退休职工加强自我保护、科学防疫;在与《劳动报》合编的《退休生活》杂志上开辟抗疫专刊,挖掘报道各行各业退休职工积极争做志愿者、支持参与抗疫的感人事迹;完善舆情信息机制,加强退管系统舆情信息工作,掌握退休人员思想动态和诉求,及时向政府相关部门反映情况,提出对策和建议;强化信访接待调处机制,及时反映退休职工呼声,尽可能地帮助退休职工解决实际问题。注重相关涉老政策的宣传普及,纠正不合理诉求,化解不必要矛盾,确保退休职工队伍和谐稳定。二是聚焦调研,着力做好退管工作前瞻性研究。开展专题调研,探索基层退管组织承接课题方式,为研究部署阶段性工作进行有益探索;开展退管工作论文征集评选活动,提升基层理论研究水平;尝试利用互联网+模式,进行线上退管工作业务培训,宣传普及涉老政策。三是突出重点,丰富退休职工管理服务内涵。持续帮扶困难退休职工,开展“冬送温暖”“夏送清凉”工作;开展受益面更广的千名困难老人免费体检活动;落实退休职工“住院补充医疗互助保障计划”;适应新形势和工作重心转移,进一步加强社区为老服务建设;打造退管系统老年节活动金色品牌,开展系列敬老服务活动;搭建文体活动平台,开展“奋进新时代”2020年上海市老年摄影展、“桑榆未晚,老有担当”主题征文;联合市民政局、市老龄办开展主题征文及专题问卷调查;拓展银发艺术团演出形式,安排线上线下演出,为基层广大退休职工服务。四是积极探索,创新优化行业老年教育办学模式。结合疫情防控现状,调整办学方式、改变教学模式,开展线上直播教学,做到停课不停学。加强队伍建设,专题培训办学人员,做到停课不停步。在做好疫情防控常态化工作前提下,满足广大退休人员日益高涨的学习渴望和需求。　(黎　颖)

为老服务

【概要】　按照市总工会关于进一步关心关爱退休职工生活的总体要求,市退管办以强烈责任心履行自身职责,扎实稳妥开展退管办各项工作,不断提升退休职工管理服务工作水平,确保退休职工队伍和谐稳定。在帮扶解困、为老服务、关注关爱老人健康、接待调处来信上访、加强基层退管干部队伍建设等方面起到指导、示范、引领作用。各级退管组织结合自身特点,顺应发展变化新形势,凸显各自特色,彰显工作亮点,聚焦退休职工最关心的热点难点,脚踏实地为退休职工解决实际困难或问题。尤其在疫情期间,对特殊退休老人群体的生活状况、身心健康给予更多关心关注,尽各种可能为特殊老人群体提供保障服务,将实实在在的关心关爱送到退休职工身边,切实发挥退管组织的桥梁纽带作用。　(黎　颖)

【全市各级退管组织广泛开展“两送”系列帮困关爱慰问活动】　全市各级退管组织持续聚焦困难退休职工,加大帮扶力度。通过事先筹划,提前布置,认真排摸,精准定位,着力开展以“不忘初心担使命,敬老爱老暖人心”为主题的“冬送温暖、夏送清凉”系列帮困关爱慰问活动。在慰问中,对独居、高龄、孤老、身患重病、一老养一老、抚养残疾子女、失能、失独等特困退休职工,采取普遍关心与重点帮困相结合、物资资助与精神关怀相结合形式,给予特别关心,实施精准帮扶。并对确实困难的退休职工,给以全方位、全覆盖地关心和照顾,把组织的温暖送到困难退休职工的心坎上。全年各级退管组织以各种形式走访慰问退休职工96.78万人次,送去慰问金4.15亿元。　(黎　颖)

【市退管办持续开展千名困难老人免费体检活动】　重阳节前夕,市退管办联合相关爱心医疗机构,开展为期一个月的“关爱老人送健康　携手共建银发乐”为千名困难老人提供免费体检活动。据统计,全市120余家单位退管会及尊老服务窗口,共为1290余名困难退休职工和为老服务志愿者提供免费体检。此次健康体检,也是市退管办连续第九年开展的一项实事工程。为将这项关爱困难退休职工的实事做好办实,市退管办在疫情防控常态化条件下,与爱心医疗机构进行多次协调沟通,为退休职工精心设计了符合老年人需求和身体特点的体检套餐,并在期间充分做好防疫准备工作,确保退休职工在安全放心的环境下完成体检。　(黎　颖)

【市退管办举办“老年节”大型为老服务活动】　10月25日,市退管办会同市老龄办等单位,在复兴公园联合举办以“弘扬养老孝老敬老传统,共建共享老年友好社会”为主题的“老年节”大型为老服务活动。来自多家三甲医院的20多位劳模专家为老人们现场义诊。邀请有关专业工作者,免费提供涉老政策、法律维权、居家养老、健康医疗、文体娱乐、老年教育等方面的现场咨询。参加活动的志愿者,为活动现场提供理发、裁剪、修补类、健康类等便民服务。展出的70余块宣传展板,展示上海老龄政策、退管工作、老年健康、老年人风采等方面内容。还为老人们现场献演文艺节目。本次活动已连续举办多年,是市退管办持续开展“敬老月”系列为老服务活动的一大缩影,旨在打造以“老年节”金色品牌为目标,营造全社会敬老、爱老、助老的良好氛围。
(黎　颖)

【市退管办开展疫情期间退管工作线上培训新模式】　面对疫情期间退管工作新情况新形势,市退管办坚持探索疫情下退管工作新思路和新途径,及时调整工作思路和模式,充分利用便捷的网络信息化设施和互联网+模式,将因疫情而停顿的退管工作业务培训转为线上培训。先后邀请中央党校、市民政局、市国资委等单位专家，为退管干部讲授涉老政策、法律法规、宣传教育等方面内容的培训，组织各基层退管工作者参加线上业务培训3场、参与人数2000人次。（黎　颖）

【静安区举办为老服务专场活动】 10月23日，静安区退管办和静安区总工会职工援助服务中心举办有近千人参加的“九九静安飘桂香，重阳为老暖夕阳”为老服务专场活动。志愿者们现场免费为退休职工提供理发、修钟表、修鞋等服务。上海中医医院、静安区闸北中心医院医护人员现场免费为老年人提供医疗咨询。活动还首次结合工会会员服务日，引进“大篷车”活动，如“雷允上”“西区老大房”“王家沙”等老字号商户在活动现场带来许多优质商品，为退休职工和老年人提供特卖服务。现场提供的各类特惠养身产品、水果糕点、衬衫睡衣等，作为重阳节礼品送给老人亦颇受青睐。通过举办活动，进一步体现对退休职工和老年人的关心关爱，弘扬爱老敬老的优良传统，受到老年朋友的欢迎和好评。（蔡　玥）

【宝山工会开展敬老节活动】 10月22日，在宝山区职工服务中心前广场，举办2020年宝山工会敬老节系列活动。本次为老服务活动共推出30多个服务项目，100多名为老服务志愿者参加，600多人次接受各类服务。区人大常委会副主任、区总工会党组书记、主席王丽燕，副区长、区退管会主任倪前龙，区人保局副局长苏卫东等出席活动并慰问为老服务活动志愿者和工作人员。（朱　艳）

【金山区拓宽思路做好疫情期间退管服务工作】 在疫情初起时，金山区退管会针对退休职工因受疫情影响而存在的诸多心理问题，注重发挥区职工服务中心“鑫语心健”心理咨询室作用，加强疫情知识宣传，关心退休职工心理健康。自2月11日起，开通“战疫情，心相随”热线，每晚19:00至21:00以及周一9:00至16:00提供免费咨询。在“鑫工友”微信公众号上，上传心理调适等方面内容的动画片视频，增强退休职工自我心理调节能力。区退管会还组织为老服务志愿者队伍，参与疫情防控志愿工作，重点关注独居、重病等退休老人，向他们宣传疫情防控知识、帮助代买蔬菜等生活必需品、提供测血压服务、代购常用药品，安抚退休老人情绪，使他们安度疫情。另外，还组成5支退休职工志愿者服务队，协助对外来车辆及人员的登记，协助小区做好疫情检查，参与社区疫情防控各项工作，并引导退休职工在疫情期间，发挥退休不退志、离岗不离心、传播正能量的作用。（黎　颖）

【奉贤区工会开展退休劳模敬老节系列活动】 10月20—21日，奉贤区总工会党组书记、常务副主席张辉凤，区总工会党组成员、经审委主任韩晓燕分批带领退休劳模百余人，参观中共二大会址纪念馆，前往徐汇滨江大道一睹风采。为弘扬“尊敬劳模、关爱劳模”风尚，体现党和政府对广大退休劳模的关怀，区总工会领导慰问了获得3次以上荣誉称号和90岁以上退休劳模，向长期为奉贤经济社会发展做出突出贡献的老劳模们表示感谢、致以问候，并向老劳模送上慰问金。据统计，年内有325位退休劳模领取敬老节慰问金。（陆晓岚）

【华谊集团开展“三送”活动关爱退休职工】 华谊集团在开展“三送”活动中，分类有序做好精准化关心关爱退休职工的管理服务工作。元旦春节期间送去组织关怀，上门慰问重病、孤老及“三老”等退休困难职工5944人次，送去慰问款189.1万元；高温期间，对劳服公司、部分重点单位、劳服工作站退管工作人员开展“高温送清凉”慰问活动，感谢他们为服务好集团退休职工所作出的努力，共慰问2003人次，送去慰问金55.5万元；“敬老月”期间，分别为80—100岁以上老人送去慰问品和慰问金。重阳节当天，上门慰问2位90岁生日退休老职工，并送去慰问金和生日蛋糕。累计慰问2246人，慰问金78.1万元。（黎　颖）

【国网上海电力离退休部全力保障疫情期间为老服务工作不断】 疫情突发后，国网上海电力离退休部第一时间发布防疫倡议书，引导离(退)休职工坚决执行国家政策和各级组织提出的防控要求，要求提高站位、稳定情绪，不信谣、不传谣，凝心聚力共同抗疫。有效运用“上海老干部”APP、公司“离退休在线”微信公众号、党支部工作群等信息化平台，组织他们学习疫情动态信息，宣传上级关于做好疫情防控有关精神，传递老年人科学防控的知识和方法，为打赢疫情防控阻击战提供坚实思想基础。针对离退休老同志居住地分散状况，着力抓好离退休干部党支部书记、委员，块组长和各单位工作人员的多级联动，利用微信、短信和电话，及时嘘寒问暖、答疑解惑、疏导情绪，实时关注他们健康状况，叮嘱在疫情期间无特殊情况尽量

10月22日，宝山工会开展敬老节系列活动　（朱　艳）

不外出，凡出门必须戴好口罩，适时帮助高龄、独居、空巢等离（退）休职工解决生活中燃眉之急。想方设法保持与市外、境外离（退）休职工的联系，确保底数明、情况清、全覆盖。针对患病卧床情况，加强与医院及社区街道的联建联动，确保关心关爱和服务措施不缺位。依托公司EAP心理关爱服务平台，向他们提供在线心理咨询，以推送心理防疫知识、延伸心理支持等网络服务方式，增强心理“免疫力”，筑牢抗击疫情的精神防线。

（胡　磊）

【中国宝武有序推行退休人员社会化管理】 年内，集团工会履行牵头协调退休人员实行社会化管理职责，对接上级组织和属地政府部门，召开协调工作领导小组会议，研究确定工作思路和目标，制订明确的《实施方案》和《领导小组办公室工作制度》，统筹推进该项工作。在实施中，把握企地对接、地方批复、人事档案移交、党员组织关系转移、管理服务职能转交等环节，抓好上海、武汉两市“三分之一”重点地区。退休人员集中的单位，通过以工作例会、过程跟进、现场调研、工作专报等方式，指导工作开展，加强督导力度，落实区域、主体、管理方面责任，实现27.3万人、100%社会化管理的过渡和转移，如期有序完成社会化管理。（崔宝兵）

【铁路上海局集团公司退休职工管理委员会开展为老服务】 以“六个老有”为目标，为广大退休职工做好事、办实事，确保社会和铁路的稳定发展。在开展祝寿活动中，各级退管办按照不同年龄层次，为2931名退休职工祝寿，提供祝寿经费35万元。在开展“夏送清凉、冬送温暖”活动中，所属地区单位落实好慰问前后各项工作，累计为93736人次送清凉、慰问金620万元；为96284人次送温暖、慰问金2322万元。组织举办重阳“敬老节”活动，以慰问和写一封慰问信的形式，对退休职工进行节日慰问。在确保防疫措施的条件下，开展各种小型多样、丰富健康的文体活动。重阳“老人节”期间，组织举办各类活动87次，参加活动人数5736人次。做好大病延伸救助工作，为100名退休职工送上30万元救助金。（黄汉欣）

【上海邮政工会退管会竭诚为离退休人员办实事】 年内，离退休中心为38名离休干部提供每人200元社区高龄养老专项工作经费，共计7600元；安排18名离休干部参加慢性病治疗；组织11300名退休职工，参加“上海市退休职工住院补充医疗互助保障计划”，参保率97.98%；组织4154名退休职工参加健康体检。春节期间，各单位慰问离退休（养）人员12169人，发放慰问金157.60万元。高温期间，慰问离退休（养）人员11998人，发放慰问金110.12万元。走访慰问年长老领导、老职工26232人次，发给各类补贴83.31万元。对高龄、身患重病、“空巢”独居等老人，组织团员青年志愿者开展结对帮困服务。

（王　瑛）

【市绿化和市容管理局退管会强化党组织政治功能】 市绿化和市容管理局退管会在线上线下，适时召开4次机关离退休党委会议、30次党支部会议，传达学习关于做好防疫工作重要精神，排摸了解、研究部署疫情防控工作。以创建市离退休干部示范党支部为契机，围绕班子建设、学习教育、组织生活、服务管理、作用发挥为目标，持续推进党支部标准化、规范化建设。利用市绿化和市容管理局、建交党委、黄浦区联合体的资源，开展离退休支部书记党建工作培训。强化党支部桥梁纽带作用，通过划分块组，构建离退休党委—党支部—块组纵向到底、横向到边的退休职工联系网，让他们时刻感受到自己在组织中。实现有条件的支部通过微信、QQ网络，建立网上党支部，扩大离（退）休职工参加党支部活动覆盖面，及时了解离退休干部所思所想、所需所求，强化党内关怀帮扶，增强党员归属感和党支部凝聚力。

（胡　磊）

【上海交大实施“双重关爱”提升退休人员管理服务水平】 上海交大退休事务中心通过挖掘潜力，提升为退休人员管理服务的水平。优化人事管理系统退休模块版面，加强与校内其他平台汇集互通，完善一门式服务，强化业务办理功能，为做好退休工作提供精准化支撑。制作学校退休教职工居住地可视化分布图，开发老龄活动中心预约系统，并与网络信息中心对接，加强各类数据收集与整理，提高退管服务工作效率。与徐家汇街道交大新村居民区党总支联合召开党建共建交流学习会，对学校与社区联手做好做实“双重关爱”工作进行探索。通过充分发挥各自优势，形成工作合力，使居住在本社区内的308位交大退休教职工，感受到来自校园内外的关心关爱。同时，也有利于退休职工在社区治理中实现老有所为，展现自身价值。

（黎　颖）

【同济大学离退办做好疫情防控保障工作】 疫情初期，同济大学离退办着力加强疫情防控的宣传和引导，定期编印《信息简报》发送给全体离退休教职工，使他们及时了解疫情发展情况和疫情防控政策。编制《同济大学离退休职工新型冠状病毒肺炎防控知识问答》，及时普及科学防控知识。同时，做好他们的日常服务保障，为他们解决实际困难。对反映的买菜困难、进不了学校食堂吃饭、看病住院难等问题，一一与居委会、校人事处、医管处等取得联系，全部妥为安排。组织全体离退办工作人员，举办在线心理培训，由校心理咨询中心老师就《疫情期间如何做好对老年人心理干预》进行培训，增强在职人员与老同志交流沟通的技巧和心理疏导能力。

（胡　磊）

【东华大学助力退休人员发挥余热服务学校】 东华大学退休党委、退管会通过经费倾斜、典型宣传、评奖评优等方式，支持鼓励退休党员和退休老同志，参与学校银发讲师团、特邀党建组织员、教学巡视组、老教授咨询组、研究生督学组、“崇德讲堂”导师等项工作，服务学校的改革发展，为学校的教学科研、人才培养发挥余热。疫情期间，退休老教授们更是广开思路，开创新冠肺炎疫情下老教授工作的“新业态”。管理学院咨询组老教师相继推出“师说”线上思政微课程、线上微党课、思政音频微课等多种形式的微课程。人文学院咨询组老教师结合疫情期间学生学习工作实际，以网络形式开展主题研讨，实现老教授咨询的

"云分享"。纺织学院开设在线"战疫思政课",马克思主义学院开展暑期线上读书会,师生共同在学习探讨中研读中共党史经典。 (黎 颖)

【上师大坚持精准精细化理念做好退休职工管理服务工作】 上海师范大学离退休工作(部)处坚持精准精细化理念做好退管服务工作,通过排摸个别退休教职工生活不能自理的状况,帮助落实有关政策。对重病、高龄及有特殊困难的老干部坚持走访制度,提供更多精准化、个性化服务。做好已故困难老干部遗属慰问工作。加强与社会养老机构联系,帮助他们实现机构养老需求。疫情期间,严格落实部门值班制度,以电话、微信等方式,保持密切联系,及时了解情况并为他们解决困难或问题。加强疫情防控知识宣传,为退休教职工发送防疫用品。引导动员他们加强防护,遵守防控要求,引导身边人共同做好防控工作,激励他们为打赢疫情防控战发挥作用。理顺离退休工作制度,开展调研、座谈和走访,汇总意见和建议,印发《离退休工作实务汇编》及《服务指南》,更加精准地服务。 (胡 磊)

【卫生系统退管会做好新冠疫情期间防控关爱工作】 根据国家卫健委发布的《关于做好老年人新型冠状病毒感染肺炎疫情防控工作的通知》,卫生系统退管会及时转发全国老龄办《给老年朋友的一封信》,通过三级网络,把各级有关部门发布的防控精神告知系统内27000名退休职工。紧紧抓住阻断疫情扩散这个关键,从思想上提高老年退休职工对疫情防控工作重要性认识。发放《"新型冠状病毒感染肺炎"居家老年人防护科普手册》《老年人新型冠状病毒肺炎防护问答(漫画版)》,帮助退休职工及家人,学习了解新冠病毒知识,提高自我保护意识。运用互联网平台,推荐"宅家亦抗疫"等防疫知识进行网上学习,如推荐的"空中课堂"线上学习内容中,有国画、钢笔淡彩绘、京昆戏曲艺术、市民修养、饮食安全、时尚生活艺术等20个课程,可根据各自兴趣爱好参加学习,使退休职工足不出户即可在家进行学习,缓解退休职工长时间居家的心理压力。部分退管干部及全体退休党员为抗击疫情自愿捐献善款,部分单位组成志愿者服务队,配合社区、医院门诊等做好防疫流行病宣传调查工作。 (胡 磊)

【光明集团打好关爱退休职工组合拳】 光明集团建立关心关爱退休职工长效机制,多形式多举措做好退管服务工作。利用光明食品集团工作站帮困基金,对集团系统内因患大病、重病,失独、失能、失智等退休困难职工家庭,给予帮困补助;持续推进"大家访"行动和试点启动"暖三失"关爱项目,即三年内对集团系统全体11万退休职工开展家访,对困难退休职工中"三失"(失独、失能、失智)家庭给予关爱和帮扶;启动上海农场"爱心送餐"项目,为生活在上海农场、生活不能自理且无人照顾的老龄退休职工,提供爱心送餐服务;建立退管工作信息化大数据平台,以上下联动、动态管理、数据共享方式,提升为老服务和管理的能力水平,做到精准帮扶,精细管理服务于每一名为光明做出贡献的老同志。通过各项关爱老人工作制度的建立、健全和完善,使每一名在光明集团退休的职工,都能真切感受到浓浓的"因为光明,所以温暖"带来的关爱,亲身体验到来自光明企业满满的温暖。 (黎 颖)

【市监狱管理局工会关爱老人身心健康做好退管工作】 一是为退休老人办实事。组织基层退管会开展冬送温暖、夏送清凉;每季度做好平反纠错提前退休人员困难补助金的统计发放工作,年内发放补助金6万余元;组织30名困难退休职工参加市千名老人健康体检活动。二是丰富退休职工业余文化生活。参加市退管会组织的"奋进新时代"上海市老年摄影展,60幅摄影作品参加展出,监狱局退管会获优秀组织奖;参加老年征文活动,向市退管会推荐退休志愿者典型事例。三是依托市退管办资源,推荐退管干部,参加市退管系统网上培训班、知识讲座或活动。 (江海群)

【申通地铁集团持续关爱退休职工】 申通地铁集团公司坚持关心关爱退休职工,下属各级退管会每年为退休职工办理《上海市退休职工住院补充互助医疗保障计划》,覆盖率达100%。同时,自2009年制订建立《职工大病医疗互助实施办法》制度后,动员组织退休职工参加集团职工大病医疗互助活动,缓解患病职工的后顾之忧。开展医疗互助帮困,不仅使患大病重病的退休职工得到有效治疗,也使因病致贫家庭有了精神和经济依托。年内医疗帮困35人次,补助金额36万余元。 (黎 颖)

【西山休养院开展年前慰问退休职工活动】 2月10日,院工会组织开展年前慰问退休职工活动,慰问退休职工74人,发放慰问金29600元。院班子成员及工会主席共同前往探望慰问困难退休职工家庭,并送去慰问金9000元和价值1860元慰问品。此外,休养院每年支付6.6万余元,安排退休职工参加健康体检。 (蔡玉蓉)

文化宣传

【概要】 面对新冠肺炎疫情,全市各级退管组织调整工作思路,主动在抗疫情中有所作为,加强宣传引导,不失时机地通过各种途径传达疫情防控信息、普及科学防护知识,引导退休职工发挥自身作用,助力宣传防疫抗疫。随着疫情防控转入常态化,市退管办及各级退管组织根据疫情防控要求,结合退休老年人身心特点,以线上线下相结合方式,搭建各类活动平台,大力传播主旋律,坚持弘扬正能量,因地制宜地开展丰富多彩的文化体育活动。通过踊跃参与活动,既丰富了广大退休职工疫情期间的精神文化生活,也展示了健康向上的精神风貌。

(黎 颖)

【市退管办加大力度做好退休老年人的疫情防控宣传工作】 面对突如其来的疫情,根据老年人喜聚集、较易感的特点,市退管办加大宣传教育力度,利用三级组织管理、四级网络平台的资源和条件,第一时间转发全国老龄委《给全国老年朋友的一封信》,向退休职工汇总收集并广泛传送《老年人新型冠状病毒肺炎防护问答》《防疫生活小贴士》等防疫知识方面的视频。编印《老年人科学居家健身宣传手册》《老年人手机寻医问药指导手册》《老年人出行交通安全宣传手册》等防疫资料，发放8万余册供退休职工学习，指导广大退休职工加强自我保护，进行科学防疫，使疫情期间全市退休职工的身体健康和生命安全得到保障。在此基础上，通过在《劳动报》上推出专题报道、编印《退休生活》抗疫专刊杂志等，广泛挖掘、大力宣传疫情防控期间，本市各行各业退休职工积极争做志愿者，大力弘扬正能量，支持抗疫、参与抗疫的感人事迹。（黎　颖）

【市退管办举办“奋进新时代”上海市老年摄影展】 市退管办联合上海市摄影家协会等单位，举办“奋进新时代”2020年上海市老年人摄影作品展，旨在引导老年人深刻领会我国经济建设和发展的第一个百年奋斗目标的伟大意蕴，鼓励他们用镜头抓拍身边的美好瞬间，来自各级退管组织约3000多名退休职工踊跃参与此次活动。通过参加活动，充分展示广大退休职工积极健康、昂扬向上的精神风貌。对在活动中征集到的9000余幅摄影作品，经市摄影家协会专家甄选，评选出2幅为金镜头奖、6幅为银镜头奖、12幅为铜镜头奖、50幅为优秀奖、入围奖若干名。全部优秀作品均在银发服务网、上海市摄影家协会微信公众号上进行“云展览”。据统计，入网观阅“云展览”的人数超万余人次。（黎　颖）

【市退管办举办“桑榆未晚，老有担当”主题征文活动】 为引导退休职工更好地融入社区生活，发挥自身特长，展现夕阳风采，共建美好和谐社区，市退管办举办以“桑榆未晚，老有担当”为主题的征文活动。全市各级退管组织积极响应，广大退休职工踊跃参与，共收到征文430余篇。经专家评委两轮筛选，最终评出一等奖20篇，二等奖40篇，三等奖60篇，优秀奖80篇。（黎　颖）

【市退管办着力调查研究深化退管理论研究工作】 为发扬理论联系实际工作作风，进一步提高退管工作能力水平，市退管办以充分挖掘基层单位开展理论研究的潜力、发挥调查研究和理论先行作用为前提，调动各级退管组织的工作力量，结合退管工作特点和退休职工反映的热点问题，组织开展2020年退管工作论文征集评选活动。通过对全市退休职工管理服务工作进行深入调研和探索，共收到来自各级退管组织撰写的论文262篇，编印成2020年优秀论文集，下发基层单位进行交流学习。同时，分别成立调研领导小组和课题组，把“社会化管理背景下退管组织如何发挥作用”作为调研方向，深入基层退管组织开展实地专题调研，认真做好意见汇总与研判，提出相应对策建议，完成相关调研报告。并通过中心出题目，基层退管组织承接课题方式，以“企业退休人员社会化管理背景下如何进一步做好退休人员管理服务工作”和“进一步加强退休人员政治思想工作的研究”2个主题为调研方向，由宝山区退管会、高校系统退管会两家退管组织分别承接并完成2个专题课题。（黎　颖）

【市退管办组织银发艺术团深入基层开展为老服务公益演出】 2020年，市退管办进一步转变银发艺术团公益演出的定位，为基层退休职工举办更多更好的演出活动。为向一线抗疫英雄表示敬意，舞蹈团创编舞蹈——《平安中国》进行义演。时装队、合唱团由线下交流演出转为线上展示表演，参与多项“云端”直播活动。在确保疫情防控措施的条件下，舞蹈团赴嘉定徐行镇社区进行慰问演出，时装队赴亲和源老年公寓慰问演出。艺术团全年共完成公益演出、为老服务专场演出累计11场次，线上、线下观众观摩人数累计4.3万人次。（黎　颖）

【浦东新区退管会举办退休职工摄影比赛】 在全国抗击新冠肺炎疫情表彰大会召开之际，为弘扬中国人民伟大的抗疫精神，记录上海人民抗疫风采，浦东新区退管会举办“讲述抗疫故事、记录生活改变”2020年浦东新区退休职工摄影比赛，区属各级退管会组织退休职工、各退大分校学员踊跃参加。征集到的近200幅作品，从多角度、以新视觉捕捉上海人民抗疫感人事例的瞬间，记录上海人民疫情前后工作生活的新常态。比赛评选出一等奖2名、二等奖4名、三等奖10名、优胜奖40名。（胡　磊）

【上海邮政工会开展“讲好中国故事，助力邮政发展”主题系列活动】 6—10月期间，上海邮政工会先后举办抗疫志愿者事迹征集、“我看脱贫攻坚新成就”主题宣讲征集、“桑榆未晚，老有担当”主题征文、“讲好中国故事”征文、“我们的中国梦”——网上摄影展等一系列活动。工会深入基层，开展为老服务，弘扬正气、增添正能量，倡导健康有益、积极向上晚年生活。（王　瑛）

【核工院组织离（退）休人员参加建院五十周年系列活动】 2020年是上海核工院建院五十周年纪念日，院退管会组织离（退）休人员积极参加建院50周年系列活动。先后举办纪念“七二八”工程50周年座谈会、“七二八”工程50周年报告会暨核电自主创新发展论坛等座谈表彰会，向老专家颁发“‘七二八’工程功勋奖”“建院50周年杰出贡献奖”“建院50周年特殊荣誉奖”。发动征集“五十周年成就展”展品，并组织他们参加展示活动。向退休老同志征集各类建院历史资料，为院史编纂工作出力。曾为新中国核电事业发展做出贡献的离（退）休人员在参与各类活动中，畅谈新中国奋斗史、中国核电发展史、公司奋斗史以及新的上海核工院的奋斗目标和理想，彰显和传承他们为国家核电事业作出无私奉献、“国之光荣”精神及创业精神。（黎　颖）

【卫生系统退管会线上线下多形式丰富退休职工精神文化生活】 为缓解退休职工因疫情防控需要而长期居家产生的心理不适，卫生系统退管会在疫情形势平稳时期，根据疫情防控常态化要求，组织开展多种形式的文化艺术活动。在确保安全的条件下，组织退休职工观影观剧；重阳节期间，为55对结婚50周年的夫妇拍摄纪念照，并为他们制作成金婚纪念相册；线上开设“纸藤编包”“艺术插花”“润唇膏制作”“坐垫编织”手工兴趣班；组织退休职工参加旗袍文化讲座，并参加演出活动，展示卫生退休职工的夕阳风采。通过组织开展各项文娱活

动，不但丰富退休职工精神文化生活，培育退休职工的审美情趣，也展现了退休职工活泼健康的精神和昂扬向上的风貌。（胡　磊）

【高校系统退管会积极探索退休人员政治思想工作完成相关委托课题项目】 高校系统退管会围绕机关事业单位退休人员尤其是退休党员在教育方式、管理服务、平台搭建等方面的实际需求，完成了市退管办委托“新形势下进一步加强退休人员政治思想工作的研究”调研课题。《高校退管简讯》连续三期摘登《复旦大学退休教职工政治思想工作情况》《搭建四大平台发挥退休干部作用——基于上理工的实践探索》《加强政治引领，增添立德树人的正能量》（上海师范大学）的调研论文，通过广泛征询调研意见和建议，收到很好效果。按照市退管办要求，他们分别成立课题组和专家组，对委托课题“新形势下进一步加强退休人员政治思想工作的研究”进行立项、调研、撰写，如期完成编撰任务，按时完成关于《新形势下进一步加强退休教职工政治思想工作的研究——“互联网+”环境下的高校退管工作生态营造》的调研论文。（黎　颖）

【复旦大学退管会举办“援教援医，共筑全面小康之路”主题活动】 复旦大学退管会举行援教援医、抚今追昔活动，邀请本校退休教职工，追忆在职期间在援教、援医新疆和西藏时的感人故事，讲述退休后坚持长期在捐资助学等方面的典型事例，组织开展“援教援医，共筑全面小康之路”主题活动。活动于3月19日在线上启动，先后召开2次座谈会。会上，援教援医的退休老同志讲述各自亲身经历，与大家分享在中西部贫困地区时，开展援教助医工作的难忘经历，畅谈在援教援医期间的切身感受和体会，展示复旦退休教职工不忘初心、老有所为的崇高精神。（胡　磊）

【上海交大深入开展主题系列活动】 上海交大退休人员事务中心开展离退休教职工“学先进典型、讲身边故事、助申城发展、赞美好生活”主题活动。通过征集“我们的中国梦”系列主题文章和摄影作品、“我的美好离（退）休生活”书画作品，宣传并助力上海及校院的建设和发展，引导离退休教职工体验美好生活、展示阳光心态，讴歌党领导人民在改革建设、全面建成小康社会的伟大成就。开展“我为教育卫生‘十四五’发展献一策”活动，发挥离退休教职工的人才资源优势，邀请他们为上海的教育、卫生事业和学校“十四五”规划编制工作建言献策贡献智慧。召开离退休干部“我看脱贫攻坚新成就”主题座谈会，与会人员踊跃发言、热烈交流，表达对脱贫攻坚即将取得胜利的喜悦之情。退休人员事务中心还通过重点约稿、个别访谈、主题征文等灵活多样的形式深入调研，广泛听取他们对国家实施脱贫攻坚战略取得的历史性成就的心声、思考和建议。（黎　颖）

【同济大学离退办组织开展“讲述‘四史’故事传承红色基因”系列活动】 同济大学离退办发挥离（退）休人员作为“四史”见证者、参与者和推动者的独特优势，参与“三全”育人，传承红色基因，向青年学生讲述亲历者的故事。一是举办“与党同呼吸共命运”视频文章征集展示活动。离休干部和老领导以“与党同呼吸、共命运”为主题，口述参加革命、建设和改革的亲身经历，谈入党初心、忆难忘经历，赞伟大成就、表美好祝愿，教育勉励青年学子传承伟大基业。二是与“走近最可爱的人”进行访谈。邀请本校荣获抗美援朝出国作战70周年纪念章的12位老战士，讲述志愿军英雄事迹和伟大精神，教育和引导青年学子懂得抗美援朝的时代价值。三是开展同济与中华民族命运休戚与共、传承红色基因活动。通过学院“关工委”离（退）休人员的指导，组织学生采访部分学院的老教授、老领导和学科带头人，请他们讲解院史和学科发展史，并把史料收集、整理、制作成《同济的故事》语音版，进行学习和宣传。（黎　颖）

【上海戏剧学院引导离（退）休教职工在抗击疫情中发挥作用】 疫情期间，上海戏剧学院离退休工作处在协助退休教职工做好自身防护的基础上，指导、支持退休教职工发挥自身优势，在抗击新冠疫情中发挥作用，在不同领域、以不同方式，为抗击疫情增添正能量。坚持正确的舆情把控，在多个离退休教职工微信群中做好疫情防控宣传，守护群众的生命健康和安全。实时告知并引导广大离退休教职工，关注权威机构发布的疫情信息，做到不造谣、不信谣、不传谣虚假信息。组织离退休党员，坚决响应党中央号召，为抗疫慷慨解囊、踊跃捐款。针对疫情期间的情况，在离退休教职工聚居的小区，以设点、上门、垫付的办法，通过微信或支付宝等支付方式，尽最大可能为弱势群体解决因疫情带来的种种不便。鼓励他们努力学习信息技术，投入到线上教学中，为学校教学、科研事业发展贡献自身力量。支持他们积极投身到艺术教育战“疫”中，创作了以抗疫先进人物事迹为素材的话剧《生死24小时》等艺术作品。（黎　颖）

老年教育

【概要】 新冠疫情突发，给老年教育工作的开展带来前所未有的新挑战、新课题、新思考。上海市退休职工大学努力为行业老年教育服务，坚持探索老年教育工作新模式，指导行业老年学校开展线上教学，使线上教学实现“零”突破，直播教学取得良好成效，“停课不停学”，让退休职工足不出户即可参加在线学习。各级退管组织在疫情中积极应对、跨前作为，努力搭建学习平台，利用手机微信、APP软件、送学上门、线上线下相结合等形式，实现了在线学习目的。通过组织培训、开办讲座、开展主题教育、开设直播网课，并通过线上学、在家学，满足退休职工的学习渴望和需求。（黎　颖）

【市退休职工大学开展线上教学探索教学新模式】 受新冠肺炎疫情影响，线下教学因故延期。为让宅家退休职工在应对疫情的同时，合理安排好学习活动，市退大虽然“线下”停课，但教学不停。自3月6日起，在学校微信公众号上推出每周一期“‘宅家防疫’亦精彩”微课，授课内容有声乐、舞蹈、书法、绘画、编织、养生保健、点心制作等。共推出17期，图文485

篇(幅),40位老师亮相微课,百余位学员发表感悟感想,收到点击量近8万人次。在推出微课的同时,学校开展走访调研,召开专题会议,在秋季学期,采用直播方式开设网课。通过制定网课教学流程,细化各个教学环节,分批培训任课老师,研究不同教学方式,最后确定课程内容。在授课过程中,采取班级微信群宣传、电话指导、到校解答方式,指导学员下载并学会使用直播软件。9月8日,市退大开启线上直播授课,学员参与度和积极性高涨。全年共开设96个班级,向上海老年教育直播课堂推送7门课程,9200人次参加学习。 (沈 烽)

【市退休职工大学完善教学大纲提高办学质量】 为提高办学质量,进一步加强课程设置的科学性、系统性、规范性,市退大利用线下课程延期的契机,组织任课教师修订教学大纲。从制定教学大纲范例、班主任培训入手,依照“一课一大纲”原则,采取与任课教师一对一联系,反复进行沟通、修改的方法,促进教学规范管理。在全体任课教师的支持下,共完成146门课程的教学大纲修订并汇编成册。 (沈 烽)

【市退大开展业务培训提升教学管理水平】 市退大围绕班主任工作职责和工作内容,组织开展业务培训。培训包括“怎样撰写教学大纲”“开学前准备工作及如何上好开学第一课”“如何选班长及如何做好班长的管理工作”“如何写好听课记录”“如何做好学习团队、志愿者管理工作”“腾讯会议APP的使用”等方面内容。通过专题培训和业务探讨,提升班主任业务能力,促进学校教学水平的提高。 (沈 烽)

【市退大开展素质教育激发学员正能量】 市退大本着加强学员素质教育为目标,把素质教育融入课程建设、课堂教学、志愿服务方面彰显实效。在实施素质教育工作中,要求教师结合素质教育内容设计课程,增强教师在教学过程中开展素质教育的自觉意识,把素质教育贯穿教学全过程,着力提升素质教育实际效果。在引导老年学员坚持践行社会主义核心价值观行动中,坚持传播正能量。挖掘的素质教育案例——《二十三载志愿服务 老有所为奉献社会》,被评为长三角地区老年教育办学优秀案例二等奖。其次,通过微信公众号,反映师生在疫情期间的学习生活,宣传师生参与社区疫情防控事迹,展示学员学习成果,展现退休老年学员乐学善为、乐于奉献的新时代风貌。选送学员在疫情期间创作的11幅(件)书画、摄影作品,参加“我心目中的最美老年学员”主题活动。 (沈 烽)

【市退大助力行业老年教育质效提升】 在疫情期间,市退大承办的市行业老年指导中心,坚持做好行业老年教育的各项指导服务工作,不断提升老年教育水平。一是扎实开展疫情防控宣传,向行业老年教育机构传达市教委关于做好疫情防控工作的精神和要求。二是积极推动线上教学工作的开展,向行业老年教育机构推送线上学习平台和市退大的直播课程。复旦分校、工商银行分校、建设银行分校先后开设14门线上课程和讲座,参与近3000人次,点击量逾万人次。三是走访调研掌握行业老年教育情况,线上课程开展情况,探索线上线下课程融合发展。四是搭建展示平台,举办上海市行业老年教育摄影作品线上展示活动。 (沈 烽)

报业集团退管会组织退休党员开展看改革成果、看经济发展、看社会进步“三看”活动 (范力文)

【闵行区江川路街道离退休党支部丰富“老有所学”活动形式】 为应对新冠疫情对开展老年活动带来的影响,江川路街道离退休党支部突破原有活动方式,结合老年人特点,丰富“老有所学”活动内容。如:召开线上组织生活、开展网上论坛、参加线上讲座“宅家宅出健康来”、邀请区人大代表作“推动闵行经济高质量发展”报告会。举办在线“解读全国两会报告”会,直播“失眠障碍”讲座,开展“四史”学习会,直播“初心之地,光荣之城”线上报告会,收看《坚挺共和国脊梁的重工业基地及其宝贵精神》视频,在线收听华政民商法教研室主任杨代雄作的《民法典将这样影响你的生活》报告,居家观看专题纪录片《我是党员——抗击疫情》和电影《夺冠》。 (范力文)

【上海报业集团认真开展退休职工“四史”学习教育】 把开展“四史”学习教育作为建立“不忘初心、牢记使命”长效机制的重要内容抓实抓好,并将其作为“三会一课”和主题党日的重要内容,利用“学习强国”、“离退休干部工作”微信公众号、“上海老干部”APP和“上海老干部”微信公众号、微信群等网络平台,开展“四史”学习教育、开办微党课、参加组织生活等活动。组织退休党员参加各类在线形势报告会、专题报告会、线上讲座。退休党总支、各支部结合浦东开发开放30周年、“七一”建党、新中国成立

71 周年等重要纪念日，结合学习“四史”，开展“五个一”活动。包括开展“每周一课”系列学习、举办一次学习“四史”主题党日活动、一次手机摄影知识讲座、一次摄影作品线上展、一次书画艺术作品线上展。（范力文）

【上海药物研究所加强培训提升助老志愿者服务水平】 上海药物研究所利用心理工作坊并结合实地考察方式，邀请教授给助老志愿者进行授课培训。通过相互表达与倾诉、相互帮助与服务、团队实地表演等形式，以“助人与互助”“责任与自由”“协作与配合”等为重点，激发学员们充分互动，切身体会助老服务的精神、内容与关键技能。通过培训提升助老志愿者和离退休兼职工作队伍的沟通技巧与服务意识，进一步规范团队管理，有助于更好地提高为退休职工服务的水平。（范力文）

【上海电信搭建线上老年教育平台】 因受疫情影响，在市退大电信分校课程班全面停课的情况下，上海电信退管会及时转变思路，坚持开展线上老年教育工作。借助上海市民终身学习云“空中课堂”中“上海老年教育慕课”平台，在“上海电信退管会”微信公众号上开设“空中课堂”栏目。同时，充分利用市离退休干部线上报告会，使退休员工不用出门即可聆听各类形势报告，了解国内国际时事政治，满足“老有所学”需求，方便退休员工居家参加学习。（范力文）

【同济大学离退办创新学习方式加强党建工作】 同济大学离退办采取线上线下相结合方式，使疫情期间退休党员的党建工作正常开展。在实际工作中，引导鼓励离（退）休教职工开展线上学习交流，专门编写了 zoom、腾讯会议等使用方法的 PPT。成立辅导学习小组，逐一电话指导他们使用软件，关注和使用相关公众号、“学习强国”“上海老干部”等 APP 学习工具进行线上学习。并在此基础上，先后举办离退休党支部书记培训班、组织“两会”精神学习、开办“疫情下老年人如何保持心理健康”讲座、举办《逆行抗疫不辱使命》抗疫英雄报告会、《一百年来谁著史》的“四史”学习等方面活动。将线上组织生活、视频会议、云讲座等逐渐成为离（退）休教职工常态化学习的新模式。并通过创建“示范党支部”、制作 PPT 组织生活学习课件、使用微信公众号展示组织生活等形式，分类指导各党支部开展组织生活，不断推进离退休干部党的组织建设。（黎　颖）

【上海广播电视台完善离退休干部党建工作机制创新学习方法】 上海广播电视台离退休党委结合疫情防控新形势，修订完善《2020 年台集团离退休党委工作要点》，创新对离退休党员干部的学习培训方法。具体工作要点包括：将“阳光课堂”搬到线上，开设直播网课。邀请市委党校教授讲授《新中国奋斗历程与社会主义现代化道路的成功探索》的报告；邀请同济医院、瑞金医院专家讲授健康养生常识。把《奋斗的征程》等“四史”学习教育列入微视频党课内容，并推送到离退休党员的手机上，实现线上学、在家学两种学习方法。结合实际，送学上门，为全体离退休党员寄发反映新中国史内容的《国家记忆》。组织举办“学史达人”知识竞赛、革命遗址“云参观”等活动。（范力文）

关于调整本市工伤人员伤残津贴和生活护理费标准的通知

（沪人社规〔2020〕11号）

市政府各委、办、局，各区人力资源和社会保障局，市社会保险事业管理中心，各有关单位：

为保障工伤人员的基本生活，根据《上海市工伤保险实施办法》（以下简称《实施办法》）规定，经市政府同意，自2020年1月1日起对本市致残一级至四级工伤人员的伤残津贴和生活不能自理工伤人员的生活护理费标准进行调整，具体通知如下：

一、2019年12月31日前发生工伤且致残一级至四级工伤人员的伤残津贴在2019年享受的标准基础上调整，其中致残一级增加485元/月，致残二级增加440元/月，致残三级增加419元/月，致残四级增加386元/月。

调整后的伤残津贴最低标准为：致残一级7871元/月，致残二级7351元/月，致残三级6903元/月，致残四级6468元/月。

二、2019年12月31日前发生工伤且经确认生活不能自理工伤人员的生活护理费在2019年享受的标准基础上调整，其中生活完全不能自理工伤人员增加407元/月，生活大部分不能自理工伤人员增加326元/月，生活部分不能自理工伤人员增加244元/月。

调整后的生活护理费标准为：生活完全不能自理4790元/月，生活大部分不能自理3832元/月，生活部分不能自理2874元/月。

三、2019年12月31日前已按规定办理按月领取养老金手续的致残一级至四级工伤人员，按照本通知第一条规定增加的伤残津贴低于其2020年基本养老金增加额的，按养老金增加额计发。

四、2020年1月1日至12月31日期间发生工伤且致残一级至四级的工伤人员，按《实施办法》规定计发的伤残津贴低于本通知第一条第二款规定的最低标准的，按最低标准计发。

五、由工伤保险基金按照《实施办法》规定支付伤残津贴和生活护理费的工伤人员，其按本通知规定调整后增加的费用由工伤保险基金支付。目前仍由用人单位按照《实施办法》规定支付伤残津贴和生活护理费的工伤人员，其按本通知规定调整后增加的费用由用人单位支付。

六、本通知自2020年7月1日起执行，有效期至2022年6月30日。《关于调整本市工伤人员伤残津贴和生活护理费标准的通知》（沪人社规〔2019〕24号）同时废止。

上海市人力资源和社会保障局
2020年6月18日

关于推进企业全面复工复产落实职业健康有关措施的通知

沪卫职健〔2020〕002号

各区卫生健康委、经委（商务委）、信息委、应急管理局，有关单位：

为贯彻落实国家和本市关于疫情防控和推进全面复工复产工作的部署要求，指导各单位优化复工复产中的疫情防控措施，为企业全面复工复产提供服务保障，现就有关事项通知如下。

一、各区卫生健康委要强化服务意识，切实做好职业健康工作统筹协调。组织疾病预防控制中心、卫生监督执法机构、社区卫生服务中心、职业健康技术服务机构等单位，积极为辖区内企业开展“点对点”帮扶指导，提供疫情防控、职业健康监护、职业病危害因素检测与评价、职业健康促进等咨询服务和技术支持。

二、各区卫生健康委要主动跨前一步，为企业全面复工复产保驾护航。督促指导辖区内职业健康检查机构（名单可在上海市卫生健康委网站-“便民服务”-“服务机构”栏目查询）在风险评估基础上全面开展正常的职业健康检查服务。允许企业在疫情防控期间延期开展职业健康检查（疫情结束后可在6个月内组织完成），保障劳动者及时返岗上岗，满足企业迫切用工需求。

三、各单位要督促指导企业根据疫情最新变化做好科学防控，精准防范疫情跨境输入输出，分类细致有序做好疫情防控后续工作，加快推进全面复工复产、恢复正常生产生活秩序。各单位要按照统筹疫情防控和经济社会发展的要求，扎实做好企业复工管理、疫情防控、安全生产、职业健康工作，并围绕企业复工复产过程中的实际困难，为企业提供精准有效的服务保障。

上海市卫生健康委员会
上海市经济和信息化委员会
上海市应急管理局
2020年3月27日

党建与自身建设

综　述

2020年,市总工会深入学习贯彻习近平总书记关于领导班子和干部队伍建设的一系列重要论述,进一步深化干部管理体制改革,树立和坚持正确选人用人导向,努力建设充满激情富于创造勇于担当的高素质专业化干部队伍,为奋力夺取疫情防控和实现经济及社会发展目标"双胜利"提供坚强组织保证。一是加强干部队伍建设工作,注重在疫情防控中考察识别干部,并综合运用多种方式选拔干部,通过挂职、调任、转任等方式选派更多政治坚定、能力突出、有发展潜力的优秀干部到市总机关工作。认真做好第二批挂职干部工作总结考核,组织开展第三批挂职干部集中选派工作。按照市委组织部统一部署,适时开展2020年度工青妇机关专职干部遴选工作。开展机关系统"789"干部调研,重点聚焦机关系统"75后"副处级干部、"80后"正科级和副科级干部以及"90后"年轻干部等对象,开展机关系统"789"干部专项调研,分步分批落实培养措施,激发干部队伍活力。着力提升干部综合素质和专业能力,组织市总机关系统干部参加学习党的十九届四中全会精神、习近平总书记考察上海重要讲话精神、弘扬伟大抗疫精神等线上培训和年度干部在线学习共370余人次;组织落实市总机关系统青年干部培训班。组织部分区总工会、街镇总工会领导和22家企业工会干部分别参加"工会参与国家治理""深化工会改革"等网络培训班共6期67人次。二是加强干部监督管理工作,做好处级干部年度个人有关事项报告集中填报等工作。对系统内75名处级干部2019年度个人有关事项报告开展随机抽查核实。三是加强机关系统人事管理工作,梳理市总工会系统人事管理政策办法和工作流程,完成自查和清理工作。根据市委编办要求,完成机关和直管事业单位关于超审批权限设置机构等问题的自查。按照本市事业编制统筹工作要求,研究制订直管事业单位机构编制资源统筹方案及直管事业单位绩效工资统筹方案。加强与市委编办、市人社局等职能部门协调沟通,稳慎推进市总工会经营类事业单位改革。四是干部协管及代表委员工作,配合全总组织部做好在沪全总执委增替补工作;完成市总十四届七次全委会有关人事调整、22名委员和经审委员增替补工作。指导4家工会换届改选、52家工会届中调整和3家工会的组织隶属关系调整、更名和新组建等工作,涉及调整工会干部72人。根据疫情防控常态化工作要求,指导部分单位工会通过电视电话会议、网络视频会议等方式召开会员代表大会。组织工会界别市政协委员开展各项活动,调研新冠疫情对企业和职工的影响、新就业形态下的劳动关系状况等问题建言献策。协助市政协在总工会界别委员中开展读书活动,提高议政能力和履职水平。五是加强老干部工作,结合疫情防控工作要求和老干部工作实际,做好关心关爱工作。组织老干部参加市总工作通报会、新春团拜会;建立老干部移动课堂,组织参加老干部局、退管会在线报告会,召开10次网上视频组织生活会,组织老干部开展线上学习交流,丰富老干部精神生活。

（庄　勤）

组织机构

【概要】　认真履行工会干部协管职责,坚持配备标准、完善工作流程,2020年共指导完成9家区局(产业)工会换届改选、60家区局(产业)工会届中调整,共调整工会领导班子成员146人次。新组建上海著名外企工会联合会。

（王继平）

【普陀区总工会召开六届九次全委会议】　4月10日,普陀区总工会六届九次全委会议召开,部署年度重点工作,通过人事任免事项。区人大常委会副主任、区总工会主席李松海出席会议并讲话。区总工会第六届"两委"(区总工会第六届委员会委员、第六届经审委员会委员)委员,区总工会机关干部和直管事业单位负责人40余人参会。会议提出要抓好6项重点工作:一要全力做好新冠肺炎疫情防控,加快推进复工复产复市;二要做好劳模评选工作,大力弘扬劳模精神、工匠精神;三要广泛开展劳动竞赛和科技创新活动,促进职工技能提升;四要扎实推进促进就业、帮扶关爱、疗休养等服务职工各项工作;五要继续夯实基层基础,深化非公有制企业工会改革;六要加强工会经费管理和监督检查,探索试行非公有制企业工会经费差异化使用管理,提高规范化水平。会议替补张慧琴、周桂英、周崔军、赵龙北为区总工会第六届委员会委员;替补王鹏、陈琦为区总工会第六届委经审委员会委员;选举赵龙北为区总工会第六届委员会常委、副主席,张慧琴为区总工会第六届委员会常委。

（陆　蕾）

【普陀区总工会召开六届十次全委(扩大)会议】　8月24日,普陀区总工会召开六届十次全委(扩大)会议,听取2020年以来普陀区工会工作报告,研究部署下阶段工作。区人大常委会副主任、区总工会主席李松海出席会议并讲话。区总工会第六届委员会委员、第六届经审委员会委员,各街道镇、系统、直管企业工会主席、副主席,区总机关干部和直管事业单位负责人70人参会。会议表决通过第六届委员会委员有关人事任免事项,免去黄建军区总工会第六届委员会委员职务,替补王永明、吴玲琳、梁娅为区总工会第六届委员会委员。

（陆　蕾）

【杨浦区总工会召开第六届委员会第八次全体(扩大)会议】　9月25日,杨浦区总工会召开第六届委员会第八次全体(扩大)会议。全会审议并通过区总工会第六届常委会工作报告和第六届经费审查委员会经审工作报告,审议并通过《杨浦工会助力杨浦滨江争创人民城市建设示范区工作方案》,选举江欲红为区总工会副主席,替补金晔、黄佳2人为区总工会第六届委员会委员,替补徐燕为区总工会第六届委员会经审委员。区总工会第六届委员会委员出席全会。区总工会经审委员,各街道总工会主席、专职副主席,各行业、直属工会主席(主任),区属企业(集团)工会主席,区总工会全体机关干部,区总工会所属事业单位班子成员和工会志愿者列席全会。

（张东寅）

【静安区总工会召开一届十三次全委

会会议】 11月13日，静安区总工会召开一届十四次常委会会议和一届十三次全委会会议。区总工会第一届委员会常委和委员出席会议。区人大常委会副主任、区总工会主席叶坚华主持会议。会议对区总工会第一届委员会委员、常委、副主席进行补选。经过民主程序，许俊当选为区总工会第一届委员会副主席。 （蒋康乐）

【宝山区总工会召开七届七次全委（扩大）会议】 1月15日，宝山区总工会七届七次全委（扩大）会议召开。会议全面总结2019年工作，研究部署2020年工作。会议审议关于宝山工会2019年经费审查工作情况和2020年工作安排的报告。经大会选举，朱英、隋清、尹奕当选为区总工会第七届委员会常委。会上，替补王秀忠、周少龙、骆冠军、魏玉成为区总工会第七届委员会委员，替补王晓芸为区总工会第七届经费审查委员会委员。宝山区委副书记周志军，区人大常委会副主任、区总工会党组书记、主席王丽燕出席会议，区第二派驻纪检监察组领导，各直属工会分管领导，区总工会经审委员、女工委员代表，直属工会主席等参加全会。 （朱 艳）

【松江区人工智能产业集群工会联合会第一次代表大会召开】 9月30日，松江区人工智能产业集群工会联合会第一次代表大会在上海君屹工业自动化股份有限公司召开。经开区、部分街镇总工会专职副主席，非公企业代表出席会议。会议选举产生松江区人工智能产业集群工会联合会第一届委员会委员和经费审查委员会委员，孙新华当选为第一届工会主席。松江区人工智能产业集群工会联合会覆盖10个街镇、经开区，纳入人工智能企业76家。 （陈 辉）

【松江区新桥现代装备制造产业集群工会联合会第一次代表大会召开】 7月23日，松江区新桥现代装备制造产业集群工会联合会第一次代表大会召开。会议选举产生第一届委员会委员和经费审查委员会委员及主任。沈金文当选集群联合会新一届工会主席。 （沈金文）

【市化学工会推进组织建设做好换届选举工作】 6月29日，市化学工会第八次会员代表大会召开，以无记名差额投票方式选举产生29人组成的集团工会第八届工会委员会和9人组成的集团工会第八届经费审查委员会。选举顾立立为主席，俞少俊、李爱敏为副主席。经过推荐选举俞少俊为第八届经费审查委员会主任，李爱敏为第八届女职工委员会主任。 （张雪莲）

【上海石化公司工会加强自身建设】 2020年，上海石化公司完善工会工作运行机制，加强工会自身建设，提高工会工作整体水平。举办第十六期工会干部培训班，78人参加。开展工会“走基层、访万家”活动，深入基层一线及职工家庭，了解职工需求，拉近工会组织与职工距离，提高工会服务职工群众的能力。年内，芳烃部、公用事业部、赛科公司3家单位工会组织完成换届选举。至年底，公司有工会会员11876人，直属单位工会24个。 （裘 玮）

【上汽集团工会强化工会组织建设】 年内，上汽集团工会进一步强化常委会对集团工会重大事项、重要工作和经费预算的集体决策作用，增补3人为工会委员会常委。全年指导实业交通、赛可出行等8家直管企业及24家三层级企业完成工会内容进章程工作。分类指导上汽大众、上汽国际等20家基层企业工会换届改选；指导捷氢、麦格纳等7家企业完成工会筹建、组建工作。针对安吉物流下属天地华宇公司点多线长、人员分散、用工复杂、经费不足等特点，邀请安吉物流工会主席列席集团主席办公会议，共同商讨、研究工会组建、职工服务帮困的定制化方案。通过线上特色发布、评委打分等形式，授予50家基层分工会“2020年上汽集团先进职工小家”称号。 （范 融）

【上海建工集团工会召开六届十次全委（扩大）会】 11月13日，建工集团工会召开六届十次全委（扩大）会，集团党委书记、董事长徐征出席会议并讲话。经过民主选举程序，殷红霞当选为集团工会第六届委员会主席。徐征希望集团各级工会组织和广大工会干部认真学习，用习近平新时代中国特色社会主义思想武装头脑、指导实践，切实肩负起工会组织围绕中心、服务大局的重要责任，努力打造建功立业新格局，做好维护服务职工工作，维护职工合法权益，在推动企业转型升级的征程上做出更大的贡献。集团工会两委委员、各单位工会正副主席70余人出席会议。 （余轶群）

【上海建工海南区域联合党委、工会、团委、纪检小组成立】 7月29日举行成立仪式，海南省国资委党委书记、主任马咏华，党委副书记孙维雄，集团党委副书记张立新等领导出席。此次

上海建工集团召开四届六次职工代表大会 （余轶群）

上海建工海南区域联合党委、工会、团委、纪检小组的成立将推动地方国企与海南省属国有企业深入合作。汲取海南"敢闯敢试、敢为人先、埋头苦干"的特区精神，宣传弘扬上海建工"三大文化基因"，利用自身技术优势深入参与海南自贸港建设，为海南打造出更多高水平的作品。与会领导为海南区域联合党委、联合工会、联合团委揭牌，同时启动海南区域"海联学习大讲堂"，并就"海南自由贸易港政策"进行宣讲。（余轶群）

【市水务局（市海洋局）工会召开四届六次全委（扩大）会议】 3月23日，市水务局（市海洋局）工会召开四届六次全委（扩大）会议。会议审议通过局工会2019年度工作报告和2020年度工作要点、2019经审委员会工作报告和2019年经审委员会工作要点、2019年财务决算报告和2020年财务预算报告；审议通过关于工会系统进一步做好新型冠状肺炎防疫工作的报告，关于基层工会2019年工作考评结果及2020年下拨补助基层工会经费的报告；通报2015—2019年度上海市先进工作者和模范集体评选推荐情况；按民主程序完成局工会主席、委员的调整。（王佐仕）

【光明食品集团资管公司召开第一次工代会】 12月23日，光明食品集团资产经营管理有限公司召开工会第一次代表大会，来自资管公司各基层工会116名代表出席会议。大会听取资管公司工会第一次代表大会筹备工作报告，审议通过工会第一届委员会委员、经费审查委员会委员和女职工委员会委员候选人名单，选举产生第一届工会委员会、经费审查委员会和女职工委员会。明确今后工会工作的任务和重点是践行好"员工第一、崇尚奋斗、爱与尊重"的光明文化，弘扬劳模精神、劳动精神和工匠精神，发挥主力军作用。落实好帮困帮扶、送温暖机制。推进企业民主管理，打造忠诚干净担当的工会干部队伍。（周碧青）

【上海城投（集团）有限公司工会召开第一次工代会】 7月29日，上海城投（集团）有限公司工会第一次会员代表大会暨第一次职工代表大会在上海中心大厦召开，市总工会党组书记、副主席黄红，市总工会副主席戴光铭，城投集团党委书记、董事长蒋曙杰，党委副书记、总裁陈庆江，监事会主席田赛男等领导出席会议，共有222名正式代表、1名特邀嘉宾、16名列席代表参加会议。大会审议通过《上海城投（集团）有限公司工会工作报告》《上海城投（集团）有限公司工会委员会财务工作报告》《上海城投（集团）有限公司工会经费审查委员会工作报告》，选举产生上海城投（集团）有限公司工会新一届委员会、经费审查委员会、女职工委员会。新一届工会委员会召开第一次全体会议，选举杨茂铎为工会主席，选举黄吉、孟惠华、毛雪莹为工会副主席，选举产生丁红等13名工会常委。（熊　巍）

教育管理

【概要】 年内，市总工会根据疫情防控工作要求和教育培训工作实际，及时调整年度计划，委托工会学院以线上线下相结合的方式，完成各类工会干部培训共9368人次。组织市总机关系统干部参与学习党的十九届四中全会精神、习近平总书记考察上海重要讲话精神、习近平总书记在全国劳动模范和先进工作者表彰大会上的重要讲话精神、弘扬伟大抗疫精神等线上培训和年度干部在线学习。举办机关系统科级干部培训班。组织部分区总工会领导、街镇总工会领导和企业工会干部参加"工会参与国家治理""深化工会改革"等网络培训班。（王继平）

【虹口区总工会举办"两委"委员、基层工会主席履职能力培训班】 11月23日，虹口区总工会"两委"委员、基层工会主席履职能力培训班在上海开放大学开班。区总工会党组书记袁忠民作开班动员，区总工会副主席、经审主任蒋红心主持开班仪式。培训班为期3天，邀请来自复旦大学、工会学院、知名律所的专家教授以及市总相关职能部门人员授课，内容涵盖包括时事政治、工会理论等课程。来自各街道总工会、行业、直属工会和部分非公企业工会以及区总工会机关、区工人文化宫、区职工服务中心的50余名工会主席、工会干部参加培训。（马伟杰）

【闵行区总工会开展党史理论原文原著学习】 闵行区总工会组织全体党员干部、职工原原本本通读《习近平新时代中国特色社会主义思想学习纲要》《习近平谈治国理政》（第三卷）以及党章等内容，邀请上海市工会管理职业学院副院长李学兵辅导学习党的十九届四中全会精神。各基层党支部组织党员学习党的十九届五中全会精神，学习习近平总书记在第三届进口博览会、浦东开发开放三十周年纪念大会和全国劳模先进表彰大会上的讲话，引导党员树牢"四个意识"、坚定"四个自信"、做到"两个维护"。年内，区总工会党组中心组开展学习16次，总支及支部共组织主题党日活动26次、党员大会18次、总支（支委）委会25次、党课17次、党小组会3次。（金　靓）

【金山区总工会举办新上岗基层工会干部培训班】 7月8—10日，金山区总工会举办为期3天的新上岗基层工会干部岗位资格培训班。全区各直属工会100余位基层工会主席、副主席参加培训。培训班邀请上海工会管理职业学院多位专家、教授对《学习贯彻党的十九届四中全会精神推动工会事业新的发展》《中国工会基础理论》《新时期工会工作的法律保障》《民主管理的理论与实践探索》《集体协商与集体合同》《工会经费的管理与使用》等专业课程进行授课。（卫婷怡）

【松江工惠社会服务中心举办职业化社会化工会工作者年度培训】 9月17—18日松江工惠社会服务中心于在区行政办公中心举办职业化社会化工会工作者年度培训。区总工会党组书记、副主席陈军康出席培训开班式并作动员讲话。培训班邀请上海工会管理职业学院、上海工程技术大学的老师分别作《协调劳动关系中的沟通艺术》《基层工会组织规范化建设》《直播营销的秘密》《工会信息宣传中的摄影基础及常用技巧》专题培训。工惠服务中心全体人员参加

培训。（高秀珍）

【国网上海市电力公司工会举办工会干部与职工代表培训】 12月4日，国网上海市电力公司工会在培训中心举行2020年工会干部与职工代表培训。本次培训开设“职工民主管理与职代会制度”“中国工会的由来与发展”等课程。（蔡　婧）

【上海石化公司工会举办工会干部培训班】 8月，上海石化公司举办第十六期工会干部培训班。培训对象为公司专兼职工会干部以及部分基层工会主席共78人参加。培训邀请市总工会、金山区委党校、市总工会职工技协服务中心专家授课，内容包括党史学习、产业工人队伍建设、劳动法律法规案例讲解、信息与公文写作介绍等方面。培训结束，每位学员通过网上平台参加考试，均获合格证书。（裘　玮）

【中船上海船舶工会举办工会干部能力提升培训班】 11月4—6日，2020年中船上海船舶系统工会干部能力提升培训班在上海电气培训基地举行。来自系统19家基层工会的88名工会干部参加培训学习。本次培训班深入学习习近平新时代中国特色社会主义思想，认真学习集团公司发展战略纲要，培训课程设紧密结合工会工作实务，与工会干部日常工作能力提升相结合，安排《“中国之治”视角下的工会责任》《中国船舶集团战略纲要解读》《工会职工之家建设工作》《工会最新财务制度解读》《工会保障维权工作》等课程，邀请市总工会、上海工会学院等专家授课并组织参观上海工匠馆和中国劳动书记部旧址。（贯　晶）

【铁路上海局集团公司工会加强工会干部队伍建设】 2020年，铁路上海局集团公司工会以提高综合能力素质为重点，持续加强专兼职工会干部队伍建设。坚持开展基层工会主席履职考评，共有88名基层工会主席撰写并上报述职报告，39107名会员参加网上评议活动，83个单位组织民主测评，136名基层单位党政主要领导参加评议，平均优秀称职率达到99.6%。配齐配强基层工会干部，指导30个基层单位完成工会主席替补选工作，批复同意4个单位配备工会副主席，指导基层工会通过直选配备车间工会主席。组织教育培训，以工会形势任务、专业知识、实务操作等为重点，举办1期新任工会主席、1期基层工会干部、2期车间专兼职工会主席培训班，共有317名工会干部参加培训。推进机关干部联系班组工作，从工会常委、部门负责人拓展到工会机关全体干部，全年24名机关干部共深入70个班组，帮助解决154个生产生活难题。（严光临）

【上海邮政工会举办工会干部培训班】 11月26日，上海邮政工会在培训中心举办工会干部培训班，来自各基层单位的新上任工会主席、工会干事、部门工会主席、工会小组长等96人参加培训。培训开设“新形势下工会工作、劳模创新工作室建设、师徒带教、职工权益保障”等专题课程。（王　瑛）

【上海移动工会举办工会主席能力提升培训班】 9月，中国移动上海公司工会举办2020年工会主席（副主席）能力提升培训班，28家基层工会主席参加培训。内容包括工会法律、工会经费管理等。（徐睿璐）

【上海建工集团工会举办工会干部培训班】 9月22—23日，上海建工集团工会在集团管理学院举办工会干部培训班，集团党委副书记张立新出席并讲话，集团各单位120余名工会主席和基层工会干部参加培训。本次培训班注重与“四史”教育相结合，与实务知识相结合，与能力提升相结合，安排《中共历史上的危机和转机》《聚焦职工技能素质和创新能力，推进产业工人队伍建设改革》《压力与情绪管理》等课程，邀请市委党校、市总工会、市竞赛办等领导、专家授课。（余铁群）

【市科技工会举办统工会干部培训班】 12月3日，市科技工会在上海科技管理干部学院（徐汇校区）举办2020年科技系统工会干部培训班。各基层单位工会干部近100人参加培训。培训班邀请上海社会主义学院党性教育研究中心主任、教授龚少情和上海工会管理职业学院副院长李学兵分别作《开启全面建设社会主义现代化国家新征程——从党的十九届五中全会看中国未来发展》和《以“中国工会章程”为基本遵循、切实做好新时代工会工作》2个专题讲座。（冯　莺）

【市医务工会举办“传承·创新·发展”工会干部培训班】 10月23日、30日，市医务工会“传承·创新·发展”工会干部培训班在市卫生和健康发展研究中心举办。本次培训班将四史教育与工会工作实务相结合。邀请有关方面专家讲授《学用新思想，讲好“四史故事”》《传承革命传统，永葆政治本色》《上海市企事业单位网络职代会》等专题内容，来自基层单位的100多名工会主席与工会干部参加培训并领取结业证书。（池朝霞）

【绿地集团开展工会干部培训】 8月15日，绿地集团党群工作人员培训在安徽事业部举办。绿地旗下33家单位的55名党群工作者参加学习。培训围绕工会组织建设、经费管理、工作重点及常规化工作等方面展开。培训结束采取闭卷形式对当天课程所涉及的相关内容进行测试，验收学习成果。同时选拔考核中得分最高的前6名选手参加绿地集团党务知识竞赛。（翟晓璠）

【上海工会学院编制学院《“十四五”发展规划》】 11月13日，学院启动“十四五”发展规划编制工作，成立规划编制领导小组，王厚富、李友钟任组长，学院领导班子成员及中层以上干部参加，研究部具体负责。规划编制广泛发扬民主，上下群策群力，历时3个月，形成《上海工会管理职业学院“十四五”发展规划（2021—2025年）》，于次年1月29日学院三届七次教职工大会审议通过。《规划》主体框架共6大点36条，包含1个整体发展要求、4方面项目举措和1个支撑保障。（钟文娜）

【上海工会学院承办“脱贫攻坚一线建设者”研修班】 11月15日，由市总工会、市政府合作交流办、中国东方航空集团有限公司联合举办，上海工会管理职业学院和海鸥集团承办的上海市东西部扶贫协作和对口支援地区“脱贫攻坚一线建设者”研修班在市工人疗养院开班。来自西藏日喀则、青海果洛、云南、贵州遵义的126名脱贫攻坚一线建设者参加为期7天的学习交流。市人大常委会副主任、市总工会主席莫负春作开班动员，市总工会党组书记、副主席黄红主持开班式，市政府合作交流办党组副书记、副主任潘晓岗，市总工会副主席张得志、副主席郭箐等出席开班式，东方航空集团工会负责人姜疆出席开班式。研修班听取经济形势报告，参观中共二大会址纪念馆、上海工匠馆以及中国劳动组合书记部旧址陈列馆，考察上汽通用汽车有限公司凯迪拉克生产线、上海外高桥造船有限公司等大型国企，赴各区开展主题日活动，举办“向脱贫攻坚一线建设者致敬”报告会等。研修班还组织学员进行健康体检与医疗咨询。（钟文娜）

【上海工会学院承办东航集团定点帮扶云南双江自治县“脱贫攻坚一线建设者”研修班】 9月17—23日，受东航集团委托，上海工会管理职业学院举办2020年东航集团定点帮扶云南双江自治县“脱贫攻坚一线建设者”研修班。来云南脱贫攻坚一线的59名干部参加为期7天的培训。（钟文娜）

【上海工会学院承办国有大中型企业工会主席研修班】 11月4—6日，2020年国有大中型企业工会主席研修班在上海工会管理职业学院举办。本市国有大中型企业的52名工会主席参加培训。研修班聚焦国企工会主席新形势下履职所需的能力素养，从坚定立场、拓展知识、开阔视野3个方面，设置深入学习习近平总书记关于工人阶级和工会工作重要论述、当前国际形势、疫情防控常态化背景下上海经济社会发展、互联网+工会工作、国企工会工作创新等课程，采用专题讲座、经验分享、主题论坛等方式进行学习研讨。（钟文娜）

【上海工会学院承办上海工会女工干部培训班】 11月25日，上海工会女工干部培训班在上海工会管理职业学院开班。市总工会副主席、女职工委员会主任桂晓燕作开班动员，学院院长李友钟主持开班式。学院党委书记王厚富作“学习工运历史，增强斗争本领——从中共一大到六次劳大”专题报告。近70名各区局（产业）工会的女工干部参加了为期3天的培训。（钟文娜）

【上海工会学院承办市总工会机关系统党务干部培训班】 11月18日，由市总直属机关党委主办，上海工会管理职业学院承办的2020年市总机关系统党务干部培训班开班。市总工会党组书记、副主席黄红在培训班结业式上讲话。市总直属机关党委书记、市总经审委主任丁巍作开班动员。来自市总工会机关系统各部室、各直管单位的70余名党务干部参加培训。培训班邀请市级机关组织部副部长冯艳作《学好用好党支部工作条例，建设“四强”党支部》实务讲座，邀请市委党校马克思主义学院执行院长、教授王公龙作《世界社会主义的发展历程及其宝贵启示》专题辅导报告。（钟文娜）

上海工会管理职业学院承办市总机关系统青年干部培训班 （刘一民）

【上海工会学院承办市总机关系统青年干部培训班】 12月2—4日，市总机关系统青年干部培训班在上海工会管理职业学院举办。市总工会党组书记、副主席黄红作开班动员。学院党委书记王厚富出席开班式并作辅导报告。市总工会机关系统41名青年干部参加培训。培训班安排了学习贯彻十九届五中全会精神、工运史、《工会法》与《工会章程》、社会治理、群众工作等方面的专题授课，组织“四史”教育现场教学，围绕课程内容、结合具体工作开展小组讨论、主题论坛。（钟文娜）

【上海工会学院承办小二级工会（示范点）工会主席培训班】 10月21日，由市总工会主办，上海工会管理职业学院承办的2020年首期小二级工会（示范点）工会主席培训班开班，65位学员参加培训。学院副院长李学兵出席开班式并作动员。此次培训根据“小二级”工会主席能力素养需要，按照政治理论、专业能力、综合素养3个模块设置课程，围绕中国之治背景下的工会责任、“小二级”工会规范化建设、劳动争议调处中的工会作为、区域性集体协商和行业性集体协商、非公企业工会规范化建设等方面开展教育培训。（钟文娜）

【上海工会学院承办云南省工会共青团妇联干部学校教职工能力素质培训班】 10月20日，云南省工会共青团妇联干部学校党委书记、校长李涧霞一行34人，来学院举办为期4天的教职工能力素质培训班。学院院长李友钟致欢迎辞，并作《创新工会干校治理》专题报告。培训班安排工会工作、妇联组织和妇女工作、中国青年发展热点问题等方面的辅导及“学校综合管理能力提升”研讨。

（钟文娜）

【上海工会学院承接“地市级工会主席‘工会参与国家治理’专题网络培训班”】 受全总组织部委托，上海工会管理职业学院组织教师、市总工会相关部室负责人与基层工会主席开发“地市级工会主席‘工会参与国家治理’专题网络培训班”培训课程。5月22日，学院组织开发的“学习贯彻习近平总书记关于工人阶级和工会工作的重要论述”“中国之治背景下的工会责任”“统筹疫情防控和经济社会发展中的工会工作”等12门网络课程在全国工会干部教育培训网发布。该网络培训班年内先后举办2期，共612人参加培训。（钟文娜）

【上海工会学院举办“长三角工会干部培训教学教法创新研修班”】 11月11日，在上海、浙江、江苏、安徽四地工会干校的精心筹备下，“长三角工会干部培训教学教法创新研修班”在上海工会管理职业学院开班。市总工会副主席周奇出席开班式并讲话，学院党委书记王厚富主持开班式，院长李友钟介绍培训班基本情况。江苏、浙江、安徽三省工会干校校长带队，共43名骨干师资参加为期3天的研修。研修班从理论学习和实践探索两个层面展开，理论层面主要聚焦干部教育培训的前沿方法，学习如何打造精品课程；实践层面组织示范课展示、分享交流、结构化研讨、现场教学、主题论坛等探索教学教法。

（钟文娜）

【上海工会学院开展“街镇工会主席‘学习贯彻党的十九届四中全会’专题培训班”线上培训】 8月31日—9月4日，为应对疫情防控常态化对教育培训工作提出的新要求，依托网络学院平台，学院开展“街镇工会主席‘学习贯彻党的十九届四中全会’专题培训班”线上培训，共计培训60人，考核通过60人，通过达率100%。培训班从政治理论、专业能力、综合素养三个维度出发，聚焦疫情防控常态化背景下的工会工作开设课程，学员通过网上自学、在线考试等形式，实现疫情期间不停学、不停训、不断档。

（钟文娜）

上海工会管理职业学院与杨浦区定海路街道总工会共建“上海工会干部教育培训基地”（刘一民）

【上海工会学院开展2020年度秋季学期集中培训】 8月26—27日，学院开展2020年度秋季学期集中培训。本次培训以“坚定初心使命，推进创新发展”为主题，聚焦教职工队伍的专业成长，着眼于推进学院“三个一流”基地建设，邀请市委党校教授徐根兴、赵勇和中共四大纪念馆馆长童科等作上海经济社会形势、“四史”及学院教学教务建设等报告，学院院长李友钟作新学期工作部署，教职工围绕“立足本职岗位、勇于担当尽责，推进学院创新发展”开展讨论。

（钟文娜）

【上海工会学院与杨浦区定海路街道总工会共建“上海工会干部教育培训基地”】 6月23日，上海工会管理职业学院与杨浦区定海路街道总工会举行共建“上海工会干部教育培训基地”签约揭牌仪式。定海路街道总工会专职副主席黄佳、定海基层工会主席实践指导站第二站长方玉平，学院副院长张荣富、教学部副部长陈超等出席仪式。此次定海路街道总工会的签约授牌，充实了学院“小二级”工会建设的教学培训内容，双方将在课程开发、理论研究等方面进行合作探索，致力于将其建设成“理论与实践的结合地”“难点与痛点解决的推进地”“推进工会改革创新的出发地”。

（钟文娜）

机关党建

【概况】 2020年，市总工会直属机关党委以学习贯彻习近平新时代中国特色社会主义思想为主题主线，持续巩固深化“不忘初心、牢记使命”主题教育成果，聚焦“围绕中心、建设队伍、服务群众”这一核心任务，以党的政治建设为统领，以组织体系建设为重点，深入开展思想引领、创先争优、强基固本、正风肃纪、凝心聚力“五大行动”，不断提高机关系统党建工作质量。一是开展“思想引领行动”，围绕“四史”学习教育加强理论武装。坚持把开展好“四史”学习教育作为建立“不忘初心、牢记使命”长效机制的重要措施，积极开展“致敬工运先烈、践行初心使命”红色寻访、集体瞻仰、重温入党誓词、过政治生日等主题党日活动。市总党组紧紧围绕学习党的十九大、十九届四中、五中全会精神，中央市委关于疫情防控工作重要指示精神，习近平总书记关于统筹推进疫情防控和经济社会发展的指示精神，全国“两会”精神等，扎实开展党组中心组（扩大）学习。二是深化“创先争优行动”，在疫情防控中发挥党员先锋模范作用。积极开展机关系统疫情防控工作。落实疫情防控周报告制度，组织965名党员参加抗击疫情专项捐款，组织疫情期间党员义务献血。组织人员赴基层顶岗支援。2月7日至3月20日，根据市级机关工作党委的统一部署，机关党委组织机关系统4批次122人顶岗支援基层疫情防控，先后到10个区总工会、定点医院工会、闵行区梅陇镇和莘庄镇、浦东国际机场等处顶岗开展疫情防控工作，得到市级机关工作党委、闵行区委等高度评价，1名党员被评为“上海市抗击新冠肺炎疫情先进个人”。5月，机关党委组织召开机关系统基层顶岗支援工作座谈会，倡导建立深入一线、服务基层长效机制。三是推进“正风肃纪行动”，把“四责协同”机制落实落地。召开市总机关系统全面从严治党暨党风廉政建设大会，协助党组建立《市总党组全面从严治党主体责任实施方案》，细化党组和党组成员责任清单，明确主体责任、监督责任、书记第一责任和班子成员“一岗双责”具体内容；机关纪委协助党组对9家直管单位进行政治生态分析，认真做好物品采购、评先评优、组织人事等日常监督工作，做好信访问题调查核实工作。对派驻纪检监察组“蹲点式”检查反馈问题，机关纪委牵头，推动机关各部室和各直管单位完成整改落实。四是实施“强基固本行动”，不断夯实党建工作基础。市总党组班子成员与基层党支部建立工作联系点，指导帮助基层党支部解决突出问题。机关党委指导基层党支部认开展“三会一课”和主题党日、党员民主评议等，提高组织生活质量，做好发展党员、党费收缴使用管理等日常工作，做到规范有序，并举办年度机关系统党务干部培训，指导完成机关团委换届工作，提高机关党团工作质量。五是开展“凝心聚力行动”，做好党员关心关爱工作。完成机关系统43名困难党员春节慰问；做好市总机关系统干部职工大病慰问金季度申领发放工作；在市总机关系统各工会组织开展“一日捐”活动，组织机关系统工会会员参加2020版职工互助保障，针对新互助保障项目的特点，首次统一市总机关和7家事业单位职工参保标准。与机关工会联合举办一系列职工文体活动，并积极做好老干部和统战工作。

（马育群）

【召开市总机关系统2020年全面从严治党暨党风廉政建设大会】 3月20日，市总工会召开机关系统全面从严治党暨党风廉政建设大会。会议深入学习贯彻十九届中央纪委四次全会、十一届市纪委四次全会精神，部署2020年市总机关系统全面从严治党暨党风廉政建设工作。市人大常委会副主任，市总工会党组书记、主席莫负春作重要讲话。莫负春指出，全面从严治党永远在路上，不忘初心、牢记使命，敢于担当，扎实工作；坚持围绕中心、服务大局，按照全面从严治党要求，以政治建设为统领，认真履行党建和党风廉政建设责任，全面贯彻落实中央八项规定精神，持之以恒正风肃纪所取得的积极成效；认清形势，进一步提高对持续推进全面从严治党和党风廉政建设重要性的认识；清醒坚定，充分认识党中央对新时代全面从严治党永远在路上的决心和勇气；增强问题意识，充分认识持续推进全面从严治党和党风廉政建设的复杂性和艰巨性；强化使命担当，充分认识锻造一支过硬干部队伍的重要性。市总工会党组副书记、副主席姜海涛简要总结2019年市总机关系统全面从严治党暨党风廉政建设工作，并部署2020年党风廉政建设工作。市纪委监委驻市总机关纪检监察组组长高黎萍在会上讲话，市总工会领导班子成员等出席会议。（马育群）

【开展“知史爱党、知史爱国”市总机关系统“四史”学习知识竞赛】 6—10月，市总工会机关系统组织开展“知史爱党、知史爱国”市总机关系统“四史”学习知识竞赛。一是各级高度重视，严密组织实施。市总直属机关党委专门召开专题会议进行部署，于6月底启动。市总机关系统各级党组织积极响应，各党组织结合各自实际灵活方法推进落实。二是积极广泛参与，比拼氛围激烈。市总党组领导以上率下，全员参加初赛，各级党组织高度重视，发动全体党员积极参赛。市总机关系统所属51个在职党支部共562名党员参加初赛，平均分为95.23分。在线学习平台共累计登陆32000余次，模拟测试共完成9000余次。19名统战对象也一并纳入学习，反响良好。三是竞赛成绩喜人，取得成效明显。经过初赛、选拔赛和决赛，市退管办勤心务本队获得金奖，市总机关诚心诚意队、市总援助中心“史”上最强队获得银奖，市宫“文兴号”战队、市总幼儿园史志芳华队和海鸥集团乐学勤思队获得铜奖。（马育群）

【举办2020年市总工会机关系统党务干部培训】 11月18日，市总直属机关党委在上海工会管理职业学院举办2020年市总工会机关系统党务干部培训班，市总机关系统80余名党务干部参加。市总工会党组书记、副主席黄红出席会议并讲话。黄红肯定市总机关系统党建工作成效，围绕进一步加强党建工作和业务工作深度融合，深化制度建设和队伍建设等提出工作要求。市委党校马克思主义学院执行院长、教授王公龙作《社会主义发展史专题辅导报告——世界社会主义的发展历程及其宝贵启示》专题报告。市总党组成员、直属机关党委书记丁巍作开班动员，市级机关工作党委基层指导部副部长冯艳等围绕党支部工作条例进行实务培训，培训会还播放了党风廉政建设警示教育片。

（马育群）

【组织122名干部顶岗支援基层疫情防控】 2月7日—3月20日，市总工会直属机关党委组织4批次顶岗支援基层疫情防控，动员报名人数超过200人，122人先后到10个区总工会、定点医院工会、闵行区梅陇镇和莘庄镇、浦东国际机场等处顶岗工作，在“外防输入、内防扩散”的疫情防控工作中发挥积极作用，顶岗干部70%为党员，机关党委成立3个临时党支部，顶岗结束后，5名顶岗干部递交入党申请书。顶岗支援工作得到市级机关工作党委的高度肯定，闵行区委、黄浦区总工会等先后写来感谢信。5月7日，机关党委组织召开机关系统基层顶岗支援工作座谈会。（马育群）

【深入推进“四责协同”机制落实落地】 市总工会党组深入推进市总机关系统全面从严治党“四责协同”机制落实落地。党组召开市总机关系统全面从严治党暨党风廉政建设大会，党组书记部署落实“四责协同”机制，明确工作要求。党组牵头制订《市总

5月7日，市总机关党委召开顶岗支援工作座谈会　（吴良荣）

党组全面从严治党主体责任实施方案》，细化党组和党组成员的责任清单，党组书记与党组成员签订责任书，深入细化书记“第一责任”和班子成员“一岗双责”内容，以上率下推动各级党组织、纪检组织落实主体责任和监督责任。机关党委、纪委协助党组对9家直管单位进行政治生态分析，查找廉政风险点，修订完善风险防控措施，落实纪检组“蹲点式”检查反馈问题的整改工作，在元旦春节中秋国庆等重大节日前发布廉政工作提示并进行监督。机关纪委和各直管单位纪委围绕物品采购、购买服务、评先评优、组织人事、工程建设等重点内容加强日常监督，做好信访调查核实工作等，共同营造风清气正的工作环境。（马育群）

【扎实整改派驻纪检组“蹲点式”检查反馈问题】 4月26日—6月底，派驻纪检监察组对市总机关系统开展“蹲点式”检查，重点检查2016年9月以来加强党的建设情况、落实“四责协同”机制情况，巡视巡察审计整改情况，以及信访举报情况等。根据反馈意见，市总党组高度重视，党组书记牵头召开专题会议研究落实整改事项，机关纪委牵头，会同各直管单位认真做好问题整改落实工作，机关各部室和各直管单位均制定整改清单，按时完成整改任务，并举一反三建章立制，防止问题再度发生。（马育群）

【闵行区总工会深化全面从严治党“四责协同”机制】 闵行区总工会认真贯彻落实全面从严治党要求，督促下属事业单位党支部出台“四责协同”实施办法，将“四责协同”机制向基层延伸。重新修订重大事项决策制度、请销假制度、行政议事规则等党内制度，制订出台《闵行工会职疗休养作管理办法（试行）》《闵行工会高温慰问工作管理办法（试行）》等工会业务管理制度，进一步强化权力制约。严格贯彻落实中央八项规定精神，年内开展结合区总工会经费审查审计工作开展2次“落实八项规定精神”自查，根据区纪委监委要求，开展“三重一大”制度执行情况、购买第三方服务、党政主要负责人履行法制建设责任、领导干部社团兼职、领导干部亲属持股等内容的自查。开展廉政教育、紧盯节假日做好廉政提醒，进一步加强廉政文化建设，引导党员在遵章守纪上作表率。（金　靓）

【崇明区总工会着力加强机关党建】 加强区总工会机关系统党的建设，组织开展“四史”学习教育活动，教育党员进一步坚定理想信念、增强党性观念。认真做好区委“四个责任制”落实情况专项检查工作。全面落实从严治党责任，持续贯彻落实中央八项规定精神，深化基层减负工作。顺利完成区总工会党总支及所属支部集中换届。做好党员发展工作，2020年共转正2名党员，发展3名预备党员。发动党员群众赴村居、浦东机场担任新冠疫情防控志愿者，积极捐款用于支持疫情防控工作。全力协助学宫新村居委会做好创城工作，参与交通文明志愿服务，提高党员志愿服务意识。（秦春华）

【市监狱管理局工会加强特殊时期工会自身建设】 一是进一步凝聚队伍，筑牢工会组织。基层工会队伍一方面要参与执勤备勤，一方面还要担负起工会干部职责。为更好的凝聚队伍，确保整体工作稳定有序，局工会积极指导各级工会开展有利于凝聚队伍的各类活动，如开展队列训练、棋牌比赛、健身体锻等各类文体活动，缓解封闭时期工作压力；二是加强预警报告制度，排摸隐性矛盾，及时稳妥化解各类问题；三是稳固基层工会组织，指导两家基层工会开展换届选举；四是加强工会经费使用，将经费进一步向防疫一线倾斜，指导基层工会建立防疫专项资金，严格遵守工会财经政策，管好、用好工会经费，使之最大化的受益到一线会员。（江海群）

关于做好本市受疫情影响企业职工线上职业培训补贴工作的通知

沪人社职〔2020〕49号

各区人力资源社会保障局、财政局，各有关单位：

为切实做好新型冠状病毒感染的肺炎疫情防控工作，减轻企业负担，根据国家发展改革委办公厅等四部门《关于应对新型冠状病毒感染肺炎疫情支持鼓励劳动者参与线上职业技能培训的通知》（发改办就业〔2020〕100号），以及《上海市人力资源和社会保障局上海市医疗保障局上海市财政局关于支持新型冠状病毒感染的肺炎疫情防控减轻企业负担若干政策的通知》（沪人社办〔2020〕44号）精神，决定将受疫情影响的本市各类企业，在停工期间组织职工参加各类线上职业培训的，纳入各区地方教育附加专项资金补贴企业职工培训范围。现就实施培训补贴工作的有关事项通知如下：

一、培训对象和范围

本市具备自主培训能力的大企业或缺乏培训能力的中小微企业（专营劳务派遣的企业除外），在受疫情影响停工期间（包括整体停工和部分停工），自主或委托开展的职工线上职业培训，纳入培训补贴范围。企业职工是指与企业建立劳动关系人员或在企业工作的劳务派遣人员。

依托互联网技术实现商务运营的平台企业（电商企业）或新业态企业，在受疫情影响停工期间，组织职工（含与其建立劳动关系或未建立劳动关系但通过平台提供服务获取劳动报酬）参加的各类线上职业培训，也纳入培训补贴范围。

二、培训内容和方式

线上职业培训内容由企业根据生产经营实际需要，确定与企业主营业务相关的培训项目，通过在线直播、视频录播、实时互动、教师答疑、考核测试等灵活多样的形式培训理论课程，也可将适合线上授课、居家练习的实训课程纳入。

线上职业培训方式包括企业依托自主开发的互联网线上平台、各类APP软件等组织员工参加线上培训；或企业委托第三方的互联网培训课程服务商开展线上培训，也可通过上海市职业技能互联网移动培训云平台服务商为企业提供培训相关服务。企业应确保职工线上培训有签到注册、有学习记录、有答疑测试，学习过程可查询、可追溯。企业或培训机构在本市相关部门规定的期限内不得组织线下培训、实训或评价活动。

企业应按照拟开展的线上培训内容和培训方式编制培训方案，确保培训标准不变、培训质量不降、学习收获不减。

三、申报和审核方式

企业拟开展线上职业培训的，应在培训前按税收征管关系，向所在区人力资源社会保障部门进行备案，提交申请报告、培训方案，以及企业营业执照等资质证明材料，并签署《受疫情影响企业停工期间组织职工参加线上职业培训补贴申请告知承诺书》（参考样张见附件1）。培训方案包括企业名称、培训对象、培训课程、培训时长、培训方式及平台、培训成本等。其中，企业自主开展线上培训的培训成本可综合考虑培训时长、开发费用、培训运营成本等因素核定；企业购买第三方培训服务提供商服务的培训成本可参考发票凭证核定。

经区人力资源社会保障部门备案，企业按培训方案完成培训课程后，向所在区人力资源社会保障部门提交以下材料：学员花名册、授课记录证明材料、企业开户银行账户信息等。区人力资源社会保障部门审核通过后，报区财政部门核准，在三个月内将培训费补贴核拨到企业提供的银行账户，并做好台账记录和信息反馈。

四、补贴标准和期限

补贴标准为企业经备案认可的培训成本的95%，对完成线上培训的职工，原则上每人每个培训项目实际补贴的培训费用最高不超过600元。疫情影响期间，原则上每人可享受不超过3次补贴，在上一个培训项目结束后方可参加下一个培训项目，同一培训项目不得重复享受补贴。

补贴期限为企业受疫情影响停工期间（停工期间原则上为即日起至相关部门发布的疫情影响消除之日止），各区也可根据企业恢复生产经营的实际情况适当延长补贴期限。

五、工作要求

（一）各区要依托本区企业职工职业培训工作协调小组，运用各区地方教育附加专项资金做好企业职工线上培训补贴工作，充分发挥各成员单位工作合力，确保补贴工作及时、有序开展。

（二）各区可根据本《通知》制定辖区范围内受疫情影响的企业职工培训补贴操作实施方案，并做好政策宣传和指导服务，告知企业申请渠道及补贴办法。

（三）为避免受疫情影响期间补贴申报造成人员密集情况，鼓励各区通过电话、网络、视频会议等方式，对企业进行政策解读、咨询等服务，采用预约申报、错峰受理、网络邮件、传真邮寄等方式，接受企业申报材料。有条件的区也可通过自有系统提供申报受理等服务。

（四）各区人力资源社会保障部门要做好备案信息的收集、汇总，记录工作台账，并于每双周第1个工作日将《受疫情影响企业停工期间职工线上职业培训费补贴发放情况汇总表》（附件2）电子报表上报市就促中心职业培训处（联系人：李莹君，62748577*1568）。

（五）市和区人力资源社会保障、财政等部门将适时对企业开展职工线上培训情况进行督导抽查，并及时将相关政策措施和操作口径与同级审计、纪检监察等部门做好沟通、解释，争取其对此项工作的理解、支持。

六、本《通知》自发文之日起实施。

附件：

1. 受疫情影响企业停工期间组织职工参加线上职业培训补贴申请告知承诺书
2. 受疫情影响企业停工期间职工线上职业培训补贴发放情况汇总表

上海市人力资源和社会保障局
上海市财政局
2020年2月6日

理论研究

综 述

2020年，上海工会以开门大调研为抓手，推动工运理论研究工作再上新台阶。一是推动大调研常态化制度化。制订年度工作调研计划，推动各级工会组织、工会干部以务实作风更广泛地凝聚职工、引导职工、服务职工，确保各项工作任务精准落地、取得实效。聚焦疫情背景下的企业发展、职工就业、劳动关系等问题，对2500余家企业开展复工复产专项调研，形成多份调研报告并及时报市委、市政府和全国总工会。其中《疫情下企业经营与职工就业情况调查》获王东明、李玉赋等多位领导批示。聚焦职代会制度、职业教育等重点课题，开展公共政策研究，发现问题、提出对策，将优秀成果转化为工作制度、政策文件。二是提升调研工作实效。聚焦本市疫情防控和经济社会发展总体要求，市总工会针对产业结构、职工就业、劳动关系的深刻变化，研究形成“8(市总重点课题)+20(部门重点课题)+19(区局产业重点课题方向)”的调研课题体系，其中8个市总重点课题由班子成员牵头，并作为重点工作纳入年度督查项目。推动就健全以职工代表大会为基本形式的企事业单位民主管理制度、聚焦职业教育和培训完善产业工人队伍建设改革的公共政策、深化创新劳动和技能竞赛、进一步完善职工疗休养政策、聚焦劳动关系新特点新变化新问题及集体劳动争议预防调处的制度机制等重点工作进行探索研究。三是总结提炼上海产业工人队伍建设改革成果。持续跟踪各改革进展和各项措施落实情况，对市有关部门和区局(产业)的经验、成效进行总结，选取其中25个优秀案例进行汇编，共涉及5个市有关部门、6个区和5个产业局工会，内容涵盖职工创新创造、技能素质提升、技能人才评价、公共服务覆盖等各方面，形成一批可复制可推广的成功经验。四是提升工运研究水平。强化工运研究会规范化建设，对照市社联、民政局相关社团管理规定，健全相关配套制度，规范社团内部治理工作，进一步完善学会管理制度与运行机制。进一步完善与复旦大学共建马克思主义工运理论研究基地建设机制，共同举办学术研讨会，共同编辑工运理论年度文集，共同出版工运理论与实践前沿报告，共同评选优秀工运论文。出版发行宣传《上海市志·群众团体分志·工会卷(1978—2010)》，发挥其存史资政育人作用。 (何文庆)

【市总工会召开“上海百年红色工运资源发掘宣传暨纪念五卅运动95周年、上海总工会成立95周年座谈会”】 5月28日，由上海市总工会、中共上海市委宣传部、中共上海市委党史研究室主办，市工人运动研究会、市中共党史学会联合承办的“上海百年红色工运资源发掘宣传暨纪念五卅运动95周年、上海总工会成立95周年座谈会”在市总工会召开。市人大常委会副主任、总工会主席莫负春，中共上海市委宣传部副部长、市精神文明办主任潘敏，中共上海市委党史研究室主任严爱云出席会议并讲话。本市部分区局(产业)工会、市工运研究会、市中共党史研究会负责人参加会议。会议提出，上海是中国工人阶级的摇篮，是中国共产党的诞生地、中国工人运动的发祥地。百年来，在党领导下的上海工人运动光辉历程中，留下了丰富的史料和遗址。为深入发掘宣传上海工人阶级和工人运动的光荣历史、奋斗历程、辉煌成就，更好地传承发扬红色基因和信仰之光，根据中央和市委的有关要求，市总工会启动上海百年红色工运资源发掘宣传工程。从2020年起至2021年7月1日前，在全市范围内对百年红色工运的重要人物、重要遗址(旧址)、重大事件、重点纪念场馆等进行梳理发掘、修建修缮、展示展陈，充分发挥红色工运资源的功能作用，拓展工会系统“四史”学习教育内容和阵地，为迎接建党100周年做好充分准备。莫负春在会上讲话指出，在迎接建党百年之际，切实加强红色工运资源的发掘宣传，是一件功在当代、利在千秋的重大政治任务，是建立健全“不忘初心、牢记使命”长效机制的需要，也是团结带领广大职工坚定不移跟党走、开创中国特色社会主义事业新局面的需要。要本着对历史负责、对后人负责的态度，做好这项意义重大的工作。要加强对红色工运资源的收集整理和规划保护、活化利用和研究阐释，以史铸魂、以史明理、以史励志，把上海工会红色基因、红色传统切实转化为推动工作的强大动力，推动上海工会工作不断上新台阶。市总工会副主席桂晓燕主持会议并介绍上海百年红色工运资源发掘宣传工作推进情况。市社联副主席、市中共党史学会会长忻平，市总工会离休干部廉洁，市机电工会主席朱斌，黄浦区委宣传部副部长曹小敏，普陀区委党史研究室主任顾恩明，静安区总工会党组书记、副主席郑志勇，上海社科院历史所研究员、现代史研究室主任马军，龙华烈士纪念馆馆

5月28日，上海百年红色工运资源发掘宣传暨纪念五卅运动95周年座谈会召开 (吴良荣)

长薛峰在会上作交流发言。

（邹卫民）

【《上海工会志》完成编撰正式出版】9月，市总工会承编的《上海市志·群众团体分志·工会卷（1978—2010）》（简称《上海工会志》），由上海人民出版社正式出版发行。《上海工会志》全书160多万字，全书以概述、大事记、图照、表、志、传、附录等形式，分列职工队伍、工代会·组织机构、参与国家和社会事务管理、服务经济建设、职工劳动和生活保障、职工民主管理、劳动关系协商和调解处理、女职工工作、农民工工作、退休人员管理与服务、宣传教育和文化体育工作、理论研究、与港澳台工会和国外工会的交流、工会建设、人物等15篇，全面记述自1978年党的十一届三中全会实行改革开放以来至2010年，上海工人阶级和职工队伍状况，以及上海各级工会组织履行维护、建设、参与和教育的社会职能，带领广大职工投身改革开放和经济社会发展，开展各项主要工作的情况及发展变化的历史轨迹，力求体现时代特征、上海特色、工会特点。《上海工会志》的编纂工作自2011年开始。根据2010年市政府《上海市第二轮新编地方志书编纂规划》和市地方志办公室的部署要求，市总工会于2011年3月成立由市总工会主席、分管领导及其有关部门、单位，以及部分区县局（产业）工会负责人组成的编纂委员会，建立编纂办公室、配备专职修志人员，于是年7月全面启动编纂工作。市总各部室和直管单位发挥主体作用，承担相关章节的编纂工作，各区局（产业）工会协助支持，为志稿编纂提供资料。先后历经制订框架篇目、收集整理资料、编写资料长编、撰写初稿、分纂和总纂等阶段，形成初稿后，分别送交市总工会、区局工会和曾经担任市总工会及有关部门领导职务的老同志审读，反复听取意见、审议修改，于2017年3月形成评议稿报送上海市地方志办公室。市地方志办公室组织专家组进行评议，根据专家组评议意见进行修改形成审定稿，经专家组审定后，根据审定意见再度修改形成验收稿，于2019年7月经市地方志办公室验收通过并交付上海人民出版社出版。（邹卫民）

《上海工会志》编纂办公室部分专职修志人员与市总领导合影（邹卫民）

【黄红、周奇赴上海工会学院调研】7月15日，市总工会党组书记黄红、副主席周奇赴上海工会管理职业学院调研，实地察看学院硬件设施配备，了解疫情时期工会干部培训情况，听取学院工作汇报，对学院统筹做好疫情防控及线上线下干部培训提出要求。黄红对学院工作给予高度肯定，要求学院成为贯彻落实习近平新时代中国特色社会主义思想和习近平总书记关于工人阶级和工会工作重要论述的培训基地、研究基地和学术交流基地。周奇要求学院根据疫情防控常态化要求，通过平台活动带动教研室建设，通过抓决策敏感度高的课题推进调研开展，进一步提升教研咨整体水平。学院党委书记王厚富，党委副书记、院长李友钟等班子成员参加调研。

（钟文娜）

【黄红调研指导东方集团工会工作】7月23日，市总工会党组书记、副主席黄红，副主席张得志、郭箐等一行赴东方国际集团开展调研，了解国有企业工会的工作情况。集团工会、市纺织工会主席黄勤简要介绍工会的基本情况，并就源头参与职工合法权益维护，防疫抗疫、复工复产中工会作用发挥，关心关爱职工，推进行业工会建设，加强自身建设等作了重点汇报。黄红充分肯定集团工会的各项工作，认为集团工会组织健全、制度完善、充满活力，特别是近年来贯彻关于推进国有企业工会建设的改革要求，在促进企业健康发展和更好地服务职工方面发挥了工会组织的独特作用。她希望集团工会进一步在提升职工群众归属感，完善集体协商机制，建立高质量产业工人队伍，培育符合新时代要求的干部和职工，加强自身建设等方面加大研究和探索力度，为市总工会提供更为丰富的工作案例和经验。

（叶艺勤）

【黄红调研金山工会工作】8月21日，市总工会党组书记、副主席黄红赴金山调研工会工作。区委副书记信亚东陪同调研。区人大常委会党组副书记、副主任，区总工会党组书记、主席朱喜林重点汇报近年来金山工会特色亮点工作和下一阶段打算。在认真听取汇报后，黄红认为金山工会工作目标清晰、举措实在、富有成效，并提出明确要求：一是要进一步夯实工作基础，二是要进一步聚焦主责主业，三是要进一步擦亮工作品牌。黄红实地调研了上海联中食用菌专业合作社、上海沃迪智能装备股份有限公司和华东无人机基地。廊下镇党委书记沈文，金山工业区新金山发展公司党委副书记、总经理彭喜军详细介绍了相关调研对象情况。区总工会全体班子成员参与座谈汇报。（雷霆）

【黄红赴长宁调研工作】9月18日，市总工会党组书记、副主席黄红，副主席戴光铭一行赴长宁调研工作，长宁区委副书记陈华文，长宁区人大常委

9月18日,市总工会党组书记、副主席黄红赴长宁调研工作　（杨柳青）

会副主任、区总工会主席刘英,长宁区总工会党组书记、副主席俞浩等参与调研。黄红一行参观位于临空园区内的兰卫医学检验股份有限公司及联合利华(中国)有限公司上海分公司,实地查看企业职工书屋、妈咪小屋及职工健身、休闲区域。座谈会上,俞浩介绍了长宁工会的基本情况以及在疫情防控、职工维权、完善服务体系等方面的具体工作。黄红肯定长宁取得的成绩,并对下一步工作提出要求:一是要做到两个聚焦,即聚焦职工和工会组织、聚焦劳动和劳动者;二是要做到三个关注,即关注新业态、关注新产业,关注常态化疫情防控下的和谐劳动关系;三是要做到两个探索,即围绕产业工人队伍建设改革课题,进一步探索"家庭医生进企业送健康"服务模式、围绕构建和谐劳动关系课题,进一步探索集体协商、厂务公开等民主管理方法途径。　（杨柳青）

【黄红赴奉贤调研工会工作】　9月22日,市总工会党组书记黄红、市总工会经审会主任丁巍一行赴奉贤调研,座谈听取区总工会工作情况汇报,并实地走访伽蓝(集团)股份有限公司、风创谷、奉贤规划资源展示馆和九棵树(未来)艺术中心等点位。黄红充分肯定奉贤工会在组织覆盖、工会改革、劳动关系和谐、职工素质教育等方面取得的成效,强调要进一步做细做实工会服务,做优做强工会品牌,将工会工作融入党政工作大局、融入公共服务体系。区委副书记骆大进,区人大常委会副主任、区总工会主席陆建国,区总工会党组书记、常务副主席张辉凤,区总工会党组成员、经审会主任韩晓燕陪同调研。　（薛思涵）

【周奇赴杨浦调研指导工会疫情防控工作】　2月7日,市总工会副主席周奇赴杨浦区定海路街道,调研杨浦工会防控新型冠状病毒感染的肺炎疫情工作。区人大常委会副主任、总工会主席麦碧莲,定海路街道党工委书记王莲青等参加调研。周奇肯定杨浦区总工会、定海路街道总工会疫情防控工作。对进一步开展疫情防控工作提出要求,希望在复工企业疫情防控和劳动保护方面发挥工会作用,保障一线生产,特别要做好企业食堂、员工宿舍等防疫安全指导。要关注企业复工情况,尤其要关注餐饮、商业、宾馆、旅游等受疫情影响较严重的劳动密集型企业职工在疫情防控、收入分配和其他方面的合理诉求,发挥好工会的桥梁和纽带作用。要做好劳动关系调处的相关预案,对企业复工后可能出现的劳资纠纷,发挥"四方联动"机制作用,做好劳动关系情况排摸,促进劳资关系和谐,团结带领广大职工打赢防控疫情阻击战。　（张东寅）

【周奇调研光明食品集团劳模、职工创新工作室】　4月29日,市总工会副主席周奇来到金枫酒业石库门酿酒有限公司调研毛严根酿酒技术劳模工作室创建情况。座谈会上,光明食品集团工会主席潘建军就集团产业,劳模、职工创新工作室的总体情况、阶段成效、存在的问题与今后打算向调研组作了详细汇报。周奇希望光明工会将"创新工作室"打造成传承劳模精神、劳动精神、工匠精神的"新平台",解决企业产业转型升级难题的"攻关站",推动企业创新研发的"孵化器",培养高技能创新人才的"练兵场",更好的发挥劳模工匠作用,并对集团工会劳模、职工创新工作室下一阶段的工作提出具体要求。　（周碧青）

【周奇调研指导花博会劳动竞赛推进工作】　5月12日,市总工会副主席周奇一行莅临光明食品集团花博会指挥部,调研指导花博会劳动和技能竞赛活动的推进工作。光明食品集团工会主席潘建军、花博会指挥部办公室党委相关领导参加调研。周奇一行听取了花博园区建设情况和花博会劳动技能竞赛的推进情况,深入园区世纪馆、玉兰园、复兴馆以及国内部分省市布展区域进行实地考察。对光明食品集团在统筹推进疫情防控和园区复工建设方面所做的工作给予充分肯定。自花博会劳动竞赛开展以来,光明食品集团工会联合花博会指挥部办公室党委聚焦崇明世界级生态岛建设引领性劳动和技能竞赛的精神,围绕"生态办博、创新办博、勤俭办博、廉洁办博、安全办博"的办博理念,将课题研究、园艺设计、插花技艺、建设者风采、服务明星、建设功臣、技术创新、金点子、"安康杯"竞赛9大重点竞赛项目落实到中途推进的方案实施中,确保竞赛活动取得实效。截至5月12日,园区内地栽苗种植完成83%。
（周碧青）

【周奇调研中建八局沈健劳模工作室】　8月21日,市总工会副主席周奇,基层工作部部长张刚一行4人莅临中建八局总承包公司世博文化公园项目,对沈健建筑科技劳模创新工作室工作开展情况进行调研指导,局党委副书记、工会主席于金伟,工会副主席、工会工作部部长王晓波陪同调研。周奇一行对项目一线建设者们开展高温慰问,并参观世博文化公园项目建设现场,详细了解沈健劳模工作室的阵地建设、开展活动、人才孵化、创新成果等情况，听取现场汇报。周奇称赞八局劳模创新工作室起步早、质量高、效果好，并就进一步发挥好劳模工作室作用提出三点希望：一是要总结成绩，进一步发挥引领作用；二是要扩大效应，注重培养更多的创新人才；三是要不断提升劳模创新工作室质量，服务好企业自身发展。（郝国元）

【周奇赴奉贤调研】 12月22日，市总工会副主席周奇，市总工会二级巡视员、基层工作部部长张刚等一行赴奉贤调研，主要了解奉贤区灵活就业、小二级工会建设等工作的推进情况。周奇高度赞扬奉贤工会在灵活就业工作、小二级建设等方面所取得的成绩，强调面对新事物、新问题、新情况，要进一步做好组织建设工作，让新业态得到稳定发展，把职工真正的团结起来、吸引进来、稳定下来。区人大常委会副主任、区总工会主席陆建国，区总工会党组书记、常务副主席张辉凤，区总工会党组副书记、副主席吴永强等陪同调研。部分街镇、小二级工会干部参会。（夏　伟）

【张得志等到乐惠米业调研】 2月28日，市总工会副主席张得志、副主席郭菁等率调研组，在光明食品集团工会主席潘建军，良友集团党委副书记、工会主席邹隆轶陪同下来到上海乐惠米业有限公司调研企业防疫防控、复工复产工作。调研组一行检查公司落实疫情防控工作，询问企业员工健康状况，听取企业负责人关心关爱员工的具体措施，对企业下一阶段工作提出要求，希望工会组织要继续关心、爱护好员工；有序推进企业复工复产，保障员工身心健康，保证食品安全，要把粮食这一关乎老百姓“米袋子”的民生保障工作做实，切实担负起国有粮食企业保供稳价的社会责任。（周碧青）

【桂晓燕赴上药医械调研】 2月6日，市总工会副主席桂晓燕一行在上海医药集团工会主席余群的陪同下，到上海医疗器械股份有限公司走访调研医药系统在抗疫防疫过程中的物资保障和员工关心关爱等工作的具体实施情况。余群就集团在抗疫防疫过程中所作的工作、奋战抗疫一线的上药员工的情况以及集团工会相关保障机制实施等方面做专题汇报。桂晓燕充分肯定上海医药集团在特殊时期体现的社会责任、国企担当和药企使命，对工会在抗疫过程中的工作开展提出要求。（陈玮雯）

【桂晓燕赴中科院上海药物所、上海软件中心走访调研】 3月13日，市总工会副主席桂晓燕一行4人先后走访调研中科院上海药物所、上海软件中心，听取上海药物所集中力量开展抗疫科研攻关的汇报，实地察看上海软件中心网络安全疫情防控复工监控中心和大数据观测站，了解开展自身疫情防控、支撑服务复工复产的情况。桂晓燕对中科院上海药物所、上海软件中心在抗疫科研攻关、复工复产复学等方面取得的阶段性成绩给予充分肯定，并希望科研团队继续发扬匠心精神，注重培养和树立先进典型，为科创中心建设作出更大贡献。市科技工会常务副主席赵福祥参加调研。（冯　莺）

【戴光铭调研上海建工集团防疫及复工情况】 2月27日，市总工会副主席戴光铭赴五建集团就企业防疫措施落实及复工复产情况进行调研。集团党委副书记张立新及集团工会、五建集团相关负责人陪同调研。戴光铭对集团在上海抗疫全局工作中作出的贡献表示赞赏，对集团各级工会在疫情期间以实际行动维护服务职工工作表示肯定。他强调，当前疫情防控形势还很严峻，同时面临国民经济亟待恢复的压力，企业要积极创造条件复工复产，工会组织要配合做好宣传教育工作，妥善做好各项应对措施。张立新从集团资源调配，五建集团精心组织、工会组织发挥作用等方面，介绍集团承担的上海市第六人民医院（东院）发热门诊留观病房等两项医院疫情防控设施建设情况。集团工会相关负责人汇报了集团防疫工作及工会助力企业复工复产推进情况。五建集团汇报了防疫措施落实情况、在建项目推进情况、企业复工面临的问题、工会防控疫情服务保障等。（余轶群）

【郭箐调研国网上海市电力公司厂务公开民主管理工作】 8月27日，市总工会副主席郭箐、劳动关系部部长周永宝等对公司2017—2019年度厂务公开民主管理工作进行实地考察。公司总经理阮前途，工会主席娄为陪同调研并参加考察工作会。阮前途汇报了上海电网运行及厂务公开民主管理等相关工作情况。郭箐充分肯定公司近年来践行以职工为中心的工作导向，扎实推进厂务公开民主管理规范化、制度化，以发展和谐劳动关系为主线，发挥职工主人翁作用，多措并举创建和谐幸福企业，不断丰富企业民主管理内涵的做法和成效。（于　劼）

【市医务工会开展理论研究工作】 为加强习近平新时代中国特色社会主义思想特别是习近平总书记关于工人阶级和工会工作的重要论述的学习研究，市医务工会围绕院务公开民主管理、职工心理关爱体系建设、新媒体的应用研究、工会干部队伍建设等当前热点难点，组织开展工会理论研究课题评审工作。年内完成重点课题18个、委托课题2个、自主课题9个。《医务职工需求调研及工会服务职工工作体系建设》一文获2019年度上海工会优秀调研报告论文一等奖。根据年度工作计划，市卫生健康系统工会工作理论研究会开展第二十届年会征文活动，共收到征文99篇，评出一等奖5篇、二等奖10篇、三等奖15篇，入围奖30篇。（马建发）

【上海工会学院开展下基层“促就业、促稳定”大调研】 5月，上海工会管理职业学院启动全体教职工下基层“促就业、促稳定”大调研活动。大调研由学院党委书记王厚富、院长李友钟牵头，全院30余位教职工参加，组成9个调研组深入张江高科技园区、莘庄工业区、梅陇镇、南京东路街道、长白新村街道、宝山物流协会等园区、楼宇、商圈、村居一线，开展蹲点体验式调研，形成1个总报告、13个分报告。7月16日，组织调研成果交流汇报会，调研团队交流调研情况、主要成果及心得体会。9月16日，由学院下基层调研总报告转化的智库成果《疫情下企业经营与职工就业情况调查》被中国工运研究所、全总劳动关系研究中心采用，编入《劳动关系与工会运动研究及动态要报》(2020 年第 8 期)。9 月 30 日,全国人大常委会副委员长、全总主席王东明对《疫情下企业经营与职工就业情况调查》作出批示,全总领导李玉赋、蔡振华、阎京华、魏地春、张茂华等先后批示。

(钟文娜)

【上海工会学院与复旦大学马克思主义学院联合举办“新就业形态下的劳动群体与工会工作”学术研讨会】 12 月 11 日,上海工会管理职业学院与复旦大学马克思主义学院在工会学院联合举办“新就业形态下的劳动群体与工会工作”学术研讨会,邀请高校院所专家学者、工会实务研究者开展研讨交流,并举行 2020 年“马克思主义工运理论研究基地优秀工运理论研究成果”颁奖仪式。市总工会党组书记、副主席黄红,市总工会副主席周奇、桂晓燕,复旦大学马克思主义学院院长李冉,学院领导班子及全体教研人员出席会议。来自复旦大学、华东师范大学、上海财经大学、上海江三角律师事务所、上海外服工会、工会学院以及市总工会相关部室等 12 位专家学者及工会实务工作者,围绕“新就业形态下劳动群体与工会工作”主题,分别从合作共享型劳动关系模式、网约劳动的“商化”及其法律规制、互联网技术与网约工抗争的消解、当前新就业形态劳动群体、劳动关系、工会工作面临的挑战与问题等不同角度,对新就业形态发展规制进行深入研讨。

(钟文娜)

上海工会管理职业学院与复旦大学马克思主义学院联合举办“新就业形态下的劳动群体与工会工作”学术研讨会 (刘一民)

工运研究会

【概要】 2020 年,市工运研究会在市总工会的领导下,聚焦课题研究、学术交流两大重点,协调组织研究会团体会员,统筹工会学院研究力量,继续开展工运理论和工会工作的研究,着力发挥研究会学术社团整合力量、组织研究、促进交流的平台功能,推进新形势下工运理论和工会工作研究的深入与发展。一是围绕工会工作热点、难点问题,组织开展课题研究。结合当前劳动关系领域、工会工作领域、职工关注的年度热点问题,确立年度重点课题,组织力量开展研究;设立本市国有企业工会干部队伍、民营企业工会组织发展与有效服务职工、上海工会服务职工实事项目机制建设、非公企业工会现状分析与对策建议等 20 个课题,面向各专业学科委员会及其他会员单位,开展研究会课题招标立项工作,形成一批调研成果。同时统筹工会学院研究力量,围绕推进“三新”经济下的基层工会建设、产业工人技能提升、长三角一体化背景下工会协作调研等开展专题研究,完成市社联合作项目《关于健全完善以职代会为基本形式的企事业单位民主管理制度,在推进国家治理体系和治理能力现代化中发挥更大功能作用的研究》课题研究任务,形成相关成果。二是承办举办专题研讨会,推进学术交流研讨。5 月,与市中共党史学会联合承办由上海市总工会、中共上海市委宣传部、中共上海市委党史研究室主办的“上海百年红色工运资源发掘宣传暨纪念五卅运动 95 周年、上海总工会成立 95 周年座谈会”;12 月承办由市总工会、复旦大学合作共建的“马克思主义工运理论研究基地”主办的“新就业形态下的劳动群体与工会工作”学术研讨会;12 月,召开工运研究会 2019—2020 年年会暨《上海工会志》宣传会议。配合市总工会开展年度上海工会优秀调研报告、论文征集评选工作,收到专业学科委员会、团体会员、个人会员上报的调研报告、论文 199 篇,在工会内部和专家组进行两轮评选,评出的年度优秀论文在年会上予以表彰,并汇编成册发会员单位和区、局工会交流。三是进一步完善学会各项管理制度与运行机制,做好会员服务工作。对照市社联、民政局有关社团管理的规定,健全研究会配套管理制度,规范社团内部治理工作。按照市委组织部等有关部门关于领导干部社会组织兼职的相关规定,做好研究会理事调整和副会长增补工作,调整新增 8 位理事,增补上海工会管理职业学院副院长李学兵为研究会副会长。强化研究会资金预算、开支、财务报销的规范化、流程化管理,做好社团税务代征代缴工作,积极履行学会社团社会责任。发挥工运研究会秘书处协调功能,做好与市总工会职能部室、与工运研究会理事、与区局(产业)工会的沟通、协调工作。做好研究会秘书处的日常管理工作。根据市社联、市民政局部署,完成年度年报、年检,完成市社联的达标考核工作。继续做好《上海工运研究》《资料专辑》内刊的编辑、发行工作,为广大会员提供学术研讨的交流、共享平台。

(邹卫民)

【市工运研究会召开会员大会暨《上海工会志》宣传会议】 12 月 30 日,上海市工运研究会召开 2019—2020 年度会员大会暨《上海工会志》宣传会议。大会通过的工作报告回顾了第九届届理事会成立两年来,在组织开展有关工人运动和工会工作课题研究

12 月 30 日，市总工会召开《上海工会志》宣传会议　（邹卫民）

与交流研讨，健全完善学会管理制度与运行机制等方面开展的工作和取得的成果，提出研究会下一年度开展有关课题研究和学术交流活动的工作计划。会议还对《上海工会志》的出版发行宣传工作作出部署。市总工会党组书记、副主席黄红，市总工会副主席桂晓燕出席大会并讲话；原市总工会秘书长张立群，上海工会管理职业学院党委书记、劳动报社党委书记王厚富，上海工会管理职业学院院长李友钟，上海市社联学会处的干部参加大会。出席大会的还有工运研究会团体会员代表，市总工会各部室负责人、市总工会各直管单位负责人、部分区局（产业）工会调研工作的分管领导等。会上，黄红充分肯定工运研究会坚持正确方向、服务中心工作，围绕劳动经济和工会工作大局，组织各方力量深入开展调查研究和理论研究，所取得的成果和发挥的作用。她指出，2021 年是开启全面建设社会主义现代化国家新征程、向第二个百年奋斗目标进军的起步之年，也是上海在新的起点上全面深化“五个中心”建设、加快建设具有世界影响力的社会主义现代化国际大都市的开局之年。工会理论研究和调查研究工作要发挥在分析形势、剖析问题、掌握需求、把握规律等方面的重要作用，集中力量、突出重点，加强对事关工会工作全局的基础性整体性前瞻性问题的研究。要进一步学习研究习近平总书记关于工人阶级和工会工作的重要论述，准确把握科学内涵，深入探究内在逻辑，在学理研究、规律阐释、体系构建、实际运用等方面下功夫；要深入研究红色工运历史，加强对工运史研究成果和经验的总结，为当前社会发展和工会改革、工会工作创新提供历史镜鉴；要深入研究如何适应新形势新任务新要求，努力提升工运研究的精准度、敏锐性和洞察力；要深入研究工会改革创新，发挥研究会思想库、智囊团作用，为深化工会改革创新，推动上海工会工作发展做出积极贡献；要深入研究新时期产业工人队伍建设改革，更好推进产业工人素质提升、思想引领、地位提高、队伍壮大等重点工作落地落细落实；要深入研究职工对美好生活的新需要，在维护职工的合法权益和切身利益方面，发出工会的声音，反映职工的建议。桂晓燕回顾总结了上海工会参与《上海市志 · 群众团体分志 · 工会卷》（简称《上海工会志》）编纂出版工作的情况。《上海工会志》的编纂自 2011 年 7 月启动，历时 9 年多，于 2020 年 9 月正式出版发行。全书逾百万字，系统记载了自 1978 年至 2010 年期间上海职工队伍和工会组织、工会工作发展的状况和历史轨迹，是上海工运理论和工会工作研究的重要成果。桂晓燕指出，2021 年将迎来中国共产党成立一百周年的重要纪念日，工运史与党史密切相关，市总工会将以《工会志》出版发行为契机谋划好上海工会建党百年纪念活动。她要求上海各级工会充分利用志书的存史、资政、育人的重要功能，切实把《上海工会志》作为了解工会历史的重要文献、认识工会事业的参考读本、学习工会工作的工具书。以学好、用好工会志为抓手，谋划好建党百年的纪念活动和对工会改革发展的探索研究工作。大会表彰 2018、2019 年上海工会优秀调研报告、论文评选成果，就有关理事调整、增补副会长进行选举，李中政等 8 人当选工运研究会第九届理事，李学兵当选为工运研究会第九届理事会副会长。会上，市工运研究会会长、复旦大学国际政治关系学院陈周旺教授作题为《全方位民主与中国特色社会主义工会理论的发展》的学术报告。（邹卫民）

【市工运研究会承办“新就业形态下的劳动群体与工会工作”研讨会】
由市工人运动研究会承办，复旦大学马克思主义学院、上海工会管理职业学院联合举办的“新就业形态下的劳动群体与工会工作”研讨会于 12 月 11 日举行。市总工会党组书记、副主席黄红出席研讨会并讲话，市总工会副主席周奇，复旦大学马克思主义学院院长李冉出席会议并致辞。上海工会管理职业学院党委副书记、院长李友钟主持研讨会。本市高校和有关院所的专家学者、工会实务研究者近 60 人参加会议。会议围绕《远程劳动的制度发展与法律适用》《中国特色社会主义劳动关系新模式探讨——以华为合作共享型劳动关系模式为例》《补齐短板：“共享员工”模式的实践与规制》《网约劳动的“商化”及其法律规制》《互联网技术与网约工抗争的消解》《灵活就业群体权益维护与上海工会工作的思考应对》《刍议新就业形态中的劳动保障“法律短板”》《后疫情期多元化用工趋势与发展探索分析》《新就业形态下行业工会建设：上海样本》等议题进行研讨交流。黄红在讲话中充分肯定本次研讨的成果，指出，一要高度重视、持续关注对新就业形态劳动群体与工会工作相关问题的研究，秉承问题导向、效果导向，为破解问题出研究成果、出破解之策、出政策思路；二要继续发挥好马克思主义工运理论研究基地的辐射引领作用，从进一步优化研究基地合作共建机制、进一步整合工会内外研究资源等方面着手，不断增强工会研究的社会参与度与学术影响力；三要知行结合，切实加强理论研究的成果转化、成果运用工作，做到多出人才、多出成果。（邹卫民）

【闵行区工会工作研究会广泛组织开展课题调研】 闵行区总工会工会工作研究会落实“大调研”工作常态化制度化的要求，围绕区委中心工作和工会重点工作，制订调研课题计划，组织全区各级工会开展理论研究，推动理论研究成果在工会工作实践中发挥积极作用。一是多层面组织课题调研。2020年，结合加强产业工人队伍建设改革的工作要求，设立“重点园区产业工人住房需求调研”“户外职工爱心接力站运行机制研究”2个年度重点课题，由区总工会主要领导牵头开展调研；区总各部门结合工作业务，分别承接“广泛开展群众性立功竞赛”“服务职工实事项目”“弘扬劳模工匠精神”“完善和规范工会专项资金”等4个课题，同步推进专题研究；年初下发全区工会调研指导意见，设立20个选题方向，引导各级工会开展调查研究，收到各级工会报送的调研报告93篇。承接区党政机关和市总工会委托的调研课题，2020年完成《闵行工会参与基层社会治理实践与创新研究》《依法完善集体协商制度，着力推进“稳就业促发展构和谐”》《及时介入指导、构建沟通平台，在集体争议中发挥上级工会积极作用》等课题，调研成果得到区党政机关的认可和采纳。二是加强调研课题的管理工作。建立调研备案制度，明确所有调研项目要形成具体解决方案，课题形成专题报告，通过召开研讨会、课题征集、优秀调研成果互评等形式，加强交流研讨，推动调研成果在实际工作中发挥作用。如重点课题“重点园区产业工人住房需求调研”对接区房管局，研究提出区首个公租房集中居住点（颛桥君莲社区）住房保障需求分配制度，推动产业工人住房保障工程建设真正落地见效。三是加强队伍建设，完善调研网络。6至9月间，连续举办“智汇工运”闵行区工会调研报告写作系列培训，培训内容包括工会信息和经验类材料的撰写、调查问卷数据的分析和运用、新媒体编辑运维、调研报告的撰写等内容，从理论和实践相结合上，开展写作实务指导。同时利用工会学院等社会资源，采用工会主席大讲坛、专题培训等多种方式，提升各级工会干部的理论研究和调研能力。加强基层调研人员队伍建设，建立区、街镇（莘庄工业区）、村（居）委、企业四级调研网络，各级工会负责组织本区域、系统和单位的调查研究工作，在区总工会网站开出“工运研究—经验交流”栏目，为课题研讨交流提供又一平台。（邹卫民）

【闵行区工会工作研究会编撰内刊资料指导全区工会工作理论与实践】 年内，闵行区工会工作研究会精选全区优秀工会调研报告（论文），配以专家点评，汇编《闵行工会年度优秀论文集》，供各级工会干部、职工学习交流。每季度编制《闵行工会内参》，涵盖全区基层工会数、工会会员数、工会权益保障工作、工会服务阵地建设、工会经费收缴等有关情况，全面解析闵行区工会工作的各项数据指标，为区总工会下一步工作决策提供参谋助手的作用。每月推出《他山之石》资料文摘，广泛介绍国内外工会组织、理论学界、基层工会的成功经验、前沿思考和最新探索，为全区研究会成员单位提供学习、交流、共享的平台。（王　凯）

【金山区总工会聚焦工会深化改革面临的新情况开展研究】 金山区总工会工运研究会针对本区全面深化工会改革、推进社会治理背景下面临的新情况新问题开展课题研究。4月，围绕长三角一体化发展、服务职工的举措，工会组织建设等方向，确定区总工会重点调研计划。一是关于多级叠加服务职工实事项目机制建设的调研。根据区总工会连续投入资金4787万，推出三大类90项服务职工的实事项目，进行运行五年以来职工获得感和满意度的调研分析。二是健全完善“小二级”工会组织体系的调研。在群团改革深入、全区各街镇（工业区）先后建成45家小二级工会的情况下，调查了解在打通联系、服务职工“最后一公里”方面，还存在哪些瓶颈问题。三是金山区职工心理健康调研。通过调查总结金山区职工服务中心自2017年5月成立以来开展职工心理健康服务活动的情况，研究开展心理疏导、帮助职工缓解压力的方式和途径。四是深入开展“法治体检”构建和谐劳动关系的调研。基于对本区20家企业开展劳动关系专项“法治体检”的过程，研究探索推动非公企业构建和谐劳动关系、促进经济健康发展的工作机制。重点课题由区总工会领导负责，各部门参与，调研中反映的情况和职工的呼声要求，通过工会和政府的联席会议等渠道，向党和政府反映，调查研究推动了事关职工切身利益和工会工作全局等领域一些问题的解决。（邹卫民）

【上海航天局工会工作研究会开展职工劳动和技能竞赛创新研究】 近年来，上海航天型号研制生产及火箭、卫星和神舟飞船发射取得令人瞩目的成绩，在此过程中，工会组织的各类主题活动、劳动竞赛和技能比武等始终参与其中、发挥了积极作用。2020年，航天局工会将研究探索新常态下工会工作的创新发展作为研究会的主要任务，确定“推进劳动和技能竞赛活动的探索创新”为年度重点课题，与市经信委工会研究咨询会联合开展专题研究。课题组深入航天10多家基层单位进行走访调查，召开座谈会，从劳动和技能竞赛的品牌项目、作用成果、传承创新、内涵亮点等多维度总结经验，归纳了航天系统多年来形成的覆盖不同职工群体的劳动和技能竞赛模式及创新发展：一是以传统形态为主的主题多元化劳动竞赛模式，竞赛主题从以往的时间节点、质量、结果到技能培训、练兵及通过竞赛建立职工技能等级标准等多样化目标并举；竞赛的范围从一个单位发展为以型号研制为中心的各单位之间联合开展。二是探索以科研人员为主体具有较高科技含量的劳动和技能竞赛模式，以团队为单位参赛，在竞技的同时，提升科研人员创造性思维和运用新技术的能力，攻克关键技术难关，推动科研任务的完成。三是院工会层面组织的劳动竞赛，类型多、覆盖广、针对性强，并持续投入资源、完善形式，推动优秀成果孵化进而向产业化发展，使竞赛的推动促进作用进一步得到提升。据统计，近五年来，上海航天系统两级工会共组织各类主题活动、劳动竞赛、技术比武5000多场,在助推众多型号任务圆满完成的同时,促进了科研成果的形成和及时转化、科研人员创新能力的提高、高技能人才队伍的建设。调研归纳总结了劳动和技能竞赛在内涵和模式上的创新和经验,为航天系统各级工会组织继续开展该项工作提供可借鉴的成功范例。 (邹卫民)

【上海电信工会思研分会坚持以思想理论工作为重点组织课题研究活动】

上海电信工会思研分会发挥思想政治工作优势,以关注员工思想为工作基础,着眼不同层面的员工群体,组织开展思想政治工作研讨和课题攻关活动。一是深入了解员工工作学习和思想状况,掌握员工思想动态。在线上通过OA—员工诉求闭环管理系统、论道、倒三角问题发现与解决平台、问卷调查等,在线下通过员工座谈会、思研分会专项课题调研等,了解员工的思想和诉求。二是组织开展思政课题研究。根据公司实际和工会工作情况,确定"网上工会建设、新时代员工思想状况、新形势下提升员工技能素质"等专题作为2020年度重点调研方向,下属33家工会组成课题组分别参与调研,形成《网上工会服务工作的探索与思考》《新时代职工思想状况调研思考》《"后疫情时代"电信女职工对美好生活的需求调研》《在云网融合发展新形势下电信员工技能素质提升思考》《职工会员监督在经费管理中发挥重要作用的调研》等调研报告。三是定期组织思想理论研讨学习活动。工会思研会在年内组织8次思想理论研讨,围绕习近平新时代中国特色社会主义思想特别是关于工人阶级和工会工作的重要论述、十九届五中全会精神、四史主题教育等主题组织工会干部学习,公司工会主席、副主席分别讲党课,帮助工会干部拓展视野,提高政治站位,增强理论素养和业务能力。 (邹卫民)

【市教育系统工运研究会推进工会理论研究与调查工作】 一是依托市教育系统工会理论研究会对2019年度立项课题进行评审,共评出一等奖5篇,二等奖15篇。二是召集专家对2020年工会理论研究与调查研究课题进行立项评审,共确立委托课题11个,自主研究课题37个。三是按照"先进性、指导性、引领性,聚焦工会事业发展中的重点难点,举办工会理论研究课题撰写线上培训会,并针对立项课题开展中期检查。四是制订和下发工会理论研究课题经费管理办法,从制度上规范研究经费使用。 (高 芳)

【上海大学工会工运研究会围绕教职工的实际需求开展调研】 上海大学工会从切实履行工会职责、竭诚为教职工服务出发,将工运研究会的工作重点放在关注教职工的实际需求上,针对近年来教职工大病人数增加、学校绩效考核方案改革等情况,围绕教职工身心健康、二级教代会制度建设、教职工维权、女职工权益等主题,设立《发挥教代会民主管理作用》《教职工身体健康状况》《教职工心理健康状况》《女教师家庭—职业角色冲突》《法制维度下高校工会的维权路径》等5个研究课题,组织学校两级工会开展研究,要求调查的同时进行政策研究,提出有关政策建议,为学校内部出台相关制度提供参考。研究会还参加教育系统工会理论研究和调查研究课题招标,支持会员申报教育工会课题,选送的《高校教辅和行政人员发展路径研究》《高校教职工文体协会开展活动现状及评级体系研究》2项课题经评审获得教育工会立项,上海大学工会进行全过程的跟踪、并配套50%的课题经费予以支持,年内相关课题均已结题。 (邹卫民)

【上海工会学院学报《工会理论研究》办刊质量不断提升】 上海工会管理职业学院对学报《工会理论研究》进行改版扩版,建立健全"三级审稿制度""三校一读制度",做强"热点透视""工运广角"等专栏,增设"工会与劳动关系研究概览"专栏,不断提高学报的内容质量、编校质量和传播质量,扩大其学术影响力。在武汉大学中国科学评价研究中心推出的2020年《中国学术期刊评价研究报告》(第6版)中,《工会理论研究》被评为"RCCSE中国高职高专成高院校学报类核心期刊(A-)"。在市新闻出版局2019年期刊编校质量检查中,《工会理论研究》蝉联"优秀社科期刊"称号。2020年,学报《工会理论研究》有1篇文章被《高等学校文科学术文摘》摘编,2篇文章被人大《复印报刊资料·法学文摘》摘编,9篇文章被人大《复印报刊资料·工会工作》全文转载。 (钟文娜)

优秀论文

论文题目:新冠疫情影响下浦东新区劳动关系状况分析

作者:浦东新区总工会维权保障部课题组

内容摘要:针对疫情防控常态化背景下企业劳动关系出现的新情况新挑战,浦东新区总工会以做好疫情防控和复工复产工作为切入点,重点对区域外资企业、住宿餐饮企业劳动关系状况进行调研分析,结合全区面上劳资纠纷发生情况,形成新冠疫情影响下浦东新区劳动关系状况的调研分析报告。报告显示,2020年1—11月,浦东新区共受理劳动争议案件11638起,同比下降10%;发生的突发群体性劳资纠纷,总体稳定可控,尤其是疫情转入常态化防控后,未出现集中爆发的情形。针对当前构建企业和谐劳动关系出现的新情况新变化,报告提出五方面对策建议:一是进一步推进集体协商机制,推进劳资双方本着有难题共同解决、有困难共同承担的原则,推动企业与职工同舟共济。二是进一步推动多元协作机制,继续深化"四方"合作机制,在工会监督和劳动监察联动、工会监督与社保执法联动、工会法律援助与区联调对接方面,强化信息互通、阵地共享、联合调处、工作联动。三是进一步加大政策执行力度,对复工复产等补贴优惠政策加大宣传、指导力度,确保现有利好政策惠及更多企业。四是进一步加大诉前调解力度,对于群体性、突发性、敏感性纠纷,应当切实发挥纠纷多元化解机制的作用。五是进一步提升服务企业能力,更好地落实职工技能和转岗转业培训、阶段性减免缓缴企业社保费等政策,推动各类企业保岗稳岗,支持企业在停工期、恢复期加大职业培训广度深度。 (邹卫民)

论文题目:关于宝山区深化非公有制

企业工会改革的困难分析与对策思考
作者:宝山区总工会
内容摘要:报告在梳理宝山区深化非公有制工会改革做法经验的基础上,遵循问题导向、改革导向,着重分析当前深化非公企业工会改革存在的问题与原因。报告认为,非公企业工会改革不平衡情况依然比较突出、职工维权服务依然困难不少、工会干部队伍建设依然存在短板,是目前非公企业工会存在的主要瓶颈难题。就破解以上问题的对策思考,报告提出三方面工作建设:一要持之以恒抓好工会组织、工会工作有效覆盖,包括强化党建引领,协调行政支持,以“双实”企业为重点,发挥职工主体作用,大力推动依法建会;聚焦各类园区、商圈、楼宇、市场等区域和物流、餐饮、物业、建筑、家政等行业,推进区域性、行业性工会联合会建设;探索创新农民工和灵活就业群体组建机关报模式,拓展职工入会渠道,做实企业外入会工作。二要持之以恒抓好维权服务,包括充分发挥政府与工会联席会议制度作用,加大源头参与力度;加强协调劳动关系制度建设,完善法律援助、法律监督、集体协商和民主管理“四位一体”维权工作体系;做强工会服务品牌,做实工会服务阵地,优化服务职工实事项目;做好工会会员卡“服务大文章”,更好地满足职工群众美好生活需要。三要持之以恒抓好机制建设,特别是着力完善工建服务党建机制建设、完善工建融入社建机制建设。

(邹卫民)

论文题目:闵行工会参与基层社会治理实践与创新研究
作者:闵行区总工会
内容摘要:报告以闵行工会为研究对象,在对闵行工会近年来参与基层社会治理探索做法进行梳理的基础上,分析了工会参与基层社会治理工作的时代意义及面临的挑战,认为目前深化工会参与基层社会治理面临的难点主要体现在:一是对照中央关于社会治理形式要求,工会尤其是企事业单位工会参与基层社会治理的主动性意愿仍相对不足;二是对比工会承担的职责、职工维权服务的要求,基层工会仍面临组织资源不足的现实问题;三是在强调发挥工会组织“枢纽型”组织优势的整体形势下,工会与其他群团组织以及社会组织的合作关系未有完全理顺,高质量且专注于职工群体服务社会组织数量仍相对有限;四是对标党政机关及职能部门,工会参与基层社会治理工作的评价体系仍未健全,工作成效无法得到有效评定,基层工会工作积极性受到影响。基于此,报告提出如下完善闵行工会参与基层社会治理工作的对策建议:一是进一步加强并完善党对于工会工作的领导,同时注重工会工作的自主性、创造性,促进工会参与基层社会治理的内生动力;二是进一步细化对于职工群体的需求调研,将工会参与基层社会治理工作落到实处,力戒形式主义弊病;三是进一步实现区域内服务需求与服务供给资源对接,最大限度促成各方资源互补,实现利益共赢;四是进一步促进工会与各类群团组织尤其是社会组织的合作力度,确实体现工会组织“枢纽型”组织优势,形成参与基层社会治理合力。(邹卫民)

论文题目:新时代上海水务、海洋系统职工思想状况调研报告
作者:市水务局工会
内容摘要:为全面了解新时代上海水务、海洋系列干部职工队伍思想状况,上海市水务局(海洋局)工会历时一年多时间对本市水务、海洋系统职工开展思想状况大调研,形成调研报告。报告显示,当前上海水务、海洋系统普遍重视职工思想政治工作,系统内广大职工普遍关心国家大局、关注单位发展,职工主人翁精神和集体观念较强,职业价值取向积极,精神文化生活较为丰富多彩。而从当前职工反映的主要问题与诉求看,收入分配仍是职工最关注热点;年轻职工精神压力较大,收入与晋升压力是职工的主要压力来源;部分职工职业规划仍显缺乏,职工职业技能提升的机会与积极性有待提升;职工对工会“娘家人”的组织认同感仍待进一步提升,非公企业职工对工会需求的迫切度值得关注。报告就进一步加强职工思想工作提出五方面思考建议:一要加强领导,巩固深化思想政治工作成效;二要深入开展中国特色社会主义理想信念教育,培育和践行社会主义核心价值观;三要加强职业规划,改善收入状况,完善晋升机制,打造高素质职工队伍;四要进一步尊重职工主体地位,履行维护职责,营造和谐氛围;五要创新工作方式,提升职工思想政治建设实效性。

(邹卫民)

论文题目:上海市公立医院一线医务人员工作生活状况和劳动关系情况调研报告
作者:市医务工会、上海市卫生和健康发展研究中心
内容摘要:为进一步做好一线医务人员的关心关爱与维护工作,市医务工会联合上海市卫生和健康发展研究中心,通过问卷调查,召开座谈会和重点访谈等方法,就一线医务人员工作生活与劳动关系状况开展专项调研,调研涵盖上海市三级、二级、一级公立医院30家单位的近1000名医务人员。调研显示,当前上海公立医院都非常注重职工权益保障,同工同酬、免费体检,“五险一金”,女性产假和哺乳假等相关规定得到了很好的落实和执行;而工作时间长、工作压力大、职业晋升通道窄的调查中一线医务人员反映的主要问题。其中,从工作时间看,不少医务人员每周平均工作时间仍超过40小时,休息休假权亟待进一步改善和落实;从工作压力看,医生压力来源的前三位依次是职称评定与晋升、教学科研和福利待遇,护士主要压力来源的前三位依次是福利待遇、教学科研和医患关系;从职业发展看,诉求主要集中在晋升名额不足,晋升考核机制僵化方面。报告提出,要从进一步加强医务人员关心关爱、着力缓解医务人员工作压力、推动医务人员职业晋升发展、切实提升工会服务职工能力水平几方面入手,着力增强医务职工的幸福感和职业荣誉感,不断提升工会服务医务职工的针对性、有效性。(邹卫民)

论文题目:新形势下推进经信系统困难职工帮扶工作机制研究
作者:市经济和信息化工作系统工会
内容摘要:随着改革的逐步深入和市场经济的迅速发展,上海经信系统的困难职工群体在不断发生新的变化,工会帮扶工作也面临着许多新情况、新变化和新问题。为此,上海经信系统工会成立专项课题组,通过文献调

查、问卷调查、召开座谈会等方式，总结分析上海经信系统近年来推进帮扶工作的主要举措与经验，深入了解工会在困难职工帮扶工作中遇到的困难与挑战，以为新形势下推进上海经信系统困难职工帮扶工作提出相应的对策思路。报告显示，经信系统超过1/4的困难职工处于离岗状态、近三成的困难职工家庭人均收入在最低工资标准以下、约六成困难职工致困的主要原因是本人或直系亲属大病、绝大多数困难职工的主要需求是医疗和生活救助。在调研的基础上，报告提出如下完善经信系统工会推进困难职工帮扶工作的对策思想：一是拓宽困难职工帮扶基金的来源，夯实工会开展帮扶工作的物质基础；二是以精准服务为目标，加大对困难职工的帮扶力度；三是注重制度建设，优化困难职工帮扶的机制体系；四是针对职工队伍多元化发展趋势，扩大困难职工帮扶的覆盖范围；五是突出分层分类、梯度帮扶，完善对困难职工的帮扶手段。

（邹卫民）

论文题目：中建八局海外工会工作状况调研报告

作者：中建八局工会课题组

内容摘要：随着"一带一路"战略构想的不断深入发展，中国企业逐渐走向海外，涉外企业劳动关系也日趋复杂，企业工会不但是推动海外事业发展的重要组成部分，而且是企业实现高质量发展的坚强保障；由于受到海外国家不同政治、经济、文化的影响，海外工会工作面临许多新问题、新挑战。为此，中建八局对集团海外工会工作开展现状进行调研，形成报告。报告分析集团海外工会工作现状，着重分析当前海外工会工作开展存在的主要问题与困难，认为主要集中在时空因素影响海外工会工作、文化差异阻碍海外工会工作、属地化程度制约海外工会工作、疫情防控影响海外工会工作、组织建设协调难影响海外工会工作等方面。报告提出完善海外工会工作的7点措施建议：一要优化海外工会组织建设、干部队伍建设，夯实民主管理基础；二要强化思想政治工作，维护职工队伍稳定；三要发挥劳动和技能竞赛的激励作用，深化创新创效工作，助推企业提质增效；四要从建设新型职工队伍的高度，以中建八局网络学院、职工业校、项目讲坛为载体，推进职工素质工程，促进职工全面发展；五要聚焦外牢内稳目标，筑牢海外抗疫防线；六要关注职工切身利益，维护职工基本权益，帮助海外职工解决后顾之忧；七要从做好后勤保障、建设服务阵地、丰富文体活动、开展心理援助入手，优化服务保障内容，加大关爱海外职工工作力度。

（邹卫民）

《工会理论研究》2020年要目

类　别	题　　目	作　者	期　数
特稿	学习贯彻党的十九届四中全会精神推动上海工会事业进一步创新发展	莫负春	2020-01
理论探讨	工会与职工代表大会的有效衔接:劳动治理中的制度优势	汪仕凯等	2020-02
	劳工的力量:"力量来源分析方法"的发展及其挑战	斯蒂芬·舒马茨等	2020-02
	用工形式、劳动安全与技能养成——基于上海都市社区调查数据的实证研究	刘珍妮等	2020-03
	创新基层社会治理视域下工会与社会组织合作模式研究——以上海为例	严宇鸣	2020-03
	新时代劳动观理论探析	陶志勇	2020-04
	劳动教育的政治形态与当代发展——兼论社会主义劳动教育的一般原理	刘　佳	2020-04
	社会转型与上海市居民的职业技能养成——以上海都市社区调查(SUNS)为例	刘玉照等	2020-04
	论"工人阶级""产业工人""职工"概念的历史演变	闫永飞	2020-05
	后疫情时代劳动关系二元结构的局限与反思	魏广萍	2020-06
	揭开互联网的面纱:劳动关系的数字化挑战	高建东	2020-06
热点透视	关注"互联网+"灵活就业的劳动关系新变化	肖　巍	2020-01

续表

类别	题目	作者	期数
工运广角	在线零工工作：概念、现状与未来——基于《全球边缘地区在线零工工作的风险与回报》的分析	姚建华等	2020-01
	重大突发公共卫生事件应对中的工会作为与思考	李学兵等	2020-02
	新冠肺炎疫情不可抗力事件在劳动用工关系领域适用的思考	郑小龙	2020-02
	产业工人工匠评选指标体系设计:问题、原则与重点	王　星等	2020-03
	中国特色社会主义工会制度体系及其优势研究	石　云	2020-05
	新形势下完善我国工会联合会制度的法律思考	赵　乾	2020-05
	妥协与自主:外卖骑手劳动过程中的“制造同意”	沈锦浩	2020-06
	补齐短板:“共享员工”模式的实践与规制	邱婕等	2020-06
	上海女职工劳动权益的法律保障:改革开放以来的成就、问题与展望	李凌云	2020-01
	中国工会社会工作者能力建设:核心指标与培育策略	刘斌志等	2020-01
	上海“劳务工”群体建会入会的发展与挑战	上海市总工会基层工作部课题组	2020-01
	解构与重塑:共享经济下家政劳动关系的案例研究	金世育	2020-01
	用人单位用工自主权之边界控制——以用人单位单方变更劳动合同为例	罗诚诚	2020-02
	新型就业形态下的劳动标准探析与建构	孙　岩等	2020-03
	疫情下停工期的法律性质认定与待遇给付	周湖勇	2020-03
	产业工人职业发展机制建设的初步考察	杨鹏飞	2020-04
	上海产业工人工作满意度:影响因素与工会作为	牛雪峰	2020-04
	试论新时代工会信息工作的改革与创新	苏日娜	2020-05
	上海市“小二级”工会协调劳动关系体系建设研究	上海市总工会劳动工作部课题组	2020-06
国际工运/港澳台工运	非正规就业:国际组织的视角	李　健	2020-01
	欧洲福利制度下的工会危机	汪思余	2020-02
	德国劳动法院评析	何　平	2020-03
	日本主伤的认定与启示	宋晓波等	2020-06
工运历史	民国时期青岛港码头工人生存状况探究	崔海洋	2020-03
	冲突与安全:民国时期上海徽州墨业罢工事件研究	张　剑	2020-04
	全面抗战时期陕甘宁边区工会历史作用探析	彭欢欢	2020-05
	计划经济时期国有重型企业中的赶工生产模式与劳动动员策略	贾文娟	2020-06
学术动态	“疫情背景下集体合同和劳动合同的效力冲突与协调”研讨会综述	吴文莉	2020-05

综合工作

绿色零排放的自动化码头翘楚

财务资产工作

【概要】 2020年财务资产管理部围绕中心、服务大局，以问题为导向，进一步加强全市工会财务、资产管理，持续加大对基层工会、服务一线职工和工会重点工作的资金、资源投入。一是加强财务监管，不断提高工会财务管理水平。保障疫情防控专项经费，拨付及使用疫情防控专项资金3千余万元，制订下发《关于防控工作专项资金使用管理的补充说明》，参与制订《关于组织开展本市抗疫一线职工疗休养活动的通知》《关于鼓励开展职工“爱上海 游上海”活动促进文旅产业发展的通知》，加强对专项资金的事中管理控制，参与基层防疫和复工复产情况调研，提出相关建议。贯彻中央过“紧日子”要求，严格预算管理，按照“五保五压”原则，完成市总工会机关系统预决算编制和预算调整、区局（产业）工会预决算审批工作。实行工会经费扶持政策，助力小微企业复苏发展。开展财务监督检查，提出对直管单位和区局（产业）工会财务监督要求。配合审计整改工作，完成本部门审计整改任务。加强内控管理，履行费用报销过程中财务监督的职责，加强对直管单位内控制度的检查。推进绩效管理工作，在市总工会本级层面对财政拨款项目及市总工会实事项目资金实现绩效跟踪评价基本全覆盖；对直管单位加强绩效工作指导和进行专题培训。完善EAS财务管理系统，推进信息化系统建设。完成对保障互助会参保软件的对接，提升会计处理效率。二是推进大调研，探索破解瓶颈难题。对职工文体活动绩效管理开展调研，探索建立职工文体活动绩效评价体系和布展费用标准；推进机关事业单位财政统一划拨经费管理、工会预算管理办法、行业工会财务管理、直管事业单位财务管理、文化宫清理推进、小微企业工会经费管理等专题调研，推进调研成果转化。三是加强制度建设，夯实管理基础。形成《上海工会预算管理实施细则》，制订《上海市总工会机关系统资金存放管理办法）》《上海市总工会机关系统银行账户管理办法》；转发全总工会《工会财务监督暂行办法》，明确对区局（产业）工会和市总直管单位财务监督的组织和实施工作规定；转发《中华全国总工会关于全面实施预算绩效管理的实施意见》，逐步推进实现预算和绩效管理一体化。根据全总有关规定，制定下发《上海工会行政事业性资产管理办法》，重点对各管理层级的审批权限、程序及相关备案要求做出规定，推进工会资产全面统一监管。四是推进工会资产管理，着力提高资产效能。加强本级企事业单位资产管理。对各直管单位资产处置事项进行审批或备案管理，开展本级工会资产管理工作监督检查。推进工人文化宫清理整改方案落实，推进实施清理整改年度工作和坚持清理整改报告制度。推进机关、事业和国企工会所办企业及市总直管事业单位所办企业的清理规范工作。开展工会行政性资产登记情况调查工作，做好工会资产统计和日常管理政策指导服务。五是推进市总基建项目，强化项目管理。加强对闵行养老院、海鸥饭店、茉莉花剧场等重大基建项目的管理力度以及小改小建项目的管理。

（黄银萍）

【出台《上海市工会预算管理办法实施细则》】 2019年12月31日全国总工会印发新的《工会预算管理办法》，财务资产部结合上海工会工作实际，于2020年12月29日制订出台《上海工会预算管理办法实施细则》。在全国总工会《工会预算管理办法》基础上，具体从10个方面进行细化明确：一是明确上海工会预算管理级次；二是明确上海各级工会的预算组成；三是明确上海工会拨缴经费的分成比例；四是明确上海各级工会的预算管理职权；五是对基层（不含）以上工会预算收入增加了行政补助收入；六是删减关于基本支出预算当年未执行完毕下年继续使用及允许基层工会编制基本支出的内容；七是增加各级工会对所属预算单位的预算草案审核汇总及责令纠正职责；八是明确预算批准前，允许提前使用的支出及审批程序；九是明确动用预备费的审批程序；十是明确各级工会财务管理部门财务监督的职责和依据。该细则自2021年1月1日起施行。

（黄 珂）

【出台《上海市总工会机关系统呆账处理办法》】 制订并下发《上海市总工会机关系统呆账处理办法》，并同时下发贯彻落实通知。市总工会相关部门及各直管单位按要求梳理呆账、收集资料，为处理呆账做好充分准备；规范流程、集体决策，严格按《呆账处理办法》的程序要求，按照呆账涉及的金额确定集体决策的程序；严格审批、账销债留，呆账处理事项严格审批，对于已核销的呆账也要保留催讨资料，定期催讨。按照文件规定，涉及金额30万元（含）以上的呆账，已报市总党组、主席办公会议审核同意处理。

（周 静）

【出台《上海工会行政事业性资产管理办法》】 根据全国总工会《工会行政事业性资产管理办法》《关于〈工会行政事业性资产管理办法〉执行中有关问题的通知》的有关要求，结合《上海工会企事业单位固定资产监督管理实施细则》《上海工会企业转改制中的资产处置实施细则》和《上海工会企事业产权管理实施细则》实施情况，制订《上海工会行政事业性资产的管理办法》，进一步明确监管权限，扩大监管范围，规范监管流程，着力实现工会资产全面统一监管，不断加强本市工会行政事业性资产监督管理。

（吴定俊）

【推进上海市总工会机关及直属事业单位财务资产信息化系统建设】 2020年财务资产信息化建设持续推进，市总工会机关及直管单位使用EAS进行预算管理、费用报销、资产管理、财务核算等工作。完善EAS财务管理系统，实现工商银行、上海银行网银功能的开通，提升银行业务处理效率，降低银行账户的管理风险。实现电子发票查重功能，降低电子发票多次打印、重复报销的风险。实现与其他软件的对接，完成对保障互助会参保软件的对接，减少数据传输流程，提升会计处理效率。

（周 静）

【2020年上海工会财务资产工作会议召开】 1月17日，上海工会财务资产工作会议在市总工会六楼礼堂召开，全市区局（产业）工会及市总机关系统财务资产干部近200人参加会

议。市总工会财务资产部部长黄银萍总结2019年工作，对2020年推进非公改革、加强基础调研、完善管理制度、加强预算管理、绩效管理和大额资金存放管理等重点工作进行部署。市总工会副主席戴光铭出席会议并讲话。会议要求各级工会要强化经费拨缴的主体责任意识、努力破解改革工作难题、管住重点资金和大额资金、进一步加强行政性资产和企事业资产监管等方面构建财务资产工作新机制，推进上海工会改革创新发展。（徐冬梅）

【推进工人文化宫、工人疗休养院清理工作】 根据全国总工会关于推进落实清理整改方案的有关工作部署和市总工会专题会议精神，对照各单位清理整改方案，逐一对账销号。重点加强对到期收回、物理隔离等整改方案的落实力度。建立健全清理整改方案落实情况季度报告制度，强化跟踪问效。督促有关主管单位清理整改方案的主体责任和领导责任，抓好清理整改任务的落实。把清理整改与功能恢复结合起来，要求各有关单位坚持边清理整改边恢复功能，防止出现资产闲置现象。及时协处清理工作中遇到的问题和困难。（吴定俊）

【出台上海市小微企业工会经费支持政策实施细则，助力小微企业复苏发展】 为贯彻中央和市委关于统筹推进疫情防控和经济社会发展工作的决策部署和扎实做好"六稳"工作、全面落实"六保"任务的总体要求，根据全国总工会《中华全国总工会办公厅关于实施小微企业工会经费支持政策的通知》，7月市总工会出台《上海市小微企业工会经费支持政策实施细则》，明确于2020和2021年对小微企业工会上缴经费实行全额回拨政策，进一步加强上级工会经费统筹，将更多经费下沉到小微企业工会。同时，加强对小微企业工会工作的综合服务指导，使小微企业工会有钱做事，增强活力和凝聚力，提高小微企业职工获得感，为小微企业纾困解难工作贡献工会组织力量。《实施细则》印发后，各级工会积极贯彻落实文件精神，组织培训、宣讲政策、加强指导，梳理小微企业工会情况，审核认定适用对象，做好台账管理工作，确保政策执行到位。2021年3月底前，第一年回拨工作结束。为确保小微企业工会经费扶持政策落地，专项工作将列入市总工会2021年工会财务监督范围，实施跟踪管理。（徐冬梅）

【贯彻落实过"紧日子"要求，进一步加强预算管理】 为贯彻党中央、国务院关于过"紧日子"的要求，落实《中华全国总工会办公厅关于贯彻落实过"紧日子"要求进一步加强工会预算管理的通知》文件精神，对区局（产业）工会和直管事业单位下发通知，提出相关工作要求。一是各单位要坚持勤俭办一切事业的工作方针，将过"紧日子"思想贯穿到工会预算管理的全过程，不断提高工会预算的使用绩效。二是提出"五保五压"预算安排原则，"五保"即：保防疫专项、保基层建设、保帮扶就业、保维权服务、保关心关爱；"五压"，即压"三公经费"、压一般行政费、压会议差旅费、压非急需支出、压低效无效支出。三是要求加强资金统筹，确保工作重点，将以前年度结余资金和当年各项收入一并纳入预算收入管理，确保资金分配向基层工会、向一线职工倾斜。四是进一步明确要求严格程序，规范预算调整，增加的支出预算，原则上在单位预算总额内调整解决，2020年可动用的历年结余不得超过"结余"科目余额的10%，严禁任何无预算、超预算的支出。（徐冬梅）

【市仪电工会举办基层工会经审财务人员培训班】 12月10日，市仪电工会举办仪电系统工会经审财务人员培训班，近百名工会干部参加培训。培训班邀请相关会计师事务所审计专家，通过工会财务管理的特点、工会经费的收入、支出和监督检查以及审计中发现问题的分析等内容讲解，剖析基层工会经费收支审计的要点，为进一步规范基层工会经费的使用和管理提供了实操依据。培训班还邀请相关院校的讲师，通过案例分析，解读现有工会经费政策文件，阐述基层工会经费预决算概论和实务操作，为更好地做好基层工会2021年经费预算奠定基础。（周黎俊）

【市烟草工会开展基层工会经费收支管理课题调研】 市烟草工会在深入学习全国总工会、市总工会指导性文件的基础上，对照工会审计发现的问题，围绕基层工会经费收支工作的规范性和实际运用开展课题调研，经业务条线调查研究、办公室对照上级文件编制、工会财务人员逐条把关、基层工会充分讨论、专业审计事务所意见征询、全委会审议通过，最终形成《上海烟草基层工会经费收支管理实施细则》试行文件，让基层工会的每一笔收支都有据可依，兼具规范性和可操作性。（王蓓蕾）

【上汽集团工会优化经费支出结构】 2020年，上汽集团工会坚持"把钱用在刀刃上"的原则，将组织开展活动及补助下级工会经费占集团工会总支出的96%，逐年压缩各类行政会务费用。根据《全总关于加强新型冠状病毒感染肺炎防控工作专项资金使用管理的通知》及其补充通知的工作要求，集团工会于年底对防疫专项资金管理、使用、核算情况进行专项财务监督检查，做到依法合规专款专用。向市总工会完成《上汽集团工会帮困互助专项资金管理（暂行）办法》《上汽集团工会帮困互助专项资金使用及发放实施细则》两个内控制度的备案工作。全年开展对下审计项目8项，其中基层工会财务收支审计1项、工会主席任期审计7项。（范 融）

经审工作

【概要】 2020年上海工会持续深入推进"四位一体"立体经审监督体系建设，以完善制度建设为依托，以优化经审规范化建设为抓手，做好新冠疫情期间经费使用的服务指导，努力发挥经审组织在工会全局工作中的保障和监督作用。一是发挥工会内部审计作用，切实履行审计监督职责。根据国家、全国总工会和市总工会出台的疫情期间经费使用的相关规定，及时为区局（产业）工会提供服务和指导。举办经审干部培训班，开展送教上门，制作经审工作政策法规光盘，提升经审干部专业水平和能力；出台《关于印发〈上海市区局（产业）工会经审工作规范化建设标准（2020版）〉的通知》，促进经审工作规范化。开展上海工会优秀经审工作项目征集选树，宣传推广先进经验和优秀成果；开展预算执行审计、专项审计、领导干部经济责任审计。二是加强沟通协调，主动对接国家审计。在接受市审计局业务指导并加强工作对接的同时，推动各区总工会不断加强与国家审计的沟通协调，主动接受、全力配合国家审计监督。三是借助中介机构力量，完善审计质量管理。完成新一轮社会中介机构招标工作，并进行审前培训，提高社会审计服务项目质量。四是推进基层工会会员监督，促进基层工会建设。根据市总工会职工会员监督管理办法，逐步加大基层工会经费使用的透明度，做到依据公开、内容公开、程序公开、结果公开，切实保障职工会员民主监督权利。（柴丽琼）

【开展新一轮社会中介机构审计备选库招标工作】 市总工会经审办对2020—2022年市总工会购买社会服务进行审计的中介机构进行公开招标。该招标委托市总机关采购工作小组确定的招标公司——上海公申工程建设咨询有限公司进行，市总工会经审会委托经审会常委参与评标，共有15家单位（其中：10家具备会计师事务所执业资格，5家具备工程造价咨询资质）入选市总工会社会中介机构审计备选库。分别是（排名不分先后）会计类：上海上审会计师事务所有限公司、上海旭日会计师事务所（普通合伙）、上海文汇会计师事务所有限公司、上海文会会计师事务所有限公司、上海浦江会计师事务所（普通合伙）、上海中财信会计师事务所有限公司、上海财瑞会计师事务所有限公司、上海沪港金茂会计师事务所有限公司、上海正弘会计师事务所有限公司、上海锦航会计师事务所有限责任公司。工程类：上海大华工程造价咨询有限公司、上海文汇工程咨询有限公司、上海财瑞建设管理有限公司、北京中瑞岳华工程管理咨询有限公司、立信国际工程咨询有限公司。（柴丽琼）

【评选优秀工会经审工作案例】 市总工会经审会开展2018—2019年度上海工会经审创新工作案例征集选树活动，总结推广各级工会经审会在“四位一体”立体经审监督体系建设中的先进经验和典型案例。征集选树活动期间，共收到各级工会经审会上报的经审工作案例65件，经评审，授予徐汇区总工会经审会《规范社会中介参与审计全过程，提高工会审计质量》、黄浦区南京东路街道总工会《借助专项审计，运用“三函法”规范非公企业工会经费拨缴》、宝山区总工会经审会《联动、联审、联建推进“四位一体”立体经审监督体系改革》、闵行区总工会经审会《坚持以上促下，推进内部审计监督常态化制度》、嘉定工业区总工会经审会《开展非公企业工会审计，抓好审计整改，提升审计效能》、金山区总工会经审会《工会经审工作联席会议制度的建立和健全》、青浦区朵朵幼儿园工会《扎实一线，服务于众，发挥工会经费使用会员监督作用》、上海汽车集团股份有限公司工会经审会《规范审计程序，强化专项资金跟踪管理》、中智上海经济技术合作有限公司工会《发挥经审“审、帮、促”作用，有效服务非公企业工会改革》、上海市城市排水收费管理所工会《经费使用要全公开，审计监督要全方位》等10个案例为十佳创新工作案例。（柴丽琼）

【召开市总工会经审会第十四届第六次全委会】 4月1日，市总工会经费审查委员会第十四届第六次全体会议召开。市总工会经审会主任丁巍出席并主持会议。市总工会财务资产管理部部长黄银萍等列席会议。会议审议、通过市总工会和市总工会资产管理委员会2019年度经费收支决算（草案）和2020年度经费收支预算（草案）。听取市审计局对市总工会2016—2018年度财务收支的审计情况的汇报、市总工会经审会对相关区局（产业）工会2018年度财务收支审计情况的汇报、开展工会经审工作规范化建设和推荐申报优秀工会经审工作案例情况的汇报。（柴丽琼）

【召开市总工会经审会第十四届第七次全委会】 12月25日，市总工会经费审查委员会第十四届第七次全体会议在市总工会召开。市总工会经审会主任丁巍出席并主持会议。会议审议并原则同意《关于上海工会2020年经费审查工作情况和2021年经费审查工作安排的报告》（征求意见稿）（以下简称《经审工作报告》（征求意见稿））。委员们认为，《经审工作报告》（征求意见稿）对2020年工会经费审查工作情况的总结是客观的、符合实际的。2020年上海工会经审组织在全面推进“四位一体”立体经审监督体系建设中做了大量工作，工作亮点突出，取得成效。《经审工作报告》（征求意见稿）中也指出通过审查审计发现的一些问题和现阶段工会经审工作存在的不足，实事求是地反映了工会经审工作的现状。2021年的经审工作安排站在全局高度，对新形势

4月1日，市总工会经审会第十四届第六次全委会召开 （周　杰）

下的工会经审工作进行全面部署，对全市工会经审工作的发展提出新的要求。同时，委员们对《经审工作报告》（征求意见稿）提出修改意见并进一步予以完善。（柴丽琼）

【开展对区局（产业）工会的审计】 2020年，市总工会经审办共对普陀区总工会、静安区总工会、金山区总工会等21家区局（产业）工会开展2019年度预算执行情况和财务收支情况的审计，并对其中4家工会2019年度的灵活就业群体工会会员项目经费进行专项审计。审计委托会计师事务所进行，市总工会经审办做好受托会计师事务所的培训、管理以及与被审计单位的协调、沟通工作。（柴丽琼）

【开展对市总本级的审计】 根据《上海市总工会本市各级工会经审会对同级工会年度经费预算执行情况审查审计监督的暂行办法》的规定，市总工会经审会于2019年5月6日起对市总工会财务资产管理部2019年度本级核算的相关账户的财务收支和财务管理情况进行审计。共审计市总工会财务资产管理部核算的市总工会（机关）、市总工会（本级）、市总工会资产管理委员会、市总工会恒森房款、中共上海市总工会直属机关委员会、女职工周末学校、上海市振兴中华读书办等7个账套。（柴丽琼）

【开展对直管单位的审计】 2020年，市总工会经审办对上海工会管理职业学院、市工人文化宫、劳动报社、市职工技协服务中心、市总工会职工援助服务中心、市职工保障互助中心、市总工会幼儿园、上海海鸥控股（集团）有限公司、市退休职工管理委员会办公室、市退休职工服务中心和市退休职工大学2019年度的预算执行情况和财务收支情况等内容进行审计。对上海工会管理职业学院、市总工会幼儿园等单位的9个建设项目进行工程结算审计。同时，对茉莉花剧场项目、闵行养老院建设项目和海鸥饭店建设项目进行跟踪审计，将审计关口前移。（柴丽琼）

【开展经审工作培训】 2020年，市总工会经审会采用多种形式，对经审干部进行分类培训。举办市总工会经审干部培训班，对52名区局（产业）工会经审干部进行培训，提升他们的综合素质和专业能力。对市总工会社会中介机构审计备选库中的10家会计师事务所和5家工程造价咨询公司进行培训，强调工会审计的要点和要求。为有需要的区局（产业）工会开展工会经审干部岗位培训提供服务。（柴丽琼）

【制订区局（产业）工会经审工作规范化建设标准（2020版）】 3月，根据全总经审会《关于对2019年度省级工会经费审查工作规范化建设考核的通知》通知精神，市总经审会结合上海实际，出台《关于印发〈上海市区局（产业）工会经审工作规范化建设标准（2020版）〉的通知》。该通知共设“自身建设、审查审计、国家审计、社会审计、会员监督、特色创新工作”六大类一级指标，其中针对区总工会设37项二级指标，针对产业（局）工会设36项二级指标。每年可根据工作实际出台一个新版本，对指标做适当修改或调整。同时为减轻区局产业工会工作负担，改“市总开展对下考核评定等级”为“各区局产业工会自行申报给市总备案抽查”方式，每年市总经审会公布申报单位及抽查结果，不再开展等级评定。（陆娟）

【宝山区总工会经审项目获评工会经审十佳创新工作案例】 宝山区总工会的《联动、联审、联建推进“四位一体”立体经审监督体系改革》入选2018—2019年度上海市经审十佳创新工作案例。宝山区总工会探索构建联动机制、做实联审工作、深化联建内涵，积极推进“四位一体”立体经审监督体系建设。加强区域协同，强化联动机制。建立与区纪委监委、区审计局沟通机制，突破工会审计内部循环、自我监管的单循环，进一步做“实”部门联动机制。聚集工作重点，优化联审模式。与纪委监委、区审计局不断丰富监督、指导和参与形式，更加突出分类推进、常态规范、立体发展，提升审计监督的针对性和有效性。坚持创新发展，深化联建内涵。与纪委监委、区审计局的协作配合越来越密切，积极探索深化联建内涵，加强前期预防机制建立。（朱艳）

【闵行区扎实做好工会经审监督】 闵行区总工会经审会坚持多措并举，不断深化工会“四位一体”立体经审监督体系建设。年内，充分发挥内审主体作用，在疫情期间，以线上、线下相结合的方式对本级工会经费进行审计审查监督。主动对接国家审计，与区审计局召开协调会，交流年度经审工作要点、会商审计项目安排、沟通延伸审计发现问题，及时督促基层工会落实问题整改。委托社会审计机构开展对下审计，共审计40个项目。指导各区属工会推行基层工会职工会员监督工作，加大企业职工会员监督工作推进力度。加强对各级工会经费使用的日常指导服务，以工会主席大讲坛形式，邀请市总工会财务资产管理部副部长徐冬梅专题解读《上海市小微企业工会经费支持政策实施细则》。深入开展工会专项资金调查研究，对2017—2019年期间38家区属工会管理和使用闵工学堂补贴等6项专项资金及各类奖励资金的情况开展调研分析，形成《关于工会专项资金使用和管理情况的调研报告》，为进一步优化工会专项资金安排提供参考。区总工会经审会《坚持以上促下，推进内部审计监督常态化制度》荣获“2018—2019上海工会经审十佳创新工作案例”。（金靓）

【中国宝武工会加强经费审查监督工作规范化建设】 中国宝武工会认真落实上海市总工会《关于在推进“四位一体”立体经审监督体系中充分发挥基层工会职工会员监督作用的实施办法（试行）》等文件精神，推进基层工会经审工作规范化、标准化、体系化建设。组织开展二级单位工会经审会主任述职，并对二级单位工会2019年度经审工作规范化建设情况进行评比，评选出2019年度经审工作优秀单位：宝钢股份、欧冶云商、宝钢工程、宝武炭材、宝钢发展、宝钢金属等6家工会经费审查委员会。宝钢包装、集团机关、宝钢资源、宝武环科、宝地资产、上海不锈、宝信软件、宝钢特钢、浦钢公司、宝武特冶、一钢公司、五钢公司等12家工会经费审查委员会获评2019年度经审工作合格单位。（李士伟）

【市烟草工会开展基层工会经费专项审计】 为保障基层工会经济活动规范有序运行，促进工会经费使用更好地服务职工群众，推进工会党风廉政建设，自2020年起，市烟草工会经审会邀请第三方专业审计人员，围绕工会经费收支情况等8个方面，针对内部控制、预算执行情况、财务收支等重点内容，对基层工会进行专项审计，计划三年覆盖全部直属基层工会。年内，对储运公司、白玉兰公司、烟印公司、烟机公司4家基层工会进行试点审计。经审计，工会经费使用情况总体规范，各基层工会就专业审计组提出的凭证不完整、签收有缺失、制度不完善等改进建议，积极落实整改。

（王蓓蕾）

【中远海运集团工会提高财务经审科学化水平】 中远海运集团工会持续加大对基层工会、一线职工和工会重点工作的资源投入，推进各单位及时足额拨缴工会经费，依法合规使用管理经费，提高经费保障水平。不断加强工会经审体系建设，将内部监督与外部监督有机结合、上级监督与同级监督有机结合、间接监督与直接监督有机结合，保障工会经济活动健康有序运行，促进工会经费资产更好地服务职工群众。2020年，组织开展直属单位工会财务和经审工作规范化考核，通过自评、互评、集中评审等形式促进互相学习交流，加强优秀工作成果和优秀审计项目的交流推广。

（张　洁）

【上海移动工会开展工会经费管理自查自纠和廉洁风险防控工作】 为进一步提升工会经费管理规范化水平，强化工会经费管理领域嵌入式廉洁风险防控机制建设，中国移动上海公司工会组织开展工会经费管理自查自纠和廉洁风险防控工作。一是高度重视，制订周密计划扎实推进。根据集团工会相关文件精神，结合实际拟定工作方案和推进计划，明确检查工作重点和相关配套制度、文件及资料，保障本次检查工作的有序推进落实。二是精心组织，形成立体化检查模式。采用“本级自检、同级互检、上级抽检”的立体式检查模式，以公司工会下沉式检查和基层工会互查相融合的形式，提升自我监督意识，搭建学习交流平台，促进管理水平提高。三是丰富手段，以干代训锻炼队伍。结合常态化疫情防控要求，以实地检查和线上检查相结合的方式，实现各基层工会、固定资产、工会经费使用全流程、经费一级科目全覆盖，以干代训提升工会干部经费管理能力和水平。累计开展检查53次，其中实地检查27次，线上检查26次，参与检查达180余人次。

（徐睿璐）

网上工作平台建设

【概要】 市总工会高度重视网络安全和信息化工作，依据《上海市各级党委（党组）网络安全工作责任制实施细则》要求，2020年成立由市人大常委会副主任、市总工会主席莫负春，市总工会党组书记、副主席黄红任双组长的上海市总工会网络安全和信息化委员会，协调做好上海工会系统“一网通办”相关工作，推动上海工会融入全市网络安全和信息化工作大局，更好提升上海工会网络安全和信息化管理水平。充分运用“智慧工会”技术手段，在立足本职工作中体现服务大局。一是推进信息系统整体上云。按照市委、市政府统一部署，市总工会官网、上海工会职工服务平台（申工社）、上海工会网上工作平台（申工通）、上海工会险种信息管理系统等4个关键信息基础设施2020年全面完成上云迁移。按照“应迁尽迁”要求，市总工会全面推进其他已建信息系统整体上云工作，进一步提升基础资源保障能级，保障信息系统安全稳定运行。二是推进上海工会“一网通办”。按照《上海市加快推进数据治理促进公共数据应用实施方案》（沪委办〔2019〕8号）要求，对工会相关个人高频事项和业务办理“一件事”实行流程再造，全面梳理上海工会公共服务事项接入上海市“一网通办”在线政务服务平台，推动从“能办”向“好办”转变，加大服务模式改革创新力度。截至年底，上海工会接入“一网通办”门户网站11个事项，“随申办”超级应用13个事项，市委组织部“一件事”系统4个事项。三是推进上海工会视频会议系统建设。积极应对新冠肺炎疫情，建设完成市总工会视频会议系统，实现语音、视频及数据的实时交互传输，集成桌面共享，会议录播等功能，进一步减少基层往返，提升会议效率，提升市区工会工作沟通效能。加强工会网络安全工作，制订《上海市总工会2020年度网络安全管理绩效考核工作方案》，为网络安全日常管理提供制度保障；依托上海市信息安全测评中心及安服团队，定期对市总工会关键信息系统开展渗透测试、漏扫以及基线扫描，对标等保2.0新要求进行差距分析；进一步完善应急预案并按要求开展应急演练。在2020年度上海市网络安全抽查检查中，市总工会被评为网络安全工作先进单位。加强工会制度规范工作，制订《上海市总工会信息系统建设安全管理制度》《上海市总工会数据安全管理制度》《上海市总工会信息系统运维管理制度》《上海市总工会个人数据保护管理制度》《上海市总工会外部设备准入管理制度》等20项网络安全管理工作制度，为上海工会进一步提升规范化管理水平提供保障。

（周礼旻）

【闵行区总工会针对疫情影响大力推进线上工作】 新冠疫情爆发以来，闵行区总工会积极拓展线上服务职工阵地，为打赢疫情防控阻击战营造良好的舆论氛围。一是开展线上思想调研。一季度，围绕疫情对职工的影响，选择东、南、西、北、中5大片区7个街镇，通过电话访谈、线上填写问卷等方式，对20家不同规模企业进行调研，参与调研职工210人，形成《新冠肺炎疫情期间闵行职工思想动态调查分析》报告，及时掌握职工队伍思想动态和职工网络舆情，引导职工不造谣、不信谣、不传谣。二是举办线上文体活动。“五一”前夕，举办“致敬最美劳动者”暨“抗击疫情助力发展”线上职工摄影比赛，征集到400余幅作品，遴选出100优秀作品，进行线上展示。5月，与区体育局联合举办线上职工踢毽子、跳绳比赛，报名参与人数达831人，以非聚集性文体活动，帮助职工舒缓疫情带来的压力。三是进行线上服务指导。利用微信公众号、线上课程平台等网络媒体推出系列线上教育。推出7堂心理防“疫”微课和10堂“劳动关系防‘疫’微课堂”，减轻职工因疫情所致的压力和焦虑,针对疫情期间企业停工停产、工资发放、调整薪酬、轮岗轮休等问题如何处理以及企业社保、公积金等相关政策解读等民生热点,指导企业在疫情防控期间正确处理劳动关系。 (王　凯)

【市仪电工会组织职工开展线上科技知识竞赛活动】 7月上旬,市仪表电子工会、仪电集团科技创新部通过"仪电·慧幸福"APP组织开展2020年"仪电科技月"线上职工科技知识竞赛活动。据统计活动浏览学习职工达5600余人次,参与答题竞赛职工达1800余人,获得竞赛满分职工达1400余人,答题准确率和速度最优的前30名职工中抽取3人,作为特邀人员参加7月16日在华鑫慧享中心召开的上海仪电(集团)有限公司第八届科技工作大会现场会议。 (周黎俊)

【海洋石油工会建立e家"微信小程序】 2020年,上海海洋石油局工会为响应人民城市人民建,人民城市为人民的上海发展思路,在推进网上办公,数字企业工作中创新思路先行先试创建了"员工e家"微信小程序,至年底注册用户已达1595人,开放板块包括每周菜单、青年广播站、海洋石油早知道、健步走、群团天地。全年共开展专题活动9项,内容包括图书分享、线上健步走、疫情防控知识答题等,累计参加员工4589人次,实现智慧工会目标,做到工会工作一体化管理、职工群众个性化服务。 (耿卫军)

信息督查

【概要】 2020年,市总工会信息工作围绕党政工作大局和工会中心工作,认真履行"维护职工合法权益、竭诚服务职工群众"的基本职责,重点报送工会参与做好疫情防控和复产复工的工作情况,关注疫情给困难职工等群体及有关行业企业造成的影响,跟踪调研劳动关系领域的变化趋势和风险点等,发挥较好的参谋助手作用。报送市委、市政府领导《专报》32期,全总信息34期、市委信息24期,李强、于绍良、彭沉雷、宗明等市领导批示11次;编发《工会简报》87期,其中抗疫工作成效及经验成果35期,问题导向、社会热点信息14期。一是强化提前谋划。紧紧绕中央、市委、全总决策部署,把握当代中国工人运动的时代主题,结合工会重点工作做好策划、选题、约稿等工作。二是坚持问题导向。高度重视问题类信息报送,主动倾听职工群众呼声,如实反映职工群众诉求。三是加强组织建设。对内与机关各部室、直管单位保持密切联系,共同开发信息素材,对专项工作加强信息再造;对外沟通联系全市各级工作信息队伍。推选浦东、杨浦、闵行、松江、奉贤等区总工会,机电、宝武集团工会和上海工会学院等8家单位为全国总工会信息直报点,督促其及时收集基层企业有关情况和职工意见诉求。 (徐鑫悦)

【突出督查工作重点完成督促情况报告】 市总工会督查工作围绕中央、市委、市府和全国总工会工作重点开展,推动工会工作全面落地落实。一是重点工作的督促检查。围绕工会全年各项重点工作梳理出31项市总工会年度重点督查项目清单,涉及10个机关部室和3个直管单位。二是全总市委市政府工作推进落实情况的督促检查。完成全总关于上海工会改革、产业工人队伍建设改革进展情况的督查报告、关于贯彻全国工会党风廉政建设工作会议精神的督查报告;完成市委市政府关于贯彻执行中央八项规定精神解决形式主义突出问题为基层减负情况等的自查报告、关于深化工会改革推进情况的督查报告;完成市委对市委常委会工作要点贯彻落实的季度督查;完成市政府重点工作绩效考核督查等督促检查工作。接受全总督查组来沪督查指导。三是领导批示的督促检查。对于领导予以表扬的批示,及时将相关批示传阅到相关职能部门和相关工会,进一步激发做好工作的主动性与积极性。对于领导高度关注的专项内容,督促相关部门及时报送书面材料。年内,完成市总领导同志批示抄清11篇;完成市委市政府主要领导关于多举措关心关爱医务人员和全力打响"上海制造"品牌工作落实情况的督促检查。四是做好人大代表书面意见、政协委员提案督办以及提案办理回访调研和市委市政府督查考核工作,全年共督办人大代表建议15件、政协委员提案22件。 (戴　菁)

【以督查促改革持续向纵深发展】 11月,由全国总工会党组成员、经费审查委员会主任李晓钟带队的全总督查组一行来沪督查指导工作,特别围绕工会改革和产业工人队伍建设改革工作开展督促检查。通过汇报座谈、走访调研等形式,向全总督查组介绍近年来上海工会在推进工会改革和产业工人队伍建设改革方面采取的措施和做法,以及下一步工作设想。全总督查组高度肯定上海在推进工会改革和产业工人队伍建设改革工作上取得的成果,希望上海能继续发挥好排头兵、先行者作用,在建机制、强功能、增实效上下功夫,持续推动工会改革、产业工人队伍建设改革向纵深发展。 (戴　菁)

信访工作

【概要】 1—12月,市总工会受理和办理职工群众信访的总量为137597件(次),与去年同期相比上升8.88%。其中来信1122件,同比下降25.5%;联名信6件,同比持平;来访607批966人次,同比批次下降2.1%,人次下降6.1%;集访21批315人次,同比批次上升40%,人次下降12.7%;来电135868件(次)(含12351热线电话),同比上升9.3%。信访反映的主要矛盾集中在互助医保、历史遗留、劳动关系等方面。主要工作:一是加强规范建设,努力打造"阳光信访"。在处理来信、接待来访工作中,严格按照《信访条例》的有关规定规范操作,做到职工群众来信来访登记及时、事项准确、内容完整、符合规范,确保信访工作规范有序。同时,树立质量管理理念,坚持做好全国信访信息系统上海分系统与"申工通"信访工作板块建设和运行工作,持续推进录入数据规范化,实现信访办理工作的痕迹化管理、动态化预警、常态化监控。二是加强依法解决,坚持实行"法治信访"。贯彻"三处理一到位"的工作原则,积极推动信访矛盾化解工作。对诉求合理的信访矛盾,强调及时有效解决;对涉法涉诉及不属于市总工会会受理的初次信访,第一时间向信访人讲明情况，并引导其向相关职能部门反映；对没有政策依据或无理诉求的信访人，坚持有依据、有底气、有担当地说真话，敢于说“不”，坚决不让“终点站”变为“中转站”。三是加强能力建设，不断完善“责任信访”。召开全市工会信访与职工稳定工作大会，学习传达本市信访工作重要会议精神，总结交流工作经验，改变“上热”与下冷的困境，找准工会信访工作的科学定位，落实信访责任规定。同时，认真贯彻《信访工作责任制实施办法》要求，进一步压实信访工作责任单位的矛盾化解主体责任，积极发挥信访工作例会的协调和督办作用，确保分级落实责任，快速化解矛盾。（丁贤颢）

【市总工会召开上海工会信访和职工稳定工作会议】 7月9日，市总工会召开上海工会信访和职工稳定工作会议，市总工会党组书记黄红出席并就进一步做好本市工会信访和职工稳定工作提出三点意见：一是要进一步统一思想，充分认识做好工会信访和职工稳定工作的重要性。各级工会干部要提高站位，充分认识新形势对信访工作提出的新要求，把做好信访工作作为义不容辞的责任。二是要进一步强化责任，扎实有效地做好工会信访工作。工会领导干部要按照市委主要领导的要求，把信访责任扛在肩上、亲力亲为、守土负责，带头推动问题解决，认真落实信访工作责任。三是要突出工作重点，着力抓好劳动关系和职工队伍稳定。把工会调解放在更重要的地位，在前段前期主动介入矛盾调处，及时有效化解劳动关系矛盾。市总工会副主席张得志、郭箐以及各区局（产业）工会分管信访维稳工作副主席110余人参加会议。杨浦区总工会、松江区总工会、仪表电子工会、锦江国际集团工会就各自的信访维稳工作作经验交流。（丁贤颢）

【杨浦区总工会扎实有序推进信访工作】 杨浦区总工会高度重视信访工作，始终坚持“以民为本”的服务原则，以“切实解决职工群众急难愁问题”为目标，认真处理群众来信来电来访，扎实有序推进工会信访工作。一是不断加强信访稳定体系化建设。明确“主要领导第一责任、分管领导具体责任、职能部室直接责任”的信访办件三级责任体系，明确“首问责任制”，加强与所属事业单位、行业工会、直属工会以及街道总工会的联动联调，及时妥善化解和处理各自职责范围内的信访问题。二是精细化优化信访办件工作方法。组建微信群加强系统平台与部室的即时互动，第一时间交流更新信访办事流程、所需材料和其他相关事项，建立职能模糊问题联合审定、职能交叉问题协调联办、疑难复杂问题一事一议的机制，确保信访提出的问题事事有落实、件件有回应。三是打造“有温度”的信访稳定工作。坚持把信访稳定工作重心放在有效解决问题、维护职工群众切身利益上来，做到诉求合理的解决问题到位、生活困难的帮扶救助到位、诉求无理的教育疏导到位，推动“事要解决、心要贴近”，着力打造“有温度”的信访工作。（龚　雯）

【宝山区总工会聚焦劳动关系稳定做实信访工作】 密切关注疫情期间工资支付、裁员、企业关停等劳动关系矛盾苗头。依托三方协调、四方联动等多元机制，联合召开劳动关系专题会议、出台疫情期间集体协商工作提示、开展劳动用工政策培训、培养树立先进典型，合力推进疫情防控期间劳动关系矛盾预防和化解工作。开展“同舟共济、共克时艰”集中要约行动，对298家企业开展协商指导。通过“1+1+1”人员配备、一企一群一策等措施，助力职工依法维权，形成“一二三四五”工作机制。成功处置罗店镇嘉里英特拉、罗泾镇霍勤、高境镇优尔蓝、城工园泰雷兹、张庙街道北裕精密等60起企业重大改革调整事件。《宝山工会开展“共克时艰·集中要约行动”助力企业复工复产和劳动关系稳定》被全国总工会、市总工会信息媒介全文刊登。（实　能）

【市仪表电子工会夯实有效做好信访工作】 市仪表电子工会加强工会信访制度建设，规范工会信访办理和督办，为维护社会和企业和谐稳定，维护职工合法权益发挥积极作用。一是注重源头参与，在完善企业法人治理结构中注入“和谐稳定”元素。积极推进与构建和谐企业劳动关系和职工切身利益相关的事项等前置入章，从顶层设计层面维护职工合法权益，减少或避免信访矛盾。二是加强机制建设，在推进和谐企业建设中落实信访责任。制订并完善《仪电系统工会信访工作管理办法》，进一步明确仪电各级工会信访工作流程，做到件件有领导阅批，事事有基层回复，桩桩有办理结果。三是创新调处方法，在坚守“维护和服务”的主责中有序化解矛盾。一方面，不断加强对工会信访件的研究分析，分门别类，做到一般信访及时调处，督办信访及时反馈，重大信访及时上报，进一步加强调处力度，既不欺负“老实人”，也不惧怕“不讲理”的人；另一方面，创新工作方法，按照“依法、合理、合情”的工作原则，真正做到合理诉求解决到位，无理诉求解释到位，困难诉求帮扶到位，确保工会信访矛盾化解在基层。（邵秀根）

【上海邮政工会高度重视员工诉求做实信访维权】 中国邮政集团公司上海市分公司成立员工维权小组。小组由市分公司各职能部室组成，上海邮政工会作为牵头部门负责日常工作。根据市分公司党委要求，上海邮政工会不断完善“市分公司——二级单位——支局（生产科）”三级维权工作架构。各级“维护员工权益协调推进发展”工作小组主动开展工作，将员工诉求处理工作关口前移，实现上下联动、横向配合，努力把苗头性问题第一时间解决在基层。建立完善员工思想动态信息反馈制度，切实解决员工的合理诉求，通过员工维权热线、工会主席信箱、民主恳谈会、员工思想动态信息反馈、局务公开栏和劳动争议等6个员工诉求表达渠道反映和解决问题。全年市分公司维权小组共受理员工诉求11件次，处理办结率100%。（陶　晔）

区局(产业)工会概况

区总工会概况

【浦东新区总工会】 辖基层工会9286个，涵盖单位21437个，职工923987人。工会会员877602人，其中女会员390734人，农民工会员255732人。主要工作：一是弘扬劳模先进风采。评选表彰88名全国、市劳模（先进工作者）和劳模集体，表彰区"五一"劳动奖状、奖章、工人先锋号249个。组成劳模和工匠宣讲团，宣讲劳模先进事迹364场。编撰发行《30年30人——向浦东开发开放的光荣建设者致敬》劳模先进人物故事集。开展新闻宣传报道180余次，在"浦东工会通"等媒体平台报道883篇，阅读量400余万次。开设线上职工学堂，49万余人次参加学习。"浦东工会通"获全国总工会、中央网信办"互联网+工会"普惠服务创新型平台。二是提升职工技能水平。以"建功新时代"为主题，开展1500余场次、30个项目、160万人次职工参加的立功竞赛，其中1名选手获国家级班组长管理技能大赛特等奖。在实施"830"技能提升计划、命名年度"浦东工匠"工作中，评出职工科技创新成果、先进操作法、合理化建议等奖项；命名工人发明家和科技创新英才；授牌浦东职工科技创新基地、浦东职工实训中心各共30个。创建市劳模、工匠、职工创新工作室6家，命名区级36家。全年拨付培训资金9470.61万元（含中央财政下拨培训资金），培训职工25万人次。举办40场"百千人急救知识"线上培训，3万余人次参加。有7名先进个人被列为特殊人才"落户"浦东。三是稳定企业劳动关系。开展外贸、住宿、餐饮业劳动关系调查，调处劳资纠纷95起、涉及职工1.72万余人、金额1.71亿元。提供法律援助3921件，挽回经济损失0.99亿元。开展法律宣传118场。参与劳动法律监督案件488件。区总工会1人获全国职工维权杰出律师。参与培育民管质量体系高级达标企业15家（两年）、中级40家，厂务公开民主管理先进单位6家，1家获市级先进。职代会建制动态率90%。完成集体合同3263份，覆盖企业2.36万家、职工100万人。21个先进集体及个人获"安康杯"全国和市竞赛优胜单位称号，市、区两级参与"安康杯"竞赛覆盖企业6039家、50万余人。协助区安监等部门开展事故隐患和职业危害排查及事故调查99次。全区签订职业病防治专项合同514份，覆盖职工10万余人。四是关爱职工办好实事。安排12批次、1471名抗疫先进职工参加疗休养。对132名浦东援鄂医疗队员开展"一对一"志愿服务。发放各类帮困金和物资，价值8100万余元，惠及职工62万余名。《浦东疫情防控期间对困难职工"无接触式五关爱"》评为全总优秀案例。为132万人次职工办理互助保障、给付75万余人次、给付金1.51亿元。办理会员卡新增6.5万张。举办37场线上就业招聘会，招聘1.6万人。开设线上心理学等课程40场。举办职工交友活动28场。为1.6万名外来建设者提供免费健康体检。新建"爱心妈咪"小屋50家，建成441家。实施2.0版的"家门口"职工文化配送共服务199场次、惠及职工1.1万余人次。开展职工读书嘉年华活动及各类文体活动148场、2.5万余名职工参与。建全总"职工书屋"示范点17个、区级示范点56个。五是增强工会自身能力。新增工会组织509个，涵盖单位1312家，会员2.4万名。新建1个行业工会联合会，3.4万名职工入会。指导农发集团等3家工会召开第一次工代会。新建区供销联合社工会。建立街镇、开发区联席会制度，并召开政府与工会联席会议。《注重"三结合"打造浦东职工版"家门口"服务体系》事列，被入选长三角三省一市优秀工会案例。制订下发《关于加强街镇开发区"小二级"工会组织建设的实施办法》。1个工会联合会评为全国"模范职工之家"、1个工会评为全国"双爱双评"先进。实施"共克时艰、携手战疫——万人千企抗疫"行动。开展大调研工作形成常态化，建立健全"四位一体"经审监督制度。 （吴周筠）

【徐汇区总工会】 下属基层工会1854个（其中独立工会1421个、联合工会433个），涵盖单位13618个。职工292185人。工会会员286881人，其中女会员124330人，农民工会员84988人。主要工作：在会员入会方式上，一是创新网上入会流程，职工可通过网上自主申请入会；二是聚焦滨江功能区15个项目工地，吸纳4000多名农民工入会，推动项目工地工会规范运行；三是面对工会经费难以保证、传统工会组建方式难以适应的12类灵活就业群体，以会员经费补贴等形式吸引入会，扩大了新产业新群体工会组织覆盖面。在工会提供保障服务上，帮助9400名新就业群体中的灵活就业和从业人员，申办专项保障服务。组织17家单位的812名职工、18个抗疫团的758名抗疫一线先进职工代表参加疗休养。安排49家单位的1250名职工参加健康体检。组织1000余名农民工和困难女职工参加疗休养及体检。为近万人次职工开展"午间一小时"服务。为90438名职工（工会会员）送上工会会员卡专享基本保障，其中A套56546份，A+套294份，B套21273份，B+12325份。为495位患重病职工办理会员服务卡专享保障理赔。实施元旦春节送温暖，发放慰问金70.6万元；精准定帮困难职工，发放定帮款17万元；对受疫情影响的121名困难职工，发放专项补贴12.1万元，其他特困职工通过"一事一议"机制予以补助。在产业工人队伍建设上，全年有56名职工获得技师晋升或高师带徒奖励。有30名一线职工获发明专利奖。利用地方教育附加专项资金对职工进行培训，全年上报培训的企业115家，申请培训项目1270个，申请培训补贴金额7188万元。开展劳动保护、疗休养、高温慰问、"安康杯"竞赛。在实施实事项目上，建立标准化户外职工爱心加油站60家；为9万职工（工会会员）办理工会会员服务卡专享基本保障；新建27家"爱心妈咪小屋"；创建10家区级职工书屋示范点；举办"汇课堂进百家单位""工间操进百家单位"系列活动，2.5万人次职工参与。先后有72个（名）单位或个人，在劳模工匠、厂务公开、安全生产、职工书屋、模范职工之家、职工小家、优秀工会工作者、户外职工爱心接力站、经审十佳创新案例、非公企业工会改革示范等16项工作评选中获全国或市级荣誉称号。区总工会及事业单位中的6个集体或个人，在"市重点工程实事立功竞赛优秀团队""市巾帼文明岗""市职工健康趣味运动会优秀组织奖""市民运动会先进个人""市优秀志愿者""全国最美

抗疫家庭”评选中获全国和市级荣誉称号。（徐艳杰）

【长宁区总工会】 辖基层工会1676个，涵盖单位11712个。职工225349人，工会会员222726人，其中女会员99368人，农民工会员67144人。主要工作：一是抗击疫情，落实防控措施。疫情之初，即成立防控小组，下发倡议书，对疫情防控知识进行宣传疏导。按市总工会规定将新冠肺炎纳入工会重大疾病保障范围。有1800余名工会干部到社区、企业一线助力抗疫。下拨200万元专项资金，慰问赴外省市抗疫医疗队员、医院一线医务人员和职工。组织25批次、1100余名抗疫职工参加工会疗休养。二是克难奋进，聚焦建功立业。评选表彰3名全国劳模（先进工作者）、15名市劳模（先进工作者）、5个市模范集体；2名职工被命名“上海工匠”，10人被命名“长宁工匠”。联合开展“奋进新时代·创造新奇迹——推进高质量发展”长宁职工技能竞赛。如春秋航空公司开展岗位专项技能竞赛；卫生、公安、市容等行业已连续三年，开展“进博会”专项立功竞赛活动。三是帮困职工，稳定劳动关系。制订《长宁区疫情防控期间企业集体协商工作流程》，实行独立建会企业集体合同可网上送审，年内签订集体合同5767份。帮助企业建立和谐劳动关系，调处群体性案件41件、调解101人次、参与仲裁643人次、挽回职工经济损失2648余万元。各级工会筹资160余万元，在节假日，对540余户困难职工家庭进行慰问；对10名全国、市级困难职工，拨给特别生活补助金8.2万元；对217名患大病职工实施医疗帮困，发给医疗补助金34.4万元。四是开展活动，办好实事项目。为5.6万名会员办理工会会员服务卡。开展60场心理学、心脏急救讲座。实施“家庭医生进企业送健康”行动，“Health 工享站”覆盖11个街、镇、园区的82栋楼宇，“体验式”活动覆盖率100%，“巡诊式”推送率30%。虹桥世贸商城开始进入“驻点式”楼宇建设和运营阶段，惠及5200家企业的15万名职工。举办第七届长宁职工读书节，推出读书项目80项。举办第八届“三微”大赛，征集微感言1423条，微镜头783组，微电影46个。举办上海职工文化网络大奖赛，4200余名职工参加。开设公益课程400堂，2.3万人次职工参加听讲。在决战脱贫攻坚、精准推进消费扶贫行动中，全区工会共购买扶贫产品630余万元，2.4万余名职工受益。（杨柳青）

【普陀区总工会】 下辖直属工会34个，基层工会1703个，涵盖单位5198个。职工155345人。工会会员148198人，其中女会员65019人，农民工会员61113人。主要工作：一是助力疫情防控。克难奋进、担当作为，助力新冠肺炎各项疫情防控工作的落实。按照市总工会规定，把新冠肺炎疾病纳入重大疾病保障范围。下拨405万元专项防疫经费，慰问抗疫一线人员和困难职工。加强对疫情政策引导，助推企业复工复产。二是弘扬劳模风采。评选表彰全国劳模3名、市劳模（先进工作者）16名、市模范集体4个。选树“上海工匠”1名、“普陀工匠”20名。开展“领跑新时代·建功新普陀”劳模风采巡回展。成立“普工英”劳模讲堂和“四史”宣讲团，300人次职工通过微党课、现场教学等方式参加收听。协助区委对“沪西工人半日学校”旧址复建重展、顾正红纪念馆展馆更新工作，复建的沪西工人半日学校史料陈列馆已接待40支参观团、1300人次。三是提升职工技能。以“奋进新时代·创造新奇迹”为主题，开展50余场、1.3万名职工参加的劳动技能竞赛。成立区工匠创新工作室联盟，创建区工匠创新工作室、职工创新工作室各1家。新建职工学堂6家，惠及职工6000人次。优化“公益乐学”服务，建立融创·精彩天地商圈教学点，开设102场次“公益乐学”培训，9600名职工参加。四是维护职工权益。签订集体合同覆盖企业3082家、职工66980人；签订工资专项集体合同覆盖企业3029家、覆盖职工41365人。各法律援助站点，接待法律咨询2619人次；提供代书、代理仲裁、诉讼及调解纠纷案452件，挽回经济损失2100万元。新建中环现代大厦法律援助站点。朱雪芹职工法律援助工作室办理的“李某生育津贴差额案”，获全国尊法守法、携手筑梦法治微视频二等奖。区总工会获“全国维护妇女儿童权益先进集体”。五是实施实事项目。共投入229.6万元实施职工实事项目，惠及职工3.66万人次。新建户外职工爱心接力站1家、升级9家，服务职工1.27万人次。为1500名女职工提供妇科体检。助力打赢脱贫攻坚战，支援云南省昆明市扶贫项目150万元，参与消费扶贫1.8万份、共计676万元。接受全国总工会第三方解困脱困工作满意度和社会公众满意度评估均获满分。为26.64万名职工、10万余名退休职工办理市、区两级互助保障计划。推动工会21项服务项目纳入“一网通办”，位列中心城区第一。六是加强自身建设。成立长寿路街道民非工会联合会等“小二级”工会4家，发展灵活就业会员4761人。为6702名灵活就业群体发放106.56万元专项补贴。加大基层工会经费扶持，回拨基层工会经费1118万余元，补贴各类专项工作经费634万余元。区总工会被全国总工会评为2019年度市县级工会财务先进单位。联合举办“‘金环杯’企业业余篮球联赛”“谁羽争峰——2020年普陀区职工羽毛球比赛”。加强职工文体中心建设。（陆　蕾）

【虹口区总工会】 辖基层工会1449个，涵盖单位5731家。职工119976人。工会会员116523人，其中女会员41311人，农民工会员18150人。新建基层工会组织72家，新增工会会员2751人。一是疫情防控和复工复产。成立疫情防控工作领导小组，完善应急预案和应急机制；开展云招聘专场，为求职者提供各类岗位上百个；组织洗霸科技股份有限公司等单位参加“百位劳模送岗位”活动；建立就业指导联系机制，为困难职工子女提供一对一服务；邀请区精神卫生中心专家开展线上云直播心理讲座，设立心理咨询流动驻点进园区；下拨各街道、直属工会135万元防疫专项资金，对中西医结合医院等4家区内定点医疗机构开展实物慰问和走访慰问驰援湖北医疗队员家属；建立“我在第一线”专栏，发布各类推文近800篇，征集基层抗疫战疫题材作品近300幅。二是产业工人队伍建设。开展“奋进新时代·创造新奇迹”为主题的虹口职工劳动和技能竞赛；举办“唱响新时代，打造新标杆”虹口区旧区改造和城市更新立功竞赛职工歌手大赛总决赛；推进区劳模、技师、职工创新工作室创建工作，帮助企业申报创新工作室12家,申报技师、高级技师晋升奖励20名、师徒带教奖励42个、发明专利奖励20个。年内,区获评3名全国劳模和先进工作者、15名上海市劳模和先进工作者、3个上海市模范集体。三是扶贫解困。开展"金秋助学""医疗互助""结对帮扶""送温暖"等工会帮扶措施,走访慰问一线职工5061人、困难职工800余人,发放帮扶资金108万元,发放农民工通讯费、医疗费补贴18万元;做好解困脱困第三方评估工作并完成样本采集,完成困难帮扶申报36人。推动消费扶贫,各级工会优先采购对口扶贫地区产品作为节假日慰问品。四是维权服务。推动政府与工会联席会议制度建设,全区8个街道全部召开街道与工会联席会议;召开第二次区政府与工会联席会议,重点针对劳动用工、工资待遇、企业减负、指导服务等方面发挥联席会议作用。推进工会工作者队伍建设,召开虹口工惠工作者事务所第一届第一次理事会和监事会;完善"零门槛""应援尽援"工作机制,工会法律援助服务平台受理案件1062件,为劳动者挽回经济损失1404.3万元。五是服务职工实事项目。新办工会会员服务卡7380张,持有效卡会员达到67980人,会员卡专享保障计划补贴137.37万元。在职、退休职工参保合计28.4万人次,投保金额4482.48万元;通过互助保障理赔受益合计18.2万人次,理赔金额4336.63万元;组团29批、1145人参加疗休养;扩大职工体检补贴范围,有7家非公企业200名职工参加工会常规补贴体检,5家企业150名职工申请参加女职工免费两病筛查;创立"公益乐学"平台云课堂,累计授课200余场,服务职工达4600人次。六是推进"小二级"工会建设。新建区民企协、区物业管理行业、运动LOFT、天宝华庭等一批小二级工会联合会,覆盖企业163家,辐射职工7300余人;开展"小二级"工会改革示范点和民营企业工会创新案例的推荐工作,推荐大柏树930创业园区工会联合会等5家"小二级"工会联合会示范点,推荐绿地城市建设发展集团有限公司工会作为市民营企业工会改革创新案例。 (马伟杰)

【杨浦区总工会】 所辖街道、行业等直属工会32个。基层工会2105个,涵盖单位10694个,职工211127人。工会会员206579人,其中女会员86576人、农民工会员104886人。坚持党的领导,突出政治建设。开展"四史"学习教育和红色文化寻访活动,举办新会员入职入会仪式,团结职工永远跟党走。主要工作:一是弘扬劳模精神。召开劳模先进表彰会,表彰2名全国劳模、16名市劳模(先进工作者)、4个市模范集体。对在重点产业、基层一线、抗疫中作出突出贡献的40名职工,评选为区第三届"最美劳动者"和"杨浦工匠"。制订实施《杨浦工会助力杨浦滨江争创人民城市建设示范区工作方案》。筹建沪东工人运动展示馆。承接"人民城市,奋斗有我"上海职工直播课堂,收看职工超百万。开展"奋进新时代·建功在杨浦——推进高质量发展杨浦"职业技能竞赛、旧改和城市更新立功竞赛、优化营商环境立功竞赛。二是提升工会活力。开展千家非公企业建会行动,新建独立工会386家、覆盖企业1497家、新增会员24116人,园区、楼宇普遍建立工会联合会。建立科技工会所属园区工会组织的属地管理制度,创建"小二级"工会示范点。指导区属企业(集团)完成"1+N"工会改革。对灵活就业群体提供文体活动、健康保障等6+x服务。落实非工会会员专项保障,翻番完成市总下达互助保障计划。三是维护职工权益。构建"四位一体"劳动关系协调机制,落实工会与政府、街道两级联席会议制度。发挥工会调解、争议仲裁、劳动保障窗口作用,加强劳资矛盾风险防范,年内集体上访和停工事件为"零"。落实"六稳"、"六保"工作目标,开展职工帮扶及稳就业工作,举办全市首场"工'疫'云招聘"上海工会网络招聘会,累计举办云招聘活动41场。开展帮困送温暖活动,累计发放各类帮扶金115.4万元。四是助力疫情防控。参与制订《杨浦区支持中小企业共抗疫情的十条政策》,将新冠肺炎疾病纳入职工互助保障范围。投入210万元,专款用于对抗疫一线职工的疫情防控;赠送职工抗疫保险5000份;为1260名抗疫一线职工提供疗休养服务;慰问400名志愿者和抗疫一线医务人员;为援鄂医疗队员家庭提供配送蔬菜、物业保障、住宅保洁服务;为援鄂医疗队员子女开展网上结对升学辅导。与有关单位制订《杨浦区关于稳定劳动关系支持企业复工复产意见》,就疫情期间劳动用工、工资待遇等问题提出工会意见。加强疫情期间职工心理疏导,邀请心理专家团队线上释疑解惑,疏解职工焦虑情绪和心理压力。 (张东寅)

【黄浦区总工会】 辖街道总工会、产业(局)工会、企业集团(公司)工会38个。基层工会2831个,涵盖单位11980个,职工298328人。工会会员267898人,其中女会员120436人、农民工会员74167人。下设办公室、基层工作部、宣传教育部、财务资产管理部、维权保障部。直属事业单位有职工援助服务中心、工人文化宫、工人体育馆和工人体育场。主要工作:疫情突发后,工会拨付专项经费240万元,陪同区领导慰问抗疫一线人员。上门为抗疫援鄂人员家庭提供送菜服务。开设防疫知识问卷、复工三步法解读,参与职工5.4万人次。以疫情期间用工合同签订、薪酬待遇规定为重点,组织400家企业参加网上培训。组织986名医务、公安、环卫、旧改等抗疫一线人员参加疗休养。帮助落实租金减免政策,累计减免554.62万元。评选全国劳模(先进工作者)2人、市劳模(先进工作者)26人、市模范集体11个。培育"上海工匠"1名、"黄浦工匠"12名、"黄浦智慧工匠"3名。拍摄宣传片《榜样》《致敬最美劳动者》。联袂区委宣传部和统战部编排话剧《复兴号》,近百万职工在线观看。评选市劳模(工匠、职工)创新工作室4个,新建区劳模、工匠、职工创新工作室12个。印发《黄浦区劳模(职工)创新工作室管理办法》,下拨19.5万元,资助20个创新项目。制订《黄浦区总工会关于职工获取发明专利、实用新型专利奖励实施办法》。奖励2项发明专利和44项实用新型专利9.8万元。在科技创新中,3个项目获市职工先进操作法优秀成果奖、4个项目获创新奖、5项合理化建议获市职工合理化建议创新奖。开展旧区改造、垃圾分类、三美联动劳动竞赛。拨付250万资金,以现场比赛+网络直播形式,举办中式烹饪等8项技能比赛,80万人次职工在线观看并参与互动。举办

7 场黄浦工会云就业、高校毕业生（线上线下）招聘会，参与企业 169 家，提供就业岗位 662 个。配合工会律师团队开展法律援助公益活动。召开产业工人队伍建设改革座谈会、政府与工会联席会议、环卫职工构建和谐劳动关系推进会及劳动关系矛盾预防化解推进会。健全工会劳资纠纷化解领导小组，实施职工“护薪”专项行动。协助处置职工讨薪案 17 件，追讨拖欠工资 447 万元。接待法律咨询 3160 人次，受理法律援助案 152 件，参与劳动争议联合调解 346 起。参与 17 家国企工会改革调研检查，落实各项改革措施。精准服务职工，完成 10 项职工实事项目。发动 9 万余名职工参加“一日捐”，捐款 629 万余元。发放常态化送温暖和一次性帮扶金 67 万元、9.7 万元。补贴农民工春节在岗和健康医疗费 18 万元。各类会员参加专享保障 12 万人，区总补贴 272 万元。参加工会互助保障的职工 25 万人次、专享保障的灵活就业人员 8732 人、退休职工 19 万人。各类保障给付 39.3 万人次，给付金 9256 万元。实施工会消费扶贫，助力对口地区农副产品销售。成立黄浦职工文化艺术团。举办第三届职工文化艺术节，组织摄影、朗诵、合唱、器乐等文艺人才角逐赛场。开展百年工运红色寻访和“睿读”系列线上读书活动，以短视频、直播等方式增强互动体验。“黄工学堂”开设白金加油站、午间学堂、139 学堂，实施菜单式文化配送服务 227 场，实现为党建工建服务全覆盖。参与市第 39 届庆“八一”军民长跑赛。举办 2020“外滩杯”黄浦职工电竞大赛、举办职工足球、台球、瑜伽、羽毛球等体育比赛。

（陆中斌）

【静安区总工会】 辖街道总工会 13 个，镇总工会 1 个，园区总工会 1 个，机关事业工会 17 个，企业集团工会 14 个。基层工会 2449 个，涵盖单位 10507 家。职工 230035 人，女职工 111285 人。工会会员 223456 人，其中女会员 107444 人，农民工会员 27077 人。工作机构设办公室、基层工作部、劳动关系部、权益保障部、宣传教育部。另有工人文化宫、工人体育场、职工援助服务中心、事业管理服务中心 4 家事业单位。主要工作：一是贯彻中央和区委决策部署，及时抓疫情防控，组织职工做好防疫复工工作，为抗疫一线提供服务保障，充分发挥工会组织在统筹推进疫情防控、经济复苏、社会发展中的重要作用。二是以主人翁精神和创造力，开展各类主题的劳动技能竞赛，激发广大职工建功新时代。做好劳模先进评选工作，发挥劳模先进的示范引领作用，加强劳模先进的管理服务工作。三是履行工会维权基本职责，切实维护职工劳动经济权益，加强工会法律援助工作，及时化解各类矛盾，构建和谐劳动关系。四是提升帮扶质量，加大帮扶力度，做好传统工会品牌工作。扩大工会服务受益面。持续深化工会改革创新，推进工会改革继续向纵深发展。五是以党建为统领，全面加强工会系统党的政治建设。扎实开展“四史”学习教育。不断加强工会干部队伍建设，提升工会自身工作水平。加强职工队伍建设，扩大工会组织覆盖面。

（裘梅芳）

【宝山区总工会】 下辖直属工会 42 家，基层工会 2162 个，覆盖单位 14363 个。职工 378847 人。会员 352156 人，其中女会员 133802 人，农民工 104388 人）。工作机构设办公室（财务资产）、基层工作部、宣传教育部（经审办）、权益保障部。下辖事业单位 2 家，民办非企业组织 1 家。主要工作：一是加强工会改革建设。持续深化工会改革，制订《宝山区关于深化“顾村经验”推进非公企业工会改革评估工作体系建设的实施方案》，形成工会改革闭环。不断夯实基层工会基础，运用“1+9”政策审核等方法，推进“双实”企业建立 1659 家工会，覆盖企业 8839 家，50 人以上企业建会率 91%。先后成立家政护工、美容美发、汽车修理、建筑行业工会，物业行业工会实现全覆盖，累计新建“小二级”工会 18 家。杨行、高境 2 个镇的两家非公企业工会评为全国“模范职工之家”和“职工小家”。二是开展评选创新工作。评选表彰 2 名全国劳模、23 名市劳模、7 个市模范集体。评选区先进工作者 301 名、先进集体 100 个。评为市创新工作室 6 个，区创新工作室 36 个，劳模、工匠、技师、巾帼、职工等 5 类创新工作室已累计 67 个。评为全国“最美家政人”、全国“最美货车司机”各 1 名。开展抗疫专项五一评选，获五一劳动奖状、奖章、工人先锋号称号 307 个，进一步凝聚众志成城共抗疫情的磅礴力量。修订关心关爱劳模制度，持续推进为高龄劳模送家政服务。三是办好实事服务职工。以“16 件好事就在你身边”为主题，推出宝山有你“五惠”服务、有力“四送”维权、有才“三建”提升、有情“四助”帮扶行动，帮扶职工 20.27 万人次，提供帮扶金 634.59 万元。职工服务中心开设的职工线上办事“一网通办”，新增办事事项 26 条，居全市前列，好评率 100%。运用“一网二热线”，开展线上线下就业招聘，累计 1244 家企业参与、服务职工 12 万人次、提供 10267 个就业岗位。四是增强自身建设能力。不断提升工会自身建设能力水平，以更大力度，落实“四责协同”机制，对标区委要求，修订完善党组工作规则，健全党组会、主席办公会议事制度，明确党组主体责任和党组书记“第一责任人”责任。配合区纪委、监委第二派驻纪检监察组工作，形成“三重一大”征求意见、重要会议列席、干部谈话等制度。职工服务中心和工人文化活动中心获宝山区文明单位，区总工会获第四届上海职工微电影大赛优秀组织奖。

（朱　艳）

【闵行区总工会】 辖直属工会 38 个，其中产业（局）工会 24 个，街镇总工会 13 个，工业区总工会 1 个。基层工会 5257 个，涵盖单位 14282 个，职工 540024 人。会员 524019 人，其中女会员 232691 人，农民工会员 249563 人。主要工作：评选表彰全国劳模（先进工作者）4 名，上海市劳模（先进工作者）28 名、上海市模范集体 8 个。推荐评为“上海工匠”1 名、“闵行当代工匠”10 名、提名奖 9 名。围绕建设上海南部科创中心核心区，打造虹桥国际开放枢纽的南北发展战略，开展“当好主人翁、建功新时代”招商引资、优化营商环境和重大项目立功竞赛。各级工会开展技能比武、岗位练兵、争先创优活动 225 项。在开展群众性科技创新中，评选区工人发明家 12 名、职工科技创新英才 36 名、优秀创新团队 20 个。创建职工创新工作室 10 家、示范型创新工作室 5 家，获市合理化建议优秀成果奖 1

项、合理化建议创新奖2项、先进操作法创新奖2项。共有205名职工晋升技师、高级技师、带教师傅,以及获专项发明专利,一并给以奖励。加强产业工人队伍建设,新增“闵工学堂”18家、创建“上海职工学堂”19家、“示范型上海职工学堂”19家。设置并优化职业技能、法律知识、文化素养等9大类共293门课程,累计培训666课次,培训职工12563人次。全面维护职工权益,建立闵行区“法院—工会”劳动争议诉调对接机制,累计建成职工维权服务站点112家。帮助19292名职工受理法律援助案件18799件,为职工直接挽回经济损失逾3.2亿元。3969个企事业单位建立职工(代表)大会制度,覆盖企业9333家。签订集体合同1975份,覆盖企业7400家,覆盖职工265158人。创建市、区两级劳动关系和谐企业2045家,创建闵行劳动关系和谐园区(村、楼宇)及行业52家,评选职工信赖的企业经营管理者112名。组织1250家企业、66359名职工参加年度全国“安康杯”竞赛,区总工会获全国“安康杯”竞赛优秀组织单位。推动工会组织规范化建设,推荐评选全国“模范职工之家”1个、全国“模范小家”1个、全国优秀工会工作者1名。累计建成工会基层服务站71家,升级改造户外职工爱心接力站28家。

(王　凯)

【嘉定区总工会】 下辖基层工会2914个,覆盖单位7043个。职工374235人。会员354517人,其中女会员137882人,农民工104634人)。一是全会动员抗疫防疫。设立疫情防控专项资金下拨资金70万元,制订《关于在疫情防控特殊时期开展集体协商工作指引》,慰问上海援鄂医护人员。二是宣传教育引导职工。评选产生3名全国劳动模范、20名上海市劳动模范(先进工作者)、6个上海市模范集体。召开嘉定区劳动模范座谈会、举办“奋斗中的领跑者”嘉定区2020年劳模风采展和“奋进新时代、创造新奇迹”嘉定工匠风采展、开展“dou出我嘉劳动美”职工视频大赛、推出“嘉定劳模”“嘉定工匠”系列短视频。举办第十九届沪苏浙“三区三市”职工文化交流活动。新建“上海职工学堂”3家、示范性“上海职工学堂”1家,新建区级职工书屋示范点10个、职工书屋自建点19个。举办“党的光辉照我心”职工原创诗歌征集推广活动。三是深化建功立业行动。开展“奋进新时代、创造新奇迹——推进高质量发展劳动和技能竞赛”。组织动员职工参加虹桥商务区智能楼宇职业技能竞赛、加快科创中心建设主题立功竞赛和“迎世赛、稳就业、促发展”技能竞赛。组队赴温州参加长三角二十城电工跨区域闯关邀请赛。开展“创建工人先锋号、争做新时代产业工人”团队创先活动,评选表彰64个“区工人先锋号示范岗”和251个“区工人先锋号”;选树“嘉定工匠”5名、“嘉定技能标兵”5名、“嘉定技术能手”10名。奖励晋升技师(高级技师)20人,发明专利16项,带教师傅30人次。补贴资金145万元,开展职工培训,累计培训职工3.16万人。组织6.16万名职工参加“安康杯”竞赛;推荐新时达电气王春祥团队参加全国示范性劳模创新工作室评选,推荐干细胞集团章毅团队获上海市劳模创新工作室称号。新建区高技能人才创新工作室20个、职工创新英才工作室14个。16个项目在第32届上海市优秀发明选拔赛获奖,其中金奖3个。5个项目分获上海市2019年度合理化建议、先进操作法征集命名活动创新奖。四是完善维权服务制度机制。召开2020年嘉定区政府与工会联席会议,审议并通过“关心关爱环卫职工、共同开展就业援助服务和加强小微企业安全生产监管”等三项议题;完善区总工会、区人社局和援助律师三方联动工作机制。联合区法院建立“调、裁、执”联动机制。联合区司法局设立“职工维权绿色通道”。成立62名律师组成的工会法律服务律师志愿团,全年开展法律援助服务993件,为职工挽回经济损失746万元;推出18项工会实事,内容涵盖维权服务、技能晋升、就业援助、生活服务、帮扶救助和文体服务等6大类。推出职工法律援助“网上办”、职工心理服务网上直播课程、“毓秀嘉定·法治‘工’开课”线上课程等项目。五是深化工会改革创新。推进产业工人队伍建设改革,“有效解决园区交通问题、构建企业和谐劳动关系、促进高技能人才品牌建设”等3个案例。推进非公企业工会改革,向市总工会推荐8个“小二级”工会改革示范点。申报南亚公司工会工作案例为上海市民营企业工会改革示范点案例。配合市总工会做好上海著名外企工会联合会筹建工作;加强基层工会组织建设,推进灵活就业人员入会工作。重点推进百人以上企业建会,全区新建实地实体型企业工会53家,累计建会9754家,建会率94.02%。开展“职工之家”创建活动,26家基层工会获评“区先进职工之家示范单位”,169家基层工会获评“区星级先进职工之家”;巩固“不忘初心、牢记使命”主题教育成果推进“四史”学习教育,加强党风廉政建设,发挥“四责协同”机制作用。进一步加强工会财务、资产管理,工会女职工等各项工作。

(黄点点)

【金山区总工会】 辖直属工会34个。基层工会11785个,涵盖单位10426个,职工255104人。会员244615人,其中女会员108714人,农民工会员126950人。下设办公室、组织部、基层工作部、维权保障部。直属单位有工人文化宫、工荟服务中心。一是强化疫情防控工作。成立疫情防控小组,助力政府复工复产复市。发布防疫信息292条,志愿服务472人次。慰问“致敬抗疫先锋”的医护人员、公安干警、抗疫物资生产企业。下拨500万元,为75个发热门诊和防疫道口站点的8000名职工配送抗疫物资。出资180万元,安排2500余名抗疫一线职工参加疗休养。二是推选表彰劳模工匠。评选表彰全国劳模2人、市劳模(先进工作者)19人、市模范集体4个。获评上海工匠2人、金山工匠10人、金山工匠提名奖9人、“鑫工巧匠”211人、工人先锋号85个。新建市、区劳模创新工作室分别为2家、7家,金山工匠工作室8家。开办金山工匠、鑫工巧匠研修班。在《文汇报》等媒体刊发弘扬劳模工匠精神专稿10余篇。三是开展职工文体活动。举办“中国梦·金山情·劳动美”职工读书节暨文化艺术节。举办212场、万名职工参加的读书分享会。参评职工读书示范活动项目101个、参评职工文艺大赛节目74个、参评“我的抗疫故事”395个。参加市职工健康趣味运动会的职工1844名。举办长三角“舞动金秋·礼赞小康”舞蹈大赛。四是深化竞赛提升技能。以长三角一体化发展为主题,开展521项、4.7万人次职工参加的劳动技能、职业安全、卫生应急竞赛。聚资1004万元,开展职业培训。新建"上海职工学堂"10家、"示范性职工学堂"16家。创建全总、市总职工书屋示范点2家、6家。参加市合理化建议和先进操作法成果征集获创新奖2个、先进操作法创新奖2个。获发明专利的职工20人,晋升高级工、技师、高级技师并奖励65人。335家企业的40843名职工参加"安康杯"竞赛。五是强化维权服务职工。建立劳动争议诉调对接工作室,受理1433件,化解8起。创建市和谐劳动关系达标企业56家。推行职代会集体合同"云协商"和厂务公开民主管理制度。在实施"十个一"招聘中,60家单位提供936个岗位。投入1143万元,完成32项实事项目。为职工办理互助保障20万人次、理赔1181万元。退休职工参保9万人、理赔1981万元。下拨35.2万元,资助对口扶贫云南,并参与消费扶贫。为1万名高温作业职工发放慰问品。六是强化工会改革建设。开展"四史"学习,完善区总党组"三重一大"集体决策制度。健全工会与政府、工会与镇、街道、工业区联席会议制度。开展区域性产业工人队伍建设调查研究。召开非公企业工会改革座谈会。举办"小二级"工会培训班。建成"活力鑫工会"1140家,含"小二级"工会33家,13家"小二级"工会为市工会改革示范点。联合区审计局建立工会经审工作联席会议制度。　（雷　霆）

【松江区总工会】　辖有镇、街道、开发区总工会18个,委、局工会28个,直属公司工会2个,行业工会6个,基层工会2963个,涵盖单位9680家。职工总数338341人。工会会员308971人,其中女会员127061人、农民工会员133251人。一是着力参与疫情防控。成立抗疫志愿服务队和疫情防控工作领导小组、下设6个工作班子,着力参与疫情防控工作,充分发挥工会在疫情防控、复工复产恢复经济建设的作用。安排220万专项资金,专款慰问援鄂医疗队员、医护人员、公安干警、疫情防控一线人员。安排192名抗疫一线职工参加工会疗休养。二是弘扬劳模先进风采。开展"四史"学习教育、"四史"互动课堂进工地、庆祝中国共产党成立99周年"九个一"系列活动。弘扬劳模、劳动、工匠精神,评选表彰全国劳模2名、市劳模18名、市模范集体8个。全国优秀工会工作者1名,全国模范职工小家1个。评选表彰松江区五一劳动奖状、奖章、工人先锋号327个。开设五一劳动节云直播,召开劳模先进表彰大会,拍摄制作20个劳模事迹宣传微影视,为81名劳模配送家政服务,走访慰问128名劳模先进,组织173名劳模参加健康体检,为379名劳模发放春节慰问金。三是提升职工技能素质。成立长三角G60科创走廊城市工匠联盟。获评长三角G60科创走廊城市职工网络安全攻防技能大赛团体三等奖、优秀选手奖2个。举办11项劳动技能竞赛,1名职工评为"上海工匠"、10名职工评为"松江工匠"。创建市、区两级劳模(工匠、技师、巾帼)创新工作室22家。开展第四届松江职工科技节,评出合理化建议和先进操作法奖项75项。创建38个"上海职工学堂"、2个示范性"上海职工学堂"。四是帮扶职工办好实事。开展帮困送温暖和高温作业下职工的慰问。慰问困难职工321人,慰问金65万余元;慰问大病职工232人,慰问金46.4万元。对勐海、勐腊两县总工会帮扶50余万元。受理并参与调处职工法律援助案7293件,为职工挽回经济损失1.4亿元。推出技能提升、维护权益等6大类、13个实事项目。办理会员卡专享保障221485人,新办专享参保38365人。举办627场、25876人次职工参与的"公益乐学"活动。协助完成区职工综合活动中心主体工程建设。五是推进工会改革建设。提前完成公共服务有效覆盖产业工人三年行动计划的各项目标任务。推动非公企业工会规范化建设,打造形成基层工会工作规范化的松江模式。有序推进国企工会改革。新建工会246个,新建产业集群工会12个,成立上海临港松江科技城园区工会联合会。　（吴　琼）

【青浦区总工会】　辖街镇总工会11个,委、局工会30个,区属公司工会7个,行业工会8个(纺织、建筑、旅游、餐饮、物业、环卫、印刷、快递物流)。基层工会2046个,涵盖单位12468家。职工353690人。工会会员335963人,其中女会员136638人,农民工会员151100人。主要工作:一是助力疫情防控。成立工会疫情防控专项工作组。走访企业750家(次),慰问职工10674人。向基层工会下拨疫情防控专项经费、防疫物资、慰问品合计价值590余万元。调查1674家企业,汇集12万名外省市职工返沪上岗以及医学隔离状况数据,形成《青浦区非公企业受新冠疫情影响情况调研报告》。二是弘扬劳模风采。开展"榜样、力量、梦想"——2020年青浦区庆五一劳模工匠讲坛首场宣讲、举办"致敬!新时代领跑者"图片展、制作"领跑者"微视频、拍摄《榜样、力量、梦想》劳动模范先进个人和集体宣传片、开发"走进劳模工匠"微信小程序,宣传弘扬劳模风采和事迹。三是提升技能素质。围绕提升产业工人技能素质,成立"青浦工匠学院"。与政府就提升产业工人技能水平进行协商。举办"弘扬劳模工匠精神、争当绿色发展主力军"长三角生态绿色一体化发展示范区工建合作主题交流活动。在东方绿舟共同创建"劳模工匠林"。开展以建设长三角生态绿色一体化示范区为主题的职工劳动技能竞赛。开展第三届"凝心聚力进博会、建功立业创一流"立功竞赛活动。四是深化改革创新。成立《深化新时代青浦产业工人队伍建设改革重点行动方案(2021～2025年)》《长三角一体化发展示范区产业工人队伍建设改革专项行动计划》编制工作领导小组,并召开座谈会。开展"八大群体"职工建立工会集中行动,以区域为基础、行业为特色,建立覆盖全区域的工会联合会。新建工会组织92家,职工入会1.3万余人。五是服务企业职工。参与调解劳动争议案1368件,提供法律援助3348件,为职工挽回经济损失1.13亿元。为助力企业发展,组织开展9场"青优工享"活动。为强化企业安全生产,保障职工生命健康,发动3628个班组、6万余名职工参加"安康杯"竞赛。区、街镇工会普遍开展高温慰问,慰问高温下作业职工13万人、1473家工地企业、送去慰问金530万余元。　（朱建强）

【奉贤区总工会】 辖直属工会69个。基层工会1841个,涵盖单位3156个。职工176958人。工会会员169092人,其中女会员77556人,农民工会员56288人。工作机构设:办公室、基层工作部、劳动关系部、宣传教育部、权益保障部。直属事业单位1个,社团组织1个。主要工作:一是实施职工素质工程。建立职工学院1所、职工学校46所、职工教学点1114个,累计培训职工120多万人次。有全总、市总命名的职工书屋示范点分别有13家、3家,区级职工书屋260家。建职工学堂30家,劳模创新工作室29家(3家市级)、市级技师(职工)创新工作室13家。组织劳模工匠讲师团宣讲56余次,受听职工1万人次。以"菜单"+"订单"模式配送课程368次,参与职工1.4万人次。组织职工、劳模工匠参与"我为高质量高标准推进新城建设献一计"大讨论,其中18条建议,上报区人民建议办。二是加强工会改革建设。新建工会组织124个,职工入会1.6万人。4个工会评为年度市非公企业工会改革"小二级"工会示范点,2家非公企业评为年度市非公企业工会改革民营企业工会示范点。有11400名灵活就业职工加入工会组织,办理好工会互助保障,补助专项资金304.6万元。三是构建和谐劳动关系。完善"四方联动"工作机制,推进"四位一体"工会协调劳动关系机制建设。强化法律监督、企业民主管理、集体协商工作实效。试点全市首批巡回法庭。在工业综合开发区凤创谷科创园,设立职工援助服务分中心和公共法律服务工作室,实现职工维权服务与公共法律服务的有机结合。四是落实职工帮扶实事。为职工办理职工住院保障32.85万人次,理赔17.16万人次。各级工会投入796.75万余元,对21万名高温作业职工进行慰问。通过圆梦行动、农民工帮扶、重大传统节日帮困慰问、金秋助学、困难劳模、困难职工慰问等形式,为4982人次困难职工进行帮扶,拨给帮扶金476万元。创建职工之家55家(含全总2家,市级10家);户外职工爱心接力站70家;亲子工作室9家;"爱心妈咪"小屋210家(含五星12家、四星45家、三星29家)。五是增强自身组织能力。组织学习"四史",开展"双联双进"和"我为奉贤奉献什么"大学习、大讨论、大实践以及"面对面、心贴心、实打实服务职工在基层"活动,进一步推进重点工作落实。开展446次、百余人参与的大调研,覆盖企业、村居、事业单位、社会组织、各类群体480户。新建区属工会组织3个,指导22个直属工会完成换届改选,17个直属工会完成届中调整。

(薛思涵)

【崇明区总工会】 辖乡镇总工会18个、园区总工会2个、委局工会44个。区属企事业单位工会23个。基层工会1191个,涵盖单位3148个,职工97345人。工会会员92118人,其中女会员41298人,农民工会员36177人。主要工作:贯彻落实市委、区委和市总工会工作部署和要求,在疫情防控、服务企业、帮扶职工、助力经济社会发展的大局中发挥工会重要作用。一是参与疫情防控。面对突发新冠肺炎疫情,开展防控知识宣传,重点对"的哥"进行宣传引导。各级工会着力参与疫情防控,帮助企业复工复产。累计投入360余万元,慰问1215名受疫情影响的困难职工,安排220余名一线抗疫人员参加工会组织的疗休养。二是弘扬劳模工匠精神。深入学习宣传习近平总书记在全国劳动模范和先进工作者表彰大会上的重要讲话精神。在开展劳模工匠评选工作中,评选表彰全国劳模1名、市劳模(先进工作者)12名、市模范集体4个。评选命名"崇明工匠"10名、"最美崇明劳动者"26名。举办"生态崇明·奋斗有我"致敬劳模特别节目暨劳模先进事迹报告会。推出"致敬,劳动最美"庆祝五一国际劳动节特别节目,营造良好的"劳动光荣、创造伟大"社会氛围。三是开展劳动技能竞赛。为推进崇明世界级生态岛建设,制订下发《崇明世界级生态岛建设引领性劳动和技能竞赛实施方案(2020年)》。围绕竞赛实施方案,2万余名职工参加各类劳动和技能竞赛。先后开展职工急救技能比武、长期护理保险服务人员职业技能比武大赛。四是竭力帮扶企业职工。召开工会与政府联席会议。加强企业平等协商签订集体合同制度。新建3家户外职工爱心接力站。组织9324名职工参加健康体检,安排1098名职工参加工会疗休养。新增为5635名职工办理工会会员卡,赠送4万名非公企业职工会员专享工会基本保障,为9839名灵活就业人员加入工会专享保障。新建3家户外职工爱心接力站。为5635名职工新增工会互助补充保障,为4万名非公企业职工、9839名灵活就业人员办理工会互助保障。筹措帮扶资金430余万元,慰问困难职工3446人。帮助承接往返崇明夜间线路的客运企业给予适当补贴。发动各级工会开展消费扶贫,采购云南临沧农产品1700万元。五是加强工会自身建设。开展"四史"学习教育。落实区委"四个责任制"专项检查。加强区总机关党建,如期完成区总党总支及所属党支部班子换届。按规定和需要返还小微企业工会经费,使经费更有利于基层开展工会工作。

(秦春华)

区总工会主席、副主席、经审主任、女工主任名录

单位名称	主席	副主席	经审主任	女工主任
上海市浦东新区总工会	王辛翎	李幼林　吴　毅　刘华新(兼职)　洪　刚(兼职)	刘京蕾(女)	刘京蕾(女)
上海市徐汇区总工会	朱伟红(女)	黄　琴　屠　刚　王海斌(兼职)　王　承(兼职)	徐敏宇(女)	徐敏宇(女)

续 表

单位名称	主席	副主席	经审主任	女工主任
上海市长宁区总工会	刘　英(女)	俞　浩　秦莉文(女)　方玲姬(女)　戴轶青(兼职)　杨　军(兼职)	赵永康	方玲姬(女)
上海市普陀区总工会	李松海	李戌渊　王　鹏　赵龙北　曾　章(挂职)　于井子(兼职,女)　钟　频(兼职,女)	任春海	王　鹏
上海市虹口区总工会	胡　军(女)	袁忠民　蒋红心　黄守虎　朱　琦(女)　倪集禾(兼职)　张　伟(兼职)	蒋红心	朱　琦(女)
上海市杨浦区总工会	麦碧莲(女)	司徒行喆　江欲红(女)　胡春杨(挂职)　杭国栋(兼职)	王　岚(女)	江欲红(女)
上海市黄浦区总工会	屠奇敏(女)	朱畅江　吕　炜(女)　姚　璐(挂职,女)　周文武(兼职)　王　奇(兼职)	朱旭峰	吕　炜(女)
上海市静安区总工会	叶坚华	谭振勇　李　晅(挂职,女)　徐　晔(兼职,女)　安从真(兼职)	张　伟	李　晅(女)
上海市宝山区总工会	王丽燕(女)	徐子平　赖拥军　杨晓玲(挂职,女)　沈晓东(兼职)　万慧云(兼职,女)	谢术平(女)	谢术平(女)
上海市闵行区总工会	倪学斌	许向东　于　璐(女)　胡振球(兼职)　谷文平(兼职)	袁　飞	于　璐(女)
上海市嘉定区总工会	王建新	金伟荣　章　华(女)　张肖楠(挂职)　李　炜(兼职)　李香花(兼职,女)	胡素丰(女)	章　华(女)
上海市金山区总工会	朱喜林	曹　冠(女)　季　蕾(挂职,女)　童上高(兼职)　胡赞星(兼职)	汪敏良	曹　冠(女)
上海市松江区总工会	徐卫兴	陈军康　孙禄君(女)　薛鸿斌(兼职)　朱　梅(兼职,女)　刘建其(兼职)	孙爱华(女)	孙禄君(女)
上海市青浦区总工会	赵宏林	陈　阳　倪　健(女)　蔡学锋　张　维(挂职,女)　周振波(兼职)　黄　敏(兼职,女)	冯永新	倪　健(女)
上海市奉贤区总工会	陆建国	张辉凤(女)　吴永强　许燕玲(挂职,女)　王宇升(兼职)　顾　帅(兼职)	韩晓燕(女)	张辉凤(女)
上海市崇明区总工会	张建英(女)	秦文新　王可杰　张蕾蕾(挂职,女)　施烨(兼职)　沈　斌(兼职)	王可杰	张建英(女)

说明：上述人员职务，以市总工会批复为准。

局（产业）工会概况

【上海市机电工会】 辖基层工会156个，涵盖单位156个，职工46998人。工会会员44452人，其中女会员9611人，农民工会员1549人。主要工作：一是助力疫情防控。开展抗疫献爱心捐款活动，43473名职工向武汉捐款882万余元。参与电气集团捐赠武汉红十字会7台医用CT设备。出资1209万余元，为职工购买防疫用品。二是评选劳模先进。在评选工作中，推选表彰全国劳模2人、市劳模19人、市模范集体7个。在工匠评选中，评为享国务院特殊津贴1人、“上海工匠”3人、“全国机械冶金建材行业工匠”2人。评为2018～2019年度“李斌式职工标兵”21人、“李斌式职工”141人、“李斌式班组标杆”23个、“李斌式班组”88个。组织开展女职工先进评选表彰活动。三是传承“电气”精神。隆重召开纪念上海机器工会成立100周年大会。编辑出版纪念画册《脊梁》和《群英谱——历届劳模、五一劳动奖章获得者名录》。四是丰富文体生活。举办第四届"电气杯"职工羽毛球比赛，有51支羽毛球队、450名职工参赛。举办职工棋牌比赛，有70余家单位、1355名职工参赛。举办职工书画摄影比赛，收到79个单位职工作品，累计书法100幅、绘画53幅、摄影1049幅。五是举办各项竞赛。举办以"筑牢电气梦，奋进新目标，建功新时代"为主题劳动竞赛、海内外工程项目专题劳动竞赛、"全员提升品质，彰显品牌魅力"专项劳动竞赛。在开展职工合理化建议、创新成果征集评比中，共征集优秀合理化建议13191条，评出一等奖2个、二等奖4个、三等奖4个、优秀奖10个。举办有25个项目的"李斌杯"技能大赛，1284人参加主赛场和5个分赛场比赛。六是抓好职工培训。全年培训职工1万余人次。在职业技能等级认定试点中，开发21个工种、52个符合国家标准等级的职业技能工种。完成第三期工人岗位职级的评定。七是民主管理企业。制订并审议通过《上海电气集团2020年工资专项集体合同》，召开上海电气集团工资集体协商会议。召开二届五次职代会，设置企业职代会红黄绿蓝警示，督促职代会定期召开、按时换届。制订《基层企业职工(代表)大会操作指引》。举办职工代表、劳动关系协调员培训班。八是实施实事项目。实施13项职工实事项目。九是加强工会建设。制订《关于加强基层工会若干工作的意见》，明确机电工会、二级工会对下级工会管理服务职责。健全完善新建企业建立工会和基层工会换届改选制度，制订《基层工会组织工作操作指引》。召开沪外单位工会工作交流会。 (彭伟光)

【上海市仪表电子工会】 辖基层工会70个，涵盖单位70个，职工12639人。工会会员12438人，其中女会员4220人，农民工会员1508人。工作机构设办公室、基层工作部。主要工作：一是突出学习教育活动。在集团党委和上级工会领导下，围绕集团党政工作目标任务，实施上海仪电产业工人队伍建设方案。组织工会干部和职工学习习近平新时代中国特色社会主义思想、关于工人阶级和工会工作重要精神。在"学四史、学工运史"活动中，有1600余名职工参加。二是深化企业民主管理。召开仪电一届六次职代会、民主管理委员会会议。开展职工代表提案工作。以劳动关系先进企业为典型，促进企业建立和谐劳动关系。推荐3家企业，申报市厂务公开民主管理工作先进单位。三是开展技能创新竞赛。对取得专业技能证书、紧缺人才资格证书、取得发明专利、高师带徒荣誉的18名职工实施奖励。落实仪电集团职工劳动和技能竞赛实施方案，开展"五小"创新活动，申报成果111项。在开展的网络安全防护、电工(中级)技能培训和竞赛以及职工办公自动化操作技能竞赛中，1人获"上海工匠"称号、1个项目获市职工合理化建议创新奖、"吴云劳模创新工作室"获市劳模创新工作室称号。举办劳模事迹宣讲会。开展全国"安康杯"竞赛，有54家单位的565个班组参赛，2家企业、2个班组获优胜单位、优胜班组称号，1名职工、1家单位获"优秀个人"、"优秀组织单位"称号。四是竭诚服务职工群众。着力参与疫情防控工作，下拨专项资金120余万元，购买口罩等防疫物资，慰问疫情防控一线人员家庭。工会助力复工复产。元旦春节期间，对1723人次困难职工群体，给以助困、助学、助医帮扶。开展"夏送清凉、冬送温暖"活动。为12588名职工办理会员专享保障。组织参加市职工广播操比赛、自行车定向赛、红色寻访活动。开办3期职工心理健康培训，近300名职工参加。开展"仪电·慧幸福"APP积分兑换活动，900人次职工参与。五是强化工会自身建设。召开届中全委会，落实各项目标任务。修订完善仪电工会工作制度。举办基层班组长培训班。加强工会财务经审和业务培训工作。聘请第三方社会中介机构，对20个基层单位工会主席进行离任审计。强化基层工会职工会员监督工作。 (周黎俊)

【上海市化学工会】 下属基层工会83个，涵盖单位84个，职工10439人。工会会员10335人，其中女会员2549人，农民工会员206人。工作机构设办公室、组织部、权益保障部、经济工作部、宣教文体部。2020年是集团贯彻落实第一次党代会精神的起步之年，也是工会履新的开局之年。围绕实施《新时期产业工人队伍建设改革方案》，着力抓各项工作目标落实，为华谊高质量发展发挥工会重要作用。主要工作：一是加强自身学习，强化工会建设。通过学习深刻领会习近平关于工人阶级和工会工作的重要论述，工会心系员工，保障好、维护好职工合法权益。深化落实《新时期产业工人队伍建设改革方案》，激发职工创造热情，有序、有力推进工会各项工作落实。切实改进工作作风，确定37项集团工会工作计划目标。修改《关于指导集团控股的市外企业工会工作意见》。调研指导制皂日新公司工会属地化管理。拟定广西钦州基地企业工会组织建设的指导意见及方案。召开集团职代会，选举华谊集团职工监事。召开第八次会员代表大会，产生新一届工会委员会和经审会。二是提升员工素质，助力集团发展。完善安全学习考试平台，举办第二届华谊集团员工线上安全知识竞赛，56316人次参加比赛。开展全国"安康杯"(上海赛区)竞赛，20家公司、直管单位所属66家企业的7980名员工参加竞赛，二级公司(直管单位)和生产班组参与竞赛全覆盖。开展"安全万里行·安全合理化建议"活动，共有15家公司提交职工合理化建议63条。三是帮扶关爱员工，落实员工实事。拨付专项资金317万元，投入"三个一"(一顿饭、一把澡、一方便)员工实事项目工程建设，惠及14家基层企业的2万名员工。起草制订并实施《华谊集团关爱外派员工家庭应急辅助服务工作指南2.0》，上门对310名外派员工家庭进行家访。帮扶困难员工862人次，帮困金199万元，对下属8家子公司的24家市外企业拨发帮困款38万元。落实市委市政府关于《深化消费扶贫行动助力决战决胜脱贫攻坚实施方案》，采购帮扶对口地区的土特产物品价值262万元，惠及员工8700余人。四是举办文体活动，弘扬企业文化。举办迎春团拜会，传递"阳光华谊"的精神风貌；举办以"我的小康之路"为主题的华谊职工徒步健身活动，22家子公司的1200名员工踊跃参加；举办迎国庆《华谊杯》职工羽毛球比赛，20家单位的165名员工参加比赛。五是开展评选工作，展示华谊风采。在评选表彰劳模工作中，王家根评

选为全国劳模，7 人评选为市劳模，2 个单位获市模范集体称号。（韩 英）

【上海市轻工业工会（上海轻工业工会联合会）】 辖基层工会 4 个，涵盖单位 4 个，职工 2628 人，其中女职工 768 人。工会会员 2628 人，其中女会员 766 人。上海轻工业工会联合会现有 15 个行业工会，会员单位 218 家。工作机构设办公室、组织部、民管部、法律部、经济工作部、宣教部、女工部、生活保障部、财务部、技协三产办公室。主要工作：一是开展“当好主人翁，建功新时代”主题活动。在 13 个行业中，选树“上海轻工工匠”18 名。上海造币有限公司朱熙华评选为上海市劳动模范。在《轻工工运》刊物上，报道上海轻工企业选手参加首届全国职业技能大赛获奖情况，宣传劳模先进事迹。二是助力企业参与疫情防控，及时了解情况，慰问企业，助推企业复产复工。加强上海轻工老字号品牌的宣传，刊发图片、文字 10 篇幅。三是配合上级工会开展职工人才培养、工资薪酬等方面的调查研究。（徐俊彦）

【东方国际（集团）有限公司（上海市纺织）工会】 辖基层工会 94 个，涵盖单位 99 个，职工 10963 人。工会会员 10830 人，其中女会员 4843 人，农民工会员 969 人。主要工作：围绕疫情防控和集团经济发展，工会主动靠前、担当作为、上下联动，团结带领职工，在保发展、促改革，参与抗疫防疫、助力复工复产中，发挥工会重要作用。一是参与疫情防控，助力复工复产。疫情时期，集团向在沪、在岗职工发放口罩 14 万只。为下属 30 多家单位筹集并提供口罩 43 万只，提供防护服、额温仪等防疫物资，缓解职工参与疫情防控和复工复产的需要。各级工会累计资助 400 多万元资金，专款用于职工参与疫情防控、慰问抗疫一线职工、慰问困难职工家庭特别生活补贴。二是抓好班组学习，弘扬劳模风采。组织职工学习理论知识，学习习近平新时代中国特色社会主义思想，并采取以班组学习、研讨、交流等形式，不断深化职工学习活动的开展。举办“继往开来　领跑时代”劳模风采展示活动，展示 10 名劳模在各个历史发展阶段中的非凡事迹和风采。在开展评选工作中，评选表彰全国劳模 1 人、市劳模 6 人、市模范集体 3 个。在开展创新工作中，创建工匠创新工作室 1 个、表彰“上海市巾帼建功标兵”2 人，新建“上海市巾帼文明岗”4 个。三是提示职工技能，助推企业发展。开展以“奋进新时代 · 共创新未来——推进高质量可持续发展”为主题的劳动竞赛，举办首届职工技能竞赛，助力职工提升技能素质。推出“宣传东方品牌，推介东方好物”举措，助推企业扩大产品销售市场。在职工学堂开设“尚课堂”学习课程，分别设置进口业务、西服制作、创意设计课程，累计 1828 课时，5755 人次职工参与学习。由工会主办“东方名品汇”产品推介，共举办线下活动 31 场，实现销售额 335 万元，兄弟企业和业外团购销售 368 万元，累计销售 703 万元。四是丰富文体活动，帮扶服务职工。在深化帮扶救助工作中，开展“东方爱心基金”捐款活动，捐款使用率 98%，为 6500 人次发放慰问帮扶金、帮扶物资 200 多万元。创建“Shangtex 职工书屋”，有 3 家单位被命名授牌，国际物流公司获市“职工书屋”优秀示范点称号。举办“相约公益 · 为爱助力”交友活动、举办职工硬笔书法大赛、“上海市职工健康趣味运动会”，千余人次职工参加比赛活动。（叶艺勤）

【上海市医药工会】 下辖基层工会 67 个，涵盖单位 71 个，职工 21259 人。会员 20631 人，其中女会员 10303 人，农民工会员 692 人。工作机构设办公室、权益保障部、经济宣教部、组织民管部、女工部、财务室。主要工作：认真贯彻上级精神，发挥工会“大学校”“大舞台”“大家庭”“大平台”作用，在助力疫情防控、推进产业工人队伍建设、维护员工合法权益，推进医药集团四大转型、打造国内领先医药产业中，发挥工会重要作用。一是参与疫情防控，保障职工健康。针对突发疫情，工会两次下发通知，宣传疫情防控知识，落实排摸报告制度。采购口罩 40000 只下发基层职工。下拨 100 万元专项资金购买防疫物资，慰问防控一线职工。助力企业复工复产、防控保障工作。为力保年度经营目标完成，组织工业营销职工开展专项劳动竞赛，20 个单位职工参加。二是突出思想引领，丰富文体活动。把学习习近平新时代中国特色社会主义思想、习近平关于工人阶级和工会工作的重要论述作为首要政治任务，专题组织职工开展思想政治学习教育活动。举办“最美上药”职工摄影作品征集活动、“棋牌纷呈、王者争锋”棋牌大赛等活动，指导职工健康运动、健康生活。三是开展评选活动，弘扬先进精神。在开展评选活动中，评选表彰全国劳模 1 人、市劳模 11 人、市模范集体 3 个。评选集团优秀集体和先进个人 91 个、63 名，“匠心大师”29 人，上药新亚商鼎当选上海工匠。创建市劳模创新工作室 1 家、工匠（技师、巾帼）创新工作室 4 家。开展弘扬劳模先进事迹的宣传活动，营造学、赶先进良好氛围。四是深化创新竞赛，提高技能素质。在开展竞赛活动中，评选出 2019 年集团劳动竞赛优秀项目 22 个，并组织职工参加市科创中心举办的立功竞赛活动。在开展岗位创新工作中，2 个项目获三等奖。整合各类技术创新平台，推荐基层优秀项目参评各类平台赛事，发挥职工建功立业、岗位创新积极性。在市职工技协“十大平台”的各类赛事中，荣获奖项 15 个。五是加大帮扶力度，精准服务职工。开展帮困慰问、“爱心一日捐”活动，向 1440 人次困难职工发给大病、助学、一次性帮扶金 94 万余元。着力精准帮扶，重视关心因病致贫职工的生产生活，开展集团医疗保障困难帮扶情况专项调研。实施集团工会助医解困“爱 · 助”计划，帮助 29 人次支付医疗帮扶金 58.75 万元。六是加强民主管理，强化自身建设。规范实施基层企业职代会工作制度，职代会年度预报、即时预报和会后报告制度。开展工资集体平等协商，集体合同签订率 96.6%。女职工专项集体合同续签率 100%。完善基层工会主席民主选举制度，工会主席直选占比 100%。（陈玮雯）

【国网上海市电力公司工会】 辖基层工会 35 个，涵盖单位 35 个，职工 14362 人。工会会员 14362 人，其中女会员 3438 人。主要工作：学习贯彻习近平系列重要讲话精神，落实公司党委和上级工会各项目标任务，在抗击疫情、服务发展和战略落地中，全力以赴推进各项工作高质量完成。一是坚持政治引领，开展“四史”学习教育活动。宣传贯彻落实上级工会及公司党委决策部署，担当起引导职工听党话、跟党走的政治责任。实施职工职业价值观培育工程三年行动计划，构建“1+3+12”职业价值观培育体系，开展“四史”教育，学习工运理论，夯实与电力发展共同奋斗的思想基础。二是评选劳模工匠，大力弘扬劳模先进精神。在开展劳模先进评选中，评选表彰全国劳模1人、市劳模6人，市五一劳动奖章1人，市劳模集体3个。评选公司劳模3人、“上海工匠”3人，6个集体授予国网先进集体和“工人先锋号”称号。劳模选树工作受到市人大常委会副主任、市总工会主席莫负春的肯定，并作重要批示。三是围绕主责主业，持续推进职工队伍建设。贯彻落实公司党组关于贯彻中共中央、国务院《新时期产业工人队伍建设改革方案》的工作要求，推动公司职工队伍建设改革落地见效。公司工会撰写的《关于推进新时期国有企业职工队伍建设改革》调研论文，获市经信委系统工会调研成果一等奖。职工队伍建设改革工作受到市人大常委会副主任、市总主席莫负春的肯定并作重要批示。四是提升服务保障，优化制度创建幸福企业。围绕幸福企业建设，完善职工幸福成长服务体系，优化以制度为中心的刚性管理、以人为中心的柔性管理融合模式。深化“EAP+管理融合”工作，开设心理咨询、在线心理等课程，持续关注职工心理健康。五是聚焦自身建设，不断提升工会治理水平。发挥工会广泛联系职工群众的优势，完善服务职工工作体系，提升工会治理能力和履职服务能力。

（于　劼）

【上海电力建设有限责任公司工会】 辖在沪基层工会10个，涵盖单位10个，职工2669人。工会会员2662人，其中女会员226人，农民工会员24人。主要工作：一是做好疫情防控各项工作。工会下拨46万元防疫专项资金，为职工购买口罩、消毒液、测温仪等疫情防控物资。开展对公司各海外项目职工工作情况及家庭情况的摸底调查工作。建立海外项目职工联系人制度，及时解决海外职工家庭实际困难，为他们解除后顾之忧。开展“心系海外职工，情暖后方家庭”送温暖活动，共慰问海外职工家属391人次。二是深化厂务公开民主管理。加强完善职代会制度建设，公司所属单位全部实行职代会评估制度。严格履行职代会提案、职工代表监督、领导干部述职、无记名测评等民主程序，确保职代会的运行质量。开展与公司的平等协商制度，严格协商程序，提高协商质量，把协商的重点落实到有关职工经济、安全、权益等切身利益保障上。制订下发《项目职代会实施办法》，定期召开多层级企业职代会。通过推荐评选，公司被评为全国厂务公开民主管理先进单位。三是开展职工技能创新活动。开展以“凝心聚力谋发展、奋勇拼搏建新功”为主题劳动竞赛，举办“五优五强”系列竞赛活动。继续在职工中倡导“人人练、岗岗比、层层赛，让每个职工都有机会出彩”的竞赛理念，形成上海电建高质量转型升级。开展核心工种、管理技能两大类、8个专业项目、154人参加的职工技能竞赛。在“智慧能量”职工“五小”成果征集发布活动中，征集职工创新成果38项，其中1项获“市职工先进操作法创新奖”。四是加强安全生产劳动保护。通过“码上安康”“劳动保护运动会”“班组安全论坛”“安全知识竞赛”“安全成果展示”等形式，加强企业职工安全生产和劳动保护。组织职工参加全国“安康杯”竞赛，2个单位获全国“安康杯”（上海赛区）优胜单位称号，1个集体获全国“安康杯”（上海赛区）优胜班组称号。同时，开展“安康杯”竞赛中典型案例的征集评选，普及安全健康应急技能知识，组织劳动保护监督检查员培训。五是落实职工保障工作。节假日期间，对困难职工进行走访慰问，帮扶困难职工453人次。开展高温送清凉，慰问27个施工项目工地上的职工3000余人。建立职工大病重病医疗互助基金，为128名患大病重病职工给以医疗帮扶。

（傅　诚）

【中国宝武钢铁集团有限公司工会】 辖基层工会137个，涵盖单位146个，职工43547人。工会会员43547人，其中女会员6247人。主要工作：认真学习习近平新时代中国特色社会主义思想及党的十九大精神，贯彻落实习近平在考察调研中国宝武时的重要讲话精神。推进新时期产业工人队伍改革建设，深化工会自身改革建设，发挥工会桥梁纽带作用，着力完成工会目标任务，为集团公司的改革、稳定、发展发挥工会重要作用。一是弘扬劳模工匠精神，坚定职工理想信念。引导宝武职工以坚定信念筑牢社会主义理想之基，弘扬劳模精神、劳动精神、工匠精神，开展以“钢铁荣耀·铸梦百年”为主题的职工文化艺术节系列活动。二是引领职工凝心聚力，助推宝武稳定发展。开展“我为企业‘对标找差创一流’献一计”活动和“全面对标找差，创建世界一流”劳动竞赛；开展岗位练兵，提升职工技能水平，加快培养全能型职工；鼓励职工创新发明、岗位成才，为企业持续发展注入动能。三是关心关爱职工群众，实事项目落到实处。加强班组建设，夯实基层基础；关心关爱宝武职工，实施“三最”实事项目；开展走访慰问活动，精准帮扶困难职工。四是加强企业民主管理，构建和谐劳动关系。加强企业民主管理制度建设，规范落实职代会各项职权，加强职工劳动保护，强化民主管理和民主监督工作。五是深化工会改革，加强自身建设。加强工会组织改革建设、工会系统党的建设、工会干部队伍建设、工会经费的收管用和监督制度。六是高质量协助集团完成各项任务。参与疫情防控各项工作，助力复工复产；着力打好脱贫攻坚收官战；稳步有序推行退休人员社会化管理。

（陈佩红）

【上海宝冶集团有限公司工会】 下辖基层工会20个，涵盖单位20个。职工9059人。工会会员9059人，其中女会员1115人，农民工会员1677人。坚持党的领导，以融入宝冶发展为要务，以关爱职工为根本，为企业发展奉献工会力量。主要工作：一是提高工会站位，参与疫情防控。新冠疫情突发后，工会第一时间参与防控，购买价值34万元防疫物资，逆行千里，送去武汉。3月，工会组织特斯拉项目，吹响“大干快上”冲锋号，组织开展85个工程项目的立功竞赛，助推企业复工复产。二是评选劳模先进，推进技术创新。评选表彰全国劳模1人、市劳模1人、市劳模集体1个。2人评为“上海工匠”。先后创建获评市劳模创新工作室、工匠创新工作室、技师创新工作室、巾帼创新工作室。在职工创新工作中，获市先进操作法优秀成果奖1项、创新奖1项、职工合理化建议创新奖4项，并获市优秀发明金奖、银奖、铜奖，获“长三角地区职工优秀技术创新成果奖”1项。专利申请300项，开展高师带徒99对。三是助力安全生产，推进和谐发展。集团公司职代会表决通过公司《职位序列及职级管理办法》。工会系统开展安全生产隐患排查“啄木鸟行动”，使安全隐患得到限时整改。市政工程公司实现全国“安康杯”竞赛优胜单位九连冠。四是开展岗位练兵，提升员工技能。联合业务部门开展“合创杯”技术标准大赛、第二届微课大赛、“天秤杯”招标知识竞赛。开展青年创新团队评选。开展的工匠精神进校园活动广受好评。发挥上海工匠创新工作室培训基地作用，为职工提升技能、匠心圆梦提供舞台。五是多办实事好事，凝聚职工活力。为增强职工对“宝冶·家”的凝聚力建设，两级工会深入开展“送清凉保安康”活动，先后慰问316个项目部的4万人次职工。连续4年，创建“职工放心食堂”，职工满意，收效显著。六是丰富职工文化，打造“多彩宝冶”。在组织职工参加上海市民艺术大展、全国冶金行业“南钢杯”“中国梦劳动美”职工书法、美术、摄影比赛中，入展或获奖19人次。歌颂一线劳动者的油画《现场总指挥》，获上海职工书画展金奖。以职工抗疫护士为蓝本，表达对英雄的敬意而创作的油画，赠与中冶医院获赞许和评价。中冶印社把倡导节约的“光盘行动”融入篆刻作品，凸显职工的多彩文化。七是实施消费扶贫，彰显央企担当。在帮助消费扶贫中，集中采购定点扶贫的云南镇雄县农产品价值81万元，响应市总工会关于深化消费扶贫的倡议，采购267万元云南、新疆贫困地区农产品。（张　冉）

【中国石化上海高桥石油化工有限公司工会】 下属基层工会7个，涵盖单位7个，职工5340人。工会会员5340人，其中女会员1143人，农民工会员139人。主要工作：一是参与疫情防控，走访帮扶职工。工会加强疫情防控知识宣传指导，下拨防控专项资金，规范资金的使用和管理。加强服务保障，开展慰问活动，有效落实各项防控措施。开展节日期间慰问困难职工248人次，送去帮困金94.95万元；帮扶困难职工金秋助学53人次，助学金12.96万元；日常帮扶困难职工84人次，补助金20.1万元。走访职工2518人，走访率62.5%；走访一线班组254个，走访率100%。二是加强权益维护，建设和谐企业。进一步落实职代会各项职能，以视频会议形式，召开公司七届二次职代会。发挥职工代表参与职能，召开厂情发布会，筹备集体协商和签订集体合同工作。加强夏季职工劳动保护和防暑降温的工作督查。三是组织竞赛创效，开展评选创新。围绕公司提出“百日攻坚创效”奋斗目标，以提升“装置检修、增效创效、装置安稳运行”工作实效为重点，开展以重点装置高质量检修“五比”“低硫船燃增产”“降低机泵突发故障率”3个专题的劳动竞赛。在开展评选表彰劳模工作中，评选市劳模2人、市模范集体2个。在创建职工创新工作室中，新建职工创新工作室15个，其中市劳模工作室、工匠工作室、技师工作室各1个，公司级技师工作室3个，作业部级工作室9个。在征集合理化建议评选中，1280人次职工提出合理化建议1787条、采纳1277条、实施909条。在征集排查事故隐患的“金点子”评选中，职工提出的129条合理化建议被入围，筛选出15条评为“金点子”。四是加强自身建设，提升能力水平。修订完善《工会工作规定》《工会经费管理实施办法》，把原制度中的6项内容，精简成为“1+3”制度形式，使要求更明确，制度更明晰。先后开展工会工作特色案例、优秀工作法征集活动。完善并实施基层工会月度绩效考评考核工作，激发基层工会主动作为的工作热情。以疫情防控、重要安排、工会工作为重点，在“职工之家”微信公众号上加大推送力度，共发布微信公众号36期，“职工之家”微信公众号关注度不断提高。（吴　斌）

【中国石化上海石油化工股份有限公司工会】 辖基层工会22个，涵盖单位33个，职工10198人。工会会员10198人，其中女会员2086人，农民工会员11人。工会机构设办公室、民管宣教科、权益保障科。主要工作：开展“优良日”活动，增强基层自主管理意识，营造“人人争优良，人人保优良”的良好氛围。开展与生产经营紧密结合的群众性劳动竞赛，组织开展“DCS报警管理”“仪表自控率提升”“质量在线仪表应用提升”“工程量签证”等专项劳动竞赛。开展上海市劳模、先进、工匠及公司先进、标兵的推荐评选工作。开展“匠心”讲坛活动，进一步弘扬劳模精神、劳动精神、工匠精神。深化以职代会为基本形式的厂务公开民主管理，推动职代会各项职权的落实。畅通和丰富职工利益诉求表达和协调机制，从源头上维护职工合法权益。关心关爱困难职工，对困难职工进行“普惠性”慰问、“五必访”重点慰问。组织职工参加“一日捐”。为职工办理市总工会职工互助保障。加大帮扶困难职工力度，开展公司职工医疗补助的“一站式”理赔，为职工提供便利。在新冠肺炎疫情防控期间，及时关心慰问职工，帮助解决职工的困难。购买防疫物品和书籍，分发到职工手中，引导职工凝心聚力抗疫情。响应国家扶贫攻坚号召，实施消费扶贫，集中购买湖北、云南扶贫产品，慰问全体职工，体现企业对社会责任的担当。进一步加强工会组织自身建设，建立工会经费会员监督长效机制。创建“职工小屋”，实施职工实事项目，帮助职工解决实际问题。（裘　玮）

【上海航天局工会】 辖基层工会33个，涵盖单位34个，职工19645人。工会会员19240人，其中女会员4859人，农民工会员463人。主要工作：在上级工会和局党委的领导下，以习近平新时代中国特色社会主义思想为指导，全面贯彻党的十九大和十九届历次全会精神，贯彻落实市总工会各项工作要求，立足航天发展新常态和职工群众新需求，在突出政治引领、融入工作大局、竭诚服务职工、维护职工权益、加强班组建设、工会自身建设等各方面工作成效显著。一是强化政治引领。开展有特色、接地气的学习活动，将学习习近平新时代中国特色社会主义思想和党的十九大精神作为首要政治任务。开展迎春长跑、水上亲子活动、航天职工书法展、电竞比赛等群众性文体活动,以举办主题活动作为文化建设抓手,突出思想领先,强化政治引领。弘扬劳模精神,通过举办劳模事迹报告会、微视频制作、多渠道宣传方式,激发航天职工学先进、赶先进、创先进。二是评选劳模先进。举办第二届职工科技创新节,职工技能素质进一步提高。开展评选劳模先进工作,评选表彰全国劳模2人、市劳模(先进工作者)9人、市模范集体4个、全国五一劳动奖状1个(八院)。评选出全国最美职工1人、全国三八红旗手2人、上海工匠2人。811所储能电源装配电装组获全国三八红旗集体。三是竭诚服务职工。落实《2020年航天局工会实事项目实施方案》,完善困难职工数据库。帮扶困难职工500余人,发放慰问金及实物价值50余万元。慰问高温作业职工7000余人,发放慰问品价值93万元。重点关心关爱试验队员、加班加点职工、女职工和青年职工三类人群。四是深化维权工作,坚持职代会制度,实施提案跟踪管理,四届一次职代会14项立案提案均已完成,满意度100%。召开四届二次职代会,征集到提案39项,立案10项,彰显职工与企业共谋发展、共建共享的和谐氛围。五是加强自身建设。适应互联网和新媒体发展趋势,持续推进网上工会建设。深化工会干部培训,举办各类培训9次,累计参与人数200人次。召开局工会工作创新案例发布会,20余家单位工会参加并交流工会工作的新理念、新做法、新途径。加强工会制度建设,修改完善11项工会制度,提高工作标准、规范工作流程。(周欣彬)

【中船上海船舶工业有限公司工会】 辖基层工会19个,涵盖单位19个,职工74795人。工会会员57550人,其中女会员6783人,农民工会员30004人。主要工作:在中船集团党委和上级工会领导下,深入学习贯彻党的十九大精神和习近平新时代中国特色社会主义思想,着力推进新时期产业工人队伍建设。在弘扬劳模、劳动、工匠精神中,唱响"工人伟大·劳动光荣"主旋律。履行好服务国家战略、支撑国防建设、引领行业发展的使命,为中船集团高质量发展作出工会贡献。各级工会认真学习中国工会第十七次全国代表大会精神,按照《中船集团高质量发展战略纲要》要求,结合中船上海船舶工业有限公司工会第七次会员代表大会报告要求,抓好"三项重点"工作,落实"六大工程",聚焦主责主业,创新工作方法,勇于担当,锐意进取,使工会真正成为职工群众的"知心人""贴心人""娘家人"。激励广大职工群众争做新时代奋斗者,立足工会职能,转变思想观念,明确工作重点,谋求工作实效,引领船舶系统各级工会组织、全体工会干部和职工群众认清形势、直面挑战、创新实践、奋勇拼搏。在创新方式方法、拓展工作路径、强化自身建设、提升工作能力、围绕形势任务、助推经济发展、把握新发展阶段、贯彻新发展理念中,构建新发展格局。以庆祝建党100周年为主线,以服务"建成支点、走在前列、谱写新篇"为价值追求,以满足职工美好生活向往为根本目标,以全面从严治党为引领保障,扎实履行工会维权、服务的基本职责。立足新起点,把握新要求,聚焦新目标,干出新成绩,突出新作为,展现新风貌,团结动员广大职工为全面开启社会主义现代化建设新征程贡献智慧和力量。(姚　莹)

【上海市烟草工会】 辖基层工会11个,涵盖单位11个,职工7235人。工会会员7235人,其中女会员1702人,农民工会员187人。工作机构设办公室、一科、二科、机关工会和退管办。主要工作:一是发挥工会优势,着力参与疫情防控。站在疫情防控第一线,向职工宣传防护方法,做好体温监测、健康申报工作,尤其对返沪、孕期等易感人群给以重点关心。下拨294.28万元专项防控资金,为职工购买、发放口罩等防护用品。开展短视频接力赛、健步行云竞赛等线上活动,采用信息化方式打赢防疫战。二是强化思想引领,弘扬劳模"工匠"精神。加强政治理论学习,贯彻党的十九大精神。以弘扬劳模精神、安全教育培训为重点,在基层工会和班组两个层面予以落实。在开展劳模工匠评选中,评选表彰市劳模3人、市模范集体2个、"上海工匠"1人。选树第二届"上海烟草工匠"20人,并予以命名表彰。制作发放"上海烟草工匠"画册,宣传弘扬工匠精神。三是开展竞赛活动,引导职工岗位建功。制订下发《上海烟草集团职工创新工作室(劳模、工匠)管理办法》。开展各类劳动竞赛和岗位练兵238项,13000人次职工参加。开展提合理化建议活动,人均提合理化建议2条、采纳率73%、累计创造经济效益2800万元。四是推行民管制度,帮扶职工办好实事。实施企业民主管理制度,被评为"2017—2019年上海市厂务公开民主管理十佳单位"。召开八届二次职代会,办理职工提案7件,反馈满意率100%。关心关爱困难职工,做细做实帮扶工作,帮扶大病救助职工12人次,补助困难职工229名。慰问高温岗位作业职工4450人次。改进职工参保互助保障方案,使职工在赔付金额范围、参报疾病种类、补贴保障金额等方面受益更多。完善职工活动中心管理制度,推出"会员+预约"制,更有序有效为职工服务。创新文化体育活动,举办"匠心筑梦"文艺汇演、职工书画作品展、职工趣味运动会。(王蓓蕾)

【上海汽车集团股份有限公司工会】 辖基层工会51个,涵盖单位51个,直管企业工会61个。职工104522人。工会会员100347人,其中女会员19535人,农民工会员10666人。集团工会设经费审查、女职工、工会资产监督管理3个委员会。工作机构设综合管理部、权益保障部。主要工作:认真贯彻习近平一系列重要讲话精神,开展学习"四史"教育活动。围绕上汽发展大局,工会主动跨前担当有作为,上下联动抗击疫情,助力企业复工复产,在履行主责主业中发挥工会重要作用。一是全力以赴参与疫情防控。疫情突发后,工会第一时间响应市总工会号召,设立新冠病毒防控工作专项资金,为职工购买疫情防控物资用品。第一时间通过"上汽职工之家",向职工宣讲疫情防控知识,宣传在抗疫中职工及家属的感人事迹,宣扬战胜疫情的正能量。第一时间做好舆情监控,引导职工在提高自身健康的同时,最大限度与企业共度时艰,助力企业复工复产。二是开展竞赛助推企业发展。以"新四化"战略和经济工作为重点,围绕市场营销、产品开发、供应链金融、智能化工厂建设、疫情防控等23项为重要内容开展立功竞赛。通过竞赛，使年终各项工作指标达标率提高至91.3%。通过网上申报，累计有55家单位、19.73万名职工参与提合理化建议活动，提出合理化建议累计209.11万条，实施189.61万条。三是"点亮心愿"精准服务职工。每季召开一次职工座谈会，听取职工的所思、所盼、所怨，力所能及地帮助职工解决困难或问题。协调企业对生产、调资、人员等安排上，凡涉及职工切身利益的重大事项，必须履行民主程序。组织职工代表对企业疫情防控、复工复产、安全生产进行巡视检查。发挥各级"先锋号帮扶中心"的作用，实施精准服务职工。深入推进"点亮心愿"等实事项目，改善职工工作环境。为营销一线职工、常差旅职工、路试和标定职工、外派海外职工、武汉地区职工、上汽人才公寓住宿职工等不同群体提供帮扶服务，给予特别关爱。（范　融）

【中国能源化学工会华东电力工作委员会】 辖基层工会4个，涵盖单位4个，职工1537人。工会会员1537人，其中女会员430人。华东电力工会是中国能源化学地质工会在华东地区的派出机构，履行华东电网产业工会和大型企业工会职责，领导国网上海市、江苏、浙江、安徽、福建省电力工会及直管（代）单位工会。主要工作：贯彻落实上级工会各项工作目标，围绕企业工作中心，服务大局，促进企业和员工共同发展。一是弘扬劳模精神，国家电网有限公司华东分部职工葛朝强评选为市劳模、华东电力调控分中心调度处评选为市模范集体。二是组织职工开展建功立业竞赛活动，举办华东电网第五轮技术技能竞赛（继电保护专业）。三是加强企业民主管理，服务企业稳定的发展大局。四是关心关爱职工，完善帮扶长效机制。组织华东电网劳模参加工会疗休养，关爱劳模先进的工作生活。五是开展职工文体活动，促进职工身心健康。举办华东电网系统第十七届"团结杯"网球友谊赛。六是加强工会自身建设，举办工会干部培训班，提升工作能力水平。（史佩敏）

【上海化学工业区工会】 辖基层工会34个，涵盖单位35个，职工6430人。工会会员6349人，其中女会员1393人，农民工会员721人。主要工作：一是坚持思想引领，激励职工发展园区。以习近平新时代中国特色社会主义思想为指导，加强职工思想政治引领，激励广大职工学习新知识、掌握新技能、增强新本领，为建设发展上海化学工业区贡献力量。评选园区各类先进人物，创建园区"劳模工作室""技师创新工作室"，开展"安康杯"竞赛。二是助力疫情防控，稳定企业劳动关系。贯彻上级工会关于做好新冠疫情防控工作重要精神，把园区疫情防控和企业复工复产作为工会重中之重工作来抓，通过组织志愿者服务、慰问生产一线职工，努力做好疫情防控期间保障工作。开展劳动法律法规专题讲座、法律援助活动、女职工"关爱行动"，维护职工合法权益，促进企业劳动关系和谐稳定。三是履行主责主业，帮助职工实事办实。组织职工参加上海工会职工互助保障。落实技师晋升、高级技师、带教师傅和授权发明专利的资助奖励计划。关注职工的职业发展，帮助职工拓展职业发展空间。发挥救急济难专项基金作用，对困难职工开展帮扶送温暖。筹建园区第一家"职工学堂"——医疗化救职工学堂。组织青年职工开展交友联谊活动，关心单身职工最关心、最直接、最现实需求。四是关心职工健康，开展各类文体活动。为丰富职工业余文化生活，结合化工区实际，举办园区运动会、园区健步走等体育活动，推进"健康活力园区"建设。以全面建成小康社会第一个百年目标、园区开发建设25周年为主题，举办园区职工艺术节，组织职工开展群众性文艺创作演出活动。倡导"奉献、有爱、互助、进步"的志愿精神，鼓励职工参与志愿者服务活动。五是强化自身建设，提升工会能力水平。加强工会组织建设，按规范程序，实行基层工会换届选举制度。创建"职工之家""职工小家"。加强工会干部培训，增强工会干部自身素质，提升工会干部开展实际工作的能力，提高工会干部业务工作水平。加强各级工会经费预、决算管理，严格工会经费的"收""管""用"。加强对工会经费的审查监督，强化工会"四位一体"经审监督制度，加强工会财务和经费审查两项工作的规范化建设。（张　俊）

【中国铁路工会中国铁路上海局集团有限公司委员会】 辖基层工会组织35个，涵盖单位35个，职工33863人（其中：直管单位工会113个，直管工会工委5个；车间级工会1203个，工会小组7405个）。工会会员31283名，其中女会员3303人，农民工会员584人。工作机构设办公室、组织部、生产宣传部、保障和女工工作部、财务部、经费审查委员会办公室。下设集团公司职工艺术团、文化体育场馆、职工帮扶中心3个附属机构，代管集团公司火车头体育协会、退休职工管理委员会办公室。主要工作：在集团公司党委和全国铁路总工会的正确领导下，全面贯彻党的十九届三中、四中全会精神以及中国工会十七大精神，认真贯彻落实上级部门的各项决策部署，围绕"交通强国、铁路先行"的主题，牢牢把握集团公司高质量发展目标，充分发挥工会组织的优势和作用。应对新冠疫情影响大、增收节支任务重、服务职工要求高、企业改革步伐快等考验和挑战，一手抓疫情防控、一手抓工作推进，各项工作平稳有序开展，取得较大进展和成效，为集团公司改革发展发挥工会的作用。（严光临）

【中国远洋海运集团有限公司工会】 辖基层工会70个，涵盖单位72个，职工21014人。工会会员20853人，其中女会员4076人，农民工会员397人。主要工作：一是参与疫情防控，助力复工复产。疫情突发后，根据集团党组和市总工会要求，在春节长假期间即向各级工会和集团所属武汉地区工会、向防疫任务艰巨的部分直属单位工会下拨或追加抗疫专项资金。多渠道为境内外各单位采购口罩及消毒用品等防疫物资，助力企业复工复产。为受疫情影响的低收入职工家庭开展送温暖慰问活动。征集抗疫文艺作品，运用新媒体传播、交流抗疫信息，凝聚抗疫正能量。二是规范职代会程序，推进民主管理。制定下发厂务公开民主管理制度和规定，选送2个公司申报"2017—2019年度上海市厂务公开民主管理工作先进单位"。召开一届四次职代会，听取、审议总经理工作报告，通报企业负责人履职待遇、业务支出、职代会提案处理情况。在职代会上,职工董事向大会作述职报告。召开职工代表联席会议,对集团"十四五"规划编制工作提出意见和建议。在教育板块整合中,根据不同单位实际情况进行分类指导,落实民主程序。三是评选劳模先进,开展技能竞赛。开展以"保安全、稳生产、提素质"为主题的职工技能竞赛,举办各类竞赛874次、4.8万人次参加,开展技术比武274次、2.1万人次参加。参加市合理化建议、先进操作法评选工作。举办第四届"中远海运杯"技能竞赛和全国"安康杯"竞赛。在劳模先进评选中,评选表彰全国劳模1个、先进集体6个、9个个人(集体)评为市劳模或市模范集体。创建市巾帼文明岗2个、获市巾帼建功标兵称号1人。创建集团劳模创新工作室17个,并拨给创建资金。四是做好事办事实,帮扶困难职工。元旦春节期间,慰问困难劳模和困难职工;金秋期间,助学困难职工家庭子女;夏季高温期间,落实防暑降温措施,组织职工代表开展安全巡查。采购对口扶贫地区的农产品,分发给职工和海嫂联络站。组织62名省部级以上劳模参加疗休养。为职工新办工会会员互助补充保障卡。帮助52家集团工会创建"职工书屋",中远海运财产保险自保有限公司创建为全总"职工书屋"示范点。五是加强自身建设,提升工作水平。召开集团工会一届八次、九次全委会,并指导直属单位做好工会换届选举工作。表彰2018—2019年度模范"职工之家"、"职工小家"及2019年度工会先进工作者和工会积极分子。加强经费预、决算,确保基层一线工会经费的使用。开展对工会财务和经审工作规范化建设的考评工作,协助市总工会对集团工会2019年度工会经费进行审计。

(张　洁)

【上海国际港务(集团)股份有限公司工会】 下辖基层工会39个,涵盖单位39个,职工25259人。工会会员25259人,其中女会员3033人,农民工会员10210人。主要工作:以习近平新时代中国特色社会主义思想为指引,在上海市总工会和上港集团党委的坚强领导下,坚持以职工为中心,深化国企工会改革,稳步推进产业工人队伍改革建设,为全面完成集团年度目标任务发挥工会重要作用。年初,面对突如其来的新冠肺炎疫情,上港集团工会迅速响应,积极行动,聚焦关键环节,加强组织保障,号召和团结广大职工全力以赴投入抗疫"阻击战",助力打赢箱量"保卫战""突击战"和"攻坚战"。引导职工以"劳模先进"为典范,大力弘扬劳模精神、劳动精神、工匠精神。着力推进产业工人队伍改革建设,提升职工队伍素质取得新进展,激励职工技术创新、岗位成才取得新成果。在确保疫情防控的条件下,坚持召开集团各层级职代会,按职代会程序规范运作,职工提案办理满意率100%。在企业民主管理水平得到提升的同时,进一步维护企业集团和谐劳动关系。始终坚持"以职工为中心",密切联系职工群众,着力保障职工权益,在困难帮扶、职工文体、为职工办实事方面做到有保障、有活力、有新意、有担当。始终加强工会自身改革建设,创新工会工作内涵,充分体现工会是职工群众的"娘家人"。

(张　容)

【中国海员工会上海长江轮船有限公司委员会】 下辖在沪基层工会12个,职工1056人。工会会员973人,其中女会员325人,农民工会员81人。主要工作:一是提高政治站位,强化思想引领。学习贯彻党的十九大精神,突出工会的政治性、群众性、先进性,强化政治站位,把牢工会政治方向。通过职代会、座谈会、宣讲会、讨论会及网络宣传等形式,开展形势任务宣传教育活动,支持参与改革,为推进长江公司改革发展营造良好氛围。二是开展劳动竞赛,融入中心工作。以"转型升级、提质增效"为目标,开展船舶驾驶、汽修服务、轮机和医护护理技能竞赛。举办安全抖音话题创作、安全应急、"安全月"签名活动。参加"安康杯"竞赛获优胜奖。在劳模评选中,王纪东评为市劳模。"长天海"轮评为湖北省"工人先锋号","长雄轮""长新江轮"班组、东昕检测站评为市"工人先锋号"。三是参与疫情防控,实施消费扶贫。面对突发疫情,工会全力参与,助推复工复产,先后投入71万元,购买防疫物资;投入31万余元,慰问逆行出征战疫情的一线职工和患病职工1313人次;780余名职工募捐8.1万元购买"考拉裤",支援一线医护人员抗疫。为支持消费扶贫,工会投入24.5万余元,购买对口扶贫地区农产品。四是加强民主管理,推进企务公开。实施职代会和企务公开制度,对改革调整、薪酬改革、医院改制等重大事项提交职代会审议。听取职工代表对公司经营分析会、干部会、公司年会的意见和建议,对公司经营、财务、福利及集体合同执行情况,以各种方式向职工公开。实施职工代表民主评议领导干部制度。开展职工代表安全巡查工作。开展职工提合理化建议、征集金点子活动。五是开展帮扶慰问,关心困难职工。对在贫困线以下、子女上不起学、职工看不起病的困难职工,安排专项资金慰问1083人、船员家属42人。投入专项资金20万元,慰问高温作业职工。为在职职工办理工会互助保障。安排先进职工、基层职工参加疗休养。组织劳模参加健康体检。举办船员家属恳谈活动。六是丰富文体活动,弘扬企业文化。建立足球、羽毛球、乒乓球活动小组,举办瑜伽、长跑、游泳、篮球比赛。创建"职工书屋"。选送12幅摄影、10幅书法、2幅美术作品参加文化系列活动。拓展工会网上空间,开辟"榜样的力量"专栏,刊发报道500余篇。开展"公司日"、红色文化寻访活动,组织176人次职工参加"爱上海、游上海"浦江游。组织女职工参观上海中心、光复博物馆。七是加强自身建设,夯实工会基础。加强工会建设,修订完善《工会经费收支管理实施细则》《工会审计实施办法》,指导14家基层工会完成换届改选。新任5名工会主席参加资格培训。开展班组及女职工学习、参观、评选活动。加强工会专项经费审查。

(龚　兰)

【中国邮政集团工会上海委员会】 下属基层工会27个,职工18708人。工会会员18362人,其中女会员6232人,农民工会员2541人。以习近平新时代中国特色社会主义思想为指导,学习贯彻中国工会十七大精神,在公司党委和上级工会领导下,履行好工会职责,落实好集团工会和市总工会目标任务,为上海邮政的改革发展发挥工会作用。主要工作:疫情期间,按照"坚定信心、同舟共济、科学防治、精准施策”的要求，第一时间开展疫情防控各项工作，关心关爱奋战一线的干部职工，帮助职工解决实际困难，帮助解除后顾之忧。在“开门红”竞赛、夏季高温、进博会、旺季生产期间，工会干部走访现场，并为一线职工送上慰问品，累计慰问 2.78 万人次，发放慰问品价值 298 万元。以退管网络组织为依托，探索离退休工作转型发展。扎实开展为老服务活动，加大为离退休人员办实事、做好事、解难事的力度，丰富离退休人员精神文化生活。不断提升邮政工会工作水平，促进邮政工会工作有新突破。竭诚为职工群众服务，重视企业职工文化建设。加强企业民主管理，保障职工合法权益。不断探索工作创新，促进邮政事业稳定科学发展。在开展评选工作中，推选表彰全国劳模 1 人、市劳模 6 人、市模范集体 2 个、全国邮政行业劳模 2 人、全国邮政行业先进集体 2 个、市建设交通系统三八红旗手 1 人、市建设交通系统三八红旗集体 1 个、第三届中国国际进口博览会交通保障立功竞赛先进个人 1 人。创建市职工创新工作室 1 个、市巾帼创新工作室 1 个。不断加强工会组织建设，进一步激发工会组织改革创新活力，激发工会干部争先创优的内动力，提升工会干部的能力水平。（王　瑛）

【中国移动通信集团工会上海市委员会】 设直属基层工会 28 个，职工 6941 人。工会会员 6941 人，其中女会员 3487 人，农民工会员 24 人。主要工作：在公司党委、上级工会领导下，坚持党对工会的领导，以职工为中心，立足职工需求、企业战略发展和工会自身建设，以高度责任感和使命感，围绕“为员工服务、为发展加油、为企业分忧”的工作主线，做到“主动跨前、服务大局、服务员工”，充分发挥工会桥梁纽带作用。在疫情期间，参与疫情防控，关爱关心员工，丰富各类线上活动。年内，公司工会按时进行换届改选。开展平等协商，签订新一期集体合同。与基层工会主席开展巡回走访活动，了解员工的诉求，听取员工的意见建议。围绕公司经营发展目标，组织员工开展系列劳动竞赛。推荐评选劳模先进工作，荣获各类集体、个人荣誉 100 余项。举办公司第六届职工文化艺术节，丰富员工业余文化生活，提升了员工的幸福感、获得感、归属感。开展工会调查显示，工会会员对企业满意度占 99.87%，满意度创历史新高。（徐睿璐）

【中国电信集团工会上海市委员会】 辖有基层工会 60 个，挂靠工会 1 个，涵盖单位 61 个，职工 22794 人。工会会员 22776 人，其中女会员 8977 人，农民工会员 174 人。主要工作：在上级工会和公司党委领导下，以习近平新时代中国特色社会主义思想及工人阶级和工会工作的重要论述为指导，贯彻落实党的十九大及全会精神。坚持“两个服务”，发扬广大职工主人翁精神，激发员工积极性、主动性、创造性，引导职工投身电信事业高质量发展。坚持以员工为根本，精准服务员工，发挥工会桥梁纽带作用，使员工感到工会是“娘家”、有依托，齐心合力助推上海电信发展。在开展评选工作中，推选表彰全国劳模 1 人、市劳模 7 人、上海工匠 1 人、市三八红旗手标兵 1 人、市巾帼建功标兵 2 人。在厂务公开民主管理工作中，获厂务公开民主管理全国示范单位称号。在开展全国安康杯竞赛中，评为竞赛优胜集体。在创建职工“爱心接力站”活动中，获市政府实事项目优秀组织奖。新冠疫情突发，工会把员工生命健康和安全放在第一位，第一时间为生产一线员工提供口罩等防疫用品。开通心理服务热线，将工会活动切换为“云模式”。参与物资筹集，倡导员工健康生活，助力企业复工复产。围绕公司高质量发展，先后开展 28 项竞赛活动。在参加“迎世赛、稳就业、促发展”上海职工职业技能系列竞赛活动中，承办综合布线项目的技能竞赛。启动《上海电信员工健康服务三年行动规划(2020—2022 年)》健康服务行动。组织工会干部，开展心理疏导员认证培训。对公司所属工会组织现状情况展开调研，利于发现问题、找准短板，准确把握并力争攻破基层开展工会工作的瓶颈，打通联系服务职工的“最后一公里”。（殷　茵）

【中国海员工会交通运输部上海打捞局委员会】 辖基层工会 6 个，职工 917 人。工会会员 917 人，其中女会员 70 人，农民工会员 2 人。主要工作：认真学习贯彻上级指示精神，围绕中心工作，履行工会职能，结合疫情防控，竭力服务职工，稳步推进工会工作。参与疫情防控，助力消费扶贫。通过工会微信平台，及时发布疫情动态和有关政策措施，对职工进行正面宣传和引导。对 41 名滞留湖北、4 名因公滞留境外的职工和家属，开展走访并送去慰问品。按照中央扶贫政策精神和上级工会下达的目标任务，采购了价值 104 万余元农副产品，下发 2250 名职工，助力湖北和云南地区消费扶贫。关心生产生活，解决后顾之忧。提高一线高温慰问、特殊抢险打捞任务、重大工程的慰问标准，对 45 艘船舶、30 个车间和班组，累计 1236 人开展高温慰问，对实施重大工程项目的 276 人次职工开展集中慰问。提高职工节日慰问品发放标准并增加发放次数。为解决一线职工在生产环境中遇到的实际困难为重点，落实局属单位 31 项一线作业环境的改造。提升技能素质，凝聚职工思想。结合工会实际，围绕企业安全生产和职工技能素质的提升，开展安全知识、技术比武和技能竞赛。举办丰富多彩、形式多样的职工文体活动，增强职工的凝聚力。关心职工思想动态，下发《关于开展职工思想教育和心理疏导工作的通知》，对职工开展思想政治教育和心理疏导工作。办好工会实事，帮扶困难职工。各级工会慰问困难职工 235 人(含退休职工 150 人)，对 8 名困难职工子女在六一节、金秋时节实施助学帮困，为 1032 名在职职工、1985 名退休职工办理住院补充医疗互助保障，为 1037 名在职职工办理工会会员专享(大病)保障。（王　立）

【中交上海航道局有限公司工会】 下辖基层工会 10 个，职工 5298 人。工会会员 5148 人，其中女会员 600 人，农民工会员 973 人。以习近平新时代中国特色社会主义思想为指导，履行工会维护、建设、参与、教育职能，开创工会工作新局面。主要工作：一是推进实事工程，竞赛彰显成效。制订公司 24 个竞赛考评项目、5 个方面内容，促进竞赛活动规范化、制度化。在开展上海市重点工程实事立功竞赛活动中，航道赛区所属 2 家基层公司荣获“优秀公司”称号、5个集体评为“优秀团队”、8人分别荣获“建设功臣”“优秀建设者”称号。在开展全国“安康杯”竞赛活动中，参赛单位全覆盖，其中4家单位获优胜称号。二是深化读书活动，提升职工素质。开展第九届“我阅读、我快乐、我成长”职工读书活动。成功举办“书香上航·为您诵读”航道职工朗诵大赛，举办的朗诵系列活动被评为上海读书节经典传承项目。开展“情系航道、奉献航道”——最美航道职工评选活动。三是弘扬劳模精神，形成创新氛围。在开展职工创新工作中，2家工作室评为首批“长三角劳模创新工作室”，公司现有市级创新工作室11个。召开劳模、先进座谈会，传递航道正能量，营造尊重劳模、尊重劳动、尊重知识、尊重创造的浓厚氛围。组织在职劳模、五一奖获得者及家属参加健康体检，安排退休劳模每年参加一次健康体检，将关爱劳模工作落到实处。四是推行民主管理，深化企务公开。在公司召开的二十一届四次职代会上，收到职工提案25件，立案13件，回复率100%。开展职工代表履职考核，5人评选为优秀职工代表，3个部门评为提案承办优秀部门。召开企务公开民主管理工作会议暨总经理信息发布会，向职工代表通报公司生产经营情况、集体合同执行情况。针对职工提出的热点问题，召开专题座谈会，广泛听取职工意见，维护职工合法权益。五是注重绩效考核，加强工会建设。按照《公司工会考核评价办法》，从组织、民管、竞赛、劳动保护、法律、素质工程、宣教文体、财务经审、自身建设共9个方面，对基层工会工作绩效进行年度考核。加强工会财务工作，强化工会经费收支和工会经费审查监督。重视直管项目部工会建设，制定项目部工会经费的筹、管、用制度。精心打造“上航局职工之家”微信公众号，每周更新工会资讯信息。 （于美庆）

【中交第三航务工程局有限公司工会】 辖有基层工会9个，职工3943人。工会会员3943人，其中女会员623人，农民工会员199人。主要工作：坚持全心全意依靠工人阶级的指导方针，以“心中有大局、手中有品牌、推进有抓手、活动有地气、工作有影响”为目标，着力履行“维护、参与、建设、教育”四项职能。围绕“六坚持、六强化”，建设好工会“六个家”。一是开展“六杯六赛”主题竞赛活动，发挥好、调动好，保护好职工的积极性。二是创建“劳模(先进)创新工作室”，形成劳模品牌，建立劳模创新工作室28家。三是开展技术创新活动，在企业科技创新上下功夫。四是深化文明工地创建，不断提升三航形象。五是加强职代会制度建设，进一步提高职代会运行质量，形成民主管理长效机制。开展平等协商、签订集体合同制度，巩固已有成效。六是维护职工合法权益，巩固劳动关系和谐企业创建成果。以开展“安康云”群众性劳动保护工作为载体，在维护职工生命健康权益、杜绝职业危害方面发挥作用；在维护职工政治文化权益、职工文化建设方面发挥作用；在帮助职工办实事做好事、解决职工实际困难方面发挥作用；在主动化解各种矛盾、营造职工安居乐业良好环境方面发挥作用。七是坚持开门办会，推进工会各项工作取得新进展。 （黄书展）

【中国海员工会上海海事局委员会】 辖有基层工会12个，职工1515人。工会会员1515人，其中女会员302人。主要工作：一是学习贯彻习近平新时代中国特色社会主义思想，开展“四史”学习教育活动，切实增强“四个意识”，坚定“四个自信”，做到“两个维护”。疫情突发后，及时按照上级工会要求，宣传疫情防控政策及科学防控知识。参与疫情防控，设立专项资金，购买防控用品。根据上级要求，购买消费扶贫物资价值86.1万余元，助力对口地区帮困扶贫。二是立足岗位建功，推动经济发展，增强职工创新和团队创先能力。开展“建功十三五，争当排头兵”“凝心聚力进博会，建功立业创一流”、崇明世界级生态岛建设引领性(2019—2021)职工技能立功竞赛，助力国家重点项目及上海国际航运中心建设。三是弘扬劳模精神，发挥先进引领作用，推选表彰全国先进工作者1人、市先进工作者1人、交通运输部先进工作者1人、上海工匠1人、全国三八红旗手标兵1人、省部级以上先进模范集体2个、全国交通建设系统“最美职工之家”1个、9个个人或集体获市职工创造发明及合理化建议奖、3个集体评为市职工(巾帼)创新工作室。四是进一步完善劳模管理制度，做好服务劳模动态跟踪管理，慰问劳模先进64人次，发放慰问金4万余元。安排劳模参加健康体检、参加疗休养。五是加大宣传教育力度，发挥工会“大学校”“大讲堂”作用，组织职工观看《八佰》等红色影片，参观《上海国际航运中心建设成果展》。各基层工会先后开展手机摄影大赛、青年人才创新大赛等活动。六是服务职工群众，保障职工权益，增强职工获得感。为全局1559名在职职工、914名退休职工办理市总工会职工医疗互助保障。建立分级帮扶困难职工工作机制，有针对性、有重点地开展工会帮扶工作。基层工会结合各自特点，开展三八节慰问女职工、重阳节慰问困难退休职工等活动。 （陆智静）

【上海建工集团股份有限公司工会】 辖基层工会59个，涵盖单位475个，职工200586人。工会会员200318人，其中女会员13768人，农民工会员155898人。主要工作：一是强化对职工的思想政治引领，汇聚信心力量。开展“改革创新促转型、奋发有为谋新篇”主题教育，组织举办“共绘‘十四五’新蓝图，我为上海建工献一计”活动。汇编新时代上海建工人故事集——《使命》，重点讲好包括“抗击新冠疫情”在内、发生在职工身边的96个生动故事。在劳模评选活动中，2人评为全国劳模、14人评为市劳模、1人评为江西省劳模、6个集体评为市模范集体。二是构筑群防群控的严密防线，携手抗击疫情。开展“坚定信心、不辱使命，决战20天，完成应急病房建设”立功竞赛。在20天内，把555个集装箱，建成国际一流标准、可直接用于救治新冠肺炎的负压病房；建成一批发热门诊隔离病房、临时隔离设施、临时救助点等疫情防控项目；疫情期间，各级工会及时上报职工健康状况，为一线职工配足口罩、消毒液、洗手液；协助企业行政采取“点对点”包车办法，驱车赴多个省市，接回准备返沪的外来务工人员。三是动员职工立足岗位克难奋进，助力复工复产。工会先后在浦东足球场工程、北外滩贯通和综合改造提升工程、上博东馆新建工程及临港新片区，召开立功竞赛誓师会、推进会和动员会，着力在工程质量、安全、工期、科技、环保、文明、效益、廉洁和服务等方面，开展有重点、有特色、有创新的竞赛活动。举办专兼职劳动保护干部培训班、征集安全隐患“随手拍”、“我为安全献一计”金点子征集活动，并将其汇编成优秀作品集，分发给职工进行宣传引导，做细做实安全生产劳动保护工作。四是提高职工综合素养和技术技能水平，推动创新创效。在“上海工匠”评选中，集团3名职工榜上有名。联合相关部门先后开展商务管理、安全技能比赛。组织职工参加各级各类技能比武，并开展预赛预练，激励职工学习新知识、钻研新技术、掌握新技能、创造新成果。五是提升关爱服务职工的水平和能力，推进和谐发展。制订《上海建工工会职工关爱服务计划(2020版)》。针对职工分布广泛、尤其对受疫情影响较大地区的职工，采取一系列办法和措施，有效服务好职工。在开展消费扶贫中，采购扶贫物资2417.73万元，惠及职工9.06万人次。走访慰问困难职工4628人次，发放慰问金343.2万元；慰问“全国化”职工15729人次，发放慰问金649.58万元；有32368名职工参与“一日捐”献爱心活动，募捐的313.35万元善款全部用于改善困难职工生活。

（余轶群）

【上海市交通委员会工会】 辖基层工会16个，职工2345人。工会会员2345人，其中女会员884人。主要工作：参与新冠肺炎疫情防控，为一线职工发放防疫物资和慰问金。举办以“你的样子”为主题交通行业职工抗击疫情摄影征集展。对轨道、地面公交、出租车及水上客运等行业现状开展调查研究，并撰写《上海市交通系统产业工人队伍建设改革状况调研报告》。加强工会建设，走访骨干单位，召开企业和海员座谈会，筹建上海海员工会，成立道运局、道运中心、港航中心3个工会。召开道路养护行业分会第一次代表大会。对交通行业165名工会主席、工会干部进行培训。在劳模评选中，评选表彰交通运输部先进工作者1人、先进集体1个、市先进工作者2人、市模范集体1个。评选公用事业学校为市厂务公开民主管理先进单位，项天平品牌设计创新工作室评为市劳模创新工作室。为激励职工岗位成才，开展具有行业特性和单位特点的技能比武。举办“迎进博会100天行动”暨第三届进博会交通保障立功竞赛，评出先进集体60个、先进个人80名。与公交分会合办“松芝杯”公交空调系统维修、汽修工技能大赛。组织开展“安康杯”竞赛、安全生产隐患排查和“啄木鸟”行动，执法总队的户外现场办案“安全站位法”，在“安康杯”典型事例评选中获二等奖。命名首批上海出租车行业“的士驿站”。开展“520公交职工关爱日”活动。春节走访慰问98户困难职工家庭，发放慰问金21.5万元。启动道路养护行业“夏季关爱行动”，向1100位在高温环境下作业的职工，发放价值11万元高温慰问品。在开展“金秋助学”帮困中，为79名就学困难的职工子女发放助学金16万元。走访慰问老劳模并安排参加健康体检。组织劳模参加迎春电影招待会。安排18批次、701名职工参加疗休养。为委属单位2438名职工办理工会互助补充专享保障。开展“带副春联回家乡”活动，让返乡旅客感受上海交通人的温暖和情谊。举办“庆三八、共抗疫”绽放美丽为主题的线上展示活动。举办“我的小康生活”主题征文活动，6篇征文获上海振兴中华读书活动优秀奖并入围优秀征文集，交通委获优秀组织奖。举办职工智能体育比赛、职工纪实报告文学创作活动。把“四史”学习与高温慰问、驿站落成、金秋助学和主题党日结合起来，助推“四史”学习进工地、进驿站、进学堂、进场站，中工网、人民网进行宣传报道。在“上海交通工会”微信公众号平台设立主题专栏，以H5推文和知识竞赛互动形式呈现给交通职工。创设“交”字号读书室，营造浓厚书香交通学习氛围，并被入选市振兴中华读书活动“示范引领”项目。举办“中国工人杯”职工读书知识竞赛，交通行业选手入选市振兴中华读书活动“时代先声”示范项目。

（李晓姝）

【上海海洋石油局工会】 辖基层工会8个，职工1656人。工会会员877602人，其中女会员1340人，农民工会员222人。主要工作：学习贯彻中国工会十七大精神，围绕党委中心工作和公司发展大局，履行职责，聚焦“攻坚创效”，为实现“双战双胜”目标发挥工会重要作用。一是提升政治素养。学习贯彻习近平新时代中国特色社会主义思想、关于工人阶级和工会工作重要论述以及对石油石化作出的重要指示；发挥工会宣传教育阵地作用，传达学习十九届四中、五中全会精神；参与海洋油气发展“蓝海战略”大讨论，引导员工不忘初心、牢记使命、继续奋斗。二是实施民主管理。培训职工和会员代表，召开3次职代会联席会议和公司年中情况发布会。讨论通过员工基薪方案、互助保障方案、疗休养工作意见；收集、归纳、办理、反馈职代会18条提案，对立项的6条，给予答复或反馈，在征集的28条合理化建议中，对其中17条列为金点子项、7条列为创新增效项；指导6家基层工会进行换届改选。新建物资供应中心工会。三是融入中心工作。开展“百日攻坚创效”主题竞赛，8家工会开展了14场形式多样的劳动竞赛，1000人次员工参加；举办海洋石油局“首届科技周”活动；有169个班组的1760名员工参加全国“安康杯”竞赛，发放安全知识材料1800份，1个公司获“安康杯”优胜单位；召开创建大师工作室推进会，年中创建大师工作室4个、青年创新工作室2个。四是真情服务员工。实施员工健康10件实事，从4个方面加强员工健康管理，举办264人参加的工间操线上展示活动；工会参与疫情防控；开展“走基层、访万家”活动，并做到全覆盖；修订员工帮扶救助实施细则，增加对困难员工帮扶频次和资助额度。五是坚持典型引路。邀请8名劳模先进参与局领导调研，推荐评选陈忠华为市劳模、陈忠华大师工作室为市劳模创新工作室、李昆评为市建交委“三八红旗手”；举办“十佳员工”颁奖仪式，并宣传报道其先进事迹。安排员工参加先进一级、二级疗休养。六是持续创新思路。创建“员工e家”微信小程序；启动商城路员工活动室，邀请市总宣教部领导为“员工书屋”揭牌，200余人通过线上线下参加民法典、“急救知识与技巧”两个专题的读书分享活动；举办工会干部培训班，提高工会干部能力水平。

（耿卫军）

【上海市绿化和市容管理局工会】 辖有基层工会24个，职工1637人。工会会员1633人，其中女会员790人。主要工作：在局党组和市总工会领导下，紧紧围绕新冠疫情防控和行业建设管理发展大局，主动作为，抗疫防疫，群防群治，为确保城市安全有序运行、保障职工生命健康安全、努力完成各项工作目标做出工会新贡献。一是突出政治引领，团结引导广大职工听党话、跟党走。担当职工思想政治建设责任，开展"四史"学习教育，引导职工明党史，感党恩，跟党走；开办职工抗疫摄影展，加强职工文化阵地建设，展现职工风采，鼓舞职工士气；开展关爱环卫工人专项行动，形成共建、共治、共享美好环境的社会风尚，增强环卫职工获得感、安全感、幸福感。二是助力复工复产，全力以赴做好疫情防控和安全生产工作。为职工多方筹措防疫物资，助力行业复工复产，保障职工劳动安全和身体健康；发动职工查找身边隐患，检查督促疫情防控、安全生产、防暑降温工作；慰问企事业单位30余家、职工1300余人次、慰问金10余万元。三是弘扬劳模精神，激励职工在绿化市容岗位上建功立业。开展劳动竞赛，调动职工劳动热情，提升职工技能素质，发挥职工在生态文明建设和市容环境保障中的主力军作用；评选表彰全国劳模1人，24名上海市劳模(集体)。通过评选，使崇尚劳模的精神蔚然成风。四是开展集体协商，构建环卫绿化行业和谐劳动关系。在环卫和绿化养护行业中，开展平等协商、签订集体合同制度，从源头上维护好职工合法权益；依法按程序召开职工代表大会，落实职代会各项职权，实施好厂务公开民主管理制度。五是竭诚服务职工，增强职工获得感、幸福感、安全感。帮助园林绿化和市容环卫行业协会，解决师资力量和办学点的培训问题；助力出台环卫职工公租房政策，并落实试点项目；帮助打通行业职工健康体检补贴渠道；元旦春节期间为困难职工送温暖，慰问困难劳模、一线职工、农民工、困难职工9984人，发放慰问金和价值349.1万元的慰问物品；实施"户外职工爱心接力站"政府实事项目，继续为全市环卫工人免费办理人身意外保障；联合全家便利店，为全市5.4万名一线环卫工人赠送"清凉券"，把好事做好，实事做实。 （盖永华）

【华东建筑集团有限公司工会】 辖基层工会18个，职工8027人。工会会员7822人，其中女会员3161人。主要工作：围绕集团以"深化改革、创新转型、优化管理、提质增效"为目标，以职工为导向，履行工会各项职能。一是评选劳模先进，激励职工建功立业。在评选工作中，2家单位获金杯公司、金杯团队称号；都市总院等10个集体或个人获市级竞赛荣誉；王卫东评为全国劳模；花炳灿、程松明评为市劳模；设计研究中心评为市模范集体。梁志荣评为"上海工匠"。瞿燕、莫霞等4个集体和个人获市"巾帼创新新秀奖"、市巾帼建功标兵(文明岗)。二是实行法人治理，推进企业民主管理。定期召开职代会，听取并审议集团年度工作、职代会提案收集处理情况报告。民主选举职工董、监事，集团下属子公司职工董、监事建制率100%。签订《工资专项集体合同》17份，覆盖职工8000余人。建设咨询和环境院2个工会评为"2017—2019年度市厂务公开先进单位"。三是弘扬企业文化，丰富职工文体活动。组队参加上海市职工健康趣味运动会。举办为期3个月的"健身强体魄，决胜十三五"第10届职工体育健身节，线上线下参与人数3000人，并评选表彰"科学健身积极分子"218名。纪念浦东开发开放30周年之际，举办职工摄影、绘画、书法征集活动，联合品牌部发布6期近百幅作品。都市总院的"有得学堂"、建设咨询的"AE&C充电营"获评"上海职工学堂"。华东总院的职工健身中心获市职工体育示范基地称号，并获奖金8万元。四是竭诚服务职工，帮扶职工办好实事。疫情期间，向援鄂女医疗队捐款2万元；开办有400人次观看的"疫情时期儿童心理成长"线上课程。2次组织240名职工参加无偿献血。开展"一日捐"，职工募集捐款40万元，专款用于帮扶困难职工。开展送温暖走访活动，资助职工救急、助医、助学金30万元。安排职工参加健康体检和女职工专科体检。为6681名职工办理会员服务卡。完善"华建康NET心"身心健康APP平台。协助静安区卫健委、集团物业开办"智慧职工餐厅"。举办三期减重、睡眠、AHA国际急救证书训练营。五是加强自身建设，提升工会履职能力。召开工会委员(扩大)会，传达贯彻集团党委、市总重要精神。召开第五次工会代表大会，并换届改选集团工会，指导基层新建或换届改选工会。退管工作评为市先进集体。严格工会财务管理，对5家工会开展经费审查。 （谢志群）

【鲁中矿业有限公司工会】 辖基层工会10个，职工4866人。会员4014名，其中女会员707人。主要工作：一是开展技术创新活动。指导建立创新工作室25个，公司层级创新工作室13个。在开展合理化建议和"五小"成果征集活动中，收到合理化建议500项，实施9项。莱新铁矿的"使用自主加工多头控水装置控制钻孔涌水"项目获市职工合理化建议创新奖。开设"PLC的实践和应用"课程，800多名职工参加听讲。二是助力公司安全生产。开展"安全伴我行"演讲比赛、安全图片展、安全签名活动。组织举办"群监会"，开展6次安全生产检查。三是加强先进班组建设。在创建先进班组活动中，评出30个四星级、7个五星级班组，三星级以上班组覆盖率达98%以上。以星级评定为基础，评选表彰9个"红旗标兵班组"。四是宣传弘扬劳模精神。评选表彰姜秀林为市劳模、张家洼铁矿三工区为市模范集体。召开劳模座谈会和劳模事迹报告会7场，参加听讲500余人次。制作劳模事迹电视片，组织职工观摩学习。五是举办职工文体活动。先后举办职工乒乓球、羽毛球、中国象棋等比赛。职工健步走协会开展小型多样文体活动，丰富职工业余文化生活。六是帮扶救助困难职工。为28名职工办理市总工会专项基本保障(B类)，支付保障金42万元。元旦春节走访特困职工31人、发放救助金9.1万元。向66户职工家庭发给特困证、为64户特困家庭下发救助金3.2万元。实施"金秋助学"帮困，发放助学金1.55万元。为4户特困家庭申请市总深度困难职工帮扶救助。七是加强民主管理工作。召开鲁中矿业第十五届七次职代会暨年度工作会议。召开3次职代会联席会议，并审议通过在岗职工内部退养方案、一般管理(技术)和操作维护岗位人员竞聘管理办法、退休人员统筹外费用发放处理办法。召开劳动保护质询会，对公司劳动保护方面存在的问题开展质询，提出整改意见。围绕职工关心关注的热点问题，组织职工代表开展巡视。参与职工工装服的调研、设计、招标等工作。八是深化开展服务职工实事项目。确定并实施10件惠及全体会员、针对困难职工和劳模先进、退休职工、特定群体的“十送”实事项目，体现鲁中矿业工会真心为职工做好事办实事。（刘炜权）

【上海市水务局（上海市海洋局）工会】 辖基层工会17个，职工1217人。工会会员1217人，其中女会员452人。主要工作：一是参与各项活动，提升政治文化素养。引导职工知史爱党、知史爱国，增强“四个意识”，坚定“四个自信”。举办“四史”学习教育进工地主题活动。开展水务职工状况调研，形成《新时代上海水务、海洋系统职工思想状况调研报告》。组织水生态劳模创新工作室联盟进行学习交流。成立“黄士力创新工作室”。开展第七届职工健身行活动。组织职工参加“临港集团杯”羽毛球联赛。参加水利部举办的“新时期水利精神”演讲赛获三等奖。二是开展劳动竞赛，鼓励职工岗位建功。在评选劳模中，供水调度监测中心评为市模范集体。在全国“助推绿色发展，建设美丽长江”竞赛中，5名职工、8个集体评为先进，4个集体评为河（湖）长制先进，10人评为最美护河（湖）员。在“碧水保卫战”竞赛推进会上，4、6、30家单位分别获集体一、二、三等奖。刘波等5人、马建斌等50人分别获个人一、二等奖。在市重点工程立功竞赛中，表彰金杯公司、金杯团队各1个、优秀公司7个、优秀团队6个、“建设功臣”7人、优秀建设者8人。水务局连续3年评为优秀赛区。水务赛区表彰优秀公司18个、优秀集体64个、优秀个人132名、优秀标兵15个。在微信公众号推出“最美巾帼守护者”，并参与市建交行业三八擂台展示活动。三是参加技能比武，提升职业技术水平。在开展全国“三利杯”供排水竞赛中，获团体三等奖1个、个人第二名1人、优秀组织奖1个。与苏、浙、皖三省联合举办“啄木鸟杯”水务质监技能比赛。与市水文协会等举办水文勘测技能实训比武、河道修防工技能比赛。特大管径管道内衬施工获市职工合理化建议和先进操作法优秀成果奖。村级河道“村民自治”管理成果获合理化建议创新奖。创建市“职工学堂”1家。四是关心帮扶职工，维护职工合法权益。开展工资集体协商，确定行业职工工资标准。水务行政服务中心评为市厂务公开民主管理先进集体。组织15个单位、89个班组的861名职工参加“安康杯”竞赛。在全国“安康杯”健康意识与应急技能宣传活动中，评出示范先进集体1个、个人2名。下拨专项资金15万元，慰问援鄂抗疫医疗人员。在送温暖活动中，954名职工参加“一日捐”，捐款110277元。慰问劳模、困难和重病职工74人、送去慰问金17.8万元。慰问高温作业职工1385人次，对16名重病职工送去慰问金11.5万元，为1234名职工办理工会专享保障。五是加强自身建设，提升工会能力水平。开展工会年度总结考评工作。指导3家工会换届选举，完成工会主席增补和局工会主席、委员调整。做好工会经费预决算管理，确保工会经费收、管、用。强化工会经费审计督查及局工会主席离任审计。根据“四位一体”经审监督要求，制定实施工会经费会员监督办法。（王佐仕）

【中国建筑第八工程局有限公司工会】 辖基层工会25个，涵盖单位307个，职工221068人。工会会员195059人，其中女会员25409人，农民工会员140017人。主要工作：一是弘扬劳模风采，抗疫扶贫工作有力度。制订《劳模先进评选和管理办法》，评选表彰全国劳模等国家级荣誉37个、省部级272个、地市级185个。举办劳模座谈会和劳模创新论坛，在微信上展示劳模风采。在疫情防控中，制作防疫图册在微信上宣传。下拨77.6万元，慰问13个单位的32个防疫项目。征集彰显抗疫援建、复工复产摄影作品700多幅。在助力脱贫中，组织劳模、抗疫代表20余人开展“卓尼行·扶贫情”慰问活动，购买扶贫消费品50余万元。二是实施民管制度，构建和谐企业有深度。开展职工代表巡访活动，增强代表履职能力。认真落实职工提案，在107项金点子评选中，评出优秀金点子30个，经实施创造较好经济社会效益。制订《中建八局产业工人队伍素质提升指导手册》，涵盖职工技能培训、项目工会联合会、项目工会工作站、工友村、农民工实名管理、职工技能竞赛6项内容。“实名制管理、站家式服务、助推建筑产业工人队伍建设”案例，评为长三角地区产业工人队伍建设优秀案例。三是提升职工素质，创新创建工作有高度。开展“一室三赛”创建工作，新建创新工作室280个，奖励专利发明11项。命名“八局工匠”20人，“劳模、工匠人才、职工”创新工作室各10个，全国层级创新工作室1个、省部级6个。4人评为“上海工匠”“中国建筑工匠”。有13.8万职工先后参加在雄安新区、粤港澳大湾区开展的区域竞赛。在江苏园博园等152个项目、上海临港科技城等82个项目建设中，开展“铁军杯”竞赛。总部业务部开展13项技能竞赛，1人获第一名，1人获项目冠军。各级工会开展的280场技能竞赛中累计2万人参赛。开展“安康杯”竞赛覆盖1714个项目，29.4万名职工参加。四是关心职工困难，实事办实有温度。投入百万元，实施149项实事项目，服务职工15.4万人次。开展“四送”、女职工疾病保障、帮扶困难职工27万人次。为全局343名退休职工举办“五个一”活动，定制赠送光荣退休纪念品。开展青年职工联谊、远征职工家属子女关爱、职工集体婚礼活动。举办微电影、摄影、健康大讲堂、元旦健康跑活动。新建164个职工书屋、2个“爱心妈咪小屋”。承办10场关爱留守儿童宣讲活动。五是加强工会建设，提升能力水平有强度。加强工会建设，获评全国“模范职工之家”。对4个工会开展经费审计。召开季度例会，培训专兼职工会干部3696人。建立139个基层工会联系点。网上发布12件工会特色事迹。与市建交工会、劳动报社建立三方联建机制。制作公益朗诵MV等4部视频片。“致敬！逆行者”入选上海职工抗击疫情图片展。讲述八局好故事、传播八局好声音、推广八局好做法，《八局会友》《农民工e家》微信公众号推送信息174篇，阅读量275400人次。人民网、新华社、《工人日报》等主流媒体报道工会活动2278次，全总、市总领导多次到八局进行调研指导。（张　帅）

【上海市税务局工会】 辖基层工会13家，其中机关工会9家，事业单位工会4家。职工1599人。工会会员1599人，其中女会员838人。主要工作：一是参与疫情防控和脱贫攻坚。贯彻落实习近平重要指示精神，第一时间组织购买防疫物资，走访慰问直系家属赴湖北抗疫职工，落实下沉顶岗干部职工的关心关爱、后勤保障工作。开展工会节假日慰问，采购对口地区扶贫产品。据统计，各级工会购买对口扶贫消费物品87万余元。二是加强工会组织建设。选举产生第三届工会委员会、经费审查委员会、女职工委员会。制订《市局工会工作暂行办法》，加强工会工作制度化、规范化建设。组织系统工会干部开展专题培训，提高工会干部综合素质和能力水平。三是开展争先创优工作。组织对工会工作的考评，提高工会工作水平。在开展评选工作中，静安区局毛琦敏评为全国先进工作者，浦东区局连池等3人评为市先进工作者，虹口区局一所评为市模范集体。召开毛琦敏先进事迹报告会，开展先进事迹巡回宣讲。创建劳模（职工）创新工作室，弘扬劳模先进精神。参与市总工会组织的劳动竞赛，《市税务系统练兵比武竞赛方案》入选市总方案汇编。开展系统星级基层服务明星主题竞赛活动，奖励荣誉获得者。各基层工会以优化营商环境等重点工作为契机，开展形式多样劳动竞赛。四是服务保障职工权益。为职工办理工会专享保障，扩大保障范围，确保职工互助保障权益。持续开展帮困送温暖活动，走访大病困难职工，完善困难职工和送温暖慰问相衔接的帮扶机制。与上汽大众合作推出优惠购车活动，为系统60多位职工提供购车优惠和便利。各基层工会围绕职工健康、退休关怀、职工文体生活、女职工关爱等方面需求，开展形式多样的活动。五是提升税务文化建设水平。组织职工参加上海市振兴中华读书活动，获优秀组织奖。报送的作品获二、三等奖各1名、优秀奖3名、读书示范项目3个。举办职工书法摄影比赛，并汇编成册。开展健身达人赛，并以短视频的形式进行展示、评选。联合开展制止餐饮浪费行为的“光盘”行动。举办诵读大赛、文化网络大赛、征文活动。开展广播操、健身舞、太极拳等适合在楼宇进行的健身运动，组建合唱、乐器、瑜伽、棋牌等兴趣小组，丰富职工的业余文化生活。

（娄晓辉）

【上海市人力资源和社会保障局工会】 辖有直属工会15个，职工2363人。工会会员2363人，其中女会员1356人。主要工作：一是以“娘家人”姿态，助力疫情防控。为支援社区疫情防控，设立专项资金151.41万元，慰问153名一线职工，送去食品等抗疫物资。助力宣传疫情防控政策措施和科学知识。先后组织举办“口罩下的微笑”照片征集、制作“我在疫情防控日子里”视频、“幸福一杯子”“线上健身”等18次各类活动。二是帮扶困难职工，实施实事项目。确定4大类、9项服务职工实事项目，并在年内组织实施。为2373名职工参保上海工会会员B类互助保障。先后走访慰问13名困难职工，发放慰问金1.3万元，对49名符合帮扶条件的职工发放帮扶金共计15.5万元。对局所属办公场地相对集中单位，建立4家区域化（梅园路、西乡路、世博村路、中山南路）“职工之家”。新建6家“职工书屋（角）”、2家“爱心妈咪小屋”（兼心理咨询室）。三是关爱服务职工，丰富文体生活。组织366名职工，参加“公益乐学”生活服务课程。组织135名单身青年职工，参加“四季恋歌”交友活动。开展线上心理咨询活动，减缓职工心理压力。举办“健康人社·快乐生活”系列活动，830余名职工参加斯诺克、乒乓球、羽毛球、篮球、健步行等项目比赛和摄影作品展示。为开展“爱上海、游上海”活动，做好协调、服务、保障工作。四是弘扬先进风采，增强职工技能。经市评模办推荐评选，市社保中心城镇职工保险业务处荣获2015—2019年度上海市模范集体称号，市宣教中心蔡稼琦荣获2015—2019年度上海市先进工作者称号。实施局业务技能练兵比武活动方案，各基层工会广泛参与。通过技能竞赛，28名职工获得由ATA认证的职业技能评价证书。五是加强工会建设，提升能力水平。开展调查研究，通过召开15次专题调研会广泛征询意见，制订下发《关于加强局系统基层工会“职工之家”建设工作的实施意见》。试行《上海市人力资源和社会保障局基层工会“职工之家”建设考核标准》，推进局系统工会“职工之家”创建、巩固、提高。编辑《工会简讯》51期，采用工会信息153条。加强工会经费管理，聘请第三方审计单位，对局系统工会年度财务收支预、决算情况进行审计，不断强化工会经费的收、管、用，确保工会经费的收管用合理、合规、合法。

（瞿仁葆）

【中国教育工会上海市委员会】 辖基层工会86个，职工95650人。工会会员92881人，其中女会员48496人，农民工会员17328人。工作机构设办公室、基层工作部、宣教文体部、生活保障部、女工部。主要工作：一是在疫情防控工作中发挥作用。组织线上知识答题，普及健康防疫、脱贫攻坚知识，81个单位、13万余人次参加，辐射面20余万人次。征集原创抗疫作品2.5万件。开设12期线上系列课程，近6千教工参加，活动辐射8万人次。成立教工足、篮、排协会，开展有益于身心健康、缓解压力的文体活动，凝聚教工精、气、神。二是在服务国家战略中彰显作为。投入60万元，援建新疆日喀则地区的上海实验学校和第二中等职业学校的“教工之家”。各级工会投入约300万元，慰问5个上海对口支教地区的教师干部428名。连续第二年投入金额50万元，帮扶新疆当地困难教师。组织基层工会，采购对口地区价值3100万元扶贫产品，为教师搭起提供扶贫地区特色农产品的通道。三是在服务教育大局中奋发有为。举办第四届上海高校青年教师教学竞赛暨国赛选拔赛，247人参加，4万余人次以直播视频方式观看比赛，相关宣传报道浏览量突破2万。遴选5名教师，参加第五届全国高校青年教师教学竞赛，获一等奖2个。联合举办首届上海高校艺术与设计类“青教赛”，157人参赛、30人获等第奖、11个项目获上海加快科创中心建设立功竞赛五一系列大奖。逾千名教师参加第六届上海教师“三字笔”大赛。四是在推进民主制度建设中有序参与。建立“双代会”网报制度，优化审核反馈流程，畅通组织工作报批文渠道。规范填报《上海市教育系统民主评议表》，使民主评议校领导工作常态化。督查教职工补充公积金上会情况并得到有效落实。在开展民管工作中，上海建桥学院评为全国先进、市"十佳"单位，7家单位评为市先进并推广经验。五是在服务帮扶教职工中作有力保障。织密工会互助保障、商业补充医保、工会会员卡、患重疾教职工的帮扶和冬送温暖夏送清凉多层次保障网。关注非在编教职工特殊利益，对非编人员40%工会经费全额返还，非编职工100%入会给以奖励，并下拨配套经费，累计下拨1281.82万元，确保其享受政策待遇，倍感组织温暖。结合法律援助和心理咨询，开展义务咨询、网上心理讲座、心理云咨询系列活动。新增华师大、崇明区等6个线下教师心理健康服务点。六是在与时俱进改革创新中有力推进。举办庆祝市教育工会成立70周年座谈会等系列活动，传承对党、对教育事业、对广大教职工的忠诚。通过调整，建立较完整的内控运行管理体系及相应配套管理制度、财务制度和工作流程标准，实现工会机关治理现代化。加强市级"教工之家"建设，在上海教育会堂现有建筑基础上，对功能与空间进行有序重组和拓展，提升教工文体活动、文化体验、休闲娱乐、才华展示、学术交流等多元功能。（高　芳）

【上海市科技工会】 辖基层工会47个，涵盖单位108个，职工32072人。工会会员31173人，其中女会员10754人，农民工会员337人。主要工作：一是疫情防控，工会全力以赴保安康。疫情突发，工会下发"防疫工作十项要求"，各级工会及时配合党政，加强职工思想政治引领，筑牢思想根基，落实联防联控措施，站在维护职工健康权、生命权高度，稳妥有序做好疫情防控各项工作。发掘抗疫典型，弘扬敬业奉献精神。努力协调劳动关系，确保职工队伍和谐稳定，协助复工复业复产。二是建功立业，投身创新竞赛发展实践。在五一节期间，利用基层单位户外大屏、科技园区等公共空间，开展"劳动光荣"主题宣传。围绕建设科创中心，开展"科创先行者、建功新时代"第二届职工劳动技能大赛，首次开展选树"科技系统工匠"工作。参加市总举办的示范性、引领性劳动竞赛。在评选工作中，评为全国劳模（先进工作者）4人、市劳模（先进工作者）候选人18人、市劳模集体4个。七零四所蒋康获"上海工匠"称号。三是开展活动，建设温暖"职工之家"。在参加全国"安康杯"竞赛中，上科院获全国优秀单位组织奖；有机所和材料所获市"安康杯竞赛"优胜单位；科技馆、五十一所、分子细胞中心获市优秀班组奖；集成电路中心1人获市优秀个人奖；19家单位、78个班组的143人获得科技系统表彰。开展以"强意识、查隐患、促发展、保安康"为主题的首届"安康杯"网上知识竞赛，基层职工踊跃参加。举办职工乒乓球团体赛，44家单位的220名职工参加比赛，举办首届"科创杯"电竞大赛，职工踊跃参加比赛。四是自身建设，增强工会组织生命力。开展"不忘初心、牢记使命""四史"主题教育。以党建为引领，持之以恒推进工会改革创新。加强廉政建设，增强工会组织的政治性、先进性、群众性。组织职工参加《红色基因铸影魂，经典名片永留存》培训，观摩《八佰》影片，接受爱国主义教育。抓好经审队伍建设，实行工会经费"四位一体"的经审监督制度。设立首个网络课程，开办《财务人员的初任培训》。规范工会财务通用软件和预决算报告申报制度。（冯　莺）

【上海市医务工会】 辖基层工会60个，涵盖单位68个，职工83891人，其中女职工59247人。工会会员83715人，其中女会员59046人，农民工会员86人。会员入会率99.79%。主要工作：以习近平新时代中国特色社会主义思想为指导，按照市卫健委党组和市总工会要求，坚持以人民健康为中心，以改革创新为动力，在投身疫情防控、关爱医务人员、加强维权保障、提升服务水平方面主动担当、积极作为，为确保医务人员持续健康、战胜疫情提供有力保障。一是提高政治站位，为疫情防控凝聚信心和力量。加强劳动保护，保障医护人员身心健康。深入一线走访，确保各项服务工作得到保障。主动协调各方，提供全面后勤保障服务。多方筹措经费，主动做好关心慰问工作。与系统各级工会和全体一线医护人员携手努力，共同做好疫情防控。二是统筹各方资源，为医务职工解决需求或困难。坚持做到全面关心关爱医务职工，深入了解职工需求，主动靠前服务，为一线医务职工送上暖心和关爱。工会专项保障护佑全体医务职工，解决上海医疗队员后顾之忧。三是加强宣传引导，为助力疫情防控营造良好氛围。注重扩大宣传，加强正面引导；注重人文关怀，传递信心力量；注重形成合力，加强工作联动。四是发挥职工主力军作用，为行业发展凝心聚力。加大劳模先进宣传力度，推动医务职工素质提升，深入开展立功竞赛，加强医务职工文化建设。五是强化工会服务保障，全方位对接医务职工需求。认真实施工会帮扶服务工作，持续保障医务职工生命健康。着力解决医务职工后顾之忧，持续关注医务职工心理健康。加强工会法律宣传和劳动保护，持续关心护工护理员特殊群体。六是着力自身建设，推动工会创新发展。深化院务公开民主管理，深化"职工之家"创建，持续加强工会理论研究，落实工会经费从严管理制度，认真做好工会女职工和退管会工作。（马建发）

【上海市新闻出版工会】 辖基层工会14个，职工2668人。工会会员2620人，其中女会员1311人，农民工会员1520人。主要工作：着力落实疫情防控工作，通过网络，及时转发《新型冠状病毒职工防护知识50问》等宣传资料。下拨28万元，专款购买口罩、消毒液等防护用品，为基层单位职工复工复产做好疫情防护工作提供保障。推行"三项"集体合同签订制度，签订集体合同覆盖面达63%，同比上升1个百分点；签订女职工权益保护专项集体合同覆盖面72%；签订工资专项集体合同覆盖面60%。推行职代会制度，指导督促各基层工会落实以职工代表大会为基本形式的企事业民主管理；对基层单位厂务公开情况进行摸底调查，1个单位获上海市厂务公开民主管理工作先进单位。维护职工职业健康和生命安全，组织职工参加全国"安康杯"竞赛，1个单位、1个班组获上海赛区优胜单位、优秀班组。组织14个单位、近千名职工参加市总举办的文化网络大赛，获该项赛事优秀组织奖。组织开展"爱心一日捐"活动，14家单位、2534名职工踊跃参与，募集金额11.24万元。关心关爱困难职工，累计发放帮扶款2.65万元，受助28人次。为丰富职工精神文化生活，支付16万元购买电影票，发给全体职工观摩电影。拨出29万元，高温期间专款购买防暑用品，慰问系统全体职工。为14家单位、2486名会员办理工会服务卡会员专享基本保障，支付保费10万元。组织系统100名先进职工代表、工会干部等，参加市总工会疗休养，并对2个基层工会开展疗休养活动予以补贴，补贴金额2.4万元。督促指导8个工会进行换届改选，1个单位的工会依法予以撤销。选送2名新任工会主席参加上岗培训。组织召开资产管理工作会议，制定本级工会23项经费内控制度。召开年度工作总结暨先进表彰会，对获年度"工会特色工作单项奖、优秀工会工作者"予以表彰。（方伟国）

【上海广播电视台（上海文化广播影视集团有限公司）工会】 辖基层工会70个，涵盖单位76个，职工15266人。工会会员15170人，其中女会员6974人，农民工会员346人。在集团党委和市总工会领导下，发挥优势，开拓创新，在履行维护、建设、参与、教育职能上发挥工会重要作用。主要工作：在助力疫情防控方面，工会贯彻落实习近平关于疫情防控的重要指示，先后下发《关于进一步做好疫情防控期间相关工作的通知》《关于向基层工会下拨疫情防控专项资金及使用说明的通知》。下拨200万元专项资金，助力基层工会开展疫情防控。据统计，工会累计购买各种防疫用品100余万件、计756.9万余元。在开展竞赛评选方面，大力弘扬劳模、工匠、劳动精神，评选表彰赵蕾为全国劳模；孟诚洁、奚培、张颂华3人为市劳模；《永不消逝的电波》剧组为市模范集体。评选王怀甫、庄毅2人为"上海工匠"。开展以"劳动光荣、创造伟大"为主题劳动竞赛，选树"先进班组""SMG工匠"等先进典型。在强化职工教育方面，工会出资100万元，作为职工岗位技能培训专项经费，联合人力资源部搭建线上"E-learning职工学堂"培训平台，线下开设"广播职工学堂""SiTV职工学堂""Yicai职工学堂"等教学点，开展具有实操性强、多样化项目的职业技能培训。在关心关爱职工方面，继续做好在职员工健康体检，体检率达89%。启动"SMG心力量"职工心理关爱项目，向所有员工提供线上心理咨询服务、参加线下心理培训。继续为14039名SMG工会会员办理工会会员卡专享保障，拨付保障金70余万元。为身患特种重病、意外身故的53人次，申请给付"工会会员服务卡"保障金102万元。在维护职工利益方面，实施以职代会为基本形式的民主管理制度，召开二届二次职代会，听取《台集团工作报告》；选举职工监事一名；审议通过《台集团关于进一步做好联系服务职工工作的意见》《台集团员工网络行为管理规定》《台集团帮困互助金管理章程》的重要制度。开展帮扶送温暖工作，下基层慰问困难职工1622人次，发放慰问金225.3万元。组织230人次抗疫一线职工、劳模参加疗休养11批次。在加强工会建设方面，指导台总部工会、东方明珠新媒体工会等10家大口单位完成工会换届。加大工会经费补助力度，完善工会财务制度。始终把密切联系职工、竭诚服务职工作为工作出发点和落脚点，在做好"以人为本"工作同时，着力参与企业发展，在助力复工复产中彰显工会作为。（秦伊龄）

【上海社会科学院工会】 辖基层工会23个，职工863人。工会会员862人，其中女会员453人。在院党委和市总工会领导下，工会在服务大局中，发挥重要作用。主要工作：一是维护职工身体健康，抗击疫情彰显职能。疫情突发后，工会及时参与防控，发布多项通知，指导基层工会开展抗疫工作。联系慰问身处湖北省特别是武汉市的本院职工，为他们提供信息咨询、精神抚慰等帮助。在工会经费中安排专项防疫资金，为职工购买、发放口罩等防疫用品，并助力复工发挥作用。同时，结合疫情不稳定态势，举办防控讲座，开展防疫宣讲。党支部被院党委授予抗疫先进党组织。二是实施民主管理制度，促进社科院和谐发展。5月29日，召开第四届职代会暨八届三次工会代表会议，会上听取张道根院长作社科院工作报告，听取相关处室、工会所作工作报告。围绕报告和本院工作开展交流和讨论，发挥双代会所承担的"促进上下沟通与理解、集中群众智慧保障科学决策"的促进作用。年内社科院被评为上海市民主管理先进单位。三是丰富文体社团活动，营造良好社科氛围。结合抗疫实情，院工会及时调整文体社团相关策略，筹划助力各社团开展活动。疫情逐步平稳后，社团活动陆续恢复。9月，举办迎国庆职工书画精品展。10—11月，举办诗歌、特色爱好分享会，举办"三对三"篮球比赛等社团文化周活动。其中"三对三"篮球赛有11支队伍、60多位队员参加，通过比赛，营造社科院健康向上良好氛围。四是开展评选、参观、研究，提升干部能力水平。在劳模评选中，经层层推选，哲学所成素梅评为市先进工作者。针对职工和工会干部法律意识培养的需求，在《民法典》颁布之际，举办专题培训班。在6月、10月，分别组织工会干部和部分职工，参观中国劳动组合书记部旧址，走访、参观院本部附近的红色老弄堂，实地感受中国革命和工人运动的奋斗历程。申报的《产业工人职业发展机制建设研究》课题，获市总优秀调研报告二等奖。通过开展相关课题研究，进一步熟悉了解职工运动和工会运动的起源发展，为更好履行工会职能起到助推作用。

（杨鹏飞）

【上海市体育局工会】 辖基层工会19个，职工95650人。工会会员92881人，其中女会员48496人，农民工会员17328人。主要工作：一是加强政治引领，强化自身。在党组和市总领导下，以习近平新时代中国特色社会主义思想为指导，学习贯彻党的十九大及全会精神，加强职工思想政治引领，引导广大职工不忘初心、牢记使命，统一思想、凝聚力量，为推动上海建设全球著名体育城市贡献力量。在加强工会自身建设中，举办工会干部培训班，19家基层工会主席、副主席、经审委员60余人参加培训。通过培训，增强工会能力水平，在提升体育治理体系和治理能力现代化中发挥工会的重要作用。二是参与疫情防控，彰显作为。面对突发疫情，工会第一时间参与防控，大力宣传疫情防控的政策措施，宣传科学防控知识。设立50万元防控专项资金，购买疫情防控物资，发放给防疫一线的广大职工，并带领广大职工助力复工复业。三是评选劳模先进，弘扬风采。在开展评选工作中，市竞技体育训练管理中心乒乓球运动员许昕评为2019年上海市劳模年度人物、2020年全国先进工作者；上海棋院院长单霞丽、市竞技体育训练管理中心自行车队教练员邬伟培评为上海市先进工作者；市竞技体育训练管理中心现代五项教练员曹忠荣家庭评为"海上最美家庭"。四是办好事做实事，帮扶职工。落实市总工会职工互助保障计划。帮扶患大病、重病等困难职工83人次，帮困金8.3万元。元旦春节期间，走访慰问患大病、重病的干部、职工、教练员和伤残运动员等45户家庭，发放慰问金13.5万元。高温期间到所属15家训练场、馆，赠送防暑降温用品1607份。落实消费扶贫行动，支出72.31万元，购买扶贫消费品，资助帮扶贫困地区。五是丰富文体生活，健身强体。在崇明训练基地、市体校、市体育场馆设施管理中心，创建"职工书屋"。上海市体育运动学校评为"2020年全国工会职工书屋示范点"、上海市体育场馆设施管理中心评为"2020年上海工会职工书屋示范点"。举办"读书点亮生活"职工品读会系列活动，营造"多读书、读好书、善读书"的良好氛围。组织开展职工"网上健步走"活动，共有272名职工踊跃参加。开设心理健康服务网络公益课程，组织广大职工学习观看。发动职工参加上海市振兴中华读书活动"我的小康生活"征文大赛，共收集征文9篇。（崔　燕）

【光明食品(集团)有限公司工会】 辖基层工会241个，涵盖单位494个，职工46470人。工会会员46466人，其中女会员16813人，农民工会员7969人。基层工会组建动态率为98%。年内，在党委领导下，把学习宣传贯彻习近平新时代中国特色社会主义思想，作为工会的重大政治任务。先后举办工会主席和工会干部培训班、工会干部专题学习会，学习《习近平谈治国理政》及习近平关于工人阶级和工会工作重要论述，通过开展"四史"学习教育，把忠诚党的事业、竭诚服务职工，作为工会学习领会习近平新时代中国特色社会主义思想的重要抓手，引导干部职工坚定不移听党话、跟党走。2020年是集团完成"十三五"规划目标任务的收官之年，也集团高质量发展之年，工会弘扬"爱与尊重"光明文化，把"因为光明、所以温暖"打造成上海"四大品牌"建设的亮点，发挥广大职工在坚定不移推进集团高质量发展中的主力军作用。面对疫情来袭，工会强化责任担当，组织引导职工全力抗击，动员广大职工众志成城、守望相助、奋力抗疫，终使疫情防控进入常态化，并取得阶段性胜利。大力弘扬劳模精神、劳动精神、工匠精神，树立一个典型一面旗帜，一个模范一座丰碑的理念，开展7名"光明明星员工"和5名"上海工匠"的事迹宣传，让先进事迹进企业、进车间、进职工头脑。深入开展"当好主人翁、建功新时代，建设殷实农场、构建实力光明"为主题的劳动技能竞赛。开展第三届"凝心聚力进博会、建功立业创一流"立功竞赛活动、劳模先进创新工作室创建工作。开展职工岗位练兵和技能创新活动。着力构筑多层级职工服务保障机制，增强光明员工的获得感、幸福感、安全感，在开展帮困送温暖活动中，对63名困难劳模、疫情防控一线员工进行实物慰问。关心关爱劳模先进，安排108名劳模先进赴金华、海博山庄、宜春等地参加疗休养。开展员工疗休养和员工家庭特惠服务。落实员工福利，助力消费扶贫。切实关心关爱光明女职工。丰富广大光明员工文化体育生活。落实会员专享基本保障和职工互助保障。组织开展"安康杯"安全生产知识竞赛活动。开展高温慰问和安全生产大检查。加强工会自身建设，增强依法建会、管会、促会的能力。（朱菊英）

【上海市民政局工会】 辖基层工会45个，涵盖单位47个，职工4297人。工会会员4072人，其中女会员2287人，农民工会员252人。主要工作：一是加强职工思想政治引领，组织劳模、上海工匠、工会干部、职工代表前往顾正红纪念馆，开展红色工运足迹寻访活动。二是加强工会组织建设，指导18家基层工会完成换届选举。三是组织26家基层单位、265个班组的3793名职工，参加全国"安康杯"上海赛区竞赛。四是以"众志成城·巾帼担当"为主题，举办纪念三八国际劳动妇女节系列活动。五是做好劳模、上海工匠等先进典型选树工作，市儿童福利院院长蔡璇璇评选为上海市先进工作者、市救助管理二站寻亲甄别青年突击队评选为上海市模范集体、市益善殡仪馆化妆师查庆国命名为"上海工匠"。六是开展夏季走访慰问职工送清凉活动。七是开展"两节"送温暖活动，通过市帮困互助基金会给以筹集支持，筹资100多万元，专款帮扶困难职工。八是按照市总工会部署要求，为46家基层单位的3595名职工，续办工会会员卡专项保障。九是举办基层工会主席、工会财务和经审干部培训班。十是组织各级工会，配合党政部门，助力疫情防控，为全局6000余名职工发放防疫物资。（张晓明）

【上海市监狱管理局工会】 辖基层工会19个，职工6758人。工会会员6758人，其中女会员1042人。工作机构设：组宣部和办公室。主要工作：一是参与抗疫，保障职工健康。疫情突发后，第一时间参与疫情防控，宣传疫情防控知识。设立专项资金，购买价值1060余万元抗疫物资，慰问帮扶防疫一线民警职工。开展慰问援鄂女性医务人员家庭、疫情期间患重病大病民警。丰富基层民警文化生活，缓解工作压力，保障疫情期间职工身心健康。向《工人日报》《新民晚报》《劳动报》等媒体，刊登发表监狱抗疫事迹。编辑出版《知心》抗疫专刊。征集家书并编辑成册。创作2首抗疫歌曲，献给抗疫一线民警职工。二是帮助职工，做好事办实事。元旦春节期间开展送温暖活动，慰问、帮扶、解困67人，资助13.4万元。基层工会慰问9963人次，320余万元；帮困308人次，近43万元。按参保规定的最高额度，为职工加入工会互助保障。做好对孕期和哺乳期女职工的特殊劳动保护。为14对因抗击疫情而推迟婚期的一线民警举行"情定警营·一路有你"集体婚礼。为解决干警子女暑期看护难问题，协调外部资源，开办干警子女安心暑托班，并按人次补贴1400元，共补贴150人次、21万元。对取得职业资格等级证书的职工给以奖励，下发奖金1.65万元。三是创新方法，丰富文体活动。利用网络优势，开发"菁英汇"微信小程序网上文体活动平台，全局有4000余名干警职工参与，分别开展歌王赛、安全生产知识竞赛、诵读大赛、厨艺秀等线上活动。开展健步走比赛。参加上海司法行政"疫"线印记文化作品征集,8篇作品评为优秀奖。四是开展评选,培育先进典型。在开展评选工作中,评选表彰全国先进工作者1人、市先进工作者1人、市模范集体1个。并在《劳动报》专栏报道先进事迹。在评选"职工之家"工作中,评为全国"模范职工小家"1个,申报2人参加"上海工匠"评选。五是工会举力,助推女工退管工作。因碍于疫情,工会用短信慰问和原创诗歌方式,向女职工送上三八节祝福。通报表扬20个巾帼抗疫先锋岗、33名巾帼抗疫先锋、60个最美抗疫家庭、1个"海上最美家庭"。做好对困难退休职工的慰问和健康体检。参加市退管会征文、摄影、体检和网上培训、知识讲座。六是强化自身,加强制度建设。开展"四史"学习教育活动。指导基层工会创新工作方式,强化自身建设。加强预警报告制度,排摸隐性问题,化解各类矛盾。指导2家工会做好换届工作。加强工会经费预、决算制度,指导基层工会建立防疫专项资金,强化工会经费使用和监督检查。 (江海群)

【锦江国际(集团)有限公司工会】 辖基层工会85个,涵盖单位432个,职工37435人。工会会员37435人,其中女会员16423人,农民工会员1582人。动态入会率100%,实现工会组织和会员入会的全覆盖。主要工作:一是夯实工会组织基础。指导基层工会进行换届改选,理清基层企业工会隶属关系。选拔和调整熟悉工会工作、有群众工作经验的干部担任工会领导。督促指导基层工会及时更换工会法人资格证书。二是加强劳模创新工作。集团现有在册劳模90名,上海市劳模创新工作室6个,上海市工匠技师工作室6个,集团层级劳模创新工作室10个、工匠技师创新工作室5个。三是开展竞赛提升技能。重视职工队伍建设,提高职工技能素质,开展锦江杯职业技能比赛,组织职工参加市级技能竞赛,激发职工爱岗敬业、岗位成才的积极性。四是帮扶职工办好实事。继续加大对困难职工精准帮扶力度,建立职工"重危疾病救急基金",提高特困职工帮扶金额的标准,为职工办理"商业补充医疗保险"和工会专享基本保障。五是强化职工劳动保护。结合夏季安全生产劳动保护工作,安康杯竞赛工作小组重点检查各企业高温作业场所,重点保证冷链企业食品安全。结合疫情防控工作特点,参与落实各项防控抗疫工作,维护好职工的健康和生命安全。 (顾明方)

【百联集团有限公司工会】 下辖基层工会121个,职工25844人。工会会员25844人,其中女会员14181人,农民工会员1646人。主要围绕集团中心工作,为集团的创新转型提供保障,积极发挥工会的作用。一是在决战决胜脱贫攻坚工作中,资助扶贫消费款286.88万元,专款采购云南永仁县农副产品,惠及职工3万余人次。二是推荐评选全国劳模1人、市劳模6名、市模范集体3个。制订《百联集团有限公司劳模先进队伍建设工作规划(2021—2025年)》。三是开展2018—2019年度百联集团评选活动,评选先进企业8个、先进班组12个、优秀员工22人。四是举办2020年百联集团职工技能大赛,各级工会共组织128场技能竞赛,11867人次参赛。五是开展"一日捐"活动,捐款88.91万元。慰问外地企业职工155人,送去慰问金8.54万元。集团帮困312人次,送去帮困金49万元。六是制订《百联集团有限公司职工转型创业扶助活动专项资金管理办法》,对57名个人、61家门店、4个项目予以资金扶持。七是以新当选全国劳模朱雯瑾的真实故事改编制作的微电影《真情无价》,在上海市职工微电影节的235部作品评选中,被评为铜奖。八是对10家基层工会开展财务基础工作、工会经费收支情况审查,并进行精准反馈,提出改进建议,促使工会经费更规范、合理、安全使用和管理。 (姜 杰)

【申能(集团)有限公司工会】 辖基层工会49个,职工17257人。工会会员17196人,其中女会员5725人,农民工会员37人。主要工作:一是落实民管制度,加强工会建设。制订申能集团《关于全面推进工会改革实施意见的通知》,并落实任务清单到责任部门。健全集团厂务公开民主管理制度,外二发电单位被评为上海市厂务公开民主管理工作十佳先进单位。推进工会组织规范化建设,指导帮助新建单位同步建立工会组织,督促基层工会按时进行换届改选。定期召开主席会、全委会,研究部署阶段性工作。二是参与竞赛活动,深化创新品牌。启动第二季"申能工匠"评选工作,推荐评选出17名申能层级工匠候选人,液化天然气公司邵良评为"上海工匠"。在开展"服务创优"劳动竞赛中,评选出优质服务网点21个、优质服务明星35人、优质工程项目15个。通过开展劳动竞赛,窗口优质服务整体水平得到提升。在参加"安康杯"竞赛中,外高桥三发电单位、浦东销售部门分别连续6次、3次评为全国"安康杯"竞赛优胜单位。在创建职工创新工作室工作中,评选出17家申能集团层级劳模(工匠、技师、巾帼)创新工作室,吕勇根创新工作室评为"上海市劳模创新工作室"。三是选树先进典型,弘扬劳模精神。在开展劳模评选中,推荐表彰吕勇根、张畅敏2人为"上海市劳动模范",东方证券固定收益业务总部、电缆研究所超导电缆项目团队评为"上海市模范集体"。东方证券营业部周文武评为"全国优秀工会工作者"。并通过《劳动报》《今日申能》、微信公众号、宣传栏、内网等媒体,宣传劳模、工匠事迹,弘扬劳模先进风采,营造劳动光荣氛围。四是发挥工会优势,帮扶服务职工。建立工会分级帮扶困难职工工作机制,制订下发《申能(集团)有限公司工会帮困慰问专用资金管理办法(补充说明)》,增加对非会员职工和患新冠肺炎职工进行帮困事项。在开展送温暖活动中,拨付帮困金59.05万元、帮困职工183人次。继续参加职工互助补充保险,为16775名职工购买会员专享B类基本保障。推动消费扶贫,助力脱贫攻坚,工会助力采购消费扶贫产品740万元,惠及集团全体职工。发挥集团12个职工文体协会的作用,先后组织举办有2000余人次职工参加的第三届"悦动申能"健康跑,举办职工羽毛球、足球、篮球、乒乓球、摄影等比赛。 (李晓萍)

【上海久事(集团)有限公司工会】 辖基层工会65家,工会会员52678人,其中女会员6522人。主要工作:一是坚持理论学习,邀请市总工会学习贯彻党的十九届四中全会精神宣讲团成员为工会干部讲授和培训。开展"学'四史'、守初心,奋斗中的幸福生活"征文活动,共收到征文215篇。设立新冠肺炎疫情防控补助专项资金309.4万元,购买牛奶17500箱、口罩7.25万个、防疫用品1845份、消毒液26万元,慰问基层职工。二是推进产业工人队伍建设,以不同岗位工种分类,举办以"奋进新时代,创造新奇迹"为主题的久事第三届劳动竞赛。下拨250万元竞赛专项奖励资金,开展出租车驾驶员专项立功竞赛,鼓励出租车驾驶员返岗营运。开展消防安全、"安全卫生与消防应急"知识竞赛暨安全教育实训体验活动,起到"知行合一"作用。以服务上海经济社会发展为使命,开展服务保障第三届进博会专项立功竞赛。在"安康杯"竞赛、安全生产隐患排查"啄木鸟行动"中,有46242名职工参与其中,8个企业获市级安康杯优胜单位称号,1个企业、1个班组、1名个人分别获市级"安康杯"优秀组织单位、优胜班组和先进个人称号。三是在评选劳模工作中,评选表彰全国劳模1人、市劳模7人、部极劳模2人、市模范集体2个、全国交通运输系统先进集体1个。为激发职工岗位成才,1人评为上海工匠、33人晋升高级工、4人晋升技师、2人晋升高级技师。高师带徒工作开展后,有21人晋升高级工、2人晋升技师、3人晋升高级技师。举办劳模(技师)创新工作室攻关项目评审会。四是加强对重组企业的工作指导,关注维护职工合法权益的实效。深化民管制度,制定企业民管专门小组工作规定,4家企业评为市"厂务公开民主管理工作先进单位"。五是关爱服务职工,制定8项实事项目。下拨472.6万元专项补助;开放105个一线职工爱心休息点;为每一名出租车驾驶员举办生日祝贺仪式;完善帮扶和送温暖机制,向219名职工发放270万元大病帮困金、向165名职工发放33万定向帮扶金;出资232.22万元,为53401名职工全额办理工会B类互助保障;举办第三届职工运动会,通过参加比赛,使职工舒心工作、体面劳动、全面发展。六是加强工会自身建设,修订工会经费收支管理办法、困难职工帮扶工作实施办法、送温暖工作实施办法、女职工委员会管理办法、经费审查委员会审计整改工作管理办法。加强对工会专兼职干部进行培训。编修《工会工作实务操作手册》,汇编工会工作常用制度。建设工会信息化网上开放平台。

（陈　珺）

【上海申通地铁集团有限公司工会】 辖基层工会32个,职工30911人。工会会员30242人,其中女会员6612人,农民工会员66人。主要工作:一是加强宣传引导,弘扬申通精神。开展先进典型宣传活动,拍摄劳模短视频,利用地铁灯箱进行宣传。创建工会新阵地,开设"工会小姐姐"抖音号、909艺创空间,通过内外联动、线上线下进行宣传。开展"风采人物"评选,评选出年度风采人物10人、特别奖2人、提名奖2人。并举办风采人物颁奖暨职工文艺汇演,打造国际行业标杆和世界卓越地铁的精神面貌。二是助力疫情防控,实施关爱行动。疫情突发后,及时组织开展"六关爱、两送到"活动。筹集经费684.7万余元,专款购买防疫物资,发放口罩等防疫用品给一线职工,确保3万余名职工新冠病毒零感染。慰问援鄂抗疫职工家属11户,送去慰问金22000元。开设职工心理咨询热线,接听17次、计时273分钟。三是注重以人为本,构建和谐申通。推行职代会制度,履行厂务公开民主管理程序。实施工会法律援助。开展"走100个班组,访1000名职工"活动,为1.5万名职工解决需求或问题231个。在春节和高温期间,慰问职工36次、帮扶127人次、补助157万余元。发放高温慰问品价值20.8万余元。为职工办理大病医疗互助保障。为改善职工生产生活环境,在高架车站、地面运营、维保、建设工地等一线作业的场所添置空调、冰箱等防暑降温设备。开展"家书寄'申'情,致敬战'疫'人"家书征集活动,并在市总宣传平台上向社会展示。推荐2对夫妇参加"爱在浦江,幸福今生"上海百名抗疫新人盛世婚典。四是开展评选、竞赛,提升职工技能。在评选工作中,评出省部级及以上劳模7个、市模范集体3个、市级"上海工匠"1人、创新工作室4个、巾帼建功标兵1人。集团级"地铁工匠"5人、"地铁职工创新工作室"6个、巾帼示范员34名。市级、集团级巾帼文明岗26个。开展5个专项立功竞赛、26个专项技能竞赛,其中登峰行动竞赛评出总冠军5人、总亚军10人。制定晋升、奖励、申报实施细则,晋升并奖励技师3人,奖励带教师傅8人、奖励授权发明专利1人。五是丰富职工文化,展示申通风貌。举办历时4个月、五大赛事的"逆行战疫·云上竞艺"文化艺术节,参与职工1170人,展示申通职工健康文明、昂扬向上精神风貌。参加市振兴中华读书活动"我的小康生活"征文大赛,获一、二等奖各1个。开展公益乐学活动,共推送文化艺术课16场,参与职工500余名。(6)夯实组织基础,强化工会自身。指导基层工会进行换届选举。聘请特邀经审员及社会中介事务所,对下审一级工会经费情况展开抽查,对存在的问题进行整改。（蔡伟东）

【上海城投(集团)有限公司工会委员会】 辖基层工会137个,涵盖单位140个,职工15907人。工会会员15907人,其中女会员4355人,农民工会员979人。主要工作:一是举办各类竞赛。开展以"城投五比五赛、建设美丽上海"为主题重大工程立功竞赛、以"奋进新时代、创造新奇迹"为主题技能竞赛。在"奋战一百天、夺取双胜利"立功竞赛推进大会中,评出2家金杯公司、2个金杯团队。实施"查找身边隐患、保障职工安全"(2020—2022年)三年行动计划,组织职工参加"安康杯"竞赛。二是参与抗击疫情。面对突发疫情,工会参与疫情常态化防控各阶段工作,慰问一线职工及援鄂人员家属,助力各企业复工复产。协助党委,召开抗疫先进表彰大会。举办"众志成城抗疫、城投巾帼担当"三八纪念活动。三是开展评优创新。评选表彰全国劳模1人、市劳模3人、市模范集体3个、上海工匠2人。在群众性创新创效系列活动中,3个工作室分别评为市劳模、工匠、技师创新工作室。先后评选出8个城投劳模先进创新工作室、8名"城投工匠"、10名"城投青年工匠"、"城投十佳金点子"。资助7个城投劳模先进创新工作室开展项目创新工作。在市优秀发明选拔赛中,获2项金奖、5项银奖、17项铜奖。在为职工办实事工作中。推出"V网连线计划"等11项服务职工实事项目,新建13个"管理定制化、设施标准化、服务人性化"职工驿站。开展"冬送温暖""夏送清凉"结对助学帮困活动。

组织职工参加“爱上海、游上海”春秋游和疗休养。成立市老年基金会城投工作站理事会，设立10项助老帮困项目。参与贵州遵义务川、湖北武汉等地扶贫消费。举办以“健康城投、人人来赛”为主题第八届职工运动会，举办5场“文艺演出送工地”活动。四是推行民管制度。定期召开职代会，补选集团职工董事。修订《上海城投（集团）有限公司职工代表大会实施办法（试行）》。依法开展集体平等协商，规范签订集体合同、工资专项集体合同、女职工特殊保护专项集体合同。在民主管理先进单位评选中，评为全国厂务公开民主管理先进单位1个、市厂务公开民主管理先进单位3个。五是强化自身建设。制订《工会年度重点工作推进》计划。召开集团第一次工代会。持续开展医疗进班组活动。在“职工之家”创建中，1个班组评为全国先进“职工小家”。开展“学工运历史，传红色基因”寻访活动。结合“四史”学习教育，开设《学习四史不忘初心——朗诵学习音乐会》等20余门课程。组织新上岗和大中型企业工会主席参加工会岗位知识培训。加强财务资产管理，强化财务制度建设，提高工会资金使用效能。实行“四位一体”经审监督制度。落实基层工会法人资格登记管理制度。（熊　巍）

【上海隧道工程股份有限公司工会】　辖基层工会111个，涵盖单位122个，职工29917人。工会会员28110，其中女会员6452人，农民工会员11414人。主要工作：一是参与疫情防控。工会深入城市运营第一线，率先示范，勇挑重担，把好抗疫的“第一道防线”。采购433.94万元防疫物资、下发24488人次职工。发放防疫慰问金1.43万元，惠及职工15人次。密切关注境外疫情，慰问境外员工1644人次，下发慰问金107.56万元。股份工会和城建国际工会共同出资采购防疫慰问包运送各个疫区项目部，确保境外职工安全健康。二是开展创新竞赛。围绕重点工程实事项目建设目标，推行10大板块竞赛活动。为提升职工技能，搭建岗位创新成才的平台，成立“地下工程维保”产业工人队伍建设示范基地，完善“隧道股份职工学堂”“隧道股份工匠”“隧道股份各类创新工作室”的评比奖励机制，激励职工学习新技术、掌握新技能、争创新成果。年内获得市级合理化建议优秀成果奖1项、项目创新奖1项、先进操作法创新奖2项、市优秀发明选拔赛金奖1项。创建申报市级劳模创新工作室2个、工匠创新工作室1个、技师创新工作室1个、巾帼创新工作室1个。三是弘扬模范先进。在评选工作中，推荐评为全国劳模1人、市劳模6人、市模范集体2个、上海工匠2人、全国三八红旗手1人。大力宣传弘扬新时代劳模、劳动、工匠精神。在三八节、五一节、七一纪念日，开展以《隧道股份“抗疫情、保复工”工会工作纪实》《三八妇女节，向隧道股份最美的“逆行者”致敬！》《追光的人，自己亦身披万丈光芒！》《STEC的劳动者，你们是今天最闪耀的人》为主题的宣传报道。录制《传承红色基因，巾帼点亮信仰》，举办学习四史女先进主题宣讲活动，讲述杰出女性与企业、城市、国家发展中成长的故事。参与“致敬！逆行者”上海职工抗击疫情主题图片展、上海职工微电影节活动，拍摄的《春风化疫水有情》微视频获职工微电影节优秀作品奖。四是帮扶困难职工。聚焦工会主责主业，坚持以职工为中心，强化服务职工意识，推进服务职工实事项目。加大帮扶送温暖力度，助力消费扶贫，各级工会累计采购消费扶贫物品629.66万元，惠及职工18334人次。协调劳动关系，维护职工合法权益，促进职工队伍和企业劳动关系和谐稳定。（陈　磊）

【中国商用飞机有限责任公司工会】　辖基层工会11个，职工15163人。工会会员14244人，其中女会员4153人，农民工会员73人。主要工作：在中国商飞党委和上级工会的领导下，坚持以习近平新时代中国特色社会主义思想为指导，深入贯彻公司第一次党代会、第二次工代会、党建工作会议精神，围绕型号研制和公司发展中心任务，全力以赴助力疫情防控和复工复产，统筹推进脱贫攻坚帮扶工作责任的落实，切实保障和维护职工合法权益，全心全意为职工多办实事、办好实事，力争做到“党委有号召、工会有行动”。把学习习近平新时代中国特色社会主义思想作为工会的首要政治任务，在工会常委会、工会主席例会上开展专题学习和研讨。组织举办工会干部培训班，深入学习理论知识，在真学、真信、真用上下功夫，切实增强“四个意识”，牢固树立“四个自信”，在实践中切实做到“两个维护”。始终坚持党对工会的领导，全面加强工会系统党的政治建设、思想建设、组织建设、作风建设、纪律建设，把制度建设贯穿其中。巩固“不忘初心、牢记使命”主题教育成果，使工会系统党员干部在优化服务中改进作风、提升能力水平。拓展“中国梦·劳动美”主题教育活动，引导职工听党话、跟党走。开展“厉行勤俭节约、反对餐饮浪费”主题宣传教育和“阅读阅美·越战越勇”阅读分享活动。举办年度“最美商飞人”评选，引导广大职工讲好大飞机故事、讲好红色文化和劳模先进故事，激发职工心灵共鸣，鼓足职工工作实劲，凝聚商飞职工正能量。（阎　超）

【上海上实（集团）有限公司工会】　下设基层工会38个，涵盖单位46个，职工6949人。工会会员3266人，其中女会员1190人，农民工会员507人。主要工作：在集团党委和市总工会的领导下，组织广大职工参与疫情防控和投身复工复产，在深化岗位建功、维护职工权益、关心服务职工、营造和谐稳定劳动关系等方面，勇担责任，积极作为，开拓奋进。助力疫情防控。面对突发的疫情，及时下发《关于做好新型冠状病毒感染的肺炎疫情防控工作的紧急通知》，着手编制《疫情防控工作手册》。制定外派员工慰问方案，参与对流动人员的排摸工作，购买疫情防护用品，并下发一线人员。举办“上好品质·实惠人人”“迎双节”内购直播活动，助力复工复产，确保年度工作目标的完成。举办“奋战‘疫’线、绽放铿锵玫瑰”线上展示活动，宣传奋战在一线岗位的女职工风采。一是弘扬先进精神。学习贯彻习近平新时代中国特色社会主义思想、关于工人阶级和工会工作的重要论述，把思想和行动统一到中央精神和决策部署上来。组织300多人，参观《致敬！逆行者》展览。在评选工作中，上实星河能源运营团队、上实发展物业服务管理团队评为市模范集体。举办劳模先进座谈会，营造学习劳模、宣传劳模、争当劳模的良好氛围，并安排组织先进集体参加工会疗休养。二是聚焦建功立业。参与企业转型升级，承办“崇明世界级生态岛建设引领性劳动和技能竞赛现场观摩会”；突出建功立业主题，开展“迎进博”“迎国评”立功竞赛等活动；围绕提高工作效率，开展“百日锤炼铸精兵，精细管理展新颜”等活动；发动19家单位职工，参加上海市“安康杯”竞赛活动；上实物业“四步工作法”推进垃圾分类工作，获得“合理化建议优秀成果奖”。三是做好事办实事。推行企业民主管理制度，实施职代会民主管理企业，落实职代会各项职权，审议薪酬等有关职工切身利益的事项。举办“2020年基层职工文化年”“家庭日”活动。元旦春节期间，慰问基层一线职工，支出慰问金26.2万元；高温期间发放防暑降温用品2600份；投入近32万元，为全体工会会员购买B+互助补充保障。四是加强自身建设。对2家直管企业工会完成换届工作。开展对基层工会经费审计，覆盖部分三、四级工会。首次在线上培训工会干部，旨在提升工会干部履职能力。（王玉君）

【上海市农业农村委员会系统工会工作委员会】 辖基层工会23个，职工2936人。工会会员2464人，其中女会员1097人，农民工会员212人。主要工作：一是弘扬先进精神，搭建成才平台。做好劳模（先进工作者）推荐工作，市水产研究所施永海、市农科院特菜研究室顾卫红分别评选为全国和上海市先进工作者。举办“全国先进工作者施永海先进事迹报告会”，大力宣传和弘扬劳模、劳动、工匠精神；开展8项群众性劳动竞赛，为职工勤学苦练、比学赶超、岗位成才搭建平台；与系统团委联合开展“我为乡村振兴献一计”非定向调研课题与合理化建议活动，共收到45份课题报告；做好施永海劳模创新工作室、市农广校尚农职工学堂申报评比工作；与市妇联共同开展上海丰收节巾帼宣传工作。二是开展文体活动，丰富职工生活。与系统团委联合举办“庆丰收·奔小康·晒幸福”摄影大赛，聚焦乡村振兴，突出展示近年来上海“三农”发展的丰硕成果；组织职工篮球队、保龄球队，参加上海市职工体育联赛，篮球队获“精神文明奖”；组织职工参加市总工会举办的微电影大赛、书画展等比赛；指导各基层工会，开展趣味运动会和亲子活动等形式多样的文体活动，并给予86万元资金支持。三是竭诚服务职工，维护职工权益。下拨25.5万元防疫经费，专款购买新冠疫情防控用品；认真做好职工大病帮扶、金秋助学、帮困送温暖等帮扶工作；关爱劳模，申请补助患大病及生活困难劳模；开展一线职工高温慰问，共慰问12个单位847人，慰问总金额12.7万元；开展安全隐患排查，查实问题，督促整改；实施工会实事项目，为职工参保会员卡专项保障和职工互助补充两项保障；组织18个单位201名女职工乳腺健康检查，维护女职工特殊权益；规范职工住院、大病、生育、去世慰问和节日生日福利等制度；指导基层工会扎实做好“消费扶贫”和“爱上海、游上海”等专项工作；部署各基层单位及机关工会完成年度献血及慰问、开展“一日捐”、筹集献血基金等工作。四是加强工会建设，提升自身能力。健全完善工会组织，指导6家基层完成工会换届改选；加强工会财务经费管理，开展新冠疫情防控资金专项审计。（陈颖娅）

【上海绿地控股集团工会】 辖基层工会15个，职工5054人。工会会员4920人，其中女会员2089人。在集团党委和市总工会的领导下，围绕集团提出“凝心聚力奋进、同心同欲同行”的要求，融入大局、落实责任、凝心聚力，为提升行业竞争力和国际影响力，推动集团在更高水平上不断发展发挥工会重要作用。主要工作：一是加强学习谋发展。组织开展“四史”学习教育活动，通过学习宣传教育，结合绿地已有特色文化，凸显“永不满足、思变图强，永不止步、争创一流”的绿地精神。挖掘先进经验，树立先进典型，以《绿地报》、工会专栏、集团党建网、“绿地文化之窗”微信公众号为载体，广泛宣传先进人、典型事，发挥鼓舞人、激励人、凝聚人的作用。二是提升技能建“绿地”。按照全国总工会关于“当好主人翁、建功新时代”的要求，组织工程合约、技发、营销、投发、法务、党务、纪检条线部门员工，开展职业技能比武竞赛活动，提升业务水平、增强岗位技能。在开展劳模评选活动中，事业一部陆孜浩、贵州建工陶光明、天津建工范友泉分别评为“上海市劳动模范”“贵州省劳动模范”“天津市劳动模范”，浙江事业部杭州湾项目团队评为“上海市模范集体”。持续开展“三必访”、节日福利、员工生日慰问活动，激励职工凝心聚力建设“绿地”。三是完善制度显水平。完善工会工作制度，形成《绿地集团基层工会管理办法》《困难职工帮扶办法》《关于进一步做好员工关怀工作的意见》等长效管理制度。根据集团不断发展壮大的实际，及时在新成立单位中成立工会。开展工会干部培训、年度考评、优秀党群干部评选等项工作，使工会工作水平不断提高，企业更好地发展、工会更好地服务员工。（翟晓播）

【上海世纪出版（集团）有限公司工会】 辖有直属工会20个，基层工会46个，涵盖单位51个。职工3847人，工会会员3778人，其中女会员1967人，农民工会员291人。主要工作：一是严控疫情，确保健康。面对突发新冠疫情，工会通过各种渠道，采购口罩1万余只，解决了“一罩难求”的困境，确保职工防疫复工需要。根据各单位对消毒水、洗手液、测温仪等物资需求，采购价值114万元防疫物资。同时，下拨防疫补贴38.9万元。二是学习“四史”，接受教育。把“四史”教育图书，制作成世纪出版集团“四史”教育专供书单，通过市宫，向市振兴中华读书指导委员会成员单位推荐。并陪同、接洽“四史”图书的宣传、推广和征订。组织工会干部学习“四史”，前往上海四行仓库抗战纪念馆实地参观。三是评选劳模，培训职工。开展2015—2019年度市劳模（先进工作者）、2020年全国劳模申报工作。经评审，上海古籍出版社高克勤评为全国劳模、上海音乐出版社费维耀评为市劳模，上海译文出版社词典教育编辑室、上海商务数码图像技术有限公司数字化项目组2个集体评为市劳模集体。举办首期“自媒体影像制作”职工技能培训班，25名学员获国家人社部颁发的技能等级证书。四是关爱职工，落实实事。开展元旦春节帮困送温暖，慰问大病职工12人、生活困难职工18人、发放慰问款12.61万元。走访慰问退休劳模、90岁以上高龄和特困老党员老同志。妥善做好退休职工逢五逢十生日礼金发放工作。为91人次农民工申办电话补贴、医药费补贴1.1万元。为3379名工会会员参保工会专享基本保障，并把参保种类提升为B+。安排5批、250名获先进称号职工参加疗休养。开展文旅消费，助力消费扶贫，累计消费金额100万元。五是强化自身，提升水平。创建职工学堂，得到集团工会经费支持和市总创建经费3万元，旗下3家书店列为年度上海市新建职工学堂。加强工会各项工作，进一步规范厂务公开民主管理。开展工会业务培训。强化工会财务审计。向集团内27家百人以下小微企业回拨工会经费120余万元。六是举办活动，展示风貌。举办迎新健步走、职工征文和书画作品征集、职工文化艺术节等活动15场次。举办融思想性、艺术性、观赏性为一体的职工美好生活系列讲座、中外经典诵读会、印刷技艺成果回顾展等活动。通过举办各项文化活动，弘扬集团职工奋斗新时代、展示新风貌的“世纪出版”企业文化。

（江 文）

局（产业）工会主席、副主席、经审主任、女工主任名录

单位名称	主席（主任）	副主席（副主任）	经审主任	女工主任
上海市机电工会	朱 斌	袁胜洲 万敏莉（女） 李 敏（兼职）	袁胜洲	万敏莉（女）
上海市仪表电子工会	顾 文（女）	张 波 林华勇（兼职） 王海云（挂职，女）	林华勇	顾 文（女）
上海市化学工会	顾立立	俞少俊 李爱敏（兼职，女）	俞少俊	李爱敏（女）
上海市轻工业工会（上海轻工业工会联合会）	庄 勤（女）	应蓓卿（女） 李 黎（兼职） 曹湛卢（兼职）		应蓓卿（女）
东方国际（集团）有限公司工会（上海市纺织工会）	黄 勤（女）	邵玉虎 陈 敏（女） 吉伟忠（兼职）	邵玉虎	
上海市医药工会	佘 群	陈 旻（女） 朱 阳（兼职）	张坚挺（女）	
国网上海市电力公司工会	陈春霖	金 祎 潘 锋	丁 钧	董渝瑾（女）
上海电力建设有限责任公司工会	林德斌	钱晓政	陆秀国	庄 艳（女）
中国宝武钢铁集团有限公司工会	张贺雷	周 瑾（女）	周 瑾（女）	周 瑾（女）
中冶宝钢技术服务有限公司工会		姜 武	文 俭	夏 伟（女）
上海宝冶集团有限公司工会	裴志清		毛一新	
上海高桥石油化工公司工会	李海东	刘 学	刘 学	王 霞（女）
中国石化上海石油化工股份有限公司工会	马延辉	陈宏军 徐 红（兼职，女） 王江迪（挂职）	陈宏军	徐 红（女）
上海航天局工会	李 昕	郁媛媛（女） 王曙群（兼职）	郁媛媛（女）	姚红霞（女）
中船上海船舶工业有限公司工会	朱大弟	姚 莹（女） 赵海东（兼职）	姚 莹（女）	姚 莹（女）
上海市烟草工会	杨桂选	陆 勇 征 嵘 王斯薇（女）	征 嵘	王斯薇（女）
上海汽车集团股份有限公司工会	钟立欣	甘 平 祝培莉（女）	祝培莉（女）	祝培莉（女）
中国能源化学工会华东电力工作委员会	娄 为	丁 峰	冯新卫	施炜伟（女）
上海华虹（集团）有限公司工会	赵 蓉（女）	董骏平（兼职） 李 鸿（兼职，女）	薛 遥（女）	李 鸿（女）
中国华源集团有限公司工会	吴鸿妹（女）			

续 表

单位名称	主席(主任)	副主席(副主任)	经审主任	女工主任
上海化学工业区工会	李庆红(女)	庄彬英(女)　郭　盛　支宏斌　邬平平(女)	庄彬英(女)	邬平平(女)
国药控股股份有限公司工会	刘海建	沈　莉(女)	张　健(女)	方晓红(女)
中国铁路工会上海铁路局委员会	何元庆	徐　晔(女)	徐　晔(女)	徐　晔(女)
中国远洋海运集团有限公司工会	张善民	是　铮	是　铮	是　铮
上海国际港务(集团)股份有限公司工会	庄晓晴(女)	王晶奇	王晶奇	庄晓晴(女)
中国海员工会上海长江轮船公司委员会			赵麒麟	
上海市运输工会	张　正	王　勤(女)　李　军(兼职)	王　勤(女)	王　勤(女)
中国邮政集团工会上海市委员会	黄来芳(女)	李　芳(女)　杨效良(兼职)	徐　镔	李　芳(女)
中国移动通信集团工会上海市委员会	梁志强	文　钟	曹毓静	孙　怡(女)
中国电信集团工会上海市委员会	常朝晖	金小铭(女)　陈晓军	陈晓军	金小铭(女)
中国海员工会交通运输部东海救助局委员会	黄金裕	周　莺(女)	张　铭	胡秋芬(女)
中国海员工会交通运输部上海打捞局委员会	张　戎	王　军	陈　绮(女)	方　芳(女)
中交上海航道局有限公司工会	包中勇	杨　新	成彦璟(女)	李小青(女)
中交第三航务工程局有限公司工会	傅瑞球		王　珏	张　颖(女)
中国民航工会华东地区管理局委员会	西绍波		雷　晓(女)	孙本芳(女)
中国东方航空集团公司工会	袁　骏		邵祖敏	王春华(女)
上海机场(集团)有限公司工会	张永东	于明洪	于明洪	尹慧旻(女)
中国海员工会上海海事局委员会	顾　平	崔　虹(女)	张强伟(女)	
上海市城乡建设和交通工会工作委员会	黄　熊	张　静(女)	刘方定	张　静(女)
上海建工集团股份有限公司工会	殷红霞	廉永梅(女)　缪云明	廉永梅(女)	廉永梅(女)
上海市交通委员会工会	曹秀峰(女)	周建荣	王　青(女)	方蔚萍(女)
上海市交通工会	曹秀峰(女)	周建荣　严婵琳(女)　王　勤(女)　许一鸣　李　捷　王　壹　刘　树		
上海海洋石油局工会	朱岿然	朱　泉　于永鹏(兼职)	郑　莉(女)	钱碧云(女)
上海市绿化和市容管理局工会	肖龙根	冯　磊(女)　张洪斌	冯　磊(女)	冯　磊(女)

续 表

单位名称	主席(主任)	副主席(副主任)	经审主任	女工主任
上海市绿化市容行业工会	肖龙根	冯　磊(女)　张洪斌　宋　燕(女)　倪永红　李　影(女)	冯　磊(女)	
华东建筑集团股份有限公司工会	王　玲(女)	姜凯耀　张　铁	夏　明	王　玲(女)
鲁中矿业有限公司工会	李　洲	李祥生　王光辉	王　辉	
上海市水务局(上海市海洋局)工会	张林辉	高　伟(女)　谢翠松	高　伟(女)	高　伟(女)
中国建筑第八工程局有限公司工会	于金伟	王晓波　张　慧(兼职,女)　苏亚武(兼职)　黄德彪(兼职)	王为兵	陈　湘(女)
上海大屯能源股份有限公司工会	马振欣		王安友	孙莉娟(女)
上海市金融工会工作委员会	葛　平	赵　彪　周　健(兼职)　吴　勇(兼职)　杨　明(兼职)　赵永刚(兼职)　马海燕(兼职,女)	许耀武	马海燕(女)
上海市税务工会	庞　为	许　萍(女)	陈晓峰	许　萍(女)
上海市人力资源和社会保障局工会	朱　军	周维钢(兼职)		
中国教育工会上海市委员会	滕建勇	李　蔚(女)　吉启华　陶文捷　司徒蕙琪(兼职,女)　李序颖(兼职)　于朝阳(兼职)　李　敏(兼职,女)	吉启华	李　蔚(女)
上海市科技工会	王　宇	赵福祥　汪显坤(兼职)	汪显坤	
上海市医务工会	郑　锦(女)	何　园(女)　马艳芳(女)　方秉华(兼职)　付　晨(兼职)	张居正	何　园(女)
上海市新闻出版工会	薛建华	王瑛萍(女)	王瑛萍(女)	陈　舸(女)
上海报业集团工会	刘　可(女)	党　勇　王玲英(兼职,女)　张裕(兼职)　邱　琳(兼职,女)　童杰(兼职)　徐莲娜(兼职,女)	吴有培	金文西(女)
新华通讯社上海分社工会委员会	季　明	潘　清(女)	凡　军	潘　清(女)
上海市文化和旅游局工会	李盛旺	杨　兢(女)	佘海燕(女)	杨　兢(女)
上海广播电视台(上海文化广播影视集团有限公司)工会	王治平	陶丽娟(女)　严洪涛(兼职)　马喆	李　桦(女)	王　琳(女)
上海社会科学院工会	杨鹏飞	韩汉君　赵蓓文(女)　刘　峰	朱静芬(女)	赵蓓文(女)
上海市体育局工会	赵光圣	吴晓莹(女)　王曙芳(女)　张亮	张　元	王曙芳(女)
上海市经济和信息化工作系统工会工作委员会		那海燕(女)　谢书清(女)　朱春林	徐　方(女)	黄　俭(女)

续 表

单位名称	主席（主任）	副主席（副主任）	经审主任	女工主任
上海市信息化行业工会		徐　方（女）　王　勇（兼职）　戴志伟（兼职）　黄　俭（秘书长）		
光明食品（集团）有限公司工会	潘建军	储　今	李　林	
上海市民政局工会		刘占一　丁　烨（女）	许夏萍（女）	丁　烨（女）
上海市监狱管理局工会	肖美芳（女）	吴学军	张顺华	肖美芳（女）
锦江国际（集团）有限公司工会		孙　侃（女）	孙　侃（女）	孙　侃（女）
上海市东湖（集团）公司工会	王永明	许　欣	胡姝萍	
上海市衡山（集团）公司工会	熊　凯	黄嘉宇（兼职）	陈月华（女）	陈姝娜（女）
上海市市级机关工会工作委员会	陈　玲（女）		金林勇	陈　玲（女）
百联集团有限公司工会	秦青林	祁月红（女）	吴玲芳	柳立玮（女）
上海市商业行业工会	刘晓敏（女）	王逢祥　姚黄平　林　强		
申能（集团）有限公司工会	须伟泉	陈　忠　杜卫华（兼职）　刘先军（兼职）　殷剑君（兼职）	李争浩	雷　雯（女）
上海久事（集团）有限公司工会	孙　江	王雯洁（女）　马卫星（兼职，女）	徐　珉（女）	王雯洁（女）
上海申通地铁集团有限公司工会	蔡伟东	严婵琳（女）	徐宪明	严婵琳（女）
上海城投（集团）有限公司工会	杨茂铎	黄　吉　孟惠华　毛雪莹（女）	黄　吉	毛雪莹（女）
上海电器科学研究所（集团）有限公司工会	陈红洁		何正平（女）	龙　黛（女）
上海隧道工程股份有限公司工会	朱东海	彭　瑶（女）　周翀凯（兼职）　李章林（兼职）	彭　瑶（女）	彭　瑶（女）
上海地产（集团）有限公司工会		王卫卫（女）	王幸儿（女）	徐　旺（女）
上海东浩兰生国际服务贸易（集团）有限公司工会	葛　平	王　鸿　归潇蕾（女）	陈振宇	归潇蕾（女）
中国联合网络通信有限公司工会上海市委员会	李　爽（女）	魏　炜	刘宏华（女）	陶晓英（女）
上海市电力股份有限公司工会	顾　皑	唐　兵	俞耀洲	朱劲松（女）
中铝上海铜业有限公司工会	张火兴	龚　斌	王　琳（女）	陈凤萍（女）
上海市通信管理局工会	王天广			
上海市宾馆业工会联合会		王行泽　徐中尼　高耀敏（女）　陈雪羽（秘书长）		
中国商用飞机有限责任公司工会	谭万庚	王深远　曹印诺（女）	尹建海	曹印诺（女）
中国民用航空华东地区空中交通管理局工会	孟　磊（女）		黄　钧	周　沅（女）
上海临港产业园区工会委员会	韩国华	陆　怡（兼职，女）	叶　娣（女）	

续 表

单位名称	主席(主任)	副主席(副主任)	经审主任	女工主任
中国电信集团工会号百信息服务有限公司委员会		陈　颖	易梅青(女)	顾湘芸(女)
上海上实(集团)有限公司工会	陈　欣(女)	季　定(女)	舒　东	陈　欣(女)
上海市公安局工会	周海健	洪兆枫　丁　艳(女)　倪蓓蓓(兼职,女)	魏旭瑞	钟　灵(女)
上海市农业委员会系统工会工作委员会	郑　雷	彭忠斌	彭忠斌	陈　赛(女)
上海国盛(集团)有限公司工会	王旭岗	顾远凡	颜　妍(女)	李一萌(女)
华能上海分公司工会	陈永平		张晓煜(女)	张红娟(女)
上海绿地控股集团工会		张海峰		
上海世博发展(集团)有限公司工会	吴晓莺(女)	居　正	孙惠宏	
上海申迪(集团)有限公司工会	金　涛	蒋　靖(兼职)　周　锋(兼职)	戴蓓蕾(女)	
上海电影(集团)有限公司工会	严　峻	陈　艳(女)　易　磊	陈　艳(女)	高　羿(女)
中国金融工会上海工作委员会	赵　杰	周　健　吴　勇(兼职)　周　捷(兼职)　王翠婷(兼职,女)　张　立(兼职)　赵　彪(兼职)		王翠婷(女)
五冶集团上海有限公司工会	倪治寿		王继红	毛　波(女)
上海东方网股份有限公司工会	陆　黛(女)	王　迪(女)　寇志红(女)	张丽娜(女)	王　迪(女)
上海世纪出版(集团)有限公司工会	何向莲	王云斌　夏一鸣(兼职)　石玲凤(兼职,女)　黄　庆(兼职)	张佩芳(女)	石玲凤(女)
上海诺基亚贝尔股份有限公司工会	冯来周	陈　丹(女)	朱　燕(女)	沈　欢(女)
中国福利会工会工作委员会	邹勇飞	张　霞(女)	王颖淑(女)	张　霞(女)
上海著名外企工会联合会	李香花(女)	陶　骏(执行主席)　归潇蕾(女)　项　青(女)　曹敬衡(兼职)　尹　清(女)　徐旭峰(秘书长)	曹敬衡	归潇蕾(女)

说明:上述人员职务,以市总工会批复为准。

直管单位概况

直管单位概况

【上海工会管理职业学院】 隶属市总直属事业单位。在市总党组和主席室领导下，围绕中心，创新工作方式，在统筹疫情防控和学院改革发展中，推进学院“三个一流”基地建设。围绕抗疫背景下工会作为和劳动关系，开发5个专题共19讲的题为“‘疫’起学习·工会微课”，在申工社、劳动观察APP发布，并被全总纳入全国工会干部网络培训课程。承接2期全总地市级工会主席“工会参与国家治理”网络培训班，培训612人。组织开发12门网络课程，在全国工会干部教育培训网发布。依托网络学院，开展有60人参加的“街镇工会主席‘学习贯彻党的十九届四中全会’线上专题培训班”，于9月启动线下培训。按照市总部署，完成上海东西部扶贫协作与对口支援地区“脱贫攻坚一线建设者”研修班培训任务。牵头举办“长三角工会干部培训教学教法创新研修班”，举办各类培训或活动167期(场)、培训9491人。其中，市总主体班15期、培训754人；省市委托班1期，培训35人；其他委托培训班9期，培训422人；送教上门142场，培训8280人。将原有4个教研室调整为5个，制订各教研室三年建设规划，形成教、研、咨一体化教师团队。为落实市总“六稳”提供调研数据资料，组成9个团组，开展“促就业、促稳定”蹲点调研，形成一个总报告、13个分报告。编发智库专报39期，其中，《疫情下企业经营与职工就业情况调查》(“促就业、促稳定”调研总报告)，被全总《劳动关系与工会运动研究及动态要报》采用，全总主席王东明等多位领导作批示，9期由市总主要领导作专批，3期被市总采用。撰写的论文《中国特色社会主义工会制度优势研究》，中标市哲社的一般课题，实现学院在科研领域的突破。参与市总3个重点课题的调研，立项12个院级课题，承接2项市工运研究会招标课题。承接并完成《上海市志·群众团体分志·工会卷(1978—2010)》校对出版及宣传工作。做好工运研究会秘书处工作，参与承办“上海百年红色工运资源发掘宣传暨纪念‘五卅’运动95周年、上海总工会成立95周年座谈会”。全院教师发布论文11篇，其中3篇转载人大《复印报刊资料·工会工作》刊物；2篇在全国工会学研究会年度成果评选中获一、二等奖；在中国工人历史与现状研究会年度成果评选中获一等奖、优秀奖各1篇；在上海工会优秀调研报告和论文评选中分获一、二、三等奖各1篇。学报《工会理论研究》有1篇文章被《高校文科学术文摘》摘编，2篇被人大《复印报刊资料·法学文摘》摘编，9篇被人大《复印报刊资料·工会工作》全文转载。在2019年期刊编校检查中，蝉联“优秀社科期刊”。与复旦大学共建马克思主义工运理论研究基地，评选出年度“优秀工运理论研究成果奖”；联合召开“新业态下劳动群体与工会工作”学术研讨会；汇编《工会理论与实践前沿报告(2019—2020)》。 (钟文娜)

【上海市工人文化宫】 隶属市总直属事业单位，全市职工文化活动重要场所。年内，举办“中国梦·劳动美”新年音乐会及“中国梦·劳动美”迎国庆职工专场文艺演出。承办“奋斗奔小康、共创新奇迹”上海市庆祝五一国际劳动节致敬劳模特别节目。策划援鄂医疗队慰问演出，赴屏风山、黄山、西山、沙家浜等地演出20场，慰问其队员及家属4000多人。创作《祖国把春天交给我们》抗疫歌曲，获全总歌曲征集十大声暖人心歌曲奖。策划“爱乐空间”公益音乐会8场，近万名职工观摩。举办“戏苑新风”戏曲演唱会6场，6万人次职工以“云直播”形式收看。举办“环球音乐旅行”“茉香国风70”“聆听·经典”“我们的声音”等4场音乐会，现场观摩6500人、网络观摩逾30万人。举办《“致敬！逆行者”上海职工抗击疫情主题图片展》，团队参观逾千批次，观众参观超8.5万人次。举办市宫回顾系列展——《回眸》东方饭店、《“致敬！新时代领跑者”》劳模主题图片展。承办《时代领跑者——上海劳动模范风采主题展》，超9万人次参观。主办《时代奋斗者——上海工匠馆》展览，12余万人次参观，并把工匠馆列为上海市志愿者基地、黄浦区科普教育基地之一。推出上海工匠馆VR数字展馆新平台。与上海人民广播电台合作，推出11期空中“工匠学堂”直播。策划制作上海工匠馆抖音系列短视频6期。举办纪念市宫成立70周年原创文艺演出，创作《心的乐园》歌曲，拍摄制作《市宫70年》纪录片。承办“中国梦·劳动美——决胜小康，奋斗有我”2020年全市职工文化网络大赛，千余家单位的220余万人参赛。举办“中国梦·劳动美——决胜小康，奋斗有我”上海市振兴中华读书活动暨第22届上海“读书节”系列活动，发布读书活动“悦”读书单；与上海世纪出版集团联合推出学“四史”书籍；开展“我的小康生活”征文大赛；编撰出版《振兴中华》丛书——《100人的小康生活》。举办6场职工文化系列讲座暨“五一讲堂”，7万人次参加。举办“家书寄‘申’情·致敬战‘疫’人——《一封家书》”征集及“抗击疫情、防控有我”诗歌征集活动。出版《主人》杂志6期。创作红色诗歌130余首。连续7年开展职工文化配送服务。实施“公益乐学”实事项目，推出《公益乐学特色活动内容菜单(2020年)》。建设区级及所属街镇园区工会、产业局及基层企事业单位工会等教学点近100家。设计播出“建筑阅读及文化寻访系列”——《工匠馆走出的城市更新魔法师》公开课，逾1.5万名职工在线观看。以公益乐学企业版、现场版和教学点形式，举办5572场活动，26.5万人次职工参与。开展“带副春联回家乡”和线上版抢春联、晒春联活动，共送出近万副手写春联。举办线上、线下猜灯谜活动12场、7场。以职工为主要对象，走进大型企业、楼宇、工业园区和公共文化服务场所，举办传统文化直通车活动12场，服务1.3万人次，覆盖10万人次。开展“直通车乐游苑”新平台活动，参与人次逾5万。召开“共促区域联动共享，共建全面小康社会”第15届长三角城际工人文化宫联席会议暨第一届江浙沪皖职工文学创作研讨会，35家工人文化宫参加研讨。 (王家辉)

【劳动报社】 隶属市总直属事业单位、市总机关报，是市委宣传部确定的主流媒体之一。年内，报社贯彻落实中央、市委一系列决策部署，紧紧围绕国家和上海工作大局，在市总的领导和市委宣传部的指导下，守好舆论宣传主阵地，助力疫情防控，工作成效卓著。经综合考评，获市总"2020年度责任目标考核先进单位"，另获"2019—2020年度市属文化单位治安工作先进集体"称号。获各类表扬和奖项35个，首次有1人评为市先进工作者。《高温费不是福利而是权益》《外来务工者袁婷婷的"蝶变"》《一顶安全帽承载着良心与责任》3篇作品，获第29届上海新闻奖。《每天站立超10小时，有多累？——申城服务业一线职工期盼更人性化管理》一文，获2019年度"上海市五一新闻奖"一等奖，另有3篇作品分获二、三等奖。"两会"手势动画系列《100秒，别眨眼！2019，为职工发声！》《停下1分钟，部长发你红包，接！》等3篇作品获新媒体二、三等奖。《"机器换人"时代，制造业工人咋办？代表：想要"人工"战胜人工智能，创新+转型（通讯）》获第30届上海人大新闻奖二等奖。疫情突发后，及时落实上级部门工作部署，迅速组建一支由22名记者组成的报道小组，全力以赴、不分昼夜地进行报道。报社365天、每天16小时新媒体滚动发稿机制凸显优势，两微一端、网站等开设6个专题、17个专栏，刊发抗击疫情原创报道2883条，报道总量39113篇，阅读总数突破2000万人次，评论数逾2.5万条，转发数超23万人次。纸媒体开设相关专题、专版，共482个整版，刊发稿件3195篇。坚持讲好上海发展故事、上海职工故事、上海工会故事，营造积极向上的舆论场，扩大社会影响力。《一座岛、一个厅、一个人》《黄浦区总工会打造智慧就业平台》等7篇报道，获市委宣传部单篇阅评专报表扬，另有4篇获综合表扬。《劳动报推出申城劳模先进系列报道弘扬劳模精神》，受到市总主要领导专题表扬和重要批示。另有7篇作品，在走、转、改优秀作品评选中分获二、三等奖。《劳动报》年度发行总量18.7万份，《上海工运》期刊杂志发行2.1万份。劳动报微信10万+，共252条。"醒来"栏目，获年度"媒体深度融合"创新项目奖一等奖。自2月份劳动报抖音号上线以来，发布作品1700余部，粉丝总数超58.1万人，点赞总量1401万人次，播放总量超10亿次。

（胡晓云）

【上海市职工技协服务中心】 隶属市总直属事业单位，市职工技协的日常办事机构。设办公室、财务科、技术创新科、技术培训科、技术服务科、资产管理科、经济发展科。主要工作：以基层为工作重点，开展"四技服务"。一是深化岗位创新活动。举办上海职工创新大会暨第十届职工科技节开幕式、科学之夜——上海工匠秀场活动、"工匠工作室开放日""工匠讲堂天天讲""技能竞赛观摩日"等活动。推荐3个项目，申报年度国家科技进步奖（工人农民组），1个项目通过初评；推荐申报11个项目，参评市年度科技进步奖，4个项目获初评；推荐30个优秀发明项目，参加第二十四届全国发明展览会。举办第三十二届市优秀发明选拔赛，83个区局产业所属工会报送2027个项目，评选出819项优秀发明奖。开展全市职工合理化建议和先进操作法征集命名活动，81个区局（产业）工会所属413个工会共申报568个项目，通过"五小"成果参评，评出合理化建议、先进操作法优秀成果各20项。创建命名25个工匠创新工作室，100个职工（技师、巾帼）创新工作室。借助全总"技能强国——产业工人技能学习平台"，开设"上海工匠讲堂"，举办科普讲座、专题报告9场，2400余名职工参加。线上直播工匠大讲堂25场，170万职工参加。二是做实"上海工匠"品牌。选树命名98名年度"上海工匠"，与东方卫视合拍第六季《上海工匠》纪录片。与上海电视台合制《上海工匠防控疫情》特别节目。组织11名上海工匠，志愿服务抗疫一线医务人员。与《质量与标准化》期刊合作，开设12名"上海工匠"的人物宣传专栏。组织12批共40名上海工匠到园区、企业、工匠馆，开展技能展示、培训、交流、攻关活动，助力企业解决技术难题。与开放大学合办工匠研修班、工匠创新工作室骨干研修班，200多名工匠和技能人才参加。改造上海工匠馆部分区域，更新宝钢板块、新增上汽集成电路板块、优化部分版面，此举得到全总领导王东明高度评价。三是落实职工实事项目。对8000名技师、高级技师、带教师傅进行奖励，落实职工实事项目的申报、奖励和发放。创建200家"上海职工学堂"和100家"示范性职工学堂"。四是举办职业技能竞赛。以"百万职工大培训、百万职工大练兵"为目标，举办2000余场次以"迎世赛、稳就业、促发展"为主题的10大技能竞赛，参与职工186万人。其中，由6万余名职工参加区局以上赛前选拔赛，4万名职工参加全国网络与信息安全管理职业技能大赛初赛，推动百万职工岗位练兵比武活动的开展。五是加强区域交流协作。会同沪苏浙皖工会和技协，召开首届长三角地区职工数控技术优秀论文发布会。加强和南京、温州职工技协的联系，开展"接地气、切口小、见效快"项目化合作。举办在沪云南乡村医务骨干、乡村医生、农村致富带头人、高技能人才培训班。

（钱传东）

【上海市职工技术协会】 在市总工会领导下，围绕工会主责主业，贯彻落实《产业工人队伍建设改革方案》，发挥群众性科技创新社会团体功能。以服务基层为宗旨，深化"四技"服务（技能培训、技能竞赛、技术交流、技术协作），着力培育知识型、技能型、创新型劳动者大军。主要工作：举办第十届上海职工科技节、科学之夜——上海工匠秀场活动、第32届市优秀发明选拔赛。举办2019年度职工合理化建议和先进操作法优秀成果征集命名活动。推荐优秀职工发明项目成果，申报国家、市科技进步奖和第二十四届全国发明展。创建命名25个工匠创新工作室、100个职工（技师和巾帼）创新工作室。借助"技能强国——产业工人技能学习平台"，开设在线"上海工匠讲堂"，直播25场、参加听讲职工154万名。开展科普讲师团进企业活动9场，2400余人参加。改造上海工匠馆部分区域，更新宝钢板块，新增上汽集成电路板块，并优化部分版面，此举得到全总领导王东明高度评价。选树命名98名年度"上海工匠"，与东方卫视合作摄制第六季《上海工匠》纪录片。与上海电视台联合制作《上海工匠防控疫情》特别节目。组织11名上海工匠，志愿服务抗疫一线医务人员。与《质量与标准化》期刊合作，开设12名"上海工匠”人物的宣传专栏。组织12批共40名上海工匠，深入园区、企业、工匠馆开展技能展示、培训、交流、攻关活动，助力企业解决技术难题。与开放大学合办工匠研修班、工匠创新工作室骨干研修班，200多名工匠和技能人才参加培训。做好对8000名技师、高级技师、带教师傅的奖励及职工实事项目的申报、奖励发放工作。创建设立200家“上海职工学堂”和100家“示范性职工学堂”。举办2000余场次以“迎世赛、稳就业、促发展”为主题的10大技能竞赛，参与职工186万人。其中，由6万余名职工参加区局以上赛前选拔赛、4万名职工参加全国网络与信息安全管理职业技能大赛初赛，推动了百万职工岗位练兵比武活动的开展。会同沪苏浙皖工会和技协，召开首届长三角地区职工数控技术优秀论文发布会。加强与南京、温州职工技协联系，开展“接地气、切口小、见效快”的项目化合作。举办在沪云南乡村医务骨干、乡村医生、农村致富带头人、高技能人才等参加的培训班。（钱传东）

【上海市总工会职工服务中心】 隶属市总直属事业单位，为服务基层、服务职工、提供维权服务的实体机构。下设办公室、基层服务部、法律服务部、权益服务部、就业服务部、12351服务部、信息服务部。年内，按照市总工会的工作目标任务，为基层工会和广大职工提供保障服务。一是深化学习教育。发挥中心党总支、领导班子及党支部核心示范带动作用，聚焦“不忘初心、牢记使命”，开展形式多样的教育学习活动。建立“青年职工服务大讲堂”学习机制，要求青年党员立足服务职工，主动有所作为。以提升政治素养、业务知识、工作创新等要求，为全体工作人员授课。二是健全规章制度。落实从严治党，加强作风建设，执行“一岗双责”，制定完善中心的“四责协同”工作机制。加强“三重一大”集体决策制度，严格对设备设施、工程建设和服务项目的招标和采购，并强化制度监督。通过签订廉政责任书，强化党风廉政制度。三是推进各项工作。推进完成303个“户外职工爱心接力站”站点的升级，成为年内首个提前超额完成的市府实事项目。与市仲裁院、市劳动能力鉴定中心、市二中院建立信息互动、案件衔接常态化机制。加大对“应援尽援”法律援助的力度，全年受理案件43430件，挽回职工经济损失11亿元。进一步细化帮扶操作规定和流程，制订《上海工会困难职工帮扶资金发放规则(试行)》等文件。将新冠肺炎纳入重病范围，凡患新冠肺炎进行治疗导致经济困难职工，按规定纳入申报范围。对各区总工会及12个受疫情影响的产业工会，拨发配套慰问金43.4万元，并慰问34名感染新冠肺炎的职工。开展“农民工关爱行动”通讯费补贴、健康医疗补贴系列活动，惠及农民工31030名。推出线上“微心愿”小程序，帮助1296名困难职工实现“微心愿”。实施上海工会会员服务卡升级，新增“全国交通一卡通”功能，上线“我要办卡”“我要换卡”“个人参保”申工社通道。继续实施“卡卡活动”品牌项目，助推消费扶贫。携手5家市总扶贫定点单位，助推脱贫攻坚。各级工会举办就业招聘会419场(次)，其中线上招聘会367场(次)，提供就业服务18.65万人(次)。着力做好12351平台各项业务咨询，为职工在新互助保障系统上线、火车票和交通卡补贴、“微心愿”、个人办卡、个人入会等方面提出的诉求，提供咨询反馈和信息支撑。12351职工服务热线共接听来电20.12万个，满意率99.16%。加强职工来电数据收集和分析，编写《从12351热线看工会工作》简报。分析研判疫情对本市职工劳动关系造成的影响，为市总领导决策提供参考依据。（蒋冬沐）

【上海市职工保障互助中心】 在市总工会领导下，突出以服务大局、服务基层、服务职工为重点，开拓创新，履职尽责、着力破解瓶颈，打通服务职工“最后一公里”。主要工作：一是实施互保计划进展良好。经过对互助保障计划的良好运行，全年有效会员达1075.87万人次，向363.44万人次给付保障金17.34亿元。其中，“上海职工互助保障项目2020”有效会员达664.36万人次，“退休住院保障计划”有效会员为411.51万人。二是优化互助保障惠及职工。通过走访调研，将原11项在职职工保障计划，调整为“三纵三横”模式的“上海职工互助保障项目2020”，基本保障层内容涵盖住院类、重病类、意外类3个类别，加强保障层和个性保障层2个层面。凡通过线上参保，准时生效。全年有116个区、局、产业工会的20400家基层单位，共220.60万名职工，累计664.36万人次集中参保。三是“不见面办理”便捷退休人员。4月起，凡参加“退休住院保障计划”的退休职工，如发生住院治疗等情况可无需提交申请，通过数据互联互通，直接将保障金划入参保职工养老金账户。6月起，凡“退休住院保障计划”在社区退休参保的，即可通过“随申办”小程序、APP、支付宝小程序办理。7月起，上线“退休住院保障计划”，实行在线受理代扣业务。四是扩大灵活就业保障群体。把“灵活就业会员专享基本保障”面，扩大至意外全残或身故、13类重大疾病和意外伤害的范围，参保职工可享受最高9.08万元的综合保障。将原来的八大行业延伸到物流快递、护工护理、家政服务、商场信息、网约送餐、房产中介、货运驾驶、物业管理、工地短工、农业临工、保洁环卫、街面雇员12个行业。五是多措并举提供保障服务。实行项目信息管理系统与“申工通”对接，打通线上办理通道。通过印制保障条款、编制“操作指南”、编制宣传单页进行宣传发动，提高基层工会、参保职工对新保障项目的知晓度和参与度。开通腾讯会议在线培训，落实对口联系人制度，解决线上操作瓶颈，为区、局、产业工会及基层工会办理保障事项提供便捷条件。六是助力疫情保障后顾之忧。通过采取“延长续保放宽限期、给付有效期各半年”的措施，有效缓解基层工会和患病职工因疫情防控无法及时办理保障业务的后顾之忧。疫情期间，及时将“新型冠状病毒肺炎”列入重大疾病保障范围。开放绿色通道，以“先给付、后审核”方式，确保保障金及时发放。组织9名党员志愿者，主动深入街道社区、医院和机场，参与疫情防控工作，党员主动到居住地、工作地社区内，参与防疫志愿活动。（史佳敏）

【上海市总工会洞庭西山休养院】

在市总工会领导和海鸥集团关心支持下,全年共接待疗休养人员3.33万人次,其中,完成保障计划5806人,医务人员及一线职工4315人。实现营收1974万元,超预算494万元,完成预算收入133%。主要工作:一是不忘初心,全面从严治党。院党支部开展一系列学"四史"、"不忘初心"学习教育活动,参加学习党员307人次。以"四责协同"机制建设为抓手,全面从严治党不断有新作为。二是抗击疫情,优化服务质量。面对突发疫情,采取应对措施,有效做好防疫工作。疫情缓解后,重点抓复工复产,翻新装修客房、健身房、瑜伽房。优化接待流程和休养线路,提升自助早餐档次,提高服务质量。妥善安排6批上海援鄂医护人员、共678人来院休养。此举于5月22日,市委书记李强在《关于组织开展本市抗疫一线医务人员疗休养活动的情况专报》上给予高度肯定。另外,还接待一线医护人员74批次,共3474人。三是强化安全,齐力防汛抗涝。梅雨季节,面对洪涝灾情,调集12台抽水泵,日夜抽排倒灌水,购置300个备用麻袋,搅拌60立方混凝土,加固配电房堤岸。在45天抗洪期中,党员干部24小时值班,全院职工齐心协力抗洪涝。四是开展竞赛,夯实服务基础。围绕"收益管理""减亏争盈""管家式服务"三项课题,开展"两新"竞赛活动。及时梳理短板,以开展劳动竞赛方式,促整改、补短板、抓提高。努力探索企业文化,为持续推进洞庭西山疗修养工作,提供支撑和基础。五是关爱职工,落实走访制度。安排在职和退休职工健康体检。搭建思想交流平台,与职工进行同行业之间工作交流,开展常态化谈心家访活动。六是助力帮扶,倡导奉献精神。组织开展"村企联动,共筑防疫线"活动、义务拔草和冲洗地面工作、汛期24小时义务值班、义务清洗木栈道和无偿献血活动,志愿服务共计664人次。践行社会责任,开展"爱心一日捐",与金庭镇2户困难家庭,实施定向结对帮扶。 (蔡玉蓉)

【上海市总工会黄山休养院】 隶市总直属事业单位,由上海海鸥控股(集团)管理,为全国工会系统第一个集资建造的职工休养基地。1986年开业后,主要负责职工在黄山地区疗休养事宜。休养院地处G3京台高速谭家桥出口处,著名风景胜地黄山罗汉峰东麓。占地面积132亩,其中建筑面积13000平方米,绿化率占76%。有4栋独立接待楼宇,88间客房,能同时容纳200人用餐。会议室、棋牌楼、KTV包厢、垂钓中心、工会超市、养生堂、大型停车场等设施一应俱全。全年接待休养人员13810人,实现营收2266.5万元。其中,保障计划7936人,营收898.8万元;援鄂医务人员1191人,营收398.9万元;抗疫一线职工3982人,营收555.3万元;工会会员112人,营收2.3万元;市场拓展589人,营收411.2万元,实现保稳增收的目标任务。期间,不断更新硬件设施,着力提高服务水平,以"劳动光荣,休养快乐"为宗旨,服务广大职工,提升服务口碑,扩大休养院在上海地区影响力,打造温馨职工之家。 (贝 卓)

上海市总工会直管单位负责人名录

单位名称	职务	姓名
上海工会管理职业学院	党委书记	王厚富
	院长、党委副书记	李友钟
上海市工人文化宫	主任、党委副书记	高 越(女)
	党委书记	谢 鹰
劳动报社	总编、党委副书记	王厚富
	党委书记	邵新宇(女,2020.9免)
上海市职工技协服务中心	主任	钱传东
	党总支书记	竺 敏
上海市总工会职工援助服务中心(上海市职工物价监督总站)	主任	陈 鲁
	党总支书记	杨 敏(女)
上海市职工保障互助中心	主任	顾学庆
	党总支书记	陈 嵘
上海市总工会幼儿园	园长、党总支书记	周稼超(女)
上海市退休职工管理委员会办公室 上海市退休职工服务中心	主任、党总支副书记	刘培顺

续 表

单位名称	职务	姓名
	党总支书记、副主任	顾莉萍(女,2020.9免)
上海海鸥控股(集团)有限公司	董事长、党委书记	吕泰康
	总裁、党委副书记	孙 伟

说明:1. 主要负责人名录以2020年12月底为准。
2. 上述人员职务以市总工会批复为准。

关于新型冠状病毒肺炎疫情防控期间事业单位人员有关工资待遇问题的通知

人社部发〔2020〕9号

各省、自治区、直辖市及新疆生产建设兵团人力资源社会保障厅(局)、财政厅(局),中央和国家机关各部委、各直属机构人事、财务部门:

为贯彻落实习近平总书记关于新型冠状病毒肺炎疫情防控工作的重要指示精神,保障打赢疫情防控阻击战,现就疫情防控期间事业单位人员有关工资待遇问题通知如下:

一、在疫情防控期间,各级人力资源社会保障、财政部门要在当地党委、政府领导下,根据承担新型冠状病毒肺炎疫情防治工作任务情况,因地制宜向承担防控任务重、风险程度高的医疗卫生机构核增一次性绩效工资总量,不作为绩效工资总量基数,所需经费通过现行渠道安排,疫情结束后不再执行。要及时指导有关单位在内部分配时,向敢于担当、勇挑重担、加班加点参加疫情防控的一线工作人员特别是作出突出成绩的人员倾斜。

二、为促进有效实施隔离和医学观察等预防控制措施,根据《中华人民共和国传染病防治法》有关规定,对新型冠状病毒肺炎患者、疑似病人、密切接触者在其隔离治疗期间或医学观察期间以及因政府实施隔离措施或采取其他紧急措施导致不能提供正常劳动的事业单位工作人员,在此期间的工资、福利待遇由其所属单位按出勤对待。

三、各级人力资源社会保障、财政部门要高度重视疫情防控期间事业单位工作人员尤其是医疗卫生工作人员的工资待遇问题,加大对有关地区、部门和单位的指导督促力度,并及时做好政策解释。相关单位要认真执行政策,确保落实到位,强化政策效果,全力支持疫情防控,促进打赢这场疫情防控阻击战。

人力资源社会保障部

财政部

2020年2月11日

表彰

2020年上海市全国劳动模范和先进工作者名单

上海市全国劳动模范(74人)(按姓氏笔划排序)

王　平　中国船舶工业集团公司第七〇八研究所副总工程师
王　炜　上海洗霸科技股份有限公司董事长
王　承　上海宜家家居有限公司安全风险经理、工会主席
王　海　上海飞机制造有限公司C919大型客机外场试验队队长助理
王卫东　华东建筑设计研究院有限公司上海地下空间与工程设计研究院院长兼集团执行总工程师
王明牛　上海建工材料工程有限公司第一构件厂PC车间1号线值班长
王振富　上海临港产业区经济发展有限公司党委书记、董事长
王家根　上海氯碱化工股份有限公司电槽管理组组长
王渊峰　上海兆芯集成电路有限公司副总工程师
王曙群　上海航天设备制造总厂有限公司对接机构组班组长
仇　杰　上海汽车集团股份有限公司乘用车分公司技术中心副总工程师
方　进　上海巴士第三公共交通有限公司驾驶员
卢泰强　上海建材(集团)有限公司副总工程师、科技中心主任
史志瑛(女)　上海国际机场股份有限公司航站区管理部现场运行值班长
白清良　上海北特科技股份有限公司工装自制部经理
冯忠耀　上海德福伦化纤有限公司总工程师
毕琳丽(女)　上海上药华宇药业有限公司饮片质量员
朱贤麟　上海北方企业(集团)有限公司党委书记、董事长
朱雯瑾(女)　上海百联百货经营有限公司上海市第一百货商店A馆地室黄金珠宝商场现场主管
任敏华　中国电子科技集团公司第三十二研究所副总工程师、研究室主任
刘　霞(女)　上海电气电站设备有限公司上海汽轮机厂技术发展处和工艺处副处长
刘家秀(女)　上海上科电器(集团)有限公司办公室主任
汤　亮　奥盛集团有限公司董事长
许　力　上海国际港务(集团)股份有限公司尚东集装箱码头分公司工程技术部经理
孙　刚　上海金发科技发展有限公司基础研究技术经理
苏亚武　中国建筑第八工程局有限公司华南分公司副总经理
李　迥　舜元建设(集团)有限公司副总工程师
李　鹏　上海宝冶冶金工程有限公司董事长、总经理
李伟伟　中冶宝钢技术服务有限公司第三分公司作业长
李春风　上海万群粮食专业合作社理事长
李香花(女)　沃尔沃汽车(亚太)投资控股有限公司设施管理总监
李章林　隧道股份上海隧道工程有限公司分公司负责人
杨戌雷　上海城投污水处理有限公司白龙港污水处理厂污泥处理车间主任
邱莉娜(女)　中国电信股份有限公司上海崇明电信局销售组织与现场管理
何　超　中国东方航空股份有限公司上海飞行部飞行七部高级飞行技术管理
何江华　沪东中华造船(集团)有限公司LNG总建造师
邹文军　上海期货交易所运行部总监兼交易管理部总监
沈　莉(女)　中国东方航空股份有限公司首席技师
沈美兰(女)　上海杨浦环境发展有限公司海杰保洁分公司清道班考核员
张　华　中国铁路上海局集团有限公司上海动车段工班长
张　郁　上海申通地铁集团有限公司上海地铁维护保障有限公司通号分公司总经理、信号技术总监
张　榜　上海经纬建筑规划设计研究院股份有限公司副院长、党总支书记
张生春　上海赛科利汽车模具技术应用有限公司调试车间高级副经理
张富官　上海市浦东新区祝桥镇新如村党总支书记
陆忠明　大金空调(上海)有限公司设备维修课课长
陈林根　上海联中食用菌专业合作社理事长
陈晓明　上海市机械施工集团有限公司副总裁、总工程师
陈爱华(女)　上海正章实业有限公司技术总监
陈益山　上海嘉万汽车修理有限公司业务经理
陈景毅　江南造船(集团)有限责任公司首席技师
郁　非(女)　上海第一食品连锁发展有限公司专柜柜长
金国平　宝山钢铁股份有限公司钢管条钢事业部电气设备技能大师
赵　蕾(女)　上海东方娱乐传媒集团有限公司公益媒体中心大型活动部总监
赵建东　玛戈隆特骨瓷(上海)有限公司技术总监
赵黎明　上海锅炉厂有限公司电焊工
俞　洁　上海航天技术研究院某重点卫星系列型号总设计师
洪　亮　上海至合律师事务所主任
姚启明(女)　同济大学建筑设计研究院(集团)有限公司汽车运动与安全研究中心主任

姚建中　上海市奉贤区庄行镇新叶村党总支书记
柴闪闪　中国邮政集团有限公司上海市邮区中心局邮件接发员
徐　红(女)　上海吴淞口国际邮轮港发展有限公司党委副书记、港口运营总监
翁建和　上海锦江汤臣大酒店有限公司中餐营运总监
高克勤　上海古籍出版社有限公司党委书记、社长
郭　文(女)　中国医药工业信息中心主任
唐均君　上海华虹宏力半导体制造有限公司党委书记、总裁
章　毅　中国干细胞集团上海生物科技有限公司董事长
章万锋　交通银行股份有限公司软件开发中心开发一部高级经理
程邦武　中远海运船员管理有限公司上海分公司轮机长
童上高　上海沃迪智能装备股份有限公司副总经理
谢邦鹏　国网上海市电力公司浦东供电公司张江科学城能源服务中心主任兼数据管理组组长
管仕忠　上海市崇明区竖新镇仙桥村党支部书记、村委会主任,仙禾粮食专业合作社负责人
缪长喜　中国石油化工股份有限公司上海石油化工研究院副总工程师、研究三部主任
薛鸿斌　上海东洋电装有限公司工场长
魏乐樵　上海仪电科学仪器股份有限公司开发中心主任

上海市全国先进工作者(38人)(按姓氏笔划排序)

毛琦敏(女)　国家税务总局上海市静安区税务局第一税务所四级高级主办
方红梅(女)　上海市宝山区陈伯吹实验幼儿园园长
田　禾　华东理工大学教授
朱　谊　上海市闵行区浦锦街道城市管理行政执法中队中队长、党支部副书记
刘　振　上海市城乡建设和交通发展研究院交通信息中心运行室技术人员
许　昕　上海市竞技体育训练管理中心乒乓球运动员
苏　嵘(女)　上海市徐汇区田林街道长春居民区党总支书记
杨丽芳(女)　上海市青浦区中医医院护理部副主任
何东仪　上海市光华中西医结合医院副院长、风湿免疫科主任
何学锋　上海市闵行区实验小学校长、党总支副书记
辛丽丽(女)　上海芭蕾舞团团长
张　琛　上海市公安局闵行分局党委委员、副局长
张　翔　上海市普陀区青少年业余足球学校校长
陈　贞(女)　华东医院护士长
陈凤英(女)　上海市浦东新区宣桥镇艺泰安邦居民区党总支书记
陈立群　上海大学力学与工程科学学院教授
陈明青(女)　华东师范大学第一附属中学学生处副主任
林　植　上海市公安局经济犯罪侦查总队一支队二大队大队长
周　欣(女)　上海市高级人民法院刑事审判庭(未成年人案件综合审判庭)副庭长、审判员、三级高级法官
周　琰　上海海关浦东国际机场海关旅检处副科长
周　盟　上海市新收犯监狱狱政管理科(狱内侦查科)科长
周　新　上海市第一人民医院呼吸与危重症医学科学科带头人
周弘文　上海港引航站高级引航员
郑民华　上海交通大学医学院附属瑞金医院普外科主任
官景辉　上海市市场监督管理局执法总队四级高级主办
赵志芳(女)　上海交通大学医学院附属第九人民医院黄浦分院李琦换药室护士长
施永海　上海市水产研究所(上海市水产技术推广站)副所长、副站长
姜　龙　中华人民共和国浦东海事局海区海巡执法大队队长兼“海巡01”轮船长
宣利江　中国科学院上海药物研究所研究组长
袁政安　上海市疾病预防控制中心党委副书记、纪委书记
钱文昊　上海市徐汇区牙病防治所执行所长
徐　敏(女)　上海市浦东新区市场监督管理局注册许可分局党总支副书记、二级高级主办
高　波　上海出入境边防检查总站上海机场边检站十五队队长
盛　弘(女)　上海市长宁区虹桥街道荣华居民区党总支书记
崔　洁(女)　上海交通大学医学院附属瑞金医院感染科护士
葛均波　复旦大学附属中山医院心内科主任
董绍明　中国科学院上海硅酸盐研究所中心主任
樊春海　上海交通大学教授

2020年上海市劳动模范(先进工作者)和上海市模范集体名单

上海市劳动模范(569人)(按姓氏笔划排序)

丁金国　上海上药第一生化药业有限公司助理总经理、药物研究所副所长
卜　健　华鑫证券有限责任公司合规副总监、合规与风险管理总部经理
于　波　中国石化销售股份有限公司上海石油分公司总经理助理商业经营中心经理、党总支副书记
于继东　上海嘉里食品工业有限公司副总经理
于殿友　上海烟草包装印刷有限公司凹印车间副主任

卫水刚　上海力进铝质工程有限公司设计组长
马　明　正泰电气股份有限公司主任工程师
马扎根　上汽大众汽车有限公司产品研发整车高级总监
马立广　中交三航(上海)新能源工程有限公司三航风华号二副
马阿翠(女)　上海浦江游览集团有限公司服务主任
王　平　上海德华国药制品有限公司技术中心主任、党支部书记
王　伟　上海飞机制造有限公司钣金车间钣金七组班组长
王　芳(女)　上海竹本容器包装有限公司科长
王　俊　上海霍克太平洋公务航空地面服务有限公司机库经理
王　铮　上海福寿园实业集团有限公司雕塑师
王　敏　中远海运科技股份有限公司事业部总工程师
王　琼(女)　上汽大通汽车有限公司试验认证部总监
王　勤(女)　上海徐行草编文化发展有限公司草编工作人员
王　群　上海仪电显示材料有限公司党委书记、总经理
王　磊　沪东中华造船(集团)有限公司 LNG 技术研究所机装室主任
王　磊　阿斯利康投资(中国)有限公司阿斯利康全球执行副总裁
王士岩　上海东慧庄原物业管理有限公司物业项目经理
王广志　隧道股份上海隧道工程股份有限公司地基基础分公司项目经理
王友农　上海吴淞口国际邮轮港发展有限公司原党委书记、原董事长
王日升　上海外经集团控股有限公司厄特分公司副总经理、项目常务副经理
王文其　上海森信建设集团有限公司董事长
王文国　上海奉城经济园区有限公司总经理
王文熙　上海市安装工程集团有限公司华南工程公司总经理
王本洪　上海正伟印刷有限公司总工程师
王立辉　上海复旦微电子集团股份有限公司安全实验室主任
王邦永　上海建桥(集团)有限公司董事长助理
王兴琪　上海三菱电梯有限公司总工程师
王纪东　上海长航船员管理有限公司船长
王志红(女)　上海农村商业银行股份有限公司宝山支行营业部零售副经理
王利民　上海电气集团置业有限公司分公司总经理
王国来　上海开创远洋渔业有限公司金枪鱼围网船队海上指挥
王国林　上海强生集团汽车修理有限公司机工组长
王建忠　中国铁路上海局集团有限公司上海机车检修段班组长
王振锁　联合汽车电子有限公司变速箱控制业务部总监
王晓芳(女)　上海电气上重铸锻有限公司大型铸锻件研究所所长助理
王晓忠　中国石化上海高桥石油化工有限公司企业管理部经理
王晓洋　上海路吉环境工程发展有限公司机修班班长
王晓莉(女)　藤仓(上海)通信器材有限公司车间主任
王继明　上海宝地不动产资产管理有限公司党委书记、董事长
王培虎　上海票据交易所股份有限公司交易部一级经理
王萌华(女)　中国宝武钢铁集团有限公司治理部资深高级经理
王雪梅(女)　丰收日(集团)股份有限公司豫园店店长
王登庭　上海悦易网络信息技术有限公司运营体系副总裁
王群香(女)　上海理光数码设备有限公司部品检查线长
王静华(女)　上海市虹口区嘉兴路街道虹叶居民区党总支书记、第一支部书记
车国兴　上海红星美凯龙装饰家具城有限公司总经理
毛文忠　上海建工五建集团有限公司工程总监、兰州项目部经理
毛巧丽(女)　上海金桥出口加工区开发股份有限公司运营总监
毛严根　上海金枫酒业股份有限公司首席酿酒师
毛项杰(女)　上海林同炎李国豪土建工程咨询有限公司第一景观规划设计研究院院长
方　明　上海利宏企业发展有限公司当班队长
方　健　泛亚汽车技术中心有限公司电子软件部执行总监
方　敏(女)　上海奉贤贤润水务建设有限公司副总经理
方　辉　国家会展中心(上海)有限责任公司运营中心总经理
尹付军　中国核工业第五建设有限公司项目技术负责人
尹莉蓉(女)　上海益流客运有限公司副总经理、车队长
孔劲松　上海市建筑装饰工程集团有限公司第七工程公司副总经理、项目经理
邓德俊　上海光明奶酪黄油有限公司用家烘焙部技术支持
左泽方　中国建材国际工程集团有限公司副总工程师
石　岩　上海沪东集装箱码头有限公司工会副主席
石广甫　上海市政工程设计研究总院(集团)有限公司第五设计院院长
卢清武　霍尼韦尔(中国)有限公司航空航天集团亚太区财务副总裁、首席财务官
叶　菁(女)　上海三联(集团)有限公司割边车间主任
叶　堃　上海航空有限公司飞管部高级飞行技术管理、责任机长、B 类教员

叶才福　上海师范大学天华学院校长
田方培(女)　上海虹桥医院护理部主任
田爱萍(女)　上海美都环卫服务有限公司总经理、党支部书记
史志东　上海地产三林滨江生态建设有限公司营销管理部经理
冯春生　上海华为电信设备工程有限公司社区经理
宁　军(女)　上海中船燃石油有限公司总经理、党总支书记
戎　椿　上海烟草集团有限责任公司地区市场部经理
巩洪亮　上海紫丹食品包装印刷有限公司生产副总监
成　慧(女)　上海普环实业有限公司第一分公司陈扣娣班组班长
毕全翠(女)　上海优爱宝智能机器人科技股份有限公司生产经理
吕　恩　中国建筑第八工程局有限公司海外事业部副经理
吕　强　上海锦航人力资源有限公司"春锦"轮船长
吕胜义　上海交运沪北物流发展有限公司党委副书记、执行董事、总经理
吕勇根　上海申能临港燃机发电有限公司设备管理部机械专业点检长
朱　红(女)　上海松江城镇建设投资开发集团有限公司党群工作部副部长
朱　俊　欧冶云商股份有限公司技术中心总经理助理
朱　虔　上海锦江国际实业投资股份有限公司党委书记、首席执行官
朱　峰　上海联恒异氰酸酯有限公司苯胺装置技术管理员
朱　骏　上海华力集成电路制造有限公司副总裁
朱　晨　上海世界贸易商城有限公司执行董事、总经理
朱士昇　大陆泰密克汽车系统(上海)有限公司高级设备工程师
朱冬亮　老凤祥股份有限公司技术创意管理中心副主任兼东莞公司副总经理
朱红强　不凡帝范梅勒糖果(中国)有限公司高级制造和工程经理、工会主席
朱国平　梅特勒-托利多仪器(上海)有限公司行政主管、工会主席
朱绍光　上海飞奥燃气设备有限公司总经理
朱春南(女)　上海爱君家庭服务有限公司家政员
朱翊元　上海市漕河泾新兴技术开发区发展总公司漕河泾赵巷项目负责人
朱道义　上海静安园林绿化发展有限公司部门经理
朱颖海　上海东郊宾馆西餐厨师长
朱熙华　上海造币有限公司设计开发中心副主任
任　可　中国铁路上海局集团有限公司上海电务段张家港高铁信号车间信号工
任　强　上海锦江汽车销售服务有限公司技术经理
任永辉　上海外高桥造船有限公司总装一部支持作业区外校班副班长
任思龙　上海良信电器股份有限公司董事长
任德福　中远海运船员管理有限公司上海分公司远洋船舶政委
华宇东　上海奉贤燃机发电有限公司副总经理
华建军　上海爱谱华顿电子科技(集团)有限公司安全管理专员
向云国　中国建筑第八工程局有限公司上海分公司钢筋工
刘　庆(女)　康成投资(中国)有限公司人力资源部副总经理
刘　军　上海沧鑫投资管理咨询有限公司安全办副主任
刘　慧　华大半导体有限公司华大半导体 MCU 事业部技术总监
刘仕英(女)　中国东方航空股份有限公司客舱服务部乘务二分部高级副经理
刘立全　上海康耐特光学有限公司部门经理
刘会明　上海电气泰雷兹交通自动化系统有限公司总工程师
刘齐山　上海磁浮交通发展有限公司技术主管
刘远波　上海红源装卸服务有限公司车队管理员
刘忠生　波克科技股份有限公司党支部书记、副总经理
刘重亮　上海王家沙餐饮股份有限公司副总经理
刘振民　光明乳业股份有限公司研究院主任
刘清泉　中建科工集团有限公司华东大区党委副书记、工会主席
刘鸿哲(女)　华宝信托有限责任公司薪酬福利事业部总经理
刘紫剑　大金(中国)投资有限公司上海分公司营业副总经理
刘锦久　上海龙华素斋禅悦食品有限公司研发部主任、车间主任
刘静云(女)　国药控股股份有限公司资金部部长
齐　朋　中建八局第一建设有限公司总经理、党委副书记
齐明山　隧道股份上海市城市建设设计研究总院(集团)有限公司轨道院副总工程师
闫　慧(女)　中国太平洋保险(集团)股份有限公司采购中心、预算部联合党支部书记、总经理
关立平　申通快递有限公司车队驾驶员
江　洪　上海城投公路投资(集团)有限公司第三事业部总经理
安万兵　中远海运船员管理有限公司上海分公司远洋船舶轮机长
许　琛(女)　中国邮政集团有限公司上海市青浦区分公司朱家角邮政支局网点主任
许慧华　宝钢发展有限公司设施技术服务分公司消防维修部首席操作

阮兰英（女） 上海纺织时尚定制服饰有限公司副总经理
孙　华（女） 上药控股有限公司副总经理
孙　杰 上海巴士第二公共交通有限公司驾驶员
孙小明 上海海丰现代农业有限公司副总经理
孙永丽（女） 宝钢工程技术集团有限公司工程技术事业本部建筑事业部高级技术总监
孙贵华 上海临港现代物流经济发展有限公司党委书记、董事长
孙缨娟（女） 中国东方航空股份有限公司客户委客服中心客服运营部经理
买买提艾力 上药控股有限公司国际总部总经理
扶慧芳（女） 上海市杨浦区社会福利院（上海市馨浦老年社工师事务所）护理主管
花炳灿 华建集团华东建筑设计研究院有限公司华东都市建筑设计研究总院总工程师、工会主席
严　俊 上海电气电站服务公司工程管理处处长
严　琳（女） 上海上电电力运营有限公司精甄检测技术分公司副经理
严粹人（女） 上海德尔格医疗器械有限公司项目群管理部部门经理
苏永华 上海星海时尚物业经营管理有限公司执行董事、总经理、党委副书记
杜丹丹（女） 上海京清蓉服饰有限公司制版师
杜加秋 瀚晖制药有限公司副总裁
杜军红 上海龙旗科技股份有限公司董事长
杜佳敏（女） 上海市普陀区宜川路街道宜川三村第一居委会党总支书记
李　青（女） 中建八局东孚公司物业分公司党总支书记
李　育（女） 上海汽车变速器有限公司软件开发与系统控制部总监
李　俊 上海航空电器有限公司总装分厂电装接工
李　亮 上海国际机场股份有限公司安检护卫保障部后台复检分队分队长
李　涛 上海康德莱医疗器械股份有限公司技术部经理
李　铭 上海集成电路研发中心有限公司技术研发部部长
李　越 国网上海市电力公司松江供电公司新业务发展专职
李　斌 宝山钢铁股份有限公司运输部机械高级点检
李　强 上海金山锦湖日丽塑料有限公司总工程师
李　强 富国基金管理有限公司信息技术部总经理兼电子商务部副总经理
李　媛（女） 上海豫园珠宝时尚集团有限公司检测中心执行主任
李　瑞（女） 隧道股份上海城建城市运营（集团）有限公司申嘉湖高速朱枫收费站站长
李　蔚 上海复控华龙微系统技术有限公司总工程师
李　磊 中建八局第三建设有限公司副经理
李　鑫 上海船舶研究设计院创新中心智能船项目部主任
李　鑫 上海申迪园林投资建设有限公司部门经理助理
李玉宝 上海春黎电子实业有限公司车间主任
李永杰 上海市工业综合开发区有限公司党委书记、副董事长
李永姝（女） 中国光大银行股份有限公司上海分行营销总监兼公司业务一部总经理
李红光 上海久信国际物流有限公司高级主管
李志敏（女） 聚信国际融资租赁股份有限公司总裁办助理
李秀勤（女） 上海市浦东新区浦兴路街道长岛路居民区党总支书记
李良友 上海亨井联接件有限公司执行经理
李法设 中科新松有限公司机器人与人工智能研究院院长助理
李雪芹（女） 上海医药集团药品销售有限公司精神神经产品组东区大区经理
李跃雄 上海上药神象健康药业有限公司副总经理
李崇华 上海新长宁集团仙霞物业有限公司水电维修工
李敬凯 上海大屯能源股份有限公司龙东煤矿掘进一队队长
李惠卿 上海国际港务（集团）股份有限公司宜东集装箱码头分公司工程技术部副经理
李景昌 中国石油天然气股份有限公司西气东输管道分公司四级作业员
李富军 上海野生动物园发展有限责任公司经营管理部经理
李锦华 江南造船（集团）有限责任公司制造一部技术室技术管理员
李福全 上海吴淞市政建设有限公司养护项目副经理
李静珠（女） 上海市嘉定区新成路街道墅沟社区党总支书记、居委会主任
杨　文（女） 中国石化上海石油化工股份有限公司物资采购中心副主任师
杨　成 上海德福伦化纤有限公司机保班组组长
杨　帆 延锋安道拓座椅有限公司高级工业设计经理
杨　杰 中国石化上海石油化工股份有限公司热电部锅炉联合装置党支部书记、装置副主任
杨　杰 上海世纪联华超市长宁有限公司店长
杨　明 积水保力马科技（上海）有限公司制造一部部长、党支部副书记、工会主席
杨　剑 宝武特种冶金有限公司电炉厂炼钢主要操作
杨　莹（女） 上海电气电站工程公司副总经理
杨　辉 中国邮政集团有限公司上海市普陀区分公司桃浦邮政支局桃浦寄递营业部投递管理人员

杨友兰(女)　中国铁路上海局集团有限公司上海申铁信息工程有限公司应用研发部经理
杨长勇　中国电信股份有限公司上海分公司东区电信局公客小CEO
杨文林　科思创聚合物(中国)有限公司技术管理负责人
杨叶新　上海嘉定文兴葡萄园艺场负责人
杨华峰　上海西部企业集团房屋维修有限公司维修班班长
杨军志　上海达烨建筑劳务有限公司项目劳务负责人
杨红霞(女)　上海汽轮机厂有限公司设计处副处长
杨志训　上海扬盛印务有限公司董事长
杨国波　双钱轮胎集团有限公司副总经理
杨金星　上海中兴软件有限责任公司研发总工程师
杨春雷　中港疏浚有限公司"新海凤"轮船长
杨艳红(女)　博世华域转向系统有限公司财务部总监
杨烈福　上海大屯能源股份有限公司拓特机械制造厂班长
杨晶星(女)　安吉汽车物流(上海)有限公司物流策划部执行总监
杨群峰　上海明东集装箱码头有限公司桥吊司机
步　彤　中国移动通信集团上海有限公司网络部负责人
肖辉江　上海飞机制造有限公司复合材料中心主任
吴　军　上海新跃物流企业管理有限公司党总支书记、董事长
吴　杰　上海微谱化工技术服务有限公司技术副总经理、总工程师
吴　轶　上海市机械施工集团有限公司第一工程公司副总经理兼钢结构项目经理
吴　勇　上海开创远洋渔业有限公司大型拖网加工船队海上指挥
吴　骏　隧道股份上海公路桥梁(集团)有限公司总承包一部副总经理兼项目经理
吴　斌　海通证券股份有限公司上海债券融资部总经理兼债券融资总部副总经理
吴大治　上海星耀医学科技发展有限公司总经理助理
吴小东　上海电器科学研究所(集团)有限公司轮值总裁、党委副书记
吴曰丰　上海老港固废综合开发有限公司重大办主任
吴文臣　上海英恒电子有限公司产品经理
吴文峰　中远海运船员管理有限公司上海分公司远洋船舶船长
吴玉林　上海机场建设指挥部浦东卫星厅工程部部长
吴东鹏　上海轨道交通十四号线发展有限公司项目经理部经理
吴永平(女)　上海勋海绿化管理有限公司绿化科科长
吴红萍(女)　上海市长宁区仙霞新村街道虹旭居民区党总支书记
吴志峰　上海乔治费歇尔亚大塑料管件制品有限公司技术经理
吴怀宇(女)　中远海运集装箱运输有限公司欧洲贸易区部门总经理
吴侹茂　上海南方国际购物中心(集团)有限公司党委委员、法律负责人
吴帮中　华域皮尔博格有色零部件(上海)有限公司广德子公司物流科长助理
吴恺一　中建港航局集团有限公司第一分公司党总支书记兼副总经理
吴梦秋　上海蔬菜(集团)有限公司党委书记、董事长、总裁
吴黎英(女)　上海临港松江科技城投资发展有限公司部门总监
吴德昇　上海申一百货公司艺术总监
邱国华　上海汽车集团股份有限公司乘用车分公司内外饰部总监
邱奕炯　拜耳(中国)有限公司信息技术基础平台总监
邱祥平　电信一所迪爱斯信息技术股份有限公司总经理
邱锦波　中煤科工集团上海有限公司上海天地副总工程师
何　冰　国网上海市电力公司检修公司专业工程师
何小玲(女)　隧道股份上海隧道工程有限公司地基基础分公司维保事业部经理
何成献　上海毓恬冠佳汽车零部件有限公司技术中心高级工程师
何忠雷　上海古北物业管理有限公司华丽家族和强生花园小区物业经理
何建强　上海市水利工程集团有限公司重大工程总指挥
何继红(女)　中交第三航务工程勘察设计院有限公司副总工程师
何敏洁(女)　上海又一城购物中心有限公司营运管理部经理助理
佟　梅(女)　中国农业银行股份有限公司研发中心上海研发部总经理
余钟民　国网上海市电力公司设备部主任
余美香(女)　上海市徐汇区徐家汇街道殷家角居民区党总支书记
余家耀　上海绍兴饭店管理有限公司采购部经理
邹　锋　上海建工一建集团有限公司四川公司总经理
邹世文　上海梅山钢铁股份有限公司炼钢厂连铸浇钢首席操作
邹富建　上海欣望环境卫生服务有限公司公厕保洁员
应坚国　上海金桥(集团)有限公司开发事业二部总经理
辛　帅　云赛智联股份有限公司分公司副总经理
汪　炜　上海市衡山(集团)有限公司衡山宾馆行政副总厨

汪　虹(女)　锦江国际(集团)有限公司董事会办公室主任
汪　敏　上海市浦东新区书院镇外灶村党总支书记、村委会主任
汪卫国　上海市奉贤区金汇镇光辉村党总支书记
汪建平　上海明华物业管理有限公司项目经理
汪思满　上海建工二建集团有限公司副总工程师、第二工程公司总工程师
沈　军　上海建工四建集团有限公司党委书记、董事长
沈　荣　上海南园之星餐饮有限公司大区经理
沈引新(女)　上海市青浦区练塘镇徐练村党支部书记、村委会主任
沈建华　上海清美绿色食品(集团)有限公司董事长
沈慧强　中国石化上海石油化工股份有限公司炼油部值班长
宋　政　上海泛太制帽有限公司总务科主管、工会主席
宋为群　强生中国区主席、强生医疗中国区总裁
宋延勇　上海仪器仪表自控系统检验测试所有限公司副总经理兼试验室主任
宋建兵　中国建筑第二工程局上海分公司项目经理
宋增光　拉扎斯网络科技(上海)有限公司培训专员
张　文(女)　上海角一高分子制品有限公司总经理助理、工会主席
张　听　上海强生控股股份有限公司第四分公司驾驶员
张　宙　上海电气集团上海电机厂有限公司首席研究员
张　轶　隧道股份上海城建市政工程(集团)有限公司地下结构工程分公司经理、项目经理
张　洁(女)　上海弘辉种业有限公司研发中心水稻组组长
张　逸　上海天安轴承有限公司总工程师
张　琼(女)　上海银行股份有限公司金桥支行营业部经理
张　越　上海建工材料工程有限公司党委书记、董事长
张　皓　上海腾天节能技术有限公司副总经理
张　艇　上海浦莎投资发展有限公司副总经理
张　新　尼康映像仪器销售(中国)有限公司副总经理、工会主席
张　毅　上海浦东水务(集团)有限公司管道养护所管道养护工
张小芹(女)　上海美蓓亚精密机电有限公司马达部组长
张吕林　中国货运航空有限公司飞行部副经理
张全平　上海大屯能源股份有限公司孔庄煤矿副矿长
张宇生　天安财产保险股份有限公司党委委员、副总裁、首席风险官
张国泉　中建八局第二建设有限公司广西分公司经理
张畅敏(女)　上海燃气市北销售有限公司宝山办事处杨鑫业务组班组长
张金全　北京市中伦(上海)律师事务所权益合伙人
张宝军　国核电站运行服务技术有限公司总经理助理、科技与技术研发部主任
张建国　上海原川信息技术有限公司研发总监
张前锋　上海闵行客运服务有限公司驾驶员
张振晖　上海美术电影制片厂有限公司策划创作部导演
张倩倩(女)　上海锦江饭店小礼堂多功能宴会厅经理
张颂华　上海东方娱乐传媒集团有限公司副总监、副总经理
张家榕　上海上飞飞机装备制造有限公司车间主任
张继宏　上海南房集团应急维修服务中心水电工
张菊英(女)　上海市崇明区新村乡党建督导员、生态养护社负责人
张瑞祥　上海浦东新区杨高公共交通有限公司修理工
张德品　上海福成汽车销售服务有限公司服务顾问
张薇薇(女)　上海市黄浦区车辆停放管理公司班组长
陆　艳(女)　上海市天一律师事务所党支部书记、合伙人
陆　倩(女)　东浩兰生集团上海外服(集团)有限公司营销管理部总经理
陆　蕙(女)　上海新华联大厦有限公司服务管理部主管
陆江红(女)　上海清河机械有限公司副总经理
陆红梅(女)　上海蜂花日用品有限公司人事部经理
陆孜浩　绿地控股集团房地产事业一部党委副书记、常务副总经理
陆莺花(女)　上海奥特莱斯品牌直销广场有限公司营运部副经理
陆铭育(女)　中国电信股份有限公司上海分公司市场部集团高级专家(业务管理统筹)
陆嫣一(女)　中国银行上海市分行普惠金融事业部主管
陆燕丽(女)　交通银行上海市分行营运部总经理
陈　龙　上海上药新亚药业有限公司新先锋制药厂副总经理
陈　刚　上海虹桥宾馆有限公司行政总厨
陈　明(女)　上海市宝山区陈明口腔诊所牙医
陈　标　中冶宝钢技术服务有限公司第四分公司党支部书记、队长
陈　浩　中建八局钢结构工程公司焊接负责人
陈　展　上海浦东新区南汇公共交通有限公司驾驶员
陈　铭(女)　飞利浦(中国)投资有限公司供应链高级总监、工会主席
陈　琳　上海市虹口区铁琳铝合金销售店经营部经理
陈　联　上海沃马-大隆超高压设备有限公司生产部副经理

陈　斌　上海市崇明区锦绣宾馆餐饮部副经理
陈　磊　上海飞机制造有限公司中国商飞 CR929-600 副总设计师
陈乃娟(女)　中国电建集团上海能源装备有限公司副总工程师、研发中心主任
陈文艳(女)　上海市隧道工程轨道交通设计研究院副总工程师
陈永法　上海市虹口区私营企业协会会长
陈亚红　中国商用飞机有限责任公司采供部部长
陈华南　上海冠东国际集装箱码头有限公司桥吊司机
陈园园　上海信谊联合医药药材有限公司信谊联合事业部呼吸业务部经理
陈明吉　上海城投水务(集团)有限公司董事长、党委副书记
陈忠伟　恒源祥(集团)有限公司董事长兼总经理
陈忠华　中石化海洋石油工程有限公司上海钻井分公司上海海洋石油局首席技师
陈宜峰　江南造船(集团)有限责任公司制造一部装焊五区现场工程师
陈建荣　中远海运能源运输股份有限公司船管中心总经理
陈荣清　光明食品(集团)有限公司安保信访部总经理
陈思勤(女)　华能国际电力股份有限公司上海石洞口第二电厂副总工程师、安全生产党支部书记
陈晓芳(女)　中国电信股份有限公司上海分公司移动互联网部技术专家
陈晓来(女)　上海吉祥房地产有限公司静安香格里拉大酒店厨务部培训经理
陈海燕(女)　上海嘉定公共交通有限公司部室党支部副书记
陈富华　上海市嘉定区马陆镇马陆新村社区党总支书记
陈霞芬(女)　上海市浦东新区东明路街道世博家园养老院护理组长
邵　奇　上海上药信谊药厂有限公司药物研究所所长助理、吸入制剂研发总监、制剂部主任
邵红光　上海市青浦区赵巷镇中步村党总支书记、村委会主任
邵满良　上海汽车制动系统有限公司主任工程师
幸利军　宝山钢铁股份有限公司热轧厂卷取操作技能大师
范　征　上海专利商标事务所有限公司副总经理
范　宾(女)　上海化工研究院有限公司检测中心副主任
范洪亮　上海柴油机股份有限公司制造部 D20 工厂装配组班组长
林　宏　上海申通地铁集团有限公司轨道交通培训中心运营培训部经理
林文晶　奥来德(上海)光电材料科技有限公司副总经理
林丽娟(女)　上海市新华律师事务所高级合伙人、副主任
林秀贞(女)　宝武炭材料科技有限公司党委书记、董事长
林绍萱　上海核工程研究设计院有限公司助理总工程师
欧阳志英(女)　海隆石油工业集团有限公司上海海隆石油管材研究所常务副所长
郑晓斌　上海地铁维护保障有限公司供电分公司触网检修一部梅陇班组班组长
易晓荣　上海电气电站集团副总裁
罗　岚(女)　上海市北高新(集团)有限公司党委书记、董事长
季　辉　莹特菲勒化妆品(上海)有限公司行政经理
季卫兵　上海海尚物业管理有限公司业务负责人
季昕华　优刻得科技股份有限公司创始人、首席执行官
季晓丽(女)　上海力阳道路加固科技股份有限公司党支部书记、副总经理
季益龙　上海梅山钢铁股份有限公司炼铁厂电气设备首席点检
季盛昌　上海海立电器有限公司新兴事业部总经理
竺华君　沪东重机有限公司动力设计院中高速机产品所二级技术专家
侍卫莉(女)　上海杨浦阳光社区服务管理中心副主任
金冰一　上海润一律师事务所主任
金尽颂　中船海洋动力部件有限公司机体生产单元二级技能骨干
周　亮　上海国际机场股份有限公司消防急救保障部消防监控大队副大队长
周　琼(女)　上海航天设备制造总厂有限公司事业二部主任、党支部书记
周　晴(女)　捷普科技(上海)有限公司物流及贸易合规区域经理
周　静(女)　上海大富贵酒楼有限公司旗舰店经理
周广银　上海盛运建筑工程有限公司建筑工程师
周天民　中国东方航空股份有限公司信息部营销服务产品部副职负责人
周玉萍(女)　德韧干巷汽车系统(上海)有限公司人力资源部部长、工会主席
周仕仁　上海宝冶集团有限公司项目经理
周立新　上海西郊宾馆接待主任、餐饮部经理
周伟浩　上海大厦餐饮部行政总厨
周庆彪　上海现代交通建设发展有限公司下压式授电弓生产主管
周宇锋　上海巴士第三公共交通有限公司车队副队长
周奕炯　中国联合网络通信有限公司上海市分公司无线优化工程师
周振波　上海德力西集团有限公司电线制造公司党支部书记、成品车间副主任
庞　博　上海东方网股份有限公司政务中心副主任
郑国明　中国铁路上海局集团有限公司上海工务大修段工班长

宗国美（女） 上海海淞环境卫生服务有限公司公厕保洁员
孟诚洁 上海东方广播有限公司广播新闻中心主任助理、采访部主任
封　江 中国电信股份有限公司上海分公司南区电信局客户经理
项　青（女） 科思创（上海）投资有限公司总裁办主任、行政总监
赵　斌 上海久隆电力（集团）有限公司电缆接头三班班长
赵小龙 中冶宝钢技术服务有限公司宝钢协力生产分公司工人
赵东华 中交上海航道勘察设计研究院有限公司环境研究所所长
赵立苏 上海外高桥造船有限公司工艺工法部船舶电焊工
赵名惠（女） 中国银行保险监督管理委员会上海监管局科长
赵金良 上海电气输配电集团技术中心副主任
赵振东 飞雕电器集团有限公司工会主席、采购跟单员
赵雁飞（女） 上海新锦江大酒店党委副书记、驻店经理
郝正宏 上海洛丁森工业自动化设备有限公司技术经理
胡　军 安靠封装测试（上海）有限公司首席设备工程师、主管
胡传硕 江南造船（集团）有限责任公司总装一部特装作业区钳工一组班组长
胡多会（女） 上海日旭环境保洁服务有限公司路长
胡秀靖（女） 中国石化销售股份有限公司上海石油分公司南锦加油站站长
胡晓宇 中国电信股份有限公司上海分公司网络操作维护中心主任工程师
胡雪梅（女） 中信银行股份有限公司上海分行上海中信泰富广场支行党支部书记
柯文俊 中建二局第一建筑工程有限公司上海分公司项目经理
柳　锋 中建八局装饰工程有限公司华南分公司经理
柳长满 上海国际港务（集团）股份有限公司尚东集装箱码头分公司党委副书记、总经理
钟文成 江西恒伟建设工程有限公司上海分公司部门经理
钟康利 中国邮政集团有限公司上海市奉贤区分公司南桥邮政支局投递员
钮菊香（女） 上海市崇明区港西镇静南村党总支副书记、第四网格党支部书记
侯宇飞 中铁上海工程局集团有限公司项目总工程师
俞　颀（女） 上海大宁商业投资有限公司副董事长
俞志红（女） 太平养老保险股份有限公司上海分公司业务部经理
俞洪昌 沪东中华造船（集团）有限公司制造一部加工作业二区火工班组长
俞莉萍（女） 上海园林（集团）有限公司副总工程师
施　平 中国邮政集团有限公司上海市邮区中心局长途运输分中心济南线驾驶员
施　军 中交三航局长江口南槽航道治理一期工程项目常务副经理
施　旋 中国邮政集团有限公司上海市寄递事业部同城业务分公司项目负责人
施根发 上海宝房友宜物业管理有限公司工程部经理
施鑫焰 上海锦江出租汽车公司驾驶员
姜秀林 鲁中矿业有限公司选矿厂选矿车间主任、党支部书记
洪清华 上海驴妈妈国际旅行社有限公司董事长
费玉华（女） 中国农业银行上海市分行科技与产品管理部副总经理
费振豪 卡斯柯信号有限公司技术总监
费维耀 上海音乐出版社有限公司社长、总编辑
姚　奕 华域三电汽车空调有限公司总经理助理、总工程师、技术中心主任
姚　辉 上海市浦东新区周浦镇界浜村党总支书记、村委会主任
姚　键（女） 联合利华服务（合肥）有限公司上海分公司中国区税务副总监、工会主席
姚竹青 光明食品集团上海海丰大丰禽业有限公司蛋鸡场技术员
姚学良 上海阿波罗机械股份有限公司副总工程师
姚翠萍（女） 上海市浦东新区川沙新镇连民村党总支书记
袁小忠 光明房地产集团股份有限公司总工程师
袁利兵 上海三爱富新材料科技有限公司技术中心主管、中试生产中心主任
袁明春 广亿贸易（上海）有限公司执行董事
袁振宇 上海微创心脉医疗科技股份有限公司研发资深总监
袁婷婷（女） 中国石油天然气股份有限公司上海销售分公司党支部书记、加油站经理
夏　光 上海紫竹高新区（集团）有限公司常务副总经理
夏　健 上海淀山湖新城发展有限公司规划建设部经理
夏　新（女） 华联集团吉买盛购物中心有限公司营运管理部经理
夏士龙 中国二十冶集团有限公司市政工程公司总经理
夏广新 上海医药集团股份有限公司中央研究院副院长、药物设计技术总监
夏永兴 上海海博出租汽车有限公司驾驶员
夏洁敏（女） 上海昊海生物科技股份有限公司部门经理
夏银桂 上海埃波激光仪器有限公司党支部书记、副总经理、工会主席

夏湧杰　上海电气电站设备有限公司上海发电机厂技术部设计处副处长
顾　丹　华域视觉科技(上海)有限公司产品设计部部长
顾　敏　上海市浦东新区上钢新村街道耀三居民区党总支书记
顾云峰　上海交运集团股份有限公司汽车零部件制造分公司模具中心副主任
顾伟军　昌硕科技(上海)有限公司资产经营办公室主任
顾志权　上海华谊能源化工有限公司醋酸作业区党支部书记、作业长
钱建宏　上海科世达-华阳汽车电器有限公司维修组长
钱春翔　沪东中华造船(集团)有限公司总装一部电装作业区生产助理
倪　岚(女)　上海华盛建设投资控股(集团)有限公司党委副书记、工会主席、副监事长
倪　迪　中远海运船员管理有限公司上海分公司远洋船舶船长
徐　兵　上海金福养老院董事长
徐　英(女)　中远海运发展股份有限公司航运租赁事业部副总经理
徐　剑　中船第九设计研究院工程有限公司主任工程师
徐　娜(女)　上海机场(集团)有限公司虹桥国际机场公司能源保障部水环境科科员
徐　嵘　上海上电漕泾发电有限公司 HSE 部副主任
徐　赟　扬子江药业集团上海海尼药业有限公司高级工程师
徐　霞(女)　上海中通吉网络技术有限公司总裁助理兼人力资源总监
徐士龙　上海港湾基础建设(集团)股份有限公司董事长
徐广梅(女)　上海强生控股股份有限公司第一分公司驾驶员
徐元平　上海骋顺楼宇智能设备科技有限公司维修工
徐赤璘(女)　上海诺基亚贝尔股份有限公司党委委员、固定网络党总支书记、中国区固定网络业务集团服务产品部负责人
徐莉勤(女)　英飞同仁风机股份有限公司法律事务部总监、工会主席
徐新华　宝武炭材料科技有限公司宝山化产厂化产生产首席操作
殷兴忠　上海力卡塑料托盘制造有限公司技术装备部部长
奚　培　上海文化广播影视集团有限公司技术运营中心广播技术部主任
奚明芳(女)　上海市金山区金山卫镇星火村党总支书记、村委会主任
翁永平　上海耀江实业有限公司技术中心主任
高　展　宝山钢铁股份有限公司钢管条钢事业部产品设计技术首席工程师
高　煜(女)　上海地铁第一运营有限公司车站站长助理
高　璇　上海晶盟硅材料有限公司生产制造厂长
高志洁(女)　上海世纪公园管理有限公司绿化部副经理
高婵琴(女)　上海医药临床研究中心有限公司副总经理
高喜春　紫光展锐(上海)科技有限公司火凤凰(软件和质量)技术竞争力中心副主任
郭　伟　上海上勤餐饮管理有限公司厨师
郭乃根　上海申丰地质新技术应用研究所有限公司研发部技术组组长
郭亚丽(女)　上海勘测设计研究院有限公司副总工程师、生态环保院总工程师
郭宏斌　上海市基础工程集团有限公司项目管理部总监、项目经理
郭纯青(女)　沪港国际咨询集团有限公司董事长助理
郭明利　上海电气电站设备有限公司上海电站辅机厂一线车间班组长
郭春生　上海勘察设计研究院(集团)有限公司测量总工程师
郭菊香(女)　上海市崇明区堡镇向阳社区党支部书记、居委会主任
唐宝忠　上海浦远船舶有限公司绿华山减载平台党支部书记
唐海琳(女)　中国建设银行上海市分行内控合规部(法律事务部)总经理
诸伟琦　光明食品集团上海置地有限公司工程部总经理
诸育枫　上海锅炉厂有限公司技术部设计处常务副处长
诸海霞(女)　上海市嘉定区嘉定镇街道桃园社区党总支书记
陶　丽(女)　上海发电设备成套设计研究院有限责任公司清洁高效火电技术中心副主任、总工程师
陶　琳(女)　特斯拉(上海)有限公司特斯拉全球副总裁
黄　昉　中国铁路上海局集团有限公司调度所行车调度室副主任
黄　勇　中国石化上海石油化工股份有限公司化工部主任师
黄　斌　可口可乐饮料(上海)有限公司第三方合规经理、工会主席
黄　震　上海万禾农业科技发展有限公司董事长、党支部书记
黄长虹(女)　中国邮政储蓄银行上海嘉定区支行党总支书记、行长
黄荣楠　君合律师事务所上海分所副主任
黄栋梁　上海微电子装备(集团)股份有限公司产品总监
黄俊杰　宝钢资源控股(上海)有限公司合金贸易副总经理

黄衍京　上海广电通信技术有限公司副总工程师
黄爱军　上海飞机客户服务有限公司运行支持副总指挥长、运行支持部专业副总师
黄惠冲　上海铭富建筑安装工程有限公司电工班长
黄德彪　中国建筑第八工程局有限公司上海分公司质量检查员
梅宇飞　上海航空电器有限公司照明技术研究所副所长
曹　浩　中国建筑第八工程局有限公司总承包公司副总经理、文旅分公司经理
曹毅然　上海众材工程检测有限公司总经理助理
盛丽萍（女）　上海市浦东新区新场镇新南村党总支书记
盛宝勤　上海国盛集团仁源企业管理有限公司党委书记、总裁
常延沛　上海中联重科桩工机械有限公司旋挖钻大平台经理
常维仓　上海宝钢包装股份有限公司印铁分公司设备主管
崔　伟　上海电气风电集团股份有限公司项目经理
崔中周　上海西联环境卫生服务有限公司综合服务部班长
矫玲玲（女）　上海华谊工程有限公司数字化交付经理、数字化技术创新及实施组组长
符寿枝　上海联达物流有限公司货运司机
康　艺（女）　上海沪郊蜂业联合社有限公司科普专员
章　冕　上海锦江资本股份有限公司资产管理公司副总裁
章　磊　上海纳铁福传动系统有限公司周浦分公司执行总监
阎　震　索尔维投资有限公司技术主管
梁桂红（女）　中国东方航空股份有限公司地服部派驻东航北京地面服务部旅客服务中心正职负责人
彭海彦　中国东方航空股份有限公司运控中心国防动员办公室副主任
葛玮明　上海浦公检测技术股份有限公司总经理助理
葛朝强　国家电网有限公司华东分部自动化科科长
董　之　上海腾辉锻造有限公司研发工程师
董　蔚　上海吉祥航空股份有限公司商务部日本营业部经理
董万田　上海发凯化工有限公司教授级高级工程师
董建国　上海东大聚氨酯有限公司副总经理、技术总监
董春英（女）　上海电气集团财务有限责任公司部门副经理
董雅串　上海强生物业有限公司外滩中心大区负责人
董富刚　上海宝冶工业工程有限公司作业长
蒋子健　上海市嘉定区菊园新区嘉北社区党总支书记、居委会主任
蒋仲德　上海敏众投资管理有限公司董事长
蒋丽萍（女）　中国移动通信集团上海有限公司营业厅经理
蒋建国　上海市轮渡有限公司西闵线沪航客95号轮机长
韩　勇　上海大屯能源股份有限公司姚桥煤矿班长
韩　瑾（女）　上海裕生企业发展有限公司办公室主任、工会主席
韩亚芳（女）　杨浦科创集团园区开发建设与管理中心（上海胜境置业有限公司）副总经理
韩宝忠　上海起帆电缆股份有限公司副总经理、总工程师
韩浩江　国网上海市电力公司市北供电公司运检部副主任
程世林　申杰环境发展（上海）有限公司物业经理
程松明　上海市水利工程设计研究院有限公司副总经理、副总工程师
程流风　上海徐房房屋维急修中心维修队长
傅伊浩　中国电信股份有限公司上海分公司网络运行部副总经理
焦刚刚　华东送变电工程有限公司特高压直流输电线路项目副经理
储谨毅　上海时尚之都教育培训有限公司师资部主任、时尚教研室主任
曾茯林　上海哈尔滨食品厂有限公司总经理
游　航　中国金融期货交易所股份有限公司国际发展部总监
游玉敏（女）　上海豫园南翔馒头店有限公司厨师长
谢应波　上海泰坦科技股份有限公司董事长、首席执行官
楼建平　上汽依维柯红岩商用车有限公司总经理
裘　峰　中国石化上海高桥石油化工有限公司技术质量部炼油工艺科科长
裘黎明　上海蔓楼兰企业发展有限公司董事长
赖春波　上海华谊（集团）公司技术中心课题组长
雷　鸣　上海汽车国际商贸有限公司副总经理
虞　琦　中国电信股份有限公司上海分公司政企客户部行业经理
鲍远林　上海万事红管道燃气经营有限公司运营部应急抢修主管
蔡志荣　上海外贸界龙彩印有限公司副总工程师
裴育春　中国人民解放军四八〇五工厂军械修理厂（上海东湖机械厂）厂长
廖仲毅　中海石油（中国）有限公司上海分公司西湖作业区生产经理
谭振兴　上海山南勘测设计有限公司监测部主任工程师
谭晨晨（女）　中国工商银行上海市分行闸北马戏城支行客户经理
翟军斌　上海市汽车修理有限公司汽车修理三厂车间主任
熊　伟　宝山钢铁股份有限公司制造管理部产品设计技术首席工程师

潘　毅　上海东航美心食品有限公司副总经理、工会主席
潘贞祥(女)　中国东方航空股份有限公司销售委员会上海营业部客户体验中心高级经理
潘国泉　上海浦发综合养护(集团)有限公司党委委员、总经理助理
潘洁波　上汽通用汽车有限公司执行总监
薛　梅(女)　东方国际集团上海利泰进出口有限公司第一业务部副经理
薛　蕾(女)　上海新联纺进出口有限公司出口五部经理
薛东升　上海凯宝药业股份有限公司生产技术负责人
戴朝辉　中国邮政集团有限公司上海市奉贤区分公司党委书记、总经理
魏凤云(女)　沪东中华造船(集团)有限公司制造一部分段作业二区电焊工
濮玉婷(女)　上海华氏大药房有限公司区域经理、总店经理
瞿　峰　惠氏营养品(中国)有限公司总裁

上海市先进工作者(271 人)(按姓氏笔划排序)

丁宇飞　上海市国有资产监督管理委员会创新发展处处长
卜智勇　中国科学院上海微系统与信息技术研究所总工程师
于　是　上海市徐汇区人民法院知识产权审判庭审判员
万　莉(女)　上海市黄浦区香山中医医院内科病区护士长
万陆林　上海市青浦区排水管理所党支部副书记、所长
卫金良　上海市嘉定区动物疫病预防控制中心副主任
马　屹　上海市国际经济贸易仲裁委员会秘书长
马　昕　复旦大学附属华山医院党委委员、副院长
马　雄　上海交通大学医学院附属仁济医院消化科副主任、消化所副所长
马　骥　上海市徐汇区高安路第一小学教导主任
马玮玮(女)　上海市人民检察院第一分院第二检察部副主任
马雪阳　上海航天控制技术研究所副总工程师
马雪花(女)　上海市闵行区古美路街道平吉三村党总支书记、居委会主任
王　迁　华东政法大学法律学院教授
王　昊　上海期货交易所结算部总监
王　虹(女)　上海市社会科学界联合会科普联络岗
王　俊　中国科学院上海光学精密机械研究所实验室主任
王　娜(女)　上海空间电源研究所总师助理
王　振　上海市精神卫生中心副院长
王　博(女)　上海市宝山区吴淞中心医院神经内科副主任、内科教研室副主任
王　静(女)　上海市杨浦区中心医院(同济大学附属杨浦医院)护理部主任
王　缨(女)　上海市徐汇区绿化和市容管理局党组书记、局长
王天真(女)　上海海事大学电气自动化系教授、博导
王公龙　中共上海市委党校(上海行政学院)马克思主义学院教授
王以新(女)　上海市风华初级中学语文教研组长
王东霞(女)　上海市崇明区向化中学教师
王安斌　上海工程技术大学轨道交通研究院院长
王松华　上海开放大学非学历教育部常务副部长
王建强　中国科学院上海应用物理研究所熔盐化学与工程技术部主任
王泰红　国家税务总局上海市税务局第三稽查局三级主任科员
王莉韵(女)　上海市虹口区外国语第一小学党支部书记、校长
王晓宁　上海市群众艺术馆创作部主任
王润达　上海市公安局徐汇分局交警支队民警
王菊莉(女)　复旦大学附属中山医院青浦分院二十三病区护士长
王朝夫　上海交通大学医学院附属瑞金医院病理科主任、外二党总支副书记
王雄彪　上海市普陀区中心医院呼吸内科主任
王瑞兰(女)　上海市第一人民医院急诊危重病科主任
王嘉俊　上海市长宁区住房保障和房屋管理局科长
毛　洁(女)　上海市卫生健康委员会监督所副所长
毛献群(女)　中国船舶工业集团公司第七〇八研究所军船一部副主任工程师
方邦江　上海中医药大学附属龙华医院急诊科主任
卢　奕　复旦大学附属眼耳鼻喉科医院眼科主任
卢文琪(女)　上海市中医医院重症监护室护士
史　敏(女)　上海京剧院演员
付丽旻(女)　上海市甘泉外国语中学教师
包思卓(女)　上海市普陀区人民政府办公室政务公开科科长
冯亚平(女)　上海市房地产交易中心督查考核科科长
边慧夏　上海市援滇干部联络组昆明市人民政府副秘书长
成素梅(女)　上海社会科学院哲学研究所副所长
曲　峥(女)　上海市闵行区新虹街道党工委书记、人大工委主任
吕晓明　上海市交通委员会执法总队支队长
朱迎迎(女)　上海市建设工程安全质量监督总站党委书记
朱奕奕(女)　上海市疾病预防控制中心传染病防治所急性传染病防治科副主任医师
朱美芳(女)　东华大学材料学院院长、纤维材料改性国家重点实验室主任
乔文英(女)　上海市宝山区罗泾镇塘湾村党支部书记
乔蓓华(女)　上海市第二中级人民法院立案庭(诉讼服务中心、诉调对接中心、信访办公室)副庭长、审判员

邬伟培　上海市竞技体育训练管理中心自行车队教练员
刘　文　上海第二工业大学马克思主义学院院长
刘　忆(女)　上海市公积金管理中心浦东新区管理部受理科科长
刘　华　上海中医药大学医院管理处处长
刘　军　上海市第一人民医院副院长
刘江来　上海交通大学物理与天文学院教授
刘志杰　上海科技大学 iHuman 研究所执行所长、生命科学与技术学院教授
刘宪华　上海市公安局普陀分局副局长
刘哲昕　中国浦东干部学院法律与人文综合教研部教授
闫　霁(女)　上海市虹口区消防救援支队副支队长
许　军　上海市延安初级中学校长
许卫星(女)　上海市黄浦区第二牙病防治所所长、党支部副书记
阮　毅(女)　上海市商贸旅游学校美术教师
孙　斌　上海吴淞海关稽查三科科长
孙方雨　上海机场出入境边防检查站九队三级警长
孙晓冬　上海市疾病预防控制中心副主任
严忠胜　中国船舶重工集团公司第七一一研究所动力装置事业部传动装置部副主任
杜丽华(女)　上海市浦东新区妇女发展指导中心主任
李　正　上海市松江区卫生健康委员会主任、党工委副书记
李　华　中共上海市委、上海市人民政府信访办公室办信处处长
李　斌　上海中医药大学附属岳阳中西医结合医院副院长
李　蕊(女)　上海市同仁医院护理部主任
李丛丛　民航华东地区管理局三级主任科员
李冬梅(女)　上海市第七人民医院护士长
李百艳(女)　上海市建平实验中学校长、党支部书记，上海市浦东新区初中教育指导中心主任
李劲松　中国科学院分子细胞科学卓越创新中心党委委员、研究组长
李青峰　上海交通大学医学院附属第九人民医院整形外科科主任
李海荣　上海市青浦监狱心理健康指导室民警
李铭佳　中国民用航空华东地区空中交通管理局设备维修中心虹桥设备室副主任
李斌杰　上海市公安局金山分局沈海高速公路(沪浙)公安检查站站长
李曙娟(女)　上海市金山区石化街道紫卫居民区党总支书记
杨义顺　中国船舶重工集团公司第七〇一研究所上海分部国防重点项目总设计师
杨　坚　上海市徐汇区中心医院康复科主任
杨　健　上海日报社首席记者
杨文华　上海航天电子通讯设备研究所型号副总设计师
杨永青　上海市宝山区市场监督管理局反不正当竞争科科长
杨有成　上海航天精密机械研究所唐建平班组班组长
杨春霞(女)　上海市杨浦区文物管理事务中心(国歌展示馆)党支部书记、主任、馆长
杨铁毅　上海市浦东新区公利医院骨科主任
杨海兵　上海市宝山区住房保障和房屋管理局城市更新科科长
杨慧峰(女)　上海市金山区金山卫镇社区卫生服务中心总护士长
连　池(女)　国家税务总局上海市浦东新区税务局第一税务所副所长
肖作兵　上海应用技术大学香料香精学院院长
吴　非　上海市财政局预算处副处长
吴　晔　上海市黄浦区城市管理行政执法局执法大队小东门街道中队副中队长、二级主办
吴军豪　上海交通大学医学院附属第九人民医院黄浦分院中医骨伤科主任
吴志琦　上海市经济和信息化委员会经济运行处(电力处)处长
吴虎生　上海芭蕾舞团艺术创作部主任、首席主要演员
吴闻蕾(女)　上海市黄浦区思南路幼儿园党支部书记、园长
吴晓松　上海市松江区市场监督管理局车墩市场监督管理所党支部书记、所长
吴焕淦　上海中医药大学附属岳阳中西医结合医院针灸免疫实验室主任
吴寰宇　上海市疾病预防控制中心传染病防治所所长
邱红玲(女)　上海交通大学医学院高级实验师
何　静(女)　上海市静安区大宁路街道慧芝湖花园居民区党总支书记、居民小区联合工会主席
何冬梅(女)　上海市浦东新区高桥镇文化服务中心绒绣师
何青青(女)　上海市光华中西医结合医院异地迁建办主任、院感科科长
何哲慧(女)　上海市奉贤区教育学院附属实验小学校长
何晓明　中国电子科技集团公司第五十一研究所重点型号项目总设计师
余　情(女)　复旦大学附属中山医院康复医学科副主任医师
谷晓丽(女)　上海市宝山区人民检察院第一检察部主任
邹海东　上海市眼病防治中心党委书记、常务副院长
沈菊红(女)　上海市闵行区莘庄镇水清一村居民区党总支书记、居委会主任
沈银欢　上海市金山区漕泾镇护塘村党总支书记
沈超峰　上海市公安局嘉定分局刑侦支队副支队长
宋　寅(女)　交通运输部东海第一救助飞行队搜救机长
宋奕奕(女)　上海市宝山区吴淞街道海滨二村一居委党总支书记

张　卫　复旦大学微电子学院院长
张　波（女）　上海出版印刷高等专科学校影视艺术系副主任
张　亮　中国科学院上海技术物理研究所课题组长
张　敏　上海市徐汇区城市管理行政执法局党组书记、局长
张　清（女）　上海市静安区闸北中心医院科主任
张　晰（女）　上海市血液中心副主任
张　蔚（女）　上海市交通委员会安全监管处二级调研员
张　慧　上海市公安局监所管理总队监所工作指导科科长
张　璇（女）　上海市杨浦高级中学教师
张小娟（女）　上海市闵行区平南小学党支部书记、校长，上海市闵行区莘庄镇小学校长
张忠旺　上海市松江二中教师
张学军　上海市闵行区颛桥镇银都苑第一居民区党总支书记、居委会主任
张绍华　上海计算机软件技术开发中心主任
张品芳（女）　上海图书馆（上海科学技术情报研究所）历史文献中心文献保护修复部主任
张艳林（女）　中共上海市科学技术工作委员会组织人事处处长
张铁兵　上海机电工程研究所型号副总设计师
张益辉　上海市第四人民医院呼吸科主任
张海波　上海交通大学医学院附属上海儿童医学中心心胸外科主任
张静萍（女）　上海市嘉定区市场监督管理局叶城市场监督管理所所长
陆　华（女）　上海市嘉定区环境监测站副站长
陆　奕（女）　上海市闵行区农业技术服务中心蔬菜技术推广科科长
陆　淳（女）　上海市闵行区人民法院商事审判庭庭长、审判员
陆　嵘　上海市宝山区大场镇锦秋花园居民区党总支书记
陆　舜　上海市胸科医院肿瘤科主任
陆建英（女）　中共上海市委机要局通信报务处一级调研员
陆品燕　上海财经大学信息管理与工程学院副院长
陆信玉（女）　上海市嘉定区迎园中学教师
陆勇峰　上海市人民政府合作交流办公室交流一处处长
陆艳英（女）　上海市金山区劳动人事争议仲裁院党支部书记、院长
陈　云（女）　上海市嘉定区审计局资源环境审计科（农业农村审计科）科长
陈　宏（女）　上海市静安区委宣传部副部长、静安区文化和旅游局党委书记、局长
陈　诚　上海市国家安全局干部
陈　荔　上海市虹口区人民检察院检务保障部副主任
陈　俊　上海港引航站高级引航员
陈　洁（女）　上海市公安局金山分局政治处副主任
陈　容（女）　上海市松江区经济工作党委副书记、经济委员会主任、投促中心党组书记、主任
陈　辉（女）　上海市粮食和物资储备局物资和能源储备处处长
陈尔真　上海交通大学医学院附属瑞金医院副院长
陈建国　上海市奉贤区青村镇党委书记
陈泉生　上海市崇明区农业技术推广中心副主任
邵　波　上海市杨浦区投资促进办公室党委书记、主任
范小红（女）　上海市第六人民医院党委副书记
范伟华　上海市杨浦区殷行街道社区党建服务中心新村片党委书记、开鲁六村居民区党总支书记
茅丹丹（女）　上海市公安局宝山分局民警
茅红姝（女）　上海市崇明区城桥镇江山社区党支部书记、居委会主任
茅善玉（女）　上海沪剧艺术传习所（上海沪剧院）院长
林　放（女）　中国福利会少年宫声乐中心主任
林谋斌　上海市杨浦区中心医院（同济大学附属杨浦医院）普外科、大外科、临床与转化医学中心主任
林雯玉（女）　中共上海市黄浦区委、上海市黄浦区人民政府信访办公室副主任
季建刚　中国船舶重工集团公司第七〇四研究所船舶装置部主任
金　琪（女）　上海市西南位育中学党委书记
金海波　上海市公安局杨浦分局民警
金新其　上海市闵行区交通委员会党组书记、主任
周　莉（女）　核工业第八研究所党委办公室主任
周　斌　上海交通大学医学院附属新华医院党委副书记、副院长
周平红　复旦大学附属中山医院内镜中心主任
周桂华（女）　上海市奉贤区金海街道龙潭社区党支部书记
周恩杰　上海卫星装备研究所卫星总装班组长
郑　骞　上海市浦东新区建筑建材业受理服务中心党支部书记、副主任
郑文鹏　中国电子科技集团公司第二十一研究所副总工程师兼电机事业部主任
郑为民　中国科学院上海天文台射电天文科学与技术研究室主任
郑军华　上海市第一人民医院副院长
单霞丽（女）　上海棋院（上海市棋牌运动管理中心）院长（主任）
宓　莹（女）　上海市徐汇区汇师小学党总支书记、校长
赵　波　上海市宝山区中西医结合医院感染管理处处长、公共卫生处处长、上海市宝山区援鄂医疗队队长
赵春玲（女）　中国商用飞机有限责任公司上海飞机设计研究院项目中心主任
郝胤锝　上海市公安局浦东分局川沙派出所副所长

胡兰兰(女)　上海市闵行区中心医院二十二病区护士长
胡伟国　上海交通大学医学院附属瑞金医院副院长
胡军华　上海市公安局松江分局G60沪昆检查站站长
胡丽丽(女)　中国科学院上海分院妇委会主任、中国科学院上海光机所高功率激光单元技术实验室二级研究员
钟　鸣　复旦大学附属中山医院重症医学科副主任、主任医师
侯晓文　上海市公安局出入境管理局中国公民出国(境)证件管理处副处长
俞　华(女)　上海市浦东新区唐镇唐丰苑居民区党总支书记
俞向红(女)　上海市青浦区人民法院审判监督庭庭长
施劲东　上海市第五人民医院医务科科长、呼吸科与危重症医学科副主任
施惠娟(女)　上海市计划生育科学研究所生殖健康临床基础医学研究组组长
洪　刚　上海航天技术研究院型号总设计师
宣亚红(女)　上海市金山区水务局水资源管理科科长
官万炎　上海证券交易所发行上市服务中心副总经理(总监级)
费哲为　上海交通大学医学院附属新华医院崇明分院执行院长
姚建国　上海市公安局青浦分局徐泾派出所民警
贺　斌　上海市静安区城市管理行政执法局执法大队机动中队副中队长
骆云霞(女)　上海市金山区婴幼儿早期教育指导中心主任
袁惠明　中共上海市宝山区建设和交通工作委员会副书记、上海市宝山区建设和管理委员会主任
耿家财　上海市市场监督管理局执法稽查处副处长
耿道颖(女)　复旦大学附属华山医院副院长、工会主席兼放射科常务副主任
桂凤雷(女)　上海市松江区市容环境卫生管理中心党支部委员、副主任
贾金平　上海交通大学化学化工学院党委书记
夏　云(女)　上海市闵行区江川路街道社区事务受理服务中心党支部书记、专职副主任
夏　妍(女)　上海市青浦区夏阳街道青华社区党支部书记、居委会主任
夏敬文　复旦大学附属华山医院副主任医师
顾　昊　上海市闵行区莘庄社区卫生服务中心家庭医生导师、团队长
顾　耘(女)　上海中医药大学附属龙华医院老年科主任
顾卫红(女)　上海市农业科学院特菜研究室主任
顾伟达　上海市崇明区横沙乡丰乐村党支部书记
钱爱梅(女)　上海市浦东新区规划设计研究院副院长
钱海鸥(女)　上海市公安局长宁分局北新泾派出所民警
徐　虹(女)　复旦大学附属儿科医院党委书记
徐　晖(女)　上海市闵行区科学技术委员会成果转化科科长
徐　峰(女)　上海市青浦区实验小学党总支副书记、校长
徐　敏(女)　上海市宝山实验学校校长
栾亨奇　上海市公安局普陀分局长征派出所副所长
高　莉(女)　上海市普陀区利群医院骨科护士长
郭　林　上海市公安局网络安全保卫总队二队队长
郭金华　上海市大同中学党总支书记、校长
唐丽青(女)　上海市徐汇区艺术馆馆长助理、策展部主任
唐闻佳(女)　文汇报社首席记者
谈　燕(女)　解放日报社政情频道主编
黄　成　上海市环境科学研究院大气环境研究所所长
黄　忠　中国科学院上海巴斯德研究所疫苗学与抗病毒策略研究组组长
黄一乐　上海交通大学医学院附属仁济医院手术室护理带教
黄雪元　上海市嘉定区中医医院急诊科主任
龚晓明　交通运输部上海打捞局救捞工程船队船舶队长
龚鹏程　上海市公安局静安分局副支队长
盛福来　中共上海市浦东新区区委研究室副主任、区委办经济社会研究处(决策咨询工作处)处长
崔允漷　华东师范大学课程与教学研究所所长
梁方军　上海市普陀区人民检察院第一检察部主任
彭　燕(女)　上海市闵行区司法局华漕司法所所长
葛　睿　上海信息技术学校信息技术系党支部书记、主任兼教学运行中心副主任
韩　雪(女)　上海市杨浦区疾病预防控制中心副主任
喻洪流　上海理工大学康复工程与技术研究所所长
程黎明　上海市同济医院骨科主任
傅丽丽(女)　上海市宝山区杨行镇天馨花园居民区党总支书记
鲁　栋　国家税务总局上海市松江区税务局征收管理科科长
童小华　同济大学校长助理、科研管理部部长
谢　昕　洋山港海事局海巡执法大队副队长
谢永业　上海市工商外国语学校教师
谢赛音(女)　上海市松江区人民政府九里亭街道办事处社区发展办主任
雷　撼　上海市东方医院副院长
鲍逸明　上海市安全防范产品质量监督检验站常务副站长
蔡国强　陈娟英敬老院党支部书记、院长
蔡泽中　上海市东海老年护理医院专家室主任
蔡恩茂　上海市长宁区疾病预防控制中心副主任
蔡海英(女)　上海市奉贤区古华医院病区护士长
蔡敏敏(女)　劳动报社编辑中心副总监
蔡璇璇(女)　上海市儿童福利院院长
蔡稼琦　上海市人力资源和社会保障局宣传教育中心主任

臧国庆　上海市第六人民医院感染病科主任
谭美春(女)　上海市宝山区中西医结合医院急诊医学科主任、感染科主任、第三党支部书记
翟　超　上海市公安局十二处支队长
黎先平　中国商用飞机有限责任公司上海飞机设计研究院 C919 型号副总师
潘　峰　上海体育学院男子拳击队主教练
潘爱华(女)　上海市女子强制隔离戒毒所二大队大队长
戴小杰　上海海洋大学海洋科学学院教授
檀正奇　上海市宝山区机关事务管理局综合管理科科长
魏顶峰　上海辰山植物园温室中心副主任
瞿海军　上海市虹口区科学技术委员会信息基础设施管理科科长
瞿新昌　上海市宝山区罗店镇党委书记

上海市模范集体(336 个)

上海浦东新区金高公共交通有限公司国际旅游度假区接驳线班组
上海四通电力设备(集团)有限公司"95598"电力抢修队
上海新海航资产经营管理有限公司质技部技术科
上海高桥捷派克石化工程建设有限公司泵修五组(杨震班组)
上海申利螺纹工具有限公司产品研发中心
上海美特斯邦威服饰股份有限公司人力资源部
上海思岚科技有限公司机器人平台及解决方案产品事业部
上海帝泰发展有限公司正大广场物业消防保安部
中国极地研究中心"雪龙 2"号船员班组
上海东振环保工程技术有限公司研发部
花旗金融信息服务(中国)有限公司 CPT QA Team
精典电子股份有限公司华力项目组
上海航新航宇机械技术有限公司航空电气维修组
上海市浦东新区花木街道社区事务受理服务中心综合受理服务部
上海浦东工程建设管理有限公司市政项目管理一部
上海市浦东新区周浦医院心血管内科
上海市浦东新区环境事务管理中心辐射监管科
上海市川沙中学新疆部
国家统计局浦东调查队住户和社会调查处
上海市浦东新区财政局预算处(专项收费管理处)
上海西岸开发(集团)有限公司文化产业团队
星环信息科技(上海)有限公司分布式存储团队
上海耶里夏丽实业有限公司徐家汇旗舰店服务组
上海市徐汇区行政服务中心"一网通办"、"一网统管"工作组
澜起科技股份有限公司内存接口芯片研发团队
上海弘基企业(集团)股份有限公司 ART 愚园生活美学街区项目工作组
上海黄豆网络科技有限公司樊登读书内容研发部
春秋航空股份有限公司维修工程部
上海金鹿建设(集团)有限公司工程部
上海市长宁区虹桥街道办事处古北市民中心
上海复宏汉霖生物技术股份有限公司 HLX-01 项目核心团队
上海普环实业有限公司第一分公司陈扣娣班组
上海川北物业有限公司马师傅便民服务队
上海东虹环境保洁有限公司北外滩综合保洁队
上海市虹口区旧区改造和房屋征收工作指挥部
上海市杨浦区市场监督管理局执法大队
上海欧坚网络发展集团股份有限公司预归类班组
上海罗曼照明科技股份有限公司技术工程管理部
上海杨浦滨江投资开发有限公司滨江公共空间建设管理项目组
上海市黄浦区疾病预防控制中心消毒与感染控制科
上海宏伊物业管理有限公司空调班组
上海市黄浦区人才服务中心公共人事服务科
上海市黄浦区卢湾一中心小学云团队
佳能(中国)有限公司上海分公司快修中心
高丝化妆品销售(中国)有限公司战略品牌部
上海文汇工程咨询有限公司榆林小壕兔光伏发电工程项目部
上海豫园珠宝时尚集团有限公司老庙福佑店
上海欣谊环境卫生服务有限公司南京路步行街保洁班
上海复欣物业管理发展有限公司发展管理部
上海市黄浦区市场监督管理局行政审批服务科
上海市静安区疾病预防控制中心应急处置队
上海建筑装饰(集团)有限公司历史建筑修缮项目组
中建一局一公司三星项目部
上海市静安区绿化和市容管理局环卫管理科
上海雷允上药业西区有限公司雷允上药城分公司
中共二大会址纪念馆宣教陈列保管部
上海长翎管理咨询有限公司物业部
参数技术(上海)软件有限公司售前技术团队
上海淞沪抗战纪念馆宣传教育部
上海市宝山区人民政府重大工程建设项目管理中心工程管理科
上海钢联电子商务股份有限公司钢材事业部
上海北裕分析仪器股份有限公司技术攻关组
上海智慧湾投资管理有限公司会展服务部
上海佑译信息科技有限公司研发部
上海市闵行区疾病预防控制中心公共卫生应急队伍
上海市治理虹桥机场航空噪声联合工作组闵行协调组办公室
上海市闵行区就业促进中心创业指导科
上海吴泾环卫综合服务有限公司清运综合班
上海南虹桥投资开发有限公司工程建设部
上海七宝古镇实业发展有限公司微网格指挥中心
上海东富龙科技股份有限公司医疗事业部
上海强生制药有限公司生产部
上海欧科微航天科技有限公司"嘉定一号"卫星研发试验团队
上海市安亭社会福利院护理部
上海市轻纺市场经营管理有限公司安全部

上海市嘉定区殡仪馆业务组(白菊天使)
上海市嘉定区就业促进中心职业介绍科
华荣科技股份有限公司技术研发中心
上海民族乐器一厂技术科
上海市金山区动物疫病预防控制中心实验室
上海中石化工物流股份有限公司上海应急中石化工物流救援队
上海汉钟精机股份有限公司空压机体产品部装配课
上海市松江区城市管理行政执法局执法大队广富林街道中队
上海钜祥精密模具有限公司研发设计课
上海松江三键精细化工有限公司螺丝班组
上海克拉电子有限公司销售部
上海圣克赛斯液压机械有限公司研发部
上海亿山睦教育科技有限公司产品研发部
上海沪杭路桥实业有限公司运营管理部
上海青浦巴士公共交通有限公司青纪线
上海市公安局青浦分局交警支队
上海普适导航科技股份有限公司青年研发突击队
上海福思特流体机械有限公司装配车间
上海青翼建设工程有限公司运营管理中心
美迪科(上海)包装材料有限公司医疗防护服生产车间
上海市奉贤区青村镇吴房村村民委员会
上海市奉贤区医疗急救中心急救科
上海森蜂园蜂业有限公司蜂蜜车间班组
上海英科实业有限公司框条生产部
上海崇明巴士公共交通有限公司南东线班组
上海阿勒法船舶设备有限公司技术科研小组
上海市崇明区市场监督管理局注册许可科
上海电气电站设备有限公司临港工厂转子焊接红套班组
上海电气环保集团淮水北调淮北市配水工程 PPP 项目组
开利空调销售服务(上海)有限公司上海服务部
上海天安轴承有限公司军品分厂
上海电气人力资源有限公司职工服务中心
上海电控研究所光电信息研发中心
上海自动化仪表有限公司市政自动化公司
上海电动工具研究所(集团)有限公司计量测试中心
上海华鑫置业集团工程咨询有限公司工程管理部
上海仪电物联技术股份有限公司系统集成事业部
上海华谊新材料有限公司丙烯酸催化剂研发项目组
华谊集团(泰国)有限公司项目建设团队
上海中华药业有限公司一车间丸剂制造组
上海上药信谊药厂有限公司信息中心
上海中西三维药业有限公司硫酸羟氯喹车间
国网上海市电力公司电力科学研究院设备状态评价中心状态检测室
国网上海市电力公司嘉定供电公司变电(配电)二次运检班
国网上海市电力公司市区供电公司发展策划部
上海明华电力科技有限公司发电技术部
上海电力建筑工程有限公司第三分公司
上海宝田新型建材有限公司宝田立磨作业区
宝武装备智能科技有限公司冶金炉窑智能运维团队
上海宝信软件股份有限公司智慧城市软件事业部
宝钢金属有限公司混合所有制改革项目团队
上海宝地不动产资产管理有限公司宝绿置业佘山项目团队
上海梅山钢铁股份有限公司矿业分公司能源环保部变配电作业区地面高配班
宝山钢铁股份有限公司炼钢厂一炼钢分厂连铸日班生产准备作业区
中冶宝钢技术服务有限公司培训中心
中冶宝钢技术服务有限公司第三分公司
上海宝冶集团有限公司财务共享中心
中国石化上海高桥石油化工有限公司炼油一部
中国石化上海高桥石油化工有限公司生产调度部
中国石化上海石油化工股份有限公司质量管理中心分析一车间
中国石化上海石油化工股份有限公司烯烃部安全环保科
上海无线电设备研究所相控阵雷达导引头班组
上海航天实业有限公司保安特卫队组
上海新力动力设备研究所发动机总体设计班组
上海卫星工程研究所深空探测与空间科学总体室火星探测班组
沪东中华造船(集团)有限公司制造二部内场作业区平面工场前道 C 线班组
江南造船(集团)有限责任公司总装一部技术调试室大调试班组
上海船舶研究设计院智能船项目部
上海外高桥造船有限公司海工项目部
中国商用飞机有限责任公司民用飞机试飞中心试飞运行部
中国商用飞机有限责任公司上海飞机设计研究院试验验证中心
中国商用飞机有限责任公司系统工程与项目管理部
上海烟草贸易中心有限公司网建部班组
上海烟草集团有限责任公司上海卷烟厂一车间
上海柴油机股份有限公司任建新技能大师工作室
上汽大众汽车有限公司大众品牌营销事业部
上海安盛汽车船务有限公司航运经营部班组
上汽大通汽车有限公司进博会车辆服务保障突击队
延锋彼欧汽车外饰系统有限公司技术中心
联合汽车电子有限公司汽油发动机电子控制器“国六”项目攻关团队
上海汽车集团股份有限公司乘用车分公司捷能三电技术创行团队
上汽通用汽车有限公司智造创新工作室
泛亚汽车技术中心有限公司整车虚拟技术团队
国家电网华东电力调控分中心调度运行处
上海华虹宏力半导体制造有限公司华虹二厂
上海华力微电子有限公司华虹五厂
上海化学工业区公共管廊有限公司运行巡查甲班
国药控股国大药房上海连锁有限公司希望路店
中国铁路上海局集团有限公司上海高铁维修段沪宁城际

综合维修车间
中国铁路上海局集团有限公司上海机务段动车运用车间
中国铁路上海局集团有限公司上海站虹桥车间
中远海运集装箱运输有限公司亚太贸易区
中远海运玫瑰轮
中远海运能源运输股份有限公司 VLCC 部
中远海运船员管理有限公司上海分公司船员服务一站式大厅
中国上海外轮代理有限公司班轮代理分公司
上海中远海运重工有限公司经营部
上海港城危险品物流有限公司运输管理部
上海浦东国际集装箱码头有限公司操作四班
上海国际港务(集团)股份有限公司生产业务部集装箱调度室
上海深水港船务有限公司海港 106 轮
上海外轮理货有限公司沪东理货部一班
上海交运日红国际物流有限公司城市冷链及配送事业部医药物流分公司
上海交运巴士客运(集团)有限公司虹桥长途汽车站“向日葵小园”服务组
中国邮政集团有限公司上海市邮区中心局
中国邮政集团有限公司上海市金山区东门邮政所
中国移动通信集团上海有限公司南区分公司漕河泾区域运营部
中国电信股份有限公司上海分公司浦东电信局客响支撑中心/政企支撑中心政支室
中国电信股份有限公司上海分公司客服质监部投诉中心
号百信息服务有限公司智能连接信息服务部
交通运输部东海救助局“东海救 101”轮
中交上海航道局有限公司投资事业部
中交三航局汪冬冬风电灌浆产业化创新工作室
东航技术应用研发中心有限公司民航行业特有工种第五职业技能鉴定站
中国东方航空股份有限公司客舱服务部“凌燕”示范乘务组
中国东方航空股份有限公司综管部职工服务中心
中国东方航空股份有限公司地面服务部虹桥旅客服务中心温馨组
上海机场贵宾服务有限公司虹桥要客贵宾部“亲情组”
上海机场(集团)有限公司虹桥国际机场公司场区管理部停车管理科
中华人民共和国浦东海事局陈维工作室
上海市房屋安全监察所拆房管理科
上海市城市建设工程学校(上海市园林学校)世界技能大赛花艺项目中国集训基地团队
中铁二十四局集团有限公司路桥分公司
中国船级社上海分社崇明检验处
上海建科检验有限公司化学分析测试中心
上海建工集团股份有限公司总承包部第一管理公司
上海建工一建集团有限公司第一工程公司
上海市基础工程集团有限公司陆凯忠劳模创新工作室
上海建工二建集团有限公司周善项目部
上海市政工程设计研究总院(集团)有限公司研究院
上海建工集团股份有限公司海外事业部柬埔寨分公司
上海市道路运输事业发展中心公交科
上海市绿化和市容管理局行政服务中心上海市绿化市容热线
华东建筑设计研究院有限公司上海地下空间与工程设计研究院地基基础与地下工程设计研究中心
鲁中矿业有限公司张家洼铁矿三工区
上海市供水调度监测中心进博会水质保障工作小组
中建八局亚洲基础设施投资银行总部办公大楼项目部
中建八局青岛国际会议中心项目部
上海大屯能源股份有限公司所属中煤新疆天山煤电公司 106 煤矿
上海浦东发展银行上海分行交易银行部(普惠金融部)
申万宏源证券有限公司固定收益融资总部
上海国有资产经营有限公司 AMC 团队
中国外汇交易中心市场一部
上海股权托管交易中心股份有限公司“科技创新板”制度体系建设小组
中国银联股份有限公司云闪付事业部
国泰君安证券股份有限公司信息技术部
国家税务总局上海市虹口区税务局第一税务所
上海市社会保险事业管理中心城镇职工保险业务处
上海自然博物馆(上海科技馆分馆)展教服务处
上海材料研究所减振技术事业部
中国船舶重工集团公司第七二六研究所第一研究室
中国科学院上海技术物理研究所风云四号气象卫星有效载荷研制团队
上海师范大学人文学院
华东理工大学信息科学与工程学院
上海大学无人艇工程研究院
上海健康医学院护理与健康管理学院
上海市教育委员会教学研究室课程教材研究部
上海交通大学医学院附属上海儿童医学中心社会工作部
华东疗养院保健护理科
上海航空电器有限公司总装分厂批产装配组
中国石化销售股份有限公司上海石油分公司广虹加油站
中机国能电力工程有限公司设计研究院土木部
上海市粮食储运技术研究所(上海粮食储运公司粮油检测中心)
上海鲜花港科技创新团队
上海星辉蔬菜有限公司种苗事业部生产部
上海梅林正广和股份有限公司销售分公司内贸部
上海益民食品一厂(集团)有限公司投资发展部
上海市救助管理二站寻亲甄别青年突击队
上海静安昆仑大酒店有限公司宴会服务班组
上海中旅国际旅行社有限公司会奖旅游中心
上海锦江外事汽车公司国宾主车手班组
上海虹桥迎宾馆机关服务部
上海市衡山(集团)有限公司衡山马勒别墅饭店餐厅下午茶班组
上海市商务委员会外贸发展处(上海市机电产品进出口

办公室）
上海市国有资产监督管理委员会企业改革处
上海市大数据中心应用开发部
上海市市场监督管理局食品安全协调处
团市委青年志愿者工作团队
上海市规划和自然资源局上海市援疆援滇规划专家顾问组
上海市应急管理局安全生产执法监察处
上海洋山海关综合业务一科
百联集团财务有限责任公司营业部
百联全渠道电子商务有限公司云店项目组
上海百联沪通汽车销售有限公司销售部
上海地铁第二运营有限公司2号线乘务二组
上海申通地铁集团有限公司运营管理中心总调度所
上海地铁维护保障有限公司车辆分公司维修一部“17-享未来”地铁车辆维护团队
上海巴士第二公共交通有限公司49路
上海强生集团汽车修理有限公司花茂飞车辆维修工匠创新工作室
上海东飞环境工程服务有限公司浦东机场项目部施瑞煜班组
上海市固体废物处置有限公司应急中心
上海中心大厦商务运营有限公司上海之巅观光服务组
上海电缆研究所有限公司超导电缆项目团队
东方证券股份有限公司固定收益业务总部
东方国际集团上海市对外贸易有限公司业务一部
上海国际服装服饰中心有限公司上海时装周团队
上海三枪（集团）有限公司电商运营中心
隧道股份上海城建城市运营（集团）有限公司申嘉湖高速祝桥收费站
隧道股份上海隧道工程有限公司盾构工程分公司
上海古北物业管理有限公司轨道交通11号线迪士尼专线管理服务中心
上海市通信网络保障中心工程业务组
上海实业发展股份有限公司物业服务管理团队
上实航天星河能源（上海）有限公司运营团队
上海福寿园实业集团有限公司生命之花客户服务组
上海市工业区开发总公司（有限）建设管理中心
上海临港经济发展（集团）有限公司财务金融部
绿地控股集团浙江房地产事业部杭州湾项目团队
上海国际主题乐园有限公司设施运营服务部游艺设施工程服务班组
上海国际主题乐园有限公司安全安保消防与健康部班组
上海世博建设开发有限公司新开发银行总部大楼项目部
太平人寿保险有限公司上海分公司电商条线
五冶集团上海有限公司工程总承包分公司
上海交通大学归国华侨联合会
中共一大会址纪念馆宣教部
新民晚报社报纸编辑部
上海博物馆展览部
上海歌舞团有限公司舞剧《永不消逝的电波》剧组
上海交响乐团乐队
新华通讯社上海分社总编室
上海商务数码图像技术有限公司数字化项目班组
上海译文出版社有限公司词典教育编辑室
上海国盾量子信息技术有限公司重大项目组
聚辰半导体股份有限公司产品测试部
上海证券交易所发行上市服务中心
上海市普陀区科学技术委员会科技创新科（科技业务科）
上海华岭集成电路技术股份有限公司12英寸集成电路测试服务平台
上海市崧泽强制隔离戒毒所四大队
上海市监狱总医院内科
上海市公安局宝山分局顾村派出所
上海市公安局青浦分局徐泾派出所
上海市公安局黄浦分局外滩治安派出所
上海市公安局浦东分局治安支队
上海市人民检察院第三分院第四检察部
上海市宝山区人民法院执行局
上海市第一中级人民法院刑事审判庭
上海市国家安全局TB工作组
上海市浦东新区消防救援支队世博大队周渡消防救援站
中智上海经济技术合作有限公司工会办公室
上海ABB工程有限公司ABB机器人与离散自动化事业部
上海市陆家嘴金融贸易区综合党委陆家嘴金融城党群服务中心
上海龙力通讯设备安装工程有限公司三泉平顺装维营班组
上海市宝山区罗店医院发热门诊医护团队
上海市松江区人才服务中心公共服务科
上海交通大学医学院附属新华医院崇明分院超声诊断科
上海临港浦江国际科技城发展有限公司招商服务管理中心
上海市东方医院中国国际应急医疗队（上海）
上海市浦东新区疾病预防控制中心传染病防治与消毒管理科
上海捷诺生物科技有限公司新型冠状病毒检测试剂盒项目组
上海市徐汇区疾病预防控制中心公共卫生应急队
上海市普陀区疾病预防控制中心公共卫生应急处置队
上海国际机场股份有限公司安检护卫保障部旅检二科
中国东方航空股份有限公司运控中心东航生产指挥中心
中建八局装饰工程有限公司华东分公司（武汉雷神山医院援建突击队）
上海市第一人民医院援鄂医疗队
上海交通大学医学院附属瑞金医院呼吸与危重症医学科
复旦大学附属中山医院呼吸与危重症医学科
上海市公共卫生临床中心新冠肺炎救治医护组
上海市疾病预防控制中心传染病防治所
复旦大学附属华山医院感染科
上海浦东国际机场海关旅检处
上海之江生物科技股份有限公司研发供应链管理中心

全国农民工先进(个人、集体)

全国优秀农民工(1 人)

王开学　　中国人民解放军四八〇五工厂上海船厂铣床工人

全国农民工工作先进集体(1 家)

上海市职工保障互助中心

全国模范职工之家

陆家嘴金融贸易区上海中心片区工会联合委员会
徐汇区滨江建设工会联合委员会
上海市新杨工业园区工会联合委员会
狮城怡安(上海)物业管理股份有限公司工会委员会
上海欧坚网络发展集团股份有限公司工会委员会
富士施乐(中国)有限公司工会委员会
上海市静安区石门二路街道东王小区工会联合委员会
东芝电梯(中国)有限公司工会委员会
翔梅园区工会联合委员会
上海嘉定工业区总工会委员会
朱泾工业园区工会联合委员会
日立电梯(上海)有限公司工会委员会
上海奉贤二建股份有限公司工会委员会
宝武装备智能科技有限公司工会委员会
中国石化上海石油化工股份有限公司公用事业部工会委员会
沪东重机有限公司工会委员会
上海汽车集团股份有限公司乘用车分公司工会委员会
上海国际机场股份有限公司工会委员会
中国建筑第八工程局有限公司上海分公司工会委员会
上海戏剧学院工会委员会
中国石油天然气股份有限公司上海销售分公司工会委员会
上海机场出入境边防检查站工会委员会
上海现代交通建设发展有限公司工会委员会
上海飞机制造有限公司工会委员会
上海临港经济发展(集团)有限公司工会委员会

全国模范职工小家

上海永达汽车租赁有限公司大客车分公司工会
亿滋食品企业管理(上海)有限公司华东工会
上海拯救汽车服务有限公司工会国际机场班组工会小组
优刻得科技股份有限公司数据安全流通平台项目团队工会小组
上海建筑装饰(集团)有限公司历史建筑修缮项目组工会小组
上海仲诚通信设备有限公司浦东分公司工会小组
上海日之升科技有限公司研发团队工会小组
格朗吉斯铝业(上海)有限公司维修部工会小组
上海昌强工业科技股份有限公司锻热车间普锻工段工会小组
上海普利特复合材料股份有限公司技术中心工会小组
上海崇明宝岛社会工作服务中心项目部工会小组
上海星海物业公司汇智鑫联园区工会小组
国网上海市电力公司市区供电公司变电运维五班工会小组
上海宝冶冶金工程有限公司工业安装分公司工会
上海空间电源研究所储能电源事业部工会
上海烟草集团有限责任公司上海烟草储运公司原料物流一部工会
中国电信股份有限公司上海南区电信局实体渠道营维渠道运营中心联合工会
三航风华号船舶工会小组
东海航海保障中心上海海事测绘中心海巡 166 轮工会小组
徐沛铁路管理处车辆段工会
交通银行股份有限公司上海普陀支行营业部工会小组
上海海丰地区社区工会
上海市提篮桥监狱工会六监区工会
上海环境物流有限公司一分公司集卡班组工会小组
福特汽车(中国)有限公司信息技术和全球车联网部门工会小组

全国优秀工会工作者

沈正林	中国(上海)自由贸易试验区保税区总工会专职副主席
刘　霞(女)	巴斯夫上海企业工会联合会主席
朱国平	梅特勒-托利多仪器(上海)有限公司行政主管、工会主席
张　珉(女)	上海来谷实业发展有限公司党委副书记、上海未来岛高新技术产业园区工会联合会主席
赵永平	上海高顿教育科技有限公司党委副书记、助理总裁、上海花园坊节能技术产业园工会联合会主席
吴　聆(女)	上海老城隍庙餐饮(集团)有限公司党委书记、总裁助理、工会主席
朱赛娟(女)	参数技术(上海)软件有限公司工会主席
饶开清	上海市宝山区张庙街道人大工委副主任、总工会主席
乐　敏	亨特道格拉斯建筑产品(中国)有限公司党支部书记、工会主席
宋　华	上海荣庆国际储运有限公司党支部副书记、运营副总监、工会主席
蒋朝红(女)	上海博海餐饮集团有限公司党委委员、综合管理部部长、工会主席
陈军康	上海市松江区总工会党组书记、副主席
翁焕平	上海广电电气(集团)股份有限公司党委委员、工会主席
施胜章	上海永信东洋炭素有限公司工会主席

王开月　上海上药新亚药业有限公司党委副书记、纪委书记、工会主席
王　鼎　崇明海事局政治处副处长、工会主席
张志亮　上海建工建材科技集团股份有限公司集团机关党总支书记、工会主席
秦嗣萃（女）　复旦大学附属中山医院工会常务副主席
马　喆　上海广播电视台总部工会主席
周文武　东方证券股份有限公司职工监事、工会副主席
李建芳　上海隧道工程有限公司机械制造分公司党总支副书记、工会主席
归潇蕾（女）　上海外服（集团）有限公司党委委员、工会主席、东浩兰生集团工会副主席

2020年度上海工匠名单

（共98人，按姓氏笔画排列）

于圣青（女）　中国农业科学院上海兽医研究所兽医研究室主任
马厦飞　上海交大海洋水下工程科学研究院有限公司水下技术与装备研究中心主任
王　英（女）　上海工业自动化仪表研究院有限公司中心主任
王　俊　上海霍克太平洋公务航空地面服务公司机务维修工程师
王长亮　上海市公安局刑事侦查总队刑事技术科科长
王伟伟　上海市绿化管理指导站环保绿化首席技师
王志东　上海尚雅鲜花礼仪服务有限公司花艺师
王怀甫　上海杂技团有限公司杂技演员
王雪峰　上海威龙洗涤经营有限公司洗衣洗涤技术总监
方丽萍（女）　中国商飞上海飞机制造有限公司数控铣工班组长
龙　腾　中国铁路上海局集团有限公司上海机务段动车指导司机
卢海军　上海东捷建设（集团）有限公司技术负责人
叶定伟　复旦大学附属肿瘤医院党委副书记
吉志勇　宝武装备智能科技有限公司电机检修资深作业师
吕名礼　华维节水科技集团股份有限公司董事长
朱颖海　上海东郊宾馆西餐厨师长
庄　毅　上海广播电视台融媒体中心时政摄像记者
刘　璐（女）　中国移动通信集团上海有限公司技术督导
刘政元　中海石油（中国）有限公司上海分公司平台总监
刘根标　上海申宴餐饮有限公司行政总厨
许慧华　宝地资产有限公司电气自动化首席操作工
孙　军　上海现代交通建设发展有限公司运营维护人员
孙　赟（女）　上海交通大学医学院附属仁济医院生殖医学中心执行主任
孙玉杰　中华人民共和国洋山港海事局船舶监督管理科长
李云龙　上海机床厂有限公司数控机床施工员
李发强　熙可食品科技（上海）有限公司首席技师
李青峰　上海交通大学医学院附属第九人民医院科整形外科修复科主任
李明寿　上海天谷生物科技股份有限公司农艺师
吴生忠　上海梨膏糖食品厂副厂长
吴庆飞　上海国际港务（集团）股份有限公司高级工程师
吴雪良　中国建材国际工程集团有限公司副总工程师
何　冰　国网上海市电力公司检修公司工程师
汪　昕　复旦大学附属中山医院党委书记
沈　光　上海市基础工程集团有限公司团队负责人
沈　竑　上海沐雨生态农业有限公司总经理
沈柏用　上海交通大学医学院附属瑞金医院副院长
沈蔚松　上海航天设备制造总厂有限公司组长
宋开宇　东方航空技术有限公司航空维修工程师
张　永　上海金发科技发展有限公司工程塑料部部长
张　庆　上海市纺织科学研究院有限公司副总经理
张　欣　上海市政工程设计研究总院（集团）有限公司白龙港污水厂技术负责人
张　振　上海城建市政工程（集团）有限公司项目经理
张元刚　上海泽阳智能科技有限公司专业技术员
张冬伟　沪东中华造船（集团）有限公司电焊工
张永千　上海永千紫砂陶艺有限公司紫砂制作艺术总监
张荣新　上海汽车集团股份有限公司乘用车分公司汽车装调主任工程师
张家榕　上海上飞飞机装备制造有限公司部件事业部副部长
张智勇　上海外高桥隧道机械有限公司总装车间主任
陆金琪　上海阿波罗机械股份有限公司技术总监
陆梅东　上海市徐汇区青少年活动中心教师
陈　祺　上海环境物流有限公司总轮机长
陈　强　上海船舶工艺研究所技术带头人
陈正伟　东海航海保障中心上海海事测绘中心副科长
陈运文　达而观信息科技（上海）有限公司董事长
陈国润　上海理想信息产业（集团）有限公司主任工程师
陈建福　上海新长宁集团建筑装饰实业有限公司董事长
邵　良　上海液化天然气有限责任公司机械班班长
林志鑫　上海新昇半导体科技有限公司处长
郁　慧（女）　上海糖师师培训学校有限公司西式面点技术总监
罗永增　中建八局装饰工程有限公司幕墙装饰首席专家

罗明华　上海金山锦湖日丽塑料有限公司首席技术专家、副总经理
罗清泉　上海市胸科医院胸部肿瘤外科主任
周　杰　中国航空无线电电子研究所特级技能专家
周行涛　复旦大学附属眼耳鼻喉科医院院长
周祖谦　上海第一机床厂有限公司数控操作工
周清会　上海曼恒数字技术股份有限公司董事长
赵春华　上海空间推进研究所装配钳工技能大师
查庆国　上海市益善殡仪馆防腐整容师
俞佳俊　上海烟草集团有限责任公司上海卷烟厂特级技师
祝建飞　上海明华电力科技有限公司副经理
姚　祺　上海市城市排水监测站有限公司检验室副主任
聂红林　上海逸思医疗科技有限公司首席科学家
夏　盛（女）　华域视觉科技（上海）有限公司高级主任工程师
夏术阶　上海市第一人民医院中心泌尿外科主任
钱　平　中机国能电力工程有限公司项目管理中心主任
钱民军　江南造船（集团）有限责任公司现场工程师
徐　云　上海华虹宏力半导体制造有限公司部门经理
徐丛剑　复旦大学附属妇产科医院院长
徐建军　上海地铁维护保障有限公司通号分公司信号维护工作室负责人
徐美东　同济大学附属东方医院消化内科主任
高浩强　上海幼狮汽车销售服务有限公司技术总监
郭春生　上海勘察设计研究院（集团）有限公司副总工程师
唐宝平　中石化上海石油化工股份有限公司烯烃部首席技师
陶亚辉　上海交运隆嘉汽车销售服务有限公司技术负责人
黄国平　上海锦江饭店行政总厨
曹利名　上海世纪公园管理有限公司园林绿化师
盛林峰　上海市机械施工集团有限公司主任焊接工程师
商　鼎　上海上药新亚药业有限公司副总经理
梁志荣　上海申元岩土工程有限公司总工程师
梁胜芳　上海静安园林绿化发展有限公司花艺师
董　艺　上海复旦微电子集团股份有限公司产品经理
蒋　康　中国船舶重工集团公司第七〇四研究所总工艺师
蒋晓东　上海浙申家具有限公司手作木工技术总指导
韩浩江　国网上海市北供电公司运检部副主任
阚宝春　上海电气上重碾磨特装设备有限公司班组长
翟　华　上海宝冶集团有限公司精密工程控制组组长
穆铭豪　上海市建筑科学研究院科技发展有限公司总工程师
魏金龙　上海宝冶工程技术有限公司技术专家

上海市人力资源和社会保障局等四部门关于落实企业稳岗扩岗专项支持计划实施以工代训补贴的通知

沪人社规〔2020〕17号

各区人力资源社会保障局、财政局、经济信息化委、商务委：

为贯彻落实《人力资源社会保障部 财政部关于实施企业稳岗扩岗专项支持计划的通知》（人社部发〔2020〕30号）和《人力资源社会保障部办公厅关于大力开展以工代训工作的通知》（人社厅明电〔2020〕29号）精神，现就本市落实企业稳岗扩岗专项支持计划实施以工代训补贴通知如下：

一、补贴范围和标准

（一）对企业新吸纳劳动者给予以工代训补贴。为支持企业新吸纳劳动者，扩岗位、扩就业，对2020年年内新吸纳本市户籍的就业困难人员、零就业家庭成员、离校两年内高校毕业生、登记失业人员就业（以下简称“四类重点人员”），并按规定缴纳社会保险费的本市各类企业，根据吸纳人数和对应年内累计缴纳社会保险费月数，按照每人每月300元标准给予以工代训补贴，补贴期限最长不超过6个月。

（二）对受疫情影响但继续为职工发放工资并缴纳社会保险费的困难企业给予以工代训补贴。为支持受疫情影响出现生产经营暂时困难的企业，特别是外贸、住宿餐饮、文化旅游、交通运输、批发零售等行业企业稳岗位、保生活，对2020年6月1日后仍处于停工停业，但继续为职工发放工资（或生活费）并按规定缴纳社会保险费的本市各类企业（以下简称“困难企业”），复工后可根据申请补贴月份中均在岗的职工人数，按照每人每月200元标准给予企业以工代训补贴，补贴期限最长不超过3个月。其中，困难企业年内新吸纳的“四类重点人员”，按照上述第（一）条标准补贴。

二、补贴申请条件和要求

（一）申请企业应为2020年1月1日之前在本市依法登记注册，按规定缴纳社会保险费的本市各类企业。

（二）新吸纳劳动者是指2020年1月1日至2020年12月31日期间企业新吸纳的“四类重点人员”。其中，就业困难人员、零就业家庭成员、登记失业人员以人力资源社会保障部门登记为准；离校两年内高校毕业生指2019年1月1日及以后毕业的高校毕业生，以学信网或教育部留学服务中心学历学位认证书登记毕业时间为准。

（三）2020年6月1日后仍处于停工停业的困难企业，认定条件是企业月营业收入较2019年度同比下降70%及以上。企业申请以工代训补贴，补贴当月应符合困难企业认定条件；企业连续申请2个月或3个月的以工代训补贴，补贴月份期间均应符合困难企业认定条件。

（四）企业申请以工代训补贴，纳入补贴月份统计人数的新吸纳劳动者或困难企业职工均应处于在该企业连续缴纳社会保险费状态。

（五）同一企业只可申请一次以工代训补贴，同一职工只可享受一次困难企业以工代训补贴，每家企业以工代训补贴最高不超过30万元。以工代训补贴不计入劳动者每年三次职业技能培训补贴统计范围。

（六）补贴所需资金从职业技能提升行动专账资金中列支。

（七）以工代训补贴政策受理期限截止到2020年12月31日。

三、申办流程

（一）符合条件的本市企业以参保单位为主体通过上海市人力资源和社会保障自助经办系统申报以工代训补贴。系统对企业申请以工代训信息进行数据比对，自动生成《企业以工代训补贴申请表》。

（二）申请企业社会保险征缴关系所在区人力资源社会保障部门对企业以工代训补贴申请进行审核，审核通过后生成《企业以工代训补贴发放审批表》和发放企业名册，并在区相关网站公示补贴企业、金额等相关信息。

（三）公示无异议的，区人力资源社会保障部门通过上海市职业培训信息管理系统进行补贴确认；市就业促进中心及时汇总，将补贴资金拨付到企业指定的银行账户。

（四）以工代训补贴申办和审核过程中有异议的，由区人力资源社会保障部门会同有关部门及时协调处理。

四、工作要求

（一）加强组织领导，狠抓工作落实。各区要充分认识稳就业工作的重要性和紧迫性，高度重视稳岗扩岗专项支持计划以工代训补贴工作，明确职责分工，细化工作方案，抓好工作落实。各区人力资源社会保障局、财政局、经委、商务委等部门应组成以工代训工作推进小组，协调解决工作推进中的相关问题。以工代训补贴实施情况作为稳就业工作相关督查、技能提升行动落实情况考核的重要内容。

（二）加大宣传力度，优化经办服务。各区要通过多种渠道加大政策宣传力度，告知企业申请渠道及补贴办法，做好企业申请补贴的指导工作。各区要提高经办服务质量和效率，精简申领证明材料，提高审核发放效率，确保补贴政策落到实处。

（三）强化监督管理，确保资金安全。各区和市就促中心要强化对以工代训补贴受理、审核、拨付等环节的监督管理，及时向社会公示享受政策单位、额度等情况，加强监督检查和专项审计；对弄虚作假、骗取套取资金的要依法依规处理，涉嫌犯罪的及时移交司法机关处理。

五、本通知自2020年7月9日起施行，有效期至2020年12月31日止。

上海市人力资源和社会保障局
上海市财政局
上海市经济和信息化委员会
上海市商务委员会
2020年7月8日

统计

各区局(产业)工会基层组织数据一览表(一)

单位名称	基层工会	基层工会涵盖单位	职工	女性	农民工	工会会员	女性	农民工
	个	个	人	人	人	人	人	人
总计	**47786**	**171337**	**7230459**	**2808441**	**2248801**	**6903331**	**2696036**	**2103951**
浦东新区总工会	9286	21437	923987	411313	282077	877602	390734	255732
徐汇区总工会	1854	13618	292185	126256	85856	286881	124330	84988
长宁区总工会	1676	11712	225349	100420	67671	222726	99368	67144
普陀区总工会	1703	5198	155345	66706	66410	148198	65019	61163
虹口区总工会	1449	5731	119976	42122	18897	116523	41311	18150
杨浦区总工会	2105	10694	211127	87108	105565	206579	86576	104886
黄浦区总工会	2831	11980	298328	131664	79170	267898	120436	74167
静安区总工会	2449	10507	230035	111285	27754	223456	107444	27077
宝山区总工会	2162	14363	378847	144487	109506	352156	133802	104388
闵行区总工会	5257	14282	540024	238278	257792	524019	232691	249563
嘉定区总工会	2914	7043	374235	146013	111527	354517	137882	104634
金山区总工会	1785	10426	255104	113035	131916	244615	108714	126950
松江区总工会	2963	9680	338341	137034	148960	308971	127061	133251
青浦区总工会	2046	12468	353690	144163	157363	335963	136638	151100
奉贤区总工会	1841	3156	176958	80363	58372	169092	77556	56288
崇明区总工会	1191	3148	97345	43261	38311	92118	41298	36177
机电工会	156	156	46998	9910	3078	44452	9611	1549
仪表电子工会	70	70	12639	4293	1558	12438	4220	1508
化学工会	83	84	10439	2563	213	10335	2549	206
轻工工会	4	4	2628	766	0	2628	766	0
东方国际(纺织工会)	94	99	10963	4930	970	10830	4843	969
医药工会	67	71	21259	10579	736	20631	10303	692
电力公司工会	35	35	14362	3438	0	14362	3438	0
电力股份工会	22	25	6014	927	0	5957	910	0
电力建设工会	10	10	2669	228	24	2662	226	24
宝武集团工会	137	146	43547	6247	0	43547	6247	0
中冶宝钢工会	13	13	20802	3069	15070	16653	2820	12203
上海宝冶集团工会	20	20	9059	1115	1677	9059	1115	1677
高桥石化工会	7	7	5340	1143	139	5340	1143	139

续　表

单位名称	基层工会	基层工会涵盖单位	职工	女性	农民工	工会会员	女性	农民工
	个	个	人	人	人	人	人	人
上海石化工会	22	33	10198	2086	11	10198	2086	11
中铝铜业工会	4	4	392	78	0	392	78	0
航天局工会	33	34	19645	4945	579	19240	4859	463
船舶工会	19	19	74795	9801	46430	57550	6783	30004
商用飞机工会	11	11	15163	4291	73	14244	4153	73
烟草工会	11	11	7235	1702	187	7235	1702	187
汽车工业工会	51	51	104522	19878	12935	100347	19535	10666
华东电力工会	4	4	1537	430	0	1537	430	0
华虹工会	8	9	10145	2624	1609	10123	2622	1609
华源工会	1	1	15	0	0	15	0	0
华能工会	8	8	2324	424	0	2324	424	0
化学工业区工会	34	35	6430	1414	722	6349	1393	721
国药集团	20	20	5315	2949	409	5073	2814	402
铁路工会	35	35	33863	5024	2981	31283	3303	584
中国远洋海运集团工会	70	72	21014	4139	428	20853	4076	397
国际港务工会	39	39	25259	3033	10210	25259	3033	10210
长江轮船工会	12	12	1056	327	85	973	325	81
运输工会	57	57	8321	1784	2264	7207	1439	1528
邮政工会	27	27	18708	6246	2883	18362	6232	2541
移动通信工会	1	1	6941	3487	24	6941	3487	24
电信集团工会	60	61	22794	8986	201	22776	8977	174
中国电信号百公司工会	2	2	297	132	0	297	132	0
东海救助局工会	10	10	984	69	0	735	66	0
打捞局工会	6	6	917	70	2	917	70	2
航道局工会	10	10	5298	648	973	5148	600	973
三航局工会	9	9	3943	623	199	3943	623	199
民航华东空管局工会	15	15	2020	475	0	2018	474	0
民航华东工会	8	8	3702	1869	109	3687	1866	94
东方航空工会	39	43	50709	17188	4585	49868	16690	4519
上海机场工会	46	46	22432	6571	3628	22291	6552	3628

续 表

单位名称	基层工会	基层工会涵盖单位	职工	女性	农民工	工会会员	女性	农民工
	个	个	人	人	人	人	人	人
海事局工会	12	12	1515	302	0	1515	302	0
建设和交通工会	79	79	87290	19640	12186	86273	19468	12166
建工集团工会	59	475	200586	13817	155898	200318	13768	155898
交通委员会工会	16	16	2345	884	0	2345	884	0
海洋石油工会	8	8	1656	225	259	1340	222	0
绿化工会	24	24	1637	790	0	1633	790	0
华东建筑集团工会	18	18	8027	3211	0	7822	3161	0
鲁中矿业工会	10	10	4866	708	292	4514	707	0
水务局工会	17	17	1217	452	0	1217	452	0
中建八局工会	25	307	221068	27622	160124	195059	25409	140017
大屯能源工会	17	17	13406	2417	0	13406	2417	0
金融工会	144	144	264709	138699	1246	261766	137104	1246
税务工会	13	13	1599	838	0	1599	838	0
人保局工会	15	15	2363	1356	0	2363	1356	0
市农委工会	23	23	2936	1370	332	2464	1097	212
科技工会	47	108	32072	11088	503	31173	10754	337
教育工会	86	86	95650	50321	18643	92881	48496	17328
医务工会	60	68	83891	59247	86	83715	59046	86
新闻出版工会	14	14	2668	1328	1520	2620	1311	1520
上海报业集团工会	31	31	5912	2768	315	5824	2721	300
新华社工会	1	1	164	91	0	164	91	0
上海文化和旅游局工会	27	27	1952	1059	1	1926	1051	1
上海广播电视台工会	70	76	15266	7022	346	15170	6974	346
社科院工会	23	23	863	454	0	862	453	0
体育局工会	19	19	1540	587	0	1475	568	0
经济和信息化系统工会	262	300	79559	31571	2554	78008	31167	1906
光明食品集团工会	241	494	46470	16816	7970	46466	16813	7969
民政局工会	45	47	4297	2458	252	4072	2287	252
监狱管理局工会	19	19	6758	1042	0	6758	1042	0
锦江集团工会	85	432	37435	16423	1582	37435	16423	1582

续 表

单位名称	基层工会	基层工会涵盖单位	职工	女性	农民工	工会会员	女性	农民工
	个	个	人	人	人	人	人	人
东湖集团工会	10	10	6055	2287	435	3883	1577	324
衡山集团工会	13	13	2950	619	256	2689	579	138
市级机关工会	386	398	57562	22090	735	56044	21560	649
百联集团工会	121	121	25844	14181	1646	25844	14181	1646
申通集团工会	32	32	30911	6859	184	30242	6612	66
久事公司工会	65	77	53115	6636	1169	52678	6522	1136
上海城投(集团)有限公司工会	137	140	15987	4379	981	15907	4355	979
申能集团工会	49	49	17257	5780	38	17196	5725	37
电器科研所工会	7	7	1770	442	16	1727	430	16
上海隧道工程股份有限公司工会	111	122	29917	6676	13125	28110	6452	11414
地产集团工会	75	83	5967	2064	277	5381	1861	254
东浩兰生(集团)有限公司工会	30	31	2585	1428	19	2537	1410	19
上海联通工会	1	1	2847	1111	0	2847	1111	0
通信管理局工会	2	2	100	37	0	93	33	0
上实集团工会	38	46	6949	2917	1825	3266	1190	597
上海临港产业区工会工作委员会	82	93	9788	2499	1157	9785	2491	1157
市公安局工会	27	27	11990	2767	0	11990	2767	0
国盛工会	21	25	1183	382	0	1181	381	0
绿地集团工会	15	15	5054	2123	1	4920	2089	0
申迪集团	10	12	11211	5915	94	11064	5853	93
世博发展集团	5	5	237	117	0	237	117	0
上海电影(集团)工会	26	56	2452	1140	73	2104	972	30
中国金融工会上海工作委员会	28	85	20470	10807	97	19184	10177	97
五冶集团上海有限公司工会	8	8	2605	444	0	2605	444	0
上海东方网股份有限公司工会	4	4	957	581	48	957	581	48
上海世纪出版(集团)有限公司工会	46	51	3847	1992	298	3778	1967	291
中国福利会工会工作委员会	13	13	2317	1882	60	2317	1882	60
上海诺基亚贝尔股份有限公司工会	12	12	5246	1671	19	5189	1670	19

各区局(产业)工会基层组织数据一览表(二)

单位名称	专职工会工作人员	女性	兼职工会工作人员	女性	本级工会建立女职工组织		本级工会女职工工作人员		建立经费审查委员会
					建立女职工委员会	仅设立女职工委员	专职	兼职	
	人	人	人	人	个	个	人	人	个
总计	**7648**	**3446**	**198748**	**102179**	**17631**	**26259**	**1345**	**73432**	**36163**
浦东新区总工会	979	610	24567	14084	2192	6990	203	11628	7690
徐汇区总工会	280	105	6226	3399	494	1258	21	2560	1110
长宁区总工会	42	22	4776	2868	1143	524	5	1849	1675
普陀区总工会	184	97	4486	2454	402	1235	55	2207	720
虹口区总工会	82	57	4241	2353	290	866	10	1398	740
杨浦区总工会	108	59	7243	4449	1210	828	35	4193	1896
黄浦区总工会	124	63	9180	4574	1273	1295	36	3959	1669
静安区总工会	195	72	9339	5694	625	1555	25	4741	1719
宝山区总工会	77	49	17746	8591	910	1235	13	6948	1993
闵行区总工会	1209	52	17807	9023	2667	1902	19	6176	4283
嘉定区总工会	122	60	13034	6192	1029	1767	33	4883	2183
金山区总工会	121	60	6554	3352	904	727	38	2673	1587
松江区总工会	109	56	11256	5065	917	1542	20	3521	1754
青浦区总工会	113	48	5693	2628	688	1199	15	2240	1454
奉贤区总工会	180	96	6606	3251	697	826	56	2418	1124
崇明区总工会	94	47	3207	1657	226	573	14	1014	782
机电工会	84	35	1372	586	73	78	29	356	155
仪表电子工会	11	3	401	221	32	38	3	152	70
化学工会	67	27	447	197	25	51	15	148	80
轻工工会	10	6	64	28	3	0	4	24	4
东方国际(纺织工会)	28	16	558	320	41	51	12	185	92
医药工会	41	21	647	418	43	24	10	244	67
电力公司工会	114	51	296	120	27	8	26	104	35
电力股份工会	31	11	156	62	17	2	2	64	22
电力建设工会	11	5	71	25	6	4	3	22	10
宝武集团工会	147	57	935	402	96	41	27	327	137
中冶宝钢工会	0	0	122	37	8	3	0	39	2

续　表

单位名称	专职工会工作人员	女性	兼职工会工作人员	女性	本级工会建立女职工组织		本级工会女职工工作人员		建立经费审查委员会
					建立女职工委员会	仅设立女职工委员	专职	兼职	
	人	人	人	人	个	个	人	人	个
上海宝冶集团工会	18	8	162	57	13	7	2	39	20
高桥石化工会	19	12	91	38	3	4	0	16	7
上海石化工会	34	20	173	72	21	0	13	66	22
中铝铜业工会	0	0	7	3	0	3	0	3	0
航天局工会	58	33	670	371	24	6	21	143	33
船舶工会	42	19	520	122	14	4	4	87	17
商用飞机工会	47	27	530	240	7	4	8	46	10
烟草工会	43	27	136	86	10	1	8	57	11
汽车工业工会	176	93	1552	643	49	2	27	224	51
华东电力工会	11	5	37	15	4	0	2	15	4
华虹工会	5	4	157	87	5	2	3	34	8
华源工会	0	0	1	0	0	0	0	0	0
华能工会	6	4	82	36	7	1	1	33	7
化学工业区工会	0	0	197	95	10	19	0	63	26
国药集团	4	3	220	150	2	18	0	24	20
铁路工会	59	18	456	145	29	3	7	89	33
中国远洋海运集团工会	57	33	686	326	34	29	17	188	64
国际港务工会	77	34	512	156	29	8	9	84	38
长江轮船工会	2	0	46	20	6	4	0	18	10
运输工会	71	26	197	100	17	28	6	72	34
邮政工会	30	23	452	269	24	3	3	79	27
移动通信工会	17	14	11	11	1	0	0	17	1
电信集团工会	40	32	682	391	47	13	0	198	59
中国电信号百公司工会	1	0	15	13	1	1	0	5	2
东海救助局工会	0	0	58	17	0	5	0	11	9
打捞局工会	6	3	56	7	1	5	0	7	6
航道局工会	26	10	148	36	8	2	9	15	10
三航局工会	26	14	111	41	8	1	3	23	9

续 表

单位名称	专职工会工作人员	女性	兼职工会工作人员	女性	本级工会建立女职工组织		本级工会女职工工作人员		建立经费审查委员会
					建立女职工委员会	仅设立女职工委员	专职	兼职	
	人	人	人	人	个	个	人	人	个
民航华东空管局工会	7	4	102	38	11	3	1	35	4
民航华东工会	9	4	120	45	8	0	1	33	8
东方航空工会	102	62	359	187	19	14	17	110	34
上海机场工会	30	16	551	291	41	5	8	178	44
海事局工会	0	0	59	23	7	3	0	16	12
建设和交通工会	242	108	3178	1132	56	23	22	276	79
建工集团工会	112	50	1624	642	26	32	17	185	58
交通委员会工会	9	5	202	116	6	8	0	33	12
海洋石油工会	4	2	53	25	7	1	0	8	8
绿化工会	12	4	96	62	7	17	3	43	18
华东建筑集团工会	3	2	341	155	7	10	1	59	16
鲁中矿业工会	22	7	93	26	10	0	6	25	10
水务局工会	2	1	138	70	2	15	1	38	17
中建八局工会	100	50	2138	389	23	2	26	101	24
大屯能源工会	84	34	300	50	16	1	23	106	17
金融工会	178	118	4363	2601	85	51	34	747	140
税务工会	11	4	80	44	1	11	1	11	13
人保局工会	3	1	186	104	6	9	1	34	8
市农委工会	12	4	123	68	5	17	4	49	21
科技工会	26	19	898	448	22	21	7	208	46
教育工会	226	130	2363	1345	60	26	50	631	83
医务工会	116	86	1253	652	52	7	35	465	52
新闻出版工会	1	1	72	46	8	6	0	30	13
上海报业集团工会	8	5	200	124	14	15	2	55	26
新华社工会	0	0	9	3	1	0	0	2	1
上海文化和旅游局工会	4	4	122	62	5	19	4	34	19
上海广播电视台工会	20	13	634	375	13	57	3	185	59
社科院工会	0	0	90	49	17	6	0	37	21

续　表

单位名称	专职工会工作人员	女性	兼职工会工作人员	女性	本级工会建立女职工组织		本级工会女职工工作人员		建立经费审查委员会
					建立女职工委员会	仅设立女职工委员	专职	兼职	
	人	人	人	人	个	个	人	人	个
体育局工会	3	1	100	55	2	10	0	28	14
经济和信息化系统工会	89	52	2148	1127	91	113	23	533	210
光明食品集团工会	75	38	1060	582	66	172	22	444	241
民政局工会	13	10	220	149	15	26	5	95	27
监狱管理局工会	39	14	370	111	18	1	7	56	19
锦江集团工会	31	11	1115	577	25	57	6	166	85
东湖集团工会	3	2	55	23	6	4	1	20	9
衡山集团工会	4	0	84	44	3	9	0	37	13
市级机关工会	91	53	2567	1312	118	208	23	846	296
百联集团工会	84	39	528	320	58	45	24	186	111
申通集团工会	29	15	226	135	19	12	6	87	31
久事公司工会	65	37	458	206	30	29	14	149	65
上海城投(集团)有限公司工会	91	56	882	441	42	75	29	211	122
申能集团工会	57	30	488	249	17	26	11	112	43
电器科研所工会	0	0	52	27	4	2	0	25	7
上海隧道工程股份有限公司工会	75	40	551	275	39	63	15	177	75
地产集团工会	10	9	289	162	21	43	2	102	53
东浩兰生(集团)有限公司工会	6	4	148	91	8	15	1	46	26
上海联通工会	4	3	119	64	1	0	0	5	1
通信管理局工会	0	0	6	3	1	1	0	3	2
上实集团工会	0	0	168	91	4	21	0	42	36
上海临港产业区工会工作委员会	14	6	298	139	8	65	5	108	73
市公安局工会	0	0	184	53	12	11	0	61	0
国盛工会	1	0	88	51	2	9	0	24	17
绿地集团工会	0	0	99	53	1	12	0	23	14
申迪集团	14	10	143	78	5	4	1	37	8
世博发展集团	0	0	33	20	4	1	0	10	5
上海电影(集团)工会	5	3	118	78	4	17	2	62	3

续 表

单位名称	专职工会工作人员	女性	兼职工会工作人员	女性	本级工会建立女职工组织		本级工会女职工工作人员		建立经费审查委员会
					建立女职工委员会	仅设立女职工委员	专职	兼职	
	人	人	人	人	个	个	人	人	个
中国金融工会上海工作委员会	23	13	799	578	14	7	3	72	26
五冶集团上海有限公司工会	20	8	80	18	7	1	4	19	8
上海东方网股份有限公司工会	1	1	28	17	2	1	0	11	4
上海世纪出版(集团)有限公司工会	3	1	259	143	25	14	1	117	41
中国福利会工会工作委员会	3	1	81	59	8	5	0	28	13
上海诺基亚贝尔股份有限公司工会	14	8	162	79	4	6	1	27	11

工会基层组织建设状况(一)

所在行业	基层工会	基层工会涵盖单位	职工	女性	农民工	工会会员	女性	农民工
	个	个	人	人	人	人	人	人
总计	**47786**	**171337**	**7230459**	**2808441**	**2248801**	**6903331**	**2696036**	**2103951**
按国民经济行业分组								
农、林、牧、渔业	717	1264	55873	20610	18907	54179	20133	18242
采矿业	58	425	25019	4315	1731	24261	4295	1176
制造业	11281	21612	1810923	654689	767397	1708333	624797	709511
电力、热气、燃气及水生产和供应业	465	489	75246	18848	6153	74471	18587	5854
建筑业	1871	3218	730136	104859	435149	686112	100248	404335
批发和零售业	4146	18339	417275	194279	101241	405875	189517	98728
交通运输、仓储及邮政业	1980	2401	428421	99759	67368	416834	95604	61608
住宿和餐饮业	1953	5249	212202	109718	86100	204665	105394	82666
信息传输、软件和信息技术服务业	2369	6888	342284	140828	113155	314172	129274	95233
金融业	904	1632	361681	186470	9381	355418	182777	9069
房地产业	1360	2785	130663	48502	22756	122135	46012	20151
租赁和商务服务业	3423	25357	491841	196935	159302	477556	192446	154870
科学研究和技术服务业	922	1555	145445	54301	13204	140468	52744	12757
水利、环境和公共设施管理业	797	1080	84915	27046	25044	81207	25642	23203

续 表

所在行业	基层工会	基层工会涵盖单位	职工	女性	农民工	工会会员	女性	农民工
	个	个	人	人	人	人	人	人
居民服务、修理和其他服务业	5122	46905	722711	286104	266436	668136	261799	256297
教育	3287	3328	323666	226900	26945	316060	221492	25183
卫生和社会工作	1125	1621	266343	181692	15460	262906	179654	15119
文化、体育和娱乐业	1183	1663	82247	40284	7693	79651	38826	7242
公共管理、社会保障和社会组织	4823	25526	523568	212302	105379	510892	206795	102707
按经济类型分组								
国有企业	1710	7272	430512	127948	82702	407407	120645	70520
集体企业	1670	14683	284622	102870	91150	277045	100551	89626
股份合作企业	391	849	60865	26493	14031	58730	25704	13431
联营企业	35	35	3507	1403	1125	3425	1388	1094
国有独资公司	1180	1597	548247	104395	226227	494506	95386	186617
其他有限责任公司	2779	5457	424880	145699	92013	410994	141382	87315
股份有限公司中的国有控股公司	954	1067	625463	212550	45385	612818	209378	39172
其他股份有限公司	671	1332	184389	77582	30337	177144	75506	27797
私营企业	22504	85625	2028158	799628	879181	1939530	769583	845828
其他内资企业	463	1739	204449	28113	166013	203140	27341	165601
港澳台商投资企业	1343	2949	287383	121508	136166	268695	115603	124663
外商投资企业	3479	5396	848056	369981	289643	799310	349520	265807
财政拨款的事业单位	4918	5677	496128	319056	26310	487632	313745	24231
其他事业单位	930	1875	176222	106561	11280	174276	105586	10720
机关	1350	1613	190567	66647	1683	189964	66269	1646
个体经济组织	300	4962	31505	14127	14187	30485	13790	13780
社会团体	341	3271	39152	20444	13823	38437	20123	13743
民办非企业单位	716	859	69058	42254	14213	65042	39655	12747
基金会	7	7	132	78	7	113	70	7
其他组织	2045	25072	297164	121104	113325	264638	104811	109606

工会基层组织建设状况（二）

所在行业	专职工会工作人员	女性	兼职工会工作人员	女性	本级工会建立女职工组织		本级工会女职工工作人员	
					建立女职工委员会	仅设立女职工委员	专职	兼职
	人	人	人	人	个	个	人	人
总计	**7648**	**3446**	**198748**	**102179**	**17631**	**26259**	**1345**	**73432**
按国民经济行业分组								
农、林、牧、渔业	51	22	2358	1163	181	460	13	915
采矿业	93	30	829	442	33	23	17	439
制造业	1475	529	44327	19884	4095	6250	221	14535
电力、热气、燃气及水生产和供应业	339	156	2402	1050	203	225	64	761
建筑业	797	334	12540	4691	682	1037	132	2646
批发和零售业	338	125	12626	6717	1194	2591	67	5471
交通运输、仓储及邮政业	695	313	8491	3937	675	1121	108	2921
住宿和餐饮业	122	39	6985	3457	808	1024	9	3085
信息传输、软件和信息技术服务业	317	123	7833	4037	822	1412	25	3537
金融业	245	152	7497	4458	368	499	42	1757
房地产业	158	75	4386	2173	413	814	43	1711
租赁和商务服务业	316	81	17791	9662	1227	1909	27	7723
科学研究和技术服务业	190	89	4842	2434	320	538	53	1541
水利、环境和公共设施管理业	163	80	3202	1775	235	464	48	1123
居民服务、修理和其他服务业	496	188	17118	8860	1981	2728	51	7627
教育	834	493	16384	11593	1789	1449	162	6780
卫生和社会工作	319	223	6340	3989	603	474	89	2438
文化、体育和娱乐业	155	73	4144	2299	316	740	25	1574
公共管理、社会保障和社会组织	545	321	18653	9558	1686	2501	149	6848
按经济类型分组								
国有企业	996	504	9835	5139	660	874	223	3549
集体企业	236	55	10107	5195	666	859	25	3374
股份合作企业	47	15	1277	596	157	173	3	462
联营企业	9	4	103	52	12	23	2	41
国有独资公司	657	333	10611	4442	419	639	139	2311
其他有限责任公司	546	276	11925	5824	851	1642	91	4435

续　表

所在行业	专职工会工作人员	女性	兼职工会工作人员	女性	本级工会建立女职工组织：建立女职工委员会	本级工会建立女职工组织：仅设立女职工委员	本级工会女职工工作人员：专职	本级工会女职工工作人员：兼职
	人	人	人	人	个	个	人	人
股份有限公司中的国有控股公司	1107	562	12555	6252	546	349	200	2786
其他股份有限公司	55	29	3805	1974	215	337	11	900
私营企业	1586	348	69213	33557	7659	13208	108	29702
其他内资企业	37	13	1824	871	196	250	2	647
港澳台商投资企业	101	21	4599	2444	558	712	10	1987
外商投资企业	370	122	13380	6740	1405	1898	62	4969
财政拨款的事业单位	1095	683	24467	16005	2211	2398	260	9442
其他事业单位	271	182	4776	2562	436	409	72	1681
机关	319	156	6920	3512	451	668	69	2227
个体经济组织	17	1	952	447	133	115	0	358
社会团体	17	12	1337	779	130	193	1	649
民办非企业单位	42	34	2562	1774	291	381	15	1137
基金会	0	0	15	6	1	2	0	3
其他组织	140	96	8485	4008	634	1129	52	2772

工会权益保障工作（一）

所在行业	开展创建劳动关系和谐企业活动	工会所在单位签订劳动合同：基层工会	工会所在单位签订劳动合同：涵盖单位	工会所在单位签订劳动合同：签订劳动合同的职工人数	工会所在单位签订劳动合同：签订劳动合同的农民工
	个	个	个	人	人
总计	**15056**	**41503**	**132094**	**5913039**	**1500547**
按国民经济行业分组					
农、林、牧、渔业	237	603	825	44886	12288
采矿业	36	58	425	24243	587
制造业	4847	11150	20563	1734345	675211
电力、热气、燃气及水生产和供应业	235	458	482	72455	5483
建筑业	891	1843	2473	409265	126953
批发和零售业	1439	4054	17175	398585	77634

续 表

所在行业	开展创建劳动关系和谐企业活动	工会所在单位签订劳动合同			
		基层工会	涵盖单位	签订劳动合同的职工人数	签订劳动合同的农民工
	个	个	个	人	人
交通运输、仓储及邮政业	900	1931	2346	393597	58416
住宿和餐饮业	665	1931	4867	198447	73850
信息传输、软件和信息技术服务业	813	2317	5977	293602	60854
金融业	282	892	1620	357681	9018
房地产业	655	1311	2721	120641	20534
租赁和商务服务业	1294	3341	23615	452544	114143
科学研究和技术服务业	294	867	1459	131841	10886
水利、环境和公共设施管理业	247	685	887	74777	20496
居民服务、修理和其他服务业	1391	4101	33234	515402	158648
教育	113	2121	2141	224431	22522
卫生和社会工作	148	957	1011	227298	10336
文化、体育和娱乐业	309	1079	1546	74620	6301
公共管理、社会保障和社会组织	260	1804	8727	164379	36387
按经济类型分组					
国有企业	1222	1677	5680	357290	48153
集体企业	772	1658	14464	267345	53937
股份合作企业	176	388	846	58718	11964
联营企业	22	34	34	3268	894
国有独资公司	780	1160	1570	430739	125620
其他有限责任公司	1265	2745	5370	405195	70095
股份有限公司中的国有控股公司	625	944	1055	591680	31327
其他股份有限公司	277	667	1327	180389	25752
私营企业	7807	22298	83202	1941669	739734
其他内资企业	94	453	1313	46845	8892
港澳台商投资企业	503	1335	2934	274536	116340
外商投资企业	1466	3468	5379	797270	227067
财政拨款的事业单位	0	3688	4366	386994	22169
其他事业单位	0	756	1246	151486	9451

续　表

所在行业	开展创建劳动关系和谐企业活动	工会所在单位签订劳动合同			
		基层工会	涵盖单位	签订劳动合同的职工人数	签订劳动合同的农民工
	个	个	个	人	人
机关	0	0	0	0	0
个体经济组织	47	232	3308	19615	9152
社会团体	0	0	0	0	0
民办非企业单位	0	0	0	0	0
基金会	0	0	0	0	0
其他组织	0	0	0	0	0

工会权益保障工作（二）

所在行业	单独签订综合集体合同		其中有劳动安全卫生专章或附件		其中有女职工权益保护专章或附件	
	合同数(覆盖企业数)	覆盖职工数	合同数(覆盖企业数)	覆盖职工数	合同数(覆盖企业数)	覆盖女职工数
	个	人	个	人	个	人
总计	**18864**	**3000341**	**6345**	**1093300**	**6315**	**330503**
按国民经济行业分组						
农、林、牧、渔业	361	27403	129	11620	78	2134
采矿业	22	6825	14	6405	12	903
制造业	7279	1199273	2469	434363	2422	131140
电力、热气、燃气及水生产和供应业	237	40913	87	17834	67	2931
建筑业	972	369295	358	128826	296	17921
批发和零售业	1908	165589	688	67868	794	28274
交通运输、仓储及邮政业	1075	291841	468	137692	491	27286
住宿和餐饮业	841	101354	243	25439	213	19852
信息传输、软件和信息技术服务业	923	185191	265	48755	359	19801
金融业	424	97062	138	48708	134	16845
房地产业	608	55687	233	22027	229	9552
租赁和商务服务业	1449	120725	449	37764	430	16118
科学研究和技术服务业	322	49434	126	22789	104	7636
水利、环境和公共设施管理业	284	45959	114	19303	77	2998

续 表

所在行业	单独签订综合集体合同		其中有劳动安全卫生专章或附件		其中有女职工权益保护专章或附件	
	合同数(覆盖企业数)	覆盖职工数	合同数(覆盖企业数)	覆盖职工数	合同数(覆盖企业数)	覆盖女职工数
	个	人	个	人	个	人
居民服务、修理和其他服务业	1296	158016	324	41890	367	17445
教育	119	7430	24	872	27	1059
卫生和社会工作	223	27763	64	10167	63	3873
文化、体育和娱乐业	347	19116	113	5784	104	1774
公共管理、社会保障和社会组织	174	31465	39	5194	48	2961
按经济类型分组						
国有企业	936	221729	412	111732	329	23516
集体企业	894	82988	207	16445	239	9398
股份合作企业	214	26524	78	11590	71	2648
联营企业	25	2575	5	181	6	273
国有独资公司	710	416729	353	119811	252	16154
其他有限责任公司	1482	224694	521	82334	512	25586
股份有限公司中的国有控股公司	504	361290	276	220583	172	25460
其他股份有限公司	320	71784	132	30668	125	11481
私营企业	10794	858365	3306	264735	3600	116035
其他内资企业	173	23408	69	8962	86	5528
港澳台商投资企业	761	174051	254	50829	237	24052
外商投资企业	2040	535583	731	175371	686	70372
财政拨款的事业单位	0	0	0	0	0	0
其他事业单位	0	0	0	0	0	0
机关	0	0	0	0	0	0
个体经济组织	11	621	1	59	0	0
社会团体	0	0	0	0	0	0
民办非企业单位	0	0	0	0	0	0
基金会	0	0	0	0	0	0
其他组织	0	0	0	0	0	0

工会权益保障工作（三）

所在行业	单独签订工资专项集体合同		单独签订劳动安全卫生专项集体合同		单独签订女职工权益保护专项集体合同	
	合同数（覆盖企业数）	覆盖职工数	合同数（覆盖企业数）	覆盖职工数	合同数（覆盖企业数）	覆盖女职工数
	个	人	个	人	个	人
总计	**18177**	**2713519**	**2490**	**729963**	**11169**	**665463**
按国民经济行业分组						
农、林、牧、渔业	348	25812	32	2091	250	6640
采矿业	13	2600	0	0	11	322
制造业	6859	1083965	782	232903	4102	264317
电力、热气、燃气及水生产和供应业	213	37346	64	10872	162	7194
建筑业	978	346222	178	201890	652	47138
批发和零售业	1865	152445	245	20155	987	48109
交通运输、仓储及邮政业	974	256154	117	72542	517	29126
住宿和餐饮业	787	82976	119	11067	550	26520
信息传输、软件和信息技术服务业	884	171578	146	85962	476	56720
金融业	394	62011	29	6331	277	57466
房地产业	634	51926	110	9233	406	10296
租赁和商务服务业	1441	115137	194	16147	896	27684
科学研究和技术服务业	298	41766	46	7381	193	10428
水利、环境和公共设施管理业	283	44793	46	8597	208	11067
居民服务、修理和其他服务业	1348	154634	246	29629	909	37220
教育	126	8081	24	1152	95	3875
卫生和社会工作	218	26346	37	5170	146	9374
文化、体育和娱乐业	338	20299	38	1664	212	6058
公共管理、社会保障和社会组织	176	29428	37	7177	120	5909
按经济类型分组						
国有企业	841	175052	166	47995	603	36805
集体企业	881	81152	129	9624	572	17491
股份合作企业	198	23388	26	3092	118	5879
联营企业	25	2575	6	394	14	361
国有独资公司	634	345304	109	234834	438	55967
其他有限责任公司	1363	216439	238	65232	884	51599

续 表

所在行业	单独签订工资专项集体合同		单独签订劳动安全卫生专项集体合同		单独签订女职工权益保护专项集体合同	
	合同数(覆盖企业数)	覆盖职工数	合同数(覆盖企业数)	覆盖职工数	合同数(覆盖企业数)	覆盖女职工数
	个	人	个	人	个	人
股份有限公司中的国有控股公司	410	257157	75	68494	334	90403
其他股份有限公司	314	71690	58	17146	175	11292
私营企业	10673	849919	1344	123397	6427	203478
其他内资企业	227	25053	57	2158	125	5741
港澳台商投资企业	705	170581	87	23296	413	40988
外商投资企业	1894	494482	191	134114	1055	144984
财政拨款的事业单位	0	0	0	0	0	0
其他事业单位	0	0	0	0	0	0
机关	0	0	0	0	0	0
个体经济组织	12	727	4	187	11	475
社会团体	0	0	0	0	0	0
民办非企业单位	0	0	0	0	0	0
基金会	0	0	0	0	0	0
其他组织	0	0	0	0	0	0

工会权益保障工作(四)

层次	本级工会签订区域性集体合同			本级工会签订行业性集体合同		
	合同	覆盖企业	覆盖职工	合同	覆盖企业	覆盖职工
	个	个	人	个	个	人
总计	**2715**	**74832**	**1003811**	**305**	**7358**	**462721**
省级地方工会	0	0	0	0	0	0
地市级地方工会	0	0	0	0	0	0
县级地方工会	2715	74832	1003811	166	5952	158171
省级产业工会或履行产业工会职能的厅、局、公司工会	0	0	0	139	1406	304550
地市级产业工会或履行产业工会职能的局、公司工会	0	0	0	0	0	0
县级产业工会或履行产业工会职能的局、公司工会	0	0	0	0	0	0
归属中央的企业集团工会	0	0	0	0	0	0

续 表

层 次	本级工会签订区域性集体合同			本级工会签订行业性集体合同		
	合同	覆盖企业	覆盖职工	合同	覆盖企业	覆盖职工
	个	个	人	个	个	人
归属地方的企业集团工会	0	0	0	0	0	0
乡镇、街道总工会	0	0	0	0	0	0
其他乡镇、街道级工会	0	0	0	0	0	0
村工会联合会	0	0	0	0	0	0
社区工会联合会	0	0	0	0	0	0
工业园区工会	0	0	0	0	0	0

工会民主管理工作（一）

所在行业	建立职代会制度情况		本年度召开过职代会（包括职工大会）		职代会职工代表（建立职工大会制单位不填）		工会所在单位实行厂务公开情况
	建立职代会制度	建立职工大会制度	基层工会	涵盖单位		女性	
	个	个	个	个	人	人	个
总计	**12542**	**25347**	**33213**	**104685**	**504077**	**196032**	**38545**
按国民经济行业分组							
农、林、牧、渔业	158	410	507	679	5404	1581	574
采矿业	31	22	45	402	2004	331	53
制造业	3763	5778	8144	16439	152446	53296	9938
电力、热气、燃气及水生产和供应业	234	196	379	402	10433	2778	433
建筑业	610	1081	1449	1981	25084	6007	1710
批发和零售业	876	2656	3065	12583	31725	13587	3557
交通运输、仓储及邮政业	678	1047	1559	1960	30705	8822	1762
住宿和餐饮业	480	1228	1501	3303	15670	6336	1724
信息传输、软件和信息技术服务业	592	1512	1794	5018	21817	8191	2128
金融业	245	564	719	1410	14336	7030	821
房地产业	269	956	1052	2132	9661	3470	1244
租赁和商务服务业	757	2163	2511	14912	32403	11323	2984
科学研究和技术服务业	259	550	637	1097	11743	4109	835
水利、环境和公共设施管理业	214	457	610	645	8075	2384	688
居民服务、修理和其他服务业	1243	2428	3253	29667	44061	15885	3701
教育	1035	1845	2804	2827	44336	28193	2876
卫生和社会工作	529	423	896	945	26445	16561	949
文化、体育和娱乐业	222	737	844	1305	6462	2598	955

续 表

所在行业	建立职代会制度情况		本年度召开过职代会（包括职工大会）		职代会职工代表（建立职工大会制单位不填）		工会所在单位实行厂务公开情况
	建立职代会制度	建立职工大会制度	基层工会	涵盖单位		女性	
	个	个	个	个	人	人	个
公共管理、社会保障和社会组织	347	1294	1444	6978	11267	3550	1613
按经济类型分组							
国有企业	820	760	1384	4304	36570	10914	1612
集体企业	477	975	1245	9007	20719	5721	1522
股份合作企业	127	215	290	657	5692	1617	358
联营企业	10	19	26	26	260	129	32
国有独资公司	528	599	992	1383	27058	8057	1128
其他有限责任公司	884	1253	1825	3322	34515	11855	2308
股份有限公司中的国有控股公司	621	292	819	924	37099	12525	923
其他股份有限公司	232	264	425	994	12735	4723	510
私营企业	5020	14961	17286	67206	161289	57848	20346
其他内资企业	138	249	362	1214	4921	2268	359
港澳台商投资企业	458	650	954	2540	19613	7663	1132
外商投资企业	1322	1618	2565	4254	61949	23830	3017
财政拨款的事业单位	1515	2923	4235	4864	63680	39456	4401
其他事业单位	301	472	650	1042	15546	8459	736
机关	0	0	0	0	0	0	0
个体经济组织	89	97	155	2948	2431	967	161
社会团体	0	0	0	0	0	0	0
民办非企业单位	0	0	0	0	0	0	0
基金会	0	0	0	0	0	0	0
其他组织	0	0	0	0	0	0	0

工会民主管理工作（二）

所在行业	工会所在单位建立董事会涵盖单位	董事				工会主席或副主席进入了董事会
			女性	职工董事		
					女性	
	个	人	人	人	人	个
总计	**4691**	**16496**	**2671**	**1527**	**489**	**851**
按国民经济行业分组						

续　表

所在行业	工会所在单位建立董事会涵盖单位	董事	女性	职工董事	女性	工会主席或副主席进入了董事会
	个	人	人	人	人	个
农、林、牧、渔业	63	161	30	24	8	7
采矿业	3	16	3	1	1	0
制造业	1137	4934	668	385	116	196
电力、热气、燃气及水生产和供应业	68	385	49	31	10	19
建筑业	553	1177	153	161	36	105
批发和零售业	387	1470	283	147	55	92
交通运输、仓储及邮政业	226	1098	114	72	11	53
住宿和餐饮业	436	423	79	30	10	20
信息传输、软件和信息技术服务业	210	1022	168	89	26	32
金融业	196	1270	209	51	13	27
房地产业	309	1156	197	133	45	57
租赁和商务服务业	611	1226	262	150	48	81
科学研究和技术服务业	94	421	61	28	10	16
水利、环境和公共设施管理业	62	313	44	39	13	23
居民服务、修理和其他服务业	174	759	128	89	18	77
教育	54	239	117	52	43	25
卫生和社会工作	30	118	30	12	4	6
文化、体育和娱乐业	68	262	59	24	14	10
公共管理、社会保障和社会组织	10	46	17	9	8	5
按经济类型分组						
国有企业	0	0	0	0	0	0
集体企业	288	540	104	92	32	44
股份合作企业	80	341	65	57	17	20
联营企业	7	36	5	0	0	1
国有独资公司	769	1926	299	203	66	133
其他有限责任公司	890	3549	589	305	101	184
股份有限公司中的国有控股公司	426	2399	363	158	35	98
其他股份有限公司	544	980	165	100	34	45
私营企业	968	3160	583	428	144	246
其他内资企业	62	352	114	37	20	21

续 表

所在行业	工会所在单位建立董事会涵盖单位	董事	女性	职工董事	女性	工会主席或副主席进入了董事会
	个	人	人	人	人	个
港澳台商投资企业	146	704	108	29	11	13
外商投资企业	511	2509	276	118	29	46
财政拨款的事业单位	0	0	0	0	0	0
其他事业单位	0	0	0	0	0	0
机关	0	0	0	0	0	0
个体经济组织	0	0	0	0	0	0
社会团体	0	0	0	0	0	0
民办非企业单位	0	0	0	0	0	0
基金会	0	0	0	0	0	0
其他组织	0	0	0	0	0	0

工会民主管理工作(三)

所在行业	工会所在单位建立董事会涵盖单位	监事	女性	职工监事	女性	工会主席或副主席进入了监事会
	个	人	人	人	人	个
总计	**3253**	**5690**	**1856**	**1656**	**688**	**694**
按国民经济行业分组						
农、林、牧、渔业	58	82	29	18	11	9
采矿业	3	8	1	1	0	1
制造业	700	1309	373	366	131	190
电力、热气、燃气及水生产和供应业	62	178	60	50	18	18
建筑业	492	456	132	141	64	84
批发和零售业	299	508	192	127	60	55
交通运输、仓储及邮政业	170	382	104	113	36	27
住宿和餐饮业	52	99	38	21	9	15
信息传输、软件和信息技术服务业	171	357	125	116	47	43
金融业	177	522	172	183	73	35
房地产业	272	492	185	149	74	58
租赁和商务服务业	427	530	164	155	56	73

续 表

所在行业	工会所在单位建立董事会涵盖单位	监事	女性	职工监事	女性	工会主席或副主席进入了监事会
	个	人	人	人	人	个
科学研究和技术服务业	73	167	47	50	23	14
水利、环境和公共设施管理业	55	131	47	38	19	13
居民服务、修理和其他服务业	125	207	66	50	19	25
教育	32	60	35	25	21	7
卫生和社会工作	21	47	17	10	9	7
文化、体育和娱乐业	56	134	60	35	12	16
公共管理、社会保障和社会组织	8	21	9	8	6	4
按经济类型分组						
国有企业	0	0	0	0	0	0
集体企业	233	217	63	64	25	33
股份合作企业	58	124	39	37	12	18
联营企业	4	13	3	1	0	0
国有独资公司	758	989	365	309	132	100
其他有限责任公司	740	1292	432	353	147	164
股份有限公司中的国有控股公司	380	1081	361	342	137	128
其他股份有限公司	178	430	136	148	65	49
私营企业	538	935	279	287	119	149
其他内资企业	48	127	50	44	24	6
港澳台商投资企业	70	113	39	22	6	14
外商投资企业	246	369	89	49	21	33
财政拨款的事业单位	0	0	0	0	0	0
其他事业单位	0	0	0	0	0	0
机关	0	0	0	0	0	0
个体经济组织	0	0	0	0	0	0
社会团体	0	0	0	0	0	0
民办非企业单位	0	0	0	0	0	0
基金会	0	0	0	0	0	0
其他组织	0	0	0	0	0	0

工会劳动保护工作(一)

所在行业	工会建立劳动保护监督检查委员会	工会小组劳动保护检查员	本年度本级工会劳动保护监督组织受理举报案件	提请劳动安全卫生监督部门处理案件
	个	人	件	件
总计	**11449**	**40989**	**964**	**76**
按国民经济行业分组				
农、林、牧、渔业	147	246	9	1
采矿业	27	358	0	0
制造业	3719	14590	449	45
电力、热气、燃气及水生产和供应业	196	2509	1	0
建筑业	646	4927	60	2
批发和零售业	894	2080	34	0
交通运输、仓储及邮政业	520	3585	91	5
住宿和餐饮业	428	858	6	0
信息传输、软件和信息技术服务业	490	972	3	0
金融业	140	407	15	2
房地产业	260	500	13	2
租赁和商务服务业	715	955	14	4
科学研究和技术服务业	207	921	3	0
水利、环境和公共设施管理业	181	572	2	0
居民服务、修理和其他服务业	1025	1745	186	7
教育	884	2436	21	1
卫生和社会工作	404	2476	18	3
文化、体育和娱乐业	210	339	3	0
公共管理、社会保障和社会组织	356	513	36	4
按经济类型分组				
国有企业	710	5329	27	6
集体企业	533	1113	56	1
股份合作企业	150	258	41	0
联营企业	11	27	0	0
国有独资公司	425	4956	45	0
其他有限责任公司	795	3383	128	10

续　表

所在行业	工会建立劳动保护监督检查委员会	工会小组劳动保护检查员	本年度本级工会劳动保护监督组织受理举报案件	提请劳动安全卫生监督部门处理案件
	个	人	件	件
股份有限公司中的国有控股公司	457	8858	34	1
其他股份有限公司	173	417	63	4
私营企业	5250	7323	413	31
其他内资企业	171	319	20	0
港澳台商投资企业	363	768	39	2
外商投资企业	855	2670	76	17
财政拨款的事业单位	1266	4137	16	4
其他事业单位	245	1389	1	0
机关	0	0	0	0
个体经济组织	45	42	5	0
社会团体	0	0	0	0
民办非企业单位	0	0	0	0
基金会	0	0	0	0
其他组织	0	0	0	0

工会劳动保护工作（二）

所在行业	本年度工会参加安全生产检查	本年度工会组织职工查找事故隐患和职业危害数量	事故隐患和职业危害整改数	本年度工会参加处理工伤事故	女职工劳动保护		
					执行女职工禁忌从事劳动的有关规定	执行女职工在经期、孕期、产期、哺乳期享有特殊待遇的有关规定	建立女职工哺乳室
	次	件	件	件	个	个	个
总计	**105738**	**150681**	**141193**	**2253**	**42032**	**42212**	**6106**
按国民经济行业分组							
农、林、牧、渔业	2294	780	733	49	621	624	71
采矿业	249	3850	3609	8	56	57	8
制造业	31753	95585	92879	826	11005	11040	1122
电力、热气、燃气及水生产和供应业	3030	3274	3054	20	450	454	62
建筑业	8826	19418	19094	164	1806	1811	205
批发和零售业	7662	5350	4236	86	3998	4009	326

续　表

所在行业	本年度工会参加安全生产检查	本年度工会组织职工查找事故隐患和职业危害数量	事故隐患和职业危害整改数	本年度工会参加处理工伤事故	女职工劳动保护		
					执行女职工禁忌从事劳动的有关规定	执行女职工在经期、孕期、产期、哺乳期享有特殊待遇的有关规定	建立女职工哺乳室
	次	件	件	件	个	个	个
交通运输、仓储及邮政业	7324	7107	6469	264	1910	1924	211
住宿和餐饮业	2766	1102	645	64	1909	1911	107
信息传输、软件和信息技术服务业	2629	2780	694	27	2268	2274	257
金融业	775	185	124	10	881	887	271
房地产业	4758	1920	1794	16	1313	1321	191
租赁和商务服务业	5788	1540	1270	39	3283	3292	279
科学研究和技术服务业	1644	1314	1275	31	887	889	173
水利、环境和公共设施管理业	3028	3095	2940	75	714	726	93
居民服务、修理和其他服务业	6166	645	318	76	4027	4034	272
教育	8320	860	493	229	2917	2933	1704
卫生和社会工作	4198	900	743	180	986	996	428
文化、体育和娱乐业	2337	740	634	31	1066	1082	161
公共管理、社会保障和社会组织	2191	236	189	58	1935	1948	165
按经济类型分组							
国有企业	12140	20123	19141	288	1629	1654	374
集体企业	4672	1169	993	69	1631	1633	141
股份合作企业	994	272	244	21	382	384	38
联营企业	124	14	10	2	35	35	1
国有独资公司	9871	18831	18391	113	1142	1161	291
其他有限责任公司	10112	10813	10070	179	2702	2721	371
股份有限公司中的国有控股公司	10335	73966	71215	231	935	945	313
其他股份有限公司	1436	876	814	53	659	658	99
私营企业	27804	4761	2543	473	21980	22015	1244
其他内资企业	933	64	34	10	447	448	65
港澳台商投资企业	2403	2821	2159	88	1329	1333	131
外商投资企业	8448	13879	13018	251	3421	3430	569
财政拨款的事业单位	14005	2371	1896	363	4688	4735	2197
其他事业单位	2133	711	655	104	885	893	247

续　表

所在行业	本年度工会参加安全生产检查	本年度工会组织职工查找事故隐患和职业危害数量	事故隐患和职业危害整改数	本年度工会参加处理工伤事故	女职工劳动保护		
					执行女职工禁忌从事劳动的有关规定	执行女职工在经期、孕期、产期、哺乳期享有特殊待遇的有关规定	建立女职工哺乳室
	次	件	件	件	个	个	个
机关	0	0	0	0	0	0	0
个体经济组织	328	10	10	8	167	167	25
社会团体	0	0	0	0	0	0	0
民办非企业单位	0	0	0	0	0	0	0
基金会	0	0	0	0	0	0	0
其他组织	0	0	0	0	0	0	0

工会法律工作（一）

所在行业	建立工会劳动法律监督组织	工会劳动法律监督员	劳动保障法律监督员	本年度工会劳动法律监督组织受理违法、违规案件
	个	人	人	件
总计	**8333**	**13984**	**9256**	**546**
按国民经济行业分组				
农、林、牧、渔业	134	181	100	15
采矿业	17	152	129	0
制造业	2558	3950	2636	295
电力、热气、燃气及水生产和供应业	101	224	159	3
建筑业	470	1055	862	12
批发和零售业	649	935	509	25
交通运输、仓储及邮政业	345	758	540	7
住宿和餐饮业	279	420	261	0
信息传输、软件和信息技术服务业	431	531	300	3
金融业	122	282	126	1
房地产业	162	245	161	2
租赁和商务服务业	429	628	337	2

续 表

所在行业	建立工会劳动法律监督组织	工会劳动法律监督员	劳动保障法律监督员	本年度工会劳动法律监督组织受理违法、违规案件
	个	人	人	件
科学研究和技术服务业	177	240	185	1
水利、环境和公共设施管理业	134	220	149	4
居民服务、修理和其他服务业	856	1367	888	105
教育	714	1422	769	13
卫生和社会工作	304	839	753	12
文化、体育和娱乐业	157	194	110	3
公共管理、社会保障和社会组织	294	341	282	43
按经济类型分组				
国有企业	409	850	692	15
集体企业	403	602	260	62
股份合作企业	83	148	77	13
联营企业	8	16	6	0
国有独资公司	242	789	550	1
其他有限责任公司	541	1069	669	102
股份有限公司中的国有控股公司	267	877	709	1
其他股份有限公司	132	234	164	3
私营企业	4135	5344	3334	261
其他内资企业	173	305	276	6
港澳台商投资企业	219	300	149	34
外商投资企业	563	1009	645	39
财政拨款的事业单位	974	2112	1418	8
其他事业单位	160	304	270	1
机关	0	0	0	0
个体经济组织	24	25	37	0
社会团体	0	0	0	0
民办非企业单位	0	0	0	0
基金会	0	0	0	0
其他组织	0	0	0	0

工会法律工作(二)

所在行业	工会所在单位建立了劳动争议调解委员会	劳动争议调解委员会中工会成员(职工代表)	本年度劳动争议调解委员会受理劳动争议	本年度劳动争议调解委员会调解成功劳动争议
	个	人	件	件
总计	**13529**	**38412**	**1269**	**567**
按国民经济行业分组				
农、林、牧、渔业	166	397	42	4
采矿业	24	197	0	0
制造业	3808	10578	645	194
电力、热气、燃气及水生产和供应业	174	648	7	7
建筑业	674	1825	47	18
批发和零售业	1043	2955	28	15
交通运输、仓储及邮政业	487	1610	34	15
住宿和餐饮业	639	1665	30	20
信息传输、软件和信息技术服务业	601	1573	18	14
金融业	177	523	6	2
房地产业	355	864	17	16
租赁和商务服务业	978	2421	21	8
科学研究和技术服务业	284	895	5	4
水利、环境和公共设施管理业	199	559	9	5
居民服务、修理和其他服务业	1494	3813	162	108
教育	1346	4408	33	23
卫生和社会工作	435	1846	24	9
文化、体育和娱乐业	248	651	3	3
公共管理、社会保障和社会组织	397	984	138	102
按经济类型分组				
国有企业	596	2062	29	21
集体企业	602	1528	169	86
股份合作企业	164	386	15	3
联营企业	13	36	0	0
国有独资公司	328	1206	28	15
其他有限责任公司	780	2086	140	107

续 表

所在行业	工会所在单位建立了劳动争议调解委员会	劳动争议调解委员会中工会成员(职工代表)	本年度劳动争议调解委员会受理劳动争议	本年度劳动争议调解委员会调解成功劳动争议
	个	人	件	件
股份有限公司中的国有控股公司	387	1582	20	18
其他股份有限公司	189	508	25	12
私营企业	6680	17169	578	169
其他内资企业	155	388	16	2
港澳台商投资企业	463	1301	81	35
外商投资企业	1197	3351	126	67
财政拨款的事业单位	1664	5650	34	29
其他事业单位	231	989	8	3
机关	0	0	0	0
个体经济组织	80	170	0	0
社会团体	0	0	0	0
民办非企业单位	0	0	0	0
基金会	0	0	0	0
其他组织	0	0	0	0

工会经济技术工作(一)

所在行业	本年度工会开展劳动和技能竞赛	本年度参加劳动和技能竞赛职工	本年度职工提出合理化建议	本年度已实施合理化建议
	个	人次	件	件
总计	**8487**	**1839849**	**1121234**	**953940**
按国民经济行业分组				
农、林、牧、渔业	176	16607	670	361
采矿业	24	10138	3659	1724
制造业	1959	462433	1069298	929117
电力、热气、燃气及水生产和供应业	212	39507	3542	2118
建筑业	433	336024	5981	3229
批发和零售业	619	80826	4118	1782

续 表

所在行业	本年度工会开展劳动和技能竞赛	本年度参加劳动和技能竞赛职工	本年度职工提出合理化建议	本年度已实施合理化建议
	个	人次	件	件
交通运输、仓储及邮政业	484	222566	13225	3931
住宿和餐饮业	293	39747	1617	606
信息传输、软件和信息技术服务业	265	90892	1642	893
金融业	184	203540	4993	2662
房地产业	285	17820	889	504
租赁和商务服务业	388	30005	2063	1009
科学研究和技术服务业	166	25257	1953	1131
水利、环境和公共设施管理业	228	29800	624	459
居民服务、修理和其他服务业	432	29912	714	337
教育	1360	77523	2970	2128
卫生和社会工作	486	95149	2307	1532
文化、体育和娱乐业	204	19067	638	226
公共管理、社会保障和社会组织	289	13036	331	191
按经济类型分组				
国有企业	893	211425	21747	10060
集体企业	219	15550	714	442
股份合作企业	59	7842	824	373
联营企业	9	439	37	25
国有独资公司	595	353895	232478	200370
其他有限责任公司	632	120262	252446	212099
股份有限公司中的国有控股公司	604	494757	188755	146138
其他股份有限公司	124	43005	1840	1343
私营企业	2250	134483	5145	3052
其他内资企业	34	3535	47	36
港澳台商投资企业	186	26610	28409	19372
外商投资企业	547	217074	382244	356044
财政拨款的事业单位	2011	150784	5048	3488
其他事业单位	290	55764	1479	1077

续　表

所在行业	本年度工会开展劳动和技能竞赛	本年度参加劳动和技能竞赛职工	本年度职工提出合理化建议	本年度已实施合理化建议
	个	人次	件	件
机关	0	0	0	0
个体经济组织	34	4424	21	21
社会团体	0	0	0	0
民办非企业单位	0	0	0	0
基金会	0	0	0	0
其他组织	0	0	0	0

工会经济技术工作（二）

所在行业	本年度技术革新项目	本年度职工发明创造项目	本年度取得国家专利项目	本年度推广先进操作法项目	本年度开展岗位练兵活动
	项	项	项	项	个
总计	**15034**	**10815**	**18749**	**5850**	**3944**
按国民经济行业分组					
农、林、牧、渔业	43	12	35	31	65
采矿业	533	103	52	31	17
制造业	8906	6053	7405	3143	668
电力、热气、燃气及水生产和供应业	481	219	400	68	141
建筑业	2529	1923	4107	1352	208
批发和零售业	44	32	16	95	230
交通运输、仓储及邮政业	333	110	104	140	280
住宿和餐饮业	9	3	2	45	145
信息传输、软件和信息技术服务业	603	419	549	99	104
金融业	72	14	3	88	66
房地产业	23	13	9	37	97
租赁和商务服务业	80	25	16	38	107
科学研究和技术服务业	688	1125	2528	212	86
水利、环境和公共设施管理业	136	32	77	44	125

续　表

所在行业	本年度技术革新项目	本年度职工发明创造项目	本年度取得国家专利项目	本年度推广先进操作法项目	本年度开展岗位练兵活动
	项	项	项	项	个
居民服务、修理和其他服务业	36	11	31	77	101
教育	100	274	2460	40	907
卫生和社会工作	390	432	925	247	363
文化、体育和娱乐业	17	10	20	19	104
公共管理、社会保障和社会组织	11	5	10	44	130
按经济类型分组					
国有企业	1153	1269	1395	308	517
集体企业	19	8	104	35	54
股份合作企业	85	22	88	17	26
联营企业	6	6	4	2	2
国有独资公司	2460	1890	3558	1009	350
其他有限责任公司	1629	1121	1828	1000	308
股份有限公司中的国有控股公司	5334	3030	3946	1320	372
其他股份有限公司	273	165	289	117	65
私营企业	713	537	791	617	411
其他内资企业	27	6	50	25	13
港澳台商投资企业	261	124	198	113	92
外商投资企业	2101	1378	1129	816	195
财政拨款的事业单位	589	655	4398	289	1352
其他事业单位	384	604	971	182	187
机关	0	0	0	0	0
个体经济组织	0	0	0	0	0
社会团体	0	0	0	0	0
民办非企业单位	0	0	0	0	0
基金会	0	0	0	0	0
其他组织	0	0	0	0	0

职工文化体育工作

所在行业	建立职工书屋
	个
总计	**5808**
按国民经济行业分组	
农、林、牧、渔业	101
采矿业	17
制造业	767
电力、热气、燃气及水生产和供应业	102
建筑业	280
批发和零售业	240
交通运输、仓储及邮政业	233
住宿和餐饮业	84
信息传输、软件和信息技术服务业	178
金融业	121
房地产业	258
租赁和商务服务业	279
科学研究和技术服务业	116
水利、环境和公共设施管理业	201
居民服务、修理和其他服务业	309
教育	1159
卫生和社会工作	331
文化、体育和娱乐业	204
公共管理、社会保障和社会组织	828
按经济类型分组	
国有企业	515
集体企业	146
股份合作企业	36
联营企业	3
国有独资公司	334
其他有限责任公司	328

索引

A

B

C

D

F

G

H

J

K

L

M

N

P

Q

S

T

W

X

Y

Z

图书在版编目(CIP)数据

上海工会年鉴. 2021 / 《上海工会年鉴》编纂委员会编. —上海 : 上海社会科学院出版社, 2022
ISBN 978-7-5520-3829-3

Ⅰ. ①上… Ⅱ. ①上… Ⅲ. ①地方工会—工会工作—上海—2021—年鉴 Ⅳ. ① D412.851-54

中国版本图书馆 CIP 数据核字(2022)第 237943 号

上海工会年鉴(2021)

编　　者:《上海工会年鉴》编纂委员会
责任编辑:蓝　天
装帧设计:姚　毅
出版发行:上海社会科学院出版社
上海顺昌路 622 号　电话 021-63315947　邮编 200025
http://www.sassp.cn　E-mail:sassp@sassp.cn
印　　刷:上海展强印刷有限公司
开　　本:890 毫米 ×1240 毫米　1/16
印　　张:23.25
插　　页:20
字　　数:900 千
版　　次:2022 年 12 月第 1 版　2022 年 12 月第 1 次印刷

ISBN 978-7-5520-3829-3/ D·671　　定价:260.00 元